Réflexe

BTS CI
COMMERCE INTERNATIONAL

Toutes les matières

Ouvrage dirigé par : Danièle LEGAY

ÉCONOMIE - DROIT - MANAGEMENT DES ENTREPRISES
Pascal BESSON (Économie)
Marie-José CHACON (Management des entreprise)
Laurence GARNIER (Droit)
Patrice GILLET (Management des entreprises)
Bernard MALO (Économie)
Anne-Gaëlle SAÏAH (Management des entreprises)

ÉTUDE ET VEILLE DES MARCHÉS ÉTRANGERS
Jean-Michel DANSETTE
Gérard LÉCRIVAIN
Laurent WATTELET

COMMUNICATION ET INFORMATIQUE COMMERCIALE
Luc MASSON
Catherine SIMON

PROSPECTION ET SUIVI DE CLIENTÈLE
Bruno CATEZ
Jean-Michel DANSETTE
Dominique DECORTE
Gérard LÉCRIVAIN
Françoise MONS
Laurent WATTELET

NÉGOCIATION-VENTE
Bruno CATEZ
Jean-Michel DANSETTE
Dominique DECORTE
Annie GRATTEPANCHE
Luc MASSON
Édith LEHU
Luisa TOUYA

GESTION DES OPÉRATIONS D'IMPORT-EXPORT
Bruno CATEZ
Dominique DECORTE
Gérard LÉCRIVAIN
Françoise MONS

FRANÇAIS
Yannick ARTIGNAN

LANGUES
Annie GRATTEPANCHE
Édith LEHU
Luisa TOUYA

Nathan

Matières enseignées donnant lieu à une épreuve obligatoire du BTS CI

Matières	Nom et coefficient de l'épreuve	Voie scolaire dans un établissement public ou privé sous contrat, CFA ou section d'apprentissage habilité Formation professionnelle continue dans les établissements publics habilités	Formation professionnelle continue dans les établissements publics habilités	Voie scolaire dans un établissement privé, CFA ou section d'apprentissage non habilité Formation professionnelle continue dans les établissements publics non habilités ou en établissement privé Enseignement à distance Candidats justifiant de 3 ans d'expérience professionnelle
		Type et durée	Type et durée	Type et durée
E3 Environnement juridique et économique	E31 Économie / Droit 3	Écrite **3 heures**	CCF 2 situations d'évaluation	Écrite **3 heures**
	E32 Management des entreprises 2	Écrite **3 heures**	CCF 2 situations d'évaluation	Écrite **3 heures**
E4 Étude et veille commerciale	E41 Analyse diagnostique des marchés étrangers 4	CCF	CCF	Écrite **3 heures**
	E42 Exploitation du système d'information 2	CCF	CCF	Orale et pratique **30 min**
E5 Vente à l'export	E51 Prospection et suivi de clientèle 3	CCF	CCF	Écrite **3 heures**
	E52 Négociation vente en langue étrangère 4	CCF	CCF	Orale **40 minutes(2)** **+ 40 minutes**
E6 Gestion des opérations d'import-export	E61 Montage des opérations d'import-export 4	Écrite **4 heures**	Écrite **4 heures**	Écrite **4 heures**
	E62 Conduite des opérations d'import-export 2	CCF	CCF	Orale **30 minutes**
E1 Français	E1 Culture générale et expression 5	Écrite **4 heures**	CCF 3 situations d'évaluation –	Écrite **4 heures**
E2 Langues vivantes étrangères	E21 Langue vivante étrangère A 5	CCF	CCF	Écrite **3 heures** Orale **20 minutes(1)**
	E22 Langue vivante étrangère B 5	CCF	CCF	Écrite **3 heures** Orale **20 minutes(1)**
EF1 Épreuve facultative	EF1 Langue vivante étrangère C(3) –	Orale **20 minutes(1)**	Orale **20 minutes(1)**	Orale **20 minutes(1)**

(1) + 20 minutes de préparation
(2) Durée de préparation
(3) La langue vivante étrangère choisie au titre de l'épreuve faculative est obligatoirement différente de celle choisie au titre de l'épreuve obligatoire.

Édition : Angélique Brézillon
Coordination artistique : Thierry Méléard
Fabrication : Maria Pauliat
Conception intérieure : Thierry Méléard
Conception de la couverture : Evelyn Audureau/Dany Mourain
Mise en pages : JPM

ISBN : 978-2-09-164112-6

SOMMAIRE

Matières technologiques

ÉCONOMIE
DROIT
MANAGEMENT DES ENTREPRISES

ÉTUDE ET VEILLE
DES MARCHÉS
ÉTRANGERS

COMMUNICATION
ET INFORMATIQUE
COMMERCIALE

PROSPECTION
ET SUIVI
DE CLIENTÈLE

NÉGOCIATION
VENTE

Matières générales

ÉCONOMIE

Pour s'entraîner à l'épreuve :

Les sujets d'examen de l'épreuve E31 et leurs corrigés sur le site Internet www.nathan.fr/reflexe

1 LE FONCTIONNEMENT DU MARCHÉ

➔ Le marché est au centre du fonctionnement de notre système économique. Sa fonction est d'organiser le mieux possible les échanges. Des règles sont mises en place pour qu'il fonctionne le plus efficacement possible.

1 La fonction du marché

1. L'organisation des échanges

a) La définition du marché

Tout bien ou service qui ne peut pas être obtenu librement dans la nature fait l'objet d'un échange sur le marché. Le marché des produits est le lieu de la rencontre réelle (exemple : marché alimentaire traditionnel) ou fictive (exemple : site Internet marchand) de l'offre et de la demande d'un bien ou d'un service. Il y a marché chaque fois qu'il y a échange.

b) Les participants au marché

Les offreurs (vendeurs) et les demandeurs (acheteurs) qui souhaitent échanger se manifestent sur le marché. L'objectif des offreurs est de vendre à un prix qui dégage un bénéfice aussi élevé que possible. Celui des demandeurs est d'acquérir des produits destinés à satisfaire leurs besoins à un prix compatible avec leur revenu.

c) La recherche de l'efficacité

L'organisation de la vie quotidienne rend impossible la production par un individu de tous les biens nécessaires à la satisfaction de ses besoins. Le recours à l'échange lui permet de se procurer les biens et les services fabriqués par d'autres individus spécialisés à un prix accessible pour une qualité acceptée.

2. Les différents types de marchés

L'observation de la nature des échanges permet de distinguer trois types de marchés : des biens et services, du travail, du capital.

a) Le marché des biens et services

Le marché des biens et services est le marché sur lequel s'échangent les biens et services marchands qui regroupent tous les biens matériels et immatériels destinés à la vente.
Les biens marchands sont des marchandises. Les services marchands sont vendus par les entreprises. Les services non marchands sont fournis par les administrations et les associations.

b) Le marché du travail

Le marché du travail est le lieu de confrontation de la demande de travail émanant des employeurs (offres d'emplois) et de l'offre de travail formulée par les individus (demandes d'emplois). La rencontre aboutit à la détermination du salaire qui représente le prix du travail.

c) Le marché des capitaux

Le marché des capitaux est le lieu de rencontre des agents qui disposent d'une épargne disponible (agents à capacité de financement) avec les agents qui souhaitent emprunter (agents à besoin de financement).

2 Les principes de fonctionnement

1. L'économie de marché

L'économie de marché est le système économique d'échange le plus répandu aujourd'hui dans le monde. Il repose sur les lois du marché, principalement celle de l'offre et de la demande, dans un environnement concurrentiel. Il s'accompagne le plus souvent d'une certaine forme de régulation par l'autorité publique.

2. La concurrence

La concurrence traduit la rivalité entre les acteurs qui ont pour objectif d'obtenir le plus grand avantage possible. L'existence d'une concurrence constitue le meilleur argument en faveur de l'efficacité de l'économie de marché.
La concurrence libre signifie avant tout la liberté de produire, de vendre ou d'acheter un produit pour chaque participant dans le respect des règles.
Le non-respect des règles de concurrence entraîne des dysfonctionnements qui réduisent l'efficacité du marché. Les principaux sont : l'abus de position dominante, les ententes entre intervenants sur le marché et la concurrence déloyale.

3. Les garanties pour les intervenants

Les règles du marché garantissent le libre accès des participants au marché et contribuent de ce fait à l'efficacité économique de l'économie de marché. Le cas échéant, le cadre juridique du marché est imposé par les tribunaux aux acteurs du marché récalcitrants.

a) L'accès à l'information

Acheteurs et vendeurs doivent disposer en temps utile des bonnes informations pour intervenir de façon bénéfique dans l'échange. Dans le cas contraire, la concurrence est faussée, on dit qu'elle devient imparfaite. L'accès inégal à l'information entre les différents participants constitue un manque de transparence qui porte atteinte à la crédibilité de tous les participants et nuit à l'efficacité du marché.

EXEMPLE

L'étiquetage obligatoire des produits garantit que les consommateurs disposent d'une information complète sur le produit, afin de protéger leur santé et leurs intérêts.

b) La garantie de bonne exécution des contrats

L'échange repose sur l'existence d'un contrat, écrit ou non, posant les droits et les obligations de chacun. La garantie de bonne exécution des contrats est centrale dans l'échange car la multiplication des défauts d'exécution aboutirait très vite à une perte de confiance dans le marché et à une diminution des transactions.

c) La confiance mutuelle entre les participants

L'échange est basé sur la confiance entre celui qui vend et celui qui achète. Les règles du commerce se sont longtemps transmises oralement : elles reposaient sur la réputation de chacun des acteurs. Aujourd'hui, cette confiance est renforcée par l'existence de garanties qui accompagnent la vente du produit.

2 LE PRIX ET LES DÉCISIONS DES AGENTS ÉCONOMIQUES

La fixation d'un prix est le principal résultat de la confrontation d'une offre et d'une demande sur un marché. Une fois établi, le prix va influencer la décision des agents de produire ou d'acheter, d'investir ou d'épargner.

1 La détermination du prix

1. La fixation du prix de marché

a) La loi de l'offre et de la demande

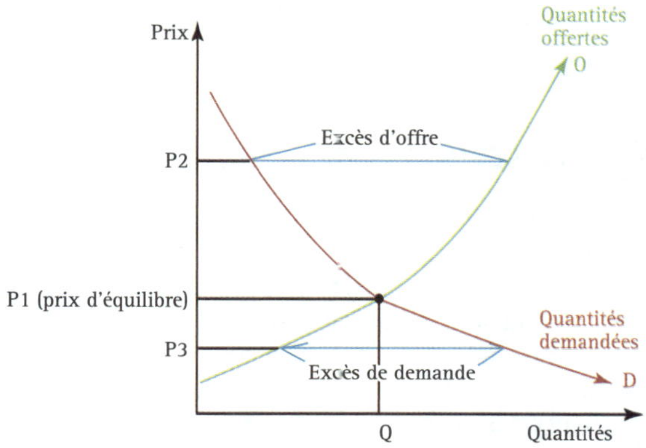

Un prix de marché se fixe au moment de la rencontre entre l'offre et la demande. La loi de l'offre et de la demande désigne le mécanisme selon lequel le prix diminue lorsque l'offre est supérieure à la demande et augmente lorsque la demande est supérieure à l'offre. Cela induit un rééquilibrage jusqu'à un prix, le prix d'équilibre, pour lequel l'offre et la demande s'égalisent.

b) Le prix, indicateur de rareté

Plus un bien est rare et plus l'offre de ce bien est faible. Si la demande est inchangée, le prix va alors augmenter. Si par contre le bien est en quantité excessive compte tenu des besoins à un moment donné, le prix peut baisser de façon importante. Le prix exprime ainsi la rareté des ressources disponibles.

2. La fixation des prix selon la nature du marché

a) Le marché concurrentiel

Sur un marché concurrentiel, le nombre de vendeurs et d'acheteurs est tel qu'aucun des intervenants ne peut influencer le prix pratiqué. Le prix du marché est une donnée préétablie qui ne se négocie pas.

b) Le monopole

L'entreprise en situation de monopole fixe elle-même son prix tout en tenant compte de la demande. Pour un même niveau de profit, elle arbitre entre produire une grande quantité de produits vendus à un prix faible ou une petite quantité vendue à un prix élevé.

c) L'oligopole

L'oligopole correspond à une situation dans laquelle l'offre est constituée de quelques entreprises confrontées à un grand nombre de demandeurs. Deux stratégies sont possibles pour les entreprises :

- l'affrontement avec les concurrents, en particulier sur la variable prix ;
- l'entente sur les prix ou sur le partage du marché.

EXEMPLE

Le marché des opérateurs de téléphonie mobile.

2 Le rôle du prix dans les décisions des agents

1. La décision de consommer

Pour les consommateurs, les prix transmettent des informations qui entraînent ou non leur décision d'achat. Le prix influence les décisions des ménages, qui vont adapter leur niveau de consommation aux prix. Ainsi, la baisse du prix d'un bien est favorable à l'achat d'une plus grande quantité de ce bien.

2. La décision de produire

L'augmentation du prix d'un bien indique aux producteurs une situation de rareté relative. Elle peut alors inciter à produire davantage ou à entrer sur le marché pour les nouveaux producteurs.

D'une façon générale, les offreurs se positionnent sur la production d'un bien ou d'un service en fonction du prix du marché pour obtenir une rentabilité suffisante. Dans le cas où aucune entreprise n'est intéressée, il revient aux pouvoirs publics de juger de l'opportunité de compenser la défaillance du marché.

Les prix influencent également le choix d'une combinaison productive qui utilise les facteurs de production les moins chers.

3. Les décisions à long terme

a) L'arbitrage

Les décisions des ménages et des entreprises, en particulier en matière d'épargne et d'investissement, se basent sur la prise en compte des avantages et des risques pour chacun des choix possibles.

Ils procèdent à des prévisions qui intègrent les éléments de prix ou de coût, de rentabilité et de risques. L'arbitrage consiste à choisir la décision optimale qui concilie prise de risque, coût et rentabilité.

b) L'anticipation

Plus l'échange porte sur une valeur élevée, plus les agents sont sensibles à l'incertitude de l'évolution des prix. En fonction des anticipations qu'ils effectuent sur cette évolution, ils avancent ou retardent l'achat ou la vente.

EXEMPLE

Malgré la chute de 40 % du nombre de transactions immobilières à Paris, la baisse des prix des biens immobiliers est minime. D'une part, les acheteurs réservent leur achat en attendant une baisse significative. D'autre part, les vendeurs préfèrent retirer leur bien du marché pour attendre des jours meilleurs.

3 L'INTRODUCTION DE LA MONNAIE DANS L'ÉCONOMIE

La monnaie est constituée des actifs liquides des agents qui permettent d'acheter ou d'éteindre une dette. Le rôle de la monnaie dans les échanges correspond à trois fonctions : unité de compte, intermédiaire des échanges, réserve de valeur dans le temps. La monnaie est unanimement acceptée par les agents économiques quand elle possède certaines qualités.

1 La définition de la monnaie

1. La monnaie au sens strict

a) La monnaie fiduciaire

La monnaie fiduciaire regroupe les billets de banque et les pièces. Pièces et billets ont cours légal : ils sont acceptés en vertu de la loi.

Les pièces seules sont appelées « monnaie divisionnaire ». Il ne faut pas confondre monnaie divisionnaire (les pièces actuelles) et la monnaie métallique qui correspondait autrefois à des unités ayant un poids et une valeur en métal précieux (or, argent).

b) La monnaie scripturale

La monnaie scripturale est la monnaie déposée sur des comptes à vue dans les banques. Pour être mobilisée, la monnaie scripturale exige des jeux d'écritures.

EXEMPLE

Un virement du compte d'un acheteur à celui d'un vendeur permet d'effectuer le règlement d'une transaction.

Il ne faut pas confondre la monnaie scripturale (les avoirs sur les comptes à vue) et les moyens qui permettent de la mouvementer : chèques, cartes bancaires, effets de commerce, etc. Ces instruments ne sont pas en eux-mêmes de la monnaie et n'ont pas cours légal.

2. La monnaie au sens large

Certains actifs sont rapidement transformables en liquidité bien qu'ils ne permettent pas de régler directement une transaction. On les assimile à de la monnaie. C'est le cas notamment des livrets d'épargne, des dépôts à terme d'une durée inférieure à 2 ans, des titres de placement facilement négociables.

2 Les fonctions de la monnaie

1. L'unité de compte

La monnaie permet de compter, d'exprimer la valeur des biens.

EXEMPLE

Avant d'être une monnaie fiduciaire (pièces, billets), l'euro était, entre 1999 et 2002, une unité de compte.

2. L'intermédiaire des échanges

La monnaie est communément acceptée. Étant acceptée en paiement ou pour éteindre une dette, elle fluidifie l'échange et évite le système du troc.

Dans l'Antiquité, des métaux précieux ou d'autres objets (coquillages, bestiaux) ont joué ce rôle. La monnaie métallique (qui a un poids en métal précieux) a ensuite rempli cette fonction. Aujourd'hui, l'acceptation de la monnaie est basée sur la loi.

3. La réserve de valeur

La monnaie doit permettre de reporter des achats dans le temps et constitue ainsi une réserve de valeur. Cette fonction suppose la stabilité des prix. En effet, la hausse des prix diminue la quantité de biens ou de services qu'une unité monétaire permet d'acquérir.

3 Les qualités de la monnaie

1. La confiance

La confiance est la qualité première d'une monnaie. Ainsi, les pièces et les billets n'ont pas de valeur intrinsèque : leur acceptation repose sur la confiance. Le terme « fiduciaire » vient du latin *fiducia*, la confiance. La monnaie scripturale repose, quant à elle, sur la confiance des déposants envers les banques qui gèrent leurs dépôts.

2. La stabilité de la monnaie

La stabilité des prix détermine la stabilité de la monnaie, tant du point de vue interne qu'externe.

a) La stabilité interne

La hausse des prix, en diminuant le pouvoir d'achat d'une unité monétaire, fait perdre la confiance des résidents en sa valeur. La perte de confiance provoque le retrait des dépôts bancaires.

b) La stabilité externe

Vis-à-vis de l'extérieur, une monnaie à faible pouvoir d'achat est moins demandée sur le marché des changes. Elle se déprécie par rapport aux autres devises.

3. L'absence de coût et de risque dans les transactions

a) L'absence de coût lié à la transformation

La monnaie doit être convertible en espèces sans coût de transformation pour l'usager.

EXEMPLE

Il n'est pas possible d'acheter un bien directement avec un livret d'épargne, mais l'épargnant peut faire un retrait sur son livret sans frais.

b) L'absence de risque lié à la transformation

La transformation d'un placement en liquidité doit aussi être sans risque.

EXEMPLE

Une part dans une SICAV monétaire peut être revendue sans risque à l'institution qui l'a émise, sans passer par le marché.

4 LES EFFETS DE LA VARIATION DE LA MASSE MONÉTAIRE

L'introduction de la monnaie dans l'analyse des marchés fait apparaître deux conceptions : pour les keynésiens, la monnaie a un effet sur les transactions réelles et l'emploi ; pour les monétaristes, la monnaie est neutre.

1 Le concept de masse monétaire

1. Définition

La masse monétaire est la quantité de monnaie en circulation dans l'économie. Elle représente le volume de monnaie possédé par les agents non financiers résidents d'une zone géographique donnée.

2. Les effets économiques

L'augmentation du volume de la masse monétaire incite les agents à consommer ou à investir. Cette propension peut être facteur de tensions inflationnistes dues à l'excès de la demande ; une baisse de la quantité de monnaie en circulation provoque à l'inverse une contraction de l'activité économique. C'est pourquoi la quantité de monnaie émise doit être surveillée par des autorités de contrôle.

2 La régulation de la monnaie

1. Les institutions chargées de la régulation

Dans le cadre de l'Union européenne, l'Eurosystème est chargé du contrôle de la monnaie en circulation dans l'économie. L'Eurosystème comprend la Banque centrale européenne (BCE) et les banques centrales nationales des pays de la zone euro.
La mise en œuvre des décisions de l'Eurosystème est décentralisée au niveau des banques centrales nationales.

2. Les trois agrégats de monnaie

La masse monétaire se mesure à l'aide d'agrégats. Ils sont classés selon leur degré de liquidité, c'est-à-dire la capacité qu'ils ont d'être transformés plus ou moins rapidement en moyens de paiement.

a) L'agrégat M1

Il s'agit de la monnaie au sens strict : pièces, billets et monnaie scripturale.

b) L'agrégat M2

Il comprend M1 et les placements à vue liquides (possibilité de retraits immédiats par l'épargnant) mais non utilisables directement comme moyens de paiement : livrets, comptes d'épargne logement, etc.

c) L'agrégat M3

Il inclut M2 et les actifs facilement mobilisables : par exemple, des titres de créance à court terme, négociables, c'est-à-dire revendables rapidement sur le marché monétaire. M3 est l'agrégat choisi par la BCE pour la régulation de la politique monétaire.

3 Le contrôle de la masse monétaire

1. La théorie quantitative de la monnaie

Une équation essentielle régit la monnaie en circulation dans l'économie : $Mv = PT$.
M représente la masse monétaire ; v est la vitesse avec laquelle la monnaie change de main ; P est le niveau général des prix ; T est le volume des transactions réelles réalisées.

2. La variation en quantité de la masse monétaire

La politique des banques centrales varie en fonction des effets attribués aux variations de la masse monétaire : effet sur les prix ou effet sur les transactions, c'est-à-dire la sphère réelle de l'économie.

a) L'interprétation monétariste

Pour les économistes monétaristes, une augmentation de la masse monétaire M provoque une hausse du niveau général des prix mais ne modifie pas la sphère réelle. En particulier, il est vain d'attendre d'une politique de création monétaire la reprise d'une activité économique en récession.
Le seul effet d'une politique « généreuse » est d'accentuer les tensions inflationnistes car l'excès de demande fait grimper les prix. Quant aux effets sur le marché du travail, ils sont nuls puisque le pouvoir d'achat n'augmente pas : la hausse des salaires est annulée par la hausse des prix.
La monnaie est neutre vis-à-vis de la sphère réelle de l'économie. Elle n'est qu'un « voile » qui ne modifie pas les mécanismes des marchés.

b) L'interprétation keynésienne

Pour les économistes keynésiens, qui ne nient pas une possible (mais limitée) hausse des prix, l'augmentation de la masse monétaire a surtout pour effet de permettre une relance en cas de croissance molle, voire de récession (baisse de la production nationale). L'excédent de monnaie distribué permet :
- une augmentation des revenus qui favorise les achats de biens de consommation (principe du multiplicateur keynésien) ;
- une incitation à investir pour les entreprises, l'activité économique repartant (principe de l'accélérateur keynésien).

Les économistes de cette tendance prônent de plus grandes facilités de crédit (baisse du taux d'intérêt) et des augmentations des revenus.

c) Le choix des politiques monétaires

Tout dépend donc du lien de causalité admis dans l'équation $Mv = PT$.
Si on considère qu'une variation de M cause surtout une hausse des prix en laissant l'activité inchangée, la politique monétaire des banques centrales doit être stricte : contrôle du crédit, taux d'intérêt élevé.
Si on considère, à l'inverse, qu'un peu d'inflation n'est pas grave si elle est contrôlée, la politique monétaire va consister à baisser le taux d'intérêt directeur et à faciliter l'octroi de crédit par les banques.
La décision de faciliter ou de restreindre l'émission de monnaie est, en dernier ressort, de la compétence de la banque centrale ou du système de banques centrales.

5 L'ÉTAT ET LE FONCTIONNEMENT DU MARCHÉ

L'État intervient de deux façons pour garantir les conditions de fonctionnement des marchés. D'une part, il met en place un cadre institutionnel qui régule la concurrence. D'autre part, il intervient pour corriger les inefficacités du marché.

1 L'existence d'un cadre institutionnel

1. La circulation de l'information

Les consommateurs comme les entreprises prennent souvent des décisions sur la base d'informations incomplètes sur le prix et la qualité des biens mis sur le marché.
L'État agit alors par la loi ou par l'intermédiaire d'une autorité de régulation pour améliorer l'information disponible sur les marchés.

EXEMPLE

L'Autorité des marchés financiers (AMF) veille à ce que l'information diffusée par les sociétés cotées à la Bourse de Paris soit exacte pour protéger les épargnants.

2. Le respect de la concurrence

L'État intervient pour améliorer l'exercice de la concurrence sur les marchés et pour protéger les consommateurs. La réglementation, française et européenne, interdit les pratiques anticoncurrentielles (entente et abus de position dominante), qui ont pour objet ou effet d'éliminer la concurrence. Sont également prohibés la revente à perte, les pratiques discriminatoires ou abusives ou encore le refus de vente entre professionnels.
En France, l'Autorité de la concurrence a comme mission de veiller au respect de la concurrence. Dans le cadre de l'UE, cette mission est attribuée à une direction générale de la Commission européenne à Bruxelles.

EXEMPLE

La législation de l'Union européenne interdit les pratiques commerciales trompeuses et réprime toute publicité mensongère.

2 La correction des inefficacités du marché

1. Les externalités

a) Les externalités négatives et positives

L'externalité est une défaillance du marché et désigne une situation économique dans laquelle un acte de consommation ou de production d'un agent a un effet direct positif ou négatif sur la situation d'un autre agent. Par effet direct, on entend un effet qui ne fait pas l'objet de transaction sur un marché.
L'externalité est négative lorsqu'elle s'accompagne d'un préjudice pour les agents qui la subissent.

EXEMPLE

Une activité industrielle ou agricole qui aboutit à la pollution d'une rivière porte atteinte au bien-être des autres utilisateurs de cette rivière, les pêcheurs par exemple.

L'externalité est positive lorsque ses conséquences sont favorables aux agents économiques qui la reçoivent.

EXEMPLE

L'entretien du paysage par les agriculteurs apporte des avantages à l'ensemble de la société. Mais cela ne fait l'objet ni d'une rémunération, ni d'un échange économique.

Les externalités, négatives et positives, sont ignorées lorsque l'étude des phénomènes économiques se limite à l'observation du marché.

b) L'intervention de l'État

L'intervention de l'État est liée au fait que le marché ne sait pas gérer les externalités.
L'État dispose d'outils pour limiter ou réparer les externalités négatives, par exemple la taxation des pollueurs pour financer le préjudice subi par la population ou la fixation d'une norme de pollution. Cette dernière solution oblige les entreprises à investir dans des dispositifs antipollution coûteux pour atteindre la norme.
L'État peut aussi encourager la production des externalités positives. Comme le marché n'investit pas assez dans les externalités positives, l'État subventionne les activités porteuses d'effets bénéfiques.

EXEMPLE

Le développement des zones de montagnes procure des externalités positives grâce à la valorisation des paysages dont profitent les activités touristiques : location de gîtes, vente de produits locaux...

2. Les biens publics

a) Définition

Les biens publics sont des biens, services ou ressources qui bénéficient à tous. La consommation d'un bien public par un individu n'empêche pas sa consommation par un autre et personne ne peut être exclu de la consommation de ce bien.
Il est impossible d'établir l'avantage que retire chaque membre de la communauté, et de l'obliger à payer pour cet avantage. De plus, il est impossible de priver de cet avantage les personnes qui refusent d'en partager le coût.

EXEMPLES

Même si la plupart des gens attribuent une valeur positive au confort et à la sécurité d'une ville éclairée la nuit, les personnes ou les entreprises privées ne sont aucunement incitées à investir en vue de fournir un tel service d'éclairage. La signalisation routière, les infrastructures de transport constituent d'autres exemples de biens publics.

b) L'intervention de l'État

Lorsque la production d'un bien public est laissée au bon vouloir du secteur privé, il en résulte toujours une sous-estimation de la demande de ce bien, donc une production insuffisante des biens et services correspondants.
Ainsi, peu d'entreprises privées trouvent intérêt à produire un bien dont les ménages profitent gratuitement. Cette situation impose à l'État d'intervenir pour financer les biens publics par l'impôt.

6 L'OUVERTURE DES ÉCONOMIES

L'ouverture des économies est croissante dans le temps. Elle résulte de l'accroissement des flux d'échanges de biens, de services et de capitaux qui sont facilités par la stabilité des devises.

1 La mesure de l'ouverture de l'économie

1. La progression des échanges internationaux

Depuis la fin de la Seconde Guerre mondiale, le volume des échanges commerciaux augmente plus vite que la production mondiale. On observe aussi que leur rythme s'accélère. Le taux de croissance des échanges internationaux était de 4 % dans les années 1970, il est maintenant de l'ordre de 7 %.

2. Le taux d'ouverture de l'économie

C'est le ratio de la production échangée sur la production totale. Au niveau mondial, il s'élève à 25 %. Calculés par secteurs, certains taux sont encore plus importants. Par exemple, dans le secteur de l'électronique, le rapport est de 50 % : 1 bien sur 2 est produit pour l'échange.

3. Les différences selon les pays et les secteurs

a) L'inégale ouverture des pays sur l'extérieur

Les pays ne participent pas de manière égale aux échanges : 22 pays assurent à eux seuls 75 % du commerce mondial. De nombreux pays en développement (notamment d'Afrique) restent encore à l'écart du commerce mondial.

b) Les secteurs abrités ou exposés à la concurrence internationale

Tous les secteurs ne sont pas exposés de la même manière à la concurrence internationale.

L'agriculture est un secteur protégé pour assurer la sécurité alimentaire, l'entretien du milieu naturel, et un revenu aux agriculteurs. Elle bénéficie de soutiens publics. Seulement 10 % de la production agricole mondiale fait l'objet d'échanges internationaux.

Certaines branches industrielles (textile, chimie, automobile, acier, bois, etc.) sont aussi protégées par des tarifs douaniers et sont abritées de la concurrence mondiale.

Les services sont souvent de nature publique (éducation, santé) et échappent à l'échange ; d'autres services sont protégés : secteurs des transports, des télécommunications, du cinéma.

2 L'influence du taux de change

1. Le marché des changes

Les échanges internationaux nécessitent des échanges en devises, le plus souvent en dollars. Le taux de change est le prix d'une monnaie exprimé en une autre monnaie. Le marché des changes est le marché sur lequel s'effectuent les opérations d'achat ou de vente de devises ou monnaies étrangères. Les transactions sur ce marché sont cent fois supérieures à celles des biens et des services.

2. Volatilité des changes et comportement des entreprises

Les variations importantes, qu'on appelle la volatilité des taux de change, provoquent, pour les entreprises, une incertitude quant au chiffre réel des exportations escomptées ou sur le coût réel des matières importées.

EXEMPLE

Pour une compagnie pétrolière fortement importatrice de pétrole brut et exportatrice de pétrole raffiné, la volatilité du cours du dollar provoque une grande incertitude sur le résultat anticipé.

Certains observateurs ont cru aussi remarquer que certaines entreprises européennes délocalisent leur production en zone dollar quand l'euro, par son niveau élevé, pénalise les exportations.

3. Le taux de change et la compétitivité des entreprises

a) La compétitivité en prix

Une monnaie forte renchérit les exportations et favorise les importations. La compétitivité dépend toutefois de la sensibilité (ou élasticité) des demandeurs par rapport au prix. L'achat d'essence est, par exemple, relativement peu réactif au prix (inélastique).

b) La compétitivité hors prix

De nombreux acheteurs, particuliers ou entreprises, tiennent compte d'autres facteurs que le prix : la qualité, les goûts, etc. Ces facteurs atténuent l'effet du taux de change sur la compétitivité.

3 Le compte des transactions courantes

1. Les flux de marchandises et de services

Le compte des transactions courantes retrace, dans la balance des paiements d'une nation, les flux de marchandises et de services.

Si les exportations (X) sont supérieures aux importations (M), le solde est excédentaire ($X > M$).

Le compte est déficitaire si la valeur des exportations ne compense pas les dépenses des importations ($X < M$).

2. L'interprétation du solde des transactions courantes

On peut considérer qu'un déficit des comptes courants est dû à une consommation excessive par rapport au revenu disponible.

Une autre analyse met l'accent sur l'approche financière : le déficit de la balance courante correspond à un excès des investissements (besoins de financement) par rapport à l'épargne privée et publique (capacités de financement).

La deuxième approche est devenue la principale. Elle met l'accent sur les deux déterminants que sont l'épargne et l'investissement. On en déduit ensuite l'évolution de la balance commerciale.

7 LES FONDEMENTS DE L'ÉCHANGE INTERNATIONAL

La justification classique du commerce international réside dans l'intérêt mutuel qu'ont les nations à se spécialiser.
Cette théorie n'explique pas les échanges de biens semblables ; d'autres explications doivent être apportées pour caractériser la nature des flux mondiaux contemporains.

1 Les fondements classiques du libre-échange

1. La loi des avantages absolus

Dès la fin du XVIIIe siècle, A. Smith explique l'échange entre pays par les différences de coût de production. Un pays importe un produit si la production de celui-ci est plus coûteuse que son importation. Chaque pays a alors intérêt à se spécialiser dans les productions pour lesquelles ses coûts de production sont inférieurs à ceux des autres pays.
Le commerce international doit permettre à chaque pays de s'enrichir en profitant de la division internationale du travail.

2. La loi des avantages relatifs

Au XIXe siècle, D. Ricardo enrichit l'idée d'A. Smith en introduisant dans l'analyse les coûts relatifs. Chaque pays a intérêt à se spécialiser dans les productions pour lesquelles son avantage est relativement le plus grand ou pour lesquelles son désavantage est relativement le moins grand.

3. La loi des proportions de facteurs

Des économistes contemporains, E. Hecksher, B. Ohlin et P. Samuelson, ont enrichi la théorie sous le nom de « théorème HOS » : la justification de l'échange tient dans l'abondance relative du facteur capital ou du facteur travail. Cette abondance est à l'origine de l'avantage comparatif.
Un pays va produire et exporter des biens incorporant de façon intensive les facteurs de production abondants sur son territoire et importer les produits qui nécessitent le recours à des facteurs de production relativement rares dans le pays.

EXEMPLES

Les États-Unis sont riches en facteur travail qualifié : ils produisent et exportent principalement des biens à haute intensité de travail qualifié (des nouvelles technologies).

À l'opposé, des pays qui disposent d'une main-d'œuvre moins qualifiée abondante ont intérêt à se spécialiser dans le textile ou le cuir.

4. Les gains dynamiques de l'échange

La spécialisation est elle-même facteur de productivité car elle induit un effet d'apprentissage et une amélioration des techniques. La spécialisation génère des gains ultérieurs d'efficacité économique, appelés « gains dynamiques de l'échange ».

2 Les nouvelles explications du commerce international

1. Les échanges de similitudes ou commerce intrabranche

La théorie classique de la spécialisation n'explique pas pourquoi il existe des échanges de similitudes. L'échange de similitudes, ou commerce intrabranche, désigne les échanges de biens similaires qui appartiennent à la même branche industrielle.

EXEMPLE

La France produit et exporte des automobiles. Elle importe aussi des modèles de marques étrangères.

P. Krugman fut un des premiers auteurs à préconiser l'introduction dans l'analyse économique internationale d'éléments des stratégies industrielles. Ainsi, les entreprises apportent des différences à leurs produits pour qu'ils ne ressemblent pas à un produit concurrent.

2. Les économies d'échelle

Le phénomène des économies d'échelle est un autre concept d'origine industrielle. En termes de coûts, plus une entreprise produit en grande quantité, plus le coût moyen unitaire diminue.

EXEMPLE

Un bien produit en grande série est moins cher qu'un bien fabriqué de manière artisanale.

Appliquée au commerce international, cette théorie explique pourquoi les entreprises recherchent des débouchés sur les marchés extérieurs. Elle indique qu'un grand pays dispose, en raison de la taille de son marché initial, d'un avantage comparatif plus important, par rapport à un petit pays au marché intérieur limité.

3. Les facteurs technologiques

Quand les coûts de transaction (coûts de transport, de communication) sont prohibitifs, les échanges sont restreints. En permettant de réduire les coûts de transaction, le progrès technique est un facilitateur du commerce mondial. Les nouvelles technologies de l'information et de la communication, en particulier, facilitent grandement le commerce mondial.

EXEMPLE

La vente directe sur Internet (e-commerce) réduit les frais d'intermédiaires.

4. La théorie du cycle de vie

En fonction de leur degré de développement, seuls certains pays ont la capacité technologique de réaliser certaines innovations. Le produit innovant est donc d'abord fabriqué, puis exporté par les pays les plus avancés. Quand le produit est largement diffusé, il est ensuite fabriqué par les pays moins avancés qui n'ont pas à engager de recherche et bénéficient d'une production standardisée.

8 L'AMÉLIORATION DU NIVEAU DE VIE

Le niveau de vie d'une population résulte des revenus distribués aux agents économiques pour satisfaire leurs besoins par la consommation. L'amélioration du niveau de vie nécessite la création de richesses plus importantes.

1 La création de richesses

1. La croissance de l'économie

Le concept de croissance économique désigne l'augmentation de la richesse créée par la production de biens et services entre deux périodes successives. Elle est la source de l'enrichissement matériel de la population.

2. La mesure de la croissance

a) Le produit intérieur brut (PIB)

Le PIB en volume est l'indicateur utilisé pour mesurer la croissance (après élimination de l'effet de l'inflation).

Il correspond à la somme de toutes les valeurs ajoutées réalisées par les entreprises qui résident dans le pays, augmentée de la TVA et des droits de douane : PIB = $\sum$VA + TVA + droits de douane.

b) La sous-évaluation de la production

Le calcul du PIB ne prend pas en compte une partie de l'activité économique, ce qui sous-évalue la production nationale. Ainsi, l'économie souterraine, les échanges non monétaires tels que le troc ou les productions domestiques (jardinage, bricolage, etc.) et le bénévolat sont oubliés par la comptabilité nationale.

3. La production marchande et non marchande

Le PIB recense l'ensemble de la production, marchande et non marchande, réalisée par l'ensemble des secteurs institutionnels.

a) La production marchande

La production marchande porte sur des biens et services échangés sur le marché. Elle est évaluée au prix du marché. Elle est réalisée par le secteur privé et le secteur public marchand (entreprises de biens et de services marchands détenues par l'État).

b) La production non marchande

Certains services sont gratuits ou sont échangés contre une valeur inférieure à leurs coûts de production. Leur production est considérée comme non marchande. Elle est mesurée forfaitairement par les coûts de ces services Il s'agit notamment des services collectifs mis à la disposition de la collectivité (exemples : police, enseignement, santé).

4. La contribution des secteurs économiques à la croissance

Le secteur tertiaire qui englobe les services marchands et administratifs contribue aux 3/4 de la richesse créée. On parle de tertiarisation de l'économie.

Valeur ajoutée par branche en volume

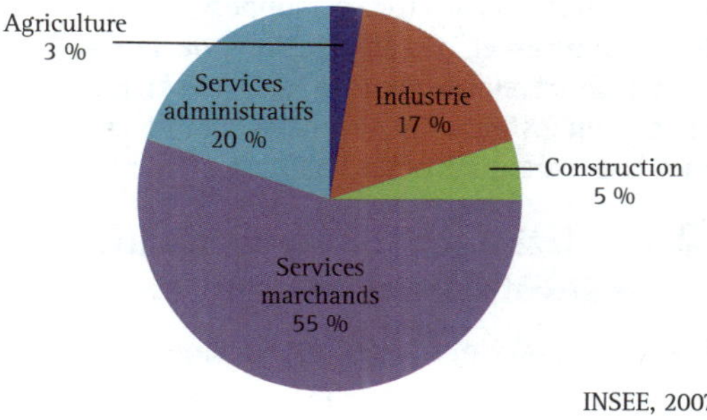

INSEE, 2007.

2 Le niveau de vie d'une population

1. La distribution de revenus

La distribution de revenus a comme origine le partage de la richesse créée par l'activité de production. Le niveau de vie d'une population dépend du revenu disponible pour la consommation, ainsi que de la structure du budget des ménages. Plus les dépenses sont orientées vers la satisfaction de besoins secondaires, plus le niveau de vie est élevé.

2. La consommation

La consommation est l'acte d'utiliser un bien ou un service soit pour satisfaire des besoins, soit pour produire un autre bien. C'est une opération économique de destruction par l'usage de biens et services.

Dans la théorie néoclassique, le consommateur recherche la satisfaction maximale compte tenu de la limite imposée par ses revenus. Son comportement est rationnel et il recherche la combinaison de biens et de services consommés qui lui procure la plus forte utilité.

3. L'épargne

L'épargne constitue la part du revenu des ménages qui n'est pas consacrée immédiatement à la satisfaction d'un besoin mais qui est mise en réserve en vue d'une dépense future. Les motifs de l'épargne sont variés : précaution, placement, spéculation, etc.

3 Les comparaisons internationales

1. Le PIB par habitant

Pour évaluer le niveau de vie matériel dans un pays, on calcule la valeur de tout ce que le pays produit en un an qu'on divise ensuite par le nombre d'habitants.

2. Les parités de pouvoir d'achat (PPA)

Comparer les niveaux de revenus entre pays nécessite de corriger les PIB par habitant des différences de niveau de prix entre les pays et de pouvoir d'achat des monnaies nationales. Pour cela, on évalue dans chaque pays le prix d'un panier de biens et services comparables et représentatifs des habitudes de consommation.

Les PPA sont des taux de conversion des monnaies qui transforment les indicateurs économiques exprimés en monnaie nationale en une monnaie commune fictive, appelée « standard de pouvoir d'achat».

9 LE DÉVELOPPEMENT ÉCONOMIQUE

Le développement se distingue de la croissance par sa nature qualitative et suppose une adaptation des structures et des institutions de la société. Le niveau de développement et de bien-être s'apprécie par des indicateurs qui viennent compléter et relativiser la portée du PIB par habitant.

1 La distinction entre croissance et développement

1. La croissance, condition du développement

La croissance économique représente l'accroissement durable de la production globale d'une économie. Le développement implique une transformation radicale des structures économiques, sociales, culturelles et institutionnelles d'un pays qui entraîne l'amélioration des conditions de vie.

Le développement se distingue de la croissance par sa nature qualitative. Si la croissance est une condition nécessaire du développement, elle n'est cependant pas suffisante.

2. Les critères du développement

a) La richesse

La richesse est appréciée par le produit intérieur brut (PIB) par habitant qui représente la valeur des biens et services produits durant l'année par un pays, divisée par le nombre de ses habitants.

b) La santé

L'efficacité d'un système de santé se définit par l'espérance de vie à la naissance ou la durée de vie moyenne qu'un groupe d'individus peut s'attendre à vivre à un âge de la vie.

c) L'éducation

L'éducation concerne d'une part la formation initiale des enfants, mesurée par le taux de scolarisation. Ce taux représente le pourcentage d'enfants en âge d'aller à l'école qui la fréquentent effectivement. L'éducation concerne d'autre part l'alphabétisme des adultes mesuré par le taux d'alphabétisme. Ce taux est défini comme le pourcentage de la population de 15 ans et plus qui sait lire et écrire.

2 Les différents niveaux de développement

La distinction classique entre pays riches et pays pauvres ou entre un monde développé et des pays du tiers-monde a laissé la place à la définition de quatre niveaux de développement : les pays avancés (États-Unis, France, Japon, Allemagne, etc.), les pays émergents (Chine, Inde, Brésil, etc.), les pays en développement et les pays les moins avancés (Mali, Soudan, Haïti, etc.).

1. Les pays avancés

Dans les pays avancés, la plus grande partie de la population satisfait ses besoins vitaux et accède à un certain confort, ainsi qu'aux soins et à l'éducation. Trente de ces pays sont regroupés au sein de l'OCDE.

2. Les pays émergents

L'expression « pays émergent » rassemble d'anciens pays en développement dont le point commun est une croissance industrielle très rapide. Ce sont des pays très exportateurs et fortement intégrés au commerce mondial (Chine, Inde, Brésil, etc.). Leur niveau de vie se rapproche du niveau de vie des pays développés.

Le poids des pays émergents dans le PIB mondial est passé de 27,4 % en 1992 à plus de 40 % en 2011.

3. Les pays en développement

Les pays en développement regroupent les pays en situation intermédiaire avec une croissance relative de leur économie qui les distingue des pays les moins avancés.

4. Les pays les moins avancés

Cette catégorie regroupe les pays les moins développés sur trois critères :

- le revenu par habitant inférieur à 900 $ US sur une estimation moyenne du PIB par habitant pendant trois années ;
- le retard dans le développement humain basé sur des indicateurs de santé, nutrition et scolarisation ;
- la vulnérabilité économique basée sur un indice composite incluant des indicateurs sur l'instabilité, la production et les exportations agricoles, le manque de diversification de la production et le handicap d'être un petit pays.

3 Les indicateurs du développement

1. Les limites du PIB par habitant

Le PIB par habitant est l'indicateur le plus utilisé pour mesurer le développement économique. Il correspond à une moyenne de revenu par habitant et ne fournit aucune indication sur les disparités au sein de la population. Il ne reflète pas non plus le niveau de vie réel puisqu'il ne comptabilise pas l'économie informelle.

2. L'indicateur de développement humain (IDH)

Les économistes de l'ONU ont élaboré un indicateur de développement humain (IDH). Les éléments pris en compte dans le calcul sont : le PIB par habitant, le niveau d'éducation, le niveau sanitaire et l'espérance de vie de la population. L'évolution de l'IDH permet d'apprécier l'amélioration des conditions de vie d'un pays.

3. Les indicateurs de pauvreté humaine (IPH)

a) Dans les pays en développement

L'IPH-1 est construit à partir de trois indicateurs : longévité (pourcentage de décès avant 40 ans), instruction (taux d'analphabétisme) et conditions de vie.

b) Dans les pays développés

L'IPH-2 agrège quatre indicateurs mesurant la longévité (pourcentage de décès avant 60 ans), l'instruction (taux d'illettrisme des adultes), les conditions de vie (pourcentage de personnes vivant en dessous de la demi-médiane de revenu disponible des ménages) et l'exclusion (taux de chômeurs depuis plus de 12 mois).

10 LE DÉVELOPPEMENT DURABLE

➔ Le développement durable vise à concilier l'objectif de croissance avec la satisfaction des besoins des générations futures. Il repose sur trois principes : solidarité, précaution, participation, qui influencent la prise de décisions au niveau des États comme au niveau des entreprises et des individus.

1 Les principes

1. Les conséquences négatives de la croissance

a) L'épuisement des ressources naturelles

La croissance épuise les ressources non renouvelables de la planète. La surexploitation des ressources renouvelables menace de les faire disparaître.

b) L'accroissement des inégalités entre les pays

Les inégalités s'accentuent entre pays riches et pauvres et entraînent des risques de conflits internes et externes.

c) Des dégradations et des risques écologiques majeurs

Le réchauffement climatique dû aux gaz à effet de serre a des répercussions sur l'agriculture (sécheresse), entraîne des pénuries d'eau pour la population, des inondations des zones côtières, etc.

2. Les principes d'un développement durable

En 1987, la Commission mondiale de l'environnement et du développement définit le développement durable comme « un développement qui répond aux besoins du présent sans compromettre la capacité des générations futures de répondre aux leurs ».

a) La solidarité avec les générations futures

La solidarité avec les générations à venir nécessite d'économiser les ressources renouvelables et de prévoir le remplacement des ressources non renouvelables.

b) La solidarité avec les populations de la planète

Dans les pays pauvres, la croissance doit permettre de répondre aux besoins des populations et d'éviter la surexploitation des ressources.

c) Le principe de précaution

Ce principe s'applique en cas de doute sur l'impact environnemental ou sanitaire d'un produit ou d'un procédé. Il conduit à y renoncer plutôt que de risquer des dommages irréversibles pour l'homme ou l'environnement.

d) La participation de tous les acteurs de la société civile

L'État n'est pas le seul responsable du développement durable. Ses objectifs ne peuvent être atteints que si l'ensemble des acteurs agit en commun : État, entreprises, associations, ONG, syndicats et citoyens.

2 Les indicateurs

1. L'empreinte écologique

L'empreinte écologique mesure la surface productive nécessaire à une population pour répondre à sa consommation de ressources (nourriture, chauffage, habitat) et pour absorber ses déchets. Elle reflète le degré d'utilisation de la nature par l'homme à des fins de production et de consommation.

2. Le PIB vert

Le PIB vert est un indice proposé par le Programme des Nations unies pour l'environnement. Son objectif est de donner une idée de la durabilité de la croissance d'un pays en fonction de sa capacité à exploiter d'une façon raisonnée ses ressources.

3. Les indicateurs de bien-être et de progrès

a) Le bonheur intérieur brut

Le bonheur intérieur brut est un indice imaginé par l'OCDE pour mesurer la qualité de vie de ses pays membres. Cet indicateur est basé sur 11 critères : revenus, logement, emploi, santé, vie en communauté, sécurité, gouvernance, sentiment de satisfaction personnelle, éducation, environnement, équilibre entre vie professionnelle et vie de famille.

b) L'indice de progrès véritable

Cet indice ajoute à la consommation des ménages diverses contributions à la « vraie » richesse et au bien-être (exemples : une activité bénévole, le travail domestique). Puis il soustrait la valeur estimée des richesses perdues, notamment naturelles (exemple : destruction de ressources non renouvelables), mais aussi sociales (exemples : accidents de la route, progression des inégalités).

3 Les politiques

1. Le protocole de Kyoto

Le protocole de Kyoto, adopté en 1997 lors de la troisième conférence-cadre des Nations unies sur le changement climatique, impose à 38 pays industrialisés de réduire, d'ici à 2012, leurs rejets de gaz à effet de serre dans l'atmosphère de 5,2 % par rapport aux émissions de 1990.

2. Les actions dans le cadre de l'UE

L'Union européenne établit une stratégie à long terme en faveur du développement durable, qui s'articule autour de quatre thèmes : lutter contre le changement climatique, assurer des transports écologiquement viables, limiter les risques pour la santé publique et gérer les ressources de manière responsable.

Pour atteindre les objectifs de réduction d'émission de gaz à effet de serre, l'UE a mis en place deux instruments : la Bourse d'échange de droits à polluer (permis négociables) et la taxe carbone (écotaxe).

3. Les actions à l'initiative du marché

Le développement durable représente un double enjeu pour les entreprises : d'une part, un enjeu économique, leur survie à long terme, et d'autre part, leur contribution aux enjeux de société. L'évolution de la réglementation, destinée à préserver les ressources naturelles, incite aussi les entreprises à aller dans le sens du développement durable.

11 LES FACTEURS DE CROISSANCE

➔ L'analyse des facteurs de croissance permet d'apprécier les contributions du travail et du capital. Le progrès technique joue un rôle essentiel dans la croissance car il la pérennise. Il résulte principalement de l'investissement dans l'innovation et la formation.

1 Les facteurs de production et la croissance

1. L'utilisation des facteurs comme source de croissance

La croissance économique correspond à l'augmentation de la production. Or la production résulte de l'utilisation et de la combinaison la plus efficace possible des facteurs capital et travail.

La taille de la population active et son taux d'activité déterminent la quantité de travail disponible pour alimenter la croissance. Sur un plan qualitatif, plus la qualification professionnelle des individus est élevée plus la croissance sera favorisée.

Le facteur capital correspond aux biens nécessaires à la production. On distingue la quantité de capital (machines, outillages, bâtiments...) et la qualité de ce capital (savoir-faire, connaissances technologiques).

2. La croissance extensive

La croissance extensive correspond à l'augmentation de la quantité de travail et de capital. Elle favorise l'augmentation de la production d'un pays. Elle permet d'employer la main-d'œuvre disponible, mais elle n'augmente pas fortement le niveau de vie puisque chaque individu est limité par la quantité de production qu'il peut fournir.

EXEMPLE

Lorsqu'un agriculteur veut augmenter sa production, il peut acheter de nouvelles terres et embaucher des ouvriers agricoles. Son mode de croissance est extensif car il choisit d'augmenter les facteurs de production utilisés.

3. La croissance intensive

La croissance intensive correspond à l'augmentation de la productivité du travail et du capital et à l'amélioration de la combinaison entre ces deux facteurs. Elle est plus pérenne que la croissance extensive. Ce mode de croissance est à privilégier car en augmentant la productivité par travailleur, elle contribue à l'augmentation du niveau de vie.

EXEMPLE

Si le même agriculteur choisit d'utiliser plus d'engrais et de machines, il opte pour une croissance intensive.

2 Le progrès technique et la croissance

1. Le rôle du progrès technique

Le progrès technique représente l'ensemble des innovations qui entraînent une transformation des moyens et des méthodes de production, des produits et des marchés. Il contribue aux gains de productivité, avec la mise en place de processus de production innovants.

2. La productivité

a) La mesure de la productivité

La productivité correspond au rapport entre la quantité produite d'un bien ou d'un service et la quantité de facteur nécessaire pour cette production. Elle constitue une mesure de l'efficacité avec laquelle une économie utilise ses ressources disponibles pour produire.

b) Les gains de productivité

Les gains de productivité peuvent avoir pour origine, outre le progrès technique, une organisation plus rationnelle du travail ou une élévation du niveau de qualification des travailleurs.

c) Les déterminants économiques de la productivité

Plusieurs facteurs économiques exercent une influence sur la croissance de la productivité : l'investissement et le développement des savoir-faire, l'innovation et la diffusion de la technologie (les TIC) et le développement des infrastructures publiques.

3 Les investissements

1. La relation entre investissements et croissance

La formation de capital humain, qui englobe les connaissances et les qualifications, contribue à la croissance économique en améliorant le rendement de l'individu au travail.

La recherche et le développement (R&D) constituent une source essentielle du progrès technique.

Les investissements en infrastructures réalisés par l'État ou les collectivités territoriales favorisent l'implantation d'entreprises et facilitent les échanges internationaux.

2. L'effet d'entraînement de l'innovation

Pour l'économiste autrichien J. Schumpeter, le progrès technique est au centre de la croissance de l'économie. Les innovations apparaissent en grappe ou essaims. Après une innovation majeure due à un progrès technique ou scientifique (exemples : le moteur à explosion, les circuits intégrés, Internet, les nanotechnologies), d'autres innovations apparaissent, rendues possibles par ces découvertes.

3. Les incitations à investir

Les défaillances du marché en matière d'investissement conduisent les pouvoirs publics à intervenir :

- le financement direct pour l'acquisition d'équipements. L'intervention publique est le plus souvent réservée aux entreprises qui présentent un intérêt certain pour le développement économique ;
- des incitations fiscales pour favoriser la création d'emploi et la formation des salariés. L'une des priorités porte sur l'amélioration de la qualité et de la mobilité de la main-d'œuvre ;
- une participation directe par la mise en place d'un système portant l'effort de recherche et développement à un niveau nettement plus élevé (aides aux entreprises innovantes, augmentation des budgets des centres publics de recherche).

12 LES FIRMES MULTINATIONALES DANS L'ÉCONOMIE MONDIALE

➔ La plupart des grandes entreprises conçoivent, produisent et commercialisent leurs produits comme si le monde était un seul pays. La stratégie d'implantation de ces firmes multinationales se traduit par des investissements directs à l'étranger.

1 La division internationale du processus productif

1. Les firmes multinationales (FMN)

a) Le fonctionnement des FMN

Les multinationales ont l'objectif de rationaliser leur processus productif en fabriquant les éléments nécessaires à l'élaboration de leurs produits dans différents pays. Elles cherchent à réduire leurs coûts en profitant de la spécialisation et des avantages comparatifs de chaque pays.

Ce processus correspond à la division (ou décomposition) internationale du processus productif (DIPP).

b) L'organisation des FMN

Une multinationale est une entreprise implantée dans plusieurs pays par le biais de filiales. Le centre de décision reste souvent dans le pays dont la firme est originaire (siège social), même si une partie importante du chiffre d'affaires est réalisée dans d'autres pays.

2. Les investissements directs à l'étranger (IDE)

a) Définition des IDE

L'IDE est l'acquisition, la prise de participation ou la création d'une entreprise à l'étranger pour exercer une influence significative.

On parle d'IDE dès lors qu'un investisseur possède, directement ou indirectement, au moins 10 % des droits de vote d'une entreprise non résidente.

b) Les FMN à l'origine des IDE

Les 2/3 du commerce mondial sont assurés par les FMN : 1/3 est constitué d'échanges intrafirmes (entre filiales d'une même multinationale) et 1/3 d'échanges extrafirmes (entre clients et fournisseurs qui ne dépendent pas de la même FMN).

Longtemps originaires d'Europe, des États-Unis et du Japon, les IDE proviennent désormais des FMN des pays émergents qui concurrencent les FMN occidentales.

c) La localisation des investissements

En s'implantant à l'étranger, les multinationales recherchent des avantages en termes :

- de coûts (approvisionnement, main-d'œuvre, transport) qui permettent d'obtenir des gains de productivité par rapport à la localisation dans le pays d'origine ;
- de proximité des marchés de consommation (acheteurs) ou de production (matières premières) ;
- de diminution du risque de change puisqu'en produisant dans un pays au lieu d'y exporter des marchandises, l'achat et le règlement sont effectués dans la même monnaie ;
- d'acquisition de compétences (qualification, savoir-faire) qui permettent d'améliorer le savoir-faire industriel ou commercial.

2 Les stratégies des FMN

1. Les critères d'implantation

Les critères d'implantation varient selon l'activité des filiales créées.

Pour les FMN qui recherchent des débouchés, la taille et la facilité d'accès au marché, son taux de croissance et les infrastructures sont les critères prépondérants.

Pour les firmes qui s'implantent pour produire, la proximité des matières premières ou des fournisseurs, le coût de la main-d'œuvre et/ou sa qualification sont déterminants.

Pour toutes les FMN, les avantages fiscaux et les incitations offerts par le pays d'accueil sont des critères souvent décisifs.

2. Les effets dans les pays d'accueil

a) Les effets positifs attendus

Quel que soit le pays d'accueil, industrialisé ou au contraire en développement, les IDE ont pour effet :

- la création d'emplois ;
- l'augmentation du PIB (en particulier pour les pays émergents) ;
- le transfert de compétences et de technologies ;
- l'amélioration de la productivité ;
- le développement de l'économie locale par effet d'entraînement ;
- l'augmentation des exportations.

b) Le développement de l'attractivité du territoire

La plupart des États cherchent à attirer les investissements étrangers dans le cadre de leur politique d'aménagement du territoire pour bénéficier de leurs effets positifs.

Pour cela, ils promeuvent leurs atouts, mettent en place des réseaux de prospection et offrent des aides aux entreprises étrangères (accueil, avantages fiscaux).

3. Les effets dans les pays d'origine

a) Les conséquences négatives

La stratégie d'implantation d'une FMN entraîne parfois une délocalisation de ses activités au détriment de son pays d'origine. Ce phénomène se traduit par :

- les suppressions d'emploi pour les salariés les moins qualifiés ;
- la baisse ou la stagnation des salaires face aux menaces de délocaliser lorsque les syndicats revendiquent des augmentations ;
- la désindustrialisation des régions touchées.

b) Les conséquences positives

Le pays d'origine est incité à mieux exploiter ses avantages comparatifs et à renforcer sa spécialisation dans les échanges internationaux.

Du fait de la concurrence internationale, le prix des produits importés diminue, induisant une hausse du pouvoir d'achat. Enfin, les recettes fiscales augmentent grâce à l'élévation des profits des multinationales qui ont délocalisé leur production.

13 LA FORMATION DES SALAIRES

Les mécanismes de formation des salaires expliquent en grande partie les inégalités de revenus. Des facteurs sociaux et économiques entrent aussi en compte.

1 Les mécanismes de formation des salaires

1. La notion de salaire

Le salaire constitue la rémunération du travailleur salarié lié à son employeur par un contrat de travail : il perçoit un salaire net, égal au salaire brut diminué des cotisations sociales à sa charge.
Le coût salarial représente ce que coûte au total le salarié à son employeur. Il englobe le salaire brut et les cotisations sociales patronales à la charge de l'employeur.

2. La distinction salaire nominal/salaire réel

Le salaire nominal est celui qui figure sur le contrat de travail. Il est mesuré en prix courants. Le salaire réel renseigne sur le pouvoir d'achat du salarié. Il est mesuré à prix constants.

3. La formation des salaires sur le plan théorique

a) La conception des classiques

Le salaire naturel, selon D. Ricardo, est le revenu minimum qui permet au salarié d'assurer la reproduction de sa force de travail, c'est-à-dire de subvenir à ses besoins physiologiques et à ceux de sa famille.

b) La conception marxiste

Pour K. Marx, le salaire est un minimum qui permet la reproduction de la force de travail, mais aussi la satisfaction des besoins sociaux (santé, éducation, logement).

c) La conception moderne

Selon J. R. Hicks, le salaire est fixé par la négociation entre les représentants syndicaux et les représentants de la direction de l'entreprise. Les conventions collectives, négociées par les partenaires sociaux, fixent les grilles de classification, les grilles de salaires et les salaires minima mensuels.

2 Les facteurs expliquant les inégalités salariales

1. Les facteurs économiques

a) La rareté

Suivant la loi de l'offre et de la demande, lorsque dans un secteur ou une région, l'offre de travail par les salariés est abondante par rapport à la demande de travail des entreprises, les salaires sont bas. Dans le cas contraire, la rareté de l'offre augmente le niveau des salaires.

b) La productivité

La productivité varie d'une branche d'activité à une autre. Dans les branches où la recherche de gains de productivité est importante, les entreprises vont valoriser les efforts de productivité du personnel par des salaires plus élevés. À l'inverse, dans celles où la productivité augmente faiblement, les augmentations de salaires seront limitées.

c) La mondialisation

La mondialisation, à travers la concurrence des pays à bas salaires, a aussi des effets sur l'évolution des inégalités salariales dans les pays développés. La demande de travailleurs peu qualifiés diminue alors que celle de travailleurs qualifiés augmente, ce qui a pour conséquence d'augmenter le chômage des travailleurs peu qualifiés et d'entraîner les salaires à la baisse.

2. Les facteurs sociaux

a) Le dialogue social

Le dialogue social se définit comme l'ensemble des processus de consultation, de négociation ou d'échanges d'informations entre les partenaires sociaux. La qualité du dialogue social rend possible la signature des conventions collectives.

b) Les caractéristiques du salarié

Le niveau de formation explique les disparités de salaires car la productivité étant liée à la qualification, plus le diplôme est élevé, plus le salaire est élevé.
L'âge, synonyme d'expérience, intervient aussi, ainsi que le sexe, malgré l'interdiction des discriminations. À diplôme égal, les femmes ont un salaire environ 20 % plus faible que celui des hommes.

3 L'action de l'État sur la formation des salaires

1. La fixation d'un salaire minimum

Le salaire minimum interprofessionel de croissance (SMIC) est le salaire minimum légal en France depuis 1970. Il constitue l'une des limites légales au principe de la libre fixation des salaires. Il est revalorisé au 1er janvier de chaque année en fonction de l'évolution de l'indice des prix à la consommation. Le gouvernement peut aussi ajouter un coup de pouce à ces augmentations.

2. La fonction publique

Les trois fonctions publiques (d'État, territoriale et hospitalière) emploient environ 5 millions de personnes, soit 1 salarié sur 5. Le niveau de rémunération et les négociations sur les rémunérations des fonctionnaires influencent le niveau des salaires dans le secteur privé.

EXEMPLE

Le salaire des infirmières travaillant dans le privé est supérieur à celui de l'hôpital public pour attirer le personnel qualifié.

3. L'intervention de l'État dans le secteur privé

En plus de la fixation du SMIC, l'État intervient dans le secteur privé en incitant les entreprises à négocier sur les salaires. Le Code du travail oblige toute entreprise où une section syndicale est constituée à négocier annuellement sur les salaires, soit au niveau de sa branche professionnelle, soit au niveau de l'entreprise.

14 LES INÉGALITÉS DE REVENUS ET DE PATRIMOINE

➔ La répartition des richesses se déroule en deux étapes : la répartition primaire rémunère les facteurs de production ; puis la répartition secondaire redistribue les richesses pour réduire les inégalités de revenu disponible, de niveau de vie et de patrimoine.

1 La répartition des revenus

1. Le partage de la valeur ajoutée (VA)

a) Les trois parts

La valeur ajoutée issue de l'activité productive des entreprises se partage en trois parts :

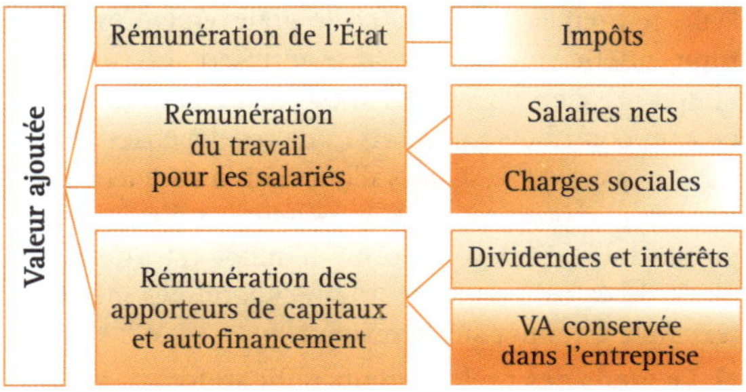

b) Les enjeux de la répartition

Le partage de la valeur ajoutée a des conséquences économiques. Il détermine le niveau de la consommation et de l'investissement. L'importance de la part de la VA accordée au travail influence le niveau de la consommation des ménages. Une part plus importante pour rémunérer le capital encourage les investissements.

Le partage de la valeur ajoutée révèle, sur le plan social, le pouvoir des salariés dans les négociations salariales. La part accordée au travail dans la valeur ajoutée augmente avec la baisse du chômage. Ce partage est souvent source de conflit entre salariés et direction d'entreprise.

2. La formation du revenu disponible

a) Le revenu primaire

Le revenu primaire est le revenu perçu par les ménages. Il est composé :

- des revenus salariaux ou revenus du travail (salaires) ;
- des revenus de la propriété ou revenus du capital (revenus des valeurs mobilières, revenus fonciers ou immobiliers) ;
- des revenus mixtes des entrepreneurs individuels, qui rémunèrent à la fois le travail et le capital.

b) La répartition secondaire

La répartition secondaire est une opération de redistribution des revenus. Son objectif est de diminuer les inégalités entre les ménages. Elle s'effectue grâce au prélèvement d'impôts et de cotisations sociales et au versement de revenus de transferts (allocations familiales, indemnités chômage, allocation logement, RSA, etc.).

c) Le revenu disponible

Le revenu disponible résulte des revenus issus de la répartition primaire et de la répartition secondaire opérée par l'État.

Revenu disponible = revenu primaire – impôts et cotisations sociales + revenus de transferts.

2 Les inégalités de niveau de vie

1. La mesure des inégalités

a) Le revenu médian

Le revenu médian partage la distribution des revenus des ménages en deux parts égales : 50 % des ménages sont en dessous du revenu médian et 50 % au-dessus.

b) Le découpage par quantiles

Les quantiles (déciles, centiles...) regroupent les ménages par tranches (10 %, 1 %...) selon leur revenu ou leur patrimoine.

Le rapport interdécile permet de comparer le revenu des 10 % de ménages les plus riches à celui des 10 % de ménages les plus pauvres.

c) La courbe de Lorenz et l'indice de Gini

La courbe de Lorenz représente la répartition des revenus ou du patrimoine au sein de la population.

L'indice de Gini est un coefficient qui évalue la concentration des revenus à partir de la courbe de Lorenz. Il est toujours compris entre 0 et 1 : 0 correspond à une société égalitaire et 1 à la situation dans laquelle un seul individu concentre toutes les richesses.

2. Les inégalités de patrimoine

Le patrimoine d'une personne (physique ou morale) est l'ensemble des biens qu'elle possède à un moment donné : biens meubles ou immeubles, droits, créances et éléments inaliénables et transmissibles. Les inégalités de répartition du patrimoine sont beaucoup plus fortes que celles des revenus. Elles constituent la principale source des inégalités sociales. Les héritages sont en général plus élevés dans les familles à hauts revenus. D'autre part, des revenus plus élevés génèrent une plus forte capacité d'épargne et d'endettement, et donc, année après année, une plus forte accumulation patrimoniale.

3. L'évolution des inégalités de niveau de vie

S. Kuznets a étudié les relations entre la croissance économique et la répartition des revenus. Il montre que le revenu par habitant augmente au cours de la phase de transition d'une économie de l'agriculture vers l'industrie et que les inégalités de revenus augmentent également. Elles commencent à baisser lorsque le capital humain est de plus en plus valorisé en parallèle au développement des services.

Les faits ont donné raison à S. Kuznets jusque dans les années 1980, mais cette théorie est remise en cause aujourd'hui avec l'augmentation des inégalités dans les pays industrialisés.

4. Les inégalités au niveau mondial

Les inégalités continuent à progresser dans 2/3 des pays du monde, dont les pays développés. Les écarts se creusent car les hauts revenus augmentent beaucoup plus vite que les revenus moyens et bas.

15 LES OBJECTIFS ET LES MOYENS DE LA REDISTRIBUTION

La politique de redistribution a pour objectifs la lutte contre les inégalités économiques et sociales et la couverture de la population contre les risques sociaux.

1 Les différentes conceptions de la redistribution

1. La conception bismarckienne

À la fin du XIXe siècle, le chancelier allemand Bismarck crée les assurances sociales. Sa conception de la protection sociale repose sur le modèle de l'assurance : ne bénéficient d'une protection sociale que ceux qui, par leur travail, peuvent verser des cotisations.
Dans tous les pays qui ont adopté le modèle bismarckien, la protection s'est généralisée aux catégories de la population initialement non protégées.

2. La conception beveridgienne

En Angleterre au milieu du XXe siècle, Lord Beveridge propose une réforme de la protection sociale en créant la Sécurité sociale, fondée sur un principe de solidarité. La protection sociale couvre toute la population et tous les risques sociaux.

3. L'État-providence

L'État-providence intervient pour corriger les inégalités créées par le marché dans la distribution des revenus. Ce mode d'action prend appui sur l'analyse keynésienne relative à l'action de l'État. Il fournit des services en fonction des besoins (santé, éducation, retraite) à un prix faible ou nul.

2 Les objectifs de la redistribution

1. La protection contre les risques sociaux

La protection sociale aide les ménages à faire face aux événements qui ont une incidence directe sur leur situation économique, que celle-ci se caractérise par une baisse des revenus ou par une augmentation des dépenses.
Les principaux risques sociaux sont liés à la santé (maladie, accident, invalidité), à la vieillesse, à la maternité et au chômage.

2. La lutte contre l'exclusion

La lutte contre l'exclusion, considérée comme la manifestation la plus absolue de la grande pauvreté, fait partie des politiques de réduction des inégalités. Cette lutte couvre des risques et des besoins divers.

3. La distinction entre redistribution horizontale et verticale

L'État opère une redistribution horizontale des revenus financée par les cotisations sociales entre les actifs et les chômeurs, les salariés et les retraités, les bien portants et les malades.
Lorsqu'il agit pour réduire les inégalités et lutter contre l'exclusion en finançant sa politique par l'impôt, il opère une redistribution verticale des ménages à hauts revenus vers les ménages à bas revenus.

3 Les instruments de la redistribution

1. Les prélèvements obligatoires

a) Les cotisations sociales

Les cotisations sociales sont des prélèvements calculés sur le salaire brut de tout salarié et versées à l'Urssaf, aux Assedic et aux caisses de retraite complémentaires.
On distingue les cotisations sociales salariales et les cotisations sociales patronales.

b) Les impôts et taxes

On distingue les impôts et taxes proportionnels et progressifs.
Dans le premier cas, le taux de prélèvement est identique quelle que soit la base qui sert au calcul de l'impôt (exemple : la TVA n'est pas redistributive car chacun contribue à proportion de ses dépenses).
Dans le second cas, le taux d'imposition augmente avec la base d'imposition. Plus le revenu est élevé, plus la proportion versée sous forme d'impôt est grande. Ce mode de calcul contribue à la réduction des inégalités (exemple : l'impôt sur le revenu).

c) Le poids des prélèvements obligatoires

Le taux des prélèvements obligatoires par rapport au PIB est en constante augmentation depuis 1970. Il représente environ 45 % du PIB. Les impôts et taxes avoisinent 60 % de l'ensemble et les cotisations sociales 40 %.

2. Les transferts sociaux

a) Les prestations

Les prestations sociales sont des transferts versés à des individus ou à des familles afin de réduire la charge financière que représente la protection contre les divers risques sociaux.
Elles englobent les minima sociaux (revenu minimum d'insertion, revenu de solidarité active), la couverture maladie universelle (CMU), la prise en charge des SDF.

b) Le caractère contributif ou non des prestations

Les prestations contributives sont des sommes versées en contrepartie du versement de cotisations préalables.
Les prestations non contributives sont des prestations accordées à des personnes qui n'ont pas suffisamment ou pas du tout cotisé.

3. Les services publics

Traditionnellement, on considère que la redistribution se réalise essentiellement à partir de prélèvements qui donnent lieu au versement de prestations monétaires. Or, les services publics fournis par les administrations en matière de santé, d'éducation ou de logement social ont un caractère redistributif pour les ménages bénéficiaires. Ces services publics améliorent le bien-être des populations concernées.
Par exemple, les dépenses de santé ont pour objectif principal d'assurer une solidarité entre les bien portants et les malades, soit une redistribution horizontale. Le versement des prestations réduit l'écart entre les revenus.

16 L'EFFICACITÉ DE LA REDISTRIBUTION

La politique de redistribution est un facteur de progrès économique et social. Comme elle n'arrive pas à réduire efficacement les inégalités, ses modalités de financement et de fonctionnement sont de plus en plus contestées.

1 Les avantages de la redistribution

1. Les progrès sociaux

a) L'accès à l'éducation

L'objectif du système éducatif est fondé sur l'égalité des chances. Le caractère obligatoire de la scolarité jusqu'à 16 ans et la gratuité pour les familles doivent contribuer à réduire les inégalités issues de l'origine sociale des enfants. Elle doit aussi favoriser l'accès du plus grand nombre à de meilleures conditions de vie dans le futur.
L'Éducation nationale est financée par l'impôt. Comme chaque individu bénéficie des dépenses d'éducation pour lui-même ou pour ses enfants à un moment donné, le système est redistributif.

b) La santé publique

En France, les progrès en matière de santé publique reposent sur le système de l'assurance-maladie qui permet à chacun un égal accès aux soins quelle que soit sa contribution au financement de la Sécurité sociale. La redistribution est dite horizontale car elle se réalise entre les personnes malades et les bien portants.

c) La lutte contre la pauvreté

Elle occupe une place de plus en plus importante dans la politique de redistribution. Elle englobe le versement d'un ensemble de prestations sociales au bénéfice des ménages dont les conditions d'existence ou le niveau de revenu sont insuffisants.
La pauvreté est réduite de moitié après le versement des prestations sociales.

2. Le soutien à la croissance

a) La consommation des ménages

Pour J. M. Keynes, la consommation des ménages est l'une des deux composantes de la demande (la seconde étant l'investissement). Les transferts de revenus en faveur des ménages aux revenus les plus modestes permettent d'augmenter leur consommation. La hausse de la demande agit alors comme soutien à la croissance.

b) L'intervention de l'État pour soutenir la croissance

L'État utilise le déficit budgétaire pour relancer l'économie. Les rentrées fiscales qui résulteront de la reprise de la croissance doivent permettre de résorber le déficit.

c) La croissance endogène

La croissance endogène, définie par P. Romer, est générée par les innovations liées au progrès technique. Pour atteindre un niveau de croissance élevé, et donc réducteur de pauvreté, un pays doit s'appuyer sur un système d'éducation efficace. Celui-ci améliore l'efficacité des technologies de l'innovation et des investissements, très dépendants d'un capital humain qualifié.
Le rôle de l'État est d'encourager la recherche et de promouvoir la formation à un haut niveau pour stimuler la croissance. Pour que le progrès technique bénéficie au plus grand nombre, il est nécessaire d'assurer le financement de la recherche fondamentale par les pouvoirs publics. Chacun peut alors utiliser librement ses résultats.

2 Les limites de la politique de redistribution

1. Le poids des prélèvements obligatoires

a) La courbe de Laffer

Économiste libéral, A. Laffer considère qu'un taux d'imposition trop élevé incite les entreprises et les ménages à réduire leur activité et leur travail au profit des loisirs. Il démontre que les recettes fiscales de l'État augmentent avec la pression fiscale mais seulement jusqu'à un certain seuil, au-delà duquel elles diminuent.

b) La fuite des capitaux

La fuite des capitaux se traduit par le changement légal de résidence fiscale pour une personne ou une entreprise afin de trouver un pays offrant une fiscalité relativement plus favorable. Certains de ces pays ou zones sont qualifiés de paradis fiscaux.

c) La compétitivité des entreprises

Le niveau de prélèvements obligatoires d'un pays se traduit par des coûts supplémentaires pour les entreprises par rapport à celles des pays moins-disants sur la fiscalité et la protection sociale. Cela explique en partie le manque de compétitivité, notamment par rapport aux entreprises des pays émergents.

2. Les systèmes de protection sociale en question

a) Le déficit de la Sécurité sociale

Le financement du déficit de la Sécurité sociale (maladie, vieillesse, famille et accidents du travail) est assuré par l'État qui est obligé de réduire les remboursements de l'assurance-maladie et de faire appel aux mutuelles et aux assurances privées.

b) La réforme du système de retraite

Le système de retraite français est fondé sur la répartition : les cotisations versées par les actifs sont utilisées pour payer les pensions des retraités actuels. Ce système, qui repose sur la solidarité entre les générations, a du mal à maintenir son équilibre financier. L'évolution du rapport entre le nombre de cotisants et de retraités est de plus en plus défavorable au maintien du système actuel.

3. L'ouverture des services publics à la concurrence

Elle correspond à un mouvement de libéralisation, sous l'impulsion de l'UE, depuis 1990. L'objectif recherché est une diminution du prix des services, et un fonctionnement au niveau européen et non plus national. Néanmoins, les missions de service public doivent être remplies et conserver un caractère redistributif.

17 L'INÉGALITÉ DES RICHESSES AU NIVEAU MONDIAL

➔ La croissance des revenus au niveau mondial s'est accompagnée d'inégalités accrues entre les pays les plus riches et les pays les plus pauvres. Parmi les pays en voie de développement, les pays émergents rattrapent les pays développés alors que les pays les moins avancés ne voient pas leur richesse augmenter.

1 La fracture entre pays riches et pays pauvres

1. La mesure des inégalités au niveau mondial

a) La richesse par habitant

Les inégalités de richesses entre les pays se mesurent par les écarts des revenus moyens de chaque pays. Le PIB par habitant est l'indicateur le plus utilisé pour apprécier les écarts de niveau de vie entre les pays.

b) Le seuil de pauvreté

La Banque mondiale a établi un seuil de pauvreté absolu à 2 dollars par jour. 50 % de la population mondiale vit en dessous de ce seuil.

c) Les conditions de vie

La mondialisation n'a pas abouti à un niveau de vie plus égalitaire pour tous les peuples dans tous les pays du monde. Le standard de niveau et de mode de vie «occidental» ne semble pas pouvoir être atteint partout et par tous.
La malnutrition, l'espérance de vie réduite et l'analphabétisme sont les principales conséquences de la pauvreté.

2. L'évolution des inégalités

a) La pauvreté dans le monde

La plupart des régions du monde voient l'extrême pauvreté reculer. La réduction la plus spectaculaire est observée en Asie de l'Est, notamment sous l'impulsion de la Chine : on compte, en 2013, 290 millions de personnes extrêmement pauvres alors qu'elles étaient plus d'un milliard en 1981. Mais la baisse de l'extrême pauvreté depuis le début des années 2000 ne compense pas la hausse observée durant les années 1980 et 1990.

b) Les niveaux de vie

L'observation de l'évolution du PIB par habitant de 1973 à nos jours montre que certains pays en développement (Chine, Inde) rattrapent une partie de leur retard économique par rapport aux pays les plus riches. À l'opposé, pour certains pays pauvres, l'écart de niveau de vie ne cesse de se creuser. De plus, les écarts actuels entre les régions sont plus importants qu'en 1980.

2 Le décollage économique des pays émergents

1. Le développement économique

a) L'ouverture économique des pays émergents

De nombreux pays émergents, tels que la Chine, l'Inde, le Brésil, la Russie, ont réformé leur économie dans deux directions : la libéralisation des échanges à l'intérieur du pays et l'ouverture au marché mondial.
En conséquence, les investissements directs étrangers se sont développés, entraînant des transferts de technologies importants. La compétitivité de ces pays leur a permis d'atteindre un niveau de croissance élevé jusqu'en 2008.

b) Les pays émergents dans la mondialisation financière

Les pays émergents participent à la mondialisation financière en investissant à leur tour dans les entreprises des pays développés par des prises de participation ou en acquérant des entreprises.

2. Le rattrapage des pays développés

a) La croissance des pays émergents

Les économies des pays émergents ont assuré plus de la moitié de la production mondiale depuis 2005. Leur croissance économique représente plus de la moitié de l'augmentation du PIB mondial.
La Chine a doublé son revenu réel par habitant en 10 ans alors que les États-Unis et le Royaume-Uni ont eu besoin de 50 ans au cours de leur révolution industrielle entre le XIXe et le début du XXe siècle.

b) La productivité des pays émergents

Les pays émergents combinent à la fois des gains de productivité importants et des salaires plus faibles que ceux des pays développés.
L'amélioration de la productivité du travail favorise les exportations vers les pays développés. Les populations des pays riches bénéficient ainsi d'importations moins coûteuses qui améliorent leur pouvoir d'achat mais mettent en danger les productions nationales.

3. Les conséquences négatives du décollage économique

a) Les atteintes à l'environnement

La croissance économique exceptionnellement rapide des pays émergents a des effets néfastes sur l'environnement naturel dont la dégradation devient alarmante.

EXEMPLES

Déboisement au Brésil, pollution dans les villes chinoises.

b) Le creusement des inégalités internes

Les inégalités internes résultent du partage des richesses au sein du pays. Ces inégalités se traduisent par les écarts de revenus entre les différentes catégories de population.
La croissance soutenue de l'économie s'est accompagnée dans certains pays d'un accroissement des inégalités économiques qui a entraîné des mouvements sociaux dans les villes comme dans les campagnes.

EXEMPLE

En Chine, dans les zones où les anciennes entreprises d'État sont en voie de disparition, des mouvements se sont développés pour préserver la protection sociale héritée de l'économie socialiste. Des protestations ont également éclaté dans les villages contre la pression fiscale et les abus de la bureaucratie.

18 LES MODALITÉS DE FINANCEMENT DES ACTIVITÉS ÉCONOMIQUES

Le financement des activités économiques se réalise soit sur ressources propres (autofinancement), soit par recours à l'endettement. On distingue deux formes d'endettement : l'endettement bancaire classique et l'endettement sur le marché. L'activité sur le marché monétaire et sur les marchés financiers s'est développée ces dernières années.

1 Le financement interne

1. L'autofinancement

Le financement est interne si les agents économiques possèdent les ressources pour financer leurs opérations d'investissement et de gestion courante. Pour une entreprise, l'autofinancement provient de la marge brute d'autofinancement (MBA) dégagée qui est constituée de la part des bénéfices non distribués mise en réserve, des dotations aux amortissements et des provisions pour charges à venir.

2. Les agents à capacité de financement

Les ménages sont, au niveau global, les agents qui disposent le plus de capacité de financement : leur capacité d'épargne excède leur besoin de financement.

3. Les agents à besoin de financement

Les entreprises qui ne disposent pas d'une marge brute d'autofinancement suffisante doivent s'endetter, soit en recourant à l'emprunt auprès d'un établissement de crédit, soit en émettant des titres qui seront directement souscrits par les apporteurs de capitaux. Les titres se négocient en ce cas sur des marchés spécialisés, monétaires ou financiers. Les établissements de crédit ou l'État recourent aussi à ce type de financement externe par les marchés.

2 Le financement externe direct par le marché

1. Le financement à court terme sur le marché monétaire

Le marché monétaire européen est constitué du marché interbancaire (réservé aux agents financiers) et du marché des titres de créances négociables où tous les agents peuvent intervenir en émettant, en souscrivant ou en s'échangeant des titres de créances.

a) Le marché interbancaire

Il s'agit d'un marché réservé à la Banque centrale européenne (BCE), aux banques centrales nationales, aux établissements de crédit ou spécialisés, et aux trésors publics.

b) Le marché des titres de créances négociables

C'est un compartiment ouvert du marché monétaire. Tous les agents y ont accès, résidents ou non résidents. Les titres négociés sont des titres à échéance courte ou moyenne.

2. Le financement à long terme sur le marché financier

Le marché financier est le marché où s'échangent les titres à longue échéance (actions, obligations).

a) Le marché primaire et le marché secondaire

Le marché primaire est celui sur lequel les titres sont émis et achetés pour la première fois. Sur le marché secondaire, les souscripteurs ont la possibilité de revendre les titres avant l'échéance à un cours qui est fonction de l'offre et de la demande.

b) L'émission et la souscription d'actions

Les actions sont des titres qui représentent une part du capital d'une société. Elles sont la propriété des associés. Il existe différentes catégories d'actions : selon leurs formes, elles donnent droit à une part des bénéfices (dividendes) et/ou des droits de vote aux assemblées générales d'actionnaires.

c) L'émission et la souscription d'obligations

Une obligation est un titre de créance à long terme. Le titre constate un prêt fait par un agent créancier à un débiteur. Une obligation donne droit au remboursement du capital prêté et à un intérêt.

Il existe plusieurs catégories d'obligations (à taux fixe, variable, remboursable en actions, etc.). Le Trésor public émet souvent des emprunts obligataires qui ont l'avantage d'offrir la garantie de l'État.

3 Le financement externe indirect (ou intermédié)

1. L'intermédiation bancaire classique

Les banques sont l'intermédiaire classique entre les agents non financiers à capacité de financement et ceux qui ont des besoins de financement. Une banque dispose en permanence de dépôts à vue ou à court terme excédentaires. Elle en utilise une fraction pour octroyer des prêts à moyen ou long terme.

2. L'intermédiation bancaire de marché

Les banques apportent désormais des capitaux aux agents à besoin de financement en utilisant le marché : elles souscrivent les titres qu'ils ont émis sur le marché monétaire ou sur le marché financier.

3. Les crédits des institutions financières non bancaires

a) Les établissements spécialisés non bancaires

Certains établissements sont spécialisés dans l'attribution de crédits spécifiques (exemple : prêts immobiliers). Les sociétés de crédit-bail sont assimilées à des établissements de crédit. Elles ne consentent pas de crédit mais aident les industriels en achetant leur bien d'investissement et en le leur louant.

b) Les OPCVM

Les organismes de placements en valeurs mobilières (OPCVM) sont constitués des sociétés d'investissement à capital variable (SICAV) et des fonds communs de placements (FCP). Acquéreurs de titres sur les marchés monétaires et financiers, les OPCVM concurrencent directement les banques en finançant l'économie.

19 LE MARCHÉ FINANCIER

Les titres de créances à échéance longue sont émis et revendus sur le marché financier. Le marché primaire procure les capitaux aux agents qui en ont besoin ; le marché secondaire garantit aux souscripteurs de pouvoir revendre leur créance avant l'échéance.

1 Le marché financier primaire

1. La justification du marché primaire

Lorsqu'une organisation (entreprise, État, collectivité territoriale) a besoin d'investir, elle peut se procurer des ressources propres à long terme en émettant des actions (ou titres assimilés : certificats d'investissement, titres participatifs) ou des obligations sur le marché primaire. Il s'agit de l'apport de capitaux nouveaux (actions) ou d'emprunts (obligations) représentés par des titres, souscrits par les agents à capacité de financement sur le marché primaire.

2. Le financement des grandes entreprises

Depuis 2005, la Bourse de Paris dispose d'une liste unique de valeurs mobilières cotées : Eurolist. C'est un marché réglementé : les entreprises qui désirent y accéder doivent satisfaire à des conditions d'information et de transparence identiques.

Le règlement des titres se fait généralement au comptant. Les très grandes entreprises ont toutefois la possibilité de régler ou de remettre les titres en fin de mois sur le service à règlement différé (SRD).

3. Un marché pour les PME

Pour les PME qui ne satisfont pas aux conditions d'accès d'Eurolist, un autre marché, moins réglementé, existe : Alternext.

2 Le marché financier secondaire

1. La Bourse des valeurs

a) La définition

Les titres sont échangés sur la Bourse des valeurs par des intermédiaires financiers. Le prix du titre (cours) dépend de l'offre et de la demande : il ne correspond pas nécessairement à la valeur réelle de la firme. Il présente des occasions de plus-values ou de moins-values entre la valeur d'achat et celle de revente du titre.

b) Les fonctions de la Bourse des valeurs

Si la revente des valeurs avant l'échéance de l'emprunt (pour une obligation) ou la fin de la société (pour une action) n'était pas possible, les investisseurs seraient en nombre limité. L'intérêt d'un titre réside dans la possibilité de gains par sa revente à tout moment.

Le marché secondaire des titres « d'occasion » permet au marché primaire des titres « neufs » d'exister. Il n'apporte pas, en revanche, de capitaux nouveaux : seul le nom du possesseur du titre change, sans effet sur le capital ou l'emprunt de l'émetteur.

2. La liquidité des titres

L'activité, c'est-à-dire le nombre d'offres et de demandes d'un titre, indique la facilité avec laquelle il est possible de se procurer de la liquidité en revendant son titre. La liquidité d'un titre rassure les investisseurs et facilite l'émission de titres nouveaux destinés à financer la croissance des sociétés et la réalisation d'investissements.

3. L'évaluation des actifs

a) Les anticipations des cours

L'activité d'un titre dépend des anticipations de profits, de la perspective de dividendes. Une société qui ne réalise pas de bénéfices est peu attractive pour les investisseurs. À l'inverse, les perspectives de croissance d'une société, par exemple dans le domaine des nouvelles technologies de l'information et de la communication, incitent à l'achat du titre et font espérer la réalisation de plus-values.

b) Les variations des cours

Le marché boursier est un marché spéculatif. Les investisseurs courent deux types de risques : le risque global d'une évolution défavorable des cours (le risque du marché) et le risque lié au titre.

Le risque du titre s'élimine en diversifiant son portefeuille de titres, pour se prémunir d'un « accident » affectant une valeur : les autres valeurs compensent.

Concernant le risque du marché, les analyses théoriques montrent que celui-ci est imprévisible et que de grandes variations peuvent survenir. Le comportement mimétique des agents (des ventes en période de baisse, des achats en période de hausse) amplifie souvent les fluctuations initiales du marché.

c) La notion de capitalisation boursière

La capitalisation boursière d'une société se calcule en multipliant le nombre de titres émis par son prix sur le marché financier. C'est le marché qui détermine la valeur boursière des entreprises cotées. Il ne faut pas confondre la capitalisation boursière et la valeur réelle d'une entreprise (déterminée par expertise) qui peut être très différente.

3 Les autres marchés de la Bourse de Paris

1. Le marché à terme international de France

Le MATIF est un compartiment très spécialisé de la Bourse de Paris. C'est un marché à terme, c'est-à-dire qu'il est possible d'acheter des contrats dont le règlement n'interviendra qu'à une date ultérieure fixée (le terme). Ce marché est réservé aux grandes sociétés ou banques qui l'utilisent pour y faire des opérations de « couverture » contre les évolutions des taux d'intérêt ou du cours des matières premières.

2. Le marché des options négociables de Paris

Le MONEP est un autre compartiment « technique » : les titres négociés sont des options, c'est-à-dire des droits d'acquérir (ou de vendre) des valeurs à un cours déterminé.

20 LES INSTITUTIONS FINANCIÈRES

Les établissements de crédit assurent une fonction d'intermédiation entre les agents à capacité de financement et les agents à besoin de financement. La nature de cette intermédiation s'est profondément modifiée.

1 L'intermédiation financière traditionnelle

1. La définition de l'établissement de crédit

Est qualifiée d'établissement de crédit, au sens de la loi (1984), toute personne morale réalisant des opérations de banque, c'est-à-dire qui collecte des fonds du public et octroie des crédits.

2. La création de monnaie par l'établissement de crédit

L'intermédiation est une opération de prêt lorsque l'établissement de crédit dispose au préalable des ressources suffisantes. Elle se transforme en une pure opération de création monétaire lorsque l'établissement crédite un compte de dépôt sans fonds reçus et affectés préalablement à cette destination. C'est le cas de la création de monnaie scripturale par les banques commerciales.

3. Le contrôle du crédit par les autorités monétaires

a) Le refinancement des établissements de crédit

La création de monnaie est régulée par la Banque centrale. Dans la zone euro, les Banques centrales nationales sont rattachées à la Banque centrale européenne (BCE). La BCE oriente le volume global d'émission de monnaie et de crédit en fixant le taux directeur de refinancement qui est le taux d'intérêt auquel les établissements de crédit peuvent eux-mêmes trouver de la liquidité.

b) L'influence du taux directeur sur le coût du crédit

Un taux directeur élevé renchérit, de fait, le coût de refinancement pour les établissements qui le répercutent sur le coût des prêts qu'ils consentent. Le volume de crédits octroyés à l'économie diminue ; un taux faible favorise le financement de l'économie et de la croissance.

c) Les réserves obligatoires

Pour les opérations de refinancement, les banques commerciales doivent déposer auprès de la banque centrale dont elles dépendent des réserves obligatoires non rémunérées. La fixation du niveau des réserves peut constituer aussi une limitation ou une incitation à l'octroi de crédits.

d) La surveillance directe des établissements bancaires par la BCE

La crise économique de 2007 a mis en évidence le besoin d'une union bancaire européenne. Préalablement à cette union, la Commission européenne a demandé, en 2012, une supervision directe des banques européenne par la BCE. Celle-ci a été adoptée le 13 décembre 2012. Cette surveillance concernera d'abord les principales banques. En 2014, 200 banques seront supervisées par la BCE.

2 Les relations entre les institutions financières et le marché financier

1. Les imperfections et défaillances du marché

a) Les coûts de transaction

Les agents non financiers (entreprises, ménages) ont une connaissance très imparfaite des opportunités et des risques des marchés financiers. Le passage des transactions par des intermédiaires spécialisés qui connaissent le marché diminue les coûts d'acquisition de l'information.

b) L'asymétrie d'information

L'information sur les marchés financiers n'est pas toujours symétrique. Par exemple, un emprunteur connaît la rentabilité et les risques de son projet ; le prêteur l'ignore. La réalisation des transactions par un établissement financier professionnel est une précaution.

2. L'évolution des institutions financières

a) La « marchéisation »

Une part croissante du financement de l'économie s'effectue par des établissements de crédit qui interviennent sur les marchés financiers. Le taux du marché financier tend à se substituer aux taux directeur de la BCE pour déterminer les conditions des prêts.

b) La tendance à la « mobiliérisation » des bilans

Les banques acquièrent des titres directement sur les marchés financiers. Elles émettent elles-mêmes des titres négociables de courte échéance. L'importance accrue des valeurs mobilières dans le bilan des banques est le phénomène de « mobiliérisation » (ou « titrisation ») des bilans.

3 Le financement de la croissance

a) L'efficience des marchés remise en cause

Dire que l'allocation du capital s'effectue de manière privilégiée par les marchés financiers suppose que ces marchés soient efficients, c'est-à-dire que le prix reflète l'exacte valeur des titres et résume toute l'information nécessaire pour orienter les projets d'investissement. Or, parfois, ce n'est pas le cas. Par exemple, plus un titre est cher, plus il est demandé et de nombreuses « bulles » spéculatives éphémères apparaissent et éclatent brutalement. C'est un facteur d'instabilité.

b) Le danger pour le financement de la dette publique

Des États ont dû intervenir financièrement dans la zone euro pour soutenir les pays les plus fortement endettés. En contrepartie, il a été demandé à ces pays une plus grande rigueur budgétaire. L'objectif de la « soutenabilité de la dette », c'est-à-dire la capacité à rembourser, peut provoquer des politiques d'austérité peu favorables à la croissance. La création du nouveau mécanisme européen de stabilité (MES) garantit que les banques en difficultés de la zone euro seront désormais recapitalisées par des fonds levés directement sur les marchés financiers, à la place des États.

21 LA GLOBALISATION FINANCIÈRE

➔ La globalisation financière résulte d'une longue évolution du marché international des capitaux vers la libéralisation, qui est quasi-totale dans les années 1980. Les dernières entraves sont levées avec la déréglementation, le décloisonnement des marchés et la désintermédiation.

1 Les caractéristiques de la globalisation financière

1. La suppression des obstacles à la libre circulation des capitaux

La finance est globale quand le marché des capitaux internationaux est «traité comme un tout» (H. Bourguinat). Les produits financiers sont mobiles d'un marché à un autre, avec des coûts de transaction faibles. Trois conditions sont nécessaires à la globalisation : les 3 D.

a) La déréglementation

La déréglementation est l'ensemble des mesures qui ont, dans les années 1980, atténué ou supprimé les dispositions susceptibles de freiner les flux de capitaux au niveau international. La circulation des capitaux s'affranchit du contrôle des États.

EXEMPLES

La suppression du contrôle des changes qui limitait les transferts de devises d'un pays à un autre ; l'assouplissement de la fiscalité.

b) Le décloisonnement

Les agents financiers et non financiers ont la possibilité de passer facilement d'un marché à un autre. Le décloisonnement des marchés résulte de l'ouverture des marchés nationaux aux capitaux étrangers. L'éclatement des compartiments résulte aussi de réformes nationales.

EXEMPLE

En France, la réforme de 1985-1986 a ouvert le marché monétaire aux agents non financiers. Il était auparavant réservé aux banques.

c) La désintermédiation par la titrisation

La désintermédiation consiste à permettre aux agents non financiers (entreprises, administrations et particuliers) d'intervenir directement sur les marchés financiers sans recourir à des intermédiaires. La désintermédiation s'effectue par la titrisation des créances.
La banque transfère une partie de ses prêts à une entité juridiquement distincte : un fonds commun de créances (FCC). Le FCC émet en contrepartie des parts de capital qui sont souscrites par des investisseurs internationaux. Le risque des créances cédées est supporté par le FCC et ses souscripteurs, et non plus par la banque qui a ouvert le crédit.

2. Le recours aux nouvelles technologies

La globalisation s'accompagne de l'informatisation des opérations bancaires, abolissant les frontières des transactions internationales. L'information est diffusée immédiatement et les mouvements sont réalisés par des réseaux informatiques, sans délai ni coût importants, 24 heures sur 24. Les flux de capitaux en sont facilités.

3. Les flux financiers internationaux

La répartition de l'épargne est devenue mondiale. En France, l'ouverture des marchés boursiers nationaux aux investisseurs étrangers permet de financer 50 % des emprunts publics. 46 % de la valeur des titres en Bourse est apportée par des agents non résidents.
Ce financement provient souvent de fonds souverains, ou fonds de réserves publiques. Ce sont des fonds de placements financiers détenus par un État. Ils gèrent et investissent l'épargne nationale.

EXEMPLE

Le premier fonds souverain, par l'importance des capitaux gérés (875 milliards de dollars), est le fonds des Émirats arabes unis : Abu Dhabi Investment Authority (ADIA).

2 Les effets attendus de la globalisation financière

1. L'accélération de la croissance mondiale

a) L'amélioration de l'allocation des ressources financières

On attend de la globalisation qu'elle améliore la capacité du système financier à allouer les ressources. Les investisseurs disposent d'une information générale sur les marchés. Les placements devraient normalement s'orienter vers les secteurs et les pays les plus dynamiques, en particulier les pays émergents.

b) Le rattrapage des pays en développement

L'apport de capitaux internationaux est favorable à la croissance des économies en développement qui contribue pour 50 % à la croissance économique mondiale.
Ces pays ont recours, pour leur financement, à des titres d'emprunts en monnaie locale. Cela développe leurs marchés financiers et rend les placements attractifs pour les investisseurs. Les capitaux nouveaux devraient permettre de combler le retard de développement.

2. De nouveaux instruments de protection contre les risques

L'intégration financière transfrontière renforce le risque qu'un événement éloigné se propage au niveau mondial.

EXEMPLE

Une hausse des taux d'intérêt dans les pays en développement pour attirer les capitaux pourrait, par un effet de contagion, provoquer une hausse généralisée des taux mondiaux et assécher le crédit.

Pour s'assurer contre ces risques, de nouveaux contrats financiers sont apparus. Ils sont réalisés, pour la plupart, à l'aide de techniques utilisant les marchés à terme et les marchés d'options négociables.
La globalisation a favorisé l'émergence de ces innovations financières destinées à réaliser des opérations qui doivent être *in fine* sans gain ni perte pour les agents dont l'objectif n'est pas la spéculation.

22 LES RISQUES FINANCIERS

Les marchés financiers génèrent des risques spécifiques. La globalisation financière fait émerger un risque de crises mondiales qui peuvent perturber durablement l'activité économique.

1 Les catégories de risques

1. Les risques des transactions financières

a) Le risque de liquidité

Le placement doit être facilement convertible en monnaie, c'est-à-dire être liquide.

S'il a un besoin de trésorerie, l'investisseur doit pouvoir récupérer rapidement sa mise pour ne pas risquer d'être insolvable.

b) Le risque de contrepartie

Le risque de contrepartie est le risque de défaut de paiement du débiteur. Le risque de défaillance de l'emprunteur est limité par la présence d'agences de notation (agences de rating) qui indiquent le niveau de risque de certains titres achetés par les investisseurs.

c) Le risque de revenu

La baisse du revenu résulte des variations des cours boursiers. Deux types de risques existent sur les marchés financiers :

- le risque du titre correspond à l'imprévisibilité du sens et de l'ampleur des variations du prix d'une valeur. Il peut fluctuer, à la hausse ou à la baisse, en fonction de l'offre et de la demande spécifiques au titre ;
- le risque du marché résulte de la tendance de l'ensemble des valeurs. Celle-ci se mesure par un indice (exemple : le CAC 40 du marché de Paris).

La possession d'un portefeuille contenant plusieurs valeurs diversifiées limite le risque du titre. En moyenne, les fluctuations se compensent et le risque lié aux évolutions erratiques d'un titre est annulé. Le seul risque qui subsiste pour l'investisseur est le risque de la tendance générale du marché.

2. Le risque de mimétisme des agents

Au lieu d'avoir un comportement rationnel, les agents semblent simplement suivre la tendance, ce qui peut faire douter de la qualité de leurs décisions.

Ils achètent en période de hausse et, réciproquement, vendent en période de baisse, ce qui amplifie les variations des cours.

3. Le risque moral

La titrisation sépare les établissements qui ouvrent un crédit et ceux qui, à la suite du transfert des créances, supportent le risque de défaillance.

L'établissement qui ouvre le crédit a tendance à accorder les prêts avec moins de rigueur. C'est un risque moral : il accroît le nombre de créances douteuses sur le marché.

2 L'accroissement des risques par la globalisation

1. L'instabilité du système financier

a) La survenance de crises

L'origine d'une crise est généralement exogène au système financier, c'est-à-dire qu'elle trouve sa cause dans un choc extérieur.

EXEMPLE

Aux États-Unis, des prêts immobiliers à risque (*subprimes*) ont été accordés aux ménages à faible revenu. Le crédit était garanti par une hypothèque prise sur le bien acheté. La hausse des prix de l'immobilier permettait ce type de prêts. Quand la conjoncture s'est retournée en 2007 sur le marché de l'immobilier, la valeur des maisons a baissé et les taux ont augmenté, rendant difficiles les remboursements. De nombreux débiteurs ont été défaillants.

b) La propagation des crises

Le transfert des créances à des fonds communs déplace le risque mais ne l'élimine pas. En cas de défaillance des débiteurs, ce sont les investisseurs qui ont acquis les parts du fonds commun de créances (FCC) qui supportent le risque d'impayé.

EXEMPLE

Dans la crise dite « des *subprimes* », les premiers investisseurs exposés ont été les banques américaines et européennes. Les pertes qu'elles ont subies ont diminué la confiance des agents dans l'ensemble des institutions bancaires. Les dépôts se sont raréfiés alors que les banques devaient satisfaire des demandes de retraits.

2. Le ralentissement de l'activité économique

a) L'interdépendance entre sphères financière et réelle

Des phénomènes non financiers (exemple : crise de l'immobilier) affectent les marchés financiers (exemple : marché des parts de FCC). À leur tour, ces derniers peuvent conduire les banques à limiter les crédits et freiner ainsi la croissance. Il y a interdépendance entre la sphère de la finance et la sphère réelle des échanges, de l'investissement et de l'emploi.

b) Les canaux de transmission des risques

En cas de perte de confiance dans le système bancaire, les agents à capacité de financement restreignent leurs dépôts. Pour faire face au manque de liquidité, les banques sont obligées de vendre des actions, ce qui fait baisser leur niveau de richesse et chuter les cours des valeurs sur les marchés financiers. C'est l'effet de richesse.

La diminution des dépôts limite les crédits bancaires. Les investissements des entreprises sont donc différés et la croissance de l'activité économique est ralentie. Dans les cas les plus graves, la crise peut se transformer en récession, caractérisée par la baisse du PIB, la chute des prix et le chômage.

23 LA SITUATION ÉCONOMIQUE

L'observation de la situation économique relève d'institutions nationales et internationales. On distingue l'observation de la conjoncture et l'observation des évolutions structurelles.

1 L'observation de la situation économique

1. Les institutions nationales

a) L'INSEE

L'Institut national de la statistique et des études économiques (INSEE) réalise des études sur l'économie nationale : conjoncture, étude des grands équilibres économiques et financiers, analyse par secteur d'activité économique.

L'INSEE mesure les principaux indicateurs. Il effectue des prévisions sur l'évolution de l'économie française à court terme et propose des projections sur les évolutions à moyen et long terme.

b) L'OFCE

L'Observatoire français des conjonctures économiques (OFCE) est un centre de recherche et de prévisions économiques créé en 1981. Son rôle est d'étudier la conjoncture de l'économie française et d'établir des prévisions économiques à court, moyen et long terme.

c) Le Conseil d'analyse économique

Le Conseil d'analyse économique est rattaché au Premier ministre. Il a pour mission d'éclairer les choix du gouvernement en matière économique en confrontant les points de vue et les analyses.

2. Les institutions internationales

a) La Banque centrale européenne (BCE)

La BCE est la banque centrale des pays de la zone euro. Elle collecte les informations statistiques nécessaires à l'accomplissement de ses missions auprès des autorités nationales compétentes, mais aussi directement auprès des agents économiques.

b) L'OCDE

L'Organisation de coopération et de développement économiques (OCDE) regroupe 30 pays développés. Elle analyse et prévoit les évolutions économiques concernant les échanges, l'environnement, l'agriculture, la technologie, la fiscalité, etc. Elle étudie également les changements qui affectent la société.

c) Le Fonds monétaire international (FMI)

Le FMI publie des données sur la politique économique et financière des 185 États membres. Il fournit également des informations sur l'évolution de la situation économique et financière pour aider les investisseurs et faciliter le fonctionnement des marchés.

2 L'analyse de la situation économique

1. Le champ d'action

L'analyse de la situation économique peut porter sur le court terme (moins de 1 an). Elle constitue alors le champ d'action de la politique conjoncturelle.

Lorsque la portée de l'analyse est supérieure à 1 an, c'est-à-dire le long terme, elle entre dans le champ d'action de la politique structurelle.

2. Les indicateurs

a) Les indicateurs conjoncturels

Les évolutions conjoncturelles correspondent aux variations de l'activité économique à court terme avec des déséquilibres temporaires repérés par différents indicateurs : taux de croissance du PIB, taux d'inflation, taux de chômage et solde de la balance des transactions courantes.

b) Les indicateurs structurels

Les indicateurs structurels reflètent le fonctionnement en profondeur d'une économie. Ils varient suivant les priorités des gouvernants. L'Union européenne les a regroupés en six domaines : le contexte économique général, l'emploi, l'innovation et la recherche, la réforme économique, la cohésion sociale ainsi que l'environnement.

3 L'appréciation par les agents

1. Les déséquilibres économiques

Un déséquilibre reflète le décalage qui existe sur un marché donné entre l'offre et la demande. On distingue les déséquilibres entre :

- l'offre et la demande de biens et services qui entraînent des changements de prix et des répercussions sur le pouvoir d'achat des ménages ;
- l'offre et la demande de travail qui sont créateurs de chômage avec des conséquences sur le revenu des ménages.

Un déséquilibre peut aussi provenir de décisions prises par les pouvoirs publics en matière de finances publiques qui ont des répercussions sur la répartition des revenus et du patrimoine des ménages.

2. Le comportement des agents économiques

Les agents économiques réagissent en temps réel aux évolutions de la situation économique aux niveaux national, européen et mondial. Tous les changements qui risquent d'entraîner des conséquences sur leurs ressources disponibles ont une influence sur leurs comportements et leurs décisions.

a) L'appréciation de la situation par les ménages

Les ménages réagissent aux évolutions des prix en adaptant leur comportement. Les modifications qui touchent leur revenu disponible les obligent à arbitrer entre consommation et épargne.

b) Les conséquences pour les entreprises

Les entreprises doivent en permanence anticiper les décisions des ménages en matière de consommation. Elles utilisent pour cela les informations statistiques fournies par les organismes nationaux et internationaux. Elles mettent aussi en place des études spécifiques (enquête d'opinion, panel de consommation, étude de notoriété) pour suivre les comportements des consommateurs et l'évolution des tendances de consommation.

24 LES POLITIQUES ÉCONOMIQUES

Les politiques économiques regroupent l'ensemble des moyens mis en œuvre par les pouvoirs publics pour atteindre d'une part des objectifs liés à la conjoncture et, d'autre part, des objectifs touchant aux structures de l'économie. De plus en plus, les politiques économiques doivent être coordonnées au niveau international, en particulier pour les États membres de l'Union européenne.

1 La notion de politique économique

1. Définition de la politique économique

Le fonctionnement normal du marché ne permet pas toujours d'aboutir à une situation d'équilibre satisfaisante. Cette limite à la régulation par le marché justifie la mise en œuvre d'une politique économique par l'État.

La politique économique désigne l'ensemble des mesures prises par les pouvoirs publics pour atteindre les grands équilibres économiques, pour modifier l'affectation des ressources et pour redistribuer le revenu national.

2. Le schéma des politiques économiques

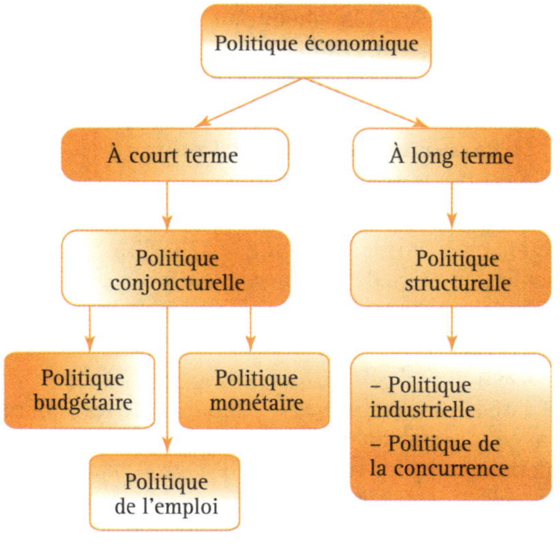

3. Les objectifs de la politique économique

a) La croissance du PIB

La croissance du PIB est l'objectif principal de la politique économique. L'État cherche à promouvoir une croissance économique forte et durable qui contribue au bien-être de la population et au plein-emploi.

b) Le plein-emploi

Le rôle de l'État est de favoriser la création d'emplois directement ou indirectement pour atteindre le plein-emploi.

En situation de plein-emploi, le chômage est à niveau minimal incompressible qui correspond à la durée entre la fin d'un travail et le début d'un nouveau.

c) La stabilité des prix

L'État cherche à garantir le pouvoir d'achat des agents économiques en luttant contre l'inflation.

Il recherche la stabilité des prix car toute augmentation importante des prix constitue une source de déséquilibre qui compromet la croissance.

d) L'équilibre des échanges extérieurs

L'équilibre des échanges extérieurs signifie que les exportations permettent de couvrir les importations. Il est mesuré par le solde de la balance commerciale.

Une balance déficitaire correspond à une croissance économique déséquilibrée qui se traduit par une augmentation des importations au détriment de la production nationale.

e) La finalité sociale de la politique économique

La politique économique a également une finalité sociale avec la lutte contre la pauvreté et l'exclusion sociale, contre l'inégalité hommes-femmes au travail, contre les discriminations à l'embauche.

2 Les instruments des politiques économiques

1. Les composantes de la politique économique

La politique économique se compose d'une dimension conjoncturelle et d'une dimension structurelle.

a) La politique conjoncturelle

La conjoncture correspond au bulletin de santé au jour le jour de l'économie. La politique économique conjoncturelle vise à corriger les déséquilibres macroéconomiques qui apparaissent à court terme.

Elle se compose de deux domaines d'action principaux : la politique budgétaire et la politique monétaire. La politique de l'emploi peut être considérée comme une troisième composante pour toutes les actions sur le marché du travail menées à court terme.

b) La politique structurelle

La politique économique structurelle est une politique sur le long terme visant à modifier durablement la structure de l'économie (la politique industrielle, le fonctionnement de la concurrence, etc.).

Elle peut avoir comme conséquence de modifier les institutions et les comportements des agents économiques.

c) La distinction entre les deux politiques

La distinction entre politique conjoncturelle et politique structurelle est souvent floue car les deux sont liées. Une politique systématiquement conjoncturelle a des conséquences structurelles et une politique structurelle impose souvent des mesures conjoncturelles.

EXEMPLE

La création de contrats précaires pour faire baisser les statistiques du chômage a conduit à une modification structurelle du marché du travail sur le long terme.

24 LES POLITIQUES ÉCONOMIQUES (suite)

2. Les instruments de la politique conjoncturelle

a) La politique budgétaire

La politique budgétaire consiste à utiliser certains instruments budgétaires (dépenses publiques, endettement public, prélèvements fiscaux) pour influer sur la conjoncture économique.

b) La politique monétaire

La politique monétaire a pour objectif d'assurer la stabilité de la valeur de la monnaie.
Le contrôle de la quantité de monnaie en circulation dans l'économie permet de réguler les mouvements de prix.

3. Les instruments de la politique structurelle

La politique structurelle porte sur des domaines traditionnels tels que :
- l'industrie ;
- l'aménagement du territoire ;
- le soutien à l'innovation.

Elle intègre aussi toutes les actions en faveur du développement durable.
Elle s'appuie sur des moyens juridiques (exemple : normes) et financiers (exemples : subventions, allégements fiscaux).

4. Les outils de contrôle des politiques économiques

Des indicateurs permettent de contrôler que la politique économique atteint ses objectifs.

Objectifs	Outils de contrôle
Une croissance économique forte et durable	Le taux de croissance du PIB
La création d'emplois directement ou indirectement	Le taux de chômage en % de la population active
La stabilité des prix pour garantir le pouvoir d'achat	Le taux d'inflation
L'équilibre des comptes extérieurs	Le solde de la balance des paiements en % du PIB

3 L'interaction des politiques économiques

1. Les contraintes internationales

La mondialisation des échanges a conduit à une ouverture des économies et par voie de conséquence à la transmission d'un pays à l'autre des effets des politiques internes.
Chaque État ne peut donc mener une politique économique indépendamment, sans se soucier de son efficacité au regard des actions engagées par ses partenaires économiques.
Les dérèglements de l'économie mondiale avec la crise financière de 2008-2009, les déficits accumulés du budget américain, les aléas des mouvements de prix des matières premières, etc., ont convaincu les gouvernements de la nécessité d'une réelle coordination des politiques économiques.

2. L'appartenance à l'UE

a) L'appartenance à l'UE et à la zone euro

La politique économique de la France se trouve depuis de nombreuses années encadrée par son adhésion à l'UE et à la monnaie unique.
Chaque pays de la zone euro s'est engagé vis-à-vis de ses partenaires à respecter un certain nombre de critères économiques qui restreignent sa liberté d'action en matière de politique économique. Ces critères font l'objet du Pacte de stabilité et de croissance (PSC). Il s'agit de :
- la stabilité des prix ;
- la maîtrise du déficit public qui doit être inférieur à 3 % du PIB annuel ;
- la maîtrise de la dette publique qui doit être inférieure à 60 % du PIB annuel.

Ces critères ont été temporairement assouplis pour permettre aux États membres de mettre en place des plans de relance de leur économie nationale et de faire face à la crise financière de 2008-2009.

b) La solidarité entre les pays membres

La politique régionale de l'Europe est basée sur la solidarité financière. Elle aboutit au transfert de plus de 35 % du budget de l'Union, des États membres les plus riches vers les régions présentant des handicaps sociaux ou économiques.

3. La coordination des politiques économiques mondiales

Pour coordonner leurs politiques économiques, certains organismes internationaux, tels le FMI et l'OMC, mettent en place des processus de décisions conjoints pour définir les grandes orientations de la politique économique au niveau mondial.

a) L'action du FMI

Le Fonds monétaire international (FMI) est chargé d'assurer la stabilité du système monétaire et financier international pour rendre possibles les échanges entre les pays. Le FMI poursuit les objectifs suivants :
- la stabilité économique et la prévention des crises ;
- la résolution des crises ;
- la croissance ;
- la réduction de la pauvreté.

b) L'action de l'OMC

L'Organisation mondiale du commerce (OMC) agit indirectement sur la politique économique des États. Elle permet aux gouvernements membres de résoudre les problèmes commerciaux auxquels ils sont mutuellement confrontés.
L'OMC édicte des règles que doivent prendre en compte les politiques économiques des États adhérents dans le domaine de la libéralisation des échanges commerciaux et de la protection des consommateurs et de l'environnement.

25 LA POLITIQUE CONJONCTURELLE

Les objectifs conjoncturels concernent la recherche de l'équilibre en matière de croissance, d'emploi, de prix et d'échanges commerciaux. Les instruments utilisés sont la politique budgétaire et la politique monétaire.

1 Les objectifs de la politique conjoncturelle

1. Le carré magique de Kaldor

a) L'élaboration du carré magique

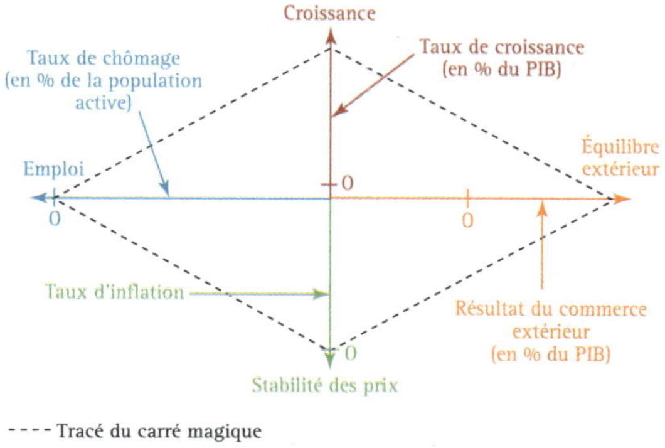

Le carré magique de l'économiste britannique N. Kaldor représente graphiquement la situation conjoncturelle idéale d'un pays à un moment donné : un taux de croissance le plus élevé possible, un commerce extérieur excédentaire, une situation proche du plein-emploi, un taux d'inflation le plus faible possible.

b) L'interprétation du carré magique

Le carré de Kaldor est qualifié de magique car il est impossible d'atteindre simultanément les quatre objectifs. L'observation de la surface réelle du quadrilatère d'un pays montre les priorités de sa politique économique. Ainsi, une déformation vers le sud-est caractérise des objectifs de stabilité des prix et d'excédent commercial au détriment de la croissance et du plein-emploi.

2. Les liens entre les objectifs de la politique conjoncturelle

a) Le dilemme entre inflation et chômage

L'économiste néo-zélandais A. W. Phillips a constaté une relation décroissante entre l'augmentation des salaires et l'augmentation du chômage. Cette relation s'explique par le fait qu'à partir d'un certain niveau de chômage, les salariés sont en position de faiblesse pour obtenir des augmentations de salaires des entreprises.

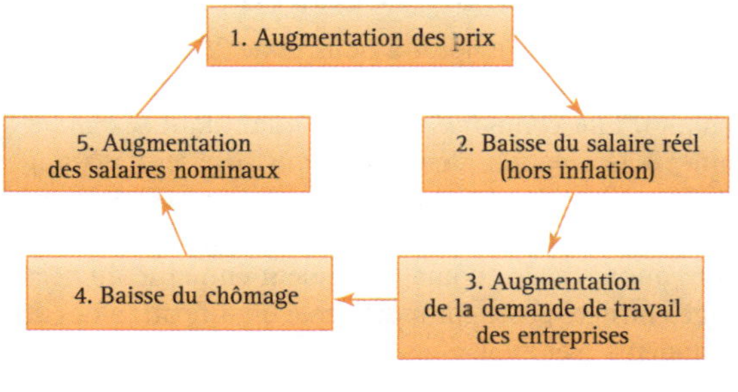

Compte tenu de la relation étroite entre la progression des salaires nominaux et l'inflation, les pouvoirs publics doivent choisir entre la lutte contre le chômage au prix d'une augmentation de l'inflation et la lutte contre l'inflation avec comme conséquence l'augmentation du chômage.

b) La relation entre croissance et emploi

En période de forte croissance, comme pendant les Trente Glorieuses (1945-1975), on observe une corrélation entre la croissance et l'emploi. Plus la croissance du PIB est élevée, plus les créations d'emplois sont importantes. Toute politique en faveur de la croissance aboutit à des créations d'emplois qui elles-mêmes entraînent la distribution de revenus supplémentaires.

3. Le choix d'une politique conjoncturelle

a) La politique de relance

La politique de relance, d'inspiration keynésienne, privilégie les objectifs de stimulation de la croissance et de lutte contre le chômage. Les moyens utilisés pour atteindre ces objectifs sont tout d'abord une politique budgétaire visant à soutenir la demande globale au prix d'un éventuel déficit, mais aussi une politique monétaire expansionniste favorisant l'offre de monnaie.

b) La politique de rigueur

La politique de rigueur privilégie quant à elle la lutte contre l'inflation, l'assainissement financier et la réduction du déficit extérieur. La politique budgétaire recherche l'équilibre et la limitation des dépenses publiques. La politique monétaire se concentre sur la stabilité des prix.

2 La politique budgétaire

1. La mise en œuvre d'une politique budgétaire

a) Le principe de la politique budgétaire

La politique budgétaire regroupe l'ensemble des mesures qui utilise les dépenses publiques ou les recettes fiscales pour agir sur l'activité économique.

Pour J. M. Keynes, l'intervention de l'État dans l'économie doit compenser les dysfonctionnements du marché. En intervenant sur la demande de consommation par un accroissement des dépenses publiques, l'État favorise la croissance.

b) Le mécanisme de la politique budgétaire

Il s'agit de stimuler une croissance trop faible. L'État peut décider de réduire les impôts, d'augmenter ses dépenses ou les deux. Le mécanisme obéit au principe du multiplicateur keynésien :

- l'augmentation des revenus des ménages et des entreprises entraîne une demande supplémentaire de biens et services de consommation et de production ;
- pour faire face aux ventes supplémentaires, les entreprises investissent, ce qui entraîne des créations d'emplois ;
- l'augmentation de l'emploi entraîne un accroissement des revenus distribués aux agents économiques ;

25 LA POLITIQUE CONJONCTURELLE (suite)

– ces revenus supplémentaires conduisent à leur tour à un accroissement de la consommation.

2. Les limites de la politique budgétaire

a) La désincitation au travail et à l'épargne

L'économiste A. Laffer considère qu'un taux d'imposition trop élevé incite les ménages et les entreprises à réduire leurs activités de travail au profit des loisirs. Plus la pression fiscale augmente, plus les recettes fiscales de l'État augmentent, mais au-delà d'un certain seuil elles finissent par diminuer.

Face à l'augmentation des prélèvements obligatoires, les investisseurs renoncent à investir car leurs gains sont en grande partie amputés par l'impôt.

L'analyse d'A. Laffer peut être représentée par une courbe en cloche :

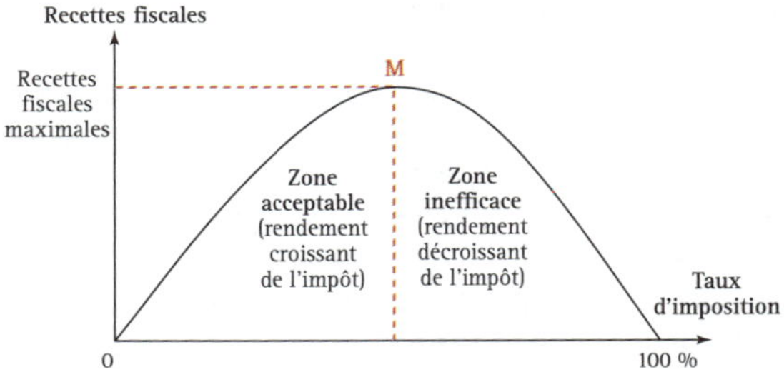

b) La fuite des capitaux ou expatriation fiscale

La fuite des capitaux consiste pour une personne ou une entreprise à changer légalement de résidence fiscale afin de trouver un pays ou une zone économique offrant une fiscalité relativement plus favorable. Certains de ces pays ou zones sont qualifiés de paradis fiscaux.

L'expatriation fiscale a des conséquences négatives pour les États qui subissent une baisse de recettes fiscales. Elle fait peser un poids plus lourd sur ceux qui n'échappent pas à l'impôt.

c) L'effet d'éviction

Lorsque l'État a recours à l'emprunt pour financer le déficit des finances publiques, il s'adresse au marché des capitaux. Il entre alors en concurrence avec les entreprises privées qui empruntent des capitaux pour financer leurs investissements.

Les entreprises n'obtiennent pas ces prêts du fait du besoin de financement élevé des États : ce phénomène est qualifié d'effet d'éviction.

d) La condition de soutenabilité

Chaque État de la zone euro peut mener une politique budgétaire dans la limite où le déficit et la dette publique restent en dessous des seuils fixés respectivement à 3 % et à 60 % de son PIB.

Pour financer le déficit par l'emprunt, les recettes doivent couvrir les dépenses à long terme. Une succession de déficits alourdit la dette de l'État et provoque un effet « boule de neige » : la charge d'intérêt de la dette augmente le déficit qui accroît l'endettement de l'État, et ainsi de suite.

3 La politique monétaire

1. Les principes de la politique monétaire

a) La définition de la politique monétaire

La politique monétaire regroupe les mesures qui concernent les conditions du financement de l'économie. Elle est mise en œuvre par la banque centrale du pays.

Dans la zone euro, la politique monétaire est décidée à l'échelle européenne par la Banque centrale européenne. La BCE est totalement indépendante et est entièrement protégée de toute intervention politique. Mais en l'absence d'un gouvernement économique de l'Europe, elle décide d'une seule politique monétaire qui ne correspond pas nécessairement aux besoins de seize pays différents.

b) L'objectif de stabilité des prix

Le principal objectif est la lutte contre l'inflation. La hausse des prix a pour origine une trop grande quantité de monnaie en circulation dans l'économie. La politique monétaire vise donc à contrôler la quantité de liquidité disponible pour les agents économiques en déterminant la norme de progression de la masse monétaire.

2. La mise en œuvre de la politique monétaire

a) Le principe du taux d'intérêt

L'instrument privilégié d'une banque centrale est le taux d'intérêt à court terme. En augmentant ce taux, elle contraint les banques à augmenter les taux de crédit qu'elles accordent à leurs clients. Cette augmentation freine le recours à l'emprunt des ménages et des entreprises et limite l'inflation, même au prix d'un ralentissement de la croissance économique.

b) L'*open market*

Pour agir sur le taux d'intérêt, la banque centrale intervient directement sur le marché monétaire (ou *open market*) en injectant ou retirant des liquidités pour faire varier le taux d'intérêt et donc freiner ou favoriser le financement de l'activité économique.

c) Le financement des banques

Elle peut également agir sur les taux d'intérêt directeurs des prêts qu'elle accorde aux banques lorsque celles-ci ont un besoin urgent d'argent. Les banques répercutent alors ce coût aux clients qui viennent leur emprunter de l'argent.

La BCE agit enfin en imposant aux banques de constituer des réserves obligatoires pour se prémunir d'une éventuelle crise du crédit.

4 La politique de l'emploi

La politique de l'emploi a pour objectif de rapprocher l'offre et la demande de travail afin d'atteindre le plein-emploi. Elle comporte un volet quantitatif (exemple : aides à la création d'emplois) pour susciter davantage d'offres d'emploi de la part des entreprises. Elle présente également un volet qualitatif (exemple : soutien à la formation) car le chômage provient en partie du décalage entre les postes proposés et la qualification des demandeurs d'emploi.

26 LA POLITIQUE STRUCTURELLE

La politique structurelle vise à améliorer le fonctionnement des marchés pour favoriser la croissance et la compétitivité des économies nationales. Dans l'Union européenne, la mise en œuvre de la politique structurelle relève des États membres tout en s'inscrivant dans le cadre de la stratégie de Lisbonne.

1 Le cadre institutionnel

1. Les décisions communautaires

Dans l'Union européenne, la politique structurelle s'appuie sur les décisions communautaires prises dans les domaines de la politique de la concurrence, de la politique industrielle, de la politique agricole, de la politique de l'environnement et de la politique sociale.

Toutes ces politiques sont coordonnées par les grandes orientations de politique économique (GOPE). Les GOPE visent à créer les conditions d'une amélioration de la croissance et de l'emploi pour garantir la stabilité économique.

2. La stratégie de Lisbonne

a) Le contenu

La stratégie de Lisbonne désigne l'axe principal de la politique économique de l'Union européenne entre 2000 et 2010.

Définie par le Conseil européen de Lisbonne en 2000, elle consiste à faire de l'Union européenne « l'économie de la connaissance la plus compétitive et la plus dynamique du monde d'ici à 2010, capable d'une croissance économique durable accompagnée d'une amélioration quantitative et qualitative de l'emploi et d'une plus grande cohésion sociale ».

Elle comporte quatre domaines d'action prioritaires : la connaissance (éducation, recherche et innovation), l'exploitation du potentiel des entreprises, l'augmentation des possibilités d'emploi et la mise en place d'une politique énergétique.

b) Le rôle des États membres

La mise en œuvre de la stratégie de Lisbonne est de la responsabilité des États membres. La Commission européenne analyse les performances de chaque État et fait des recommandations si l'État membre concerné doit encore renforcer ou accélérer ses efforts dans un domaine.

3. La politique de cohésion européenne

a) Les principes

Une partie de la politique structurelle est conduite directement au niveau communautaire : il s'agit de la politique de cohésion. Celle-ci vise à réduire les écarts de développement entre les régions de l'Union par un transfert de ressources des régions les plus riches vers les plus démunies.

Elle s'appuie sur les principes de solidarité et de proximité pour favoriser la cohésion économique, sociale et territoriale de l'Union.

b) Les objectifs

L'objectif de convergence consiste à aider les régions en retard de développement (dont le PIB est inférieur à 75 % de la moyenne communautaire).

L'objectif de compétitivité régionale vise à renforcer la compétitivité et l'attractivité des régions ainsi que l'emploi.

La coopération territoriale européenne promeut un développement harmonieux et équilibré de l'Union.

2 Les principales orientations

1. L'amélioration du fonctionnement des marchés

a) La politique de concurrence

La politique de concurrence de l'UE garantit que la concurrence n'est pas faussée dans le marché intérieur en veillant à ce que des règles similaires s'appliquent à l'ensemble des entreprises qui y opèrent.

L'UE a mis en place un ensemble de règles visant à condamner, mais aussi à prévenir, les comportements anticoncurrentiels des entreprises comme l'entente (pour contrôler les prix ou se répartir les marchés) ou l'abus de position dominante (de la part d'une entreprise leader qui cherche à exclure ses concurrents du marché).

b) La mise en place d'organes de régulation

Au niveau européen et au niveau français, des organes de régulation des marchés ont été mis en place. En France, il s'agit d'autorités administratives indépendantes des pouvoirs publics comme des entreprises du secteur concerné. Ces organismes accompagnent essentiellement des secteurs d'activité engagés dans un processus de déréglementation et d'ouverture à la concurrence.

Au niveau européen, il s'agit d'agences communautaires qui remplissent une tâche de nature technique, scientifique ou de gestion bien spécifique.

EXEMPLE

L'Agence européenne de la sécurité aérienne.

2. L'adaptation des économies européennes

Depuis 2005, la stratégie définie à Lisbonne a été simplifiée. Elle ne comporte plus que deux grands objectifs : un taux d'investissement dans la recherche et le développement égal à 3 % du PIB européen et un taux d'emploi de 70 %.

Il s'agit des deux objectifs jugés indispensables pour adapter les économies européennes à la mondialisation.

3. L'Europe sociale

L'Europe sociale désigne l'ensemble des politiques sociales de l'UE qui traitent de l'emploi, des conditions de travail et de la protection sociale. Quatre grands domaines concentrent les réalisations de l'UE en matière d'Europe sociale :

- la libre circulation des travailleurs et la coordination des régimes de sécurité sociale ;
- la protection des droits individuels et collectifs sur le lieu de travail ;
- la lutte contre les discriminations et pour l'égalité de traitement des hommes et des femmes au travail.

27 LES ENJEUX D'UNE ORGANISATION DU COMMERCE MONDIAL

La libéralisation et l'augmentation des échanges conduisent à des gains mutuels pour les pays participants. Cependant, des comportements opportunistes et protectionnistes peuvent se développer. Les enjeux d'une organisation du commerce mondial consistent à limiter et à encadrer ces pratiques en fixant des règles collectives.

1 Le commerce mondial est un facteur de croissance

1. La stimulation de la concurrence

a) La loyauté des pratiques

Le but du libre-échange est de promouvoir une concurrence ouverte et loyale sur de vastes marchés. Les règles du commerce mondial combattent toute mesure de discrimination à l'échange et visent à éliminer les pratiques déloyales (*dumping*, subventions).

b) La compétitivité des industries

«*Il ne peut y avoir d'économie forte sans industrie forte*» (rapport Gallois, 2012). L'industrie provoque un effet d'entraînement sur la croissance, l'emploi, la recherche, l'innovation et la formation. Elle doit être compétitive, c'est-à-dire concurrentielle sur les marchés internationaux, pour éviter les pertes d'emploi et développer le commerce extérieur.

c) Les gains de productivité

La compétitivité nécessite des firmes qu'elles puissent réaliser des gains de productivité. La productivité est un facteur important de la croissance des nations. Le développement de la productivité favorise le maintien du niveau de vie et de la protection sociale.

2. La convergence des rémunérations

Le libre-échange favorise la convergence des rémunérations. L'ouverture d'un nombre sans cesse croissant de pays aux capitaux internationaux leur permet de réaliser des investissements qui augmentent la productivité des salariés, les niveaux de qualification et *in fine* les rémunérations des salariés. Par exemple, en Chine, le taux de croissance du salaire réel moyen (après inflation) des entreprises privées a été, en 2012, de 14 %.

3. Le rattrapage des pays les moins avancés

De nombreux pays émergents modifient leur stratégie de développement. D'un développement autocentré qui consiste à partir de leurs propres ressources pour produire, d'abord, pour le marché national et à n'exporter que lorsque la demande nationale est satisfaite, certains pays préfèrent se tourner vers une stratégie d'exportation qui provoque l'entrée de recettes et favorise le développement des industries nouvelles.

2 Les entraves au libre-échange

1. Le risque du «passager clandestin»

L'attitude du «passager clandestin» consiste, pour un pays, à bénéficier d'un accord sans en respecter les règles. Par exemple, une nation pourrait chercher à profiter des avantages que représente l'ouverture des marchés pour ses exportations, tout en protégeant son économie en instaurant des mesures protectionnistes pour ses propres produits ou services. L'Organisation mondiale du commerce doit contribuer à ce que de telles pratiques n'aient pas lieu.

2. Les formes de la protection

a) Les barrières tarifaires

Il s'agit de taxes prélevées sur les produits en provenance de l'étranger lors de leur passage en douane. On distingue les droits de douanes réguliers (taxe *ad valorem*, en fonction de la valeur des biens importés, taxes spécifiques) et les droits de douanes punitifs destinés à compenser un préjudice subi en raison d'une vente à prix bas déloyale (droits anti-*dumping*) ou d'une subvention (droits compensateurs). Les droits de douane ont le mérite d'être visibles.

b) Les barrières non tarifaires

D'autres mesures limitent les échanges de marchandises ou de services : l'embargo (interdiction d'entrée d'un produit), les contingentements (ou quotas) limitant en quantité les entrées, les restrictions «volontaires» d'exportations qui consistent à obtenir du pays exportateur qu'il limite ses exportations, etc. Le protectionnisme déguisé correspond aux mesures moins visibles telles que les normes, les procédures, les règlements sanitaires ou phytosanitaires.

c) La distinction entre échanges protégés et autarcie

Le protectionnisme est parfois justifié, surtout si un pan industriel est menacé (perte d'emplois). C'est pourquoi les échanges protégés font partie des théories de l'échange. L'autarcie (l'absence d'échange) est exceptionnelle et ne fait pas partie des théories de l'échange.

3 L'organisation de zones d'échanges régionales

Les nations cherchent à créer des groupes pour organiser les échanges. Les principales formes d'organisation sont :

1. Les zones de libre-échange

Une *zone de libre-échange* est une zone géographique où les pays s'entendent pour commercer entre eux librement, chaque nation restant libre de fixer son propre niveau de droits de douane vis-à-vis des pays extérieurs à la zone.

2. Les unions douanières

Une *union douanière* est, à l'intérieur de la zone, une région dans laquelle les échanges se font sans entrave, mais qui se protège de l'extérieur par des droits de douane communautaires. À un stade plus avancé d'intégration politique et économique, l'union douanière peut se doter de politiques économiques communes, voire d'une monnaie unique.

Ces formes d'organisation ne doivent pas remettre en cause le principe général de la libre circulation mondiale des échanges commerciaux.

28 L'ORGANISATION MONDIALE DU COMMERCE

Créée en 1995, l'Organisation mondiale du commerce (OMC) offre un cadre pour les négociations multilatérales relatives au commerce mondial. Il en émane des règles qui ont pour objectif principal le libre-échange entre les nations. Le nombre des États membres ne cesse de croître.

1 Les fondements de l'organisation

1. Les principes de base de l'OMC

a) La volonté de poursuivre l'accord originel du GATT

Pour établir les règles du commerce mondial, l'Organisation mondiale du commerce (OMC, 1995) conserve *l'Accord général sur les tarifs douaniers et le commerce* (plus connu sous le nom de GATT, son acronyme anglais) dont l'objectif a toujours été, depuis son origine en 1947, de promouvoir une bonne entente commerciale entre les nations.

b) Les principes majeurs de l'OMC

Les échanges doivent s'effectuer sans discrimination ni préférence, c'est-à-dire sans privilégier les relations entre un pays et un autre sur le fondement de la clarté et de la transparence des règles.

2. Les champs d'application

- *L'Accord général sur les tarifs douaniers et le commerce* est l'accord qui prône la libéralisation du commerce des marchandises. Il reste le centre des préoccupations de l'OMC. Il a pour objectif de combattre les entraves à la libre circulation des biens industriels, agricoles ou textiles.
- *L'Accord général sur le commerce des services* (AGCS) complète l'accord du GATT en prenant en compte la montée des services : services financiers, d'assurance, télécommunications, transports, etc.
- *L'Accord sur les droits de la propriété intellectuelle liés au commerce* (ADPIC) s'attache plus spécifiquement à réglementer la circulation des droits de la propriété intellectuelle : marques, brevets, produits culturels...

3. Le contrôle des politiques

Les politiques commerciales des États membres de l'OMC font l'objet d'un examen, à intervalles réguliers, pour s'assurer que les règles sont bien respectées.

4. L'organe de règlement des différends (ORD)

L'OMC est dotée d'un organe, l'ORD, pour régler les litiges commerciaux entre les pays membres. Quand un pays considère que son partenaire viole les accords, un groupe spécial (experts, représentants des pays) est créé. Des sanctions commerciales peuvent être prononcées.

5. L'élargissement de l'OMC

En 1947, seuls 23 pays signaient l'accord du GATT. Les adhérents se sont accrus et l'OMC a accueilli, en octobre 2012, son 158e membre, le Laos.

2 Les principales clauses de l'OMC

1. La clause de la nation la plus favorisée

La clause de « la nation la plus favorisée » impose au pays qui consent un avantage à l'un de ses partenaires commerciaux d'étendre cette mesure à tous ses partenaires.

2. L'interdiction du « *dumping* »

Le « *dumping* » consiste à vendre à l'extérieur des produits ou des services moins chers que sur le territoire national. Il est officiellement traduit sous le nom de « vente à perte ». Cette technique commerciale destinée à accroître les parts de marché contrevient aux principes de la concurrence loyale, et est combattue par l'OMC.

3. La clause de sauvegarde

Un pays garde toutefois le droit, pour soutenir un secteur en difficultés, de restreindre temporairement des importations qui causent ou menacent de causer un dommage (ex. : pertes d'emplois).

3 Les négociations multilatérales

1. Le multilatéralisme

Le multilatéralisme signifie que les gouvernements doivent s'entendre pour négocier des règles valables pour tous. Des décisions prises collectivement, avec un large consensus, prévaudront automatiquement sur les décisions nationales prises unilatéralement.

2. L'objet des négociations au sein de l'OMC

a) La baisse des droits de douane

Les droits de douane constituent l'obstacle le plus important aux échanges commerciaux. Le premier objectif du GATT était de réduire les droits d'abord sur les produits industriels, puis sur les autres biens : produits agricoles, services.

b) L'élimination des obstacles non tarifaires

D'autres obstacles entravent la fluidité des échanges. L'OMC se donne aussi pour but d'éliminer, à terme, les barrières non tarifaires.

2. Les réussites et les limites de l'OMC

a) Les réussites : la baisse des droits de douanes

Un des plus grands succès de l'OMC (alors GATT) a été la réussite des négociations dites « Kennedy » (*Kennedy Round*), de 1964 à 1967, qui a diminué les droits de douane sur les produits industriels de 35 %. Le « Tokyo Round » (1973-1979) a abaissé encore les droits de douane sur les produits industriels et a porté sur les obstacles non tarifaires. Le cycle d'Uruguay (1986-1994) a abouti à la création de l'OMC.

b) Les limites : les difficultés présentes de l'OMC

Au Qatar, en 2001, les membres de l'OMC ont ouvert un nouveau cycle de négociations appelé Programme de Doha pour le développement (PDD) ou cycle de Doha. Les divergences concernent principalement l'accès des marchés pour les produits non agricoles.

29 LES LIMITES DE LA GOUVERNANCE MONDIALE

L'OMC a pour mission de renforcer la libéralisation des échanges et tente de l'étendre à des biens et des services qui relèvent de nouveaux domaines. Le consensus mondial émerge difficilement, d'autant plus que les négociations multilatérales doivent tenir compte d'accords régionaux ou bilatéraux entre les membres.

La notion de gouvernance est une expression récente. Il s'agit de réfléchir à la façon dont l'économie mondiale est gouvernée en l'absence d'un gouvernement mondial. En effet, les nations sont autonomes, mais interdépendantes. On s'intéresse donc à la façon dont sont définies et appliquées les règles collectives.

1 La transversalité des thèmes abordés

1. L'environnement

Certaines mesures nationales, de nature environnementale, ont un impact direct sur le libre-échange.

EXEMPLE

Les États-Unis ont décidé d'interdire les importations de produits à base de thon pêché par du matériel qui ne correspond pas aux normes américaines de protection des dauphins.

L'OMC considère que des dispositions unilatérales prises par un pays, même pour protéger les animaux ou les ressources naturelles, contreviennent aux règles multilatérales du commerce.

2. Les normes du travail

Des produits font l'objet d'un commerce alors qu'ils sont fabriqués dans des conditions de travail contraires aux règles de l'Organisation internationale du travail (travail des enfants, absence de syndicalisation, etc.). L'OMC travaille avec l'OIT pour édicter des règles communes.

3. La libéralisation des services

La libéralisation des services définis dans l'Accord général sur le commerce des services (AGCS) recouvre un vaste domaine qui va de la banque au tourisme, en passant par les services publics (santé, éducation). L'enjeu est considérable car les services tirent l'économie mondiale.

4. L'ouverture des marchés agricoles

Les pays exportateurs de produits agricoles, Australie et Brésil en tête, demandent le démantèlement des subventions à l'agriculture. L'Europe et le Japon, au contraire, militent pour leur maintien ; ils défendent le principe de multifonctionnalité selon lequel l'agriculture fournit des services et des produits qui vont au-delà des denrées agricoles (exemple : espaces verts).

5. Les échanges intrafirmes

Les échanges entre filiales, ou entre filiales et sociétés mères de firmes multinationales, représentent près du tiers des échanges. Ces flux échappent, pour le moment, à la gouvernance de l'OMC.

6. Le commerce des produits numériques dématérialisés

Des produits (livres électroniques, morceaux de musique, vidéos, etc.) font l'objet de relations transnationales par voie électronique ; c'est un mode de diffusion et d'échanges qui nécessite de nouvelles règles.

7. La propriété intellectuelle

Les États-Unis souhaitent renforcer la protection de la propriété intellectuelle. Les pays en développement, Inde en tête, s'y opposent, estimant que c'est un moyen, pour les pays développés, de faire du protectionnisme déguisé.

8. La culture

La France désire maintenir sa politique de soutien aux activités culturelles, en particulier les quotas et les subventions accordées au secteur audiovisuel, le prix unique du livre, etc., au nom de la protection de la diversité culturelle. Les États-Unis ne reconnaissent pas cette « exception culturelle », selon laquelle les biens culturels ne sont pas des biens comme les autres ; ils en réclament la suppression.

2 Les accords régionaux

1. La multiplicité des accords régionaux

Pratiquement tous les pays adhèrent à une union douanière, une zone de libre-échange ou un accord bilatéral. Au sein d'une union douanière, les échanges sont libres et la protection douanière uniforme.

EXEMPLES

L'Union européenne et le MERCOSUR (marché commun d'Amérique du Sud) sont des unions douanières.

À l'intérieur d'une zone de libre-échange, le commerce est libre et chaque pays conserve la liberté de fixer ses droits de douane.

EXEMPLES

Accord de libre-échange nord-américain (ALENA), Association des nations de l'Asie du Sud-Est (ASEAN).

Un accord bilatéral est conclu entre deux pays.

EXEMPLE

L'accord commercial de rapprochement économique entre l'Australie et la Nouvelle-Zélande.

2. L'enjeu pour la gouvernance mondiale

Les accords bilatéraux entre pays ou le développement de zones régionales de commerce sont, en principe, en contradiction avec le principe de l'égalité de traitement entre toutes les nations et constituent une autre limite à la gouvernance mondiale par l'OMC.

Des arrangements régionaux contreviennent aux règles de l'OMC, par exemple en érigeant des tarifs douaniers communs autour de la zone.

Cependant, certains accords ne créent pas d'obstacles au commerce avec les autres pays. Ils renforcent au contraire le libre-échange en facilitant les échanges intrazone et préparent la négociation d'accords multilatéraux.

30 LA COOPÉRATION INTERNATIONALE : UNE OFFRE DE BIENS PUBLICS MONDIAUX

La mondialisation fait prendre conscience de besoins globaux qui ne sont pas satisfaits par le marché. L'absence d'un gouvernement mondial pour produire les biens publics qui pallieraient cette insuffisance du marché implique qu'ils soient produits et gérés grâce à la coopération des États.

1 L'émergence de la notion de bien public mondial

1. La dimension internationale

Ch. Kindleberger (1986) définit les biens publics mondiaux comme «l'ensemble des biens accessibles à tous les États qui n'ont pas nécessairement un intérêt individuel à les produire».

La définition souligne deux aspects. D'une part, l'intérêt tiré du bien dépasse le cadre des frontières nationales. D'autre part, il appartient aux puissances publiques de produire les biens qui concourent au bien-être mondial.

2. La dimension intergénérationnelle

Les biens publics mondiaux ont une portée intergénérationnelle. Ainsi, les mesures visant à limiter l'accumulation des gaz à effet de serre bénéficient à la génération présente et aux générations futures. Il en est de même de la biodiversité, de l'éradication des pandémies, de la stabilité climatique, de la stabilité financière et commerciale.

2 Les caractéristiques des biens publics mondiaux

Un bien public mondial est un bien dont la consommation est collective au niveau international. Le bien public mondial est pur s'il satisfait aux deux conditions de non-exclusion et de non-rivalité énoncées par P. Samuelson (1954).

1. La non-exclusion

L'acquisition d'un bien marchand exclut ceux qui ne l'ont pas acheté de sa consommation. Au contraire, un bien public ne fait pas l'objet d'une appropriation individuelle : il n'y a aucune exclusion et le financement du bien est assuré par des fonds publics.

EXEMPLE

La stabilité climatique n'a pas de prix de marché et bénéficie à tous les habitants de la planète.

2. La non-rivalité

La consommation du bien par les habitants d'un pays ne réduit pas la consommation du bien qui en est faite dans les autres États. Il n'y a aucune rivalité pour la détention du bien.

EXEMPLE

La consommation d'informations publiques produites par des campagnes destinées à éradiquer des pandémies (sida, variole) ne limite pas l'usage de ces mêmes informations par d'autres nations. L'information est libre et abondante.

3. Les biens publics impurs

La notion de bien public s'étend à des biens dits «impurs», où l'une des deux caractéristiques fait défaut.

a) Les biens de club : non-rivalité et exclusion

Les biens de club s'utilisent sans rivalité mais leur accès est limité par un prix d'entrée (exclusion). Il faut adhérer à un groupement et s'acquitter d'un droit pour en bénéficier.

EXEMPLES

Canal de Suez, de Panamá.

b) Les biens communs : non-exclusion et rivalité

Les biens communs sont gratuits (non-exclusion) mais s'épuisent quand ils sont consommés. Le problème à résoudre est celui de leur surexploitation et de la rivalité qui en résulte pour s'approprier la ressource gratuite en l'absence d'un marché. La gestion publique des ressources corrige les anomalies du marché sans remettre en cause la liberté du commerce.

EXEMPLE

La surexploitation des forêts, sans respecter le temps de reboisement, satisfait l'intérêt individuel de l'exploitant forestier, mais compromet l'équilibre écologique à long terme.

3 La production de biens publics mondiaux

1. La production par un fournisseur hégémonique

a) Le principe

Un État (ou un groupement d'États) peut être à l'origine de la fourniture du bien public mondial.

EXEMPLE

Les États-Unis ont été à l'origine du système monétaire international de Bretton Woods, en 1945. Ils ont aussi favorisé les premières négociations du GATT pour libéraliser le commerce mondial.

b) Les limites de la production hégémonique

La production du bien public par un producteur dominant est soumise à des conditions qui en font un cas limité :
- la stabilité de l'État ;
- la capacité à fournir le bien public ;
- la volonté politique d'être le producteur unique ;
- la supériorité des bénéfices retirés de l'opération par rapport aux coûts engagés.

2. La production par la coopération internationale

a) Le phénomène du «passager clandestin»

La théorie économique montre que la production d'un bien public mondial par un pays qui n'est pas de taille hégémonique n'est pas rationnelle. La production du bien par un seul pays profiterait à l'ensemble de la collectivité. Or, il est impossible d'en faire payer le prix. Aucun État n'a donc intérêt à le produire de manière

30 LA COOPÉRATION INTERNATIONALE : UNE OFFRE DE BIENS PUBLICS MONDIAUX

individuelle. Chaque nation a, au contraire, intérêt à adopter un comportement de « passager clandestin », c'est-à-dire à attendre l'initiative des autres pour en profiter.
Dans ces conditions, le bien public mondial risque de n'être jamais produit. C'est un échec du marché puisque le comportement individuel des agents ne parvient pas à maximiser le bien-être mondial.

b) L'échec des États

La difficulté à produire un bien public mondial signale aussi un échec des États car les décisions à prendre concernent les gouvernements.
Une autorité publique supranationale doit donc se substituer au marché et aux États individuels pour réaliser l'allocation optimale des ressources. Faute d'un gouvernement unique mondial, il revient à la coopération internationale d'organiser la production et la gestion du bien public.

4 Les modalités de gestion du bien public mondial

1. Le recours à des institutions internationales

Les nombreuses organisations internationales (Organisation mondiale du commerce, de la santé, Conseil de sécurité de l'ONU, Organisation internationale du travail, etc.) fournissent un cadre de réflexion débouchant sur des traités générateurs d'obligations juridiques, des protocoles actant des résolutions communes, ou des communiqués annonçant des mesures d'urgence.

EXEMPLE

Face à la crise financière déclenchée en 2007, le groupe des 20 pays les plus riches du monde (G20), réuni à Londres en avril 2009, a rappelé que la prospérité mondiale était « un bien indivisible ». Les États se sont engagés à accorder 1 100 milliards de dollars pour soutenir le crédit, la croissance et l'emploi. Le communiqué prévoit un renforcement de la supervision financière, une réforme du Fonds monétaire international et de la Banque mondiale pour fonder « un nouvel ordre économique mondial ».

2. Les mesures contraignantes

Des mesures fiscales sont parfois utilisées pour contraindre les auteurs d'externalités négatives à supporter dans leurs coûts une partie du coût social qu'ils font supporter à la collectivité.

EXEMPLE

Pour compenser le coût de l'instabilité économique due à la spéculation, l'économiste J. Tobin propose de taxer les transactions financières.

3. Les incitations et l'instauration de marchés adaptés

L'introduction d'un droit ou permis peut permettre de réaliser la production du bien public mondial en utilisant les mécanismes du marché. Ainsi, le protocole de Kyoto comporte des objectifs de réduction des émissions de gaz à effet de serre. Les États et les entreprises ont la possibilité d'échanger des permis d'émission sur un marché. Le dépassement de leurs objectifs devient coûteux, ce qui les incite à respecter leurs engagements.

EXEMPLE

Le Japon a un objectif de réduction de 6 % de ses émissions de CO_2 entre 2008 et 2012. En 2007, il a négocié avec la Hongrie pour lui acheter des « droits » et tenir ainsi ses engagements.

5 Les limites de la coopération internationale

1. La nécessité de nouvelles régulations

Les États ne peuvent pas traiter individuellement d'importantes questions mondiales. Par ailleurs, les institutions traditionnelles (Fonds monétaire international, Organisation mondiale du commerce) semblent en crise : contestation par les organisations non gouvernementales, longueur des discussions de l'OMC, nécessaire rénovation du FMI pour gérer la crise financière mondiale, etc.
La mondialisation fait apparaître la nécessité de nouvelles régulations. La gouvernance mondiale suggère la création de nouvelles institutions supranationales. Par exemple, la création d'une organisation mondiale de l'environnement. Pour le moment, la seule solution à la question d'une « gouvernance mondiale » réside dans les discussions multilatérales et la coopération.

2. La conciliation des intérêts particuliers

La coopération nécessite de s'accorder sur les finalités et le partage des responsabilités, ce qui suppose de hiérarchiser les priorités. La multiplicité des acteurs rend l'ordre des priorités difficile à établir. Les discussions sont souvent longues et complexes avant d'aboutir à un accord satisfaisant pour l'ensemble des parties.

3. Le financement des actions

Le financement du bien public est assuré par le budget des États. La répartition des charges entre les États dépend des modes de contribution et des négociations multilatérales. Deux méthodes sont possibles : une contribution proportionnelle à la taille ou au poids économique de chaque État ou une contribution différenciée en fonction de l'avantage retiré de la réalisation de l'objectif.

EXEMPLE

Les États-Unis ont justifié leur retrait du protocole de Kyoto par des raisons économiques, la répartition du financement entre les signataires leur semblant désavantageuse.

exercices

exercice 1 Les revenus primaires

L'essentiel de la production de richesses, quelle qu'en soit la provenance, se transforme en revenus primaires destinés à l'ensemble de la population. Lorsqu'on parle de revenus primaires, on pense avant tout à ceux qui sont issus du travail, et plus rarement à ceux tirés du patrimoine.

Journaléco, mars 2008.

ENTRAÎNEZ-VOUS

1. Comment s'organise la distribution primaire des revenus ?

2. Donnez des exemples de revenus primaires touchés par les agents économiques.

CORRIGÉS p. 42

exercice 2 La dématérialisation de la monnaie

Au Moyen Âge, la monnaie ne représentait pas une valeur ; elle était une valeur, une marchandise, puis elle est progressivement devenue un instrument de mesure. Aujourd'hui, la monnaie tend à se dématérialiser, à ne devenir qu'un pur signe, comme en témoignent la croissance rapide de la part des transactions en monnaie scripturale au détriment de la part des échanges en monnaies fiduciaire et métallique et le développement récent de la monnaie électronique. La disparition du franc au profit de l'euro masquerait-elle la disparition de la monnaie comme élément matériel ?

http://classes.bnf.fr/franc/pistes/theme5.htm.

ENTRAÎNEZ-VOUS

1. Présentez les principales caractéristiques des différentes formes de la monnaie.

2. Expliquez la notion de monnaie dématérialisée.

CORRIGÉS p. 42

exercice 3 Les salaires augmentent en Chine : progrès ou problème ?

Longtemps considérée comme usine du monde aux coûts salariaux faisant partie des plus bas, la Chine est maintenant confrontée à la hausse des salaires.
Ce changement est une menace pour la compétitivité de la Chine, qui joue sur le facteur prix, mais cela augmente aussi la productivité.
La conséquence va être la délocalisation de certaines entreprises, venues profiter du *dumping* social, vers l'Asie du Sud et du Sud-Est où les coûts salariaux sont toujours aussi bas.
Cette transformation montre aussi le changement de politique du gouvernement chinois, qui veut maintenant produire des biens haut de gamme et non essentiellement des biens bas de gamme.
L'augmentation des salaires est un des facteurs de cette transformation car elle valorise la productivité et la qualité.

http://www.chineseinstitute.fr

ENTRAÎNEZ-VOUS

1. Définissez la notion de productivité du travail.

2. Quelles sont les conséquences de l'augmentation des coûts salariaux sur l'économie chinoise ?

CORRIGÉS p. 42

exercices

exercice 4 Les inégalités entre les femmes et les hommes en Europe

Écart de rémunération entre hommes et femmes (%)	
Les femmes gagnent... % de moins que les hommes	
Italie	5,5
Roumanie	8,1
France	15,5
Suède	16
Espagne	16,7
Union européenne	16,9
Royaume-Uni	20,6
Allemagne	23,2

Lecture : en Suède, le salaire horaire moyen des femmes est inférieur de 16 % au salaire horaire moyen des hommes. En d'autres termes, le salaire horaire des femmes y est donc équivalent à 84 % de celui des hommes.

Source : Eurostat. Année des données : 2009.

Ces données ne prennent pas en compte les écarts de salaires liés aux différences de temps de travail. Or les femmes sont bien plus nombreuses que les hommes à travailler à temps partiel. De plus, ces données sont fortement corrélées à la participation des femmes au marché du travail. Tout particulièrement en Italie, où 64 % des femmes seulement sont sur le marché de l'emploi, contre près de 80 % dans l'ensemble de l'Union européenne. Cela explique en partie l'écart de salaire observé en Italie, très faible par rapport aux autres pays.

Observatoire des inégalités, 5 mars 2012.

ENTRAÎNEZ-VOUS

1. Comment mesure-t-on les inégalités entre les hommes et les femmes au travail ?

2. Quels pays se distinguent particulièrement en matière d'inégalités ?

3. Comment s'expliquent les inégalités de salaires entre les hommes et les femmes ?

CORRIGÉS p. 42

exercice 5 La difficile situation européenne

Entouré par des dizaines de milliers de manifestants, le parlement grec a de justesse adopté la nuit de mercredi à jeudi les nouvelles mesures de rigueur du gouvernement Samaras portant sur 18 milliards d'économies à réaliser d'ici 2016 [...]. Les prévisions d'augmentation de la dette publique grecque ne cessent d'augmenter en dépit de tout, déjouant les prévisions officielles. Selon la Commission, son ratio par rapport au PIB devrait atteindre 188,4 % en 2013, puis culminer à 188,9 % en 2014, rendant totalement irréaliste l'objectif de 120 % en 2020 fixé par le FMI...

La situation n'est guère plus brillante en Espagne, dans un genre différent mais pour de mêmes résultats. Les pertes bancaires dues à l'éclatement de la bulle immobilière ne cessent de s'accroître, alimentées par la récession et l'augmentation du taux de créances douteuses qui en résulte [...].

Dette publique ingérable en Grèce, dette privée qui ne l'est pas moins en Espagne, la zone euro est aux prises avec [...] une crise dont elle parvient moins que jamais à se dépêtrer...

Le nez sur leurs contradictions, F. Leclerc, Blog de Paul Jorion, novembre 2012.

ENTRAÎNEZ-VOUS

Quelles sont les conséquences d'une politique d'austérité dans un pays de la zone euro ? Vous direz d'abord quelles sont les conséquences pour le pays lui-même, puis, plus largement, quelles incidences cela peut avoir pour les autres pays de la zone euro.

CORRIGÉS p. 43

exercice 6 Le rôle des marchés dans la crise de l'euro

Mais voilà que Mario Draghi, le 26 juillet, déclare à Londres que la BCE qu'il dirige – je traduis de l'anglais – « est prête à tout pour la préservation de l'euro » ; et d'ajouter, sibyllin, « croyez-moi, ce sera assez ». Enthousiasme des marchés qui traduisent, cette fois dans la langue des traders : en cas d'attaque spéculative, la BCE se mettra en travers du chemin en rachetant autant qu'il le faudra des titres de dette espagnole ou italienne. Or, la banque centrale a des moyens infinis pour acheter ce qui est en euros puisqu'elle-même fabrique les euros. Elle a donc plus de moyens que tous les spéculateurs réunis et cela change la donne : à partir de là, il devenait risqué de spéculer sur l'Italie ou l'Espagne…

BCE : super Mario fait sa rentrée, A. Bénassy-Quéré, Blog du CEPII, 6 septembre 2012.

ENTRAÎNEZ-VOUS

1. **Quels seraient les risques, pour les pays européens, si un ou plusieurs pays de la zone euro décidait d'en sortir ?**

2. **Montrez comment l'annonce de l'intervention de la BCE a calmé les marchés. Qu'aurait-il pu se passer sinon ?**

CORRIGÉS p. 43

exercice 7 Les biens publics mondiaux

Qu'il soit question de l'effet de serre [...] ou des grandes campagnes d'éradication de maladies endémiques comme la variole ou le sida, les dommages à combattre et les solutions à apporter dépendent de stocks s'accumulant en longue période. Pour le réchauffement climatique, par exemple, c'est parce que les gaz à effet de serre se sont accumulés par le passé que les flux nouveaux sont particulièrement dangereux. En sens inverse interviennent les stocks de capital (technique ou humain), les stocks biologiques ou génétiques, ou encore les réserves de crédibilité pour les systèmes monétaires. Les dommages ou les bénéfices se manifestant le plus souvent par accumulation lente et parfois irréversible, la gestion de ces biens publics est particulièrement délicate en raison de ces décalages temporels importants. En matière biologique, par exemple, la disparition actuelle d'une espèce peut très bien avoir une incidence future sur l'équilibre du biotope sans commune mesure avec son impact immédiat. La gestion de ces biens publics doit donc prendre en compte non seulement l'intérêt de la génération présente, mais aussi celui des générations futures.

Henri Bourguinat, « Quand les biens "publics" deviennent "globaux" », *Sociétal*, n° 39, 1er trimestre 2003.

ENTRAÎNEZ-VOUS

1. **Quelles sont les caractéristiques d'un bien public mondial ?**

2. **Quelle caractéristique des biens publics mondiaux le professeur Henri Bourguinat met-il en évidence dans cet article ?**

CORRIGÉS p. 43

corrigés

exercice 1 page 39

1. Les revenus primaires correspondent à des revenus issus de l'activité productive et de la propriété. Ils ont pour origine la valeur ajoutée créée par les agents économiques. Il s'agit principalement des salaires perçus par les personnels et des bénéfices des entreprises.
La répartition primaire des revenus organise la distribution de richesses aux agents économiques ayant contribué à leur création, c'est-à-dire les ménages, les entreprises et les administrations publiques.

2. Exemples de revenus primaires touchés par les agents économiques :
- les ménages perçoivent une rémunération du travail sous la forme de : salaires, traitements, gages, soldes, revenus des entrepreneurs individuels ; ils encaissent également des revenus issus de la propriété de leur patrimoine : loyers, dividendes, intérêts ;
- les entreprises disposent des profits non distribués aux actionnaires dont une partie, l'excédent brut d'exploitation (EBE), sert à financer leurs investissements. Les apporteurs de capitaux (associés, actionnaires) reçoivent leur part des profits distribués sous forme de dividendes ;
- les administrations participent à la distribution des revenus primaires en encaissant la TVA, des droits de douane, la taxe professionnelle, l'impôt sur le revenu des personnes physiques et l'impôt sur les sociétés.

exercice 2 page 39

1. Les différentes formes de la monnaie sont les suivantes :
- la monnaie marchandise (sel, thé, coquillage, bétail, etc.), qui est la première forme de monnaie qui se substitue au troc. Un bien est utilisé pour payer l'achat d'un autre bien ;
- la monnaie métallique : or, argent, cuivre ;
- la monnaie fiduciaire, qui comporte la monnaie divisionnaire (les pièces) et les billets ;
- la monnaie scripturale, constituée par les dépôts à vue auprès des banques ;
- la monnaie électronique ou monnaie dématérialisée (porte-monnaie électronique, carte de paiement, TIP, etc.).

2. L'augmentation des échanges économiques et l'importance croissante prise par la monnaie scripturale entraînent une dématérialisation de la monnaie qui signifie que la monnaie devient immatérielle. Les anciennes monnaies disposaient d'un support matériel (métal, papier, etc.), ce qui n'est plus le cas de la monnaie scripturale, qui correspond à une simple écriture sur un compte bancaire. Dans un premier temps, la monnaie fiduciaire s'est substituée progressivement aux pièces. Puis la monnaie scripturale a, à son tour, réduit le poids de la monnaie divisionnaire et fiduciaire dans les échanges. Le développement de la carte bancaire, du porte-monnaie électronique et des virements bancaires amplifie encore le phénomène de dématérialisation monétaire.

exercice 3 page 39

1. La productivité du travail se définit par le rapport entre :
- un indicateur de production réalisée grâce à l'utilisation du travail, par exemple la quantité de produits finis ;
- un indicateur de la quantité de travail utilisée pour cette production, par exemple le nombre d'heures ou de jours de travail.

2. L'augmentation des salaires en Chine diminue la compétitivité des entreprises chinoises.
La première conséquence prévisible réside dans le départ vers d'autres pays d'accueil, à salaires plus bas, des entreprises étrangères qui s'étaient implantées en Chine pour bénéficier de faibles coûts de production.
La seconde conséquence tient à la nécessité de réorienter les activités industrielles de la Chine vers des produits se situant à un niveau de gamme élevé et, par conséquent, moins dépendants du faible coût de la main-d'œuvre.

exercice 4 page 40

1. Les inégalités entre les hommes et les femmes au travail se mesurent par les écarts de salaires à temps de travail égal et à responsabilité équivalente.
Un rapport de l'Union européenne montre qu'en dépit de « certains progrès, des inégalités entre les deux sexes demeurent dans de nombreux domaines ». Tous secteurs confondus, les femmes gagnent 17,4 % de moins que les hommes, en moyenne, dans l'Union européenne.
En France, malgré quelques progrès, les femmes sont toujours moins payées que les hommes et sous-représentées dans les entreprises aux postes à responsabilité.

2. Le Royaume-Uni et l'Allemagne sont les deux pays les plus inégalitaires avec un écart respectif de rémunération de 23,2 % et 20,6 % en 2009. L'Italie et la Roumanie sont les deux pays les plus égalitaires (écart de 5,5 % et 8,1 %), ce qui peut s'expliquer par la proportion moindre de femmes actives en Italie.

La France est proche de l'écart moyen de rémunération hommes-femmes au sein de l'Union européenne.

3. Les inégalités de salaires entre les hommes et les femmes s'expliquent par :
- les caractéristiques de l'emploi : les femmes occupent moins de postes de direction que les hommes, les femmes ont souvent un niveau de d'études inférieur (certaines arrêtent leurs études pour élever leurs enfants, ou pour subvenir aux besoins du ménage lorsque leur conjoint est étudiant), les femmes travaillent souvent dans des secteurs moins rémunérateurs que les hommes ;
- les phénomènes sociologiques : l'éducation des filles est différente de celle des garçons, on leur inculque une représentation différente de la société, de la réussite (réussite familiale pour une fille, réussite professionnelle pour un garçon), dévalorisation de certains emplois qui n'ont aucun prestige pour les hommes.

D'autres facteurs sont à citer :
- les différences de temps de travail (Les femmes sont cinq fois plus souvent en temps partiel que les hommes) ;
- à poste et expérience équivalents, les femmes touchent des salaires qui sont en moyenne inférieur de 9 % à ceux des hommes. Il s'agit dans ce cas d'une pratique discriminatoire pure.

exercice 5 page 40

Les politiques d'austérité sont réalisées pour faire « des économies ». Dans le cas d'une dette publique (Grèce), l'État doit diminuer fortement les dépenses publiques et augmenter les recettes (impôts, taxes, contributions diverses). Dans le cas d'une dette privée (Espagne), les banques restreignent le crédit. Dans les deux cas, les ménages et les entreprises sont fortement touchés. En Grèce, plus d'une personne sur quatre est au chômage en 2012 (18 % en 2011). Dans certaines régions, le taux de chômage frôle les 30 %. Les jeunes et les femmes sont les catégories les plus concernées. Au niveau européen, l'aide ne peut venir que du FMI ou des États membres de la zone euro (au travers de la BCE ou de la Commission européenne). L'absence d'aide reviendrait à abandonner un pays de la zone monétaire et à redéfinir la zone elle-même. On est en face de ce que les économistes appellent un « choc asymétrique ».

exercice 6 page 41

1. L'éviction d'un pays de l'euro par les autres n'est pas possible puisque, sauf pour trois pays bénéficiant de dérogations, le Royaume-Uni, le Danemark et la Suède, l'appartenance à la zone euro est liée à l'appartenance à l'Union européenne. La sortie ne serait surtout pas souhaitable. Revenu à sa monnaie initiale, un pays sortant verrait celle-ci immédiatement dépréciée et il ne pourrait plus rien rembourser du tout. En outre, par un effet de contagion en chaîne, ce sont d'autres pays qui se trouveraient exposés.

2. L'effet d'annonce « La BCE achètera autant qu'il le faut des titres de dette espagnole ou italienne » était destinée à calmer les menaces de spéculation. En effet, dire que la BCE achètera ces titres en créant sa propre monnaie, l'euro, revient à dire que l'injection de monnaie fera baisser les taux d'intérêt et donc freinera la spéculation. Le texte illustre l'idée que les marchés sont capables, par des mouvements spéculatifs, d'aggraver la crise de l'euro. L'institution du MES, en 2012, participe de la même idée.

exercice 7 page 41

1. Un bien public mondial possède les caractéristiques des biens publics : la non-exclusion et la non-rivalité. Il s'agit de biens publics accessibles à tous au niveau international. Les États doivent se coordonner pour organiser la production du bien public à l'échelle mondiale.

2. L'auteur souligne la dimension intergénérationnelle du bien public mondial. Les investissements publics actuels bénéficieront aussi aux générations futures ; à l'inverse, le non-investissement dans la production d'un bien public est susceptible de compromettre l'équilibre à long terme. C'est le cas des mesures de maintien de la biodiversité, des changements de mode de production visant à limiter les émissions de gaz à effet de serre, des dépenses de santé publique et des efforts faits pour maintenir la stabilité du système économique et financier mondial.

DROIT

Pour s'entraîner à l'épreuve :

Les sujets d'examen de l'épreuve E31
et leurs corrigés sur le site Internet
www.nathan.fr/reflexe

1 L'ACCÈS À L'EMPLOI

➔ Les principes communautaires et constitutionnels affirment le droit d'accès à une activité professionnelle qui peut prendre différentes formes.

1 Les principes

En matière d'accès à l'emploi, les principes communautaires et constitutionnels sont primordiaux, sachant que le droit d'obtenir un emploi est à concilier avec la liberté d'entreprendre.

1. Les principes communautaires

Le traité de l'Union européenne consacre un certain nombre de libertés communautaires fondamentales. Ce sont les éléments essentiels du marché intérieur caractérisé par l'abolition, entre les États membres, des obstacles à la libre circulation des hommes, des marchandises, des services et des capitaux, et à la liberté d'établissement.

a) La liberté de circulation

La liberté de circulation des personnes est la reconnaissance à tout citoyen de l'Union européenne du droit de chercher et d'obtenir un emploi, sans discrimination liée à la nationalité, et de circuler et séjourner librement sur le territoire des États membres.

b) La liberté d'entreprendre

Elle figure dans la Charte des droits fondamentaux de l'Union européenne, qui précise : « La liberté d'entreprise est reconnue conformément au droit communautaire et aux législations et pratiques nationales. »

c) La liberté d'établissement

Les personnes juridiques ont la faculté de s'établir dans l'un quelconque des États membres pour y exercer leur activité. La liberté d'établissement implique le droit d'accéder à toute activité indépendante non salariée (commerciale, industrielle, artisanale ou libérale), et de l'exercer, ainsi que le droit de créer et gérer une entreprise en vue d'exercer une activité professionnelle permanente dans tout État membre aux conditions prévues pour les ressortissants de cet État.

d) Le droit à l'emploi

Il s'agit d'un droit proclamé tant au niveau national que communautaire affirmant que la société doit garantir à chaque citoyen la sécurité économique et la participation effective à l'activité commune. Il reste cependant en construction. Le nombre de chômeurs en témoigne.

2. Les principes constitutionnels

Le préambule de la Constitution de 1946, auquel renvoie celui de la Constitution de 1958, a consacré pour la première fois des droits sociaux, comme le droit au travail, le droit syndical et le droit de grève. Le Conseil constitutionnel cherche à les concilier avec d'autres libertés de valeur identique, telles que la liberté du travail, la liberté d'entreprendre, voire de choisir ses collaborateurs pour l'employeur.

S'il existe un droit du travail, le principe d'un droit au travail est à relativiser dans des économies où l'on peut favoriser l'emploi sans pouvoir le garantir à tous.

2 Le choix d'un régime juridique de travail

Le choix d'une activité professionnelle entraîne l'application d'un régime juridique. Quel que soit le régime, l'accès à l'activité est encadré par le législateur. Chaque régime confère des droits et assujettit à des obligations.

1. Les critères du choix d'un régime

Les personnes désireuses d'accéder à l'emploi doivent faire leur choix d'activité professionnelle en fonction de critères qui doivent être mûrement réfléchis. Il peut s'agir en effet de travailler en toute indépendance ou au contraire dans le cadre d'un lien de subordination.

Les personnes désireuses d'accéder à l'emploi doivent aussi s'interroger sur leurs propres motivations en termes de rémunération, de stabilité professionnelle, de durée de leur engagement, d'étendue de leur protection sociale, de risques encourus et de responsabilité. Une fois ces motivations déterminées, elles peuvent opter pour l'un des régimes juridiques du travail.

2. Les différents régimes juridiques de travail

a) Le salarié de droit privé

Travailler dans le cadre d'un lien de subordination juridique à l'égard d'un employeur privé, revient à opter pour le régime juridique du salarié de droit privé. Le lien de subordination est caractérisé par l'exécution d'un travail sous l'autorité d'un employeur qui a le pouvoir de donner des ordres et des directives, d'en contrôler l'exécution et de sanctionner les manquements de son subordonné.

b) Le fonctionnaire

Il travaille dans le cadre d'un lien de subordination juridique à l'égard d'un employeur public.

c) Le travailleur indépendant

Travailler dans un contexte d'indépendance consiste à opter pour des professions telles que commerçant ou membre d'une profession libérale.

3. Des déontologies différentes

La déontologie recouvre un ensemble de règles que se donne une profession. Il s'agit d'un véritable droit professionnel qui traduit la demande de contrôle émanant, d'une part, de la société qui veut se protéger contre des pratiques désordonnées et, d'autre part, de la profession qui a besoin d'afficher une garantie de qualité.

a) Le service de l'intérêt de l'entreprise

À l'origine, la déontologie a été créée par les professions libérales mais on constate son extension, voire sa généralisation, aux autres régimes soucieux d'améliorer leur fonctionnement et donc leur image. Elle se traduit par des chartes professionnelles et des codes de bonne conduite.

b) Le service de l'intérêt général

Pour les fonctionnaires, la déontologie prend la forme d'une réglementation liée à leur statut, dont le contrôle est assuré par l'État.

2 LE RÉGIME JURIDIQUE DU SALARIÉ

➔ En adoptant le régime juridique du salarié, l'individu travaille dans un contexte de subordination juridique à un employeur privé. Le droit du recrutement est très réglementé, permettant à l'employeur et au salarié d'opter pour diverses formes de contrat de travail, dans le respect des droits et des obligations de chacun.

1 Le droit du recrutement

L'employeur est libre de recruter tout salarié de son choix dès lors qu'il se conforme à la réglementation en vigueur, protectrice des salariés.

1. L'égalité de traitement

a) La publication d'une offre d'emploi

En cas de recrutement extérieur à l'entreprise, l'employeur doit publier une offre d'emploi datée, rédigée en français, correspondant à un emploi disponible, sans limite d'âge, ni fausses allégations.

b) La non-discrimination

L'employeur ne peut écarter un candidat en raison de son âge, son sexe, ses mœurs, sa situation de famille, sa race, sa religion, ses opinions politiques ou syndicales. Toute discrimination est passible de sanction.

2. Le respect des libertés individuelles

L'employeur doit utiliser des méthodes de recrutement loyales et les porter à la connaissance du candidat. L'objectif est de concilier les prérogatives légitimes de l'entreprise avec le respect des libertés individuelles des candidats à l'emploi.
Les questions posées par l'employeur doivent être en lien direct avec le poste à pourvoir et les aptitudes professionnelles du candidat. Ce dernier, quant à lui, doit répondre avec loyauté aux questions qui lui sont posées.

2 Les différents contrats de travail

1. Le contrat de travail à durée indéterminée (CDI)

Si l'on exclut les conditions relatives à la période d'essai, ce contrat est conclu pour un temps dont les parties n'ont pas fixé le terme dès l'origine de leurs rapports. L'une ou l'autre des parties peut y mettre fin à tout moment sous réserve du respect d'un préavis réciproque. Ce contrat ne prend fin que par la démission, le licenciement ou le départ à la retraite du salarié.

2. Le contrat de travail à durée déterminée (CDD)

a) Définition

Le CDD est un contrat conclu entre un employeur et un salarié pour un temps fixé à l'avance. Une date, la survenance d'un événement ou l'achèvement d'un travail précis peuvent, par exemple, fixer cette limite. La tâche précise et temporaire pour laquelle il est conclu ne peut être liée à l'activité normale de l'entreprise. Le CDD est un contrat écrit qui doit mentionner obligatoirement les tâches pour lesquelles il est conclu, le terme du contrat, la rémunération et la convention collective applicable.

b) Les cas de recours

Les cas de recours sont les suivants : remplacement d'un salarié absent pour maladie, accroissement temporaire d'activité, accomplissement d'une tâche occasionnelle, emplois saisonniers ou pour lesquels il n'est pas d'usage de recourir aux CDI (exemples : activités du spectacle, hôtellerie-restauration).

c) La durée

Le CDD peut être renouvelé une fois pour une durée éventuellement supérieure à celle de la période initiale, sans excéder 18 mois, sauf cas particuliers.

EXEMPLE

Un contrat de 8 mois peut être renouvelé sans excéder 10 mois.

En cas de remplacement d'un salarié absent, le CDD est conclu avec un terme imprécis et sa durée maximale correspond à la réalisation de l'objet pour lequel il a été conclu.

d) Les droits des salariés

Pendant la durée du contrat, le salarié a les mêmes droits et avantages que les autres salariés titulaires d'un CDI de l'entreprise. Si à la fin du CDD, le salarié n'est pas embauché définitivement par l'entreprise, il a droit à une indemnité (10 % du montant de la rémunération brute perçue pendant la durée du contrat) destinée à compenser la précarité de sa situation. Si les relations contractuelles se poursuivent après le terme prévu, le contrat devient à durée indéterminée.

3. Le contrat de travail temporaire (CTT)

a) Définition

Le CTT, ou contrat de mission, est conclu entre une agence d'intérim et un salarié, l'intérimaire. L'agence d'intérim embauche et rémunère l'intérimaire et le met à la disposition provisoire et sous le contrôle de l'entreprise utilisatrice.

b) Les deux contrats

Il existe deux contrats : un contrat de travail liant l'intérimaire à l'agence d'intérim et un contrat de prestation de services entre l'agence d'intérim et l'entreprise utilisatrice.

c) Les cas de recours

L'entreprise ne peut faire appel à un intérimaire que pour l'accomplissement d'une tâche précise et temporaire, «la mission», et seulement dans certains cas : le remplacement d'un salarié en cas d'absence, de suspension de son contrat de travail, d'attente de la suppression définitive du poste du salarié ayant quitté définitivement l'entreprise ou en cas d'attente de l'entrée en service d'un salarié recruté par CDI afin de pourvoir le poste vacant. Il peut aussi s'agir de répondre à un accroissement temporaire de l'activité de l'entreprise. Enfin, le CTT est utilisé pour les emplois saisonniers ou pour lesquels il n'est pas d'usage de recourir à un CDI. Le motif doit être inscrit dans le contrat.

2 LE RÉGIME JURIDIQUE DU SALARIÉ (suite)

d) Les règles

Le contrat comporte un terme fixé et sa durée maximale, renouvellement compris, ne peut excéder 18 mois. La rémunération ne peut être inférieure à celle que percevrait, dans la même entreprise, un salarié embauché avec un CDI, de qualification équivalente et occupant les mêmes fonctions. À l'issue de chaque mission, une indemnité, dont l'objectif est de compenser la précarité de cette situation, est versée au salarié (10 % de la rémunération totale brute perçue au cours de la mission). Si, après le terme convenu au contrat, le salarié continue de travailler dans l'entreprise utilisatrice, le contrat de travail temporaire est requalifié en CDI.

4. Les autres formes de contrats

a) Le contrat de travail à temps partiel

Ce contrat prévoit une durée de travail inférieure à la durée légale ou conventionnelle. Obligatoirement écrit, il peut être à durée déterminée ou indéterminée.

EXEMPLE

20 heures par mois.

b) Le contrat de professionnalisation

Il a pour objectif de favoriser l'insertion ou la réinsertion professionnelle par l'acquisition d'une qualification et est accessible à tous les jeunes de 16 à 25 ans ainsi qu'aux demandeurs d'emploi âgés de 26 ans et plus sous la forme d'un CDD ou d'un CDI. Il est d'une durée minimale de 6 à 12 mois, pouvant être allongée à 24 mois pour les personnes sorties du système scolaire sans qualification professionnelle. L'employeur s'engage à assurer une formation mise en œuvre par son entreprise ou un organisme de formation.

c) Les autres contrats

D'autres contrats incitent les entreprises à embaucher ou permettent à des demandeurs d'emploi de suivre une formation.

EXEMPLE

Contrat d'apprentissage.

3 Les droits et les obligations des salariés

1. Les droits

La règle de droit confère au salarié un socle minimal de droits que l'employeur doit respecter.

Ces droits sont la contrepartie des obligations de l'employeur qui fournit au salarié le travail convenu et en vérifie la bonne exécution, moyennant rémunération. En outre, le salarié a le droit au respect de sa vie personnelle et de ne pas subir de discrimination, ni de harcèlement moral ou sexuel.

EXEMPLE

L'égalité hommes-femmes implique le droit à l'égalité des salaires selon le principe « à travail égal, salaire égal ».

2. Les obligations

Le salarié doit respecter un certain nombre d'obligations inhérentes au lien de subordination qui le rattache à l'employeur. Il doit bien sûr exécuter le travail qui lui est confié avec conscience professionnelle, en respectant les directives qui lui ont été données ainsi que les dispositions contenues dans le règlement intérieur. Il doit aussi se garder de se livrer à des actes de concurrence vis-à-vis de son employeur.

4 Les clauses contractuelles

L'employeur peut imposer un certain nombre de clauses contractuelles dont le but est de favoriser l'adaptation des salariés et de l'entreprise à l'évolution du contexte économique.

1. La clause de mobilité

a) Définition

Cette clause autorise l'employeur, sous certaines conditions, à modifier le lieu de travail du salarié durant l'exécution du contrat de travail, à condition de ne pas révéler de la part de l'employeur un abus de droit. Elle doit être inscrite dans le contrat de travail du salarié.

b) Les conditions de validité

Pour être licite, la clause de mobilité doit respecter plusieurs critères :

- être prévue dans l'intérêt de l'entreprise, c'est-à-dire être indispensable à la protection des intérêts de l'entreprise et être proportionnée au but recherché, compte tenu de l'emploi occupé par le salarié ;
- ne pas aboutir à modifier la rémunération du salarié auquel, par ailleurs, un délai raisonnable doit être accordé entre l'annonce de la mutation et sa prise d'effet ;
- comporter une zone géographique précise ne pouvant être modifiée unilatéralement par l'employeur.

2. La clause de non-concurrence

a) Définition

En signant cette clause, le salarié s'interdit, lorsqu'il quitte l'entreprise, d'exercer certaines activités pouvant nuire à son ancien employeur. Contenue dans le contrat de travail, elle est souvent conclue avec des salariés en contact avec les clients de l'entreprise. L'employeur entend ainsi se protéger d'un éventuel détournement de sa clientèle.

b) Les conditions de validité

Pour être valable, cette clause doit à la fois protéger les intérêts légitimes de l'entreprise et respecter la liberté de travailler du salarié. Elle doit donc réunir quatre conditions cumulatives :

- être inscrite dans le contrat de travail signé par le salarié et tenir compte des spécificités de son emploi ;
- être indispensable à la protection des intérêts légitimes de l'entreprise ;
- être limitée dans le temps et dans l'espace ;
- fixer l'obligation pour l'employeur de verser au salarié, après la rupture du contrat, une contrepartie financière « non dérisoire » pour indemniser le salarié dont les possibilités d'exercer un autre emploi sont limitées.

3 LE RÉGIME JURIDIQUE DU FONCTIONNAIRE

Le fonctionnaire exerce sa fonction de façon subordonnée à un employeur public avec vocation de remplir une mission de service public pour servir l'intérêt général.

Un fonctionnaire est une personne employée et nommée par une personne publique dans un emploi permanent et titularisée à son poste dans un grade de la hiérarchie administrative. Contrairement aux personnels du secteur privé, sa situation n'est pas régie par un contrat. La loi et le règlement organisent le statut de fonctionnaire.

1 L'accès à la fonction publique

Pour être fonctionnaire, il convient d'avoir la nationalité française ou celle d'un autre pays de l'Union européenne sous certaines conditions, de jouir de ses droits civiques, d'être en situation régulière au regard du service national.

1. Le concours de recrutement

Le concours est le principal mode de recrutement des fonctionnaires : près de 90 % des agents civils de l'État sont recrutés par concours. Prévu par la loi, le recrutement par voie de concours garantit à tous les citoyens l'égalité d'accès à la fonction publique.

2. Les emplois de la fonction publique

Les fonctionnaires ont des statuts juridiques différents selon qu'ils appartiennent à la fonction publique d'État, territoriale ou hospitalière.
Les fonctionnaires d'État appartiennent à des corps rassemblant l'ensemble des fonctionnaires soumis au même déroulement de carrière.
Les emplois sont répartis en trois catégories, suivant le niveau de recrutement et les responsabilités à assurer. Le niveau d'études requis varie selon la catégorie du concours concerné.
Les fonctionnaires sont titulaires d'un grade divisé en échelons. Le parcours professionnel des personnels titulaires se déroule selon une logique d'avancement et de promotion, variable selon les statuts.

2 Les droits des fonctionnaires

1. Le droit à la protection juridique ou fonctionnelle

L'État doit protéger ses fonctionnaires contre tous les agissements dont ils pourraient être victimes dans l'exercice de leurs fonctions.

2. La liberté d'opinion

Les fonctionnaires bénéficient d'une liberté d'opinion et d'expression limitée seulement par leurs obligations de neutralité et d'objectivité puisqu'ils représentent l'État. Ils sont libres dans leurs opinions politiques, religieuses, etc.

3. Le droit de grève et syndical

Les fonctionnaires peuvent librement créer des organisations syndicales, y adhérer et y exercer des mandats. Ils ont le droit de grève, qui est cependant très réglementé.

4. Le droit à la formation et à la rémunération

Les fonctionnaires ont droit à la formation professionnelle et, « après service fait », à une rémunération leur permettant de percevoir à ce titre un traitement accompagné le cas échéant de primes.

5. Le droit à la carrière et la garantie de l'emploi

Les fonctionnaires ont la possibilité d'accomplir une carrière et le droit à la continuité dans l'emploi.

3 Les obligations des fonctionnaires

Le fonctionnaire exerce auprès de son administration des missions de service public. Dans ce cadre, l'agent doit se soumettre à des obligations statutaires qui relèvent soit de l'exercice même de ses fonctions, soit du comportement qu'il doit adopter en toutes circonstances vis-à-vis de l'usager, de sa hiérarchie, de son employeur. La méconnaissance ou le manquement à ces obligations est de nature à entraîner des sanctions disciplinaires civiles ou pénales.

1. L'obligation générale de servir

Les fonctionnaires sont au service de l'intérêt général.

2. L'obligation de réserve

Les fonctionnaires sont tenus au devoir de réserve qui les contraint à observer une certaine retenue dans l'expression de leurs opinions, notamment politiques.

3. L'obligation de discrétion et le secret professionnel

La discrétion professionnelle interdit aux fonctionnaires de divulguer des faits, des informations ou des documents dont ils ont connaissance dans l'exercice ou à l'occasion de l'exercice de leurs fonctions. Cette obligation a pour objectif de garantir le fonctionnement de l'administration en empêchant la divulgation d'informations relatives au service.
Le secret professionnel vise à empêcher la révélation d'informations ayant un caractère professionnel et secret, dont les agents publics peuvent être dépositaires, du fait de leur profession ou de leurs fonctions.

4. L'obligation d'obéissance hiérarchique

Lorsqu'il est en service, le fonctionnaire est placé sous l'autorité d'un supérieur hiérarchique auquel il doit obéissance en exécutant les tâches qui lui sont confiées conformément aux directives reçues. Le refus d'obéissance doit être motivé et manifestement lié à l'illégalité d'un ordre donné. Il n'appartient pas au fonctionnaire de se prononcer sur l'opportunité d'une démarche ou d'une décision.

5. L'obligation d'information du public

Le fonctionnaire a le devoir de satisfaire aux demandes d'information du public dans le respect des dispositions législatives et réglementaires sur le libre accès aux documents administratifs.

4 LE RÉGIME JURIDIQUE DU TRAVAILLEUR INDÉPENDANT

Le travailleur indépendant est une personne physique exerçant une activité intellectuelle, commerciale ou libérale, dans le cadre d'un contrat d'entreprise et non dans le cadre d'un contrat de travail.

1 Les conditions d'accès

1. Les caractéristiques du régime

Le travailleur indépendant gère son activité librement, en accord avec ses clients en dehors de tout lien de subordination avec un employeur. Il est généralement propriétaire de ses instruments de travail et exerce à son profit une activité professionnelle dont il supporte les risques.
Sa rémunération se fait sous forme d'honoraires qu'il fixe librement et il paie ses charges sociales à l'Urssaf.

2. Le cas des commerçants et des professions libérales

a) Les commerçants

L'activité commerciale est réalisée par un commerçant individuel ou par une société. Pour être commerçant, toute personne physique ou morale doit :
- réaliser des actes de commerce qui se distinguent en actes de commerce par nature (exemple : opérations de banque), actes accomplis pour l'exercice du commerce (exemple : achat d'une camionnette de livraison) et actes de commerce par la forme (exemple : lettre de change) ;
- réaliser ces actes de commerce de façon répétée pour pouvoir en vivre, en agissant pour son propre compte, en son nom personnel (le vendeur salarié au contraire travaille pour le compte de son employeur).

b) Les professions libérales

L'activité professionnelle est considérée comme libérale dès qu'elle n'est pas assimilée à une activité salariée et qu'elle ne relève pas des secteurs de l'artisanat, du commerce, de l'industrie et de l'agriculture.

EXEMPLES
Architecte, vétérinaire, avocat, expert-comptable.

Il est possible d'exercer une activité libérale à la suite d'une nomination par l'autorité publique (exemple : notaire) ou en relevant d'un ordre professionnel (exemple : pharmacien).

3. La déclaration d'existence

Les travailleurs indépendants doivent déclarer l'existence de leur activité en procédant à une démarche obligatoire s'effectuant en un même lieu, en une seule fois, avec un dossier unique auprès du Centre de formalités des entreprises (CFE) compétent. Le CFE permet en effet de remplir l'ensemble des formalités administratives, fiscales et sociales et les transmet ensuite aux différents organismes concernés (caisses de protection sociale, centre des impôts, etc.).
Pour les commerçants, le CFE compétent est celui de la chambre de commerce et d'industrie. Pour les professions libérales, la déclaration d'existence se fait auprès du CFE de l'Urssaf du lieu d'activité.

2 Les restrictions d'accès à la profession

1. Les restrictions dans le cas des commerçants

a) Les restrictions liées à la personne : les incompatibilités

En principe, toute personne peut devenir commerçante. Cependant, les incapables (exemples : mineurs, certains majeurs en raison de l'altération de leurs facultés mentales) ne peuvent exercer cette profession.
Certains commerces sont réglementés et nécessitent une autorisation préalable (exemple : activité de spectacle) ou un diplôme (exemple : pharmacien). Certaines professions sont incompatibles avec l'exercice du commerce (exemples : fonctionnaires, notaires, huissiers).
Les étrangers peuvent être commerçants en France s'ils sont ressortissants d'un État de l'Union européenne. Les autres doivent être titulaires d'une carte de séjour temporaire autorisant l'exercice d'une activité commerciale.

b) Les restrictions liées à l'activité : les interdictions

Les personnes qui ont été condamnées à certaines peines (exemples : condamnation pour crime, vol, escroquerie, abus de confiance) se voient interdire l'exercice d'une profession commerciale.

2. Les restrictions dans le cas des professions libérales

Les professions libérales sont soumises à des exigences de nationalité, de compétence et de probité. Il existe un certain nombre d'incompatibilités professionnelles en liaison notamment avec les activités commerciales.
Les activités commerciales sont interdites aux officiers ministériels (notaires, huissiers) et aux avocats.

3. La justification des restrictions d'accès

Ces restrictions ont pour but, selon les cas :
- de contrôler et d'organiser la profession concernée en s'assurant des aptitudes requises ;
- d'écarter les personnes ne présentant pas les garanties morales nécessaires, afin d'assurer la moralité du commerce.

Les mineurs et les incapables majeurs ne peuvent exercer le commerce car cette activité comporte des risques financiers.
Pour les professions libérales, l'objectif est aussi de protéger leur indépendance par rapport à l'esprit de profit étroitement lié à l'activité commerciale.

3 Les droits et les obligations du travailleur indépendant

Le travailleur indépendant peut se prévaloir de la législation le concernant et adhérer à un centre de gestion.
Le commerçant doit s'immatriculer auprès du registre du commerce et des sociétés et le professionnel libéral auprès de son ordre professionnel. Le travailleur indépendant doit informer et conseiller au mieux ses clients et tenir une comptabilité professionnelle.

5 L'ADAPTATION À L'EMPLOI PAR LA FORMATION

La formation professionnelle a pour objectif d'assurer l'employabilité des salariés ainsi que l'adaptation à leur emploi. De nombreux dispositifs doivent être mis en place entraînant des droits et des obligations pour les salariés et les employeurs.

1 Les dispositifs de formation

1. Le plan de formation

Ce document écrit et annuel regroupe toutes les formations retenues par l'employeur dans l'intérêt de l'entreprise. Il s'agit d'actions d'adaptation au poste de travail qui peuvent être :
- liées à l'évolution ou au maintien dans l'emploi dans l'entreprise et exécutées sur le temps de travail ;
- liées au développement des compétences et réalisées en dehors du temps de travail.

L'employeur peut planifier, après consultation des représentants du personnel, un certain nombre de formations dans l'année ou sur une période plus longue. Il lui incombe également de financer la formation et de maintenir la rémunération et la protection sociale du salarié en formation.

2. Le droit individuel à la formation (DIF)

Le DIF permet aux salariés de se constituer un crédit d'heures de formation. L'initiative d'utiliser les droits à formation ainsi acquis appartient au salarié qui est libre d'utiliser ou non son droit. La mise en œuvre du DIF requiert l'accord de l'employeur sur le choix de l'action de formation qui a généralement lieu hors du temps de travail.

Après un licenciement ou une démission, les heures de formation liées au DIF et non utilisées par le salarié sont considérées comme valides. En accord avec le nouvel employeur, le salarié peut utiliser son DIF dans les 2 années suivant l'embauche.

3. Le congé individuel de formation (CIF)

Le CIF est le droit de s'absenter de son poste de travail pour suivre une formation de son choix. Pour en bénéficier, le salarié doit remplir certaines conditions et présenter sa demande à l'employeur, selon une procédure déterminée. Les actions de formation doivent permettre aux salariés de changer d'activité, de profession, de s'ouvrir plus largement à la culture et à la vie sociale, ou d'accéder à un niveau supérieur de qualification.

4. La validation des acquis de l'expérience (VAE)

La VAE permet aux salariés de faire reconnaître leur expérience, professionnelle ou non, afin d'obtenir un diplôme, un titre ou un certificat de qualification professionnelle. Le salarié rassemble toutes les preuves de ses acquis (anciens diplômes, bulletins de salaire, attestations de travail, comptes rendus d'entretien d'évaluation, documents professionnels, etc.), puis remet son dossier à l'organisme chargé de la validation.

5. Les périodes de professionnalisation

Elles visent le maintien dans l'emploi de salariés en CDI rencontrant des difficultés particulières, grâce à des actions de formation.

2 La mise en œuvre de la formation

1. Les droits et obligations du salarié

a) Le droit à la formation

Le salarié est en droit d'attendre de l'employeur qu'il assure son adaptation à son poste de travail tout au long de sa vie professionnelle. La loi du 4 mai 2004 « relative à la formation professionnelle tout au long de la vie » réaffirme le droit des salariés à bénéficier des formations nécessaires. Le temps de formation est considéré comme du temps de travail effectif et donne lieu au maintien de la rémunération.

b) L'obligation de se former

Si l'employeur le propose et que l'intérêt de l'entreprise l'exige, les salariés sont contraints de se former et encourent une mesure de licenciement en cas de refus non légitime.

2. Les obligations de l'employeur

a) L'objectif des formations

Le Code du travail impose aux employeurs d'« assurer l'adaptation de leurs salariés à leur poste de travail et de veiller au maintien de leur capacité à occuper un emploi, au regard notamment de l'évolution des emplois, des technologies et des organisations ». L'objectif est de faire face, par exemple, à l'entrée de nouvelles technologies dans l'entreprise.

En cas de suppression d'emploi, l'employeur a l'obligation de reclasser les salariés concernés pour assurer leur adaptation au nouvel emploi, par le biais d'une formation adéquate et suffisante. La formation peut être organisée en interne ou chez un prestataire extérieur.

Un employeur qui néglige la formation de ses salariés commet une faute pouvant le conduire devant les tribunaux.

EXEMPLE

Un employeur peut être amené à verser des dommages et intérêts au salarié qui n'aurait pas été suffisamment formé.

b) La participation au financement

L'employeur doit verser une contribution obligatoire fixée à 0,55 % de la masse salariale dans les entreprises de moins de 10 salariés, 1,05 % de la masse salariale dans les entreprises de 10 à 19 salariés et 1,60 % de la masse salariale dans les entreprises de 20 salariés et plus. Rien ne l'empêche de contribuer davantage.

3. L'obligation de négocier

Dans le cadre de la négociation collective, le droit oblige les partenaires sociaux à se réunir tous les 3 ans au moins pour négocier les objectifs et les moyens de la formation professionnelle des salariés.

6 LA MODIFICATION DE LA RELATION DE TRAVAIL

La relation de travail prévue initialement peut évoluer dans le temps en fonction d'un certain nombre d'événements. Le droit intervient pour assurer la protection du salarié et du fonctionnaire dans ce contexte.

1 La modification des éléments du contrat de travail

1. Le changement des conditions de travail

Le chef d'entreprise peut décider de modifier unilatéralement les conditions de travail qui n'ont pas fait l'objet d'un accord contractuel.

EXEMPLES

Changement de planning, affectation à un poste équivalent.

Si la modification, qui s'apprécie de façon objective, est peu importante, le refus du salarié d'accepter ce simple aménagement constitue une faute. Le salarié s'expose, en cas de refus, à un licenciement, en principe pour faute grave.

2. La modification du contrat de travail

À l'inverse, lorsque la modification porte sur un élément essentiel prévu dans le contrat, l'employeur doit solliciter l'accord du salarié.

EXEMPLES

La fonction, la rémunération, les horaires (passage d'un horaire de jour à un horaire de nuit, par exemple), le lieu de travail sont considérés comme essentiels au moment de la conclusion du contrat de travail.

Les modifications essentielles doivent obligatoirement reposer sur un motif économique. Soit le salarié accepte la modification et le contrat se poursuit après signature d'un avenant. Soit il la refuse, ce qui ne constitue pas une faute. Si l'employeur maintient sa décision, le salarié est licencié pour motif économique.
Le salarié peut contester cette mesure en saisissant le conseil de prud'hommes. Si le juge considère que la modification ne repose pas sur un motif économique, le licenciement sera qualifié d'abusif. L'employeur devra alors verser au salarié une indemnité de licenciement abusif.

3. La continuité du contrat de travail lors du transfert de l'entreprise

En cas de modification dans la situation juridique de l'employeur (exemples : succession, cession de l'entreprise), les contrats de travail doivent être maintenus en vertu de l'article 1224-1 du Code du travail.

a) Les conditions du maintien des contrats de travail

Le principe du maintien des contrats de travail s'applique, selon la jurisprudence, à tout transfert d'une entité économique qui conserve son identité et dont l'activité est poursuivie ou reprise.
Tous les actes de transfert liant les employeurs successifs, à titre gratuit ou onéreux, entraînent le maintien des contrats en cours.
La même activité doit être poursuivie même si elle a connu une interruption temporaire. Mais si le cessionnaire modifie, ne serait-ce que partiellement, l'activité de l'entreprise, il gère une nouvelle entité économique et peut se dégager de la charge des contrats de travail conclus par son prédécesseur.

b) Les effets du maintien des contrats de travail

Les contrats de travail en cours au jour de la modification sont transmis de plein droit au nouvel employeur. Ils subsistent dans les mêmes conditions (exemples : même salaire, même ancienneté) avec le nouvel employeur qui est garant des sommes dues aux salariés par l'ancien employeur. Le nouvel employeur doit conserver les salariés. Il peut aussi les licencier ou leur proposer une modification de leurs contrats s'il justifie d'un motif économique.

2 La recherche d'adaptation ou de reclassement du salarié

L'employeur a une obligation de formation et d'adaptation du salarié à son poste de travail pour assurer son reclassement. En effet, le licenciement économique d'un salarié ne peut intervenir que si son reclassement est impossible, c'est-à-dire si aucun poste correspondant à ses compétences n'est disponible dans la société.

1. Les propositions de reclassement

Avant de commencer la procédure de licenciement, l'employeur est tenu de tout mettre en œuvre pour former et adapter le salarié à l'évolution de son emploi. Le cas échéant, il doit chercher à le reclasser dans l'entreprise ou dans le groupe auquel elle appartient dans un emploi relevant de la même catégorie que celui qu'il occupe ou sur un emploi équivalent ou, à défaut et avec l'accord exprès du salarié, sur un emploi d'une catégorie inférieure.

2. La localisation de l'activité

La jurisprudence a peu à peu défini le périmètre de l'obligation de reclassement. Elle s'étend à toutes les entreprises du groupe, même celles établies à l'étranger dès lors qu'une permutation est possible.
Si l'employeur ne peut se soustraire à l'obligation de reclassement, il peut toutefois limiter ses recherches de solution si le salarié lui fait part de restrictions géographiques.

3 La situation des fonctionnaires

Pour optimiser le fonctionnement des services publics, les fonctionnaires sont soumis à l'autorité hiérarchique qui organise leur service et peut favoriser leur mobilité. Les fonctionnaires bénéficient cependant de la garantie fondamentale de leur carrière, entraînant la séparation de leur grade et de leur emploi, ce qui empêche leur licenciement en cas de suppression d'emploi.
En outre, le fonctionnaire est titulaire de son grade et l'employeur public doit lui fournir une affectation correspondant à ce grade, accompagnée le cas échéant d'une formation pour prise de poste.

7 LA REPRÉSENTATION DU PERSONNEL

Les représentants du personnel jouent un rôle très important dans le cadre de l'adaptation de l'entreprise et de ses salariés face aux évolutions de l'activité professionnelle.

1 Les instances représentatives du personnel (IRP)

1. Les délégués du personnel (DP)

Ils sont élus pour 4 ans parmi les salariés des entreprises où sont employés au moins 11 salariés. Leur nombre varie de 1 à 9.

Ils veillent à l'application de la réglementation du travail et présentent à l'employeur les réclamations individuelles ou collectives du personnel. Ils lui transmettent ces réclamations lors d'une réunion mensuelle. Les DP sont aussi consultés sur les conditions de travail et l'emploi dans l'entreprise et peuvent émettre avis et propositions.

2. Le comité d'entreprise (CE)

L'élection tous les 4 ans des membres du comité d'entreprise se fait dans les entreprises comptant au moins 50 salariés. Le CE rassemble une fois par mois l'employeur, qui en est le président, et des salariés élus.

a) Une fonction économique

Le CE a un rôle consultatif sur la gestion de l'entreprise, il est consulté sur l'emploi et les conditions de travail dans l'entreprise (exemple : durée du travail). L'employeur doit fournir au CE des informations (exemple : rapport d'activité de l'entreprise). Le CE doit de plus être informé et consulté préalablement à tout projet de restructuration ou de mesures risquant de modifier les conditions de travail ou d'emploi dans l'entreprise. Le CE fait des propositions pour améliorer les conditions de vie et de travail dans l'entreprise.

b) Une fonction sociale

Le CE assure une fonction sociale et contrôle la gestion des activités sociales et culturelles instituées dans l'entreprise au bénéfice des salariés et de leurs familles. Il gère certaines activités (exemples : bibliothèque, centres de vacances, clubs sportifs).

3. Les délégués syndicaux (DS)

Le délégué syndical, désigné par un syndicat, représente celui-ci auprès de l'employeur pour lui exprimer des revendications et défendre l'intérêt des membres du syndicat. Le délégué syndical peut également représenter un salarié devant le conseil de prud'hommes.

4. La délégation unique du personnel (DUP)

Pour alléger et simplifier la représentation du personnel dans les PME, toute entreprise de 50 à 200 salariés peut mettre en place «la délégation unique du personnel» qui, élue pour 2 ans, joue à la fois le rôle des délégués du personnel et celui du CE.

2 Les droits des IRP

1. Les moyens matériels

Les IRP disposent d'une liberté de déplacement dans ou hors l'entreprise dans le cadre d'un crédit d'heures par mois considéré comme temps de travail.

Le CE dispose d'une subvention de fonctionnement égale à 0,2 % de la masse salariale brute, d'une contribution de l'entreprise pour les activités sociales et culturelles et d'un local aménagé.

2. Le droit à l'information et à la consultation

Les représentants du personnel sont régulièrement informés, voire consultés, sur l'évolution de la marche de l'entreprise et des emplois.

3 La gestion prévisionnelle de l'emploi et des compétences (GPEC)

1. L'objectif

Le but est d'adopter une gestion anticipative et préventive des ressources humaines prenant en compte les contraintes de l'environnement et les choix stratégiques de l'entreprise.

Tous les 3 ans, les partenaires sociaux doivent se rencontrer dans tout établissement de 150 personnes ou tout groupe de plus de 300 salariés. Les négociations portent sur les modalités d'information et de consultation du comité d'entreprise, sur la stratégie de l'entreprise et ses effets prévisibles sur l'emploi et sur les salariés.

Les partenaires sociaux doivent mettre en place un dispositif de GPEC prévoyant des mesures de formation, de VAE, de bilan de compétences et d'accompagnement de la mobilité des salariés.

2. Le dispositif

Un volet détecte en amont les ajustements possibles relatifs à l'évolution des métiers, des emplois, des compétences, des effectifs. Un volet individuel prévoit le développement des capacités d'évolution et de l'employabilité de chaque salarié.

4 Le plan de sauvegarde de l'emploi

Le PSE tente de résoudre une situation conjoncturelle difficile que l'entreprise n'a pu anticiper. Il est destiné à éviter les licenciements ou à en limiter le nombre et à faciliter le reclassement du personnel.

L'employeur élabore un programme avec le CE ou les DP afin de déterminer les mesures de reclassement, l'échelonnement et l'ordre des licenciements.

Dans les entreprises de 50 salariés et plus, un plan de sauvegarde de l'emploi est obligatoire pour tout projet de licenciement économique visant 10 salariés ou plus sur une même période de 30 jours.

Dans les PME de moins de 50 salariés, tout projet de licenciement de 10 salariés ou plus nécessite la mise en œuvre de mesures destinées à éviter les licenciements envisagés ou à en limiter le nombre. L'employeur est tenu de réunir et consulter les DP.

8 LA RUPTURE DE LA RELATION DE TRAVAIL

L'adaptation de l'emploi aux évolutions professionnelles peut se traduire par une rupture du contrat de travail. Dans ce cas, le législateur encadre la protection des salariés.

1 Les cas de rupture de la relation de travail par l'employeur

1. Le licenciement pour motif économique

a) Définition

Ce licenciement est effectué par l'employeur pour un ou plusieurs motifs non inhérents à la personne du salarié, résultant d'une suppression ou d'une transformation d'emploi, d'une modification refusée par le salarié d'un élément essentiel du contrat de travail, consécutives notamment à des difficultés économiques ou à des mutations technologiques. La cause économique doit être réelle et sérieuse, mettant l'employeur dans l'impossibilité de conserver le salarié.

b) Les mesures protectrices

Le législateur impose aux employeurs d'adapter les salariés à l'évolution de leurs emplois et de les reclasser au sein de l'entreprise. S'il ne peut proposer de reclassement sérieux, l'employeur devra prouver cette impossibilité. À défaut, le licenciement sera considéré comme sans cause réelle et sérieuse.

En outre, un plan de sauvegarde de l'emploi (PSE) doit être établi dans les entreprises d'au moins 50 salariés lorsque l'effectif à licencier porte sur 10 salariés au moins sur 30 jours. Le PSE a pour but de limiter le nombre de licenciements et de reclasser les salariés concernés sur des postes équivalents.

La consultation des instances représentatives du personnel est prévue par la loi pour les licenciements importants en nombre. Des réunions sont prévues avec les DP, voire avec le CE.

2. Le licenciement pour motif personnel

a) Le licenciement pour faute

Il tient à la personne du salarié. Il doit être fondé sur un motif réel, c'est-à-dire objectif, les faits étant vérifiables, et sérieux, c'est-à-dire reposant sur des griefs suffisamment graves pour rendre impossible la poursuite du contrat. Il existe plusieurs degrés de gravité de la faute.

b) Le licenciement en l'absence de faute

L'employeur peut reprocher au salarié une insuffisance professionnelle ou de ses résultats. Ce reproche doit reposer sur des faits concrets, établis par l'employeur (exemple : manque d'efficacité dans l'atteinte des objectifs fixés).

Les faits allégués par l'employeur doivent être vérifiables pour éviter tout risque d'arbitraire.

2 La rupture de la relation de travail par le salarié

Le salarié peut décider de quitter son poste en donnant sa démission. Il doit manifester une volonté libre, sérieuse et sans équivoque de quitter définitivement son emploi. Il ne doit pas y avoir été contraint par un comportement fautif de l'employeur.

3 Les dispositifs de protection du salarié licencié

1. Le respect du contradictoire à travers l'énonciation de la cause

Le projet de licenciement doit donner lieu à l'envoi en recommandé d'une lettre de convocation à un entretien préalable. Cette lettre doit informer le salarié de la mesure que l'employeur envisage de prendre à son encontre. Elle doit mentionner l'objet, la date, l'heure et le lieu de l'entretien ainsi que la faculté de se faire assister par une personne appartenant au personnel de l'entreprise.

Lors de l'entretien préalable au licenciement, l'employeur indique au salarié les motifs précis justifiant la mesure qu'il envisage de prendre. Le salarié s'explique sur les faits et le débat est contradictoire.

L'employeur dont la décision est prise doit adresser au salarié la mesure de licenciement par lettre recommandée avec accusé de réception. La date de présentation de la lettre marque le point de départ du délai de préavis. La lettre doit contenir le ou les motifs du licenciement, car en cas de litige, les juges en apprécieront la portée.

2. Le délai de préavis

Le salarié licencié a le droit de bénéficier d'un délai de préavis sauf s'il a commis une faute grave ou lourde. Il s'agit de la période qui sépare la notification du licenciement de la cessation effective du travail. L'objectif est d'atténuer l'effet immédiat de la rupture. La durée du préavis dépend de l'ancienneté du salarié dans l'entreprise.

3. Le versement d'indemnités

Le salarié licencié, justifiant d'un an d'ancienneté et n'ayant pas commis de faute grave ou lourde, a le droit de bénéficier d'une indemnité de licenciement destinée à compenser son préjudice. Cette indemnité est la même qu'il s'agisse d'un licenciement pour motif personnel ou pour motif économique. Elle s'élève à 1/5 de salaire mensuel par année d'ancienneté. À partir de 10 ans d'ancienneté, elle est augmentée de 2/15 par année.

Le salarié doit en outre percevoir une indemnité compensatrice de congés payés, sauf en cas de licenciement pour faute lourde.

4 La protection supranationale du salarié

La relation de travail est aussi protégée aux niveaux international et communautaire. Elle l'est de plus en plus au niveau européen avec la mise en place progressive d'un droit social européen.

EXEMPLE

La convention de l'Organisation internationale du travail du 22 juin 1982 dispose que « tout licenciement doit être motivé ».

9 L'ÉVOLUTION DE LA RELATION DE TRAVAIL PAR LE DROIT NÉGOCIÉ

Le droit du travail français évolue vers un droit négocié par les partenaires sociaux. Le législateur intervient pour lui donner force de loi. La négociation collective entre les représentants des employeurs et des salariés porte sur les conditions de travail, la formation professionnelle et les garanties sociales.

1 Les acteurs de la négociation collective

1. Les représentants des employeurs

Les employeurs peuvent participer aux négociations de façon isolée ou par l'intermédiaire de leurs groupements d'employeurs.

EXEMPLES

Le Mouvement des entreprises de France (MEDEF), la Confédération générale des petites et moyennes entreprises (CGPME).

2. Les représentants des salariés

a) Les syndicats représentatifs

Un syndicat est représentatif par son influence et son activité au profit d'un nombre significatif d'adhérents. Il se trouve le mieux placé pour représenter les intérêts des salariés et exprimer au mieux leurs aspirations. La loi du 20 août 2008 portant rénovation de la démocratie sociale a bouleversé la notion de représentativité syndicale.

Pour être représentatifs dans l'entreprise, les syndicats doivent satisfaire à sept critères de représentativité :
- respect des valeurs républicaines (exemple : garantie de la liberté d'opinion) ;
- indépendance vis-à-vis de l'employeur ;
- transparence financière ;
- ancienneté d'au moins 2 ans ;
- audience suffisante (au moins 10 % des suffrages exprimés au premier tour des élections professionnelles) ;
- influence caractérisée par l'activité et l'expérience ;
- effectifs suffisants d'adhérents et de cotisations.

b) Les prérogatives des syndicats représentatifs

Les syndicats représentatifs peuvent désigner un délégué syndical pour négocier au sein de l'entreprise. Ils peuvent conclure des conventions collectives, des accords d'intéressement et de participation, exercer des actions individuelles en justice, etc.

Dans les entreprises de plus de 1 000 salariés, ils bénéficient d'un local propre lorsqu'ils ont créé une section syndicale.

c) Le représentant de la section syndicale (RSS)

La loi de 2008 a créé ce nouvel interlocuteur dans l'entreprise dont la fonction est d'animer la section syndicale. Il s'agit de permettre aux syndicats n'ayant pas encore fait la preuve de leur représentativité d'être présents dans l'entreprise.

Un syndicat représentatif peut désigner un délégué syndical, tandis que celui qui ne l'est pas peut désigner un RSS. Il peut ainsi espérer obtenir aux élections professionnelles suivantes les résultats lui permettant d'être reconnu comme représentatif.

Le RSS bénéficie des mêmes prérogatives que le délégué syndical (liberté de déplacement, distribution de tracts, etc.).

d) Le cas des entreprises dépourvues de délégués syndicaux

Dans ce cas, l'employeur peut conclure des accords collectifs avec un représentant du personnel (membre élu du comité d'entreprise ou délégué du personnel) ou, à défaut, un salarié mandaté par une organisation syndicale.

2 L'objet des négociations

Les textes négociés peuvent contenir des dispositions plus favorables aux salariés que les lois et règlements. On distingue la convention collective conclue entre les partenaires sociaux, traitant de l'ensemble des conditions d'emploi, de travail et des garanties sociales, et l'accord collectif qui ne traite que d'un ou plusieurs sujets déterminés dans cet ensemble (exemple : accord salarial).

3 Les niveaux de négociation

1. La hiérarchie entre les niveaux

Chaque convention ou accord précise son champ d'application géographique, qui peut être national, régional ou départemental. Ces textes peuvent être conclus à trois niveaux.

a) Le niveau interprofessionnel

À ce niveau sont signés des accords nationaux interprofessionnels (ANI) visant à couvrir tous les secteurs d'activité et tous les emplois au niveau national, pour traiter des problèmes sociaux communs à tous les secteurs d'activité.

EXEMPLE

L'ANI de 2008 sur « la modernisation du marché du travail » introduit la rupture conventionnelle du contrat de travail, le CDD à objet défini, l'allongement de la période d'essai.

L'ANI du 11 janvier 2013 prévoit plus de flexibilité pour les entreprises et plus de sécurité pour les salariés.

b) Le niveau de la branche

Il s'agit de conventions régissant les conditions de travail de tout un secteur d'activité (exemple : accord de branche de la chimie). Le Code du travail impose une négociation annuelle sur les salaires, une négociation triennale sur la formation, l'égalité professionnelle, la gestion de l'emploi et des compétences et le handicap, et une négociation quinquennale sur les classifications professionnelles.

c) Le niveau de l'entreprise, de l'établissement ou du groupe

Il s'agit d'adapter les règles du Code du travail aux spécificités de l'entreprise.

9 L'ÉVOLUTION DE LA RELATION DE TRAVAIL PAR LE DROIT NÉGOCIÉ (suite)

d) Le rôle des différents niveaux

Chaque niveau joue un rôle différent :
- les ANI assurent la cohérence d'ensemble des différents niveaux de négociation ;
- la branche joue un rôle structurant d'encadrement et d'impulsion de la négociation d'entreprise à travers l'existence de règles communes à la profession (exemples : salaires minima, classifications) ;
- la négociation d'entreprise permet la mise en œuvre des solutions tenant compte des caractéristiques et des besoins de chaque entreprise et de ses salariés.

2. Le principe de faveur

Selon ce principe fondamental, il est toujours possible de déroger à une règle hiérarchiquement supérieure, pourvu que ce soit dans un sens favorable aux salariés. Le but est de leur assurer une protection maximale. Une convention d'un rang hiérarchique inférieur peut améliorer les dispositions prévues par une convention d'un rang hiérarchique supérieur.

Le principe de faveur commande, en cas de conflits de normes, d'appliquer non la plus haute mais la plus avantageuse pour le salarié.

3. Les accords dérogatoires

Le principe de faveur, qui organise la relation entre les différents niveaux de normes conventionnelles, est de plus en plus remis en cause. Ainsi, il est possible de conclure des accords d'entreprise qui dérogent aux conventions et accords de niveau supérieur (exemple : accord de branche) même si cette dérogation est défavorable aux salariés, à moins que la convention supérieure ne l'interdise.

4 Les procédures d'adoption

1. Le principe majoritaire

Le principe majoritaire est introduit à tous les niveaux (entreprise, branche, interprofession) depuis le 1er janvier 2009.

Dans les entreprises pourvues de délégués syndicaux, tout accord collectif doit, pour être valide, avoir été signé par un ou des syndicats représentatifs ayant recueilli au moins 30 % des suffrages exprimés au premier tour des élections professionnelles, et ne pas faire l'objet de l'opposition de syndicats ayant recueilli une majorité de suffrages. Le principe majoritaire prend donc deux formes.

2. La majorité d'engagement

Une convention ou un accord ne peut entrer en vigueur que s'il est signé par une ou plusieurs organisations syndicales représentant la majorité des salariés.

3. La majorité d'opposition

Un accord est valable bien que signé par une seule organisation syndicale dès lors qu'il ne fait pas l'objet d'une opposition de la majorité des organisations syndicales représentatives dans le champ de l'accord ou d'organisations syndicales représentant la majorité des salariés.

5 Le rôle grandissant de la négociation collective

1. L'enjeu principal

Le droit négocié par les partenaires sociaux se développe car il est plus adapté aux relations sociales et aux particularités et contraintes des entreprises. La négociation collective permet d'adapter les règles du Code du travail aux réalités des entreprises dès lors qu'elle tient compte des spécificités de chaque secteur concerné.

Chaque branche ou entreprise a des besoins spécifiques, ce qui ne permet pas l'application d'un droit du travail rigide commun à toutes les entreprises. Donc, si la loi prévoit un minimum applicable à tous les salariés, la négociation collective en permet des aménagements par branches, acteurs ou entreprises.

2. L'intervention de l'État

Deux procédures permettent d'améliorer les conditions de travail de tous les salariés, à partir des acquis sociaux d'une entreprise ou d'une branche déterminée. L'État intervient en effet pour donner force de loi à des textes élaborés par les partenaires sociaux.

a) L'extension

Le ministre du Travail peut décider d'appliquer des conventions à des entreprises non signataires à l'origine qui en deviennent alors bénéficiaires. Il donne ainsi force de loi à des textes élaborés par les partenaires sociaux, au niveau d'une entreprise ou d'une branche, pour améliorer les conditions de travail de tous les salariés. La procédure d'extension, décidée par le ministre du Travail, rend l'accord négocié et conclu applicable à tous les employeurs d'une profession ou d'une région.

b) L'élargissement

La procédure d'élargissement, décidée par le ministre du Travail, rend le texte applicable à des entreprises d'un secteur territorial ou professionnel différent.

3. Les conséquences

a) La diffusion d'avancées sociales

La négociation collective contribue à des avancées sociales en accordant des avantages à des salariés qui se diffusent dans d'autres branches et finissent par être entérinés par le législateur. Elle permet de pallier les lenteurs et rigidités de la loi.

b) Les risques du droit négocié

La tendance du droit légal à céder le pas au droit négocié présente des risques compte tenu de la faible présence des syndicats dans les entreprises et de la recherche constante de flexibilité de celles-ci.

Un phénomène de flexicurité (contraction de « flexibilité » et « sécurité ») se développe qui est censé allier la flexibilité des entreprises à la sécurité des salariés. Les contenus qui y sont liés sont de plus en plus négociés par les employeurs et les salariés (exemple : la durée du travail).

10 LE CHOIX D'UNE STRUCTURE JURIDIQUE

➔ La création d'une organisation nécessite de lui donner une structure juridique afin de lui permettre d'effectuer des opérations juridiques.

1 Les organisations à finalité lucrative

1. L'entreprise individuelle

C'est une entreprise qui se constitue sans création d'une structure juridique dotée de la personnalité morale. Elle n'existe pas indépendamment de la personne physique qui la possède, c'est-à-dire de l'entrepreneur individuel. Ne pouvant agir en son nom propre, elle n'est pas sujet de droit. Elle est adaptée si les risques sont peu importants et les investissements limités.

Le patrimoine de l'entreprise individuelle se confond avec celui de l'entrepreneur. En vertu du principe de l'unicité du patrimoine, c'est sur l'entrepreneur et sur son patrimoine que repose la responsabilité de sa gestion. L'entrepreneur agit en son nom propre et engage l'ensemble de ses biens. Il est indéfiniment responsable des dettes sociales sur l'ensemble de son patrimoine, même s'il a la possibilité de protéger son habitation principale des poursuites de créanciers.

L'entreprise individuelle offre une grande simplicité de constitution (formalités simples et peu coûteuses par une simple inscription au registre du commerce et des sociétés), de fonctionnement et de liberté d'action du chef d'entreprise.

L'entreprise individuelle est donc une structure adaptée aux petites entreprises mais elle devient inadaptée lorsque celles-ci se développent.

2. Les sociétés

L'entreprise sociétaire, ou société, est une personne morale créée par un contrat (les statuts) entre plusieurs personnes (les associés), dont elle se distingue.

a) Les sociétés de capitaux

Ces sociétés, comme la société anonyme (SA), sont constituées en considération des capitaux apportés sous forme d'actions qui sont, en principe, librement négociables. Les associés ne sont pas commerçants et répondent des pertes sociales dans la limite de leurs apports.

La SA est la forme idéale pour les projets nécessitant des capitaux importants. Elle réunit des associés qui peuvent être très nombreux et ne se connaissent pas nécessairement. Ceux-ci sont responsables à la hauteur de leurs apports et peuvent, en principe, vendre librement leurs actions.

b) Les sociétés de personnes

Dans ces sociétés, comme la société en nom collectif (SNC), la personnalité des associés est essentielle : elles reposent sur un fort *intuitu personae*. Les associés y répondent personnellement des dettes d'exploitation en cas de défaillance de la société. Leur responsabilité est indéfinie et solidaire : chaque associé est tenu de la totalité des dettes non payées par la société.

c) Les sociétés hybrides

Dans ces sociétés, comme la société à responsabilité limitée (SARL), il existe un certain *intuitu personae*. La cession de parts n'est pas libre, mais la responsabilité des associés est limitée à leurs apports.

3. Les sociétés coopératives

Ces groupements à objet civil ou commercial ont un but lucratif. Ils permettent de diminuer les frais généraux en mettant en commun certains moyens de production ou les coûts à l'achat par rapport au circuit commercial traditionnel.

Mais les coopératives ne partagent pas les bénéfices. Le personnel est associé au capital et à la prise de décision. Le principe est celui d'une voix par associé.

2 Les organisations à finalité non lucrative

Il s'agit des associations, groupements réunissant plusieurs personnes qui poursuivent un but non lucratif, à vocation sociale, culturelle, sportive, humanitaire, etc. La personne morale fonctionne grâce à l'activité de ses membres, aux cotisations qu'ils acquittent et éventuellement à des aides externes.

Les adhérents ne se distribuent pas de bénéfices. Toutefois, la gestion commune de leurs projets permet parfois de réaliser des économies.

3 La frontière étroite entre organisations à but lucratif et à but non lucratif

1. Une classification incertaine

Des personnes morales aux objets différents sont actuellement regroupées dans la catégorie unique des sociétés. Or les unes tendent au partage des bénéfices et les autres à la simple réalisation d'économies. La recherche d'économies est donc le domaine commun à l'association et à la société. Les associations peuvent aussi exercer des activités qui relèvent traditionnellement du secteur commercial, et donc du monde des entreprises.

EXEMPLES

Une clinique, une maison de retraite, un club de sport peuvent être exploités aussi bien par une société que par une association.

Certaines associations réalisent un chiffre d'affaires considérable et emploient des centaines de salariés.

Elles se différencient des sociétés par la « philosophie » de leurs membres. Une association peut donc être redevable de la TVA et de l'impôt sur les sociétés.

2. Le groupement d'intérêt économique (GIE)

Sa finalité est d'améliorer les conditions de fonctionnement des entreprises qui le créent en mettant des moyens en commun.

Un GIE doit permettre à ses membres de faire des économies sans avoir pour finalité de leur redistribuer des bénéfices.

11 LES CRITÈRES DE CHOIX D'UNE STRUCTURE

➔ **Le choix d'une structure juridique dépend des motivations du créateur de l'organisation.**

1 Le choix de la structure en fonction des motivations patrimoniales et matrimoniales

1. Le patrimoine de l'entrepreneur individuel

L'entreprise et l'entrepreneur sont confondus : profit et responsabilité sont liés à la personne de l'entrepreneur qui doit accepter de prendre des risques puisqu'il engage son patrimoine afin de garantir ses dettes professionnelles. Le législateur, conscient des problèmes posés à l'entrepreneur individuel, a tempéré le principe de l'engagement sans limite de l'entrepreneur individuel : les lois de 1994, 2003 et 2008 permettent à l'entrepreneur de « protéger » ses biens personnels des créanciers.

2. Le patrimoine des associés

En principe, les sociétés commerciales de capitaux (SA, SAS) et la SARL ou l'EURL sont des structures qui permettent aux associés de n'engager leur patrimoine qu'à hauteur de leurs apports. Cependant, les banquiers demandent généralement une garantie sur les biens personnels des associés pour l'octroi d'un prêt. Cette pratique amoindrit la portée du principe.

3. La protection des biens du couple

a) Le régime de la communauté réduite aux acquêts

Ce régime est celui des personnes qui se marient sans passer de contrat devant le notaire. Les biens acquis à titre onéreux pendant le mariage, les « acquêts », sont communs aux époux et sont donc engagés dans le cadre de l'activité professionnelle. Cette règle n'est pas valable pour les biens propres à chacun des époux (biens acquis avant le mariage).

Ce régime matrimonial est déconseillé à ceux qui veulent entreprendre seuls ou dans le cadre d'une société de personnes entraînant la responsabilité illimitée des associés.

b) Le régime de la séparation de biens

Ce régime est le plus adapté à la vie des affaires car il aboutit à dissocier les biens de chacun des époux : tout ce qui a été acquis par chacun, avant et pendant le mariage, lui appartient personnellement et ne peut donner lieu à saisie du fait d'une difficulté d'exploitation de l'autre membre du couple.

Le PACS (pacte civil de solidarité) aboutit aux dispositions de ce dernier régime.

2 Le choix de la structure en fonction des motivations sociales et fiscales

1. La motivation sociale

Le créateur d'entreprise peut choisir d'avoir le statut de salarié en dirigeant une société de capitaux ou en étant gérant non majoritaire d'une SARL. Il bénéficie alors des assurances sociales (maladie, maternité, accidents du travail, vieillesse) mais ne bénéficie pas de l'assurance-chômage.

Il peut à l'inverse choisir le statut de travailleur indépendant s'il exploite une entreprise individuelle, s'il est gérant associé d'une SNC ou d'une EURL, ou s'il est gérant associé majoritaire d'une SARL. Il ne bénéficie alors pas du régime général de la Sécurité sociale mais d'un régime social spécifique. Il doit cotiser à des caisses d'assurance complémentaires s'il veut obtenir un statut social satisfaisant.

Ce critère de choix n'est plus décisif car les différences entre les statuts se sont estompées : le coût des cotisations sociales est proche de celui des assurances acquittées par les travailleurs indépendants.

2. La motivation fiscale

L'activité professionnelle génère des profits donnant lieu à des prélèvements fiscaux. Le choix se fait entre l'imposition de la personne *via* l'impôt sur le revenu (IR) ou celle de la structure *via* l'impôt sur les sociétés (IS). L'IR vise les bénéfices réalisés selon un barème progressif, dont la tranche supérieure est actuellement fixée à 40 %. L'IS représente un prélèvement proportionnel, à hauteur de 33,33 % des bénéfices.

Il n'existe pas d'arbitrage idéal entre ces deux options car chacun doit intégrer divers paramètres : profits attendus de l'entreprise, situation personnelle et familiale.

3 Les motivations liées à l'organisation de l'entreprise

1. Le fonctionnement de l'entreprise

Le créateur optant pour les sociétés de capitaux et la SARL dispose d'un pouvoir à la hauteur de son engagement financier et des risques qu'il assume. Lors des assemblées générales, chaque associé détient une quantité de droits de vote à proportion de ses apports à la constitution du capital.

Dans les sociétés de personnes comme la SNC, la prééminence de l'*intuitu personae* entraîne la règle de l'unanimité lors des votes en assemblée générale.

Les statuts laissent de la liberté aux associés pour aménager l'organisation de leurs pouvoirs dans la société. La loi permet ainsi aux SAS de choisir librement la répartition des pouvoirs ou leur concentration entre les mains d'un seul dirigeant.

2. Le financement de l'entreprise

Certaines SA « rassurent » les banques en raison de l'importance de leurs capitaux propres ; elles obtiennent des crédits. À l'inverse, les petites entreprises, individuelles ou sociétaires, semblent plus fragiles et sont donc plus limitées dans la réalisation de leurs objectifs.

12 L'ÉVOLUTION DE LA STRUCTURE JURIDIQUE DES ORGANISATIONS

L'objectif des organisations est généralement de croître tout en limitant les risques liés à l'activité économique et en trouvant de nouveaux partenaires. Des préoccupations patrimoniales, financières ou stratégiques sont généralement à l'origine de l'évolution de leur structure juridique.

1 Le processus d'évolution des organisations

1. La recherche de la croissance

Toute entreprise, quelle que soit sa taille, est un jour ou l'autre tentée par le développement de son chiffre d'affaires et l'augmentation de ses parts de marché. Les stratégies de croissance des organisations peuvent prendre la forme de la croissance interne ou celle de la croissance externe.

En optant pour la croissance interne, l'entreprise souhaitant rester indépendante s'autofinance progressivement pour rester maîtresse de son évolution. Elle développe ses propres moyens de production. L'entreprise individuelle peut aussi, en cas de besoin, changer sa structure juridique si son intention est de s'étendre sur le marché.

Une entreprise qui fait le choix de la croissance externe prend le contrôle d'autres organisations ou se regroupe avec d'autres structures par le mécanisme de la fusion.

2. Les différentes préoccupations

a) Les préoccupations patrimoniales

Afin d'éviter la confusion entre son entreprise et lui, l'entrepreneur individuel peut souhaiter changer de structure juridique. Il peut adopter le statut de sociétaire ou bien d'associé dans une société de capitaux afin de protéger son patrimoine personnel des risques de son entreprise. Il en est de même pour les associés d'une société qui doivent fournir des garanties sur leurs biens personnels afin d'obtenir des crédits.

La transmission de l'entreprise individuelle à ses enfants est une autre préoccupation patrimoniale. L'adoption du statut de société peut faciliter l'opération. En effet, la cession ou la transmission des parts peut se faire totalement ou partiellement, à une ou à plusieurs personnes de son choix, sauf si une procédure d'agrément est prévue par les statuts (exemples : accord unanime des autres associés dans une SNC, approbation de la majorité des associés représentant les 3/4 du capital dans une SARL).

b) Les préoccupations financières

Pour se développer, l'entreprise a besoin de moyens importants. Or l'accès à des modes de financement conséquents est réservé à certaines structures.

EXEMPLE

L'introduction en Bourse est seulement possible pour des sociétés de capitaux importantes.

c) Les préoccupations stratégiques

Le droit prévoit de nombreux moyens pour accompagner les structures qui souhaitent opter pour des stratégies de croissance.

EXEMPLES

Techniques de filialisation, de prise de contrôle, de fusion.

2 Les modifications de la structure juridique

L'apport en société de l'entreprise individuelle et la modification de la forme sociale servent aussi la croissance de l'activité économique de l'organisation.

1. L'apport en société de l'entreprise individuelle

L'entrepreneur individuel qui veut faire grandir son entreprise doit adopter le statut de société. Pour cela, il peut apporter son fonds de commerce à la constitution du capital de la société à naître, qu'elle soit unipersonnelle s'il veut en garder le total contrôle, ou pluripersonnelle s'il s'associe à d'autres personnes. Son pouvoir dépendra de la valeur de son apport dans le capital.

2. La modification de la forme sociale

a) Le passage de l'EURL à la SARL

Une EURL (entreprise unipersonnelle à responsabilité limitée) est créée par un associé unique pour exploiter seul son activité. Mais cette structure peut être un frein à la croissance recherchée car la limitation de la responsabilité rend difficile l'obtention de financement : les banques demandent des garanties et des cautions personnelles. Si cette structure est bien adaptée pour l'entrepreneur individuel qui veut être seul maître à bord, il peut arriver que l'associé unique souhaite faire entrer d'autres personnes dans sa société en vue d'un développement ultérieur. Les nouveaux associés pourront en effet apporter des compétences nouvelles et/ou une augmentation de capital en vue de la croissance recherchée.

L'EURL n'étant pas une forme juridique à part entière, puisqu'elle est en fait une SARL constituée d'un seul associé, le passage en SARL se fait sans aucune formalité, par le simple fait de céder des parts sociales à une autre personne.

b) L'évolution de la SARL vers les sociétés de capitaux

Pour mener des projets d'envergure, le choix peut s'orienter vers les sociétés de capitaux : société anonyme (SA), société par actions simplifiée (SAS). Leurs structures évolutives facilitent les partenariats et apportent de la crédibilité vis-à-vis des partenaires (banquiers, clients, fournisseurs).

Ainsi, lorsque la SARL est en plein développement et qu'elle a besoin de capitaux importants, il peut s'avérer judicieux de la transformer en SA. En effet, la SA dispose d'une grande souplesse de financement puisqu'elle peut faire appel public à l'épargne et émettre divers titres sur le marché.

Lorsque la SARL compte plus de 100 associés, elle doit se transformer en SA dans un délai de 2 ans, à moins que le nombre d'associés ne redevienne inférieur ou égal à 100.

13 LA PRÉVENTION ET LE TRAITEMENT DES DIFFICULTÉS DE L'ENTREPRISE

➔ L'entreprise peut connaître des difficultés. La prévention est privilégiée par le droit. Le législateur se fixe trois objectifs : le redressement de l'entreprise, le maintien de l'emploi et le paiement des créanciers.

1 L'évolution du droit de l'entreprise en difficulté

La question de la pérennité de l'entreprise n'a pas toujours été appréhendée de la même façon par le droit. Jusqu'en 1985, le droit était caractérisé par la volonté de punir le chef d'entreprise qui avait failli et qui devait être destitué du droit d'administrer ses biens. Le droit des faillites a évolué vers la volonté d'appréhender le plus tôt possible les difficultés de l'entreprise et de préserver ses chances de survie pour défendre les intérêts des créanciers, des salariés, des associés, de l'entrepreneur, voire de la société elle-même.
La loi de sauvegarde des entreprises du 26 juillet 2005 vise le traitement en amont des difficultés des entreprises et encourage les dirigeants à s'adresser rapidement aux tribunaux.

2 La prévention des difficultés

La détection précoce des difficultés et les solutions de sauvetage de l'entreprise facilitent le recours à la justice pour des chefs d'entreprise réticents à la saisir.

1. L'obligation de publier les comptes

La détection des difficultés suppose une transparence de l'information assurée par l'obligation de publier les comptes. C'est pourquoi les sociétés commerciales doivent déposer leurs comptes annuels, le rapport de gestion et le rapport des commissaires aux comptes au greffe du tribunal de commerce. Ils disposent d'un délai de 1 mois après l'approbation par l'assemblée générale.

2. Le droit et le devoir d'alerte

Le comité d'entreprise, les associés et le président du tribunal de commerce peuvent déclencher l'alerte afin d'attirer l'attention du chef d'entreprise. Pour le commissaire aux comptes, il s'agit d'un devoir.

3. La procédure contractuelle de conciliation

La conciliation, limitée en principe à 4 mois, permet au dirigeant de diriger et maîtriser la procédure. Aucun créancier ne peut demander l'ouverture d'une procédure de redressement ou de liquidation judiciaire, ni le président du tribunal se saisir d'office. Le dirigeant peut proposer au tribunal le nom d'un conciliateur dont la mission sera de favoriser la conclusion d'un accord amiable entre les créanciers et le débiteur pour le paiement de ses dettes.

3 Le traitement des difficultés

Le droit des entreprises en difficulté propose d'une part des procédures choisies par le chef d'entreprise et d'autre part des procédures subies.

1. Les procédures

a) La sauvegarde

Toute entreprise qui justifie de difficultés qu'elle n'est pas en mesure de surmonter peut être placée sous sauvegarde.
La procédure est déclenchée à l'initiative du chef d'entreprise. Elle lui permet de bénéficier de mesures prononcées par le juge qui s'imposent aux créanciers (exemples : arrêt des poursuites individuelles, suspension des échéances des dettes).
La procédure débute par une période d'observation de l'entreprise permettant de dresser l'inventaire de son patrimoine. Un plan de sauvegarde est ensuite arrêté par le tribunal, qui prévoit les mesures nécessaires au rétablissement de l'entreprise (exemples : délais de paiement, remises de dettes).

b) Le redressement judiciaire

La procédure de redressement judiciaire doit être mise en œuvre par toute entreprise en situation de cessation de paiements, c'est-à-dire qui ne peut pas faire face au passif exigible avec l'actif disponible. Elle permet la poursuite de l'activité de l'entreprise, avec désignation d'un ou de plusieurs administrateurs pour assister le dirigeant, le maintien de l'emploi et l'apurement du passif. Elle donne lieu à un plan de redressement arrêté par jugement à l'issue d'une période d'observation.

c) La liquidation judiciaire

En cas d'échec des tentatives de sauvetage, l'entreprise est conduite à la liquidation judiciaire. Cette procédure concerne les entreprises en cessation de paiements et dont le redressement est manifestement impossible. Il s'agit de mettre fin à l'activité de l'entreprise ou de vendre tous ses biens afin de rembourser les créanciers dans la mesure du possible.

2. Les critères de choix d'une procédure

Le choix d'une procédure dépend de différents critères :
- le niveau de difficultés atteint par l'entreprise (cessation de paiements ou pas) ;
- la confidentialité de la procédure : si un accord amiable est homologué, et donc révélé au public, il peut freiner le dirigeant dans ses relations avec les tiers. Mais certains créanciers, dont les banques, peuvent préférer cette solution en raison de la sécurité juridique que leur procure l'homologation ;
- les effets de la procédure sur la gestion du chef d'entreprise : poursuite de la gestion, désignation d'un administrateur ou remplacement par un liquidateur ;
- le rôle des créanciers : recours en revendication de biens, accords possibles pour échelonner les paiements ;
- le maintien de l'emploi : licenciements ou non ;
- l'aspect contractuel ou judiciaire : accord amiable ou jugement ;
- les risques de sanction en cas d'actes graves des dirigeants ayant conduit aux difficultés de l'entreprise.

14 LA PROTECTION DES CRÉANCIERS DE L'ENTREPRISE EN DIFFICULTÉ

Le droit des entreprises en difficulté est marqué par la nécessité d'arbitrages entre des intérêts contradictoires. Véritables acteurs des procédures s'appliquant aux entreprises en difficulté, les différents créanciers possèdent des droits, dont celui du paiement de leurs créances.

1 Les objectifs de la protection des créanciers

1. Le maintien de l'emploi

L'objectif principal du législateur en 2005 a été de renforcer les chances effectives de sauvetage de l'entreprise en favorisant l'anticipation des difficultés et leur résolution par la négociation. Il s'agit de pérenniser l'entreprise et de maintenir les emplois des salariés dans le cas des procédures de sauvegarde, de redressement et de liquidation.

2. Le règlement des dettes

Le paiement des créances est un des objectifs du traitement des difficultés de l'entreprise. La négociation et la finalisation d'accords avec les créanciers, en vue de l'obtention de remises de dettes, sont au cœur des procédures. Le paiement du passif s'effectue en fonction des actifs restant pour régler les dettes.

2 La distinction entre les créanciers

Tous les créanciers ne sont pas traités de la même façon.

1. Les créanciers superprivilégiés

Les salariés sont des créanciers particuliers du fait du caractère alimentaire de leur créance. La rémunération qui leur est due au titre des 60 derniers jours de travail qui précèdent le jugement d'ouverture bénéficie d'un superprivilège. C'est une créance prioritaire, qu'il s'agisse d'une procédure de sauvegarde, de redressement ou de liquidation judiciaires.

Si les fonds appartenant à l'entreprise en difficulté en permettent le paiement, les salariés doivent être payés dans les 10 jours suivant le jugement d'ouverture. Si les fonds sont insuffisants, les salaires sont pris en charge par l'Association pour la gestion du régime de garantie des créances des salariés (AGS). L'AGS devient créancier de l'entreprise et prend la place du salarié dont elle a avancé les créances pour récupérer les sommes avancées.

2. Les créanciers privilégiés

Il s'agit des créanciers qui peuvent, en vertu de la loi, obtenir le recouvrement de leur créance avant les autres. Le Trésor public et les organismes sociaux font partie des créanciers privilégiés car ils sont porteurs des créances de la collectivité. Leur paiement doit donc être prioritaire (exemple : les frais de justice).

3. Les créanciers chirographaires

Ce sont des créanciers simples, sans privilège, ni garantie, ne bénéficiant donc d'aucune priorité de paiement (exemple : les fournisseurs).

a) Les créanciers antérieurs à la procédure collective

Le jugement ouvrant la procédure interdit de payer toute créance née antérieurement. Il arrête les poursuites judiciaires engagées par les créanciers pour obtenir le paiement de leurs créances. En outre, les créances nées antérieurement au jugement d'ouverture et non encore payées ne peuvent pas produire d'intérêts.

b) Les créanciers postérieurs à la procédure collective

Les créanciers qui, avertis des difficultés de l'entreprise en situation de sauvegarde ou de redressement, continuent de travailler avec elle ont des avantages et bénéficient de garanties de paiement accrues.

EXEMPLE

Un fournisseur qui continue de livrer un client en cessation de paiements, lui permet de poursuivre sa production et contribue à favoriser son redressement.

Ces créanciers postérieurs bénéficient ainsi d'un traitement de faveur dans la mesure où leurs créances doivent être payées à leur échéance tandis que le paiement de toutes les autres créances nées avant le jugement d'ouverture de la procédure est suspendu jusqu'à la décision finale du tribunal.

Devenant créanciers privilégiés, ils disposent d'une priorité de paiement sur la majorité des créanciers antérieurs. Ainsi, si l'entreprise connaît une aggravation de ses difficultés rendant impossible le recouvrement de la créance à la date prévue, le créancier bénéficie d'un privilège, à mettre en œuvre le jour du règlement définitif de la situation.

3 Le sort des créanciers

1. Dans le cas de la continuation de l'entreprise

Le tribunal peut décider d'un plan de continuation ou d'un plan de redressement en prenant des mesures sur le long terme, 10 ans au maximum. Il donne ainsi des chances de survie à l'entreprise en difficulté.

EXEMPLES

Échelonnement des échéances ; effacement de dettes.

Les créanciers sont consultés avant l'adoption définitive des mesures, par l'intermédiaire d'un administrateur qui négocie directement avec les créanciers pour les PME ou avec des comités représentant les créanciers dans les grandes entreprises.

2. Dans le cas de la liquidation de l'entreprise

Il y a vente, de gré à gré ou aux enchères, de tous les éléments de l'actif de l'entreprise pour apurer son passif. Un liquidateur répartit les fonds issus de la cession des actifs entre les différents créanciers, en tenant compte de l'ordre de paiement prévu par le droit : d'abord les titulaires d'une créance privilégiée, ensuite les créanciers chirographaires, qui se partagent le reliquat en fonction des montants respectifs de leur créance.

Enfin, le tribunal constate la clôture de la liquidation et, le cas échéant, l'insuffisance d'actif.

15 LA CONCLUSION DES CONTRATS ENTRE PROFESSIONNELS

➔ Le contrat est un outil juridique essentiel dans la circulation des richesses. Il représente un élément de stabilité des relations mises en place par les entreprises dans leur activité économique. Il permet l'adaptation au contexte économique, notamment international, et sécurise les transactions entre les parties.

1 La formation des contrats

1. Le contrat

a) La place du contrat

Les actes juridiques sont des manifestations de volonté d'une ou de plusieurs personnes ayant pour objectif de produire des effets de droit. La convention est un acte juridique car cet accord entre deux ou plusieurs personnes produit des effets de droit.

Le contrat est une convention entre deux ou plusieurs personnes ayant pour but de faire naître des obligations. En pratique, le terme « contrat » désigne plutôt le document et la « convention » le contenu du contrat, c'est-à-dire ce à quoi les signataires se sont engagés.

b) Le rôle du contrat entre professionnels

Pour l'entreprise, le contrat est le mode d'organisation de ses rapports avec tous ses partenaires. Par cette convention, elle s'oblige envers une ou plusieurs autres entreprises à donner (transférer la propriété), à faire ou à ne pas faire quelque chose (exemples : s'équiper, approvisionner).

2. Les conditions de validité des contrats

a) Le consentement

Le consentement doit être libre et non vicié. Les vices du consentement sont :
- l'erreur : croyance fausse au sujet d'un élément du contrat ;
- le dol : manœuvre frauduleuse destinée à tromper une personne pour l'amener à contracter ;
- la violence : contrainte physique ou morale.

b) La capacité des parties

Les parties doivent être capables pour conclure un contrat. La capacité comprend :
- la capacité de jouissance qui consiste en l'aptitude à être titulaire de droits (exemple : droit de propriété) ;
- la capacité d'exercice qui est l'aptitude à exercer ces droits (exemple : vendre son bien).

Sont considérées comme incapables les personnes qui sont dans l'incapacité de passer des contrats ou ne peuvent être commerçants en raison de leur jeune âge (moins de 18 ans) ou de l'altération de leurs facultés personnelles. Toutes ces personnes ont interdiction soit d'exercer temporairement le commerce, soit de diriger une société (exemples : personne condamnée à une sanction pénale pour crime, délit ; fraude entraînant la liquidation d'une entreprise).

c) L'objet

L'objet du contrat est l'opération juridique voulue par les parties. Il doit exister, être certain, c'est-à-dire déterminé et déterminable, possible et licite, c'est-à-dire conforme à la loi et aux bonnes mœurs.

d) La cause

La cause est la raison qui a poussé les contractants à s'engager. Elle doit exister et être licite.

3. La portée des engagements contractuels

Le contrat a force de loi entre les parties, c'est-à-dire qu'il s'impose à elles comme la loi s'impose aux citoyens. La force obligatoire du contrat et le respect de la parole donnée sont indispensables pour sécuriser le commerce. Le contrat n'a d'effet qu'entre les parties. Sauf exceptions, il n'engage pas les tiers, qui, cependant, ne peuvent pas totalement ignorer son existence.

2 Les particularités des contrats professionnels

1. L'équilibre des obligations

Le contrat doit être exécuté de bonne foi, ce qui se traduit entre professionnels par l'obligation de loyauté réciproque. La déloyauté consiste, par exemple, à ne pas avertir l'autre partie alors qu'on a décidé de rompre.

Les contrats types favorisent l'équilibre des prestations et aident à l'égalité des parties en standardisant les relations juridiques car ils sont totalement ou partiellement élaborés avant la négociation.

2. La volonté des parties en cas de rapport déséquilibré

La liberté de négociation en matière contractuelle est souvent illusoire en raison des déséquilibres du rapport de force entre les parties. En effet, les contractants professionnels sont réputés avoir négocié librement les conditions de leur accord ; mais en pratique, tout dépend de la position du client et des intérêts financiers en jeu.

En cas de litige, il convient de se demander si les parties ont voulu l'accord conclu et si elles étaient aptes à le vouloir. Il faut ensuite s'interroger sur le contenu du contrat en recherchant ce que les parties ont voulu et pourquoi elles l'ont voulu. Il s'agit ainsi de rétablir entre les parties l'égalité trop souvent rompue par la supériorité technique ou économique de l'une d'elles.

Le contenu des contrats doit être recherché dans ce que les parties ont voulu plus que dans la lettre du contrat. Les parties ne doivent pas faire preuve de malice en se retranchant derrière une application à la lettre de la convention ou au contraire en profitant des lacunes du contrat.

3. La détermination du prix

Le prix se définit comme la somme d'argent que l'un des contractants doit payer à l'autre en contrepartie d'un bien ou d'un service. Le prix de la vente doit être déterminé et désigné par les parties. À défaut le contrat n'existe pas.

Aucune des parties ne devant être soumise à l'arbitraire de l'autre, le prix, même s'il n'est pas fixé le jour du contrat, doit être déterminable et dépendre d'éléments objectifs.

16 LA NÉGOCIATION D'ACCORDS ENTRE PROFESSIONNELS

La conclusion d'un contrat est souvent précédée d'une longue période de négociation ponctuée d'accords préparatoires. Les professionnels peuvent se faire représenter pendant cette période en utilisant la technique de la représentation juridique.

1 La période précontractuelle

Cette période se caractérise par la liberté d'aller jusqu'au contrat ou d'y renoncer. Un contrat entre professionnels met souvent en jeu des intérêts considérables et ne se signe pas sur un coup de tête. Au contraire, il est la plupart du temps précédé d'une longue période de négociation qui est ponctuée de nombreux actes préparatoires.

1. Les pourparlers

Ils représentent la phase préliminaire de discussion durant laquelle les clauses du contrat envisagé sont étudiées. Les parties ne sont pas encore engagées et sont encore libres de se dédire.

Les pourparlers peuvent se terminer à l'amiable ou donner lieu à un contentieux. Le cas échéant, celui qui a commis une faute dans la rupture des pourparlers est obligé de la réparer.

2. La promesse unilatérale de contrat

Il s'agit de la convention par laquelle une personne, le promettant, consent à une autre personne, le bénéficiaire, la faculté d'acheter ou de vendre un bien à un prix déterminé ou déterminable.

Le promettant s'engage à conclure le contrat envers le bénéficiaire à des conditions prédéterminées, notamment le prix.

Le bénéficiaire accepte les termes de l'offre qui lui est faite sans être encore engagé à signer le contrat. Il dispose d'un délai, qui correspond à la durée de la promesse, pour se décider et faire connaître sa décision à son cocontractant.

EXEMPLE

Dans le cadre d'une promesse unilatérale de vente, le vendeur s'engage à vendre un bien au bénéficiaire de la promesse. Il s'interdit de proposer le bien à la vente à toute autre personne pendant le délai de la promesse.

Le bénéficiaire jouit d'un droit d'option :
- soit il signe le contrat et il lève l'option selon les termes prévus dans la promesse ;
- soit il y renonce. Il est généralement prévu à sa charge le versement au promettant d'une somme, l'indemnisation d'immobilisation, en contrepartie du fait que l'objet de la promesse est bloqué pendant un certain temps.

3. L'avant-contrat

Avant de signer le contrat définitif, les parties peuvent conclure un avant-contrat temporaire qui détermine avec précision les conditions dans lesquelles se réalisera le contrat définitif.

L'avant-contrat peut prendre la forme d'un pacte de préférence avec la promesse faite par l'une des parties à une autre qui l'accepte, de lui proposer en priorité la conclusion d'un contrat lorsque l'autre sera décidée à conclure.

EXEMPLE

Dans le contrat de vente, l'une des parties s'engage à acheter un bien dès que sa demande de financement aura été accordée par l'organisme de crédit.

Cet accord contient généralement une clause relative au secret et à la confidentialité, qui interdit la divulgation des informations sensibles échangées en cours de négociation. Il peut contenir aussi des clauses spécifiques aux négociations, comme une clause d'exclusivité qui interdit la conduite de négociation parallèle avec un tiers, ou une clause d'agrément qui interdit de transmettre le bénéfice du projet de contrat à un tiers sans l'autorisation du partenaire. Il peut s'agir enfin d'une clause pénale qui fixe le montant forfaitaire des pénalités dues en cas de manquement à l'une des clauses de cet avant-contrat.

2 Le mécanisme de la représentation

Les professionnels peuvent conclure directement des contrats ou bien se faire représenter. Les relations contractuelles entre professionnels conduisent ainsi à différencier la personne juridique qui s'engage et le signataire du contrat, ce que permet la technique de la représentation juridique.

1. Le pouvoir de représentation

Généralement, les professionnels négocient eux-mêmes leurs contrats ; toutefois, il leur arrive de faire intervenir un intermédiaire qui peut les représenter lors de la négociation du contrat.

L'origine du pouvoir du représentant peut être légale.

EXEMPLE

Le directeur général d'une société anonyme représente celle-ci dans ses rapports avec les tiers.

La représentation peut trouver aussi son origine dans un contrat, *via* la technique du mandat. Il s'agit d'un acte par lequel une personne, le mandant, donne à une autre, le mandataire, le pouvoir de faire quelque chose pour le mandant et en son nom.

Le mandant donne au mandataire les moyens d'exécuter sa mission et le rémunère sous forme d'honoraires. Il est ensuite engagé comme s'il avait traité lui-même avec les tiers qui signent avec le mandataire.

2. La prise de qualité du représentant

En signant le contrat, le représentant agit au nom du représenté. Il fait donc connaître à son cocontractant sa qualité d'intermédiaire. À ce titre, il doit exécuter la mission qui lui est confiée dans le respect des consignes et pouvoirs qui lui ont été donnés.

3. La volonté de contracter

Le professionnel qui est représenté mandate le représentant de conclure des contrats pour lui. La volonté de ce dernier doit être vérifiée tant par le représenté que par le cocontractant car il s'engage pour le représenté.

17 L'ANTICIPATION DES ALÉAS DE LA RELATION CONTRACTUELLE

L'exécution des contrats entre professionnels s'échelonne dans le temps. Elle est donc soumise aux transformations du contexte économique et social. Des clauses particulières permettent d'anticiper ces évolutions et les difficultés d'exécution. Si les clauses n'atteignent pas leur objectif, l'inexécution du contrat peut être constatée.

1 La loi contractuelle

1. Le principe de la loi contractuelle

L'article 1134 du Code civil pose le principe de la force obligatoire du contrat : « les conventions légalement formées tiennent lieu de loi à ceux qui les ont faites ».
Ce principe fait du contrat la loi des parties qui entraîne une exécution de bonne foi des engagements pris, c'est-à-dire une exécution loyale et coopérative. Le contrat doit donc être respecté en tout point, sous peine de sanctions.

2. Les aménagements possibles

Il arrive cependant que les clauses contractuelles soient source de déséquilibre entre les parties.

a) L'interprétation des contrats

Le juge peut être conduit à interpréter le contrat ou certaines de ses clauses lorsqu'il est saisi pour trancher un litige dans l'exécution du contrat. Il doit rechercher la volonté commune des parties soit à travers des usages, soit en tenant compte du comportement des parties.

b) La restauration de l'équilibre contractuel

Le juge peut dépasser la volonté des contractants en imposant de nouvelles obligations dans l'objectif de restaurer l'équilibre contractuel au nom de la loyauté et de la solidarité. Les parties au contrat doivent chacune retirer des avantages comparables de leur engagement réciproque. Or, un certain nombre de contrats (exemple : le contrat de franchise) peuvent mettre les contractants sur un pied d'inégalité dans la mesure où il existe une dépendance économique de l'une des parties par rapport à l'autre.

2 L'anticipation de l'évolution des contrats

En principe, les parties ne peuvent décider de réviser les contrats qu'elles ont signés sous prétexte de l'évolution de l'environnement. Il y va en effet de la stabilité et de la sécurité juridique des engagements contractuels. Cependant, l'échelonnement dans le temps des contrats entre professionnels peut affecter la possibilité de respecter leur engagement initial compte tenu des transformations du contexte économique et social.
Diverses clauses particulières sont donc autorisées en fonction des objectifs voulus par les professionnels lors de la rédaction du contrat pour permettre aux cocontractants d'anticiper leurs éventuelles difficultés d'exécution.

1. Les clauses prévoyant la modification du contrat

a) La clause d'indexation

Lorsqu'un contrat prévoit des paiements échelonnés, les parties peuvent se protéger contre les aléas de la conjoncture économique en insérant une clause d'indexation. Celle-ci entraîne la révision automatique du prix prévu initialement en fonction d'un indice ayant un rapport direct avec l'objet du contrat ou l'activité d'une des parties.

EXEMPLE
Un contrat d'approvisionnement en essence indexé sur le cours du baril de pétrole.

b) La clause de réserve de propriété

Elle permet au vendeur d'un bien d'en conserver la propriété jusqu'au complet paiement par l'acheteur.

c) La clause de dédit

Elle offre aux parties la possibilité de rétracter leur consentement en s'acquittant d'une somme fixée à l'avance.

d) La clause de renégociation

Les parties s'accordent la possibilité de mettre fin à un contrat pour en conclure un nouveau.

2. Les clauses de responsabilité

a) Les clauses limitatives de responsabilité

Elles fixent le maximum possible des dommages-intérêts qui seront dus en cas de faute contractuelle avérée.

b) La clause pénale

Il s'agit d'une clause selon laquelle les parties fixent elles-mêmes, par avance et de façon forfaitaire, l'indemnité qui sera due en cas d'inexécution.

3 L'inexécution des contrats

La non-exécution du contrat, si elle est dommageable, entraîne la responsabilité contractuelle du contractant défaillant et l'annulation du contrat. La résolution ou la résiliation du contrat peuvent être prévues par une clause du contrat ou prononcées par le juge saisi du litige.

1. La résolution du contrat

Les parties à un contrat synallagmatique ont des obligations réciproques. C'est pourquoi la partie qui n'obtient pas satisfaction de son cocontractant peut demander au juge la résolution du contrat, c'est-à-dire l'anéantissement rétroactif du contrat. Les parties se retrouvent alors dans l'état antérieur au contrat (exemple : le fournisseur rembourse le client qui lui rend le bien acheté).

2. La résiliation du contrat

Dans le cas des contrats à exécution successive, il n'est pas possible de remettre les choses dans l'état antérieur à la conclusion du contrat. Le contrat est alors résilié, c'est-à-dire que les effets passés demeurent et le contrat ne s'applique plus à l'avenir. Par exemple, dans un contrat de bail commercial, le locataire ne peut rendre au bailleur son temps d'occupation des lieux.

18 LES CONTRATS CONCLUS AVEC LA PERSONNE PUBLIQUE

Les entreprises privées sont conduites à passer des contrats avec les personnes morales de droit public. Celles-ci font appel aux procédures de marchés publics pour répondre à leurs besoins en matière industrielle, de travaux, de fournitures, de services ou de prestations intellectuelles.

1 Les particularités du contrat administratif

Le contrat administratif est un contrat lié à l'exécution du service public et donc doté de caractéristiques particulières compte tenu des exigences de rigueur du service public.

1. La qualité des parties

Les entreprises privées peuvent conclure des contrats administratifs avec les personnes morales de droit public. Celles-ci agissent pour le compte d'un intérêt général supérieur et sont mises en place par un pouvoir politique. Il en existe plusieurs catégories : l'État (exemples : ministères, juridictions), les collectivités territoriales (régions, départements, communes) et les établissements publics (exemples : Opéra national de Paris, CNRS, universités).

2. Les clauses exorbitantes de droit commun

Le contrat administratif se caractérise par le fait que l'un au moins des cocontractants est une personne publique ou son représentant. Il a généralement pour but de permettre ou de faciliter le fonctionnement du service public. Dans l'intérêt général, l'administration détient des pouvoirs particuliers et unilatéraux. On parle de « pouvoirs exorbitants de droit commun » pour exprimer cette inégalité.

Une clause exorbitante est une clause qu'on ne trouve pas dans les contrats de droit privé parce qu'elle y serait illégale. Sa présence détermine le caractère administratif du contrat.

EXEMPLE

Modification unilatérale du contrat par la personne publique.

L'illustration la plus flagrante de ces pouvoirs exorbitants est la possibilité pour la personne publique de résilier unilatéralement le contrat administratif pour motif d'intérêt général.

2 La passation de marchés publics

La personne publique demandeuse de travaux, fournitures ou services et qui désire les faire exécuter par une entreprise en passant par la procédure des marchés publics est appelée « pouvoir adjudicateur ». Elle choisit l'entreprise et est donneuse d'ordre.

Les contrats administratifs sont soumis aux principes de protection des deniers publics, de lutte contre la corruption, de recherche d'efficacité, de concurrence loyale, ce qui limite les pouvoirs de la personne publique quant au choix du cocontractant.

1. La négociation et les marchés publics

Les marchés publics sont soumis au Code des marchés publics et obéissent à des principes fondamentaux tels que le libre accès à la commande publique, l'égalité de traitement des candidats et la transparence des procédures.

Les procédures négociées en revanche permettent à l'acheteur public de choisir le titulaire du marché après sélection des candidats et négociation des conditions avec un ou plusieurs d'entre eux.

2. La procédure de l'appel d'offres

Le droit des marchés publics regroupe de très nombreuses procédures d'autant plus lourdes et complexes du point de vue des modalités de publicité et de mise en concurrence que les montants concernés sont élevés. La procédure de l'appel d'offres permet l'efficacité de la commande publique et la bonne utilisation des deniers publics.

a) Définition

L'appel d'offres est la procédure par laquelle la personne publique choisit l'offre économiquement la plus avantageuse, sans négociation, sur la base de critères objectifs préalablement portés à la connaissance des candidats.

L'appel d'offres est dit ouvert lorsque tout candidat peut remettre une offre. Il est dit restreint lorsque seuls peuvent remettre des offres les candidats qui y ont été autorisés après sélection. Le marché est attribué par la personne responsable du marché après avis de la commission d'appel d'offres.

Les marchés sont passés sur appel d'offres quel que soit le montant du marché. L'appel d'offres n'est obligatoire que pour les marchés au-delà du seuil de 135 000 euros HT pour l'État, et de 210 000 euros HT pour les collectivités territoriales.

b) Les étapes de l'appel d'offres

– Le lancement de l'appel

Il suppose la rédaction d'un cahier des charges, la réalisation d'une publicité (exemple : dans un journal spécialisé national), la fixation d'un délai de réception des candidatures.

– Le choix d'une offre

Une commission examine les offres et choisit l'une d'elles en fonction des critères d'attribution : qualité, prix, critères techniques, esthétiques et fonctionnels, coût global d'utilisation, rentabilité, caractère innovant, service après-vente, assistance technique, date de livraison, etc. Ces critères doivent permettre de sélectionner l'offre économiquement la plus avantageuse. Ils ne doivent pas être discriminatoires et doivent être suffisamment précis, annoncés en amont de la procédure, être pondérés ou à défaut hiérarchisés.

– La fin de la procédure

L'adjudicateur doit publier l'avis d'attribution du marché et des informations doivent être fournies aux entreprises non retenues de manière à respecter l'obligation de transparence du Code des marchés publics.

19 L'ENCADREMENT DE L'OFFRE COMMERCIALE ÉLECTRONIQUE

➔ L'offre commerciale recourt de plus en plus à des moyens virtuels qui peuvent être très intrusifs. La vente par Internet pose le problème de l'effectivité de la protection des cocontractants et de ses limites.

1 L'offre commerciale électronique

La loi sur la confiance dans l'économie numérique (LCEN) de juin 2004 définit le commerce électronique comme «l'activité économique par laquelle une personne propose ou assure à distance et par voie électronique la fourniture de biens ou de services». Le commerce électronique est l'ensemble de toutes les activités, communications et transactions exécutées par voie électronique.

L'offre commerciale électronique recouvre aussi bien l'offre de marchandises dont la livraison passe par les procédés traditionnels, que les ventes de biens fournis directement par voie électronique (exemple : logiciel téléchargeable) ou encore l'accès à des services en ligne (exemple : base de données d'informations).

2 La protection du cocontractant

1. L'enjeu de la protection

Il s'agit d'assurer le développement du commerce électronique en renforçant la confiance des consommateurs dans ce nouveau mode de transaction et en protégeant la partie au contrat jugée la plus faible. Les dispositions s'inspirent des techniques du Code de la consommation, mais elles s'appliquent le plus souvent aussi bien au bénéfice du consommateur qu'à celui du non-professionnel, c'est-à-dire celui qui acquiert un bien ou un service en dehors de son domaine professionnel.

2. L'effectivité de la protection

Au niveau de la législation nationale, la crainte qu'Internet ne crée un espace sans protection juridique n'est pas fondée puisque le droit de la consommation s'applique. Mais la vente par Internet efface les frontières : une multitude de droits nationaux est donc applicable et le respect du droit national par les vendeurs situés à l'étranger est difficile à garantir.

3 Les règles à respecter

1. Le respect de l'ordre public

La LCEN est la transposition de la directive européenne de juin 2000 visant à harmoniser les législations des États membres. Elle impose des obligations au vendeur et accorde des droits au consommateur.

Les dispositions d'ordre public, comme le respect des bonnes mœurs, la sécurité, la protection des mineurs, de la santé publique et des consommateurs, doivent être expressément respectées.

Dans toute offre de vente d'un bien ou de fourniture d'une prestation de services faite à distance, le professionnel est tenu d'indiquer le nom de son entreprise, ses coordonnées téléphoniques ainsi que l'adresse de son siège et, si elle est différente, celle du fabricant.

Le droit français stipule que chacun a le droit de savoir ce qu'il achète. Les cyber-acheteurs doivent pouvoir avoir accès au descriptif des caractéristiques essentielles du bien ou du service proposé, qui doit donc être clair et précis. Les notices doivent être rédigées en français. L'auteur de l'offre reste engagé par elle tant qu'elle est accessible par voie électronique.

2. Le respect de la vie privée

a) Le consentement préalable en *B to C*

La sursollicitation des internautes a conduit la LCEN à consacrer le régime de l'*opt-in* pour la prospection électronique, conformément à la directive «vie privée dans les communications électroniques». La prospection directe au moyen d'un automate d'appel, d'un télécopieur ou d'un courrier électronique est interdite si la personne sollicitée n'a pas exprimé son consentement préalable à recevoir ce type de prospection.

b) Le droit d'opposition en *B to B*

La Commission nationale de l'informatique et des libertés (CNIL) considère que la prospection par courrier électronique dans le cadre professionnel n'est pas soumise au consentement préalable des personnes physiques prospectées. Le professionnel peut toutefois s'opposer à toute utilisation commerciale de ses coordonnées : c'est le principe de l'*opt-out*.

3. L'obligation de loyauté

L'obligation de loyauté implique que toute offre en ligne doit pouvoir être clairement identifiée comme telle. Il s'agit de permettre l'identification du partenaire et des produits proposés. Les caractéristiques qualitatives et quantitatives de l'offre doivent être décrites précisément et sans équivoque.

4. L'obligation de transparence

a) Les caractéristiques de l'offre

Le cybermarchand doit préciser les services concernés, la zone géographique, la durée de l'offre, la disponibilité du bien ou du service au moment de la passation de la commande. Les conseils d'utilisation et de précaution doivent être mentionnés, ainsi que les modes de livraison.

Le prix doit être indiqué de manière claire et non ambiguë. Les taxes, les frais annexes (exemple : frais d'envoi), les réductions doivent être détaillés.

b) Les étapes de la conclusion du contrat

Toute offre de contrat sous forme électronique proposée par un professionnel doit comprendre les étapes à suivre pour conclure le contrat. Elle explique les moyens techniques qui permettent de corriger les erreurs commises dans la saisie des données.

c) Les conditions contractuelles

L'obligation légale de procéder à l'affichage électronique des conditions contractuelles renforce la transparence de l'offre et permet au consommateur d'être totalement informé avant de s'engager.

20 LE CONTRAT ÉLECTRONIQUE

Dans l'univers virtuel, la formation et l'exécution des contrats se réalisent dans le cadre de règles spécifiques assurant la sécurité juridique des transactions.

Avec l'avènement du commerce électronique, des écrits numériques proposant une offre commerciale sont échangés en nombre croissant (conditions générales de vente, bons de commande, etc.) et quotidiennement sur Internet. Il est possible d'user de la voie électronique pour « mettre à disposition des conditions contractuelles ou des informations sur des biens ou services ». Les informations demandées peuvent être transmises par courrier électronique en vue de la conclusion d'un contrat ou au cours de son exécution « si leur destinataire a accepté l'usage de ce moyen ».

1 La détermination du droit applicable

Les contrats sont souvent conclus *via* Internet ou un autre réseau (exemple : commande par échange de courriels) entre des personnes établies dans des États différents. Si un litige survient entre elles (exemple : défaut de livraison), la partie qui entend engager des poursuites judiciaires doit identifier le tribunal compétent et la loi qui régit le litige.

1. Les principes communautaires

Conformément à une directive européenne de juin 2000, l'acheteur français bénéficie pour tout site européen d'une protection identique à celle accordée par le droit français.

La loi applicable à l'activité de commerce électronique est celle de l'État sur le territoire duquel le vendeur est établi. Une personne est considérée comme établie en France dès lors qu'elle y est installée d'une manière stable et durable pour exercer effectivement son activité, quel que soit, s'agissant d'une personne morale, le lieu d'implantation de son siège social.

2. Les critères de compétence des tribunaux

Le critère de compétence générale est déterminé par le territoire du domicile du défendeur. Ainsi, les litiges des personnes domiciliées sur le territoire d'un État, quelle que soit leur nationalité, peuvent être jugés devant les juridictions de cet État.

La loi donne donc compétence au tribunal du lieu où l'obligation qui sert de base à l'action a été ou doit être exécutée.

a) La vente de marchandises et la fourniture de services

Lorsqu'il s'agit d'une vente de marchandises, le lieu d'exécution est celui où, en vertu du contrat, les marchandises ont été ou auraient dû être livrées.

En ce qui concerne la fourniture de services, le lieu d'exécution est celui où les services ont été ou auraient dû être fournis.

b) L'exécution en ligne

Dans l'hypothèse d'une exécution en ligne, la compétence est attribuée au juge du lieu où ont été reçues les données téléchargées, et non au juge du lieu depuis lequel elles ont été envoyées.

2 Les étapes du processus de formation du contrat électronique

1. Les obligations du vendeur

En ce qui concerne la vente par Internet, le fournisseur doit faire figurer plusieurs éléments dans son offre. Il en est ainsi des caractéristiques du bien ou service, de l'identité du vendeur, de son adresse et de son numéro de téléphone. Il doit en outre faire figurer le prix TTC du produit ou du service, les conditions générales de vente, les frais de livraison, les modalités de paiement et de livraison.

L'attention du client doit être attirée sur l'existence de son droit de rétractation, de la durée de validité de l'offre, du coût de la communication à distance utilisée si elle dépasse le tarif de base et, s'il s'agit de la fourniture continue d'un service ou d'un bien, sa durée minimale. Les conditions générales de vente doivent être accessibles et imprimables.

Le vendeur doit également informer son acheteur des étapes à suivre pour conclure le contrat (exemples : comment sélectionner les produits ou services retenus, modes de paiement proposés), des langues disponibles et des modalités de sauvegarde du contrat. Il doit présenter clairement les moyens techniques permettant de corriger des erreurs possibles lors de la saisie des données. L'acheteur doit être en mesure de distinguer les étapes de la passation de commande et la validation finale de l'achat pour ne pas être engagé sans l'avoir expressément voulu.

2. La vérification de la commande

Pour être valable, un contrat de vente par voie électronique doit permettre au client de vérifier en ligne le détail de sa commande (description et quantité des produits ou services) et le prix total de la facture. L'acheteur doit en effet, compte tenu de l'absence d'un échange face à face avec le vendeur et donc de conseils, disposer de la faculté de corriger d'éventuelles erreurs.

La possibilité doit lui être donnée de confirmer son achat au moyen d'un double clic.

3. La confirmation

Avant de confirmer son acceptation de l'offre, le consommateur doit vérifier le détail de sa commande.

Pour prévenir toute erreur de manipulation des internautes, la loi sur la confiance dans l'économie numérique prévoit que la conclusion d'un contrat électronique doit se faire, sauf exception, en deux étapes. Le contrat ne sera conclu définitivement entre les deux parties que lorsque le consommateur aura matériellement réitéré l'acceptation du contrat par le procédé du « double clic ».

20 LE CONTRAT ÉLECTRONIQUE (suite)

a) Le premier « clic » pour accepter

Le cybervendeur doit permettre à l'acheteur de vérifier le détail de sa commande et son prix total et de corriger éventuellement sa première saisie.
Dans un premier temps, le consommateur confirme la commande contenant toutes les précisions sur les produits ou services concernés, le prix total TTC, les réductions de prix éventuelles, le mode de paiement et de livraison.
Dans ces conditions, la faculté offerte au client d'accéder au récapitulatif de sa commande et, le cas échéant, de la modifier avant de la confirmer, le protège de toute erreur de manipulation.

b) Le second « clic » pour confirmer

Puis l'internaute confirme sa commande et valide ainsi la transaction.
Le contrat électronique n'est valablement formé que lorsque le consommateur a cliqué une deuxième fois pour confirmer sa commande. L'acceptation doit être pure, simple et sans réserve.

c) Une protection réservée au non-professionnel

Cet important formalisme requis pour encadrer les contrats *B to C* n'est pas nécessaire dans le cadre d'une relation *B to B* où le principe de la liberté contractuelle prime.
Échappent donc à ces obligations, les contrats de fourniture de biens et de services conclus exclusivement par échange de courriers électroniques ainsi que les contrats conclus en ligne entre professionnels.

3 Le paiement du contrat électronique

1. Le règlement

Dans le contrat classique, la signature du contrat entraîne le paiement. Dans le contrat électronique, c'est le paiement qui conditionne la formation du contrat.
Le règlement peut s'effectuer immédiatement par carte bancaire ou porte-monnaie électronique rechargeable ; dans ce cas, le paiement est irrévocable. Il peut se faire aussi de manière différée à la livraison du bien ou lors de l'exécution de la prestation. Il est alors réalisé par virement bancaire, chèque ou espèces.

2. Le droit et le délai de rétractation

a) Le cadre de la rétractation

Lorsqu'il effectue sa commande, le consommateur doit être informé de l'existence ou de l'inexistence du droit de rétractation concernant les biens et services qu'il achète.
Le consommateur dispose d'un délai de 7 jours pour se rétracter à compter de la réception de son achat pour la vente de biens et à compter de l'acceptation de l'offre pour les prestations de services. Il n'a pas à justifier de motifs ni à payer de pénalités. Les frais de retour du produit sont à sa charge.

b) Le remboursement

Le vendeur ou prestataire rembourse l'acheteur dans les meilleurs délais et au plus tard dans les 30 jours suivant la date de rétractation. Le vendeur est tenu de rembourser la totalité des sommes versées dans les meilleurs délais : le montant de la commande ainsi que les frais de livraison.

4 L'exécution du contrat électronique

1. Le respect des délais

Le cybercommerçant a l'obligation d'accuser réception sans délai injustifié et par voie électronique de la commande qui lui a été adressée. En pratique, un premier courriel de confirmation de commande est rapidement envoyé. Il est généralement accompagné d'une adresse électronique permettant de suivre l'avancement de la livraison.
Le vendeur est tenu d'indiquer, avant la conclusion du contrat, la date limite à laquelle il s'engage à livrer le bien ou à exécuter la prestation de service. La livraison doit se faire dans un délai maximal de 30 jours à compter du lendemain de la réception de la commande, sauf accord contraire entre les parties.
Si le fournisseur ne peut respecter ce délai, par exemple à la suite d'une rupture de stock, le client doit en être informé clairement et surtout il peut, s'il le souhaite, être remboursé dans un délai maximal de 30 jours suivant le paiement.
Toutefois, et à la seule condition que cette possibilité ait été prévue lors de la conclusion initiale du contrat, le vendeur peut lui proposer un produit ou un service à un prix équivalent.

2. La livraison

En cas de retard de plus de 7 jours par rapport à la date annoncée et non justifié par la force majeure, le consommateur peut dénoncer sa commande par courrier recommandé avec accusé de réception et obtenir un remboursement intégral des sommes versées dans le mois qui suit.
Au plus tard au moment de la livraison du produit ou du service, le cybervendeur doit fournir les informations relatives au service après-vente, aux garanties commerciales et aux conditions de résiliation du contrat si celui-ci est à durée indéterminée ou supérieure à 1 an.

3. La responsabilité du professionnel

S'il ne respecte pas ses obligations, le vendeur est responsable vis-à-vis de l'acheteur des dommages subis.
L'e-commerçant est en effet présumé responsable de plein droit de l'inexécution ou de la mauvaise exécution de la prestation, quand bien même celles-ci seraient dues à un intermédiaire de la chaîne de contrat, à charge pour lui de se retourner contre cet intermédiaire.
Le vendeur peut toutefois s'exonérer de sa responsabilité en apportant la preuve que l'inexécution ou la mauvaise exécution du contrat est imputable à l'acheteur.
Il en va de même en cas de fait imprévisible et insurmontable, de tiers étranger à la fourniture de prestations prévues, ou de force majeure.

21 LA PROTECTION DES DROITS D'AUTEUR DANS L'UNIVERS NUMÉRIQUE

Dans l'univers numérique, les œuvres de l'esprit donnent naissance à des valeurs économiques nouvelles qui doivent être encouragées et protégées.

1 Les droits d'auteur et l'univers numérique

1. La protection des œuvres de l'esprit

Le droit de la propriété littéraire et artistique reconnaît à l'auteur d'une œuvre de l'esprit l'exclusivité de la production, de la publication, de la vente et de la distribution de son œuvre.

Les droits d'auteur naissent du seul fait de la création d'une œuvre de l'esprit originale, même éphémère. Dès lors qu'elle est le reflet de l'activité créatrice propre de l'auteur, l'œuvre de l'esprit est protégée, quels que soient sa forme d'expression, son support et son mode d'extériorisation (écrit, oral, analogique, numérique...).

EXEMPLES

Texte littéraire reproduit dans un livre, architecture graphique d'un site Internet, musique *live*, tirage photographique, logiciel.

2. Les prérogatives de l'auteur

Le droit d'auteur s'acquiert du seul fait de la création, sans aucune formalité de dépôt. Il confère des droits patrimoniaux (droit de reproduction et de représentation) et un droit moral (notamment droit au respect de l'œuvre).

La protection du droit moral est perpétuelle tandis que la durée de la protection des droits patrimoniaux s'éteint 70 ans après le 1er janvier de l'année civile suivant la mort de l'auteur. L'œuvre tombe alors dans le domaine public. Elle devient librement utilisable.

L'auteur a un monopole d'exploitation sur son œuvre. Toute représentation ou reproduction intégrale ou partielle (exemples : traduction, adaptation, arrangement) réalisée sans le consentement de l'auteur ou de ses ayants droit (exemple : les héritiers) est illicite.

EXEMPLE

Copier une œuvre protégée et la mettre à la disposition du public *via* Internet sans l'autorisation de l'auteur est un acte de contrefaçon.

3. L'évolution du droit d'auteur dans l'univers numérique

a) Les défis du numérique

Le développement technologique augmente les possibilités de diffusion des connaissances sans pour autant garantir pleinement le respect de l'immatériel et sa protection par le droit d'auteur. L'univers numérique permet ainsi de reproduire les œuvres sur des supports performants et peu contrôlables. Il devient possible d'accéder aux œuvres en contournant le droit d'auteur et le versement des redevances qui y sont associées. Le droit moral et les droits patrimoniaux attachés au droit d'auteur se trouvent, de fait, affaiblis.

EXEMPLE

Les logiciels *peer to peer* (ou P2P) permettent aux internautes d'échanger des fichiers en contournant le droit d'auteur.

b) Le cadre juridique

Les droits communautaire et français s'efforcent de poser un cadre juridique à cette évolution.

La loi du 12 juin 2009 favorisant la diffusion et la protection de la création sur Internet a pour objectif de dissuader les internautes de télécharger illégalement des œuvres. Elle institue un système de « riposte graduée » allant de l'avertissement par courriel à la suspension de la connexion à Internet. Une autorité administrative, la Haute Autorité pour la diffusion des œuvres et la protection des droits sur Internet (Hadopi), sera chargée de la prévention du piratage.

Le Parlement européen a affirmé que l'accès à Internet d'un utilisateur ne peut être restreint sans l'intervention d'un juge.

2 Le droit des créations numériques

1. Les bases de données

a) Définition

Le Code de la propriété intellectuelle définit la base de données comme un « recueil d'œuvres, de données ou d'autres éléments indépendants, disposés de manière systématique ou méthodique, et individuellement accessibles par des moyens électroniques ou par tout autre moyen ».

b) Les particularités juridiques et leur protection

La directive européenne de 1996 qui définit le régime juridique spécifique aux bases de données a été transposée en France en juillet 1998.

Le producteur d'une base de données a pris l'initiative et le risque des investissements. Il a le droit de réagir contre les extractions ou la réutilisation par mise à disposition du public de la totalité ou d'une partie qualitativement ou quantitativement substantielle du contenu de sa base de données. La durée de cette protection est de 15 ans à compter de l'achèvement de la constitution de la base de données. Celui qui viole les droits du producteur de la base encourt des sanctions pénales et civiles.

2. Les sites Internet

Un site Internet est un ensemble de documents et d'applications placés sous une même autorité et accessibles par la Toile à partir d'une même adresse universelle. C'est une œuvre littéraire et artistique en raison de son architecture graphique, des textes et de la musique qu'il contient.

22 LA SÉCURISATION DES DONNÉES À CARACTÈRE PERSONNEL

➜ Le développement des activités numériques favorise la collecte et le traitement de données personnelles. Les TIC démultiplient les risques d'atteinte aux libertés individuelles.

1 Les données à caractère personnel

1. Le cadre juridique européen et national

Des directives de 1995, 1997 et 2002 assurent un niveau élevé de protection de la vie privée au sein de l'Union européenne, en harmonisant les législations sur la protection des données.
En France, la loi «Informatique et Libertés» de 1978, modifiée en 2004 pour protéger les personnes physiques à l'égard des traitements de données à caractère personnel, précise : « Constitue une donnée à caractère personnel toute information relative à une personne physique identifiée ou qui peut être identifiée, directement ou indirectement, par référence à un numéro d'identification ou à un ou plusieurs éléments qui lui sont propres. » Les données à caractère personnel permettent donc d'identifier directement ou indirectement des personnes.

EXEMPLES
Numéro de téléphone, adresse de messagerie électronique.

2. La collecte et le traitement des données

Un traitement de données consiste en la collecte, l'enregistrement, l'utilisation, la transmission, la communication et la conservation d'informations personnelles. Toute exploitation de fichiers ou bases de données, notamment les recoupements de fichiers, constitue un traitement de données.
Tout traitement automatisé d'informations personnelles doit faire l'objet d'une déclaration auprès de la CNIL préalablement à sa mise en œuvre, sous peine de sanctions.

2 Les règles de protection des droits de la personne

1. Le droit à une information préalable et claire

Tout individu dont les données sont collectées doit être informé de l'identité du responsable du fichier, de sa finalité, des destinataires des données ainsi que de ses droits d'opposition, d'accès et de rectification. Cette information doit lui être fournie clairement, quel que soit le support utilisé (exemple : questionnaire d'enquête écrit).
Ainsi, l'expéditeur d'un e-mailing doit à tout moment laisser la possibilité au destinataire de se désinscrire, de s'opposer à toute transmission des informations à des tiers (exemple : partenaires commerciaux) et de consulter et modifier les données personnelles le concernant.

2. Le respect du droit d'opposition

Les personnes doivent être en mesure de s'opposer à l'utilisation commerciale de leurs données, par la revente de fichiers, avant la validation d'une commande ou la signature d'un contrat. En pratique, la CNIL estime qu'une case à cocher doit désormais figurer sur tout support de collecte écrit. Lorsqu'une personne exerce son droit d'opposition, l'organisation doit en informer toutes les sociétés auxquelles elle avait déjà transmis des données concernant cette personne.

3. La possibilité d'exercer ses droits sur place ou à distance

Les droits d'opposition, d'accès aux données et de rectification peuvent s'exercer, après justification de son identité, sur place ou à distance.

EXEMPLE
Le client d'une banque peut exercer ses droits dans une agence bancaire ou par courrier postal.

L'intéressé doit obtenir une réponse dans un délai maximal de 2 mois. En cas de refus, la décision doit être motivée et indiquer les voies et délais de recours.

4. Les obligations du responsable de fichiers

Le responsable d'un traitement de données personnelles a de nombreuses obligations légales, comme la notification de l'existence de traitements à la CNIL avant leur mise en œuvre, la communication préalable à la personne auprès de laquelle sont recueillies des données à caractère personnel d'un certain nombre d'informations. Il doit également préserver la confidentialité des données personnelles recueillies et ne les conserver que le temps nécessaire.

3 Les organes de contrôle

1. La Commission nationale de l'informatique et des libertés

La CNIL, autorité administrative indépendante, a pour mission de protéger la vie privée et les libertés individuelles ou publiques. Elle veille au respect de la loi «Informatique et Libertés» avec missions principales de recenser les fichiers et de surveiller la sécurité des systèmes d'information en s'assurant que toutes les précautions sont prises pour empêcher la déformation et la communication à des personnes non autorisées.
La CNIL établit des normes simplifiées afin que les traitements les plus courants et les moins dangereux pour les libertés fassent l'objet de formalités allégées.

EXEMPLE
Déclaration préalable à un traitement sous forme de déclaration en ligne plutôt que de demande écrite d'avis.

2. Le correspondant Informatique et Libertés

Institué en 2004, il est désigné par le responsable du traitement des données au sein d'une organisation. Il a un rôle de conseil et de suivi de la légalité de la gestion des données à caractère personnel. Il joue également un rôle pédagogique auprès des membres de l'organisation et un rôle d'interface avec la CNIL. Une organisation dotée d'un CIL n'est pas obligée de faire une déclaration préalable des traitements ordinaires et courants.

23 LES DROITS DES SALARIÉS FACE AUX TIC

Le développement des TIC a des conséquences sur l'exécution du contrat de travail. L'employeur peut utiliser ces outils pour gérer les informations recueillies lors du recrutement et tout au long de l'exécution du contrat de travail.

1 Les TIC, outil de contrôle des salariés

1. Les droits de l'employeur

L'employeur peut pratiquer une cybersurveillance dans son entreprise en contrôlant les usages des nouveaux outils technologiques par les salariés dans le respect des règles en vigueur.

a) La protection des intérêts de l'entreprise

L'utilisation des technologies de l'information et de la communication (TIC), en particulier d'Internet ou d'un réseau intranet par les salariés, peut être lourde de conséquences pour l'entreprise.

EXEMPLES

Perte de productivité, violation de la confidentialité sur la stratégie de l'entreprise, risques pour la sécurité informatique, téléchargement de contenus illégaux.

Le contrôle des courriers électroniques des salariés, des téléchargements qu'ils effectuent et des sites Internet qu'ils visitent répond ainsi généralement au souci légitime de l'employeur de protéger les intérêts de son entreprise. L'employeur cherche notamment à éviter les abus dans l'utilisation de l'ordinateur et de la messagerie électronique à des fins personnelles pendant le temps de travail. En effet, la plupart des salariés travaillant dans des bureaux ont accès à un ordinateur attribué qui leur permet de stocker des informations à caractère professionnel mais aussi à caractère personnel.

b) Le pouvoir de contrôle

Sont considérées comme usage à titre personnel toutes les correspondances ou visites de sites Internet ne rentrant pas dans la fonction du salarié. La limitation de cette utilisation fait partie intégrante du pouvoir de direction et de contrôle de l'employeur.

EXEMPLE

L'employeur peut bloquer l'accès à certains sites Internet depuis les ordinateurs de l'entreprise.

Comme pour le téléphone ou les photocopies, l'utilisation privée de la connexion Internet de l'entreprise doit rester raisonnable, le salarié étant tenu d'une obligation de loyauté vis-à-vis de son employeur. En cas d'abus, la sanction serait justifiée.

2. Les limites qui s'imposent à l'employeur

a) Le principe

Le salarié bénéficie des mesures protectrices édictées par le Code du travail, notamment en matière de libertés individuelles. Le droit de surveillance et de contrôle de l'employeur sur l'activité des salariés doit se concilier avec les libertés fondamentales des salariés.

En effet, bien que ces préoccupations paraissent légitimes à l'employeur, les salariés, à l'inverse, n'apprécient guère les restrictions à l'utilisation de leur messagerie électronique et à Internet.

b) La vie privée informatique

La Cour de justice de l'Union européenne et la Cour européenne des droits de l'homme reconnaissent qu'il peut y avoir du temps privé au bureau. L'employeur est soumis au secret des correspondances, et plus généralement des informations personnelles du salarié contenues dans son ordinateur, principes relevant du droit au respect de la vie privée.

La CNIL rappelle « qu'un usage raisonnable, susceptible de ne pas amoindrir les conditions d'accès professionnel au réseau et ne mettant pas en cause la productivité paraît généralement et socialement admis par la plupart des entreprises ou administrations ». L'utilisation d'Internet ou d'une messagerie électronique à but privé ne constitue donc pas une faute professionnelle, sauf si cet usage est abusif.

La jurisprudence, après la reconnaissance d'un droit à la vie privée informatique du salarié, a évolué vers un droit égal d'accès de l'employeur qui précise désormais les limites de « la vie privée informatique » du salarié pendant son temps de travail face au pouvoir de contrôle de l'employeur.

Les dossiers, fichiers et courriels du salarié sont présumés être professionnels, sauf lorsque figure la mention « personnel ». Si un fichier est identifié comme personnel, l'employeur ne peut y avoir accès qu'en présence du salarié, ou si celui-ci a été dûment contacté au préalable, ou en cas de risque ou événement particulier (exemple : intrusion d'un virus).

En outre, l'usage de la connexion Internet de l'entreprise est présumé être professionnel. Toute navigation ne peut donc pas être protégée par le droit à la vie privée du salarié.

c) La transparence

L'employeur doit au préalable informer les salariés de la finalité du dispositif de contrôle, de ses modalités et de la durée pendant laquelle les données de connexion sont conservées. Cette information doit être effective, compréhensible et mise à jour afin que les salariés aient une réelle connaissance du dispositif.

Les règles d'utilisation d'Internet au travail peuvent apparaître dans divers documents tels que les notes de service, le contrat de travail, la charte d'utilisation du système d'information et de communication ou encore le règlement intérieur.

EXEMPLE

La CNIL recommande que les modalités d'accès aux données stockées sur l'environnement informatique d'un employé absent soient préalablement définies en concertation et diffusées auprès de l'ensemble des salariés susceptibles d'être concernés, *via* une charte par exemple.

Outre l'obligation d'information, la mise en place d'outils visant la collecte de données sur l'usage fait d'Internet par les salariés doit être déclarée à la CNIL.

23 LES DROITS DES SALARIÉS FACE AUX TIC (suite)

d) La discussion collective

Le principe de discussion collective consiste à consulter au préalable les représentants du personnel (comité d'entreprise ou, à défaut, délégués du personnel) pour recueillir leur avis, sans l'exigence toutefois de recevoir leur accord.

e) La proportionnalité

Le principe de proportionnalité prévoit que les moyens mis en œuvre doivent être proportionnels à l'objectif visé, ce qui revient à motiver le recours à la cybersurveillance.

2 Les TIC, outil de gestion des salariés

Les TIC sont utilisés par les employeurs comme outils pour gérer les salariés, tant pour le recrutement que durant toute la durée du contrat. Les dispositifs d'observation des salariés se multiplient dans les entreprises, ouvrant parfois la voie à des dérives attentatoires aux libertés.

EXEMPLES

Caméras, écoutes téléphoniques, biométrie.

1. Lors du recrutement

a) Une finalité limitée lors du recrutement

De plus en plus d'entreprises découvrent les facilités du recrutement et de la sélection *via* Internet, devenu un outil privilégié du e-recrutement. Les personnes chargées du recrutement doivent déclarer auprès de la CNIL les traitements automatisés d'informations nominatives, préalablement à leur mise en œuvre.

En outre, les informations demandées aux candidats à l'emploi ne peuvent avoir pour finalité que d'apprécier leur capacité à occuper l'emploi proposé ou leurs aptitudes professionnelles. Ces informations doivent avoir un lien direct et nécessaire avec l'emploi proposé. Le candidat doit de son côté, répondre de bonne foi à ces demandes d'information. Il est bien sûr interdit de collecter des données relatives à l'origine raciale ou ethnique des candidats à un emploi. Par contre, il est possible de recueillir les données telles que les nom et prénom du candidat à l'emploi, sa nationalité, son lieu de naissance, son adresse.

b) Les droits des candidats

Les candidats, comme toutes les personnes auprès desquelles sont recueillies des données à caractère personnel, disposent du droit d'être informés du caractère obligatoire ou facultatif des réponses, des personnes destinataires des informations, de l'existence d'un droit d'accès et de rectification.

La CNIL recommande que le candidat soit informé de la durée pendant laquelle les informations le concernant seront conservées et du droit dont il dispose d'en demander, à tout moment, la suppression.

Le responsable du traitement automatisé de données concernant les candidats à un recrutement doit s'engager à prendre toutes les mesures de sécurité et de confidentialité.

2. La vidéosurveillance

a) Le droit de surveiller l'activité des salariés

Conformément à l'article L. 2323-32 du Code du travail, l'employeur a le droit de contrôler et de surveiller l'activité de son personnel durant le temps de travail. Mais il ne peut mettre en œuvre un dispositif de contrôle qui n'a pas fait l'objet, préalablement à son introduction, d'une information et d'une consultation du comité d'entreprise.

b) Le droit de regard de la CNIL

L'installation d'un système de vidéosurveillance relève, dans un lieu privé, de la compétence de la CNIL, car la mise en place d'enregistrements de vidéos constitue un traitement de données à caractère personnel. Une procédure d'autorisation doit être mise en place, s'il y a utilisation d'une technique biométrique.

La CNIL vérifie la proportionnalité et la pertinence du système au regard de la finalité indiquée, au moyen de divers critères : l'emplacement des caméras, leur nombre, leur orientation, leur fonctionnalité, la période de fonctionnement, l'enregistrement ou non du son, etc.

Toutefois, ces dispositions ne sont pas obligatoires si les outils de vidéosurveillance sont utilisés pour surveiller des locaux dans lesquels les salariés ne travaillent pas.

c) L'information

L'employeur a également l'obligation d'informer les personnes physiques susceptibles d'être filmées. Il doit mettre en place un panneau d'information à l'entrée de l'entreprise, destiné au personnel et aux personnes extérieures, tels les visiteurs.

3. La géolocalisation des salariés

Les entreprises doivent aussi déclarer les traitements de données à caractère personnel dont la finalité est de localiser les véhicules des salariés grâce au système GPS.

Dans un premier temps, l'employeur, en tant que responsable du traitement, doit préalablement à la mise en œuvre de son dispositif de localisation en informer ses salariés.

EXEMPLES

Courriers remis en main propre, note d'information sur le tableau affichage.

À défaut, la collecte de ces informations est considérée comme déloyale et le dispositif ne peut s'appliquer aux salariés. L'employeur est également tenu de le déclarer à la CNIL et il ne pourra l'activer qu'après avoir reçu le récépissé de la Commission. La CNIL apprécie la proportionnalité des moyens mis en œuvre par rapport au but poursuivi.

EXEMPLES

Localiser le véhicule le plus proche des clients, lutter contre le vol, surveiller l'activité des salariés.

La nature des données pouvant être collectées par l'entreprise est déterminée en fonction des finalités du traitement. L'employeur pourra ainsi collecter le nom de l'employé, le numéro de la plaque d'immatriculation, le kilométrage, les temps d'arrêt, la vitesse (la CNIL recommande à l'employeur de ne pas relever la vitesse en temps réel du véhicule mais sa vitesse moyenne).

24 LES NOUVELLES FORMES D'ORGANISATION DU TRAVAIL

Les technologies de l'information et de la communication induisent de nouvelles formes d'organisation du travail pouvant avoir un impact sur le régime juridique des personnes au travail.

1 L'usage des TIC dans l'entreprise

1. Les mutations liées à Internet

Internet amplifie les mutations organisationnelles des entreprises en permettant aux salariés dans l'entreprise d'accéder à des sites extérieurs et d'échanger des mails. Si la situation n'est pas uniforme selon les entreprises, le déploiement d'Internet en leur sein incite à examiner l'équilibre entre le lien de subordination et l'expression des libertés individuelles et collectives.

2. Les enjeux pour le travail salarié

Le lieu d'exercice de l'emploi a connu d'importantes évolutions sous l'effet des différents moyens technologiques mis à disposition : téléphone mobile, ordinateur portable, courrier électronique, visioconférence. Les salariés de l'entreprise peuvent exercer leurs fonctions d'un lieu distant pour diverses raisons et sous diverses formes.

EXEMPLES

Déplacements en clientèle pour les commerciaux ou les consultants ; rédaction de rapports et mise en forme de documents à domicile ou en télécentre (télésecrétariat).

La frontière entre le temps de travail et celui passé au travail devient floue, notamment pour le salarié équipé d'un téléphone et d'un ordinateur portables par son entreprise.

2 Le télétravail

1. La définition

Selon l'Association nationale pour le développement du télétravail et de la téléformation (ANDT), le télétravail consiste à travailler à distance du donneur d'ordre (employeur ou client) au moyen des outils informatiques et de télécommunication, de la même façon et avec les mêmes résultats que si le travail était réalisé dans les locaux du donneur d'ordre.

Télétravailler n'est donc pas une nouvelle forme d'emploi, mais une manière d'exercer et d'organiser son travail à distance, à temps plein ou partiel, pour le compte d'un tiers, en utilisant les TIC (ordinateur, liaison Internet, téléphone, imprimante, fax, etc.). Le télétravail est donc une forme d'organisation et/ou de réalisation du travail dans laquelle un travail qui aurait pu être réalisé dans les locaux de l'employeur est effectué hors de ces locaux de façon régulière.

2. L'importance du droit négocié

Le télétravail s'est développé dans un cadre informel jusqu'à la signature, le 19 juillet 2005, d'un accord interprofessionnel donnant un statut juridique aux télétravailleurs. Ce texte est la déclinaison de l'accord européen sur le télétravail du 16 juillet 2002. En mars 2012, le télétravail a été introduit dans le Code du travail (loi Warsmann).

3. L'application des règles générales du droit social

a) Un salarié à part entière

Le télétravailleur détient les mêmes droits individuels et collectifs que les autres salariés dans l'entreprise et il doit pouvoir communiquer avec les représentants du personnel.

La mise en place de moyens de surveillance nécessite la consultation préalable du comité d'entreprise ou, à défaut, des délégués du personnel. La charge de travail et les critères de résultats sont équivalents à ceux de travailleurs comparables dans les locaux de l'entreprise. Le télétravailleur a le même accès à la formation et aux possibilités de carrière que les autres salariés.

b) L'égalité de traitement

Le télétravailleur bénéficie d'une égalité de traitement par rapport aux autres travailleurs tant pour la protection de sa santé, le respect des règles de sécurité que dans la mise à disposition par l'employeur d'un équipement de travail.

En ce qui concerne la protection des données, l'employeur informe le télétravailleur de toute restriction à l'usage des équipements informatiques et des sanctions en cas de non-respect.

4. Les aménagements spécifiques

Le télétravail modifie le rapport au travail, qu'il soit effectué dans les locaux de l'entreprise lorsque celle-ci dispose de plusieurs implantations distinctes, en télécentre (locaux loués par l'entreprise pour le télétravail), de façon nomade (exemples : chez le client, à l'hôtel, en voiture) ou encore au domicile du salarié.

a) Un choix du salarié et de l'employeur

Le travail à distance doit être choisi volontairement par le salarié et l'employeur. Aussi, le fait de refuser un poste en télétravail n'est pas un motif de licenciement.

Le contrat de travail à l'embauche ou l'avenant au contrat de travail doivent prévoir le recours à cette forme d'organisation et les modalités éventuelles de réversibilité. Si le télétravail fait partie des conditions d'embauche, le salarié peut ultérieurement postuler à tout emploi vacant dans l'entreprise correspondant à sa qualification, avec une priorité d'accès à ce poste. Le salarié qui choisit de passer en télétravail bénéficie d'une période d'adaptation pendant laquelle chacune des parties peut mettre fin à cette forme d'organisation du travail après un délai de préavis préalablement défini.

b) Les conditions de travail

L'employeur doit fournir par écrit au télétravailleur l'ensemble des informations relatives aux conditions d'exécution de sa mission. Il est tenu de respecter la vie privée du salarié, en fixant avec lui les plages horaires durant lesquelles il peut le contacter.

25 L'IDENTIFICATION DU RISQUE

La conception de la faute fondée sur le comportement de l'individu laisse progressivement la place à une responsabilité sans faute fondée sur le risque. Le droit s'est construit peu à peu avec l'apparition de nouveaux risques.

1 Les fondements de la responsabilité civile

La responsabilité civile suppose un lien de cause à effet direct entre un fait dommageable et un dommage.

1. Le fait générateur

Le fait générateur est un fait matériel, fondé sur la faute ou sur le risque.

a) La faute

La faute est une défaillance de conduite, qu'elle soit volontaire ou non ou prenne la forme d'une omission. Commet une faute celui qui n'agit pas comme il devrait.

EXEMPLE

L'entrepreneur qui néglige la sécurité de ses employés commet une faute.

b) Le risque

Le risque est un événement aléatoire dont la réalisation ne dépend pas exclusivement de la volonté de l'individu et qui est susceptible de causer un dommage aux personnes et/ou aux biens.
Le risque apparaît historiquement, dans la jurisprudence puis dans la loi, pour fonder le droit à réparation dans certains domaines d'activité générant des dommages accidentels, même sans faute identifiée.
Certains risques peuvent avoir des incidences collectives : leur survenance peut provoquer un nombre important de victimes sans toutefois permettre l'identification du responsable.

EXEMPLE

Pollution liée à la progression des activités industrielles.

2. Le dommage

Le dommage, appelé aussi préjudice, est un dégât matériel ou physique causé à une chose ou une personne.
Pour pouvoir donner lieu à réparation, le dommage doit être certain, c'est-à-dire déjà subi, et direct, c'est-à-dire résultant directement du fait reproché au responsable.
Il doit être déterminé et déterminable.
Il peut être matériel (exemple : destruction d'un bien appartenant à la victime), corporel (exemples : préjudice esthétique, blessures, incapacités) ou moral (exemples : douleur provoquée par la perte d'un être cher, atteinte à la réputation).
Il existe une grande variété de dommages qui résultent de la lésion d'intérêts patrimoniaux (exemple : frais médicaux) ou extrapatrimoniaux (exemple : atteinte au respect de la vie privée) de la victime.
Le dommage est une notion évolutive.

EXEMPLE

Apparition du préjudice écologique avec la multiplication des catastrophes industrielles.

3. La réparation

Que le fait dommageable soit une faute ou la réalisation d'un risque, le droit prévoit une réparation pour celui qui subit le dommage. Elle peut être en nature pour faire disparaître le dommage (exemple : remise en état d'un bâtiment) ou par équivalent avec l'attribution de dommages et intérêts à la victime pour compenser le préjudice subi.

4. La distinction entre responsabilité contractuelle et responsabilité délictuelle

Quand un dommage causé à une victime résulte de l'inexécution d'un contrat, la responsabilité civile est dite « contractuelle ». S'il est causé en dehors de tout contrat, la responsabilité est dite « délictuelle ». La principale source de responsabilité délictuelle est la faute. C'est celui dont le comportement est à l'origine du dommage qui est personnellement responsable.

a) L'obligation de résultat inhérente à la responsabilité contractuelle

Le contrat impose un résultat : l'obligation de résultat engage le débiteur à s'exécuter en vue de parvenir à un résultat précis. Sa non-réalisation emporte l'obligation pour le débiteur de réparer le dommage, à charge pour lui de s'exonérer en prouvant l'existence d'une cause étrangère (sauf lorsque l'obligation n'est que de « moyens » pour certains professionnels).
La responsabilité contractuelle peut être engagée à quatre conditions : l'existence d'un contrat régulièrement formé, l'existence d'une faute (refus d'exécution, retard d'exécution ou mauvaise exécution), l'existence d'un dommage et l'existence d'un lien de causalité entre les deux.
La preuve de la faute pèse sur le créancier.

b) La responsabilité délictuelle du commettant du fait de son préposé

Dans le cas de la responsabilité des employeurs du fait de leurs salariés, on parle de responsabilité « de plein droit ». La victime n'a pas à prouver la faute puisque l'employeur est présumé fautif.
L'employeur ne peut se dégager de sa responsabilité en prouvant qu'il n'a pas commis de faute, sauf en cas de cause étrangère ou si le dommage a été commis en dehors des fonctions du salarié.

2 L'évolution de la notion de risque

1. Les causes

La notion de risque a évolué avec le temps. La conception subjective de la faute, fondée sur le comportement de l'individu, a laissé peu à peu la place à une responsabilité sans faute fondée sur le risque. On a assisté au déclin de la faute et au développement de la théorie du risque.

a) L'évolution technologique

À partir du XIXe siècle, la révolution industrielle s'est accompagnée de l'essor du machinisme entraînant de

nombreux accidents et occasionnant de graves dommages sans qu'ils puissent être réparés dans la mesure où aucune faute ne pouvait être reprochée à quiconque. Ce fondement conforme au système libéral favorable à la liberté d'entreprendre conduisait à favoriser ceux qui prenaient des risques, au détriment de ceux qui en subissaient les conséquences.
La faute comme fondement exclusif de la responsabilité est devenue dès lors inadaptée car la preuve est souvent difficile à rapporter.

b) La valorisation de la victime

L'évolution en faveur des victimes s'est opérée compte tenu de l'accroissement des activités dangereuses, lié à l'évolution technologique, et de la valorisation de la personne.
L'idée s'est développée de proposer de fonder la responsabilité civile sur la théorie du risque : c'est à la personne qui tire profit d'une activité d'assumer les risques qu'elle crée. Ainsi, le chef d'entreprise qui, par l'activité qu'il dirige, crée des risques pour les tiers doit prendre à sa charge les dommages qui pourraient en résulter. L'avantage d'un tel fondement est de permettre une mise en œuvre beaucoup plus facile de la responsabilité civile puisqu'il n'est plus nécessaire de prouver une faute.

c) L'apparition de la responsabilité sans faute

Progressivement, la conception de la responsabilité individuelle a été fortement remise en cause, faisant apparaître une conception nouvelle de « responsabilité sans faute ». On s'attache moins à la faute, à l'origine de l'accident, à l'auteur présumé du dommage et à l'établissement de sa culpabilité, qu'à la victime et aux indemnisations qu'elle est en droit de réclamer en vertu de l'obligation de réparation.
De nombreuses lois ont instauré des régimes spéciaux de responsabilité sans faute (exemple : la pollution nucléaire).

2. Les risques professionnels

La loi relative aux accidents du travail du 9 avril 1898 a, la première, consacré la théorie du risque en prévoyant la responsabilité de l'employeur même en l'absence de faute de sa part. Elle permet au salarié victime d'un accident du travail de demander réparation, sans avoir à prouver la faute de son employeur. Une responsabilité sans faute accompagnée d'une réparation forfaitaire est ainsi instaurée.
Le Code pénal et la jurisprudence ont aggravé les sanctions encourues par les employeurs en cas d'accident de travail ou de maladie professionnelle, et plus particulièrement en cas de faute inexcusable reconnue dans le cas de manquement à l'obligation de sécurité due par l'employeur à ses salariés.

3. La responsabilité du fait des produits défectueux

a) L'objectif

La loi du 19 mai 1998, transposant une directive européenne de 1985, a introduit dans le Code civil la responsabilité du fait des produits défectueux. Un produit est considéré comme défectueux dès qu'il n'offre pas « la sécurité à laquelle on peut légitimement s'attendre ». Le défaut du produit peut être invoqué comme cause directe du dommage.
L'objectif est d'indemniser l'utilisateur d'un produit qui s'est révélé dangereux, même en dehors de toute faute du professionnel.
La distinction entre responsabilité contractuelle et responsabilité délictuelle est écartée car on ne se préoccupe pas de la nature de la relation pouvant exister entre la victime et l'auteur du dommage. Il s'agit avant tout de faciliter la protection de la victime.

b) Un régime de responsabilité sans faute

La transposition en droit français de la directive communautaire de 1985 a donné naissance à une responsabilité de plein droit, indépendante de toute référence à l'existence d'un lien contractuel entre le producteur et la victime. Qu'il soit producteur, importateur ou distributeur, le professionnel est réputé responsable de tout défaut de sécurité présenté par un produit défectueux mis sur le marché.

c) Les conditions de mise en œuvre

La victime n'a pas à prouver la faute du producteur, mais seulement l'existence d'un défaut du produit, puis celle d'un dommage subi et, enfin, le lien de causalité entre défaut et dommage.
Le producteur pourra être mis en cause pendant 10 ans à compter de la mise en circulation du produit. La victime dispose d'un délai de 3 ans à compter de la date où elle a eu connaissance du dommage, du défaut et de l'identité du producteur, pour mettre ce dernier en cause sous peine de prescription de son action.

d) Les causes d'exonération

Il s'agit d'une législation protectrice du consommateur ; les moyens de défense du producteur sont donc limités, mais il peut néanmoins s'exonérer dans certaines circonstances. Tout d'abord, il peut démontrer qu'il n'a pas mis volontairement le produit en circulation ou que le produit n'était pas destiné à la vente ou à toute autre forme de distribution. En outre, il peut prouver que le défaut n'existait pas lors de la mise en circulation. La responsabilité du producteur peut également être réduite, voire supprimée, si le dommage résulte d'une faute de la victime.
Par ailleurs, le producteur n'est pas responsable s'il prouve que l'état des connaissances scientifiques et techniques au moment où il a mis le produit en circulation ne permettrait pas de déceler l'existence du défaut : c'est l'exonération du « risque de développement ». Mais le producteur redevient responsable si, en présence d'un défaut qui se révèle dans un délai de 10 ans à compter de la mise en circulation, il ne prend pas les dispositions propres à prévenir les conséquences dommageables.

26 L'ANTICIPATION DU RISQUE

Face à l'apparition de nouveaux risques et à la volonté sociale d'éliminer leurs conséquences négatives, la prévention consiste à les anticiper pour les supprimer ou les réduire. Si le risque est inconnu et ne peut donc être prévenu, il faut appliquer le principe de précaution.

1 La prévention des risques au travail

1. Le principe de prévention

Le principe de prévention consiste à anticiper et à prendre des mesures permettant d'éviter objectivement un risque, ce qui suppose sa connaissance.

La prévention passe d'abord par l'évaluation du risque. Au niveau de l'entreprise, il s'agit tant de prévenir les risques technologiques et environnementaux que d'agir pour la prévention en matière de protection de la santé du salarié au travail. Celle-ci est devenue une préoccupation majeure sous l'impulsion du droit communautaire.

EXEMPLE

Une directive du 12 juin 1989 impose à l'employeur « d'assurer la sécurité et la santé des travailleurs dans tous les aspects du travail » et de prendre « les mesures nécessaires pour la protection de la sécurité et de la santé des travailleurs, y compris les activités de prévention des risques professionnels », notamment en évitant les risques, en évaluant ceux qui ne peuvent être évités, en les combattant à leur source et en planifiant la prévention.

Désormais, le législateur et le juge s'attachent à construire une véritable politique de protection de la santé en milieu de travail.

EXEMPLE

Depuis 2008, la Cour de cassation permet aux magistrats d'exercer un contrôle préalable des décisions d'un employeur en matière d'hygiène ou de sécurité de ses salariés.

2. Les risques liés à la santé au travail

a) Les atteintes à la santé physique et mentale

Les conditions de travail peuvent comporter des risques pour la santé physique des salariés, ainsi que des risques psychosociaux. Il revient à l'employeur d'évaluer ces risques et de prendre les mesures nécessaires pour assurer et protéger la santé physique et mentale ainsi que la sécurité de ses salariés.

EXEMPLE

Un accord national interprofessionnel (ANI) a été conclu le 2 juillet 2008 pour lutter contre le stress lié au travail ; dépression, suicides.

b) Le harcèlement moral

Le harcèlement moral d'un salarié se définit ainsi comme « les agissements répétés qui ont pour objet ou pour effet une dégradation des conditions de travail susceptible de porter atteinte à ses droits et à sa dignité, d'altérer sa santé physique ou mentale ou de compromettre son avenir professionnel ».

L'employeur doit rappeler dans le règlement intérieur l'interdiction de toute pratique de harcèlement moral. Au-delà de ce rappel, il doit être un véritable acteur de la prévention du harcèlement moral dans son entreprise en planifiant des actions de sensibilisation sur le sujet ou un système d'alerte.

En cas d'échec de sa politique de prévention, l'employeur doit user de son pouvoir disciplinaire pour mettre fin au harcèlement et préserver la santé des salariés. Il doit licencier le salarié coupable de harcèlement.

Le harcèlement moral est condamné par la justice, depuis la fin des années 1980, sur le fondement de la bonne foi dans l'exécution du contrat de travail et de l'obligation de protéger la santé des travailleurs. La loi de modernisation sociale du 17 janvier 2002 a introduit la notion de harcèlement moral en droit français.

La sanction pénale du harcèlement moral est de 1 an d'emprisonnement et de 3 750 euros d'amende selon le Code du travail ou de 15 000 euros selon le Code pénal.

S'il appartient au salarié d'établir la matérialité des faits qu'il invoque, les juges doivent, quant à eux, appréhender ces faits dans leur ensemble et rechercher s'ils permettent de présumer l'existence du harcèlement allégué. Il revient alors à l'employeur d'établir qu'ils ne caractérisent pas une situation de harcèlement.

3. Une obligation de résultat de sécurité de l'employeur

a) La responsabilité de l'employeur

Une obligation de résultat de sécurité est à la charge de l'employeur.

L'employeur doit assurer à chaque travailleur le résultat attendu, c'est-à-dire la protection de sa santé au travail. En cas de défaut de résultat, c'est-à-dire en cas de dégradation de la santé causée, même seulement en partie, par le travail, l'employeur est présumé responsable d'une défaillance fautive.

L'obligation de sécurité de l'employeur est une obligation de résultat. Par conséquent, seul un cas de force majeure peut l'exonérer de sa responsabilité.

b) La méthodologie de la prévention

L'employeur doit repérer le risque et l'identifier pour le supprimer en le combattant à la source. Dans le cas où il ne pourrait l'éradiquer, il doit mettre en place des protections collectives et individuelles, complétées par des mesures d'information et de formation des salariés.

L'employeur doit organiser la prévention dans toutes les fonctions et tous les niveaux de son entreprise selon « les principes généraux de prévention », dont celui de l'évaluation des risques professionnels. Il doit planifier sa démarche dans des dispositions humaines, techniques et organisationnelles en vue de l'amélioration continue des situations de travail. Un décret de décembre 2008 lui impose de tenir à jour un « document unique d'évaluation des risques professionnels ».

4. Le rôle des autres intervenants

a) Le médecin du travail

La médecine du travail est une médecine exclusivement préventive qui a pour objet d'éviter toute altération de la santé des salariés du fait de leur travail. Le médecin du travail surveille l'état de santé des salariés, les conditions d'hygiène du travail et les risques de contagion.

La médecine du travail est obligatoirement organisée, sur le plan matériel et financier, par les employeurs et placée sous la surveillance des représentants du personnel. La médecine du travail bénéficie à tous les salariés, quelle que soit la taille de l'entreprise.

Le médecin du travail conseille l'employeur sur l'amélioration des conditions de vie et de travail dans l'entreprise, la sécurisation et l'adaptation des postes.

b) L'inspecteur du travail

Il contrôle l'application de la réglementation du travail dans tous ses aspects et contribue notamment à la prévention des risques professionnels, ainsi qu'à l'amélioration des conditions de travail et des relations sociales.

c) Le comité d'hygiène, de sécurité et des conditions de travail (CHSCT)

Émanation du comité d'entreprise, le CHSCT est sollicité pour tout ce qui a trait à la santé et la sécurité des salariés dans l'entreprise. Sa consultation est obligatoire, par exemple, pour la mise en place de l'élaboration du document unique d'évaluation des risques professionnels.

Constitué dans tous les établissements occupant au moins 50 salariés, il a pour mission de contribuer à la protection de la santé et de la sécurité des salariés ainsi qu'à l'amélioration des conditions de travail.

d) Le droit d'alerte et de retrait

Une loi de décembre 1982 a reconnu un droit d'alerte et de retrait au bénéfice du salarié qui a un motif raisonnable de penser que la situation dans laquelle il se trouve présente un danger grave et imminent pour sa vie ou sa santé.

Le droit du travail donne ainsi aux salariés un rôle dans la prévention des risques dans l'entreprise. Le droit d'alerte et de retrait leur permet notamment d'avertir l'employeur et/ou d'arrêter leur travail en cas de danger grave et imminent pour leur vie ou leur santé.

La notion de danger grave et imminent est une menace immédiate susceptible de porter atteinte à l'intégrité physique des travailleurs. Il ne s'agit pas d'un risque habituel inhérent à la nature même d'un travail reconnu dangereux.

2 Le principe de précaution

1. L'énoncé du principe

La précaution est une attitude et un principe d'action face à un risque potentiel plausible, bien qu'encore incertain d'un point de vue scientifique. Né de considérations environnementales relativement récentes, le principe de précaution est invoqué si le risque est inconnu : les incertitudes ne doivent pas retarder l'adoption des mesures préventives.

Il s'agit de guider les actes des dirigeants des organisations en renforçant l'expertise, la transparence et l'anticipation des risques de leur activité. Le principe de précaution doit permettre un bon équilibre entre l'anticipation et la prudence d'une part, le développement et l'innovation d'autre part.

EXEMPLES

Affaires de «la vache folle», du sang contaminé, des antennes relais de téléphonie mobile, des OGM.

Le principe de précaution oblige à mettre en œuvre des actions de prévention face à des risques dont l'existence n'est pas scientifiquement avérée, sans attendre les certitudes sur l'existence du danger, l'étendue des dommages ou les relations de causes à effet.

2. La valeur juridique du principe

Le principe de précaution s'impose en France *via* la Charte de l'environnement. Il s'agit d'une loi constitutionnelle de mars 2005 à laquelle renvoie le préambule de la Constitution.

Il tend à s'imposer en Europe, *via* le traité de Maastricht de 1992, dans les domaines de l'environnement, de la sécurité alimentaire et de la santé. L'Union européenne s'engage progressivement dans un processus de généralisation du principe de précaution.

3 L'obligation de sécurité

Le «risque sécurité» inhérent aux ventes de biens et services articule les principes de prévention et de précaution.

1. La précaution face au risque sécurité

Depuis 1983, il existe une obligation générale de sécurité applicable à tous les produits et à tous les services. Le Code de la consommation définit ainsi cette obligation : «Les produits et les services doivent, dans des conditions normales d'utilisation ou dans d'autres conditions raisonnablement prévisibles par le professionnel, présenter la sécurité à laquelle on peut légitimement s'attendre et ne pas porter atteinte à la santé des personnes.»

Les produits disponibles à la vente ne doivent pas, dans des conditions normales ou prévisibles d'utilisation clairement portées à la connaissance du consommateur, présenter de dangers pour la santé ou la sécurité de celui-ci.

Les professionnels ont donc une obligation générale de sécurité concernant les produits et services qu'ils fabriquent, réalisent ou commercialisent.

2. La prévention du risque sécurité

Les pouvoirs publics interviennent pour réglementer ou, le cas échéant, interdire la mise sur le marché de produits et de services dangereux.

Lorsqu'un bien présente un risque sécurité, il doit être retiré du marché suivant une procédure rapide et simple.

27 LA COLLECTIVISATION DU RISQUE

L'activité de l'entreprise peut générer des dommages corporels, matériels et moraux engageant sa responsabilité. La demande sociale exige davantage de sécurité et conduit à la mise en place de mécanismes de collectivisation par les assurances ou par l'État.

1 L'objectivation de la responsabilité

1. Le développement des responsabilités objectives

On assiste au développement de l'objectivation de la responsabilité civile, c'est-à-dire que celle-ci se détache de plus en plus de toute connotation morale. L'évolution contemporaine a permis de prendre conscience des limites d'une responsabilité fondée sur la faute au profit d'une responsabilité objective détachée de l'idée de faute.

Ce recul de la faute et le passage à une responsabilité modernisée, fondée sur le risque, se tournent essentiellement vers la défense des intérêts des victimes.

2. Un instrument juridique au profit des victimes

C'est la volonté de protéger les victimes qui a poussé au développement de responsabilités objectives techniquement plus faciles à mettre en œuvre et permettant en principe d'obtenir plus rapidement l'indemnisation, en évitant un débat sur la faute.

La responsabilité civile consiste désormais moins en la sanction d'un comportement illicite qu'en un instrument juridique permettant à une victime d'obtenir réparation des dommages qu'elle a subis. Les manifestations de cette tendance sont perceptibles à travers le développement des lois d'indemnisation.

EXEMPLE

La loi du 5 juillet 1985 a été adoptée pour améliorer la situation des victimes d'accidents de la circulation. En vertu de cette loi, elles peuvent obtenir réparation des dommages subis sans avoir à prouver l'existence d'une faute imputable à l'auteur des dommages.

Le mouvement d'objectivation de la responsabilité, qui conduit à s'attacher à la réparation du dommage plutôt qu'au seul comportement du sujet responsable, nécessite d'assurer une collectivisation de la responsabilité afin de diluer la charge de l'indemnisation.

2 La mutualisation par les assurances

1. L'origine de l'assurance

L'activité d'assurance trouve son origine dans la volonté des agents économiques, individus et entreprises, de se protéger contre les aléas de l'existence, qu'il s'agisse de dommages aux biens (exemples : automobile, habitation) ou aux personnes (exemples : santé, invalidité, décès), que ceux-ci aient été causés involontairement à autrui (responsabilité civile) ou à soi-même.

2. Le mécanisme de l'assurance

a) La mutualisation

L'assurance permet le partage des risques entre une multitude de personnes : en contrepartie du paiement d'une cotisation sous la forme du versement d'une prime, chaque assuré a le droit de recevoir une indemnité en fonction de la nature et de l'importance des dommages subis en cas de sinistre ou d'accident. L'assuré bénéficie donc du droit à percevoir une indemnité en cas de réalisation du risque.

EXEMPLE

Un individu qui en blesse un autre accidentellement ne paiera pas lui-même les dommages et intérêts auxquels il est condamné s'il bénéficie d'une assurance responsabilité civile. Ainsi, la charge de la condamnation civile ne repose pas nécessairement sur le condamné mais sur l'assureur, et finalement sur la collectivité des assurés.

Sur le plan technique, tout assureur organise le regroupement d'un grand nombre de risques de nature semblable et la mutualisation des moyens de telle sorte que les sinistres des uns sont compensés par les cotisations versées par tous.

La mutualisation est la division de la charge des dommages entre tous. Elle permet de compenser mutuellement les risques encourus par chacun, l'assureur étant l'organisateur de cette mutualisation matérialisée par un contrat d'assurance conclu avec chaque personne assurée.

b) Le bien assurable

L'assurance repose sur une appréciation statistique du risque. Le bien assurable doit être soumis à un aléa, qui peut porter sur la survenance d'un événement concernant le bien (exemple : le vol) ou sur la date de réalisation d'un événement certain (exemple : le décès dans le cas de l'assurance-décès).

L'aléa est le caractère principal de tout contrat d'assurance. Il doit être suffisamment courant pour qu'on puisse calculer sa probabilité, sans être trop courant au point d'être quasi certain, car alors il ne pourrait être couvert qu'à un tarif prohibitif.

c) Le sinistre

Il s'agit de la réalisation du risque contre lequel on s'est prémuni. En assurance de responsabilité, c'est la réclamation de la victime qui constitue le sinistre.

d) La garantie

La garantie est l'engagement pris par l'assureur de couvrir le sinistre selon les termes du contrat d'assurance. Lorsque le risque se réalise, l'assureur doit payer, dans le délai convenu, l'indemnité ou la somme déterminée d'après le contrat conclu avec l'assuré.

L'assureur doit fournir de façon loyale une information complète sur le prix et le contrat préalablement à sa signature afin que l'assuré connaisse le contenu du contrat auquel il va adhérer. Il doit à ce titre attirer l'attention de l'assuré sur les exclusions possibles, c'est-à-dire les conséquences du dommage causé qui ne sont pas garanties (exemples : amendes, incendie volontaire).

3. Le contrat d'assurance de biens

L'assurance de biens, aussi appelée assurance de dommages, couvre l'assuré pour les dommages qu'il subit. La souscription d'une telle assurance garantit l'organisation contre les risques qui la menacent (exemples : incendie, inondation) et lui permet de transférer les conséquences qu'elle ne peut assumer seule.

4. Le contrat d'assurance de responsabilité

L'assurance de responsabilité couvre les dommages causés aux tiers (exemple : les clients) par une organisation. Cependant, les juges considèrent que la garantie contractuelle peut valablement être exclue d'une assurance de responsabilité.

EXEMPLE

Un loueur de scooters de mer installé sur une plage est assuré si son salarié blesse une personne en manipulant l'engin. En revanche, si un client est blessé en raison d'un défaut de fabrication ou d'entretien du scooter, le loueur n'est pas couvert car il s'agit d'un dommage « contractuel ».

3 La socialisation par la solidarité nationale

1. Une exigence croissante de sécurité

La société actuelle refuse la fatalité et évolue vers une exigence croissante de sécurité et la volonté de garantir la réparation. La solidarité nationale s'est donc développée pour permettre l'indemnisation de risques mal identifiés *a priori* ou dont le coût prohibitif rend difficile la couverture par le seul jeu des mécanismes classiques d'assurance. Elle répond à l'évolution des risques eux-mêmes et de leur perception.

EXEMPLES

Accidents médicaux, risques technologiques, menaces liées à l'environnement, à l'alimentation.

L'évolution ainsi constatée vers une plus grande « socialisation du risque » ou prise en charge du risque par la société se justifie par l'idée qu'il y a des risques dont il serait injuste de ne pas partager la charge entre les individus.

EXEMPLES

Indemnisation des victimes de catastrophes naturelles, d'actes terroristes ou de contamination.

2. Le rôle de la puissance publique

La puissance publique a souvent un rôle moteur dans l'évolution vers une socialisation accrue du risque en tant qu'acteur et régulateur face à des risques dont elle ne peut se désintéresser. Selon la logique de solidarité nationale, l'État répare les dommages qui se rattachent à l'exercice de ses compétences, même s'ils n'ont pas été causés par une personne publique.

EXEMPLES

Indemnisation des accidents du travail par la Sécurité sociale ; carence de l'État dans la prévention des risques liés à l'exposition des travailleurs aux poussières d'amiante.

L'intérêt général doit aussi, le cas échéant, être protégé au travers de la sanction pénale, prévue par les droits français et communautaire.

EXEMPLE

La loi du 2 août 2008 relative à la responsabilité environnementale renforce les sanctions encourues en cas de rejets volontaires ou involontaires dans la mer. La peine est de 15 millions d'euros en cas de faute intentionnelle. Cette loi adapte le droit national au règlement européen de décembre 2006.

3. Les fonds d'indemnisation

Ils représentent un système mixte combinant solidarité et assurance. Ces fonds permettent de séparer la question de la responsabilité de celle de la réparation et d'accorder prioritairement une indemnisation aux victimes.

Certains fonds répondent aux risques naturels ou sociaux, pour des dommages ne se rattachant à aucune responsabilité (exemples : calamités agricoles, aléas thérapeutiques) ou lorsque le responsable n'est pas identifié, pas assuré ou insolvable (exemples : terrorisme, victimes d'infractions pénales). D'autres fonds répondent à l'apparition de nouveaux risques de masse (exemple : indemnisation des préjudices résultant de la contamination par le VIH causée par une transfusion). L'intérêt des fonds est de permettre des financements croisés par la solidarité nationale.

EXEMPLE

La loi du 9 septembre 1986 crée un fonds de garantie des victimes d'actes de terrorisme pour les dommages corporels, financé par un prélèvement sur les contrats d'assurance de biens.

4. Le risque de dilution de la responsabilité

La socialisation accrue du risque présente des limites en termes de coûts pour la société, ainsi que le danger d'une déresponsabilisation des acteurs de l'économie.

La responsabilité civile est axée sur la réparation, ce qui peut se traduire par une dilution du concept de responsabilité. Les acteurs ne sont pas incités à réfléchir aux conséquences dommageables potentielles de leur activité ou de leur comportement. Et ce d'autant moins que la réparation est prise en charge par la collectivité.

exercices

exercice 1 Traitement d'une situation juridique : rupture de contrat et responsabilités

Le fournisseur X vient de rompre ses relations commerciales avec l'exportateur Y, qui assurait la distribution de ses produits en Allemagne par l'intermédiaire de Z, une de ses filiales. L'exportateur Y et le distributeur Z veulent obtenir la condamnation du fournisseur X au paiement de dommages-intérêts pour rupture abusive d'une relation commerciale établie, y compris pour la filiale qui subit elle aussi, par ricochet, une perte de chiffre d'affaires.

Le fournisseur X leur répond par lettre recommandée : « Nous contestons votre accusation d'avoir procédé à la rupture abusive de notre contrat. Quant à votre filiale, sachez que la vocation de l'article L. 442-6, I, 5° du Code de commerce de ne régir que les relations entre les partenaires commerciaux ne permet d'indemniser que le dommage directement subi par la victime de la rupture mais non un éventuel dommage subi par un tiers au contrat. Il est donc hors de question pour nous de vous indemniser, pas plus que votre filiale qui n'est qu'un tiers au contrat, sous prétexte qu'elle assurait la revente des produits objets de notre relation commerciale désormais rompue. »

M. Yannon, représentant de la société distributrice Z et M. Zadig, auprès duquel vous effectuez votre stage, vous demandent conseil. Vous répondrez à l'aide des annexes et de vos connaissances.

ENTRAÎNEZ-VOUS

1. Les arguments du fournisseur X sont-ils valables par rapport à la filiale Z ?
2. Quels types de responsabilité pourront engager d'une part l'exportateur Y et d'autre part la filiale Z à l'encontre de la société X, et sous quelles conditions ?

CORRIGÉS p. 82

Annexe 1 :

Article L. 442-6, I, 5° du Code de commerce : « Engage la responsabilité de son auteur et l'oblige à réparer le préjudice causé le fait, par tout producteur, commerçant, industriel ou personne immatriculée au répertoire des métiers :

[...] 5° De rompre brutalement, même partiellement, une relation commerciale établie, sans préavis écrit tenant compte de la durée de la relation commerciale et respectant la durée minimale de préavis déterminée, en référence aux usages du commerce, par des accords interprofessionnels. [...] »

Annexe 2 :

L'effet relatif des contrats est un principe à la base du droit des contrats. Il est exposé à l'article 1165 du Code civil, selon lequel : « les conventions n'ont d'effet qu'entre les parties contractantes [...] ». En d'autres termes, le principe de la relativité des conventions signifie que seules les parties sont tenues par le lien contractuel.

Annexe 3 :

Extrait de jurisprudence – Dans un arrêt du 6 septembre 2011, alors que la responsabilité délictuelle d'un fournisseur à l'égard d'un exportateur était invoquée par le distributeur au soutien de sa demande de dommages-intérêts, la Cour de cassation a considéré que la rupture brutale d'une relation commerciale établie « engage la responsabilité délictuelle de son auteur ». Elle a jugé qu'un tiers, au même titre qu'une partie au contrat, peut invoquer un manquement délictuel d'un cocontractant dès lors qu'il en est résulté pour lui un préjudice.

Annexe 4 :

Article 1382 du Code civil : « Tout fait quelconque de l'homme, qui cause à autrui un dommage, oblige celui par la faute duquel il est arrivé à le réparer. »

exercice 2 Note structurée : géolocalisation et contrôle du salarié

La société de nettoyage Toutnet, représentée par M. Pittet, a équipé le véhicule de son salarié vendeur itinérant M. Jacquet d'un système de géolocalisation au motif officiel de lui permettre d'améliorer dans le futur le circuit de ses déplacements… mais au motif non dit de surveiller ses déplacements.

M. Pittet envisage de licencier M. Jacquet auquel il reproche des détours dans ses tournées de prospection. Celui-ci, qui rendait compte de ses activités dans des rapports d'activité précis et détaillés comme prévu à son contrat, a déjà fait savoir qu'il contesterait la validité de ce procédé de surveillance par enregistrements dont il ignorait la finalité.

M. Pittet, qui entend produire en justice les enregistrements effectués, vous demande conseil.

ENTRAÎNEZ-VOUS

Dans une note structurée et argumentée à destination de M. Pittet, vous le conseillerez d'une part sur ses pouvoirs en qualité d'employeur sur le contrôle de ses salariés et, d'autre part, sur la validité d'un système de géolocalisation mis en place à cet effet.

CORRIGÉS p.82

Annexe 1 :

L'article L. 1121-1 du Code du travail précise que « nul ne peut apporter aux droits des personnes et aux libertés individuelles et collectives de restrictions qui ne seraient pas justifiées par la nature de la tâche à accomplir ni proportionnées au but recherché. »

Annexe 2 :

L'article L. 1222-4 du Code du travail dispose qu'« aucune information concernant personnellement un salarié ne peut être collectée par un dispositif qui n'a pas été porté préalablement à sa connaissance. »

corrigés

exercice 1 page 80

1. **– Les faits qualifiés**

Le fournisseur X rompt de façon brutale les relations commerciales qui le reliaient à l'exportateur Y. Cet exportateur dispose des services de sa filiale Z qui distribue les produits qui sont l'objet du contrat entre le fournisseur X et l'exportateur Y. La rupture du contrat entre X et Y entraîne un préjudice tant pour l'exportateur que pour sa filiale, tiers au contrat.

– Le problème juridique

Un tiers à un contrat peut-il invoquer la rupture brutale de ce contrat dès lors qu'elle lui cause un préjudice ?

– Les règles de droit

Le contrat a force de loi entre les parties et s'impose aux parties. Le principe de la relativité des conventions entraîne que seules les parties sont tenues par le lien contractuel. Cependant, un tiers à un contrat peut subir un préjudice lié aux aléas que connaît le contrat auquel elle n'est pas partie prenante.

Selon le Code civil, tout fait quelconque de l'homme, qui cause à autrui un dommage, oblige celui par la faute duquel il est arrivé à le réparer.

– La solution proposée

Dans le cas d'espèce, bien que tiers aux relations commerciales ayant existé entre le fournisseur X et l'exportateur Y, le distributeur Z est fondé à demander réparation du préjudice subi suite à la rupture abusive du contrat qui lui porte préjudice, sur le fondement de l'article 1382 du Code civil.

2. – Les faits sont identiques

– Les problèmes de droit

Sur quel fondement juridique peut-on engager la responsabilité d'un cocontractant qui rompt le contrat de façon abusive ? Sur quel fondement un tiers à un contrat peut-il invoquer la rupture brutale d'une relation commerciale dès lors que ce manquement lui a causé un préjudice ?

– Les règles de droit

Quand un dommage causé à une victime résulte de l'inexécution d'un contrat, la responsabilité civile est dite « contractuelle » (comme entre le fournisseur X et le distributeur Y). S'il est causé en dehors de tout contrat, la responsabilité est dite « délictuelle » (comme dans le cas de la relation indirecte qui existe entre le fournisseur X et la filiale Z). Dans les deux cas, c'est celui dont le comportement est à l'origine du dommage qui est personnellement responsable, à condition que la victime prétendue rapporte la preuve du fait générateur, du dommage subi et du lien entre les deux.

– La solution proposée

La responsabilité du fournisseur X à l'égard du distributeur Y est d'ordre contractuel. La responsabilité du fournisseur X à l'égard du distributeur Z est d'ordre délictuel. Dans les deux cas, les « victimes » devront établir une faute (la rupture brutale de la relation commerciale établie entre le fournisseur X et l'exportateur Y) ; un dommage (la perte de chiffre d'affaires) et un lien de causalité entre les deux (la perte de chiffre d'affaires est due à ladite rupture). Dans le cas de la filiale, la Cour de cassation a déjà considéré que la rupture brutale d'une relation commerciale établie « engage la responsabilité délictuelle de son auteur ». Il s'ensuit qu'un tiers au même titre qu'une partie au contrat peut invoquer un manquement délictuel d'un cocontractant dès lors qu'il en est résulté pour lui un préjudice, ce qui est le cas en l'espèce.

exercice 2 page 81

L'analyse demandée porte sur la légalité du système de géolocalisation installé dans le véhicule d'un salarié, vendeur itinérant. Il convient d'aborder le pouvoir de direction de l'employeur et ensuite les limites de ce droit lorsqu'il s'agit de la surveillance des salariés.

1. **Le pouvoir de direction de l'employeur**

Le lien de subordination, élément essentiel du contrat de travail, consiste pour le salarié à exécuter son travail sous l'autorité de l'employeur. Le pouvoir de direction est celui par lequel l'employeur fixe les conditions de travail dans son entreprise et donne des ordres et des directives aux salariés. L'employeur a donc le droit de contrôler et de surveiller l'activité de ses salariés pendant le temps de travail.

2. **Les limites du droit de l'employeur en matière de géolocalisation**

En vertu de l'article L. 1121-1 du Code du travail, un employeur ne peut être autorisé à utiliser comme mode de preuve un système de géolocalisation permettant le contrôle de l'activité dont l'intéressé n'a pas été préalablement informé de l'existence.

Dans le cas d'espèce, l'employeur n'a pas informé le salarié que la géolocalisation servirait à contrôler son temps de travail. En outre, la mise en place d'un système de géolocalisation pour assurer le contrôle de la durée du travail ne paraît pas justifiée lorsque le salarié dispose d'une liberté dans l'organisation de son travail, ce qui est le cas de M. Jacquet.

De plus, il convient de rappeler que le comité d'entreprise doit être consulté sur les méthodes de contrôle des salariés, ce qui ne semble pas être le cas ici.

Il apparaît donc que le système de géolocalisation mis en place par l'employeur outrepasse ses droits en matière de surveillance du salarié.

PRÉSENTATION DE L'ÉPREUVE

Comment se présente l'épreuve d'Économie-Droit au BTS ?

1 Objectifs, durée et coefficient

L'épreuve d'Économie-Droit du BTS se décompose en deux parties indépendantes : une partie juridique et une partie économique. Chaque partie est notée de 0 à 20. La note finale est obtenue en calculant la moyenne des deux notes, arrondie au point entier supérieur.
Cette épreuve écrite vise à évaluer vos compétences économiques et juridiques, ainsi que votre capacité à les mobiliser pour analyser une ou plusieurs situations juridiques et économiques.

Chaque partie de l'épreuve dure 2 heures et se voit appliquer un coefficient 1.

2 Les critères d'évaluation de la partie juridique

Le sujet se présente sous la forme d'un dossier documentaire, décrivant une ou plusieurs situations juridiques et comportant un questionnement destiné à guider votre travail.
L'épreuve vise à évaluer votre capacité à :
- analyser des documents juridiques et qualifier une situation juridique ;
- déterminer les éléments de droit positif qui s'appliquent à cette situation et les mobiliser dans le cadre d'un raisonnement ou d'une argumentation juridique ;
- expliciter, dans le contexte proposé, le sens et la portée d'une règle de droit et/ou d'une décision de justice ;
- produire un écrit utilisant un vocabulaire juridique approprié et témoignant d'une réflexion construite par rapport aux questions posées.

3 Les critères d'évaluation de la partie économique

Le sujet se présente sous la forme d'un dossier documentaire décrivant une ou plusieurs situations économiques et comportant un questionnement destiné à caractériser et analyser la ou les situations présentées.
L'épreuve vise à évaluer votre maîtrise des savoirs et des compétences indiquées dans le programme.
Elle permet d'apprécier votre capacité à :
- identifier et mobiliser les mécanismes et les théories économiques qui s'appliquent à la situation analysée ;
- synthétiser une documentation économique ;
- exposer vos analyses et vos propositions de manière cohérente et argumentée ;
- produire un écrit utilisant le vocabulaire économique approprié et témoignant d'une réflexion construite par rapport aux questions posées.

Les méthodes juridiques à utiliser lors de l'épreuve

Le travail qui vous est demandé est soit de traiter une situation juridique, soit d'élaborer une note structurée à l'intention d'un interlocuteur dans un contexte donné. Dans tous les cas, on vous demandera de vous appuyer sur vos connaissances et la documentation annexée.

1 Le cas pratique

Le dossier documentaire présente une situation juridique contextualisée. Il faut donc intégrer le contexte de la situation dans la réflexion et qualifier cette situation sur le plan juridique.
Le travail à faire sera alors demandé sous formes de questions.

EXEMPLE

Vous êtes l'assistant(e) de X et vous collaborez à différents dossiers... Conseillez X quant à la justification et à la légalité de... ; Appréciez la validité du processus de... ; X vous soumet son projet et vous demande d'en vérifier les conditions de validité ; X vous demande d'apprécier l'intérêt et la validité de la clause énoncée dans l'article... du contrat en annexe ; X vous demande de présenter les conséquences juridiques.

Vous devez dans tous les cas, non pas répondre directement à la question, mais vous livrer à l'exercice de qualification juridique qui consiste à rattacher la problématique concrète, c'est-à-dire les faits relevés, à une catégorie juridique abstraite afin d'en tirer des conclusions quant aux règles de droit applicables. La qualification juridique permet d'appliquer au cas particulier la règle de droit afin de proposer une solution. Il vous est conseillé de suivre les étapes suivantes :

– qualifier les faits

Après avoir rappelé qui sont les acteurs, vous procédez à la qualification juridique des faits qui consiste à traduire en termes juridiques la situation qui vous est soumise dans le contexte. Il ne faut pas mêler à ces faits des éléments de droit, et encore moins des solutions.

– identifier la problématique de droit

Il s'agit d'identifier la problématique soulevée par la situation proposée.

– énoncer la ou les règles de droit

Il faut se référer au droit positif qui est l'ensemble des règles juridiques institutionnelles, c'est-à-dire en vigueur actuellement sur les territoires français et européen. Les sources peuvent être variées : constitution, lois, règlements, directives et règlements communautaires, jurisprudences nationales et communautaires. Il convient d'énoncer les règles qui peuvent s'appliquer pour permettre d'apporter une ou des réponses au cas. Pour cela, vous devez maîtriser vos cours.

– proposer une solution juridique

Cette phase s'attache à tirer les conséquences de l'analyse précédente par une déclinaison logique des règles de droit à appliquer. C'est l'étape de la vraie démonstration juridique. Il s'agit de rapprocher les faits, juridiquement qualifiés, des règles de droit qui y sont applicables. On parle de « syllogisme juridique ». Il convient de faire preuve de logique : on a d'une part la proposition mineure des faits, à laquelle il faut confronter une proposition majeure, la règle de droit, afin d'en tirer la conclusion qui sera la solution.

2 La note structurée

S'il vous est demandé d'élaborer une note structurée, vous devez proposer une argumentation structurée. Ne faites une note structurée que s'il vous en est demandé une !

EXEMPLES

Dans une note structurée, vous apprécierez la légalité de... et vous indiquerez les fondements juridiques de...

Dans une courte introduction, vous mettez en évidence la problématique qui vous est soumise, en annonçant le plan que vous adoptez (en deux parties généralement).
Vous développez ensuite, à l'aide de vos connaissances de cours et le cas échéant des annexes proposées, votre argumentation en deux parties.
Une courte conclusion peut vous permettre de faire la synthèse de votre démonstration juridique et de répondre au problème qui vous a été soumis au départ.

3 L'analyse des documents juridiques fournis en annexes

Les annexes, qu'il ne faudra en aucun cas recopier à l'identique ou paraphraser, peuvent être de diverses natures. Il peut s'agir d'articles juridiques, de textes réglementaires, de décisions de justice, de contrats, etc. Dans tous les cas, il convient de repérer le titre, la source, la date et le type de document étudié.

– Les décisions de justice

Une décision de justice peut vous être fournie dans la documentation jointe. Vous pouvez en retirer des éléments de réponse pour le travail à réaliser. Afin de vous aider à en comprendre le sens, vous pouvez utiliser la méthodologie d'analyse d'une décision de justice :

Titre : Analyse de la décision de... en date du...

1. Les faits : quelle est l'histoire qui donne lieu au litige ? Quels sont les intervenants ?
2. La procédure : qui est à l'origine de la procédure ? Qui la subit ? Devant quelle juridiction ?
3. Le problème de droit : quelle est la nature du problème juridique qui oppose les parties ?
4. L'argumentation des parties :
   - Quelles sont les prétentions du demandeur (1er degré), de l'appelant (cour d'appel), du demandeur au pourvoi (Cour de cassation) ?
   - Quelles sont les prétentions du défendeur (1er degré), de l'intimé (cour d'appel), du défendeur au pourvoi (Cour de cassation) ?
5. La décision : en quoi consiste le jugement ou l'arrêt ? Qui est condamné ? À quoi ?
6. L'analyse de la décision : quel est son sens ? Comment la juridiction justifie-t-elle sa décision ?

– Les contrats

Un contrat peut vous être fourni dans la documentation jointe. Vous pouvez en retirer des éléments de réponse à la question qui vous est posée. Si vous devez l'analyser, et/ou pour vous aider à en comprendre le sens, votre réflexion doit être organisée de la manière suivante.

1. Nature et caractéristiques :
   - la nature du contrat : de quel type de contrat s'agit-il ? de vente ? de location ? de travail ?
   - les caractéristiques du contrat : synallagmatique ? à exécution successive ?
2. Le contenu du contrat :
   - les parties : qui est le vendeur ? Qui est l'acheteur ? Qui est le salarié ? Qui est l'employeur ?
   - l'objet du contrat : en quoi consiste la prestation à fournir ?
   - les obligations des parties.
3. Le domaine de droit concerné
4. Les clauses particulières du contrat
5. Les réponses aux questions posées dans le sujet

– Les articles de Codes ou de presse

Lisez-les attentivement afin d'identifier les idées importantes pour réaliser le travail demandé.

Les méthodes économiques à utiliser lors de l'épreuve

1 L'exploitation d'une documentation économique

L'exploitation d'une documentation économique (texte, graphique, tableau) constitue la base du travail demandé lors de l'épreuve.

Pour un tableau ou un graphique, il est important d'identifier son titre, l'unité ou les unités retenues, la signification de ses axes ou de ses lignes/colonnes, son échelle, sa légende, sa source et sa date.

Les données sont à retraiter par des calculs et des regroupements sont à effectuer pour :
- faciliter l'interprétation du document ;
- réaliser des comparaisons dans le temps ou dans l'espace.

À partir de l'identification et du retraitement des données, vous allez ensuite :
- dégager les informations et tendances générales ;
- sélectionner uniquement les éléments en rapport avec le travail demandé ;
- résumer en une phrase l'information principale du document puis la compléter à l'aide des informations jugées utiles.

2 L'exploitation d'un texte économique

Le travail méthodologique d'exploitation d'un texte économique nécessite de découvrir la nature du travail à effectuer avant d'analyser le texte :
- le repérage du travail à faire commence par l'identification des caractéristiques du texte (titre, source, date, auteur et structure du texte) et se poursuit par l'analyse des questions. Les consignes sont principalement définies par des verbes dont le sens doit être correctement interprété (*identifiez*, *montrez*, *expliquez*, etc.) ;
- l'analyse du texte suppose, dans un premier temps, de comprendre l'idée générale du texte et sa structure. Le plus souvent, un texte économique est organisé en paragraphes au sein desquels vous matérialiserez (en les soulignant ou en les annotant) les éléments directement en relation avec chacune des questions.

3 La synthèse de documents

La synthèse s'appuie sur l'exploitation d'une documentation économique.

Trois objectifs différents peuvent être attendus de vous selon le sujet posé :
- répondre à une question précise ;
- respecter le cadre d'un thème délimité par une phrase ou un court texte ;
- faire ressortir l'idée principale si aucune consigne n'est fournie.

La démarche de synthèse se déroule en trois étapes.

1. L'analyse des documents :
   - rechercher l'idée maîtresse de chaque document ;
   - créer des rubriques pour identifier les informations (exemples : description du fait, historique, aspect théorique, causes, conséquences, solutions).

2. La comparaison des documents :
- distinguer les informations de même nature, celles qui diffèrent et celles qui se complètent ;
- classer les informations au besoin en numérotant vos idées et en les regroupant suivant leur logique.

L'objectif est d'éviter les répétitions pour la rédaction finale de la synthèse.

3. La rédaction de la synthèse :
- élaborer un plan en faisant apparaître l'enchaînement des paragraphes définis par des titres et des sous-titres ;
- rédiger une courte introduction pour annoncer le thème et le plan de la synthèse en réponse à la question : de quoi parle-t-on ?
- restituer l'essentiel des propos contenus dans les documents sans y ajouter de connaissances ni d'idées personnelles ;
- faire une transition entre les différentes parties ;
- conclure en portant un regard d'ensemble sur les documents : la conclusion de la synthèse ne doit pas comporter d'ouverture sur un sujet plus vaste.

La synthèse est à rédiger directement sur la feuille d'examen.

Méthodes communes aux deux matières

La méthode de construction d'une réflexion structurée est commune à l'économie et au droit. Il s'agit de respecter les étapes suivantes :

1 Identifier les informations utiles dans les documents fournis

Les documents annexés ne sont donnés qu'à titre indicatif, pour illustrer le sujet. Il est préférable de bien réfléchir au questionnement avant de lire ces documents : leur lecture permet d'éclairer la réflexion, pas d'apporter toutes les réponses. Le danger est de paraphraser des documents qui ne couvrent pas tout le sujet de l'étude proposée.

2 Construire une réflexion structurée

a – analyse du sujet en repérant les mots clés et la consigne dont la portée est souvent très générale (vous analyserez, vous discuterez, etc.) ;

b – mise en évidence d'une problématique ;

Problématiser un sujet constitue la base du processus qui détermine la façon la plus appropriée de l'étudier. La problématique est la synthèse du questionnement du sujet. Elle est annoncée dans l'introduction.

EXEMPLE

Si la question posée porte sur l'efficacité de la redistribution à la française, il ne vous est généralement pas demandé de justifier pourquoi cette question est importante dans la politique nationale. Par contre, dans l'introduction de votre document, vous préciserez quelle(s) dimension(s) de la question vous traitez et pourquoi. Proposez-vous un état des lieux de la redistribution en France ? Évaluez-vous l'efficacité des différents dispositifs mis en œuvre ? etc.

c – choix d'un plan en fonction de la problématique choisie ;

d – rédaction de l'introduction avec l'énoncé de la problématique et l'annonce du plan ;

e – rédaction d'une conclusion qui comporte une synthèse de ce que l'on a démontré.

MANAGEMENT DES ENTREPRISES

Pour s'entraîner à l'épreuve :

Les sujets d'examen de l'épreuve E32 et leurs corrigés sur le site Internet www.nathan.fr/reflexe

1 ENTREPRENDRE : LA LOGIQUE ENTREPRENEURIALE

➔ Dans une économie de marché, les entreprises sont au cœur du système productif. Toutes les politiques industrielles tendent à favoriser la création d'entreprise car cette dernière est considérée comme le meilleur moyen pour soutenir l'activité d'un pays et diminuer le chômage.
Toutes les études et démarches de l'entrepreneur pour aboutir à la création d'entreprise sont désignées sous le terme « entrepreneuriat ». La logique d'anticipation et d'innovation de l'entrepreneur dans sa recherche d'opportunités et sa prise de risques inhérentes au projet de création d'entreprise est qualifiée de « logique entrepreneuriale ».

1 L'entrepreneur

1. L'esprit d'entreprise

Tout entrepreneur est animé par un esprit d'entreprise qui va l'amener à rechercher de nouvelles opportunités sur le marché et à prendre des risques pour les saisir.
Notre compréhension de l'entrepreneur doit beaucoup aux travaux de l'économiste autrichien J. Schumpeter (1883-1950), qui a montré que ce dernier était au centre du développement économique car il était celui qui prenait des risques pour innover et donc pour créer de nouvelles opportunités sur le marché. Les innovations, en déstabilisant le marché, engendrent une destruction créatrice qui, selon l'économiste, permet le renouvellement du tissu productif et assure la croissance de l'économie à long terme.

EXEMPLE

La mise sur le marché des baladeurs MP3 a précipité le déclin des lecteurs de CD portables mais a redonné un nouveau souffle au marché des baladeurs en créant une nouvelle demande.

2. Les caractéristiques des entrepreneurs

Tous les entrepreneurs ne se ressemblent pas ; cependant, ils partagent certaines caractéristiques :
- dynamique et motivé, l'entrepreneur a un besoin de réalisation ;
- indépendant, il n'aime pas se plier à l'autorité ;
- intuitif, créatif et opportuniste, il cherche à innover ;
- persévérant et travailleur, il se passionne pour son projet.

En conséquence, être un entrepreneur suppose d'avoir :
- la capacité de repérer les opportunités et de réunir les ressources nécessaires pour les exploiter ;
- la volonté de prendre des risques pour concrétiser ses idées ;
- les compétences pour bâtir un projet et le mener à bien ;
- la détermination nécessaire pour créer son propre emploi.

EXEMPLES

On peut manifester son sens de l'entrepreneuriat en créant son entreprise comme Francis Bouygues ou en développant une entreprise familiale comme Édouard Michelin.

2 La création d'entreprise

L'entrepreneur ne sera reconnu comme tel que lorsque son projet de création d'entreprise aura abouti. Cependant, malgré les aides et les incitations, cela reste un projet risqué puisque, au bout de 5 ans, seules la moitié des entreprises créées sont toujours en activité et plus de 87 % d'entre elles n'ont pas de salarié.

1. Les différentes formes de création d'entreprise

On distingue deux types de création.

a) La création absolue ou pure

Cette création d'entreprise est l'expression la plus simple de l'entrepreneuriat. Elle désigne l'exploitation d'une activité nouvelle qui n'a jamais été exercée au même endroit par une autre entreprise.

b) La reprise

On parle de « création par reprise » lorsqu'il y a reprise de tout ou partie des moyens de production d'une autre entreprise ou rachat d'un fonds de commerce.

2. Le processus entrepreneurial

Compte tenu des aléas du projet entrepreneurial, il importe d'étudier avec soin son processus :

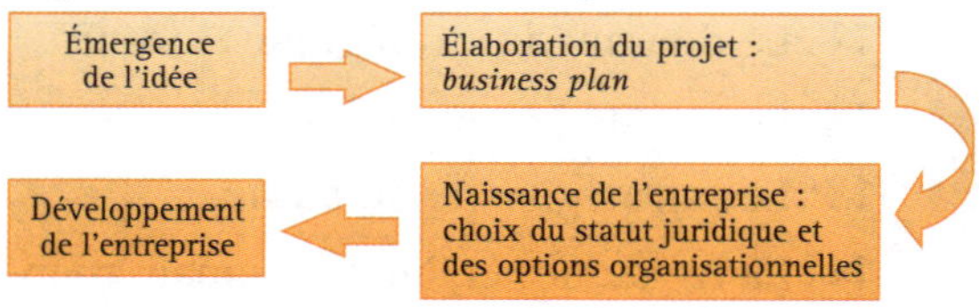

a) L'émergence de l'idée innovante

Le projet de création d'entreprise démarre avec l'émergence de l'idée innovante chez l'entrepreneur. On distingue quatre grandes sources d'idées :
- l'expérience : l'entrepreneur connaît déjà le secteur dans lequel il souhaite développer son projet pour y avoir travaillé ou l'avoir étudié ;

EXEMPLE

Parmi les cinq nouveaux chefs consacrés trois étoiles par le guide Michelin 2007, on compte seulement une femme : Anne-Sophie Pic.
Une troisième étoile qu'elle conquiert 10 ans à peine après avoir repris les commandes aux fourneaux de la maison Pic à Valence, où son père et son grand-père avaient, en leur temps, reçu eux aussi cette distinction suprême de la gastronomie, et qui en fait la seule femme chef trois étoiles actuellement en France, et la quatrième depuis 1933.

- l'observation : l'idée innovante résulte de l'analyse du marché et d'une observation attentive des nouveaux produits et concepts qui se développent dans d'autres pays ;

EXEMPLE

Les sociétés de livraison de pizzas à domicile existaient depuis fort longtemps aux États-Unis quand Spizza 30 débuta son activité, pionnière en France en 1988.

- l'opportunité : l'entrepreneur répond à un nouveau besoin des consommateurs lié à une évolution de l'environnement;

EXEMPLE

Une nouvelle législation entraîne la création d'un nouveau marché : le contrôle technique obligatoire des véhicules a généré de nombreuses opportunités de création de centres de contrôle.

- l'innovation : elle peut prendre la forme de nouveaux produits, de nouvelles méthodes de production, de nouvelles formes d'organisation du travail ou de nouvelles matières premières.

Quelle que soit l'origine de l'idée, il faudra la valider au regard des compétences de l'entrepreneur et des caractéristiques de l'environnement de la future entreprise.

b) Le *business plan*

Afin d'élaborer son projet, l'entrepreneur va devoir réaliser un *business plan* (plan d'affaires). Celui-ci doit lui permettre de mesurer les risques liés au projet et d'en confirmer la viabilité, notamment dans le domaine financier. En outre, le *business plan* constitue un outil de communication indispensable face aux banquiers et aux investisseurs.

Le plan se construit en deux temps :

- l'étude des opportunités du marché, ou étude de marché, permet :
  - de définir les caractéristiques des produits ou des services,
  - de préciser les besoins auxquels ils répondent,
  - de cerner la clientèle visée,
  - de fixer les prix de vente prévisionnels,
  - de choisir les modes de distribution et de communication les plus adaptés,
  - d'étudier la concurrence,
  - de choisir un lieu d'implantation.

  À l'issue de l'étude de marché, l'entrepreneur doit être en mesure de définir son plan de marchéage : politiques de produit, de prix, de communication et de distribution;
- l'étude des besoins de financement, ou plan de financement : le plan de financement initial est la première étape de l'analyse financière. Il consiste à déterminer les besoins et les ressources initiaux de l'entreprise. Le projet de création d'entreprise ne sera viable que si l'entrepreneur est en mesure d'équilibrer les besoins et les ressources pour démarrer son activité :

Besoins	Ressources
- Frais d'établissement - Investissements initiaux : terrains, locaux, matériel, véhicules, etc. - Besoins liés à l'exploitation : stocks, trésorerie, etc.	- Apports du créateur - Apports des associés ou actionnaires - Autres ressources : subventions, emprunts bancaires, etc.

c) Le statut juridique et les options organisationnelles

Pour que l'entreprise puisse voir le jour en toute légalité, il importe de choisir un statut juridique. Aucune structure juridique n'est idéale : l'entrepreneur doit déterminer celle qui correspond le mieux à ses objectifs.

Le premier choix se fait entre :

- l'entreprise individuelle : solution simple et peu onéreuse adoptée par la plupart des commerces et des activités artisanales;
- la société : solution plus formelle et plus onéreuse, elle limite la responsabilité du chef d'entreprise quant aux dettes de l'entreprise.

De nombreux critères entrent dans le choix d'un statut juridique. Nous retiendrons les suivants :

- l'activité : certaines activités sont réglementées et limitent les formes juridiques possibles;

EXEMPLE

Les débits de tabac doivent obligatoirement être exploités en entreprise individuelle ou en société en nom collectif.

- la volonté de s'associer ou de rester indépendant;
- les frais de constitution et de fonctionnement : la société est plus onéreuse que l'entreprise individuelle;
- l'étendue de la responsabilité patrimoniale : constituer une société limite la responsabilité du chef d'entreprise;
- le régime d'imposition des bénéfices;
- la recherche de capitaux : la création d'une société peut être indispensable pour permettre aux investisseurs de prendre part au capital.

Une fois le statut juridique déterminé, il faut mettre en place l'organisation des activités.

Dans une entreprise individuelle, cette organisation est simplifiée puisque l'entrepreneur, complètement autonome, prend seul les décisions. Cette organisation simplifiée peut également concerner certaines sociétés comme les EURL et les nombreuses entreprises créées sans salarié, soit 87 % d'entre elles.

Cependant, le plus souvent, dans une société, la direction de l'entreprise est confiée à un ou plusieurs gérants nommés parmi les associés ou en dehors d'eux. Le fonctionnement de l'entreprise requiert alors des mécanismes de coordination. L'entrepreneur devra faire des choix organisationnels tels que :

- l'internalisation ou l'externalisation de certaines tâches, la comptabilité par exemple;
- le recrutement ou le licenciement de personnel selon les besoins spécifiques et le volume d'activité attendu ou réel;
- la définition d'un organigramme, de procédures;
- etc.

2 GÉRER : LA LOGIQUE MANAGÉRIALE

Dès le démarrage de l'activité et pour assurer le développement de l'entreprise, l'entrepreneur va devoir endosser un nouveau rôle, celui de « manager » ou gestionnaire. Il adopte alors une logique managériale de gestion des ressources, des contraintes et des compétences pour assurer la pérennité de son entreprise.
La logique managériale se distingue de la logique entrepreneuriale car c'est une logique de gestion des ressources existantes et non une logique d'accroissement des ressources de l'entreprise.

1 Le manager

D'après H. Mintzberg, le manager est un individu responsable d'une organisation ou d'un sous-ensemble de celle-ci.
Tout manager est investi d'une autorité formelle liée au statut qui lui est attribué.

1. Le rôle du manager

Notre compréhension du rôle de manager doit beaucoup aux travaux du théoricien français du management, H. Fayol (1841-1925).
Les travaux de Fayol amènent à définir le rôle du manager en cinq points :
- planifier : fixer les buts et les objectifs, bâtir les stratégies appropriées pour accroître la rentabilité et l'efficacité de l'entreprise ;
- organiser : optimiser l'utilisation des ressources humaines, matérielles et technologiques dont dispose l'entreprise ;
- commander : diriger les hommes ;
- coordonner : harmoniser les tâches pour atteindre un objectif commun ;
- contrôler : vérifier les résultats obtenus et prendre les mesures correctives qui s'imposent.

En s'appuyant sur le système d'information de l'entreprise, le manager doit donc diriger et gérer celle-ci rationnellement. Dans le cadre d'un projet de création ou de reprise d'entreprise, il commencera par structurer ou restructurer l'entreprise : il mettra en place (ou optimisera, dans le cadre d'une reprise) l'organisation de la production et de la distribution, assurera ou supervisera la gestion administrative et financière, recrutera des collaborateurs, etc.

2. Les compétences managériales

Pour tenir son rôle, le manager doit développer certaines compétences en matière :
- d'orientation : il doit savoir identifier les priorités sans se laisser déborder par les détails et sans perdre de vue les objectifs poursuivis ;
- de conduite de l'action : il doit maîtriser l'organisation, la délégation des responsabilités, la coordination et le contrôle des tâches au sein de son équipe ;
- de gestion d'équipe : il doit savoir choisir, motiver et encadrer ses collaborateurs.

Le manager agit avec raison, applique des méthodes et des normes de gestion pour limiter la prise de risque et assurer la pérennité de l'entreprise.

2 La complémentarité des logiques entrepreneuriale et managériale

Dans la pratique, logiques entrepreneuriale et managériale sont complémentaires. En effet, la survie de l'entreprise repose à la fois sur sa bonne gestion mais également sur sa capacité à s'adapter et à innover pour sauvegarder sa place sur le marché. L'entrepreneur devra donc apprendre à gérer l'entreprise et le manager devra apprendre à innover pour pouvoir intégrer les nouveaux projets dans les processus existants.
Diriger et gérer une entreprise, c'est prendre à la fois :
- des décisions opérationnelles, courantes et répétitives, suivant une logique managériale ;

EXEMPLE
La décision de réapprovisionner le stock de marchandises est une décision opérationnelle.

- des décisions stratégiques, uniques et lourdes de conséquence, faisant appel à une logique entrepreneuriale.

EXEMPLE
La décision d'investir dans un nouveau local est une décision stratégique.

1. L'entrepreneur-manager

Dés le démarrage de l'activité, l'entrepreneur doit pratiquer tous les métiers : la production, le commercial, les finances et l'administration, sans perdre de vue la stratégie.
Il doit planifier, hiérarchiser, formaliser et appliquer des méthodes et des normes de gestion, ce qui n'est pas toujours aisé pour un individu dont la vocation est la prise de risques et la recherche d'opportunités.
Certains entrepreneurs ne deviennent jamais de bons managers car cela implique de passer d'un fonctionnement intuitif et rapide à une façon d'agir plus rationnelle et mesurée.

2. Le manager-entrepreneur

Pour faire face à la concurrence, l'entreprise doit constamment innover tant en termes de produits, de services ou de procédés qu'en termes d'organisation ou de distribution.
Le manager, dans sa gestion de l'entreprise, va devoir intégrer ces innovations tout en se préoccupant de maintenir et d'améliorer le rendement des activités existantes.
Pour faire face à l'évolution rapide de l'environnement de l'entreprise, les managers doivent donc développer des compétences entrepreneuriales de recherche d'opportunités et de prise de risque. Ils doivent apprendre à prendre des décisions rapides et à en accepter la rationalité limitée. Enfin, l'intégration de nouvelles activités aux opérations existantes les amène à redéfinir sans cesse des processus innovants.

3 LES FINALITÉS DE L'ENTREPRISE

Les finalités de l'entreprise traduisent sa raison d'être. Elles reflètent les aspirations de son ou ses créateurs et lui apportent sa légitimité. Les finalités de l'entreprise sont influencées par les valeurs partagées par la communauté humaine qui la constitue, les statuts et l'histoire de l'entreprise, les attentes du personnel et les contraintes imposées par l'environnement.

EXEMPLE

Certaines entreprises ont d'abord des finalités financières et doivent dégager des profits pour rémunérer leurs actionnaires. D'autres ont avant tout des finalités sociales et veulent assurer le bien-être de leurs salariés. D'autres encore ont des finalités sociétales prédominantes et souhaitent préserver l'environnement.

1 Les finalités financières

L'analyse microéconomique traditionnelle ne trouvait à l'entreprise que des finalités financières : la maximisation du profit, la minimisation des coûts, la création de richesse, etc. Si cette analyse paraît aujourd'hui réductrice, les finalités financières ne peuvent être écartées car, dans une économie de marché, la pérennité de l'entreprise dépend de sa capacité à dégager des profits, c'est-à-dire des revenus résultant de l'excédent des produits sur les charges.
L'obtention de profits apparaît donc comme une finalité commune à toutes les entreprises car elle constitue leur principal moyen de survie. Elle ne revêt toutefois pas le même degré de prépondérance dans toutes les entreprises.

EXEMPLES

Une entreprise privée appartenant à de nombreux actionnaires se devra de réaliser des bénéfices pour être en mesure de distribuer des dividendes alors qu'une entreprise publique aura pour finalité première la production de services publics. De même, les entreprises coopératives ont pour principale finalité de servir au mieux leurs sociétaires.

2 Les autres finalités de l'entreprise

L'économiste P. Drucker (1909-2005) a montré que la recherche du profit n'est pas une fin en soi pour l'entreprise. Il fait figure de pionnier en affirmant que le but premier de l'entreprise est de créer, maintenir et développer une clientèle. Ceci maîtrisé, le profit n'est plus une cause mais un effet de l'excellence du management. Les finalités propres de l'entreprise résultent de la satisfaction des acteurs qui interviennent dans son fonctionnement (les parties prenantes). Elles peuvent donc être de différents types : économiques, sociales, environnementales ou sociétales.

1. Les finalités économiques

L'entreprise a pour finalités économiques de produire des biens et des services destinés à être vendus sur un marché dans la perspective de créer, maintenir et développer une clientèle.
Certaines entreprises ajoutent à ces finalités le souci de ne pas produire de biens inutiles, nocifs ou dangereux pour l'homme ou pour l'environnement en allant au-delà des obligations légales en matière de sécurité.

2. Les finalités sociales

Toutes les politiques en faveur de la création d'entreprise mettent en avant les finalités sociales des entreprises : créer un ou plusieurs emplois et assurer des revenus aux employés, mais également participer à la formation continue. Les finalités sociales peuvent également se décliner en termes de biens et services offerts à la clientèle sans discrimination.

EXEMPLE

La Banque postale ouvre des comptes à ses clients sans minimum de dépôt ni conditions de ressources, pour que chacun puisse bénéficier d'un compte bancaire.

3. Les finalités environnementales

De plus en plus d'entreprises mettent en avant leurs finalités environnementales, qui se traduisent par des modes de production préservant l'environnement et les ressources naturelles et garantissant la qualité et la sécurité des produits aux consommateurs.

EXEMPLE

La marque Patagonia n'emploie que du coton biologique au lieu de celui cultivé avec des pesticides.

4. Les finalités sociétales

Toutes les entreprises ont indirectement des finalités sociétales puisqu'elles améliorent la société en finançant par l'impôt le développement économique, en participant à la formation des jeunes, en finançant la recherche, etc. De plus, certaines entreprises créent et financent des fondations d'entreprises pour faire avancer des causes spécifiques.

3 La responsabilité sociétale de l'entreprise (RSE)

Selon le livre vert de la Commission européenne de 2001, la responsabilité sociale des entreprises est l'intégration volontaire des préoccupations sociales et écologiques des entreprises à leurs activités commerciales et leurs relations avec les salariés, les consommateurs et les collectivités locales.
Il s'agit pour l'entreprise de décliner les principes du développement durable à son échelle : satisfaire les besoins présents tout en permettant aux générations futures de satisfaire les leurs.
La prise en compte de la RSE va se traduire dans l'entreprise par la mise en place de dispositifs visant à :
- réduire l'impact de ses activités sur l'environnement, la santé et la sécurité ;
- valoriser ses employés au travers d'une politique sociale adaptée ;
- multiplier ses engagements citoyens (politiques de mécénat, de recherche, etc.).

4 LE MANAGEMENT DE L'ENTREPRISE

➔ Une fois les raisons d'être de l'entreprise finalisées, il va falloir mobiliser les hommes autour d'objectifs concrets et accessibles.

EXEMPLE

Si, par exemple, la finalité première d'une entreprise est la maximisation du profit, il faudra fixer des objectifs concrets tels que réaliser un chiffre d'affaires d'un million d'euros pour mobiliser les hommes autour d'objectifs communs et cohérents avec la finalité de l'entreprise.

Le management va permettre d'assurer la cohérence entre finalités, objectifs et mécanismes de coordination et d'organisation de l'entreprise. Il peut être défini comme l'ensemble des techniques de gestion de l'entreprise mises en œuvre pour conduire l'action des individus afin d'atteindre un objectif commun.

1 Les séquences du management

Quelle que soit la forme de l'entreprise (privée, publique, mutuelle ou coopérative), le management consiste à mettre en œuvre quatre séquences distinctes :

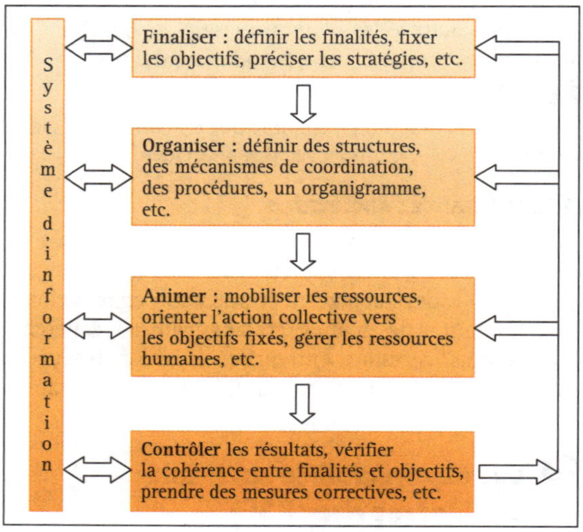

D'après J.-P. Helfer, M. Kalika et J. Orsoni, *Management – Stratégie et Organisation*, 6e édition, Éditions Vuibert, 2006.

2 Les managements stratégique et opérationnel

Le management permet donc à l'entreprise de fonctionner car, d'une part, il donne du sens à son action (finalisation) ; d'autre part, il permet de mettre en cohérence les objectifs individuels des acteurs de l'entreprise avec les objectifs de celle-ci (animation) et, enfin, en fixant des règles et des procédures (organisation), il garantit son fonctionnement quotidien.

Le management permet aux dirigeants d'articuler la dimension entrepreneuriale que nécessite le développement de l'entreprise et la dimension managériale qui prévaut pour sa gestion, grâce au caractère indissociable de ses deux composantes : la stratégie et l'organisation.

1. Le management stratégique

Le management stratégique concerne la gestion à long terme de l'entreprise. Il consiste à prendre des décisions qui vont permettre à cette dernière de saisir les opportunités offertes par son environnement, d'agir sur celui-ci et d'atteindre des objectifs stratégiques entraînant des changements importants au sein de l'organisation.

EXEMPLES

La création de nouvelles activités, le développement de nouveaux produits, la délocalisation des zones de production, etc., sont du domaine du management stratégique.

Les techniques mises en œuvre dans la pratique du management stratégique seront celles de l'analyse de la concurrence et du secteur, de la recherche de parts de marché, de la recherche et du développement, etc.

2. Le management opérationnel

Le management opérationnel est celui du court terme, des opérations courantes. Il concerne la gestion de l'ensemble des processus propres à l'entreprise. Il s'agit d'optimiser l'usage des ressources et des compétences de l'entreprise pour s'adapter aux changements imposés par l'environnement à moindre coût.

EXEMPLES

La mise en place d'une gestion des stocks informatisée, la réorganisation des ateliers de production, la réduction de la consommation d'énergie, etc., sont du domaine du management opérationnel.

Les techniques mises en œuvre dans la pratique du management opérationnel seront celles de l'analyse des coûts, des ressources, des compétences, des procédures, du métier, etc.

3. L'interdépendance

Managements stratégique et opérationnel sont étroitement imbriqués car toute décision stratégique aura une mise en œuvre opérationnelle.

EXEMPLE

Le succès d'une fusion – décision stratégique – dépend avant tout de la capacité des équipes à s'adapter à une nouvelle culture, de nouvelles procédures, un nouvel organigramme et relève donc du domaine du management opérationnel.

On peut schématiser l'interdépendance des deux dimensions :
- la dimension stratégique, tournée vers l'environnement, permet de définir les stratégies de l'entreprise ;
- la dimension opérationnelle, orientée vers l'organisation et l'entreprise elle-même, permet de mettre en œuvre ces stratégies.

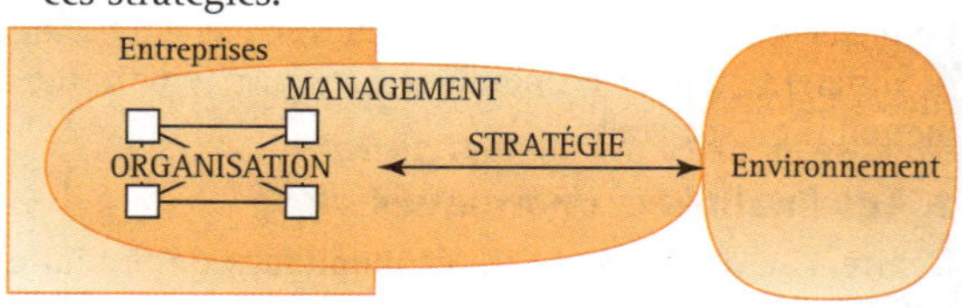

J.-P. Helfer, M. Kalika et J. Orsoni, *Management – Stratégie et Organisation*, 6e édition, Éditions Vuibert, 2006.

5 LA PERFORMANCE

Après avoir défini des finalités puis fixé des objectifs à l'entreprise, il est indispensable de vérifier en permanence si ces objectifs sont atteints et si les résultats obtenus satisfont aux finalités de l'entreprise. C'est pour cela que le contrôle des résultats et son corollaire, l'évaluation de la performance, s'inscrivent dans le processus de management.

1 L'évaluation de la performance

L'évaluation de la performance permet de comparer les résultats obtenus avec les objectifs initiaux et de mettre en évidence des écarts significatifs. Elle est aussi à l'origine du déclenchement d'actions correctives qui permettent d'assurer à court terme la régulation du fonctionnement de l'entreprise.

1. Les critères de performance

L'évaluation de la performance s'apprécie sur la base de critères d'évaluation pertinents, c'est-à-dire de grandeurs de référence pour quantifier ou qualifier la performance. Un critère de performance se définit comme un instrument quantitatif donnant une indication sur la performance d'une organisation, d'un processus ou d'un résultat spécifique.

EXEMPLES

Nombre de visites, chiffre d'affaires réalisé, montant du panier moyen, calcul de coûts, marge, résultats.

Ces critères s'expriment en chiffres, ratios, indices ou pourcentages. De très nombreux critères permettent d'apprécier les performances d'une division, d'un projet ou d'une entreprise. Leur degré de pertinence varie selon le contexte et les objectifs poursuivis.

2. La mesure de la performance

La performance se mesure au travers de deux notions : l'efficacité, qui sanctionne le niveau des résultats atteints par rapport aux objectifs fixés, et l'efficience, qui mesure le résultat obtenu par rapport aux ressources utilisées.

EXEMPLE

Pour mesurer la performance d'un atelier de production en termes d'efficacité, on retient comme critère la quantité produite mensuellement avec un objectif de 1 000 unités par mois. Si, à la fin d'un mois, la mesure de la quantité produite est de 800 unités, on constate un retard de production de 200 unités, que l'on peut qualifier de « sous-performance ».

3. Les indicateurs de performance

Les indicateurs de performance sont des facteurs influençant de façon significative la performance de l'entreprise. Leur observation régulière permet d'alerter les dirigeants de l'entreprise sur l'évolution de l'activité. Si celle-ci s'éloigne des prévisions, les managers décident de mettre en place des actions correctives.

On distingue trois catégories d'indicateurs :

- les indicateurs de moyens mesurent la consommation des moyens nécessaires à l'activité ;

EXEMPLES

Quantité de matières premières, délais d'approvisionnement.

- les indicateurs de résultats mesurent le niveau de réalisation des objectifs quantitatifs et qualitatifs ;

EXEMPLES

Chiffre d'affaires, marge, degré de satisfaction de la clientèle.

- les indicateurs d'environnement qui peuvent être internes (indicateurs managériaux d'évaluation du climat social : taux d'absentéisme, taux de rotation du personnel, etc.) ou externes (part de marché, positionnement par rapport aux concurrents, etc.).

2 Les tableaux de bord

La performance s'évalue principalement avec un outil : le tableau de bord. Les tableaux de bord regroupent les données pertinentes pour les managers aux différents niveaux hiérarchiques et fournissent de façon permanente les écarts entre les objectifs fixés et leur réalisation. Ils constituent également un bon outil de communication entre les responsables des divisions opérationnelles et la direction générale.

1. Le tableau de bord de gestion

Le développement de l'informatique offre la possibilité de traiter et de diffuser l'information à moindre coût.

EXEMPLE

Construction d'un tableau de bord de gestion :

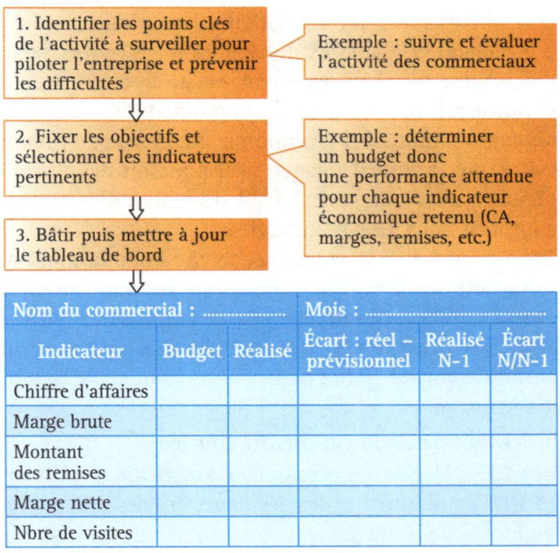

Nom du commercial :			Mois :		
Indicateur	Budget	Réalisé	Écart : réel – prévisionnel	Réalisé N-1	Écart N/N-1
Chiffre d'affaires					
Marge brute					
Montant des remises					
Marge nette					
Nbre de visites					

2. Le tableau de bord prospectif

Dans les années 1990, deux économistes, R. Kaplan et D. Norton, ont développé le concept de « tableau de bord prospectif ». L'idée principale est qu'il est nécessaire d'intégrer au tableau de bord des indicateurs non financiers pour lui permettre de suivre également la mise en œuvre de la stratégie de l'entreprise. Il est donc nécessaire d'intégrer au tableau de bord quatre points principaux de contrôle et d'évaluation – la satisfaction du client, l'efficacité opérationnelle, le moral des salariés et les résultats financiers – pour donner une dimension globale du pilotage de l'entreprise.

6 LES DÉCISIONS ET LE PROCESSUS DE DÉCISION

Diriger une entreprise consiste essentiellement à exercer ou à déléguer un pouvoir de décision. La décision est un acte volontaire, d'un ou de plusieurs décideurs, qui conduit à un choix entre plusieurs solutions possibles, compte tenu d'un ou de plusieurs critères d'évaluation, et qui apporte une réponse à un problème donné. La décision est l'aboutissement d'un cheminement ou processus de réflexion : le processus décisionnel.

1 Les décisions

Les décisions sont inhérentes au management de l'entreprise car elles sont préalables à toute détermination d'objectifs et à toute action portant sur la mise en œuvre des ressources. En conséquence, des milliers de décisions sont prises quotidiennement dans les entreprises à tous les niveaux hiérarchiques et dans tous les domaines d'activité.

1. La notion de décision

Pour prendre une décision, le décideur s'appuie sur les informations et les connaissances dont il dispose en fonction des objectifs poursuivis par l'entreprise. Plusieurs théories se sont succédé pour décrire et expliquer le comportement du décideur.

a) La théorie du décideur rationnel

Cette théorie, inspirée du modèle économique classique, a été élaborée dans les années 1920. Elle repose sur l'hypothèse que l'entrepreneur est un décideur unique et rationnel. Selon M. Allais, économiste français qui a obtenu le prix Nobel d'économie en 1988, « un homme est réputé rationnel lorsque a) il poursuit des fins cohérentes avec elles-mêmes ; b) il emploie des moyens appropriés aux fins poursuivies ».

Dans ce cadre, le décideur recherche donc la maximisation du profit et la minimisation des coûts, c'est-à-dire la solution optimale dans un environnement certain. Ses décisions s'appuient sur des informations parfaites qui lui permettent d'appréhender l'ensemble des solutions.

b) La théorie de la rationalité limitée

Dès 1955, H. Simon, économiste américain, prix Nobel en 1978, a montré que les décideurs ont des limites physiques et intellectuelles et ne peuvent envisager toutes les solutions. Leur rationalité est limitée par les contraintes de temps, de budget, d'information, de raisonnement, etc.

Si le décideur recherche la solution optimale, il est le plus souvent contraint d'adopter une solution simplement satisfaisante compte tenu des informations dont il dispose et de sa capacité à comprendre la situation à laquelle il se trouve confronté.

2. La diversité des décisions

L'étude de la diversité des décisions met en évidence le fait que les décisions présentent des contenus, induisent des effets sur l'activité et l'entreprise et s'appuient sur des processus qui diffèrent selon leur degré de répétitivité, leur horizon temporel, le domaine de gestion dans lequel elles s'exercent et le niveau hiérarchique où elles sont prises.

Dès 1965, I. Ansoff distingue trois types de décisions dans l'entreprise :

Type de décision / Caractéristiques	Stratégique	D'organisation	Opérationnelle
Horizon temporel	Long terme	Moyen terme	Court terme
Niveau hiérarchique	Direction générale	Directions fonctionnelles	Chefs de service ou chefs d'atelier
Domaine de gestion	Stratégie : relation de l'organisation avec son environnement	Gestion : gestion des ressources humaines, financières, etc., de l'organisation	Exploitation : utilisation des ressources pour assurer le fonctionnement de l'organisation
Répétitivité	Décision unique	Répétition éventuelle	Répétition fréquente
Exemples	Absorption d'un fournisseur, lancement d'une nouvelle gamme de produits	Recrutement d'une équipe de commerciaux, lancement d'un nouveau produit	Réapprovisionnement des stocks, établissement d'un plan de tournée, expédition, facturation

2 Le processus de décision

Le processus décisionnel est un processus complexe qui peut se décomposer en plusieurs étapes allant de l'identification du problème au choix d'une solution satisfaisante et à l'évaluation de son efficacité.

1. Les étapes du processus décisionnel

Dès les années 1950, H. Simon a proposé un schéma explicatif de ce processus sous le nom de « modèle IMC ». Ces travaux constituent le socle de la plupart des modèles de décomposition du processus de prise de décision :

I (Intelligence) :
phase d'analyse et de compréhension du problème à l'aide de l'information disponible

M (Modélisation) :
phase de conception des solutions en tenant compte des risques et des opportunités

C (Choix) :
phase de sélection de la solution qui semble la meilleure compte tenu des diverses contraintes

Cependant, dans une perspective managériale, le processus de décision ne peut s'arrêter au choix de la solution et doit se poursuivre par la mise en œuvre des choix et le contrôle des effets de la décision :

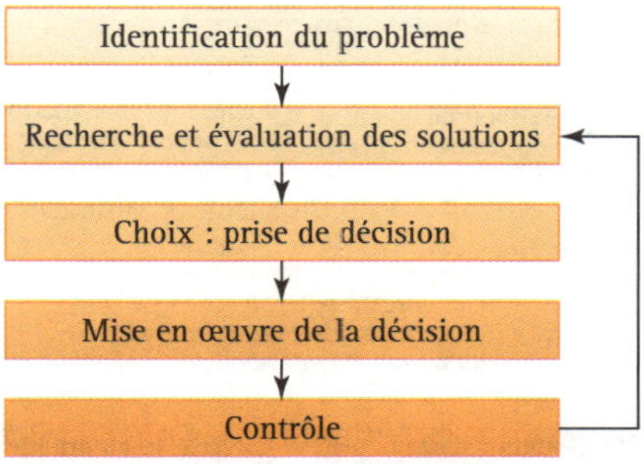

L'analyse du processus décisionnel montre alors comment les logiques entrepreneuriale et managériale peuvent s'articuler dans une même entreprise : la logique entrepreneuriale de prise de risques et de recherche de solutions s'impose dans les trois premières phases du processus décisionnel alors que la mise en œuvre de la décision et le contrôle des résultats s'appuient sur une logique managériale de gestion des ressources.

2. Les facteurs de contingence

Des facteurs de contingence tels que la structure de l'entreprise, le niveau de rationalité et la nature de la décision influencent la prise de décision et déterminent sensiblement le choix des solutions adoptées.

a) La structure de l'entreprise

La structure de l'entreprise traduit ses principes d'organisation et d'exercice du pouvoir de décision.

Schématiquement, le pouvoir de décision peut être détenu par un petit nombre de dirigeants au sommet de la hiérarchie, il s'agit alors d'une structure centralisée, ou, au contraire, être réparti au sein des divisions opérationnelles, il s'agit, dans ce cas, d'une structure décentralisée :

- une structure centralisée favorise la cohérence des décisions car elles sont prises par un petit nombre de décideurs, mais l'efficacité des solutions est réduite du fait du manque de concertation avec la base écartée du processus ;
- une structure décentralisée permet une meilleure pertinence des décisions, prises par des décideurs proches des problèmes à résoudre et mises en œuvre par des salariés plus impliqués, mais ces décisions risquent de s'écarter rapidement de l'objectif commun, ce qui nécessite la mise en place de procédures de contrôle efficaces.

b) Le niveau de rationalité de la décision

La prise de décision est soumise à des contraintes économiques, temporelles et techniques, tant internes qu'externes, qui limitent le niveau de rationalité de la décision.

On distingue six types de contraintes :

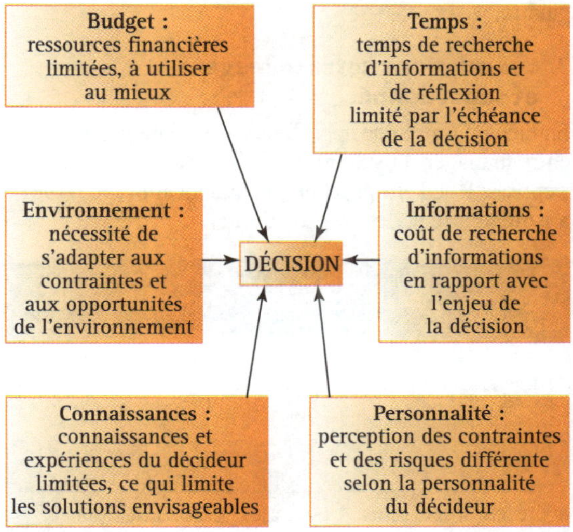

c) La nature de la décision

La nature de la décision influence également la prise de décisions :

- les décisions stratégiques, difficilement réversibles, s'inscrivent dans un processus décisionnel long afin de réduire le taux de risque et d'incertitude ;
- les décisions opérationnelles courantes s'inscrivent dans des processus décisionnels courts, voire automatisés.

EXEMPLE

Les commandes de pièces sur les chaînes de fabrication automobiles sont entièrement gérées par ordinateur et transmises automatiquement aux fournisseurs.

7 LES STYLES DE DIRECTION

Les dirigeants exercent leur pouvoir avec un certain style qui résulte d'une combinaison de leur personnalité, de leurs orientations et du contexte dans lequel ils agissent. Le style de direction est un facteur de contingence qui influence fortement le processus décisionnel et détermine sensiblement le choix des solutions adoptées.

1 La diversité des styles de direction

Il existe de nombreux critères pour caractériser un style de direction. Nous en retiendrons toutefois deux principaux.

1. Les relations entre managers et subordonnés

En menant une étude approfondie des relations existantes entre managers et subordonnés dans de nombreuses entreprises, R. Likert, psychologue américain (1903-1981), a isolé quatre styles de direction :

Styles / Caractéristiques	Autoritaire	Paternaliste	Consultatif	Participatif
Confiance accordée	Aucune	Confiance condescendante	Grande confiance mais sous contrôle	Confiance totale
Communication	Faible, toujours descendante	Faible, surtout descendante	Modérée, ascendante et descendante	Intense, ascendante, descendante et horizontale
Niveau de prise de décision	Au sommet de la hiérarchie	Au niveau de la direction générale et des directions opérationnelles	Au niveau de la direction générale et des directions opérationnelles	À tous les niveaux hiérarchiques
Participation aux décisions	Aucune	Suggestions	Consultation	Participation large

D'après J.-P. Helfer, M. Kalika et J. Orsoni, *Management – Stratégie et Organisation*, 6e édition, Éditions Vuibert, 2006.

À l'issue de l'étude, le style participatif apparaît comme le plus efficace car il est source de motivation des hommes. Cependant, il peut également limiter la cohérence des décisions.

2. L'orientation donnée à l'action

L'activité des managers repose sur deux dimensions complémentaires : la dimension technique ou de production et la dimension humaine ou relationnelle.

R. Blake et J. S. Mouton ont caractérisé cinq styles de direction selon l'intérêt porté par le dirigeant à la production (abscisses) et aux relations humaines (ordonnées) :

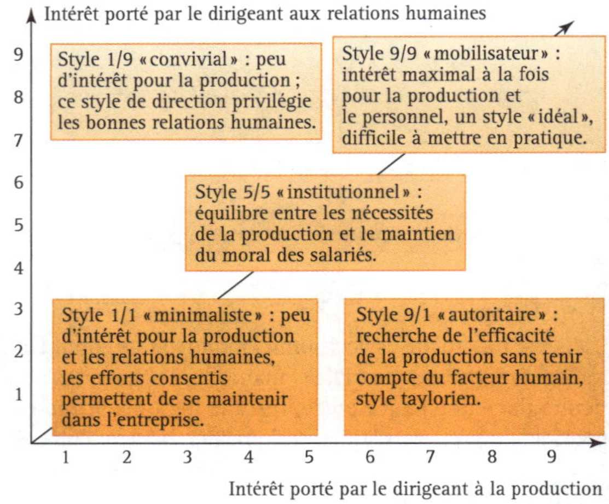

D'après R. Blake et J. S. Mouton, *La Troisième dimension du management*, Éditions d'Organisation, 1975.

2 Le choix d'un style de direction

Dans une même entreprise peuvent se côtoyer différents styles de direction en fonction des domaines, des personnes, des périodes, des opportunités ou des contraintes de l'environnement. Il n'existe donc pas de style de direction « idéal ». Le choix d'un style de direction se fait en fonction de trois séries d'influence : celle du leader, celle des subordonnés et celle du contexte.

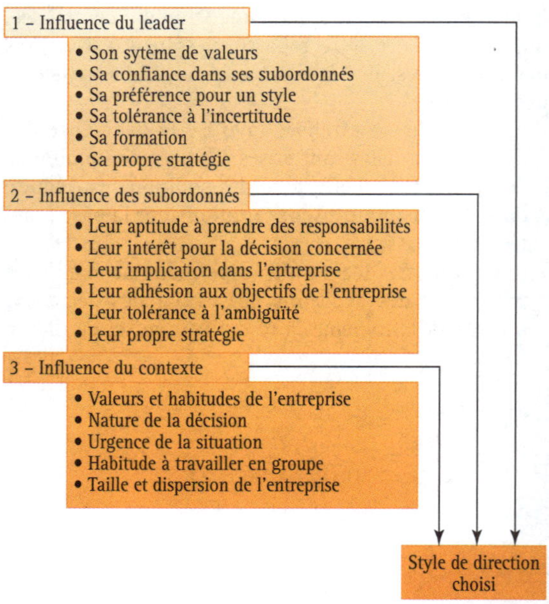

D'après J.-P. Helfer, M. Kalika et J. Orsoni, *Management – Stratégie et Organisation*, 6e édition, Éditions Vuibert, 2006.

8 LES PARTIES PRENANTES ET LES CONTRE-POUVOIRS

Le fonctionnement de toute entreprise est source de conflits de pouvoir car il repose, en interne, sur des individus et des groupes, les salariés, qui ont des objectifs propres et rarement concordants, et, en externe, sur les agents économiques, consommateurs, clients, fournisseurs, actionnaires, administrations, etc., qui agissent également en fonction de leurs propres objectifs. La nature des relations qui se nouent entre les acteurs au sein de l'entreprise et avec les partenaires extérieurs influence de façon déterminante son mode de gouvernance. Le dirigeant doit en permanence arbitrer entre les attentes des différentes parties prenantes, qui peuvent constituer autant de contre-pouvoirs.

1 Les parties prenantes internes

L'expression «parties prenantes» fait référence à la volonté de chacun des acteurs de bénéficier d'une fraction de la valeur ajoutée produite par l'entreprise.
Les premiers bénéficiaires de la répartition de la valeur ajoutée sont les salariés au travers des salaires.

1. Les salariés et leurs représentants

a) Les salariés

Les salariés constituent le capital humain essentiel à l'activité et au développement de l'entreprise et donc, de fait, un contre-pouvoir puisque les objectifs de l'entreprise ne peuvent être atteints sans leur participation active, alors même que leurs objectifs personnels divergent parfois des objectifs communs.
Pour défendre leurs intérêts, les salariés s'appuient sur leurs élus :
- les délégués du personnel dans tous les établissements de plus de 10 salariés ;
- le comité d'entreprise, obligatoire dans les entreprises de plus de 50 salariés.

b) Les syndicats

Les syndicats représentent un contre-pouvoir à la fois interne, grâce aux représentants syndicaux de l'entreprise, et externe, au niveau national. Selon les termes du Code du travail, ils sont seuls habilités à représenter les salariés dans le cadre des négociations collectives des conditions générales de travail. Leur contre-pouvoir s'exprime souvent de façon conflictuelle (grève, etc.).

2. Les relations de pouvoir dans l'entreprise

Les dirigeants doivent en permanence arbitrer entre les objectifs des salariés et l'objectif commun. Ceci amène les économistes R. Cyert et J. March à montrer que les objectifs poursuivis par l'entreprise ne seront donc pas rationnels, mais représentent le meilleur compromis possible entre les objectifs des diverses coalitions d'individus qui la composent.
Ces coalitions d'individus ayant des buts différents, elles doivent négocier entre elles, ce qui conduit aux prises de décisions.
Pour éclairer le jeu de pouvoirs et contre-pouvoirs dans l'entreprise, M. Crozier, sociologue français, montre que, dans l'entreprise, tout le monde peut avoir du pouvoir car il est le produit de relations, négociations et confrontations dont l'issue reste toujours incertaine.

2 Les parties prenantes externes

1. Les consommateurs et les clients

L'intérêt des clients et des consommateurs, acheter au meilleur prix, est parfois contradictoire avec celui de l'entreprise, qui consiste à fixer des prix qui lui permettent de réaliser des profits et de satisfaire ainsi à ses objectifs de rentabilité.
Les consommateurs et les clients de l'entreprise exercent deux types de contre-pouvoir : actif par le biais des associations de consommateurs et passif en faisant jouer la concurrence sur les prix.

2. Les acteurs de la société civile

L'État et les administrations prélèvent une part de la valeur ajoutée de l'entreprise en impôts, taxes et cotisations diverses. Mais c'est au travers des lois et des règlements qu'ils exercent une contrainte collective et donc un contre-pouvoir.
En outre, la société civile impose à l'entreprise d'être socialement responsable, c'est-à-dire de se soucier de sa rentabilité et de sa croissance, mais également de ses impacts environnementaux et sociaux.

3. Les actionnaires

Les actionnaires sont les propriétaires de l'entreprise, si elle a la forme d'une société de capitaux, qui ont délégué leur pouvoir de décision.

a) La gouvernance de l'entreprise

La gouvernance constitue un mode d'arbitrage entre les intérêts contradictoires des différentes parties prenantes et, en particulier, entre les actionnaires et les dirigeants.
Lorsque l'entrepreneur est l'unique ou le principal propriétaire de l'entreprise, les problèmes de gouvernance n'existent pas.
Mais dès lors qu'il existe une séparation entre les propriétaires et les dirigeants salariés, se pose la question de la pratique du pouvoir compte tenu des divergences d'intérêts qui peuvent exister entre eux.
On distingue deux modèles de gouvernance :
- la gouvernance managériale laisse aux dirigeants la plus grande part du pouvoir ;
- la gouvernance actionnariale se traduit par un contrôle direct de l'entreprise par les actionnaires et s'impose depuis les années 1980.

b) Les enjeux liés aux intérêts des actionnaires

Les actionnaires exercent leur contre-pouvoir au sein des assemblées générales et des conseils d'administration. Ils suivent les nominations des dirigeants, leur rémunération, l'orientation stratégique de l'organisation, etc. Ceux-ci devront donc exercer leur pouvoir de gestion en tenant compte du contre-pouvoir des actionnaires et en assurant une rentabilité minimale des capitaux pour satisfaire à leurs exigences de dividendes.

9 LA DÉMARCHE STRATÉGIQUE

La stratégie permet à une entreprise d'atteindre ses finalités et ses objectifs. Elle doit être définie au niveau global puis se décliner sur chacun des domaines d'activité de l'entreprise. L'utilisation des outils d'analyse stratégique, une planification et un contrôle appropriés assureront le succès de la démarche stratégique. Cela étant, il faudra également tenir compte des aspects contingents, inhérents à toute stratégie, comme la taille, le métier et le type d'entreprise concerné.

1 La notion de stratégie d'entreprise

1. Une stratégie d'entreprise en accord avec sa finalité et ses objectifs

La stratégie est l'ensemble des opérations coordonnées menées pour réaliser une finalité.

La démarche stratégique doit donc prendre appui sur les finalités de l'entreprise.

Ces finalités sont traduites par des objectifs stratégiques à long terme qui concernent les orientations importantes définies par les dirigeants. Les cadres de l'entreprise vont ensuite définir des objectifs tactiques à moyen terme qui seront réalisés par chaque service. Enfin, les objectifs opérationnels à court terme permettront aux exécutants de réaliser les objectifs tactiques.

2. Une stratégie en cohérence avec le(s) métier(s) de l'entreprise

Le métier est le savoir-faire, l'habileté, les compétences acquises dans l'exercice d'une profession. Les entreprises peuvent avoir plusieurs métiers. Il est toutefois utile de se référer au métier de base en rapport avec l'activité principale et avec les compétences que l'entreprise maîtrise le mieux. La démarche stratégique, pour être couronnée de succès, doit fixer les objectifs qui permettront de valoriser au mieux les compétences que l'entreprise peut déployer dans le cadre de son métier.

3. Une stratégie qui se décline dans les DAS de l'entreprise

Les entreprises peuvent avoir différentes activités demandant des compétences distinctes. Un domaine d'activité stratégique (DAS) est un sous-ensemble d'une entreprise auquel il est possible d'allouer ou de retirer des ressources de manière autonome. Une entreprise peut intervenir sur plusieurs DAS. Sa stratégie d'ensemble doit se décliner par domaines d'activités pour être plus efficace.

La segmentation stratégique permet de définir les différents domaines d'activités stratégiques de l'entreprise en divisant les activités de l'entreprise en segments homogènes (ou DAS) régis par des facteurs clés de succès identiques. Cette segmentation stratégique ne doit pas être confondue avec la segmentation marketing, dont le but est de définir des groupes de consommateurs ayant des besoins différents à assouvir et auxquels va s'adresser le marketing mix de l'entreprise.

EXEMPLE

Une entreprise dont le métier est la vente automobile peut avoir deux DAS différents : la commercialisation de véhicules neufs et de véhicules d'occasion et, pour chacun de ces DAS, les segments marketing ciblés peuvent être les entreprises, les administrations et les particuliers.

2 Les différentes facettes de la stratégie d'entreprise

1. La stratégie délibérée ou émergente

La définition de la stratégie peut résulter d'un choix délibéré. Les dirigeants vont alors planifier les actions à mettre en œuvre pour mener à bien leur stratégie. Elle peut aussi se construire de façon moins rationnelle, plus informelle, en fonction des événements qui affectent l'activité de l'entreprise. La stratégie « émerge » alors des activités de l'entreprise. Dans la réalité, la stratégie résulte souvent d'une combinaison des deux : une démarche planifiée et une stratégie émergente.

2. Les stratégies de domaine et globale

a) Les stratégies de domaine

Les stratégies de domaine (*business strategies*) commencent par le choix des DAS qui permettent d'exploiter au mieux les facteurs clés de succès (FCS) sur lesquels l'entreprise peut s'appuyer.

Ces FCS au sein du DAS sont des points forts sur lesquels l'entreprise peut compter pour obtenir un avantage concurrentiel comme, par exemple :
- un bon rapport qualité/prix ;
- des ressources et des compétences particulières ;
- un effet d'expérience ou un avantage technologique ;
- une bonne capacité d'innovation ou un capital marque ;
- un réseau de distribution performant.

Ensuite, les stratégies de domaines permettent de définir si l'entreprise adoptera sur son DAS une politique de minimisation des coûts, si elle se différenciera en offrant des avantages uniques aux consommateurs ou si elle se focalisera sur un produit ou un marché donné.

b) La stratégie globale

Quand les DAS sont fixés, la stratégie d'entreprise (*corporate strategy*) détermine au niveau global si cette dernière doit se spécialiser ou se diversifier et si elle doit externaliser ou intégrer ses activités.

3 Les outils d'analyse stratégique

1. L'apport du modèle LCAG

Learned, Christensen, Andreus et Guth ont mis en place un processus d'analyse interne et externe de l'entreprise connu sous le sigle « LCAG » du nom de ses auteurs. Ce modèle fournit un cadre général pour l'analyse stratégique :

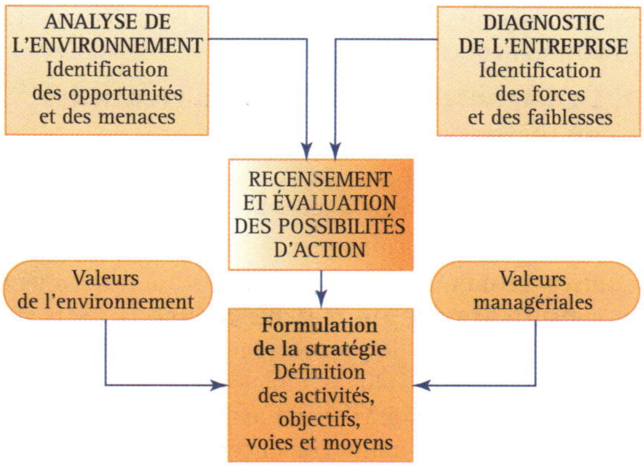

Le modèle LCAG comporte deux axes d'analyse :
- l'analyse externe identifie les opportunités et les menaces présentes dans l'environnement de l'entreprise ainsi que les valeurs de l'environnement dans lequel évolue cette dernière ;
- l'analyse interne révèle les forces et les faiblesses de l'entreprise ainsi que les valeurs sur lesquelles les dirigeants veulent s'appuyer.

Le modèle LCAG montre que la prise en compte de ces deux analyses, interne et externe, permet de recenser les possibilités d'action qui conduiront à la formulation d'une stratégie efficiente en fonction du contexte de l'entreprise et de son environnement.

2. L'apport de l'analyse FFOM (forces, faiblesses, opportunités, menaces)

Cette matrice reprend les deux axes du modèle LCAG :

	Interne	Externe
Bon	FORCES	OPPORTUNITÉS
Mauvais	FAIBLESSES	MENACES

L'analyse FFOM est un outil simple permettant de réaliser :
- l'analyse externe qui conduit à l'identification des opportunités et des menaces. Elle permet d'identifier les actions qui permettent de s'adapter à l'environnement dans lequel évolue l'entreprise ;
- l'analyse interne qui permet de réaliser un diagnostic de l'entreprise à partir de ses principales forces et faiblesses et donc d'identifier les FCS. Il permet aussi de cerner les faiblesses de l'organisation et de mener une stratégie qui permettra de les limiter pour ne pas se faire devancer par les concurrents.

La matrice FFOM constitue un outil simple et performant pour déterminer une démarche stratégique adaptée aux caractéristiques de l'entreprise et à celles de son environnement.

4 La planification et le contrôle de la stratégie adaptée

1. La démarche de planification

Pour garantir le succès de leur démarche stratégique, beaucoup d'entreprises mettent en place une planification qui peut suivre le schéma suivant :

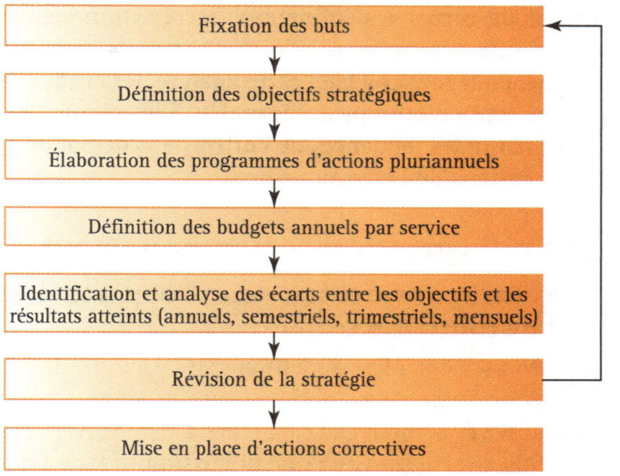

2. Le contrôle de la planification

Les programmes d'actions fixent les performances à réaliser. Ils sont chiffrés sur plusieurs années et le plus souvent établis par fonctions (commerciale, ressources humaines, production, etc.).

EXEMPLE

Si le but de l'entreprise est d'être plus compétitive, l'objectif pourra être de réduire le coût de production. Les programmes d'actions vont donc inclure des investissements en biens de production, en formation, etc.

Après l'établissement des programmes d'actions, le plan est annualisé sous la forme de budgets qui déterminent les ressources allouées par service.

Les performances sont contrôlées chaque année, chaque semestre ou chaque trimestre et les écarts sont analysés pour envisager des actions correctives.

5 L'aspect contingent de la démarche stratégique

Une démarche stratégique ne peut être un processus identique pour toutes les entreprises. La démarche stratégique varie selon différents critères :
- la taille de l'entreprise : une planification formulée sur un horizon de plusieurs années est courante dans les grandes entreprises mais pas dans les PME ;
- le type d'entreprise : une entreprise multiactivité doit adopter une stratégie globale ainsi qu'une stratégie au niveau de chaque domaine d'activité alors qu'elles seront confondues pour une entreprise monoactivité ;
- le métier sur lequel l'entreprise a décidé de déployer ses compétences de façon à s'appuyer sur les savoir-faire et les compétences pour obtenir un avantage concurrentiel sur le marché ;
- les étapes du cycle de vie de l'entreprise : par exemple, la stratégie en phase de lancement de l'entreprise doit être axée sur les investissement à réaliser alors qu'en phase de déclin, elle aura comme priorité de proposer une nouvelle offre commerciale pour maintenir l'activité.

10 LE DIAGNOSTIC STRATÉGIQUE EXTERNE

Le diagnostic stratégique doit s'appuyer sur l'étude de la situation externe de l'entreprise. Cette analyse permet de cerner les influences de l'environnement et la position concurrentielle de l'entreprise sur son marché. Pour mener à bien cette analyse, les études de marché sont un outil incontournable. Elles permettent de connaître les tendances de l'offre, de la demande et les évolutions de l'environnement.

1 Le diagnostic de l'environnement

1. Un environnement porteur d'opportunités et de contraintes

L'environnement offre à l'entreprise l'opportunité de profiter de l'émergence de nouveaux produits à commercialiser et de nouveaux marchés à exploiter.
Toutefois, les entreprises doivent aussi faire face à des menaces environnementales. Celles-ci peuvent venir de l'évolution des technologies, de celle des mentalités des consommateurs ou encore des concurrents. Bâtir une stratégie qui transforme les menaces de l'environnement en opportunités en s'appuyant sur ses facteurs clés de succès est un gage d'efficacité et de pérennité.

2. La prise en compte du macroenvironnement

Le macroenvironnement est l'environnement global de l'entreprise. Il inclut toutes les influences qu'elle subit aux niveaux national et international. La méthode PESTEL est un outil de diagnostic qui analyse l'environnement global en répartissant ses influences en six grandes catégories : politiques, économiques, socioculturelles, technologiques, écologiques et légales. Elle a pour but d'établir une *check-list* permettant d'identifier et de hiérarchiser les éléments de l'environnement susceptibles d'affecter de façon durable l'activité de l'entreprise.

3. La prise en compte du microenvironnement

Le microenvironnement de l'entreprise est constitué par ses partenaires sur le marché. Il est formé d'acteurs comme les fournisseurs, les clients, les concurrents, les administrations, les pouvoirs publics et les groupes de pression (par exemple, des associations de consommateurs). Le diagnostic stratégique doit s'intéresser à l'étude des concurrents et des clients mais aussi à celle des autres acteurs du microenvironnement car tous peuvent avoir une influence sur son activité.
Par exemple, en ce qui concerne les fournisseurs, la connaissance de leur nombre, de leur taille et de leur pouvoir permettra de faire les bons choix dans ce domaine en assurant la sécurité et la régularité des approvisionnements au meilleur coût.

2 Le diagnostic concurrentiel

L'entreprise est rarement seule sur son marché. C'est pourquoi il est indispensable qu'elle tienne compte des forces concurrentielles et des groupes stratégiques présents sur son marché de façon à pouvoir déterminer sa position concurrentielle.

1. Le diagnostic des forces concurrentielles du secteur

Selon l'analyse de M. Porter, cinq forces agissent sur la position concurrentielle d'une entreprise.

a) L'intensité de la concurrence

L'entreprise doit analyser les éléments qui intensifient la concurrence sur son marché, comme le degré de concentration (plus les concurrents seront concentrés et donc importants, plus la concurrence sera vive) ou les possibilités de croissance du marché (sur un marché en stagnation, la bataille concurrentielle risque d'être plus rude que sur un marché en croissance).

b) L'influence des nouveaux entrants potentiels

L'entreprise a intérêt à limiter les possibilités d'accès au marché de nouveaux entrants potentiels grâce à des barrières à l'entrée comme, par exemple, des brevets déposés par l'entreprise pour protéger ses produits. De cette façon, elle limitera la concurrence.

c) L'influence des produits de substitution ou de remplacement

Ces produits répondent aux mêmes besoins que ceux de l'entreprise. Ils pourraient donc attirer les clients de l'entreprise et lui faire perdre une partie de son marché. Toutefois, le niveau de concurrence que représentent ces produits dépend de leur degré de substituabilité à ceux de l'entreprise.

EXEMPLE
Pour une entreprise qui propose des produits de haute qualité, avec une technologie ou une image de marque forte qui fidélise la clientèle, la substitution de nouveaux produits sera plus difficile.

d) Le pouvoir de négociation des fournisseurs

Les fournisseurs pourront imposer leur volonté à l'entreprise en fonction de leur puissance, de leur taille et donc de leur influence.

EXEMPLE
Les fournisseurs ayant une exclusivité, un monopole d'approvisionnement, de fabrication ou de distribution peuvent imposer leurs conditions sur le marché.

e) Le pouvoir de négociation des clients

Les clients, en fonction de leur importance, pourront obtenir des prix bas, d'excellentes conditions commerciales et de meilleurs délais de règlement.

EXEMPLE
Les entreprises de la grande distribution qui ont constitué de puissantes centrales d'achats réussissent à imposer à leurs fournisseurs des prix et des conditions de règlement draconiens.

2. Le diagnostic des groupes stratégiques présents sur le marché

Un groupe stratégique est un ensemble d'entreprises qui

se considèrent comme concurrentes mais qui ont entre elles des rapports de faible rivalité. Il s'agit de sous-ensembles d'un secteur dans lesquels les entreprises suivent la même stratégie. Ces groupes stratégiques se forment souvent à cause de barrières à la mobilité comme :
- des besoins en capitaux, des brevets, des dépenses de communication ou des contraintes technologiques qui rendent l'entrée sur le marché difficile pour les entreprises qui ne font pas partie du groupe stratégique ;
- des immobilisations spécifiques ou des craintes pour l'image de marque qui engendreraient des coûts de sortie pour les entreprises qui voudraient sortir du marché.

Le diagnostic stratégique doit interroger sur l'existence de groupes stratégiques sur le marché et sur la position de l'entreprise par rapport à ces groupes.

3. Le diagnostic de la position concurrentielle des produits

La vie d'un produit passe par quatre phases : son lancement, sa croissance, sa maturité et son déclin. Le diagnostic stratégique cerne la phase dans laquelle se situent les produits de l'entreprise de façon à adopter la stratégie appropriée aux événements qui interviennent tout au long de la vie des produits.

Durant la phase de lancement, la concurrence est peu soutenue mais les décisions stratégiques doivent permettre de réaliser les investissements nécessaires à la mise sur le marché du produit (dépenses commerciales, technologiques, marketing, etc.). Durant la phase de croissance, de nouveaux concurrents arrivent aussi sur le marché, attirés par ses possibilités de croissance, et les décisions stratégiques doivent donc permettre de limiter l'arrivée de nouveaux entrants ou de donner à l'entreprise les moyens de résister. Durant la phase de maturité, le rythme des ventes se ralentit et la concurrence est plus vive. Seule une stratégie qui permet de mettre en place de nouveaux produits pour préparer la relève permettra à l'entreprise de survivre à la phase de déclin.

3 L'étude du marché

Les diagnostics de l'environnement et de la concurrence sont pris en compte dans les études de marché que mène l'entreprise. En effet, ils font partie intégrante des différentes dimensions de l'étude de marché que sont la demande, l'offre, la distribution et la technologie.

1. Les dimensions de l'étude du marché

a) Le diagnostic de la demande

Avant d'entamer toute démarche commerciale, il est indispensable de cerner l'importance du marché potentiel, qui comprend les consommateurs actuels et les non-consommateurs relatifs (ceux qui ne consomment pas actuellement le produit mais qui sont susceptibles de devenir un jour des consommateurs effectifs).

Le diagnostic stratégique doit analyser les indicateurs quantitatifs de la demande comme les quantités vendues (ventes en volume) et le chiffre d'affaire (ventes en valeur). Leur étude doit être complétée par celle des indicateurs qualitatifs de la demande, comme la fidélité et la satisfaction des clients. L'analyse des besoins et du comportement du consommateur est aussi indispensable pour cerner les motivations, les attentes, les critères de choix et le processus de décision du consommateur.

b) Le diagnostic de l'offre

L'étude de l'offre permet de connaître les entreprises concurrentes et les produits présents sur le marché.

Elle doit aboutir à déterminer la place de l'entreprise par rapport aux concurrents au niveau de sa part de marché, de son positionnement, de sa notoriété, etc.

c) Le diagnostic de la distribution

Les relations avec les distributeurs déterminent les choix à effectuer pour créer, développer, animer et assurer le suivi du réseau de distribution de l'entreprise. Le diagnostic stratégique doit analyser la pertinence des canaux de distribution choisis par l'entreprise pour permettre l'ajout ou la suppression de distributeurs, en fonction des objectifs de cette dernière (couverture du marché, délai de livraison, prestations au client, etc.).

d) Le diagnostic de la technologie

La technologie a une importance croissante dans le diagnostic stratégique du fait des constantes innovations dans ce domaine qui transforment l'environnement dans son ensemble.

La technologie au niveau des produits comme des processus et des procédés de fabrication est un élément différenciateur durable pour une entreprise. Cette dernière doit donc connaître, le plus précisément possible, les forces et les faiblesses de son patrimoine technologique et de celui de ses concurrents et partenaires. Cela lui permettra de faire de la technologie un élément différenciateur des concurrents ou, *a minima*, de respecter les exigences minimales du marché dans ce domaine.

2. La synthèse : l'étude de marché

L'étude de marché synthétise l'ensemble des éléments analysés par l'entreprise sur son marché afin de prendre des décisions efficientes. Elle permet d'avoir les informations clés sur :
- le marché, ses grandes tendances et son potentiel ;
- la demande pour cerner les typologies de clients, leurs besoins, leurs attentes et leur comportement d'achat ;
- l'offre pour cerner les concurrents, leurs forces, leurs faiblesses et la position concurrentielle de l'entreprise ;
- l'environnement, ses évolutions au niveau des consommateurs, de la technologie, de la distribution, etc.

L'information issue des études de marché est indispensable avant même la création de l'entreprise pour valider le projet de création. Puis, durant la vie de l'entreprise, elle est incontournable avant le lancement de toute innovation ou quand l'entreprise envisage de se lancer sur un nouveau marché, tout particulièrement lorsqu'il se situe à l'étranger.

11 LE DIAGNOSTIC STRATÉGIQUE INTERNE

Le diagnostic stratégique interne a pour objectif d'analyser le fonctionnement interne de l'entreprise. Il s'agit de cerner son potentiel (ses ressources matérielles, humaines, financières, commerciales, immatérielles, organisationnelles et en recherche et développement) et de vérifier que l'entreprise a les compétences qui, combinées à ces ressources, lui assureront un avantage concurrentiel.

1 La prise en compte de la chaîne de création de valeur

L'analyse de la chaîne de création de valeur permet de comprendre le fonctionnement interne de l'entreprise. Elle mettra notamment en évidence les activités sources d'un avantage concurrentiel.

1. L'analyse de la chaîne de valeur

La chaîne de valeur, proposée par M. Porter, identifie les différentes activités de l'entreprise :

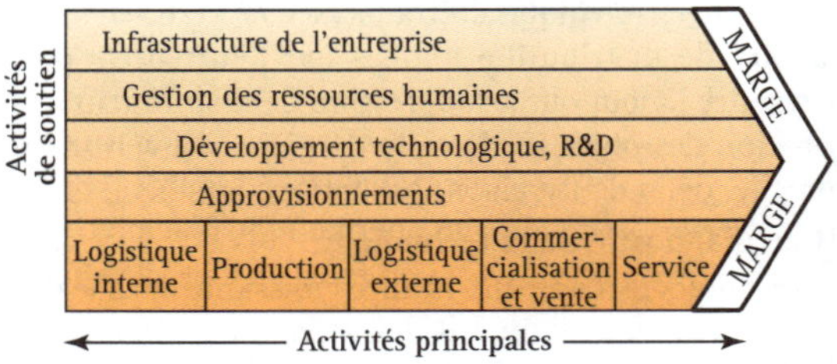

Deux types d'activités participent à la création de valeur dans l'entreprise :
- les activités principales (ou fonctions opérationnelles), directement créatrices de valeur : la logistique, la production, la commercialisation et les services qui permettent un accroissement de la valeur de l'offre (SAV, installation, financement, etc.) ;
- les activités de support (ou fonctions support) qui permettent aux premières de fonctionner : les approvisionnements, la recherche et développement, la gestion des ressources humaines (recrutement, formation, rémunération, plan de carrière, etc.) et l'infrastructure (comptabilité, gestion, système d'information).

2. Le diagnostic de la chaîne de valeur

Le diagnostic stratégique permet de repérer les actions à mener au niveau des différentes activités de façon à avoir une chaîne de valeur plus efficiente que celles des concurrents. Il met en évidence les activités clés de l'entreprise qui permettent d'avoir un avantage au niveau des coûts ou de se différencier de manière à acquérir un avantage concurrentiel.

Le diagnostic de la chaîne de valeur permet d'identifier :
- au sein de chaque activité, les facteurs clés de succès à l'origine d'un avantage concurrentiel ;
- les activités qui ne créent pas de valeur et qui pourraient être externalisées ;

EXEMPLE

Une mauvaise logistique provoque une perte de chiffre d'affaires et donne une mauvaise image de l'entreprise.

- les complémentarités entre activités : les différentes activités de l'entreprise sont interdépendantes le long de la chaîne de valeur, ce qui nécessite une bonne gestion des liens entre ces activités.

2 Le diagnostic du potentiel de l'entreprise

Le potentiel de l'entreprise aux niveaux technologique, humain, financier et organisationnel influence de manière déterminante sa capacité à assurer sa position concurrentielle. Le diagnostic stratégique doit analyser à la fois le potentiel lui-même et sa flexibilité.

1. Les ressources humaines

Les ressources humaines constituent la principale ressource d'une entreprise car ce sont les qualités d'un personnel performant et motivé qui peuvent faire la différence entre deux organisations concurrentes.

Le diagnostic stratégique doit analyser :
- le potentiel en termes de quantité et qualité du personnel ;
- la pyramide des âges, sachant qu'un effectif jeune est moins coûteux, plus dynamique et mieux formé, mais également plus revendicatif.

2. Les ressources financières

Le diagnostic stratégique doit également porter sur les ressources financières actuelles de l'entreprise ainsi que sur sa capacité à accéder à des ressources nouvelles, en envisageant les possibilités :
- d'autofinancement : le moyen de financement le moins cher et préservant l'autonomie de l'entreprise ;
- de financement par augmentation de capital ;
- de cessions d'actif ;
- de financement grâce à l'emprunt dans certaines limites (l'objectif est d'éviter un endettement excessif).

3. Les ressources matérielles et immatérielles

Les décisions d'investissement sont déterminantes, dès la création de l'entreprise, car elles conditionnent sa survie et sa croissance. Le diagnostic doit vérifier leur bien-fondé au niveau des investissements :
- matériels (les locaux, le matériel et l'outillage) ;
- immatériels (les efforts en recherche et développement, la maîtrise des technologies nouvelles, les structures organisationnelles et commerciales, etc.).

3 Le diagnostic des compétences

1. La notion de compétence

La notion de compétence émerge dès le milieu des années 1980, face à celle de qualification, marquant l'apparition d'une nouvelle logique de plus en plus éloignée du taylorisme. En effet, la notion de qualification renvoie au modèle du « poste de travail » défini par rapport aux tâches à effectuer sur un poste. Les qualités humaines ne sont jamais identifiées directement et pour elles-mêmes

mais uniquement par l'intermédiaire des capacités requises pour un poste ou un emploi.
La « logique compétence » qualifie les individus et réseaux d'individus en fonction des qualités professionnelles qu'ils ont acquises tout au long de leur carrière et qu'ils mettent en œuvre dans différentes situations de travail.

2. Les compétences individuelles

Les compétences individuelles sont la capacité d'une personne à comprendre et interpréter des problèmes professionnels dans un contexte spécifique de manière à y apporter une solution. Il s'agit donc de connaissances en action. Les compétences individuelles permettent au salarié d'être plus performant en combinant divers facteurs :
- le « savoir agir » (le savoir, le savoir-faire et le savoir être) ;
- le « pouvoir agir », qui dépend des possibilités de prise de responsabilités ;
- le « vouloir agir » qui dépend de la motivation de l'individu.

3. Les compétences collectives

Les compétences collectives sont la manière dont l'organisation utilise l'ensemble des savoirs et savoir-faire collectifs. Elles se forgent dans l'expérience et se construisent dans le temps.
Ces compétences sont influencées par :
- la qualité de circulation de l'information ;
- la coopération et la communication des connaissances et du savoir-faire au sein du personnel.

L'ensemble des technologies, des compétences, de l'expérience et des savoir-faire maîtrisés vont former le domaine de compétence de l'organisation.

4. Les compétences managériales

Les compétences managériales constituent la capacité à mobiliser, à animer et à motiver les hommes autour d'une stratégie. Leur développement permet une utilisation pertinente des compétences individuelles et collectives présentes dans l'entreprise.

5. Les compétences spécifiques et transversales

a) La théorie des ressources et compétences

La théorie des ressources et compétences de E. Penrose analyse l'entreprise comme un ensemble de ressources :
- tangibles : équipements, ressources financières et humaines ;
- intangibles : réputation, image, savoirs, savoir-faire du personnel, savoirs organisationnel et managérial et ressources technologiques.

Ces ressources, associées à des compétences, permettent l'accroissement des profits à long terme. La stratégie a pour objectif d'obtenir un avantage concurrentiel en adaptant ses ressources et compétences internes aux caractéristiques de l'environnement.
Dans cette optique, la prise en compte de l'environnement de l'entreprise devient prioritaire : il s'agit d'en saisir les opportunités et d'en transformer les contraintes en atouts dans le but de façonner un contexte concurrentiel qui soit favorable à l'entreprise. Elle modèle ainsi son environnement plus qu'elle ne le subit.

b) Le développement de compétences spécifiques et transversales

L'entreprise doit développer des compétences spécifiques et transversales. Le diagnostic stratégique doit analyser :
- les compétences spécifiques liées aux métiers de l'entreprise (la maîtrise d'une technologie particulière, son savoir-faire, sa capacité d'innovation) ;
- les compétences transversales assurant à l'entreprise la maîtrise de ses processus internes (circulation de l'information dans l'entreprise, mise en place d'une norme qualité) et externes (ceux qui lient l'entreprise à ses partenaires tant au niveau de l'approvisionnement que de la distribution).

4 Le repérage des compétences fondamentales

1. La notion de compétence fondamentale

Les compétences fondamentales, issues d'un apprentissage organisationnel intégrant des ressources et des compétences individuelles, permettent d'acquérir un avantage concurrentiel. G. Hamel et C. K. Prahalad définissent les « compétences fondamentales » de l'entreprise (*core competencies*) comme les aptitudes essentielles, techniques et organisationnelles qu'elle doit développer pour obtenir un avantage compétitif.
Ce sont les « compétences clés » (technologie, savoir-faire, communication) que l'entreprise doit avoir car elles sont à l'origine des facteurs clés de succès qui lui permettront de détenir un avantage concurrentiel.

2. L'identification d'une compétence fondamentale

Selon C. K. Prahalad et G. Hamel, trois critères permettent de repérer les compétences fondamentales :
- elles permettent d'accéder à une grande variété de marchés ;
- elles contribuent de manière déterminante à la valeur des produits offerts sur le marché ;
- elles sont difficilement copiables ou accessibles aux concurrents.

L'apprentissage collectif de l'organisation permet de forger des compétences clés ou fondamentales, principalement en agissant sur la coordination des compétences de production et sur la prise en compte des nouveaux courants technologiques.
Ce n'est qu'en associant ses ressources et ses compétences que l'entreprise pourra développer une compétence fondamentale capable de lui assurer un avantage concurrentiel. Elle devra alors le conserver en :
- limitant le *turn-over* de son personnel ;
- protégeant ses compétences fondamentales de façon à dissuader les entreprises concurrentes de les acquérir ou de les développer ;
- favorisant leur développement au sein de l'entreprise.

12 LES STRATÉGIES GLOBALES

La stratégie globale de l'entreprise (*corporate strategy*) détermine les orientations stratégiques générales les plus opportunes. Elle permet notamment de répondre aux deux questions suivantes : l'entreprise doit-elle se spécialiser ou se diversifier? Doit-elle opter pour une stratégie d'externalisation de ses activités ou, au contraire, les intégrer?

1 Les stratégies de spécialisation ou de diversification

1. La stratégie de spécialisation

a) Le choix d'une stratégie de spécialisation

Cette stratégie consiste, pour l'entreprise, à se focaliser sur un seul domaine d'activité afin d'en avoir la maîtrise. Elle permet donc à cette dernière de se spécialiser sur le métier dans lequel elle a un bon niveau d'expérience et de compétence pour s'assurer un avantage concurrentiel décisif.

La stratégie de spécialisation sur un métier est souvent choisie par des PME disposant d'un important savoir-faire dans un domaine d'activité donné.

b) Les raisons de la spécialisation

Une entreprise peut chercher à se spécialiser quand :
- elle a mis au point un produit innovant ayant des caractéristiques uniques pour le consommateur. Elle peut chercher à centrer toute son activité sur sa commercialisation. Toutefois, cette stratégie comporte le risque, pour l'entreprise, d'être copiée par les concurrents et de perdre son leadership sur le marché. Elle peut aussi être dépassée si elle ne prépare pas la relève avec de nouveaux produits répondant aux attentes des consommateurs lorsque son produit phare arrive en phase de déclin;
- elle cherche à s'implanter sur une niche : ce créneau de marché concerne des besoins très spécifiques et il est souvent délaissé par la concurrence car la clientèle est réduite. Toutefois, si cette niche représente l'intégralité de l'activité de l'entreprise, cette stratégie présente un risque en cas de changement de la demande.

2. La stratégie de diversification

a) Le choix de la diversification

D'après I. Ansoff, la diversification implique une évolution de l'entreprise en termes de produit, de marché et de technologie. Elle se différencie d'une simple expansion qui serait orientée vers la même industrie ou vers des secteurs caractérisés par des produits ou des missions similaires à ceux de l'entreprise. Elle implique un changement de domaine d'activité stratégique et donc la prise en compte d'un nouvel ensemble de facteurs clés de succès.

Pour réussir une stratégie de diversification, il faut que l'entreprise soit capable :
- de maîtriser la technologie de sa nouvelle activité;
- d'adopter la communication pertinente;
- de s'introduire dans les réseaux de distribution adaptés.

C'est donc une stratégie qui présente des risques financiers, technologiques, commerciaux et humains puisqu'elle nécessite d'acquérir de nouvelles compétences et de former et d'impliquer le personnel de l'entreprise.

b) Les raisons de la diversification

Les entreprises peuvent chercher à se diversifier pour :
- améliorer leur rentabilité en investissant dans des secteurs plus rentables;
- limiter les risques en se constituant un portefeuille d'activités qui leur permettra de mieux gérer le cycle de vie des produits en s'orientant vers de nouvelles activités avant le déclin de ces derniers.

c) Les types de diversification

L'entreprise peut opter pour différents types de diversification :
- la diversification technique permet de développer de nouvelles activités ayant des synergies entre elles de manière à pouvoir proposer aux clients une offre transversale composée de différents produits;

EXEMPLE

Une compagnie aérienne peut se diversifier dans l'hôtellerie pour proposer un produit complet à ses clients composé du billet d'avion et de la location d'une chambre d'hôtel.

- la diversification commerciale peut passer par :
  - une diversification géographique quand l'entreprise sort de son marché et cible une autre région du monde dans laquelle les facteurs clés de succès sont différents,
  - une diversification dans sa filière d'activité suite à une intégration verticale des activités en amont ou en aval. La constitution d'une filière peut avoir comme objectif de sécuriser les approvisionnements (intégration vers l'amont) ou de s'assurer une gestion plus performante de la distribution (intégration vers l'aval);

EXEMPLE

Lorsqu'une compagnie pétrolière prend à sa charge à la fois les activités d'extraction, de raffinage, de transport et de commercialisation, elle se diversifie dans l'ensemble de la filière.

- la diversification conglomérale se traduit par une rupture totale des liens avec le secteur sur lequel l'entreprise était présente, tant au point de vue de la technologie et du produit que du marché. C'est le cas, par exemple, lors du rachat d'une entreprise particulièrement rentable par une autre entreprise qui a des ressources financières à placer.

2 Les stratégies d'externalisation ou d'intégration

1. La stratégie d'externalisation

a) Le choix de l'externalisation

L'externalisation a pour objectif de s'associer avec d'autres entreprises de façon à faire faire à l'extérieur certaines activités.

Les entreprises avec lesquelles des relations sont nouées gardent leur autonomie juridique, même si elles peuvent tomber sous une réelle dépendance économique. En effet, bien qu'elle sauvegarde l'autonomie juridique, l'externalisation peut conduire à une réelle dépendance économique ou commerciale, surtout lorsqu'il s'agit d'une grande entreprise qui fait appel à une PME pour externaliser une partie de son activité.

Les modalités de mise en place de ces associations peuvent être diverses. Il est en effet possible de passer un contrat de sous-traitance, de franchise ou de concession, de créer un groupement d'intérêt économique (GIE) ou encore de constituer des filiales communes.

b) Les raisons de l'externalisation

Plusieurs raisons peuvent pousser une entreprise à opter pour une stratégie d'externalisation. Il peut s'agir :

- de bénéficier des services de spécialistes en confiant à des entreprises plus spécialisées certaines activités jugées non essentielles pour la compétitivité de l'entreprise ;

EXEMPLE

Une entreprise confie à un sous-traitant son activité informatique ou de maintenance ou encore sa comptabilité.

- de chercher à flexibiliser l'activité en cas de variation d'activité de l'entreprise ;

EXEMPLE

Une entreprise qui a une activité saisonnière peut, lors d'un pic d'activité, recourir à des sous-traitants pour augmenter ses capacités de production. Ce peut être le cas pour un chocolatier qui, pour répondre à l'augmentation de la demande avant Pâques et Noël, confie le surplus de production à un partenaire extérieur.

- de se recentrer sur son métier de base et de rester rentable en confiant les autres activités à des partenaires extérieurs.

EXEMPLE

Une entreprise dont le métier de base est l'agroalimentaire et qui s'est diversifiée dans d'autres domaines, comme l'habillement, peut vouloir se recentrer sur son métier de base à la suite de problèmes d'organisation ou de manque de compétences. Elle confiera alors ses activités dans l'habillement à des partenaires extérieurs et se recentrera sur son métier de base, l'agroalimentaire, dans lequel elle a le plus d'expérience et de compétences.

L'externalisation n'est pas sans risque pour l'entreprise à différents niveaux :

- il peut y avoir une perte du contrôle des opérations et de connaissances fondamentales ;
- la maîtrise des informations peut s'en trouver affectée du fait de la perte de leur confidentialité ;
- le partenaire externe choisi peut se révéler moins fiable que prévu, voire disparaître ;
- l'opération peut ne pas être très réversible si l'entreprise souhaite « réinternaliser » (ou backsourcer) l'activité.

2. La stratégie d'intégration

a) Le choix d'une stratégie d'intégration

Opter pour une stratégie d'intégration consiste, pour l'entreprise, à opérer une activité en son sein au lieu de la faire faire à l'extérieur.

La stratégie d'intégration conduit à un regroupement d'entreprises qui fait perdre son autonomie juridique à l'une d'entre elles, voire provoque sa disparition.

Contrairement aux stratégies d'externalisation qui laissent subsister juridiquement les entreprises antérieures en formant des associations où les partenaires gardent une relative indépendance, les stratégies d'intégration entraînent, en général, la disparition de certaines entreprises ou leur prise de contrôle financier. L'intégration est souvent réalisée par la fusion de deux entreprises.

b) Les raisons de l'intégration

La stratégie d'intégration peut être motivée par différentes raisons. Il peut s'agir pour l'entreprise :

- de s'assurer la régularité et la fiabilité des approvisionnements au meilleur rapport qualité/prix. Dans ce cas, elle cherchera à intégrer ses fournisseurs ;
- de s'assurer une commercialisation plus efficiente de ses produits et qui véhicule l'image souhaitée par l'entreprise. Dans ce cas, elle cherchera à intégrer ses distributeurs ;
- de limiter le nombre d'intermédiaires en amont ou en aval pour intégrer leurs profits et contrôler la filière.

La stratégie d'intégration est donc souvent motivée par des raisons liées à la sécurité, la fiabilité et la rentabilité des moyens d'approvisionnement et de distribution.

c) La mise en œuvre d'une stratégie d'intégration

L'intégration est mise en place pour créer une association plus ou moins poussée :

- elle est totale quand toutes les activités sont maîtrisées par la même entreprise. Il y a alors formation d'une filière (une compagnie pétrolière intègre les activités de recherche de pétrole, d'extraction, de raffinage et de distribution) ;
- elle peut se situer en amont : l'intégration vise ici les fournisseurs ;
- elle peut se situer en aval : l'intégration vise alors les commercialisateurs.

13 LES STRATÉGIES DE DOMAINE

Les stratégies de domaine (*business strategies*) portent sur le choix des domaines d'activités stratégiques. Elles sont essentielles car elles déterminent les combinaisons d'armes concurrentielles sur lesquelles l'entreprise va s'appuyer. Elles définissent notamment les avantages concurrentiels à utiliser au sein de chaque domaine d'activité. Ces avantages concurrentiels sont décisifs s'ils sont durables, c'est-à-dire s'ils ne peuvent être copiés ou érodés par l'action des concurrents et si l'évolution de l'environnement économique ne les rend pas obsolètes. Trois stratégies de domaine sont envisageables : la domination par les coûts, la différenciation et la focalisation.

1 La stratégie de domination par les coûts

1. Le choix d'une stratégie de domination par les coûts

La stratégie de domination par les coûts consiste à devenir le fabricant ayant les coûts les plus faibles. L'objectif de l'entreprise est de conquérir le marché par de meilleurs prix tout en étant très rentable.

Cette stratégie conduit souvent à une production ou à une distribution de masse en grande série de façon à atteindre la taille suffisante ou taille critique. Cette dernière permettra, en effet, de générer des économies d'échelle et de bénéficier d'effets d'expérience.

2. Les moyens pour dominer par les coûts

a) La recherche de la taille critique

Pour mener à bien une stratégie de domination par les coûts, l'entreprise doit tenter d'atteindre sa taille critique. Cette dernière constitue la dimension minimale qu'elle doit avoir pour s'introduire, survivre ou se développer sur un marché. On parle aussi de « masse critique » ou de « seuil dimensionnel ». Si la taille critique n'est pas atteinte, l'entreprise n'a pratiquement aucune chance de succès sur ce marché puisqu'elle ne pourra accéder aux technologies ou aux actions commerciales nécessaires pour réussir.

b) La recherche d'économies d'échelle

L'entreprise réalise des économies d'échelle lorsqu'elle parvient à diminuer son coût de production unitaire du fait de l'augmentation de la quantité produite ou distribuée. Ce phénomène s'explique par la répartition des charges fixes sur un nombre d'unités produites ou distribuées plus grand. En diminuant son coût de revient unitaire, l'entreprise améliore sa rentabilité et donc ses chances de succès. Elle sera par conséquent en meilleure position pour se confronter à ses concurrents et les dominer grâce à ses coûts plus faibles.

Les économies d'échelle se font souvent grâce à des synergies obtenues quand la complémentarité ou la coopération entre plusieurs ressources permet une plus grande efficacité. En effet, l'entreprise est plus qu'une juxtaposition de ressources, elle est un ensemble cohérent où les différents potentiels sont interdépendants et doivent se combiner, se compléter.

En mettant en œuvre toutes les synergies possibles, l'entreprise améliore son efficacité, sa rentabilité et sa compétitivité.

c) L'apport de l'effet d'expérience

L'expérience représente les compétences et les connaissances acquises par une pratique prolongée d'une activité donnée. Dans une entreprise, l'effet d'expérience se traduit par le fait que la pratique engendre des mécanismes et des savoir-faire qui permettent de déjouer certains pièges et d'acquérir plus de dextérité. L'effet d'expérience permet d'améliorer la productivité de l'entreprise grâce à une meilleure habileté, une meilleure formation des salariés, des technologies, du matériel et une organisation du travail plus efficients.

3. Les limites de la domination par les coûts

La stratégie de domination par les coûts a ses limites car :

- elle provoque une contre-attaque des concurrents qui chercheront à leur tour à réduire leurs coûts ;
- elle n'est, en général, pas applicable par toutes les entreprises du secteur. En effet, toutes les entreprises n'ont pas l'expérience suffisante ou les ressources nécessaires pour mettre en place des investissements permettant d'accéder à des moyens performants et d'atteindre la taille critique indispensable à la domination par les coûts ;
- de plus, ce n'est pas parce que les coûts sont abaissés que le prix va l'être et que le consommateur peut en profiter. Dans certains cas, l'entreprise peut profiter de la rationalisation de ses coûts pour augmenter ses marges et accroître son bénéfice.

2 La stratégie de différenciation

1. Le choix d'une stratégie de différenciation

a) Qu'est-ce que la stratégie de différenciation ?

La stratégie de différenciation consiste à proposer aux clients des produits et des services ayant des caractéristiques différentes, mieux adaptées aux besoins, que celles qu'offrent les concurrents. Cela peut souvent permettre de demander un supplément de prix.

Cette stratégie permet à une entreprise de faire face à la concurrence en se basant sur les caractéristiques de ses produits. Par exemple, grâce à des innovations techniques ou commerciales, les produits peuvent avoir des caractères distinctifs par rapport à ceux des concurrents. Ils donneront donc une bonne position concurrentielle à l'entreprise, qui sera également moins menacée par les produits de substitution.

b) Les objectifs stratégiques de la différenciation

La différenciation a un effet d'attraction de la clientèle vers le produit ou la gamme de produits de l'entreprise. Elle permet une communication spécifique en fonction du segment de clientèle visé. Par ailleurs, elle limite la concurrence. Dans le meilleur des cas, quand l'entreprise produit et/ou commercialise un produit issu d'une innovation qu'elle a brevetée, elle peut avoir un monopole temporaire sur le marché. Dans les autres cas, la différenciation va rendre les comparaisons directes avec les concurrents plus difficiles et mettre en valeur le produit de l'entreprise.

2. Les différents types de différenciation

Une entreprise peut différencier ses produits par rapport à ceux de la concurrence de différentes manières :
- par la marque (exemples : produits pharmaceutiques, produits de luxe) ;
- par les caractéristiques techniques du produit (exemple : une innovation technique qui confère des performances particulières) ;
- par les services liés au produit (exemples : les garanties, le SAV) ;
- par le conditionnement (exemple : la mise en place d'un packaging plus pratique) ;
- par les actions commerciales (exemple : un mode de distribution ou de communication spécifique aux produits de l'entreprise).

Plusieurs de ces éléments ou la totalité d'entre eux peuvent être utilisés conjointement pour se renforcer mutuellement et dégager des synergies.

3. Les limites de la différenciation

La stratégie de différenciation connaît certaines limites :
- la différenciation doit être suffisamment évidente pour convaincre les clients potentiels d'y adhérer et d'accepter de payer un supplément de prix. Selon les marchés, ce n'est pas toujours possible ;
- une entreprise peut être contrainte d'offrir un produit différencié au même prix que ceux des concurrents dans la mesure où les consommateurs ne sont pas prêts à payer un supplément de prix pour ce type de produit. La différenciation lui permettra alors de garder ses parts de marché, mais pas d'obtenir un supplément de prix.

3 La stratégie de focalisation

1. Le choix de la stratégie de focalisation

La stratégie de focalisation présentée par M. Porter en 1980 consiste à éviter la confrontation directe avec les entreprises déjà présentes sur l'ensemble du marché en se focalisant sur un marché spécifique ou sur une zone géographique étroite.

Cette stratégie peut s'avérer être la moins coûteuse et la moins risquée pour un nouvel entrant sur un marché car elle réduit les coûts d'entrée et les risques de représailles des entreprises déjà présentes. En effet, en montrant des ambitions limitées, le nouvel entrant peut ne pas déclencher de réactions adverses agressives.

EXEMPLE

L'entreprise Benetton a mis en œuvre une stratégie de focalisation pour pénétrer le marché de la restauration rapide grâce à sa filiale Autogrill. Autogrill s'est, au départ, contenté de déployer ses restaurants exclusivement le long des principales autoroutes françaises. Ce marché de petite taille n'intéressait pas les grandes entreprises de la restauration rapide en France.

La stratégie est optimisée par rapport à un segment très particulier.

L'entreprise cherche à avoir un avantage concurrentiel sur ce segment à défaut de pouvoir l'avoir sur l'ensemble du secteur.

2. Les formes de focalisation possibles

a) La focalisation sur un marché

La focalisation peut avoir lieu sur un marché spécifique. Il s'agit alors de s'intéresser à un segment du marché sur lequel la clientèle a des besoins spécifiques que l'entreprise pourra satisfaire mieux que ses concurrents du fait de sa maîtrise des facteurs clés de succès liés.

EXEMPLE

Une entreprise du secteur automobile ayant les compétences nécessaires peut se focaliser sur le segment des véhicules spécialisés pour les personnes à mobilité réduite ou sur celui des véhicules sans permis (comme Microcar).

b) La focalisation géographique

La focalisation géographique consiste à se concentrer sur une localisation géographique très spécifique. En ne s'intéressant qu'à un certain nombre de zones géographiques, une entreprise peut s'implanter sur un marché sans se confronter directement aux grandes entreprises en place. Cela lui permet de se protéger de la concurrence, en proposant une offre très différenciée.

La zone géographique peut être choisie en fonction de critères comme sa qualité esthétique (essentielle pour les activités touristiques, par exemple), les activités qui s'y trouvent (proximité des fournisseurs, réseau de sous-traitants, etc.), la qualité de l'environnement ou la proximité culturelle et linguistique. Le choix peut aussi prendre en compte l'image forte que peut véhiculer la zone géographique d'implantation choisie.

EXEMPLE

Certains lieux sont adaptés au haut de gamme, comme les Champs-Élysées à Paris, d'autres à une certaine catégorie de produits, comme la Provence pour les senteurs florales telles que celles de la lavande.

14 LA CROISSANCE ET L'INTERNATIONALISATION DE L'ENTREPRISE

La croissance est l'accroissement de la taille de l'entreprise. La croissance d'une entreprise peut être organique, externe ou conjointe. Cette augmentation quantitative de la taille s'accompagne, le plus souvent, d'une évolution des caractéristiques de l'entreprise. La croissance peut, par ailleurs, conduire à l'internationalisation de l'entreprise.

1 La croissance organique ou interne

1. Le choix de la croissance organique ou interne

La croissance interne est la création par l'entreprise d'une capacité nouvelle. Elle constitue le mode de croissance d'une entreprise le plus classique.

Lorsque l'entreprise a choisi d'opérer seule sa croissance, elle s'appuie, en général, sur ses métiers traditionnels pour profiter de la demande forte de ses produits, de ses efforts de recherche et développement, de ses capacités financières ou de son potentiel humain.

Ce type de croissance permet de mettre en valeur les ressources et les compétences internes, ce qui peut être motivant pour le personnel. De plus, la croissance interne permet de faire croître l'entreprise sans les problèmes de réorganisation que peut provoquer la fusion d'entreprises ayant des cultures et des modes de fonctionnement différents.

Toutefois, ce type de croissance peut avoir des limites liées :

- à l'accroissement de l'endettement, car il faut que l'entreprise ait en interne les moyens suffisants pour financer les investissements nécessaires à la création d'une nouvelle capacité ;
- aux délais de mise en œuvre, qui sont parfois longs.

2. La réalisation de la croissance interne

Deux modalités de croissance interne existent :

- la fabrication par l'entreprise elle-même d'actifs physiques : par exemple, l'entreprise produit des machines pour assurer sa croissance ;
- l'achat d'actifs physiques : l'entreprise achète des machines ou des usines.

Ce type de croissance demande donc de disposer des ressources financières nécessaires au paiement de ces actifs (autofinancement ou emprunt).

2 La croissance externe

1. Le choix de la croissance externe

La croissance externe se réalise par l'acquisition d'entreprises ou d'actifs existants (matériels, immatériels, financiers). Ce type de croissance a la faveur des entreprises car :

- il est immédiatement opérationnel et permet de saisir les opportunités du marché ;
- il favorise pour l'entreprise l'obtention de la taille critique nécessaire sur un marché ;
- il facilite les opérations de diversification.

Toutefois, ce type de croissance n'est pas sans risques : il peut en effet aggraver l'endettement de l'entreprise, provoquer une dilution du pouvoir du fait de l'arrivée de nouveaux partenaires et poser des problèmes d'intégration des entreprises acquises.

2. Les objectifs stratégiques de la croissance externe

La croissance externe peut permettre de consolider sa position concurrentielle en contrant l'offensive de concurrents ou en les éliminant afin d'acquérir rapidement des parts de marché supplémentaires. Elle peut aussi rendre possible le contrôle des quantités de produits offertes sur un marché.

Elle permet également à l'entreprise de se diversifier en ayant plus facilement accès à un marché extérieur ou en changeant de métier grâce à la conquête de techniques nouvelles et de nouvelles compétences apportées par les entreprises acquises.

La croissance externe peut également être synonyme de création de valeur pour l'entreprise qui profite d'effets de synergie *via* la rationalisation de ses efforts de recherche ou grâce à une meilleure utilisation de son outil de production. Par ailleurs, ce type de croissance peut assurer un meilleur contrôle de la régularité des approvisionnements (intégration amont) et des débouchés (intégration aval). Enfin, elle peut permettre à l'entreprise de placer ses capitaux dans d'autres entreprises de manière rentable.

3 La croissance conjointe

On peut parler de croissance conjointe quand deux ou plusieurs entreprises qui souhaitent mener à bien un projet ou une action mettent en commun leurs moyens et compétences plutôt que d'être en concurrence. L'objectif principal de la croissance conjointe est donc, avant tout, la recherche de complémentarités.

Pour mener à bien ce type de croissance, une entreprise peut mettre en œuvre des partenariats avec d'autres entreprises.

Il peut s'agir de négocier un contrat de sous-traitance ou de franchise, de concession, de créer un groupement d'intérêt économique (GIE), une joint-venture ou une filiale commune.

4 L'internationalisation de l'entreprise

L'internationalisation est souvent l'aboutissement des décisions stratégiques et de la croissance de l'entreprise.

1. Le choix de l'internationalisation de l'entreprise

a) L'internationalisation dans le cadre d'une stratégie globale (*corporate strategy*)

L'internationalisation peut faire partie de la stratégie globale mise en œuvre par l'entreprise :

- une stratégie de spécialisation peut débuter sur le marché local puis se poursuivre à l'international.

Quant à la diversification, elle peut concerner le choix de nouvelles zones géographiques et conduire à internationaliser l'activité ;
- la stratégie d'intégration choisie par l'entreprise peut concerner des fournisseurs ou des distributeurs étrangers. Quant à l'externalisation, elle est souvent menée dans des pays étrangers où les ressources sont plus facilement accessibles et moins coûteuses.

b) L'internationalisation dans le cadre d'une stratégie de domaine (*business strategy*)

L'internationalisation peut être l'aboutissement des trois types de stratégie de domaine possibles :
- une stratégie de domination par les coûts peut conduire à l'internationalisation vers des pays à bas coût ;
- une stratégie de différenciation des produits (promotions, caractéristiques du produit, distribution, qualité, services, etc.) peut conduire à l'internationalisation pour élargir le marché domestique ;
- enfin, un marché étranger peut être la cible choisie par l'entreprise dans le cadre d'une stratégie de focalisation.

c) Pour réaliser la croissance de l'entreprise

L'internationalisation est le plus souvent l'aboutissement de la stratégie de croissance de l'entreprise. Elle permet, en effet, de développer le marché, d'élargir les débouchés pour les produits et donc d'augmenter les parts de marché potentielles.

2. Les raisons de l'internationalisation

a) La baisse des coûts

L'internationalisation est souvent mise en œuvre par une entreprise pour faire baisser ses coûts. Il s'agit notamment de profiter des avantages en termes de coûts des matières premières et des ressources humaines offerts par certains pays.

b) La conquête de nouveaux marchés

L'internationalisation est synonyme de nouveaux débouchés pour l'entreprise.

Quand, par exemple, l'entreprise se trouve sur un marché en phase de maturité ou de déclin, l'internationalisation permet de relancer les ventes sur des marchés étrangers encore peu exploités.

De même, lors du développement d'un produit innovant, elle permet d'élargir le marché de l'entreprise en s'adressant à des pays à forte croissance.

c) La défense d'une position concurrentielle sur un marché mondial

La mondialisation de l'économie conduit les entreprises qui veulent rester compétitives à l'internationalisation. En effet, délaisser des marchés émergents comme la Chine et l'Inde peut conduire une entreprise à perdre sa place de leader dans la course concurrentielle.

3. Les avantages et les inconvénients de l'internationalisation

L'internationalisation présente de multiples avantages en termes de coûts car elle permet, par exemple, de réaliser des économies d'échelle suite à une production et à une commercialisation en plus grandes quantités ou de trouver des matières premières moins chères.

Elle peut aussi donner la possibilité de prolonger le cycle de vie des produits sur de nouveaux marchés.

Mais ces avantages ne doivent pas faire oublier les risques qu'elle comporte en cas :
- de mauvaise information, qui pourrait nuire à l'intégration de la culture des différents pays ;
- de mauvaise coordination et de mauvaise gestion de la taille de l'entreprise ;
- de mauvaise gestion des risques politiques, sociaux et fiscaux par rapport aux pays concernés.

4. Les étapes de l'internationalisation

L'internationalisation peut être menée par le biais :
- du recours aux exportations, qui est souvent la première étape de la stratégie d'internationalisation. Elle est la moins risquée et permet de se familiariser avec le marché étranger. Toutefois, comme pour tout type d'internationalisation, l'adaptation du marketing mix doit tenir compte des spécificités locales très souvent rencontrées en matière de distribution, de médias et de comportement du consommateur ;
- de partenariats, qui peuvent prendre la forme de joint-ventures, de filiales communes ou de franchises et qui permettent de profiter des ressources, des compétences, de l'image et de la connaissance du pays étranger dont dispose l'entreprise partenaire ;
- d'une implantation d'unités dans le pays étranger : ce choix est souvent la dernière étape de la stratégie d'internationalisation. Il est souvent fait pour profiter des avantages en termes de coûts des matières premières et des ressources humaines offerts par certains pays. Ce type d'internationalisation se traduit souvent par des délocalisations d'activités vers des pays où les ressources et les compétences sont facilement accessibles, beaucoup moins chères et de bonne qualité. Dans ce cadre, la proximité culturelle avec les pays vers lesquels s'internationalise l'entreprise est un facteur clé de succès.

EXEMPLE

C'est la raison pour laquelle certaines entreprises françaises implantent une unité de centre d'appels dans des pays du Maghreb où de jeunes diplômés parfaitement formés et parlant correctement le français vont traiter les demandes des clients pour des salaires beaucoup plus bas que ceux pratiqués en France.

15 LA STRUCTURE DE L'ENTREPRISE

Pour mettre en œuvre sa stratégie, l'entreprise doit s'appuyer sur une structure solide et en cohérence avec son environnement. La structure est traditionnellement schématisée dans un organigramme. Mais cette représentation est insuffisante pour illustrer les mécanismes de coordination et de contrôle.

1 La notion de structure

1. Définition

La structure est une combinaison d'éléments et de mécanismes qui visent à répartir, coordonner et contrôler les activités de l'entreprise afin d'atteindre avec efficacité et efficience les objectifs stratégiques.
La structuration organisationnelle est l'action du manager qui permet de développer ou de modifier la structure.

2. L'organigramme

L'organigramme est une représentation schématique de la structure, de ses membres et de leurs fonctions. Il met en évidence les liens hiérarchiques et fonctionnels qui les relient.
Un lien hiérarchique représente un rapport d'autorité entre un subordonné et son supérieur. Un lien fonctionnel indique un rapport lié à l'exécution de certaines tâches qui met deux membres de l'entreprise en relation.

2 Les caractéristiques de la structure

1. La division du travail

À partir du moment où dans une entreprise, les tâches se répètent et nécessitent plusieurs personnes, la division du travail s'impose. On distingue :
- la division verticale qui détermine le nombre de lignes hiérarchiques. C'est la hauteur de l'organigramme ;
- la division horizontale qui détermine le nombre de fonctions ou de services. C'est la largeur de l'organigramme.

2. Les mécanismes de coordination

La coordination des activités doit permettre aux composantes de l'entreprise d'agir en cohérence. H. Mintzberg a mis en évidence six formes de coordination.

a) L'ajustement mutuel

Ce mécanisme permet à des salariés de se consulter directement sans passer par un supérieur hiérarchique. Il est dominant dans les entreprises naissantes et de petite taille.

b) La supervision directe

Elle intervient dans une structure hiérarchisée : un supérieur donne des ordres à son ou ses subordonnés et contrôle la réalisation des tâches. Dans cette forme de coordination, l'information est essentiellement descendante.

c) La standardisation

Quand la structure continue de grandir, il faut rationaliser l'organisation, ce qui conduit à standardiser le travail. Quatre formes de coordination par la standardisation existent :
- la standardisation des résultats consiste à définir précisément les performances à réaliser ou les caractéristiques du produit à réaliser ;
- la standardisation des procédés consiste à définir avec précision les tâches à réaliser ainsi que leur succession. Cette forme de coordination permet de formaliser les méthodes de travail ;
- la standardisation des qualifications consiste à s'appuyer sur le savoir-faire, les compétences acquises grâce à des formations ;
- la standardisation des normes consiste à s'appuyer sur un système de valeurs pour organiser le travail. Cette forme de coordination se trouve souvent dans des organisations non marchandes.

3. La décentralisation

La décentralisation est un processus par lequel le pouvoir détenu par le sommet hiérarchique est réparti en différentes unités. Chaque unité fonctionne alors comme un centre de profit autonome.
Le succès de la décentralisation exige la mise en place de procédures de contrôle qui soient vérifiées et respectées. Cette centralisation du contrôle est indispensable pour préserver l'unité de l'entreprise et conserver une communication homogène.

3 Les structures classiques

1. La structure simple

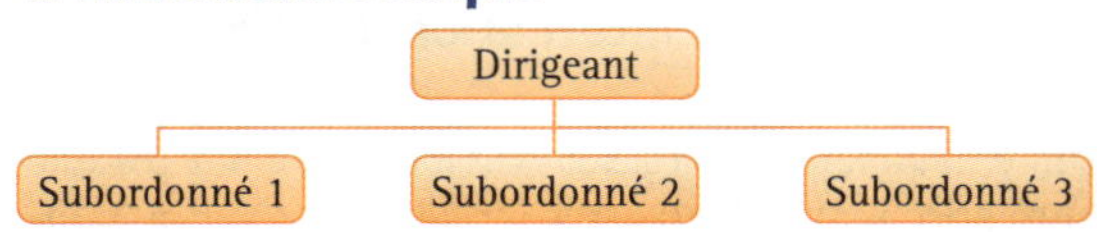

La structure simple correspond à des entreprises de petite taille dans lesquelles le dirigeant s'entoure d'une équipe de salariés motivés et réactifs. Dans cette structure, le salarié n'a qu'un seul supérieur. Cette structure s'avère vite insuffisante quand l'entreprise grandit car le dirigeant ne peut centraliser tous les pouvoirs.

2. La structure fonctionnelle

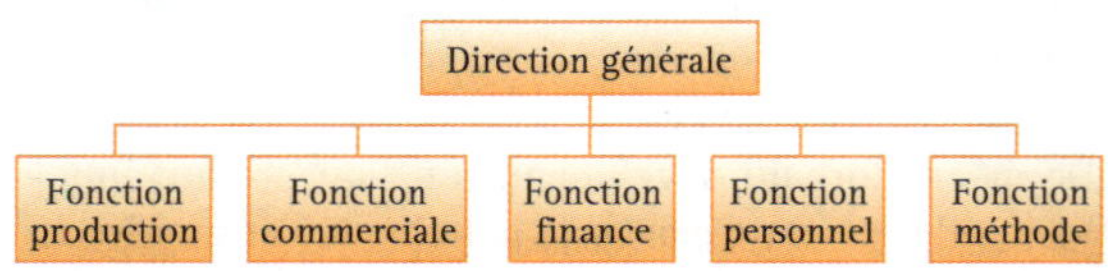

La structure fonctionnelle correspond à des entreprises développant une seule activité. Elle permet une spécialisation de l'entreprise par fonction.

3. La structure divisionnelle

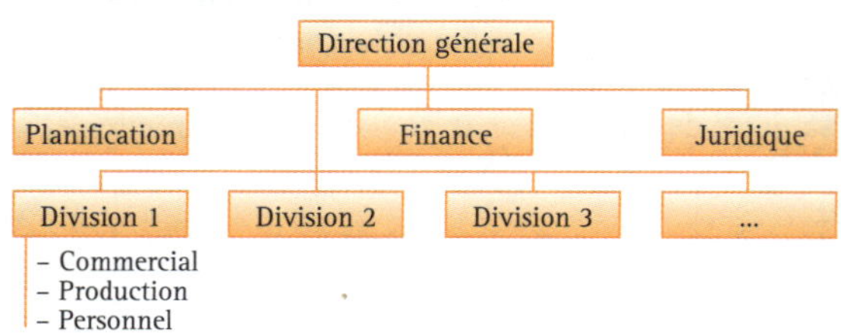

Quand l'entreprise développe plusieurs activités (stratégie de diversification) ou s'étend géographiquement (stratégie d'internationalisation), elle met en place une structure divisionnelle. Les critères de définition des divisions sont le plus souvent l'activité ou la zone géographique. La direction peut s'étoffer de services en charge de fonctions globales (finances, juridique) ou stratégiques (planification).

EXEMPLE

Philips a réparti ses activités en trois divisions : soins médicaux (*Healthcare*), éclairage et produits grand public (*Consumer Lifestyle*).

4. La structure matricielle

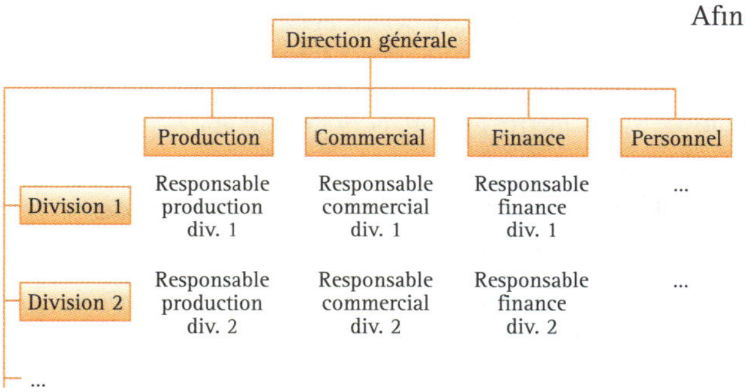

La structure matricielle découpe l'activité selon deux ou trois critères (fonction, géographie, activité, projet). Elle donne à l'entreprise une souplesse de fonctionnement. La structure matricielle fait dépendre un salarié d'au moins deux supérieurs.

4 Les configurations structurelles

H. Mintzberg propose une représentation de la structure d'entreprise comme un assemblage de différents composants. Il appelle ces combinaisons des « configurations structurelles ».

1. Les composants de la configuration structurelle

H. Mintzberg identifie cinq composants de la configuration structurelle :

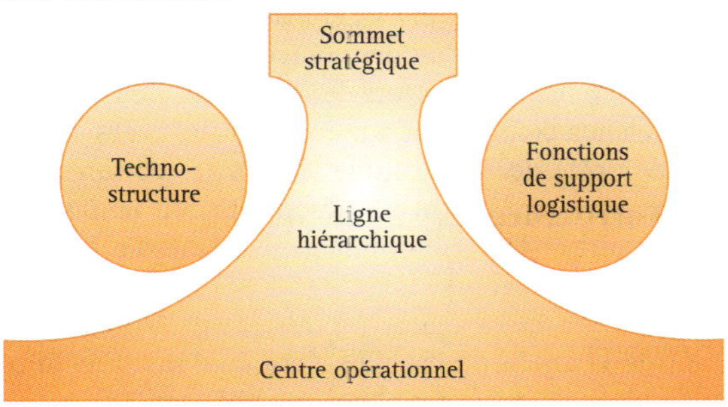

Le sommet stratégique détermine la stratégie, fixe les objectifs et contrôle l'exécution. Il est composé de l'équipe dirigeante.

La ligne hiérarchique relie la direction générale aux agents opérationnels. Elle part des cadres dirigeants pour descendre aux agents de maîtrise.

Le centre opérationnel est composé des ouvriers, des employés qui exécutent le travail de production et de commercialisation.

La technostructure aide l'organisation en standardisant les procédures et en élaborant études, analyses et conseils.

La fonction de support logistique offre les services permettant au centre opérationnel de fonctionner (transport, informatique, courrier).

2. La typologie des configurations structurelles

Afin de prendre en compte différents facteurs qui agissent sur la structure, H. Mintzberg met en évidence cinq configurations structurelles.

a) La configuration simple

Elle convient à la PME dont le patron assume l'ensemble des fonctions à responsabilité. La supervision directe est la forme dominante de coordination.

b) La configuration mécaniste

Elle apparaît quand la rationalisation du travail devient nécessaire (entreprise industrielle). On assiste à une standardisation qui s'opère par les procédés grâce à une technostructure émergente.

c) La configuration professionnelle

On la trouve dans les organisations où l'activité dépend des compétences professionnelles de ses membres (cabinet d'avocats, d'expertise comptable, hôpital, etc.). La standardisation par les qualifications est forte.

d) La configuration divisionnelle

Elle caractérise les entreprises diversifiées. La coordination repose sur la standardisation par les résultats.

e) La configuration adhocratique (ou organisation innovante)

Elle est capable de s'adapter aux contraintes engendrées par la complexité des tâches à effectuer. Ce type de configuration convient aux entreprises dont l'environnement est incertain et instable. L'ajustement mutuel y est prédominant. C'est la configuration de la start-up, de l'entreprise réalisant des productions à l'unité ou de l'entreprise recourant à des technologies de pointe. Les entreprises ayant adopté ce type de configuration ont généralement peu de niveaux hiérarchiques. L'organigramme est plutôt plat. L'autocontrôle est préféré au contrôle. Les cadres, en raison de leur expertise, ont des fonctions de coordination horizontale.

Une structure matricielle est de type adhocratique.

EXEMPLE

Google est une configuration adhocratique. Son organigramme est assez plat. Le niveau de qualification des salariés est très élevé, ce qui leur confère la capacité à évoluer dans un environnement complexe.

16 LES FACTEURS DE CONTINGENCE

La structure d'une entreprise n'est pas déterminée à l'avance, ni définitivement. De nombreux éléments viennent en permanence la modifier : ce sont les facteurs de contingence.

1 L'influence de l'environnement sur la structure

1. Structure mécanique et structure organique

Lorsque la concurrence s'accentue, que les clients deviennent plus exigeants et nécessitent une plus grande réactivité, que la pression des fournisseurs se renforce, l'entreprise doit adapter sa structure pour intégrer ces variables multiples et complexes.

Deux auteurs, T. K. Burns et G. M. Stalker, ont mis en évidence deux types de structures en lien avec l'environnement :

- la structure mécanique repose sur une forte division du travail. La hiérarchie est très présente. La communication s'appuie sur un ensemble de règles précises et respectées. Les décisions sont centralisées. Ce type de structure convient à un environnement stable et certain ;
- la structure organique repose sur une organisation flexible et redéfinie en permanence. La direction s'efface devant la réalisation des projets. La communication est peu formalisée et horizontale. Les décisions sont fortement décentralisées. Les entreprises ayant une telle structure sont très réactives et savent s'adapter à un environnement complexe.

2. Intégration et différenciation

P. R. Lawrence et J. W. Lorsch expliquent qu'un service peut avoir une structure mécanique ou organique en fonction de son environnement. Un service R&D va préférer une structure organique plus réactive. Un service de fabrication va opter pour une structure mécanique.

Ils prolongent cette analyse en montrant que, dans un environnement incertain et instable, les entreprises ont tendance à différencier les services pour qu'ils s'adaptent au changement et à intégrer l'organisation générale.

2 L'influence de la stratégie sur la structure

Ce sont les travaux d'A. D. Chandler qui ont mis en évidence l'influence de la stratégie sur les structures.

Quand l'entreprise exploite un unique domaine d'activité stratégique (DAS), elle adopte une stratégie de spécialisation. Sa structure est simple ou de type fonctionnel.

En revanche, quand l'entreprise opte pour une stratégie de diversification en exploitant plusieurs DAS, sa structure évolue vers des formes divisionnelles ou matricielles.

3 L'influence du système technique sur la structure

J. Woodward montre que la structure d'une entreprise est conditionnée par le système de production utilisé pour réaliser le produit. Elle distingue trois systèmes :

- le système de production unitaire ou en petite unité (exemple : la construction d'un immeuble par une entreprise de BTP) favorise les structures souples et réactives de type organiques ;
- le système de production en série (exemple : la fabrication d'écrans LCD) est routinier. Il entraîne des structures mécanistes ;
- le système de production en continu (exemple : la coulée continue d'acier) suppose des structures mixtes capables de standardiser fortement le travail tout en restant souples pour réagir rapidement aux imprévus sans mettre en danger la production.

4 Les autres facteurs d'influence

1. La taille

Quand l'entreprise est de petite taille (moins de 500 employés), elle peut fonctionner avec un faible degré de spécialisation et de division du travail. L'ajustement mutuel est la forme de coordination la plus courante. Les procédures de travail sont réduites. Les structures sont simples.

Quand la taille augmente, le dirigeant ne peut plus conserver une structure simple et un lien direct avec ses salariés. Il embauche des responsables par fonction.

Plus la taille augmente, plus les activités se diversifient, s'autonomisent et tendent vers une structure divisionnelle ou matricielle.

2. L'âge

La structure de l'entreprise évolue avec son âge. Lors de sa création, elle aura une structure simple, centrée sur la personne de son créateur. En grandissant, elle va évoluer vers des structures plus formalisées : fonctionnelle ou divisionnaire.

3. La culture

Les travaux conduits par G. Hofstede montrent que la culture d'un pays induit des comportements qui, à leur tour, déterminent la structure de l'entreprise. Deux critères sont retenus pour définir quatre structures types :

- le contrôle de l'incertitude : selon les cultures, les entreprises éprouvent un besoin plus ou moins fort de maîtriser leur environnement. Ce besoin est fort dans les pays européens ;
- la distance hiérarchique : le respect de la hiérarchie ou de la tradition est plus marqué dans la culture européenne (respect du chef, vouvoiement).

Ainsi, en France, on trouve davantage de structures pyramidales et fonctionnelles. À l'inverse, dans les pays anglo-saxons, les structures sont plus flexibles.

17 LES CONFIGURATIONS FLEXIBLES

Les mutations de l'environnement obligent les entreprises à adapter en permanence leur structure, à tel point que le changement est devenu la norme. Les configurations deviennent flexibles, ce qui déplace les frontières de l'entreprise.

1 Les reconfigurations structurelles

1. Les facteurs de changement structurel

Les raisons qui obligent une entreprise à faire évoluer sa structure peuvent être regroupées en quatre ensembles.

a) L'instabilité des marchés

L'instabilité des marchés oblige l'entreprise à revoir les produits qu'elle offre. Certaines activités disparaissent, d'autres montent en puissance. Des marchés sont saturés, obligeant l'entreprise à diversifier son activité. La structure suit ce mouvement.

b) Les innovations technologiques

Classiquement, les innovations technologiques sont à l'origine de nouveaux produits. Mais elles peuvent également faire émerger de nouveaux circuits de distribution.

EXEMPLE

Le développement de la vente sur Internet oblige les entreprises à revoir leur structure dans la mesure où l'accueil des clients et la fonction logistique prennent une dimension stratégique.

Les innovations peuvent aussi porter sur les processus de fabrication et l'organisation interne.

EXEMPLE

Le développement des systèmes d'information a, d'une part, fait émerger un nouveau service chargé de sa gestion et, d'autre part, modifié la façon de travailler de l'ensemble des services.

c) L'individualisation de la demande

Les demandes des clients évoluent vers davantage d'individualisation. L'entreprise doit s'organiser afin d'écouter le client (veille économique) et répondre plus rapidement que le concurrent à ses attentes.

EXEMPLE

Face à une demande de consommation personnalisée, la grande distribution développe des services Internet de courses en ligne et de livraison à domicile pour remplacer les hypermarchés.

d) Les exigences des parties prenantes

Les parties prenantes internes (salariés et actionnaires) constituent de véritables contre-pouvoirs que les dirigeants ne peuvent ignorer.

Les parties prenantes externes (clients, associations de consommateurs, groupes de pression, médias et fournisseurs) obligent l'entreprise à être plus réactive (pour répondre aux attentes des clients) et plus flexible. Face à ces pressions, les entreprises doivent adopter des structures organiques (au sens de T. K. Burns et G. M. Stalker) ou adhocratiques (au sens de H. Mintzberg).

2. La logique de processus

a) Les caractéristiques du processus

La logique de processus est la réponse permettant d'adapter la structure à son environnement. Elle conduit le dirigeant à revoir l'ensemble de son organisation. M. Hammer et J. Champy traduisent cette tendance à travers la notion de reconfiguration (en anglais, *reengineering*).

En recomposant l'entreprise en processus, le dirigeant apporte un supplément de valeur à l'ensemble. Il s'agit en effet de renoncer au cloisonnement fonctionnel pour organiser l'activité en processus qui répondent aux besoins des clients.

Un processus est défini en ces termes par la norme ISO 9000 : « un ensemble d'activités corrélées et interactives qui transforment des éléments d'entrées (*input*) en éléments de sorties (*output*) ».

EXEMPLE

Dans une structure fonctionnelle, la demande d'un client peut passer par cinq services cloisonnés : commercial, gestion du stock et livraison, financement, facturation, après-vente. Dans une logique de processus, le client est en relation avec un seul interlocuteur qui gère l'ensemble de l'opération, depuis le démarchage commercial jusqu'au SAV.

Les configurations organisées en processus ont en commun : une organisation transversale (en processus), un nombre de niveaux hiérarchiques réduit et une coordination renforcée des tâches.

b) L'impact sur la structure

La logique de processus conduit à d'importants changements dans la structure :

- les salariés intégrés dans les processus sont responsabilisés dans la mesure où les postes sont interdépendants. La rémunération est conditionnée aux performances ;
- la réponse aux attentes des clients est plus efficace car les informations sont plus accessibles et leur traitement est plus rapide ;
- la culture d'entreprise évolue car une grande capacité d'adaptation de l'ensemble des salariés est nécessaire.

3. La configuration en projet

a) La définition du projet

La configuration en projet est une variante de la structure en processus. Le projet est un processus réalisé de façon unique.

EXEMPLE

Un chantier naval construit un paquebot de croisière. Il s'agit d'un projet : le produit réalisé est unique. Ce projet va mobiliser une multitude d'équipes au service de la satisfaction du client.

b) Le fonctionnement d'une structure en projet

Le projet peut être intégré dans les fonctions existantes mais pour être vraiment performant, il doit être sorti de la structure afin de donner aux équipes une réelle autonomie.

17 LES CONFIGURATIONS FLEXIBLES (suite)

Pour qu'une structure en projet fonctionne, il faut que les conditions suivantes soient remplies :
- l'opération doit avoir un caractère éphémère ;
- l'opération nécessite la coopération des opérateurs fonctionnels (acteurs métier) ;
- le mode projet réduit les coûts et les risques ;
- des délais stricts sont respectés à chaque étape du projet. Des pénalités peuvent être exigées en cas de retard.

EXEMPLE

Eiffage porte le projet de construction des 214 km de la ligne à grande vitesse entre la Bretagne et les pays de la Loire en partenariat avec RFF. Les travaux doivent durer 5 ans.

2 Les nouvelles frontières de l'entreprise

1. Les enjeux de la redéfinition des frontières

Les incertitudes de l'environnement et la recherche de l'efficacité obligent les entreprises à retravailler en permanence sur leur chaîne de valeur. Elles doivent alors s'interroger sur leur cœur de métier et son éventuel déplacement. Elles peuvent être conduites à externaliser les activités non stratégiques en nouant des partenariats.

2. La mise en œuvre

Pour mettre en œuvre ces nouvelles configurations, deux voies principales sont envisagées : la réduction de l'intégration verticale et la réduction de la diversification.

a) La réduction de l'intégration verticale

L'entreprise développe la sous-traitance et les partenariats avec les fournisseurs. Elle externalise toutes ses activités non stratégiques (maintenance, paye, marketing, etc.). Les entreprises mettent en œuvre de nombreuses techniques de partenariats : sous-traitance simple, sous-traitance gigogne, création de coentreprise (joint-venture).

EXEMPLE

Danone se recentre sur les produits liés à la santé (produits laitiers, eaux minérales) en abandonnant les emballages et les biscuits. La firme s'implante en Asie en s'associant avec des entreprises locales.

L'externalisation des services devient si forte que l'on parle parfois d'entreprise virtuelle ou modulaire.

EXEMPLES

Si eBay est une société dans le siège social se trouve physiquement à San José aux États-Unis, son activité est virtuelle car réalisée grâce aux milliers d'ordinateurs de ses clients qui effectuent quotidiennement des opérations d'achats et de ventes sur la plate-forme.

L'entreprise Nike est essentiellement centrée sur la distribution d'articles de sport. Toute la production est réalisée par des entreprises indépendantes qui fonctionnent comme des modules autonomes.

b) La réduction de la diversification

La mondialisation intensifie la concurrence. La préservation de la compétitivité oblige de grandes entreprises conglomérales à se « respécialiser » en cédant des activités sans lien avec l'activité stratégique.

c) L'intégration des TIC

La réussite de ces entreprises repose sur des systèmes d'information performants qui accélèrent la circulation de l'information entre les salariés et qui renforcent les liens entre l'entreprise et ses partenaires.
Cette intégration croissante des technologies de l'information et de la communication contribue à alléger les structures et à rendre les frontières de l'entreprise de plus en plus floues.

3. L'entreprise réseau

a) Les caractéristiques

L'entreprise réseau rassemble plusieurs entreprises ou entités interdépendantes ayant chacune une compétence spécifique et qui vont intervenir de façon unique ou récurrente sur un processus global.

EXEMPLES

Les structures suivantes s'apparentent à des entreprises en réseau :
- l'entreprise étendue comme Airbus dans laquelle les sous-traitants sont directement associés à la conception et à la fabrication ;
- l'entreprise modulaire comme Whirlpool ou Nike ;
- l'entreprise virtuelle comme eBay.

Cette représentation est en rupture avec le schéma classique de l'entreprise intégrée dans laquelle l'ensemble des étapes, depuis la conception du produit jusqu'à sa distribution, est assuré par la même entité.

b) Le fonctionnement

Le réseau est constitué de multiples membres : les fournisseurs, les transporteurs, les distributeurs, les financeurs mais aussi d'anciens salariés qui réalisent des missions spécifiques (*outsourcing*) ou les collectivités locales. Les clients sont également intégrés au réseau.
Tous ces membres partagent leurs informations afin de réaliser un projet commun. Mais ils ne sont pas dépendants d'un seul partenaire. Ils conservent la liberté de réaliser d'autres transactions avec d'autres entreprises ou d'autres réseaux.

EXEMPLE

La construction d'un Airbus repose sur un réseau d'entreprises qui travaillent en étroite collaboration :
- les sous-traitants qui fabriquent les différentes pièces de l'avion ;
- les transporteurs qui convoient les pièces ;
- les ateliers qui assurent l'assemblage des composants ;
- le client qui est intégré pour finaliser les aménagements intérieurs spécifiques.

18 LE CHANGEMENT STRUCTUREL

Face aux évolutions de l'environnement et aux réorientations stratégiques, les dirigeants d'entreprise doivent conduire le changement efficacement. Ils doivent identifier les résistances de la part des salariés qui y sont confrontés et les dépasser.

1 La notion de changement structurel

1. Définition

Le changement structurel est un processus par lequel la structure d'une entreprise dans sa globalité ou dans quelques caractères est modifiée pour atteindre un niveau de performance meilleur. Dans le contexte économique actuel, les changements de stratégies étant plus fréquents, ils entraînent les changements structurels.

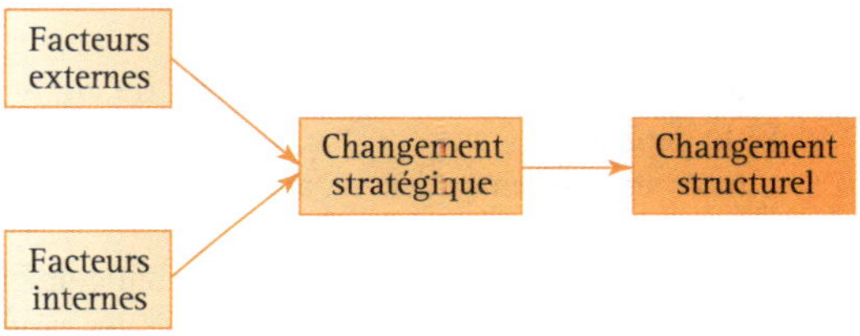

2. Les caractéristiques du changement structurel

Plusieurs critères peuvent être retenus pour caractériser un changement structurel.

a) Le rythme du changement

Le rythme du changement permet de distinguer le changement rapide, souvent décidé dans une situation de crise, et le changement progressif.

b) La volonté de changement

Le degré de volonté de changement oppose le changement voulu par les dirigeants et le changement subi.

c) L'ampleur du changement

L'ampleur du changement sépare le changement majeur, concernant l'ensemble de l'organisation, et le changement mineur, portant sur quelques activités.

EXEMPLE

Face à la crise économique et à l'évolution des pratiques touristiques, FRAM élabore une nouvelle stratégie sur 3 ans pour céder des actifs, développer les ventes sur Internet et rapprocher FRAM Voyages et FRAM Agences. C'est un changement progressif, subi et majeur.

3. La conduite du changement

Pour réussir, le changement doit passer par trois phases principales selon Kurt Lewin.

a) La phase de dégel

Le dégel est la phase de prise de conscience au cours de laquelle les dirigeants réalisent la nécessité du changement.

b) La phase de mouvement

Le mouvement est la phase de réalisation du changement structurel. Il convient de faire accepter le changement aux différents acteurs et de limiter les résistances qui peuvent apparaître.

c) La phase d'enracinement

L'enracinement est la phase d'intégration du changement par les acteurs qui doivent retrouver un nouveau mode de fonctionnement dans des structures nouvelles.

2 Les phases de croissance et les crises des structures

Quand les entreprises grandissent, elles passent par des phases successives de croissance et de crises. À chaque phase correspond un changement structurel. Ces étapes ont été décrites par L. E. Greiner.

1. La phase entrepreneuriale

L'entreprise qui démarre est centrée sur la production et la commercialisation. L'organisation du travail est faible et essentiellement centrée sur le dirigeant. La coordination repose sur l'ajustement mutuel. La structure est simple.

Progressivement, le manque de méthodes et d'organisation engendre les premières tensions : c'est la crise de *leadership*.

2. La phase collective

La mise en place de procédures plus rationnelles donne à l'entreprise davantage d'efficacité. L'organisation du travail reste centralisée et la supervision directe est dominante. Une structure fonctionnelle se développe.

Pourtant, le contrôle trop centralisé et l'absence de délégation font naître un besoin d'autonomie chez les subordonnés. C'est la seconde crise.

3. La phase de décentralisation

Elle apparaît avec l'expansion des marchés de l'entreprise. Le dirigeant a décentralisé les responsabilités. La standardisation par les résultats est la forme dominante de coordination. La structure est fonctionnelle (si l'entreprise est spécialisée) ou divisionnelle (diversification).

Le danger à ce stade est l'excès d'autonomie donnée aux unités décentralisées. Une reprise en main par le sommet stratégique est nécessaire. C'est la crise du contrôle.

EXEMPLE

Le groupe international d'audit Altran était composé d'une multitude de consultants ou de PME qui maîtrisaient la relation avec les clients. Cette autonomie a fait perdre à Altran la relation directe avec le client. Altran a décidé de recentraliser ces différentes unités afin de mieux contrôler son image et son action.

4. La phase de coordination

L'activité est désormais mieux contrôlée. Les services fonctionnels se renforcent tout en contrôlant l'action

18 LE CHANGEMENT STRUCTUREL (suite)

des divisions. La structure reste divisionnelle avec un état-major renforcé (structure *staff and line*).
Mais le formalisme engendre un risque bureaucratique (excès de paperasserie). C'est la quatrième crise.

5. La phase de collaboration

Avec l'introduction de systèmes d'information performants, la crise bureaucratique est vaincue. L'entreprise met en place des processus qui facilitent la coordination entre les membres des équipes de travail. Le management devient plus flexible. La polyvalence est recherchée. La structure devient matricielle ou par projet. On trouve à cette phase des configurations adhocratiques.
Mais cette organisation est très exigeante pour les salariés et la pression exercée sur les cadres engendre une saturation psychologique. C'est la crise du renouveau.

6. La phase d'externalisation

L'entreprise choisit d'externaliser les activités non stratégiques et de se recentrer sur son cœur de métier. Les structures en réseau émergent alors.

EXEMPLE

Le constructeur d'avions Airbus a choisi une configuration en réseau avec une multitude de sous-traitants qui alimentent directement la chaîne de montage.

3 Les résistances au changement

1. La résistance des acteurs

Face aux changements structurels, l'entreprise est confrontée aux résistances des dirigeants et des salariés.

EXEMPLE

Face à la concurrence des compagnies *low cost*, Air France KLM propose un plan stratégique pour réorganiser l'activité et développer ses filiales à bas coûts Transavia et Hop ! La compagnie aérienne doit convaincre les pilotes de cette stratégie.

a) Les causes de la résistance

On peut identifier trois grandes familles de résistances :
- la peur de l'inconnu : l'acteur ne voit pas où il va ;
- la peur de perdre des acquis ;
- la conviction que le changement n'est pas bénéfique à l'entreprise.

Selon le sociologue français M. Crozier, cette résistance au changement est normale. Il montre que le changement, en modifiant la situation des acteurs, engendre de l'inquiétude (la peur de perdre les acquis) et modifie les stratégies individuelles. Les acteurs élaborent des stratégies à partir des contraintes qu'ils perçoivent et des enjeux de pouvoir.

EXEMPLE

Quand Gaz de France et Suez se regroupent, la crainte des cadres de GDF est de voir leur fonction fusionner avec le poste équivalent chez Suez. Ils vont développer des stratégies personnelles afin de préserver le statut acquis avant la fusion.

b) L'impact de la culture d'entreprise

Si les résistances sont le plus souvent inhérentes aux acteurs (salariés ou dirigeants), on peut admettre que la culture d'entreprise peut également constituer un facteur supplémentaire de résistance.
Une culture ouverte à l'innovation va facilement intégrer les changements organisationnels.
Une culture plus traditionnelle peut constituer un frein au changement.

2. Les phases de la résistance au changement

Face au changement, un acteur passe généralement par cinq phases successives :
- l'acteur rejette le changement qui perturbe trop la situation acquise ;
- l'acteur admet ensuite le changement mais essaye de l'adapter pour qu'il perturbe le moins possible ses habitudes ;
- l'acteur comprend que le changement est inévitable, ce qui le déprime ;
- l'acteur accepte le changement avec regret. C'est le syndrome du « c'était mieux avant » ;
- le groupe de salariés qui a déjà intégré le changement aide l'acteur à faire de même et à en voir les côtés positifs.

3. Les solutions à la résistance

Il existe différentes techniques permettant de réduire les résistances, qui sont à utiliser en fonction des causes ayant engendré ces résistances.

a) L'information

Si les résistances proviennent d'un manque de communication, la solution repose sur l'information afin de réduire les malentendus. Pour que cette technique réussisse, elle suppose que les salariés fassent confiance aux dirigeants.

b) La participation

L'entreprise peut également intégrer davantage les salariés au processus de changement soit par la participation directe (si le niveau de formation des salariés le permet), soit par un accompagnement psychologique (si les résistances engendrent une angoisse croissante des salariés). Ces techniques sont longues et coûteuses.

c) La négociation

Si la résistance émane d'un groupe de salariés qui agit en puissant contre-pouvoir (action syndicale, par exemple), la solution repose sur la négociation et la recherche d'une entente.

d) La contrainte

Restent enfin des techniques plus radicales qui utilisent la contrainte et la menace. Ces techniques peuvent en cas d'échec faire perdre sa crédibilité à leur auteur et entraîner une radicalisation de la résistance.

19 LA GESTION PRÉVISIONNELLE DES EMPLOIS ET DES COMPÉTENCES

La gestion prévisionnelle des emplois et des compétences (GPEC) permet de mobiliser les ressources humaines pour mener à bien la stratégie de l'entreprise et faire face aux mutations de l'environnement.

1 Les finalités de la GPEC

1. La réalisation des objectifs stratégiques

Les ressources humaines comprennent l'ensemble du personnel (l'effectif) et de ses compétences. L'homme est au cœur de l'entreprise et de son succès ; il s'agit d'une ressource clé pour la réalisation des objectifs stratégiques.

La gestion prévisionnelle des emplois et des compétences consiste à détecter les nouveaux besoins induits par les choix stratégiques et à mettre en œuvre les politiques adaptées pour assurer l'adéquation entre les besoins et les ressources. En effet, une stratégie d'intégration s'appuie sur les ressources humaines internes et parfois des recrutements, alors qu'une orientation vers une stratégie d'externalisation peut conduire à des réductions d'effectif.

EXEMPLE

Shell, comprenant que les ressources mondiales en pétrole arriveront à épuisement d'ici un demi-siècle, a adopté une stratégie de diversification dans les nouvelles sources d'énergie. L'entreprise mobilise depuis 10 ans ses ressources humaines pour la recherche d'énergies non fossiles afin d'acquérir de nouvelles compétences.

2. L'avantage concurrentiel

Les ressources humaines sont déterminantes pour différencier les entreprises concurrentes. Le développement des compétences est un vecteur de productivité très important, source d'avantages concurrentiels durables pour l'entreprise.

3. L'anticipation des changements de l'environnement

La méthode PESTEL montre que l'entreprise affronte des changements aux niveaux politique, économique, socioculturel, technologique, écologique et légal. La GPEC prévoit ces changements et leur impact sur l'emploi et les compétences nécessaires au bon fonctionnement de l'entreprise.

Elle renforce l'employabilité des salariés à faible niveau de qualification et du personnel fragilisé par les changements de l'environnement. Elle prévoit les moyens d'éviter les mesures de licenciement économique par des dispositifs de reclassement des salariés, de mobilité et de formation.

EXEMPLE

Carrefour a signé un accord de GPEC dont l'un des objectifs est d'anticiper les conséquences sur le plan social des futures évolutions techniques, conjoncturelles et structurelles.

4. L'obligation légale

Pour inciter à la mise en place d'une GPEC, la loi de cohésion sociale du 18 janvier 2005, dite loi Borloo, crée une obligation, pour les entreprises de 300 salariés et plus, de négocier tous les 3 ans, même si elles n'aboutissent pas à un accord. La négociation de l'accord de GPEC doit envisager les actions pour favoriser la mobilité interne, la gestion de carrière, la formation professionnelle, l'accompagnement des salariés, la gestion des fins de carrière.

2 Les outils de la GPEC

1. La pyramide des âges

La pyramide des âges est un mode de représentation graphique de la répartition du personnel d'une entreprise par tranche d'âge et par sexe à un instant donné. C'est un outil indispensable à la gestion prévisionnelle des emplois et des compétences car il permet de visualiser si l'on dispose des bonnes personnes au bon moment. La pyramide des âges permet d'anticiper les évolutions au niveau du recrutement, de la formation ou des réductions d'effectif.

EXEMPLE

À la BNP, l'effectif est composé en grande partie de baby-boomers qui partiront à la retraite dans les années 2010. La GPEC met en place des actions pour éviter la perte massive de compétences lors du départ de ces salariés et pour assurer la relève par un effectif jeune et dynamique.

2. Le bilan social

Le bilan social est un document comptable établi dans toute entreprise de plus de 300 salariés. Il propose des indicateurs sociaux chiffrés permettant d'établir des priorités d'action dans les domaines suivants : emploi, rémunération, hygiène et sécurité, conditions de travail, formation, relations professionnelles, conditions de vie dans l'entreprise.

3. Le référentiel de compétences

Le référentiel de compétences présente la cartographie des métiers en leur associant une liste de compétences et le niveau de maîtrise requis. C'est une aide pour la GPEC car il permet de vérifier si l'entreprise a les compétences pour assurer son avenir. Il cerne les compétences de l'entreprise sur les métiers qui vont disparaître, les métiers en émergence, les métiers stratégiques.

3 La mise en œuvre de la GPEC

La mise en œuvre de la GPEC suit les trois étapes du processus de décision présentées par H. A. Simon dans le modèle IMC, abréviation de : intelligence (diagnostic des besoins présents et futurs), modélisation (analyse des écarts), choix (actions RH à mettre en œuvre).

19 LA GESTION PRÉVISIONNELLE DES EMPLOIS ET DES COMPÉTENCES (suite)

1. Le diagnostic et l'analyse des écarts

Un diagnostic est nécessaire pour évaluer les besoins et vérifier que les ressources humaines de l'entreprise permettent la mise en œuvre de sa stratégie et la réalisation de ses objectifs. Ce diagnostic doit analyser les besoins en termes quantitatifs (emplois) et qualitatifs (compétences) en fonction de la stratégie adoptée par l'entreprise. Ensuite, l'analyse des écarts entre les ressources humaines de l'entreprise et ses besoins permet d'envisager des actions adaptées.

2. Les actions quantitatives

Les actions quantitatives de gestion des ressources humaines permettent d'anticiper les besoins en ressources humaines de façon que l'entreprise ait l'effectif nécessaire au bon moment et au bon endroit.

a) Le recrutement

Les actions de recrutement consistent à augmenter l'effectif, mais également à rechercher de nouvelles compétences, en recourant à du personnel déjà dans l'entreprise (recrutement interne) ou par l'embauche d'un personnel extérieur (recrutement externe).

EXEMPLE

Le Train pour l'emploi et l'égalité des chances de La Poste s'arrête dans les gares pour informer et recevoir en entretien des candidats de tous horizons et de tous niveaux. L'entreprise a reçu en 2009 le label Top Employeurs qui distingue les entreprises qui ont su développer les talents au sein de leur organisation.

b) La réduction d'effectif

La réduction d'effectif consiste à diminuer la quantité du personnel de l'entreprise par des licenciements, des départs à la retraite, des départs volontaires. Elle permet de faire face à l'évolution d'un secteur, d'un métier ou de la stratégie.

La GPEC consiste aussi à accompagner toute politique de réduction d'effectif de procédures favorisant le dialogue et la justice sociale.

EXEMPLE

L'accord de GPEC chez Renault a permis de créer un observatoire des métiers, qui identifie les métiers sensibles afin de mieux préparer la reconversion et la mobilité des salariés concernés. Cette solution limite les effets négatifs des plans sociaux.

c) L'impartition

L'impartition consiste à « faire faire » à l'extérieur, à externaliser des activités de l'entreprise, par exemple sous la forme de la sous-traitance.

L'accord de GPEC doit prévoir les conditions de sa mise en œuvre, mais aussi l'accompagnement nécessaire pour limiter ses effets néfastes sur le climat social de l'entreprise.

EXEMPLE

L'externalisation des services informatiques s'explique par la recherche d'un personnel externe spécialisé, flexible, à un coût avantageux.

3. Les actions qualitatives

Les dispositifs de GPEC doivent inscrire le développement des compétences des salariés au cœur de leurs actions car le manque de compétence est un handicap source de démotivation, pour les salariés qui sont dépassés par les évolutions de leur métier.

a) La formation

La formation est l'outil majeur de développement de compétences nouvelles. L'entreprise est légalement obligée d'affecter au moins 1,6 % de sa masse salariale aux dépenses de formation. Dans le cadre du DIF (droit individuel à la formation), chaque salarié a droit à 20 heures de formation par an.

Pour développer des compétences clés et obtenir un avantage concurrentiel, l'entreprise doit aller au-delà des obligations légales et mettre en place une politique d'investissement en formation.

EXEMPLE

Le groupe Evialis, spécialiste de la nutrition-santé animale, a signé un accord de GPEC, dénommé « Cap compétences », qui vise à développer le capital humain, en particulier par le renforcement des actions de formation.

b) La mobilité

La mobilité est un changement de situation du personnel. Il peut s'agir de mobilité géographique (changement de lieu de travail), de mobilité professionnelle (changement de métier), ou de mobilité sectorielle (changement de secteur d'activité). Alliée à la formation, elle permet aux salariés d'acquérir des expériences sources de nouvelles compétences.

La GPEC favorise la mobilité de façon à mettre en valeur les compétences présentes dans l'entreprise et à mieux les répartir.

EXEMPLE

L'accord de GPEC de Carrefour prévoit que les salariés en parcours de mobilité bénéficieront d'un accompagnement individualisé avec des programmes de formation, d'intégration dans la nouvelle fonction et des mesures d'accompagnement à la mobilité géographique.

c) Le partage des savoirs

Les compétences détenues par chaque salarié contribuent à forger les compétences collectives, le savoir-faire de l'entreprise, à condition qu'elles soient répertoriées et que leur transfert des salariés les plus expérimentés vers les moins expérimentés soit favorisé.

L'accord de GPEC définit les modalités de transfert des compétences, particulièrement entre les générations. La mixité des équipes contribue au développement des compétences de tous les salariés.

EXEMPLE

L'accord de GPEC de Schneider Electric privilégie des modalités de travail permettant le transfert des compétences entre les générations, notamment à travers les contrats d'apprentissage et le tutorat.

20 LA FLEXIBILITÉ DES RESSOURCES HUMAINES

La flexibilité permet de s'adapter au contexte socio-économique et aux aléas de l'activité. Ses sources sont internes et externes à l'entreprise.

1 Les enjeux de la flexibilité

1. S'adapter au contexte socio-économique

Dans un contexte instable, l'entreprise doit anticiper et adapter ses ressources aux évolutions du microenvironnement comme du macroenvironnement. Celles-ci peuvent être rapides et radicales et seules les entreprises flexibles peuvent s'y adapter rapidement et efficacement.

EXEMPLES

Au niveau du microenvironnement, le contexte de crise économique soumet les entreprises à une concurrence très vive qui peut conduire à rechercher des contrats de travail plus flexibles.
Au niveau du macro-environnement, la baisse du pouvoir d'achat amplifie les creux d'activité imposant plus de souplesse du temps de travail.

2. Faire face aux aléas de l'activité

La flexibilité permet d'adapter les effectifs en fonction de l'intensité de l'activité. L'entreprise peut être soumise à des pics d'activité de façon plus ou moins régulière. Le recours à des horaires et à des contrats flexibles, à un personnel polyvalent lui permet de répondre plus facilement à ces variations.
La flexibilisation de l'activité améliore donc la compétitivité de l'entreprise.

2 Les limites de la flexibilité

La flexibilité comporte aussi des limites (conditions de travail stressantes et anxiogènes, charge de travail excessive) qui nuisent à la santé, la motivation, l'épanouissement et l'implication des salariés.
Le risque pour l'entreprise est d'avoir un personnel moins stable, des conflits sociaux et une détérioration du climat social conduisant à la baisse des performances des ressources humaines et donc de l'entreprise dans son ensemble. L'accord de GPEC peut constituer un « garde-fou » pour la flexibilité.

3 Les sources de flexibilité

1. Les sources externes de flexibilité

La flexibilité peut être recherchée dans le recours à des partenaires extérieurs, comme dans le cas de la sous-traitance.
La sous-traitance de capacité permet d'augmenter les quantités produites en cas de pic d'activité. Quant à la sous-traitance de spécialité, elle permet de bénéficier des compétences spécifiques du sous-traitant.

EXEMPLE

Les constructeurs automobiles reportent l'effet de leur baisse d'activité en période de crise sur leurs sous-traitants qui, comme Valéo, sont contraints de mettre au chômage technique leurs salariés.

2. Les sources internes de flexibilité

a) Le temps de travail

Le temps de travail peut être flexibilisé par le recours aux heures supplémentaires ou à l'annualisation du temps de travail. La GPEC prévoit les modalités de flexibilisation du temps de travail en veillant à ce qu'elle ne nuise pas à la santé et à la motivation des salariés.

b) Les rémunérations

L'individualisation est un mode de rémunération flexible permettant de moduler le salaire en fonction de la performance, du mérite, de l'implication, de l'expérience et des résultats de chacun. Elle permet d'associer le salarié, de le motiver et de le pousser à travailler davantage.
Les accords de GPEC prévoient les conditions de la flexibilisation des rémunérations, tout en garantissant aux salariés un mode de rétribution juste et équitable.

c) Les contrats de travail

Le recours aux contrats de travail précaires, comme le contrat à durée déterminée (CDD) et l'intérim, constitue une source de flexibilité. La GPEC doit contribuer à éviter les dérives qui sont source de démotivation pour le personnel.

EXEMPLE

En période de crise, les TPE (très petites entreprises, employant moins de 10 salariés) recourent deux fois plus aux contrats précaires que les entreprises de plus de 10 salariés. 41,5 % des salariés employés par une TPE travaillent en CDD, à temps partiel ou en contrat aidé.

d) La polyvalence

La polyvalence est la capacité du personnel à occuper plusieurs postes. Source interne de flexibilité qualitative, elle rend l'organisation du travail plus souple. Lorsque plusieurs personnes peuvent occuper différents postes, il est possible de réorganiser facilement les équipes en fonction des fluctuations des commandes, des congés ou des absences du personnel. La formation, incluse dans l'accord de GPEC, permet de développer la polyvalence.

EXEMPLE

Dans l'industrie automobile, le travail à la chaîne faisant appel à des ouvriers spécialisés est de plus en plus souvent accompagné d'îlots de fabrication confiés à des équipes de travailleurs polyvalents.

21 LA MOTIVATION DES SALARIÉS ET LA CULTURE D'ENTREPRISE

La motivation est un mécanisme complexe qui doit permettre l'implication du salarié, au service de la performance de l'entreprise. Elle repose sur des facteurs individuels mais aussi collectifs, au premier rang desquels se trouve la culture de l'entreprise.

1 La motivation au travail

1. Définition et enjeux de la motivation

La motivation est un ensemble d'actions intériorisées qui vont déterminer un comportement et inciter la personne à agir. Elle est propre à chaque individu.

La motivation est déterminée par des facteurs personnels (besoin d'argent, recherche de reconnaissance) ou collectifs (culture de l'entreprise, climat social, environnement socio-économique, etc.).

La compréhension des facteurs de motivation est essentielle pour les dirigeants car elle détermine la performance de l'entreprise. Un salarié motivé va tout mettre en œuvre pour atteindre un objectif (efficacité) et améliorer sa productivité (efficience). Il contribue ainsi au succès de son entreprise.

2. Les approches théoriques de la motivation

a) La hiérarchie des besoins

Un individu va d'abord être motivé par le désir de satisfaire des besoins personnels. A. Maslow a hiérarchisé ces besoins :

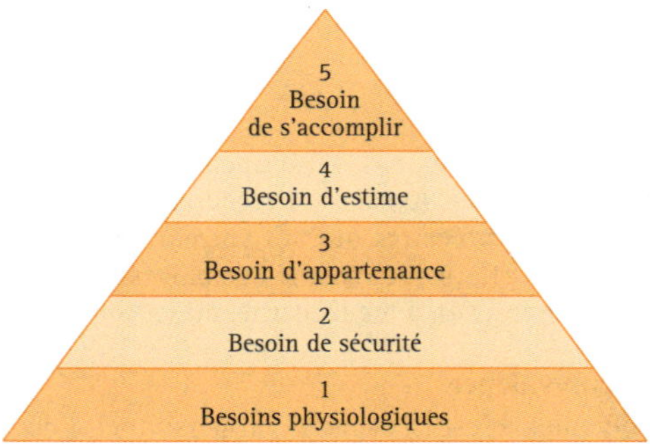

L'aspiration à satisfaire le besoin de rang 2 n'est envisageable que si le besoin de rang 1 est satisfait. Dans cette logique, le manager qui souhaite renforcer le sentiment d'appartenance des salariés à l'entreprise doit d'abord s'assurer que leurs besoins physiologiques et de sécurité sont satisfaits.

b) L'analyse bifactorielle

F. I. Herzberg a également étudié les facteurs qui agissent sur la motivation. Il distingue deux ensembles de facteurs :

- les facteurs extérieurs ou facteurs d'hygiène : leur présence engendre un mécontentement qui empêche la motivation ;

EXEMPLES

Les conditions de travail très difficiles pour les salariés de Foxconn engendrent un mécontentement des salariés (grèves). Focalisés sur ces problèmes, ils sont démotivés.

- les facteurs valorisants génèrent la satisfaction du salarié et contribuent à sa motivation.

EXEMPLES

La reconnaissance et la responsabilisation des salariés dans la société Gore, fabriquant le Gore-Tex, sont des facteurs motivants.

c) La théorie des attentes

V. Vroom montre que la motivation résulte de la combinaison de trois facteurs :

attente × instrumentalité × valence.

L'attente répond à la question « suis-je capable de faire le travail que l'on attend de moi ? ».

L'instrumentalité répond à la question « ce travail sera-t-il récompensé ? ».

La valence répond à la question « la récompense est-elle à la hauteur de l'effort que j'ai accompli ? ».

Un salarié motivé répond positivement à ces trois questions. Si une des réponses est nulle, cela signifie qu'il est démotivé.

EXEMPLES

Si on confie à un salarié un travail qu'il ne sait pas faire (attente = 0), il sera démotivé.

Si on propose à un salarié de compenser ses heures supplémentaires par des jours de récupération alors qu'il attend davantage de salaire (valence = 0), il ne sera pas motivé.

d) La théorie de l'équité

Dans la continuité des travaux de V. Vroom, J. S. Adams explique qu'un individu détermine un ratio entre ce qu'il retire de son travail (le salaire) et l'effort qu'il fournit pour obtenir ce résultat. Si son score est égal à celui des membres de son groupe, il sera motivé car il aura le sentiment d'une rétribution équitable. Si les scores sont inégaux, il sera démotivé car il aura le sentiment de ne pas être payé pour le travail accompli ou il n'aura plus la même perception du travail effectué.

3. Les instruments au service de la motivation

Ils peuvent être liés à la personne mais aussi à la relation entre le salarié et le groupe auquel il appartient.

a) Les instruments financiers

Dans la logique des travaux de F. W. Taylor, on trouve la rémunération. Si la détermination du salaire repose le plus souvent sur des grilles de rémunération négociées, il peut exister une part variable. Cette part est déterminée par les performances (salaire au rendement) mais elle comprend aussi des éléments périphériques directs (prime de rendement, prime liée à la performance individuelle) ou indirects (intéressement, participation).

b) Les instruments portant sur l'environnement de travail

Il existe aussi des facteurs de motivation qui vont améliorer l'environnement de travail et montrer au salarié l'intérêt qu'on lui porte. On trouve parmi ces instruments : la gestion des compétences (formation, perspectives de carrière) et l'aménagement du travail (polyvalence, enrichissement des tâches).

c) Les instruments collectifs de motivation

Ils sont liés au climat social : qualité des relations de travail entre pairs et entre supérieurs et subordonnés. Ils dépendent également de la communication interne de l'entreprise et de sa culture. Les valeurs qu'elle promeut peuvent être source de motivation pour les salariés.

2 La culture d'entreprise

C'est un élément déterminant pour créer une motivation collective au sein de l'entreprise.

1. Définition et enjeux de la culture d'entreprise

a) Définition

La culture d'entreprise peut se définir comme un ensemble cohérent d'attitudes communes à toutes les parties prenantes internes. Ces attitudes sont en partie déterminées par une histoire.
Elle repose sur des valeurs partagées. Elle permet de fédérer les personnes autour des objectifs communs.
La culture se construit progressivement. C'est un processus dynamique d'apprentissage.

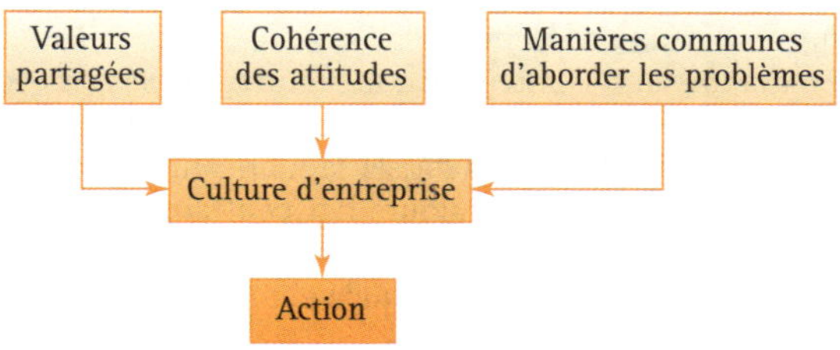

b) Les enjeux de la culture d'entreprise

La culture d'entreprise apparaît comme un moyen de « faire vivre ensemble » une communauté de personnes. Les intérêts de ces parties prenantes peuvent être divergents. Des conflits naissent parfois de ces divergences. La culture d'entreprise, en s'appuyant sur des valeurs fortes, sur des traditions et des règles, doit contribuer à réguler ces conflits et à apaiser les divergences.
C'est le sens des travaux de J. March et R. Cyert. Ces auteurs ont montré que les individus ayant des intérêts différents se coalisent pour les défendre. Les objectifs de l'organisation résultent de la capacité à négocier entre ces coalitions d'individus et à trouver un compromis satisfaisant pour tous. Une culture forte contribue à la réconciliation.

2. Les déterminants de la culture d'entreprise

Une véritable culture d'entreprise n'est pas spontanée. Elle se construit dans le temps et s'appuie sur une multitude de variables.

a) Les variables externes

La culture d'entreprise est imprégnée de la culture nationale, c'est-à-dire de l'ensemble des valeurs et des croyances autour desquelles se retrouve la grande majorité de la population d'un pays. Ce sont ces valeurs qui forment l'identité individuelle (relation avec soi-même) et l'identité collective.

EXEMPLE

La culture française est traversée par deux tendances paradoxales :
- la recherche d'un grand formalisme : centralisation des décisions, règles, recours au droit ;
- la recherche du désordre sous-tendu dans la notion de débrouillardise.

La seconde variable externe est la culture du métier. Chaque profession possède des valeurs, des savoirs, des règles propres. Ces cultures professionnelles sont un facteur d'identité fort.

b) Les variables internes

On peut mettre en évidence trois grandes familles :
- l'histoire de l'entreprise permet de dégager des tendances ou des valeurs profondes de l'entreprise. Elle prend appui sur les hommes marquants de l'entreprise, ses structures, les grandes dates et les relations de l'entreprise avec l'environnement ;
- le système de valeurs de l'entreprise correspond à un mode de pensée, à un ensemble de croyances qui guide le personnel de l'entreprise ;
- les dirigeants marquent l'évolution de l'entreprise par leur action.

3. Les limites de la culture d'entreprise

Plusieurs éléments fragilisent la culture d'entreprise :

a) La précarité du travail

L'évolution de la situation économique oblige les entreprises à proposer des emplois plus précaires (CDD ou contrat de travail temporaire). Il est délicat, dans ces conditions, de vouloir partager des valeurs communes avec des salariés dont la présence dans l'entreprise est éphémère. La montée de la précarité remet en cause le sentiment d'appartenance.

b) Les rapprochements d'entreprise

Les entreprises ont tendance à se regrouper pour gagner en efficacité. Il peut être difficile de rapprocher des entreprises dont les valeurs divergent. La résistance au changement des salariés peut mettre en danger ces opérations.

EXEMPLE

GDF, ancienne entreprise publique attachée à des valeurs de service public, a difficilement fusionné avec Suez, entreprise privée plus soucieuse d'efficacité économique.

c) L'internationalisation des entreprises

La mondialisation conduit des entreprises de nationalités différentes à se rapprocher. Les dirigeants de ces ensembles d'entreprises sont multinationaux. Il est difficile alors de faire travailler ensemble des salariés et des dirigeants pouvant avoir des cultures très éloignées.

EXEMPLE

Le rapprochement Air France-KLM associe une entreprise de culture française et une entreprise de culture hollandaise. Les dirigeants mettent en avant les valeurs communes aux deux sociétés pour fédérer les salariés.

22 L'ORGANISATION DE LA PRODUCTION

Les choix stratégiques visent à créer de la valeur et nécessitent une organisation efficace de la production. C'est le rôle du système de production mis en place par l'entreprise.

1 Le système de production

1. Définition

Le système de production est un ensemble d'éléments matériels (équipement, matières), immatériels (brevets) et humains relié par des flux (physiques ou d'informations) permettant la conception et la fabrication de produits (biens ou services) répondant aux attentes des clients.

2. L'articulation avec les autres composants

Le système de production est en relation avec les autres composants de l'entreprise :
- le système d'approvisionnement pour disposer «juste à temps» des matières nécessaires pour réaliser la production ;
- le système de gestion des ressources humaines pour disposer de salariés en nombre suffisant et ayant les compétences requises ;
- le système commercial pour concevoir et mettre en fabrication les produits répondant aux attentes des clients.

3. Les modes d'organisation de la production

Plusieurs critères permettent de caractériser l'organisation de la production :
- le processus technique distingue l'organisation de la production en continu, c'est-à-dire que le processus ne peut être interrompu sans détruire le produit (exemple : haut-fourneau fabriquant de l'acier), ou en discontinu ;
- la quantité produite permet de séparer la production à l'unité (exemple : un immeuble), en petite série (exemple : des Airbus A380) ou en grande série (exemple : des automobiles) ;
- la contrainte exercée par le client et la politique de gestion des stocks ont également une incidence sur l'organisation de la production. On oppose la production en flux tendus (la commande du client déclenche la production et les stocks sont minimaux) et la production en flux poussés (la production est stockée puis vendue).

2 Les relations entre stratégie et production

1. Les objectifs d'une organisation efficace de la production

a) L'efficience

Elle permet d'atteindre les objectifs stratégiques en respectant les moyens mis à disposition. Pour atteindre cet objectif, le responsable de la production doit minimiser les coûts. Le premier coût que l'on cherche à réduire est celui du travail. L'organisation scientifique du travail s'inscrit pleinement dans cette démarche. Mais la réduction des coûts peut être plus globale (élimination de tous les gaspillages) et continue : on parle de «*lean management*».

b) La qualité

Cette démarche bénéficie à l'activité (moins de pertes et de gaspillage), à l'image de l'entreprise, à l'organisation de la production (moins de pannes, de rupture de stocks) et aux salariés, plus impliqués dans le processus de fabrication.

c) La flexibilité

Elle est essentielle pour répondre aux attentes des consommateurs qui exigent des produits de plus en plus différenciés. Le développement de l'automatisation et des techniques de production assistée par ordinateur facilite la réalisation de cet objectif.

2. L'impact de la croissance de l'entreprise

On observe différentes étapes dans la croissance de l'entreprise. À chaque étape correspondent une stratégie et une organisation de la production dominante. Ainsi l'entreprise artisanale repose sur l'omniprésence de son dirigeant fondateur et son intervention à tous les niveaux de la production.
En grandissant, l'entreprise doit recruter des salariés et rationaliser son organisation productive. La production doit se standardiser et favoriser la fabrication en série.
Enfin, l'entreprise est aujourd'hui contrainte par des impératifs sociétaux. Elle doit modifier son appareil de production pour être écologiquement responsable.

3. L'impact des options stratégiques

Le choix de la stratégie est directement lié à la préservation et au développement de l'avantage concurrentiel. L'entreprise doit en permanence s'interroger sur ses domaines d'activité stratégique (DAS) pour adapter ensuite son système de production.

a) Domination par les coûts ou différenciation

Quand l'entreprise spécialisée choisit de développer une domination par les coûts, elle va s'efforcer de réaliser des productions en série. En effet, cette standardisation permet de réduire les coûts de production.
À l'inverse, le choix de la différenciation oblige l'entreprise à modifier régulièrement ses produits. Sa production doit donc privilégier des petites séries et une grande flexibilité pour pouvoir modifier la fabrication.

b) Externalisation ou intégration

L'entreprise qui choisit d'externaliser une grande partie de ses activités productives va limiter celles qu'elle conserve en interne, souvent réduites à l'assemblage. En revanche, elle devra mettre en place un système de contrôle de ses différents fournisseurs et sous-traitants pour garantir la qualité.
À l'opposé, une entreprise qui choisit d'intégrer ses activités contrôle en interne l'ensemble de sa production, depuis l'approvisionnement en matières premières jusqu'au produit fini.

23 LES ENJEUX ET LES MODALITÉS DES POLITIQUES D'INNOVATION

L'innovation est au cœur du processus de création de valeur. Elle est essentielle pour optimiser les ressources de l'entreprise.

1 Les enjeux de la politique d'innovation

1. Les caractéristiques de la politique d'innovation

La politique d'innovation consiste à mobiliser l'ensemble des ressources techniques (recherche et développement) et humaines (management des compétences) afin d'introduire efficacement sur le marché de nouveaux produits (biens ou services) ou de nouveaux procédés.

a) L'environnement

Pour réussir, la politique d'innovation a besoin d'un environnement interne ouvert sur la nouveauté, d'une recherche fondamentale dynamique et d'infrastructures performantes.

b) La distinction entre invention et innovation

L'invention est une réponse technique nouvelle apportée à une situation nouvelle ou à un problème rencontré. Elle nécessite une protection assurée par les brevets.

L'innovation est un processus par lequel une invention va se transformer en produit, en service ou en procédé et engendrer une création supplémentaire de valeur.

c) La typologie des innovations

J. A. Schumpeter a identifié cinq types d'innovations :

Type d'innovation	Forme d'innovation	Exemple
Innovation produit	Création d'un produit nouveau	Les alicaments
Innovation marché	Découverte d'un débouché nouveau	La vente sur Internet
Innovation de procédé de production	Nouvelle organisation de la production	La robotisation d'une chaîne de fabrication
Innovation organisationnelle	Nouvelle organisation du travail	Les équipes polyvalentes dans un atelier
Innovation énergie	Nouvelle énergie ou matière première	L'énergie éolienne

2. Les enjeux économiques

L'innovation est le premier moyen permettant à l'entreprise de conserver son avantage concurrentiel.

Dans un environnement fortement concurrentiel, l'innovation permet de produire en plus grande quantité et de réduire les coûts de production. Les marges supplémentaires ainsi réalisées financent la R&D.

Dans un environnement moins concurrentiel, l'entreprise dégage des marges supplémentaires en augmentant plus librement ses prix, ce qui contribue également au financement de la R&D.

Lorsque l'entreprise est spécialisée, l'innovation permet de créer un effet de volume en réalisant des économies d'échelle. En effet, les innovations accélèrent l'effet d'expérience. L'avantage ainsi créé permet à l'entreprise de conserver en permanence une technologie d'avance.

EXEMPLE
L'Oréal a construit son avantage en s'appuyant sur une recherche et développement performante qui lui permet d'avoir une innovation d'avance sur ses concurrents.

Lorsque l'entreprise pratique la différenciation, l'innovation est le moyen d'apporter la réponse attendue par le client.

EXEMPLE
Seb invente la friteuse sans huile, ce qui lui permet de renforcer sa position dans le petit électroménager. C'est une innovation produit.

3. Les enjeux sociétaux

Les parties prenantes exercent sur les entreprises des pressions croissantes afin qu'elles adoptent une démarche de responsabilité sociale (RSE) :

- les clients réclament des produits écologiquement sains avec un bon rapport qualité/prix ;
- les pouvoirs publics introduisent des règles contraignantes (exemples : taxe carbone, malus écologique et autres réglementations issues de la mise en œuvre du Grenelle de l'environnement) ;
- les ONG développent des stratégies de confrontation (exemple : Greenpeace) ou de collaboration.

L'innovation constitue la réponse aux attentes légitimes de ces partenaires tout en contribuant à la réduction des coûts de production. Elle permet également de passer d'une démarche de RSE subie à une démarche volontaire.

EXEMPLE
Lafarge développe des bétons répondant aux attentes décoratives des clients tout en consommant moins d'énergie lors de leur fabrication.

2 Les modalités de l'innovation

1. La veille technologique

a) Définition

La veille technologique est l'activité constituée par l'ensemble des techniques permettant la collecte, l'analyse, la diffusion et l'exploitation des informations indispensables à l'entreprise pour affronter ses concurrents et développer ses compétences métiers. Elle se situe en amont du processus d'innovation.

b) Les objectifs

La veille technologique cherche d'abord à comprendre l'émergence des produits futurs et leurs fonctions.

EXEMPLE
Les fabricants de téléphones mobiles ont dû anticiper les besoins des consommateurs dans le domaine du multimédia et adapter leurs produits en conséquence.

23 LES ENJEUX ET LES MODALITÉS DES POLITIQUES D'INNOVATION (suite)

Elle permet ensuit d'identifier les innovations des concurrents et leur potentiel, en collaboration avec les services de veille concurrentielle. La veille technologique alimente les décideurs stratégiques en identifiant les entreprises qui conduisent des stratégies proches.
Enfin elle évalue les techniques nouvelles et leur rythme d'évolution.

c) Les sources d'information

L'efficacité de la veille technologique repose sur la capacité de l'entreprise à collecter des informations. Ces informations peuvent être librement accessibles : quotidiens, magazines professionnels, conférences, salons, foires, banques de données sur Internet, etc.
Les informations peuvent également être fermées et provenir des clients, des fournisseurs, des sous-traitants, de visites chez les concurrents ou d'achats de produits et d'échantillons.
Il existe aussi une forme illégale de veille : l'espionnage industriel.

2. La recherche et développement (R&D)

La recherche et développement est l'ensemble des processus permettant de transformer une invention en une innovation techniquement et commercialement exploitable.
Dans l'entreprise, elle s'appuie sur l'ensemble des recherches réalisées à différents niveaux :
- la recherche fondamentale s'efforce de faire avancer la connaissance scientifique. Elle est réalisée par des chercheurs, le plus souvent au sein d'organismes publics (CNRS, INSERM, INRA...) ;
- la recherche appliquée permet de transformer les résultats de la recherche fondamentale en applications.

EXEMPLE

La technologie du laser est issue de la recherche fondamentale sur l'amplification de la lumière. Elle donne naissance à de multiples innovations dans les domaines médical, musical, etc.

Dès que la R&D a inventé un produit ou une technique nouvelle, il faut protéger l'invention afin de préserver l'avantage concurrentiel qui doit potentiellement en découler. Il faut également limiter les risques de contrefaçon. C'est la fonction du dépôt de brevet et d'une façon plus globale de la protection industrielle.

3. La qualité

La démarche qualité se définit comme un processus qui permet à l'entreprise de répondre aux attentes du client (rapport qualité/prix) en produisant le bien ou le service à un coût économiquement acceptable.
La qualité prend différentes dimensions :
- les caractéristiques intrinsèques du produit : on dit qu'un produit est de bonne qualité quand ses composants sont eux-mêmes de qualité ;
- la satisfaction des attentes du client : un produit de qualité répond à ses préoccupations du moment ;
- le respect de normes définies en interne ou en externe : un produit certifié ISO répond à des normes strictes.

a) Le contrôle *a posteriori*

À l'origine, la démarche qualité est née du besoin croissant de garantir aux clients un produit répondant à ses attentes en réduisant les effets dévastateurs de la non-qualité (perte de clients, surcoût lié au gaspillage, détérioration de l'image). Cette première démarche reposait le plus souvent sur un contrôle *a posteriori* de la qualité.

b) L'intégration en amont de la production

Progressivement, la démarche qualité a associé d'autres acteurs en amont : services chargés de la conception des produits en liaison avec les services commerciaux chargés de la relation clients. C'est la période du règne des « cinq zéros » : zéro défaut, zéro stock, zéro panne, zéro papier, zéro délai.
Cette démarche a connu un nouvel essor dans les années 1970 avec le développement des cercles de qualité. Elle permet de faire travailler ensemble des salariés qui ne se seraient jamais rencontrés autrement et de préparer ainsi les nouvelles organisations de la production (exemple : équipes polyvalentes).

c) La certification

Enfin, la démarche qualité est sortie de l'entreprise, toujours sous la pression des exigences du client et d'un besoin de « certitude » accrue sur le produit offert. Des normes internationales se sont développées (exemple : normes ISO) et des organismes sont chargés de les mettre en œuvre dans les entreprises (exemple : AFNOR). Ils auditent le fonctionnement de l'entreprise, mettent en place des procédures de travail et délivrent finalement la certification.

d) La qualité totale

Aujourd'hui, on parle de TQM (*Total Quality Management*) pour qualifier l'ensemble des procédures de qualité qui intègrent également le management.

4. Les partenariats technologiques

L'entreprise peut construire sa propre recherche et développement et en assurer la protection. Mais ce processus est long et incertain. C'est la raison pour laquelle elle opte parfois pour des partenariats avec d'autres organisations.
Au niveau de la recherche fondamentale, l'entreprise peut collaborer avec un centre de recherche.

EXEMPLE

Dans le domaine médical, laboratoires publics et entreprises pharmaceutiques collaborent fréquemment pour développer des médicaments.

Deux entreprises peuvent également décider de collaborer pour permettre une innovation. Elles vont alors créer une coentreprise. Les exemples sont nombreux dans le domaine des technologies de la communication.

24 LE MANAGEMENT DES CONNAISSANCES

Le rôle des dirigeants est de mettre en réseau les savoirs des salariés pour permettre à chacun d'enrichir l'ensemble en faisant de l'entreprise une organisation apprenante.

1 Les fondements du management des connaissances

1. Définitions

Le management des connaissances (en anglais, *knowledge management*) est un processus qui vise à exploiter les compétences en créant une culture de l'apprentissage. Ce processus s'appuie sur la capacité des acteurs à accumuler des connaissances et à les partager systématiquement pour faire progresser toute l'organisation. Ces connaissances peuvent être individuelles (attachées à une personne) ou collectives (partagées par un ensemble de personnes). Elles peuvent être fondées sur les études (la formation) ou la pratique (expérience). Elles peuvent être explicites (formalisées dans un document, une procédure) ou tacites (expériences ou savoir-faire non formalisés).

2. Les niveaux d'apprentissage

On distingue trois niveaux d'apprentissage. L'apprentissage individuel repose sur la formation individuelle. L'apprentissage du groupe repose sur la réalisation de projets par des équipes de travail. L'apprentissage global apparaît quand toute l'entreprise devient apprenante : elle met en place des structures et une culture qui permettent la capitalisation et le partage des compétences.

3. Les enjeux

a) L'enjeu organisationnel

Le management des connaissances nécessite un système d'information performant. Mais il faut également que l'information collectée et mémorisée soit exploitée et diffusée.

b) L'enjeu humain

Le management des connaissances exige l'implication de tous les membres de l'entreprise et un niveau de confiance qui permette le partage.

c) L'enjeu culturel

Le management des connaissances ne peut se développer que dans une entreprise dont la culture est ouverte à l'écoute et à l'échange. Cela suppose que les dirigeants en soient les premiers animateurs.

d) L'enjeu concurrentiel

Le management des connaissances permet de dégager des compétences uniques sur lesquelles l'entreprise peut s'appuyer pour construire son avantage concurrentiel.

2 Les modalités du management des connaissances

1. La matrice SECI

I. Nonaka et H. Takeuchi ont montré comment la connaissance implicite détenue par un individu est progressivement partagée par le groupe et devient explicite. Ce processus engendre une « spirale des connaissances » qui permet à l'entreprise de devenir apprenante par appropriations successives.

	Connaissances individuelles	Connaissances collectives
Connaissance tacite	1. Socialisation du savoir tacite (partage sur le lieu de travail, apprentissage)	2. Externalisation du savoir tacite au savoir explicite (modélisation des savoirs qui les rend transmissibles)
Connaissance explicite	4. Intériorisation du savoir explicite au savoir tacite à un niveau plus élevé (organisation apprenante)	3. Combinaison des savoirs explicites (gestion électronique documentaire, réseaux des connaissances)

2. Les outils du management des connaissances

Les pratiques sont multiples. Elles ont en commun d'utiliser abondamment les technologies de l'information. On peut cependant identifier trois ensembles :

- la rationalisation de l'organisation de l'information existante pour la rendre plus pertinente et plus performante ;
- l'organisation de la diffusion des connaissances à partir des bases de données enrichies et jusqu'alors dispersées afin de mettre en commun des pratiques ;

EXEMPLE

Les logiciels *help desk* (centre d'assistance) permettent aux utilisateurs de disposer d'une assistance pour gérer des problèmes informatiques. Cette base s'enrichit des incidents qui lui sont soumis.

- le partage des connaissances qui s'appuie sur des outils de travail collaboratif. Ces outils permettent à des groupes distants d'échanger et de construire ensemble des connaissances. On aboutit alors à l'émergence de communautés de pratiques.

3. Les limites du management des connaissances

La compétence technique fait parfois défaut aux décideurs qui, par ailleurs, renoncent difficilement au contrôle de l'information, souvent associée au pouvoir. Ensuite, le risque existe de réduire le management des connaissances à la collecte et au stockage de l'information, en oubliant le partage. De plus, il faut accepter la « pédagogie de l'erreur » pour progresser. Or ce type de pratique est coûteux et chronophage, ce qui dissuade les acteurs. Enfin, la démarche s'inscrit dans une nouvelle relation entre employeurs et salariés fondée sur la réciprocité des intérêts (investissement personnel du salarié contre formation et valorisation des compétences). Cette conception est peu compatible avec la précarisation du marché du travail.

25 LES BESOINS DE FINANCEMENT DE L'ENTREPRISE

Pour garantir sa pérennité, l'entreprise doit trouver les financements nécessaires à la mise en œuvre de sa stratégie et à la poursuite de ses activités. On distingue les besoins de financement liés au cycle d'investissement et ceux liés au cycle d'exploitation.

1 Le financement du cycle d'investissement

1. Le cycle d'investissement

L'investissement représente l'acquisition par l'entreprise de biens durables (locaux, machines, véhicules...) dans le but d'en retirer un profit futur. Les investissements engagent donc l'entreprise pendant une longue période et le cycle d'investissement est un cycle long qui accompagne le développement de l'entreprise. Pour préserver l'équilibre financier, le cycle d'investissement doit être financé par des ressources financières à long terme.

EXEMPLE

Dès la création de sa pizzeria, M. Pepino a dû acquérir un four, une chambre froide et du matériel de cuisson. Pour les financer, il a complété son apport personnel par un emprunt bancaire sur 5 ans.

2. L'impact des stratégies sur le cycle d'investissement

Au cours de la vie de l'entreprise, le rythme et l'importance des investissements dépendront des stratégies mises en œuvre.
Les stratégies de focalisation ou de spécialisation, sans accroissement d'activité, ne nécessitent souvent que des investissements de remplacement lorsque les équipements sont obsolètes ou insuffisamment performants.
Les stratégies de diversification, de domination par les coûts et de croissance interne, imposent des investissements de modernisation ou de capacité importants et à un rythme soutenu.
Les stratégies de croissance externe ou d'internationalisation exigent souvent des investissements financiers ponctuels mais importants (acquisitions, prises de participation, etc.).

EXEMPLE

Poursuivant une stratégie de domination par les coûts et donc un objectif d'économies d'échelle, Michelin investit 350 millions de dollars sur 4 ans pour agrandir et moderniser ses unités de Caroline du Sud (États-Unis).

3. Le fonds de roulement (FR)

Les capitaux employés pour financer les investissements sont indisponibles durant de longues périodes. On inscrit donc les investissements à l'actif du bilan de l'entreprise comme « immobilisations ». Pour garantir son équilibre financier, l'entreprise doit financer ses investissements par des ressources financières à long terme (capitaux propres, emprunts...) que l'on inscrit au passif du bilan comme « capitaux permanents ».

Le calcul du fonds de roulement (FR) permet de vérifier que l'équilibre financier est réalisé :

FR = Capitaux permanents – Actifs immobilisés

Si le résultat est négatif, l'équilibre financier n'est pas respecté, ce qui fragilise l'entreprise.
L'entreprise doit s'assurer de l'adéquation entre la stratégie choisie et les ressources financières dont elle dispose ou peut disposer préalablement à toute mise en œuvre.

2 Le financement du cycle d'exploitation

1. Le cycle d'exploitation

Le cycle d'exploitation comprend l'ensemble des opérations successives réalisées entre l'achat et la vente (achat, stockage, production, distribution, vente). C'est en général un cycle court.
Entre le paiement des achats et des charges et l'encaissement des ventes, l'entreprise doit disposer d'une réserve suffisante pour financer son cycle d'exploitation.

2. Le besoin en fonds de roulement (BFR)

Le cycle d'exploitation fait apparaître des besoins mais également des ressources de financement :
- le montant et la durée du stockage représentent une charge d'exploitation importante à financer ;
- le montant et la durée des créances clients consécutives aux délais de paiement que l'entreprise accorde à ses clients engendrent des besoins de financement de courte durée mais constamment renouvelés ;
- le montant et la durée des dettes fournisseurs consécutives aux délais de paiement que les fournisseurs accordent à l'entreprise constituent une ressource de financement de courte durée mais récurrente.

La différence entre les besoins liés aux stocks et aux créances clients et les ressources provenant des dettes aux fournisseurs détermine le besoin de financement lié au cycle d'exploitation ou besoin en fonds de roulement.

EXEMPLE

La société Distrivert dispose de stocks pour faire face à 80 jours d'activité et ses clients la règlent à 60 jours. Le cycle d'exploitation total est donc de 140 jours. Cependant, ses fournisseurs lui accordent un délai de paiement de 30 jours. Son BFR est donc équivalent à 110 jours de chiffre d'affaires moyen.

3. L'impact des stratégies sur le BFR

Les besoins de financement du cycle d'exploitation évoluent le plus souvent proportionnellement à l'activité : lorsque le chiffre d'affaires augmente, le BFR augmente également. Toutes les stratégies ayant un impact sur l'activité de l'entreprise ont donc un impact sur le BFR. Les stratégies de croissance vont entraîner une augmentation du BFR. Les stratégies de diversification peuvent en modifier la structure puisque chaque activité aura un cycle d'exploitation propre et donc des besoins spécifiques.

26 LES MODES DE FINANCEMENT DE L'ENTREPRISE

Pour fonctionner et se développer, l'entreprise a de multiples besoins de financement. Elle doit choisir ses modes de financement selon la nature des besoins, ressources à long terme pour financer les investissements et ressources à court terme pour financer l'exploitation, en tenant compte du risque et du coût.

1 Les modes de financement des investissements

Le cycle d'investissement est un cycle long qui nécessite des ressources financières stables. Pour satisfaire ces besoins, l'entreprise doit choisir entre les financements internes (autofinancement, augmentation de capital) et les financements externes (emprunts, crédit-bail).

1. L'autofinancement

L'autofinancement est la capacité de l'entreprise à générer des capitaux grâce à son activité. C'est un mode de financement interne des investissements qui utilise les fonds propres résultant de la politique de répartition du résultat et qui préserve l'indépendance financière de l'entreprise. Il est cependant limité par l'activité et se constitue au détriment de la distribution de dividendes.

2. L'augmentation de capital

L'augmentation de capital permet de trouver des ressources supplémentaires grâce à l'émission d'actions ou de parts sociales nouvelles. S'il est fait appel aux actionnaires d'origine, il s'agit d'une ressource interne, mais si l'augmentation se fait grâce à de nouveaux associés, on peut la considérer comme une ressource externe.

3. L'emprunt

Les emprunts mettent en relation l'entreprise et un ou des prêteurs (banques, établissements de crédit). L'entreprise s'engage à rembourser le capital mis à sa disposition en une ou plusieurs échéances fixées contractuellement et à verser une rémunération périodique : les intérêts. Les prêteurs analysent la situation financière de l'entreprise avant de consentir un emprunt et d'en fixer le montant ; ils exigent souvent des garanties.

4. Le crédit-bail

L'entreprise qui a besoin d'un bien durable peut renoncer à l'acheter elle-même et faire appel au crédit-bail. Ce mode de financement n'apparaît pas au bilan de l'entreprise.

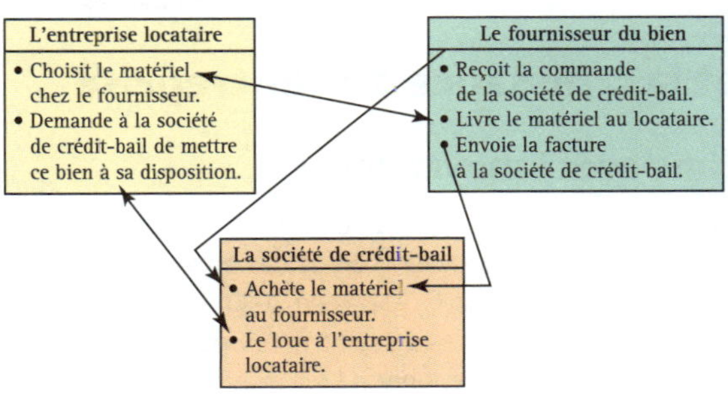

Mode de financement	Niveau de risque	Coût
Auto-financement	Peu risqué, stable et non remboursable	Coût apparent nul mais coût d'opportunité
Augmentation de capital	Peu risqué, sauf dilution du capital et impact sur la gouvernance	Coût maîtrisé car l'entreprise ajuste chaque année le montant des dividendes versés
Emprunt	Risque de perte d'indépendance financière	Coût élevé et variable selon les taux d'intérêt
Crédit-bail	Peu risqué mais limité à certains investissements	Coût des loyers élevé

2 Les modes de financement de l'exploitation

L'entreprise doit pouvoir avancer l'argent pour faire face aux dépenses issues de son cycle d'exploitation avant d'espérer encaisser le produit de ses ventes. Elle doit normalement financer son besoin en fonds de roulement grâce à ses ressources internes issues du fonds de roulement. Cependant, le fonds de roulement est souvent insuffisant et l'entreprise doit faire appel à des financements à court terme.

1. Les concours bancaires

Les concours bancaires désignent l'ensemble des crédits accordés par des banques à court terme : facilités de caisse pour les décalages passagers, crédits relais pour faire face aux besoins exceptionnels, lignes de crédits pour faire face aux variations du BFR et autres crédits à moins d'un an.

2. Le crédit interentreprises

En fonction de leur puissance de négociation, les entreprises obtiennent des délais de paiement de leurs fournisseurs (le crédit fournisseurs) plus ou moins importants qui leur permettent de financer une partie du BFR. La loi de modernisation de l'économie du 4 août 2008 limite le délai accordé à 60 jours à compter de la date d'émission de la facture.

Mode de financement	Niveau de risque	Coût
Concours bancaires	Risque de dépendance financière	Coût très élevé (agios)
Crédit inter-entreprises	– Dépendance vis-à-vis des fournisseurs – Risque client pour le fournisseur	– Coût très faible – Perte de l'escompte dont le client bénéficie parfois lorsqu'il paye comptant

exercices

exercice 1 Le choix d'une stratégie adaptée

La *success story* IKEA – Les atouts de la marque

Petits prix, design étudié, duplication des magasins : IKEA s'appuie sur un* business model *et une identité à part. En créant sa marque unique, le géant suédois a su se rendre incontournable.

IKEA a radicalement transformé le *business model* traditionnel. Au moment où le concept d'IKEA se développait, dans les années 1950 à 1960, le secteur de l'ameublement et du mobilier de maison était un secteur très fragmenté et traditionaliste. Les entreprises du secteur proposaient des designs très traditionnels, et IKEA introduisait le style scandinave moderne. Les entreprises du secteur du mobilier ciblaient essentiellement les ménages âgés, IKEA se concentrait sur les familles avec des enfants. Les entreprises de ce secteur avaient de petites boutiques spécialisées, IKEA construisait des grands magasins où l'on trouve tout pour la maison. Ces entreprises se trouvaient en centre-ville, IKEA installait ses magasins en banlieue, avec des parkings gratuits. Les entreprises du secteur du mobilier vendaient des meubles un par un, IKEA offrait des solutions complètes pour la maison, grâce aux ensembles proposés en magasin et dans le catalogue. Le marketing des entreprises de ce secteur se faisait par la publicité, IKEA introduisait le catalogue distribué gratuitement à tous les foyers de la zone de distribution. Ces entreprises avaient des vendeurs dans les magasins, IKEA lançait le concept de self-service. Elles se concentraient sur le segment le plus cher, l'offre IKEA était à bas prix. Elles vendaient des meubles déjà assemblés, IKEA lançait le concept de meubles en kit à assembler soi-même. Elles produisaient localement, IKEA s'approvisionnait très rapidement à l'international. Elles vendaient en grande majorité les modèles des fournisseurs, IKEA développait sa propre gamme. IKEA a donc créé une marque unique, se distinguant de tous les autres, en s'éloignant du reste de la concurrence d'une manière significative.

C'est grâce à ce *business model* que commence à se développer l'avantage concurrentiel pour les clients. Pourquoi les clients préfèrent-ils IKEA aux autres fournisseurs ? Quels sont les besoins des clients qu'IKEA satisfait ? [Cinq points se détachent] : l'esthétique, l'aspect fonctionnel et la qualité à bas prix ; le design (scandinave) unique ; l'inspiration, les idées et les solutions complètes ; le tout sur place et l'occasion d'une « sortie », l'expérience du shopping.

En examinant ces cinq critères de réussite, on constate que ce sont des solutions très basiques répondant aux besoins des clients, qui sont également offertes par la plupart des entreprises. Pour moi, la différence réside dans la capacité d'IKEA à être la meilleure dans la réponse à ces besoins, grâce à son approche différente sur la réalisation de ces solutions (le *business model*). [...] La vraie force d'IKEA est qu'elle a su combiner les cinq critères. En les rassemblant, elle est devenue unique et irremplaçable pour sa clientèle.

Tiphaine Thuillier, LEntreprise.com, 31/07/2012

ENTRAÎNEZ-VOUS

1. Qu'est ce qui distingue IKEA des fournisseurs de meubles traditionnels ?
2. Montrez comment IKEA a su se forger un avantage concurrentiel sur son marché.
3. Quelle stratégie de domaine cette entreprise poursuit-elle ? Justifiez votre réponse.

CORRIGÉS p. 131

exercice 2 Le développement et la croissance de l'entreprise

Comment Decathlon rime avec innovation

Modèle Innover, c'est le secret du succès de l'enseigne de distribution qui conçoit depuis quinze ans des articles de sport exclusifs. [...]

Oxylane-Decathlon meilleur qu'Apple en créativité ? Peut-être, si l'on en juge par le nombre de trophées internationaux d'innovation ou de design remportés par l'enseigne nordiste : 30 prix en 2011. Le numéro un des ventes d'articles de sport en Europe emploie également plus de designers (130) que Renault !

En fait, il y a belle lurette que Decathlon ne se réduit plus aux « cubes bleus », expression péjorative pour désigner ses magasins. « L'innovation, le design ont longtemps été la face cachée de Decathlon, même s'ils étaient dans l'ADN du groupe dès sa création, en 1976 », estime Guillaume Richard, maître de conférences, responsable de la licence Staps et management du sport, à Nancy. De simple revendeur, le distributeur de matériel sportif est devenu concepteur de l'essentiel des produits vendus sous ses marques propres. Il en possède une vingtaine, dites marques Passion : Quechua pour la montagne, Tribord pour les sports aquatiques, Inesis pour le golf, Artengo pour le tennis ou Domyos pour l'univers du fitness. Le groupe réalise avec elles plus de 60 % de son chiffre d'affaires : 6,506 milliards d'euros en 2011, en hausse de 8,8 % sur un an. Une croissance qui doit certes beaucoup au rythme des ouvertures de magasins (une soixantaine l'an passé, autant cette année), mais avant tout à un management de l'innovation inédit dans la grande distribution.

Oxylane Research, le noyau dur

« Nous avons une structure transverse – Oxylane Research, à Lille, composée d'une cinquantaine d'ingénieurs et de doctorants – qui a nouée des relations avec 20 partenaires externes privilégiés. Elle accompagne les marques et apporte sa caution scientifique », explique Vincent Leenhardt, directeur de l'innovation du groupe. Oxylane Research, c'est le noyau dur. [...]

20 « marques Passion » autonomes

« Notre stratégie accorde un maximum d'autonomie à nos marques Passion, qui sont les plus proches des utilisateurs, confie Vincent Leenhardt. [...] Depuis 2005, le groupe a donc décentralisé l'innovation, permettant à Kalenji, Quechua, Tribord, Wed'ze ou Artengo de multiplier trouvailles, améliorations ou vraies innovations de rupture.

Étienne Gless, LEntreprise.com, 28/06/2012.

ENTRAÎNEZ-VOUS

1. Identifiez le type de croissance de Decathlon. Justifiez votre réponse.

2. Montrez comment l'entreprise a mené cette stratégie de croissance.

3. Sur quelle compétence fondamentale Decathlon a-t-il fondé sa croissance ?

CORRIGÉS p. 131

exercice 3 Le financement des entreprises

Le capital-risque : l'arme anti-crise !

Interview de Gilles Babinet, serial entrepreneur et ex-président du Conseil National du Numérique, nommé « Digital champion » en juin 2012 par la ministre Fleur Pellerin auprès de Nelly Kroes, la commissaire européenne chargée du Numérique.

– En tant que serial entrepreneur, quelle a été votre expérience du financement ?

J'ai vécu deux types de financement extrêmement opposés. Mes deux premières entreprises ont grandi avec de l'autofinancement uniquement. Ensuite, j'ai pu financer le développement de mes entreprises suivantes avec du capital-risque et avec Oséo. Par expérience, je pense qu'il est difficile de connaître un fort développement avec l'autofinancement. Ce n'est pas une stratégie viable si l'on souhaite avoir une croissance forte. Avec l'autofinancement, le développement prend des années, et le dirigeant passe son temps à gérer des problèmes de manque de cash dans les caisses. Même avec une entreprise ayant un cash-flow positif, la croissance rapide est impossible.

www.dynamique-mag.com

ENTRAÎNEZ-VOUS

1. Repérez les deux modes de financement auxquels Gilles Babinet a eu recours en tant qu'entrepreneur.

2. Les investisseurs en « capital-risque » apportant du capital à l'entreprise, comparez les deux modes de financement retenus.

3. Quelle est, pour Gilles Babinet, la limite stratégique de l'autofinancement ?

CORRIGÉS p. 131

exercices

exercice 4 L'intérêt d'une GPEC

Air France : accord triennal de gestion prévisionnelle de l'emploi Personnel Sol

Dotée aujourd'hui d'une flotte récente et moderne, moins consommatrice en carburant, d'un réseau qui permet d'offrir à ses clients une combinabilité de tarifs avec un large choix de destinations, proposant une qualité de services en adaptation permanente aux attentes de ses clients, Air France possède tous les atouts pour poursuivre sa stratégie industrielle de leader mondial dans son activité.

Elle doit pour cela affronter une concurrence sans cesse plus aguerrie, qu'elle provienne, en Europe même, des compagnies *low cost* ou du TGV, des compagnies américaines, ou des compagnies asiatiques.

Conscients de ces enjeux et de la nécessité de maintenir la compétitivité de l'entreprise par une adaptation permanente aux attentes des clients, aux mutations technologiques et aux contraintes économiques, les parties signataires conviennent d'élaborer par cet accord des dispositifs permettant d'anticiper les conséquences de ces évolutions.

En effet, les mutations, quelles qu'elles soient, sont susceptibles de générer des changements structurels profonds dans la définition et l'exercice de nos métiers. Nous allons devoir adapter nos processus, acquérir les compétences nécessaires à la maîtrise et la mise en œuvre de nouveaux outils et redéployer les ressources internes sur les métiers et les lieux en croissance.

http://www.anact.fr/portal/pls/portal/docs/1/222322.PDF

ENTRAÎNEZ-VOUS

1. Montrez les défis auxquels doit faire face Air France.

2. Mettez en évidence les objectifs de la signature d'un accord de GPEC.

CORRIGÉS p. 132

exercice 5 La structure de l'entreprise

La SAS TCMB est spécialisée dans la rénovation de bâtiments depuis 1975. Elle est dirigée depuis sa création par Henri Garbarek ; son effectif est passé de 4 à 67 salariés. Le DG continue à assurer le développement commercial et contrôle la réalisation des chantiers en s'appuyant sur 5 chefs de chantier.

Il s'est adjoint un responsable administratif et financier et un responsable des approvisionnements. Des conflits internes ont montré la nécessité de faire évoluer la structure car il devient difficile au DG de contrôler toutes les décisions et de répondre en temps réel aux salariés.

Henri Garbarek a reçu récemment de nombreuses demandes de ses clients concernant des installations photovoltaïques. Comme il ne dispose pas des ressources pour mettre en œuvre sa propre R&D, il a contacté un laboratoire de recherche situé dans la technopole voisine. Une coentreprise a été créée.

Il envisage par ailleurs de créer une division Énergie (en complément des divisions Rénovation et Ravalement) dotée d'un responsable (promotion d'un chef de travaux) et de mettre en place une démarche qualité en recrutant un qualiticien qui lui sera directement rattaché car la pression des clients rend cette démarche indispensable. Un directeur commercial viendra le décharger. Le directeur administratif et financier a obtenu la création d'un poste de responsable des ressources humaines sous son autorité, auquel un employé sera rattaché.

ENTRAÎNEZ-VOUS

1. Caractérisez la structure de l'entreprise TCMB. Indiquez les modes de coordination, le degré de centralisation et le degré de division du travail.

2. Caractérisez le système de production de l'entreprise.

3. Comment la politique d'innovation est-elle mise en œuvre par le dirigeant ?

4. Identifiez les facteurs qui obligent le DG à faire évoluer la structure de TCMB.

5. Représentez la nouvelle structure de TCMB. Qualifiez-la et montrez en quoi elle répond aux difficultés rencontrées par la société.

CORRIGÉS p. 132

corrigés

exercice 1 page 128

1. IKEA se distingue des fournisseurs de meubles traditionnels par sa capacité à innover. Dans un secteur très fragmenté, traditionaliste avec des designs très traditionnels, IKEA introduit le style scandinave moderne et se démarque des entreprises du secteur qui :
- ciblaient essentiellement les ménages âgés, alors qu'IKEA se concentre sur les familles avec des enfants ;
- avaient de petites boutiques spécialisées, alors qu'IKEA construit des grands magasins généralistes pour la maison ;
- se trouvaient en centre-ville, alors qu'IKEA installe ses magasins en banlieue avec des parkings gratuits ;
- vendaient des meubles un par un, alors qu'IKEA offre des solutions complètes pour la maison ;
- communiquaient par la publicité, alors qu'IKEA introduit le catalogue distribué gratuitement à tous les foyers de la zone de distribution ;
- avaient des vendeurs dans les magasins, alors qu'IKEA lance le concept de self-service ;
- se concentraient sur le segment le plus cher, alors que l'offre IKEA est à bas prix ;
- vendaient des meubles déjà assemblés, alors qu'IKEA lance le concept de meubles en kit à assembler ;
- produisaient localement, alors qu'IKEA s'approvisionne très rapidement à l'international ;
- proposaient les modèles de leurs fournisseurs, alors qu'IKEA offre sa propre gamme et crée une marque unique.

2. L'entreprise a su se forger un avantage concurrentiel sur son marché en répondant parfaitement aux besoins des clients grâce à une offre adaptée au niveau de :
1. l'esthétique ;
2. l'aspect fonctionnel et la qualité à bas prix ;
3. le design (scandinave) unique ;
4. l'inspiration ;
5. les idées et les solutions complètes.

La commercialisation de ses produits dans un espace de vente innovant permet de prendre un avantage sur les concurrents en créant une expérience de shopping unique.

3. L'entreprise poursuit une stratégie de domaine fondée sur la différenciation. En effet, elle a su proposer une offre ayant des caractéristiques différentes mais mieux adaptées aux besoins de ses clients que celle de ses concurrents.

exercice 2 page 128

1. Le type de croissance adopté par Decathlon est interne ou organique. En effet, l'entreprise a créé elle-même ses nouvelles capacités et n'a pas acquis pour croître des actifs existants.

2. L'entreprise a mené cette stratégie de croissance grâce à deux facteurs :
- en concevant l'essentiel des produits vendus sous ses marques propres. Elle en a créé une vingtaine, dites marques Passion : Quechua pour la montagne, Tribord pour les sports aquatiques, Inesis pour le golf, Artengo pour le tennis ou Domyos pour l'univers du fitness. Cela a contribué à la hausse de son chiffre d'affaires (6,506 milliards d'euros en 2011, en hausse de 8,8 % sur un an) ;
- en multipliant les ouvertures de magasins (une soixantaine en 2011, autant en 2012).

3. La compétence fondamentale sur laquelle Decathlon a fondé sa croissance est sa capacité à mettre en œuvre un management de l'innovation inédit dans la grande distribution. Avec son laboratoire des sciences du mouvement. Oxylane Resarch, Decathlon a remporté un nombre considérable de trophées internationaux d'innovation ou de design (30 prix en 2011), ce qui a contribué à son succès et a facilité la croissance du nombre de magasins.

exercice 3 page 129

1. En tant qu'entrepreneur, Gilles Babinet a eu recours à l'autofinancement dans un premier temps puis au capital-risque – financement apporté, sous la forme d'une prise de participation au capital – par la suite.

2. L'autofinancement présente les avantages d'être stable, non remboursable et d'un coût réduit au coût d'opportunité. En revanche, il est limité et ne permet pas de développer rapidement l'entreprise. Le capital-risque consiste en une prise de participation au capital. Il apporte les ressources nécessaires au développement de l'entreprise. Si son coût est maîtrisé par contre il comporte un risque de dilution du capital et a des conséquences sur la gouvernance de l'entreprise.

3. L'autofinancement est limité aux ressources générées par l'entreprise. De ce fait il ne constitue pas un mode de financement adapté aux stratégies de croissance rapide.

exercice 4 page 130

1. Air France doit faire face à de nombreux défis provenant de son microenvironnement (la concurrence de plus en plus vive), tout comme de son macroenvironnement (les évolutions technologiques, le prix des carburants, la situation économique).

2. L'accord de GPEC permet d'établir un dialogue social avec les partenaires sociaux dans l'entreprise de façon à prévoir les conséquences sur l'emploi de ces défis.
Ces défis peuvent faire évoluer la stratégie de l'entreprise et provoquer des changements structurels profonds. La GPEC permet d'anticiper les besoins humains nouveaux et de s'y adapter. Elle prévoit les compétences nécessaires et les mesures d'adaptation (formation, développement de la polyvalence) à mettre en œuvre. C'est une démarche qui permet d'anticiper le changement de façon à adapter l'emploi aux variations de l'environnement et de la stratégie de l'entreprise.

exercice 5 page 130

1. La structure de l'entreprise TCMB est de type fonctionnel avec une direction et trois fonctions rattachées.
Le mode de coordination est la supervision directe. Le dirigeant exerce en effet un contrôle sur les chantiers.
La centralisation est importante. La prise de décision repose sur le dirigeant.

2. La société TCMB réalise des travaux de rénovation et de ravalement de façades. Chaque chantier est spécifique. La production est donc réalisée à l'unité. Elle est effectuée à la demande du client et réalisée en discontinu.

3. Un travail de veille en relation avec les clients a permis au dirigeant d'identifier un nouveau besoin. La politique d'innovation qui en découle s'appuie sur un partenariat avec un laboratoire de recherche. Une démarche qualité est également engagée avec le recrutement d'un qualiticien.

4. Les facteurs qui obligent l'entreprise à faire évoluer sa structure sont internes :
- difficultés liées à la centralisation excessive des décisions : le dirigeant ne peut plus tout contrôler. Il devient nécessaire de déléguer ;
- conflits internes reflétant cette situation.

Il existe également des facteurs externes :
- montée d'une nouvelle demande des clients pour les installations solaires ;
- demande d'une démarche qualité.

5. La nouvelle structure de TCMB s'apparente désormais à une structure divisionnelle dans laquelle trois divisions par activités ont été créées.
La création d'une fonction de responsable commercial permet de décharger le dirigeant.
La création du qualiticien et d'un responsable Énergie répond aux attentes du marché et des clients.

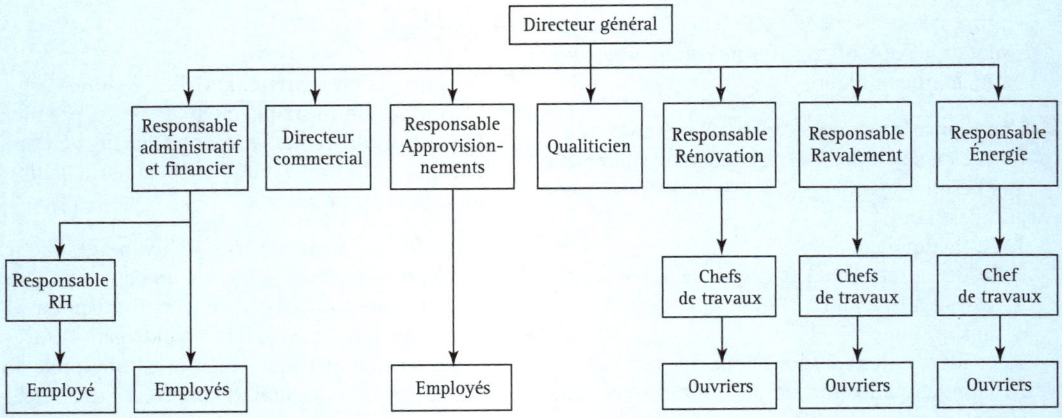

PRÉSENTATION DE L'ÉPREUVE

Comment se présente l'épreuve de Management des entreprises au BTS ?

1 Objectifs, durée et coefficient

L'épreuve vise à évaluer les savoirs et les compétences acquis au cours des deux années de formation. Elle permet de vérifier votre capacité à les mobiliser pour analyser des pratiques de management des entreprises. C'est une épreuve écrite.

L'épreuve dure 3 heures et se voit appliquer un coefficient 1.

2 Les critères d'évaluation

L'épreuve vise à évaluer vos capacités à :
- analyser le fonctionnement, les modes de management, les choix stratégiques et opérationnels, la structure de l'entreprise à l'aide des outils pertinents ;
- identifier, expliciter et caractériser le ou les problèmes de management et établir un diagnostic (ou une partie de diagnostic) pour préparer la prise de décision ;
- proposer des solutions pertinentes et envisager leur mise en œuvre dans le contexte présenté ;
- argumenter vos analyses et vos propositions.

3 La forme de l'épreuve

Le sujet est composé de trois parties :
- la description d'une situation contextualisée qui présente une ou des entreprises ainsi que leur environnement et une situation de management ;
- une série de questions qui permet d'analyser la situation, identifier le problème de management et proposer des solutions ;
- un dossier documentaire composé de documents ressources.

Les conseils pour réussir l'épreuve

Pour réussir l'épreuve de Management des entreprises, vous devez :
- utiliser vos connaissances et les mettre au service de la résolution d'un problème de management ;
- recourir à des outils de management appropriés ;
- exploiter les ressources documentaires pour résoudre le problème qui vous est soumis ;
- reformuler les questions pour mieux en comprendre la portée et dégager les notions de référence ;
- adopter une démarche en trois temps :
  - analyser la situation ;
  - identifier le problème de management ;
  - apporter des solutions.

Il convient donc d'éviter les pièges suivants :
- exposer toutes vos connaissances des notions et des théories sans faire le lien avec le problème de management ;
- faire un inventaire d'outils de management ;
- paraphraser les ressources documentaires sans les replacer dans leur contexte ;
- passer trop rapidement à la phase de rédaction sans avoir perçu la globalité de la situation.

La méthodologie de résolution d'un cas de management

1 Lire attentivement la situation de management

La description de la situation doit vous permettre d'identifier la nature de l'entreprise à étudier et de situer son environnement. Vous devez également repérer le problème de management que vous aurez à résoudre.
Les questions doivent alors vous guider dans l'analyse du cas de management. Il faut repérer le fil conducteur, c'est-à-dire identifier la cohérence existant entre les questions.

2 Lire le dossier documentaire de façon approfondie

Vous devez effectuer une lecture guidée des différents documents. Pour cela, vous devez extraire les informations utiles des documents fournis.
Vous pouvez réaliser au brouillon un tableau qui peut prendre la forme suivante :

	Idée principale	Informations utiles pour comprendre...		
		... le contexte	... le problème	... les solutions
Doc. 1				
Doc. 2				
...				

3 Mobiliser ses connaissances

Les connaissances acquises au cours des deux années doivent être mises en perspective avec le cas de management qui vous est soumis. Il s'agit d'exposer vos connaissances en relation avec le contexte du cas. Outre les savoirs, vous devez également mobiliser les outils d'analyse et les mettre en œuvre lors du traitement des questions.

EXEMPLE

Pour répondre à la question «*Réalisez un diagnostic externe de l'entreprise.*», vous devez recourir à vos connaissances sur les objectifs du diagnostic. Il s'agit dans ce cas de repérer les opportunités et les menaces de l'environnement. Vous devez également utiliser les techniques d'analyse telles que la méthode PESTEL et les forces concurrentielles de Porter.

Notez au brouillon les notions et les outils d'analyse que vous pensez devoir utiliser.

4 Répondre aux questions

Le problème de management est désormais clair : vous l'avez identifié et vous avez les éléments de solutions à apporter. Vous devez maintenant associer vos connaissances, les outils et les documents pour répondre aux questions.
En reprenant les questions, vous devez construire votre réponse à partir des informations collectées dans les étapes préparatoires. Ce travail est à réaliser au brouillon.
Vous devez vous assurer de la cohérence de la démarche :

Contexte de l'entreprise ⇨ Problème(s) de management ⇨ Solutions au(x) problème(s) de management

5 Rédiger ses réponses

Vos réponse doivent être rédigées et construites. La rédaction des réponses se fait directement sur la copie à partir de l'ensemble des notes prises lors des étapes précédentes.
Relisez-vous pour corriger les fautes d'orthographe et de grammaire.

ÉTUDE ET VEILLE DES MARCHÉS ÉTRANGERS

Pour s'entraîner à l'épreuve :

Les sujets d'examen de l'épreuve E41 et leurs corrigés sur le site Internet www.nathan.fr/reflexe

1 LA DÉMARCHE MERCATIQUE

La mercatique (ou marketing) est un ensemble d'actions qui a pour objectif de mettre à disposition du consommateur un bien ou un service en fonction de ses besoins reconnus ou pressentis. Les différences environnementales et en particulier les spécificités culturelles et réglementaires rendent cette démarche beaucoup plus complexe et risquée à l'international.

1 Les évolutions de la démarche mercatique

1. Les origines de la démarche mercatique

Le marketing en tant que démarche structurée et pratique managériale apparaît dans les entreprises dans la première moitié du XXe siècle, en particulier aux États-Unis au lendemain de la crise de 1929. Au-delà de ses ressorts financiers, cette crise démontre la nécessité d'une prise en compte des modes de fonctionnement du marché comme préalable à toute activité commerciale.

2. La mercatique de masse : une optique de l'offre

Au lendemain de la Seconde guerre mondiale, sous l'impulsion d'une production de masse et du développement de nouveaux marchés à l'origine de ce qui fut qualifié de « société de consommation », le marketing a pour fonction première de vendre des produits standardisés à une clientèle la plus large possible. Ce marketing de l'offre va ainsi servir la productivité et la rentabilité de l'activité, en particulier par l'obtention d'économies d'échelle.

3. La mercatique orientée client

a) La mercatique segmentée

La crise économique des années 1970 amène les entreprises à analyser et à anticiper les évolutions de leur marché (développement des études de marché). Par ailleurs, l'intensité de la concurrence les encourage à singulariser leur offre pour mieux répondre aux attentes des consommateurs, de moins en moins satisfaits par le marketing de masse indifférencié que leur proposent les entreprises.

Ainsi, à partir des années 1980, la priorité est de satisfaire les besoins spécifiques des consommateurs et d'adapter l'approche commerciale du marché en proposant une offre ciblée à des groupes homogènes de consommateurs (appelés « segments ») qui ont des similitudes en termes de besoins et de comportements.

EXEMPLE

Le marketing générationnel avec la caractérisation du segment senior.

Le client est alors au centre de la démarche mercatique et au cœur de l'organisation de l'activité de l'entreprise.

b) La mercatique individualisée

L'intensité croissante de la concurrence conjuguée au progrès technique et technologique, en particulier dans le secteur des nouvelles technologies de l'information et de la communication (NTIC) amènent, à partir des années 1990, les entreprises et la fonction marketing à individualiser et à personnaliser leur offre. Chaque client devient un marché particulier, un véritable actif stratégique, et la fidélisation de ce dernier devient un enjeu prioritaire.

Les entreprises vont donc développer un marketing de proximité pour mettre en place, avec chaque client, les cadres d'une approche commerciale directe (marketing direct) en exploitant en particulier les outils du marketing relationnel tels que le publipostage, l'e-mailing...

2 Les deux dimensions d'une démarche mercatique

1. Le marketing stratégique

a) Le marketing d'étude et la veille informationnelle

Avant de développer toute stratégie de conquête d'un marché et de mettre en place les conditions de commercialisation d'un produit, l'entreprise doit comprendre les mécanismes de fonctionnement de ce marché.

Le marketing d'étude et les pratiques de veille (pratiques de surveillance et d'analyse en continu du marché) permettent de collecter une information qui se placera au service des choix stratégiques et opérationnels.

Par ailleurs, la diversité des situations environnementales oblige le plus souvent l'entreprise exportatrice à adapter son approche à chaque marché étranger. Au-delà des phénomènes de mondialisation des échanges et d'une tendance à la globalisation des pratiques commerciales à l'international, tout marché étranger présente en effet des spécificités environnementales et des particularismes.

Aussi, l'approche mercatique du marché débute toujours par une étude du pays-cible afin d'identifier les caractéristiques environnementales, et en particulier :

- les variables culturelles qui sous-tendent non seulement les comportements d'achat et les modes de consommation mais qui influencent également les comportements des partenaires commerciaux et les pratiques managériales locales ;
- les contextes réglementaires locaux ;
- les acteurs et intermédiaires assurant la distribution du produit sur le marché.

La méconnaissance et une mauvaise appréciation des caractéristiques environnementales du marché exposent l'entreprise à de multiples risques sources de litiges.

Dans le prolongement de l'étude pays, l'étude sectorielle permettra ensuite d'identifier les caractéristiques de l'offre et de la demande sur le marché export visé.

b) Le diagnostic et les choix stratégiques

L'information collectée lors des études de marché et des pratiques de veille est exploitée par l'entreprise pour dresser un diagnostic et ainsi identifier les menaces et opportunités (c'est-à-dire les risques et les potentialités) que présente le marché (diagnostic externe). Cette première dimension du diagnostic doit caractériser en particulier les risques éventuels à couvrir (risques liés au paiement, par exemple).

Au regard du diagnostic externe et de l'information collectée lors de l'étude de marché et des pratiques de veille, l'entreprise analysera ensuite ses capacités à exporter en identifiant les forces et les faiblesses (diagnostic interne) qui caractérisent ses ressources et ses modes de fonctionnement.

C'est à partir de cet état des lieux et de cette réflexion que l'entreprise va définir les orientations et les modes d'action stratégiques qui caractériseront sa démarche commerciale internationale. L'entreprise sera alors confrontée aux choix et décisions stratégiques suivants :

- caractériser le ou les segments cibles de clientèle ainsi que le positionnement concurrentiel de son offre ;
- adapter une approche en couples produit-marché (une offre adaptée en fonction d'une cible de clientèle) ou proposer une offre indifférenciée sur le marché étranger visé ;
- globaliser ses politiques commerciales sur l'ensemble de ses différents marchés étrangers ou les localiser en les adaptant de manière spécifique en fonction des particularismes locaux.

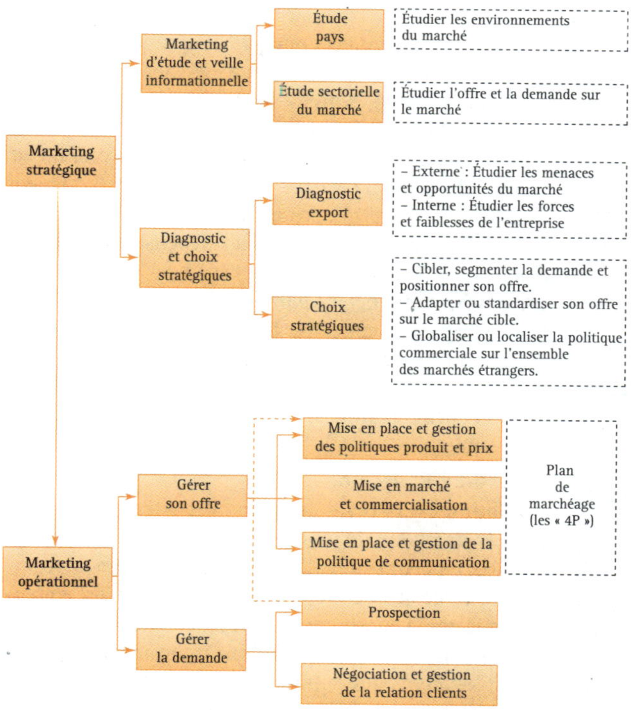

2. Le marketing opérationnel

a) Gérer son offre commerciale : Le plan de marchéage

En fonction des décisions stratégiques, l'entreprise décide de mettre en place des politiques et des actions commerciales (plan de marchéage ou *mix marketing*) pour assurer une offre adaptée aux attentes du marché et une gestion durable de la relation avec les clients étrangers.

À partir de la réflexion stratégique et de l'information collectée sur le marché, le plan de marchéage (appelé aussi « modèle des 4P » : *Product, Price, Place, Promotion*) combine les 4 variables d'action de la politique commerciale, pour répondre sur un plan opérationnel au questionnement suivant : quel produit (conditions d'adaptation éventuelles, positionnement, marque, gamme…), à quel prix, sur quel(s) circuit(s) de distribution et avec quel(s) mode(s) de communication ?

b) Gérer la demande : un objectif, créer de la valeur pour le client

Ce « modèle des 4P » caractérise une approche produit principalement orientée vers l'offre et identifie insuffisament la dimension client et la place centrale que celui-ci doit occuper dans l'organisation de la démarche mercatique de l'entreprise. Ainsi, dans une optique client, la « règle des 4C » tend à se substituer au modèle des 4P en identifiant :

- la valeur que représente le produit pour le Consommateur (*Customer*) ou valeur perçue ;
- ce que représente le Coût global du produit (*Cost*) au regard de la valeur perçue par le client ;
- la Commodité (*Convenience*), c'est-à-dire la possibilité pour le client d'utiliser de multiples canaux de distribution (vente directe par Internet, catalogue ou téléphone – vente par des détaillants approvisionnés par un grossiste…). Cette stratégie multicanal permet de proposer le canal de distribution le mieux adapté à chaque segment de clientèle et optimise la visibilité des produits de l'entreprise ;
- la Communication (*Communication*), dont l'objectif initial est de faire connaître le produit commercialisé sur le nouveau marché. La communication se placera ensuite au service d'une gestion durable et personnalisée de la relation client, en particulier par l'exploitation des outils propres aux nouvelles technologies de l'information et de la communication (messageries, logiciels de gestion de la relation clients…).

Cette approche des 4C s'applique tout particulièrement au contexte commercial du marketing international dont la démarche, dans la très grande majorité des cas, correspond à une démarche commerciale interentreprises (*Business to Business* ou *B to B*) avec une cible composée d'entreprises commerciales ou industrielles.

Il convient donc non seulement de maîtriser les attentes des consommateurs finaux auxquels est destiné le produit, mais également de proposer une démarche commerciale qui satisfasse l'entreprise étrangère cliente, qui, le plus souvent, se place comme intermédiaire (importateur-distributeur, centrale d'achat, grossiste…) entre l'exportateur et le client final.

2 L'ENVIRONNEMENT ÉCONOMIQUE ET SOCIAL D'UN MARCHÉ

Connaître la situation économique et sociale d'un marché permet d'évaluer son potentiel de développement et d'accueil. Cette situation s'analyse à partir d'indicateurs chiffrés. Au delà des indicateurs les plus courants, il est nécessaire d'élargir le champ de l'étude par une approche plus qualitative.

1 Méthodologie

1. Comparer les données

Pour bien interpréter chaque indicateur, des comparaisons sont nécessaires. Les évolutions dans le temps distinguent les données définitives, les estimations et les prévisions. La situation d'un pays sera comparée avec celle d'autres pays ayant un niveau de développement proche.

2. Éliminer les effets de la hausse des prix

Beaucoup d'indicateurs sont exprimés en monnaie. Or, la valeur interne d'une monnaie varie du fait de l'inflation. Pour l'étude des évolutions dans le temps, il convient de comparer des données exprimées en volume, c'est-à-dire en monnaies constantes.

3. Tenir compte du choix du taux de change

Les comparaisons internationales se font habituellement en dollar (USD). La valeur des indicateurs sera donc influencée par le choix du taux utilisé pour convertir en USD des données calculées initialement en monnaie nationale. Une solution souvent retenue est celle de la parité de pouvoir d'achat (PPA), un taux de conversion monétaire qui exprime le rapport entre les quantités de monnaies nécessaires dans des pays différents pour se procurer le même « panier » de biens et services. Ce taux de conversion peut être différent du taux de change, qui reflète les valeurs réciproques de deux monnaies sur les marchés financiers internationaux et non leurs valeurs pour un consommateur.

2 Les informations les plus courantes

1. Les chiffres-clés

a) Le PIB

Le PIB, produit intérieur brut aux prix du marché, représente la somme des valeurs produites par les biens et les services qui se vendent dans un pays. On y ajoute les services non marchands (l'éducation, par exemple). Comme leur prix n'est pas fixé par le marché, ils sont évalués à leur coût de production. Le taux de croissance du PIB est appelé plus simplement « taux de croissance ». On divise le PIB par la population pour obtenir le PIB par habitant.

Ces indicateurs sont très utilisés parce qu'ils sont disponibles pour la plupart des pays. Le PIB mesure l'importance de l'activité économique d'un pays en évaluant la richesse créée en biens et services pendant une année. Cette richesse est source de revenus pour les personnes qui travaillent, les entreprises et leurs actionnaires, l'État, les collectivités locales et les organismes de Sécurité sociale. La part des revenus distribués à chaque agent économique varie selon les pays, et le PIB par habitant n'est qu'une moyenne qui ne tient pas compte de la répartition.

Tout ce qui échappe à une facturation est exclu du calcul du PIB, même si cela favorise le bien-être : les soins prodigués aux proches, les légumes et les poules du jardin, le bricolage entre amis, les nombreux services offerts par des bénévoles, le travail non déclaré. Ces activités ont une place très importante dans certains pays et leur prospérité est sous-évaluée si l'on ne s'en tient qu'au PIB.

La richesse évaluée par le PIB correspond aussi en partie à des activités qui ont un impact négatif sur les conditions de vie des habitants à cause de la pollution, du temps passé dans les transports, ou de la surexploitation des ressources.

Il ne faut donc pas confondre la croissance d'un pays avec son développement, ensemble des changements productifs ou sociaux dont le résultat est d'améliorer les conditions d'existence de la population dans son ensemble.

b) La consommation des ménages et l'investissement

Ils permettent une estimation globale du potentiel d'un marché.

Un ménage, au sens économique, se définit comme l'ensemble des occupants d'un même logement. La consommation des ménages prend en compte tous les biens et services achetés, y compris les achats de meubles, d'automobiles ou de logement. Dans ce dernier cas, on ne comptabilise pas la valeur d'acquisition du logement mais le loyer fictif que les ménages propriétaires paieraient s'ils étaient locataires. Les dépenses de santé et d'éducation sont aussi ajoutées même si elles ne sont pas payées entièrement par les ménages.

L'investissement concerne les entreprises et les administrations. Il s'agit des achats d'actifs corporels (machines, bâtiments...) et incorporels (brevets d'invention, licences, marques, logiciels) utilisés pendant au moins un an.

c) Le taux d'inflation

L'inflation est la perte du pouvoir d'achat d'une monnaie. Pour évaluer le taux d'inflation, on utilise l'indice des prix à la consommation. C'est une mesure approximative parce qu'elle suppose que l'inflation n'est engendrée que par la consommation des ménages, alors qu'elle dépend aussi des consommations intermédiaires et des investissements des entreprises et des administrations.

L'inflation n'engendre pas nécessairement une perte de pouvoir d'achat des agents économiques. Celle-ci ne se produit que si la hausse de leurs revenus est inférieure à la hausse des prix.

d) Le taux de chômage

Selon la définition du Bureau international du travail (BIT), le chômage représente l'ensemble des personnes de 15 ans et plus privées d'emplois et qui en recherchent un. Sa mesure est complexe. Les frontières entre emploi, chômage et inactivité ne sont pas toujours faciles à établir, ce qui amène souvent à parler d'un « halo » autour du chômage. D'un point de vue commercial, un taux de chômage élevé peut influencer la structure de la consommation et induire des comportements d'achat plus prudents.

e) Le solde public

Il s'agit de la différence entre les recettes et les dépenses de l'État, des collectivités locales et des organismes de Sécurité sociale. L'impact d'un déficit public sur la consommation et l'investissement s'apprécie différemment selon les situations.

Il peut être bénéfique car il engendre des commandes publiques et est source de distribution de revenus qui stimulent la demande.

Mais ce déficit doit être financé auprès des marchés financiers et il augmente peu à peu la dette des États. Or, déficit et dette peuvent être considérés comme excessifs, à la fois par le gouvernement du pays, mais aussi par les agences de notations auxquelles se réfèrent les prêteurs sur les marchés financiers. Dans ce cas, l'État pourra décider de mener une politique de rigueur qui réduira la consommation et l'investissement.

f) La répartition de la production par activités

Elle est très utile pour une première évaluation des activités porteuses.

Les instituts nationaux de statistique publient des nomenclatures permettant de classer les entreprises. Par exemple, en France, l'Insee (Institut national de la statistique et des études économiques) publie la nomenclature d'activités française (NAF). Grâce à elle, il est possible de trouver des statistiques selon 5 niveaux de regroupement, du plus général (21 sections) au plus détaillé (732 sous-classes).

2. L'évaluation du degré d'ouverture internationale

L'accessibilité d'un marché s'apprécie à partir de l'analyse de ses importations et des investissements directs étrangers (IDE) entrant dans le pays.

L'analyse des importations de biens et services se fait d'abord globalement. Leur montant rapporté au PIB donne une information sur l'importance des achats extérieurs dans l'activité du pays. On recherchera aussi quels sont les principaux pays fournisseurs et les groupes de produits importés. Des données très détaillées sont disponibles sur le site www.intracen.org.

Le montant des IDE entrants renseigne sur l'importance des capitaux étrangers.

L'analyse des exportations et des IDE sortants permet d'apprécier la compétitivité internationale des entreprises du pays.

Ces analyses seront complétées par une étude de l'impact du taux de change des principales monnaies de facturation.

3. L'analyse de la conjoncture

Cofacerating.fr publie pour chaque pays, à la rubrique « appréciation du risque », une analyse actualisée de l'évolution des grands agrégats macroéconomiques.

3 Les informations complémentaires en vue d'une approche plus qualitative

1. La répartition du revenu

Le revenu disponible se répartit en revenus primaires (revenu du travail, du capital, de la propriété) et revenus de transfert (prestations sociales).

On recherchera également la répartition des revenus par décile (un décile correspond à un dixième de la population), le rapport entre le revenu moyen des 10 % les plus riches et celui des 10 % les plus pauvres, le taux de pauvreté, qui est le pourcentage de la population qui perçoit moins de 60 % du revenu médian (revenu au dessous duquel se situe la moitié des revenus).

L'indice de Gini est un indicateur d'inégalité de salaires, de revenus ou de niveaux de vie. Il varie entre 0 et 1. L'inégalité est d'autant plus forte que l'indice de Gini est élevé.

2. L'indice de développement humain (IDH)

Le développement d'une société ne s'évalue pas uniquement par des indicateurs monétaires. De nombreux organismes proposent des évaluations plus qualitatives. La plus diffusée est l'IDH, un indice synthétique publié par le Programme des Nations unies pour le développement (PNUD). Il prend en compte 3 dimensions : le niveau de vie, la santé et l'espérance de vie, la diffusion des connaissances.

L'IDH est compris entre 0 et 1. Plus il se rapproche de 1, plus le pays est proche des objectifs fixés par le PNUD : 40 000 USD/PPA pour le PIB par habitant, 85 ans pour l'espérance de vie, 100 % pour les taux d'alphabétisation et de fréquentation scolaire.

3. L'empreinte écologique

Elle évalue l'impact des activités humaines sur les ressources naturelles renouvelables. Elle mesure la surface de terres productives et d'écosystèmes aquatiques nécessaires pour fournir les principales ressources consommées par une population et pour absorber ses déchets. Cette surface est alors comparée à la surface effectivement disponible sur la Terre. Le site footprintnetwork.org donne la valeur de l'empreinte écologique pour chaque pays.

4. Les émissions de CO_2

Leur contrôle devient un enjeu planétaire et offre des opportunités d'affaires dans les secteurs des énergies renouvelables ou des équipements qui permettent de réduire la consommation d'énergies fossiles. Une base de données est disponible sur le site du CDIAC (*Carbon Dioxide Information Analysis Center*) à l'adresse : cdiac.ornl.gov, lien vers : Fossil-fuel CO_2 Emissions.

3 L'ENVIRONNEMENT JURIDIQUE D'UN MARCHÉ

La sécurité juridique des relations d'affaires suppose une bonne connaissance du droit et des systèmes juridiques.

1 Le droit des États comme source de droit

Le droit des États comme source de droit implique que le droit d'un pays devienne le cadre juridique unique de la relation commerciale à venir, mais également que les parties connaissent et acceptent le droit du pays choisi et son système juridique.

Il existe quatre systèmes juridiques dans le monde. On trouve ainsi le système de droit romano-civiliste, le système de la *common law*, le droit coutumier et le droit religieux.

Les deux systèmes les plus répandus sont le droit romano-civiliste et la *common law*. Le droit romano-civiliste est appliqué en France et dans toute l'Europe, à l'exception du Royaume-Uni. Cet État a adopté le système de la *common law*, tout comme les États-Unis et l'Australie, pour ne citer qu'eux. Dans le premier système, la loi est le fait du législateur. Dans le second, le droit repose essentiellement sur la jurisprudence, même s'il existe un droit codifié, comme, par exemple, en matière commerciale. Certains pays optent pour des systèmes mixtes.

2 Les usages

L'usage est une règle qui s'impose par son caractère répété. C'est une pratique propre à une profession ou à un territoire, qui est considérée comme ayant valeur de loi par son caractère étendu.

Les usages existent dans le commerce international à trois niveaux.

1. Dans le cadre d'un pays

Les usages locaux sont souvent issus de pratiques professionnelles anciennes qui perdurent du fait de leur commodité. Ils ne sont pas impératifs.

2. Entre deux ressortissants de deux pays

Ces usages naissent des relations d'affaires entre deux entreprises. Ils sont d'ailleurs directement visés par l'alinéa 1er de l'article 9 de la convention de Vienne de 1980 sur les ventes internationales de marchandises. Pendant très longtemps, ces usages ont été désignés sous le nom de « *lex mercatoria* ».

3. Dans un accord international

Plus conventionnels, ces usages, par leur importance ou leur utilité, sont codifiés et proposés à la communauté des entreprises internationales. C'est le cas des règles et usances uniformes 600 de la chambre de commerce internationale (RUU 600), du crédit documentaire et des incoterms (termes commerciaux internationaux édictés par la chambre de commerce internationale). Enfin, Unidroit, dont l'objet est d'étudier des moyens et méthodes en vue de moderniser, harmoniser et coordonner le droit privé (en particulier, le droit commercial) entre des États ou des groupes d'États, apporte quelques solutions pour les contrats internationaux. La CNUDCI (Commission des Nations unies pour le développement du commerce international) œuvre également pour une harmonisation des règles et usances par le biais de ses lois modèles.

3 Le droit communautaire

C'est le droit des communautés européennes. Il est constitué d'un ensemble de règles matérielles uniformes applicables à tous les États membres.

1. Les principes du droit communautaire

Le droit communautaire fonctionne vis-à-vis du droit des États membres sur la base de trois principes.

a) La subsidiarité

Elle implique que les instances communautaires légifèrent les États membres dans le but d'harmoniser leurs législations.

b) La primauté

Elle signifie que le droit communautaire a une valeur hiérarchique supérieure aux droits nationaux des États membres.

c) L'effet direct

Il se traduit par l'application immédiate du texte communautaire dans l'ordre juridique des États membres, un jour après la publication au *Journal officiel de l'Union européenne* (JOUE), même si le texte prévoit un délai de transposition, ce qui est le cas des directives.

2. La variété des droits communautaires

Le droit communautaire est reconnu par le droit interne français par l'application de l'article 55 de la Constitution du 4 octobre 1958.

Il est constitué du droit structurel et du droit dérivé. Le premier est composé des traités fondateurs (Rome, Maastricht...), qui déterminent le fonctionnement des organes de l'Union européenne et des droits fondamentaux. Le second est produit par le Parlement, le Conseil et la Commission européenne. Il s'agit des règlements, directives et décisions.

Formes du droit dérivé	Portée
Règlement	Disposition juridique précise ayant pour objectif d'imposer une règle commune à tous les États membres sans obligation de transposition en droit interne
Directive	Texte communautaire fixant des objectifs plus que des règles précises et qui impose aux États membres l'adoption en droit interne d'une disposition conforme aux principes édictés

Décision	Interprétation de la règle communautaire à un cas d'espèce. S'impose donc à l'ensemble des États et personnes concernés par la même problématique.
Jurisprudence	Ensemble des décisions rendues par le tribunal de première instance ou la Cour de justice des Communautés européennes. S'impose aux juridictions nationales, qu'il s'agisse d'une question d'interprétation du droit dérivé ou structurel, ou d'une décision liée au fonctionnement des institutions et de leurs personnels.

4 Le droit des conventions internationales

Ce quatrième niveau du droit à l'international se donne les moyens de combler et de compléter les carences des droits nationaux.

1. La portée des traités et conventions internationaux

Les traités et les conventions internationaux constituent la source essentielle du droit international public qui régit les relations entre les États. Mais ils ont aussi pour vocation de régler des litiges opposant des personnes physiques ou morales. Ce sont donc des instruments juridiques de base dans la construction du droit international.

2. La diversité des conventions internationales

a) Les conventions bilatérales

Elles ont pour finalité d'organiser les relations juridiques entre les ressortissants de deux États. Leur existence se justifie par la volonté de ces États de prévenir des litiges potentiels qui pourraient survenir à l'occasion d'échanges économiques entre leurs ressortissants. Ces conventions sont donc précises, limitées dans le champ d'application (fiscal, social, commercial) et leur territorialité (ne concerne que les deux États signataires).

b) Les conventions multilatérales

Elles visent à dresser un cadre juridique aux relations qu'entretiennent plusieurs États entre eux. Du fait de leur applicabilité plus large, elles posent des principes plus généraux et ont une reconnaissance internationale plus importante. Elles règlent, par exemple, les questions de compétence des juges nationaux en cas de conflit (Bruxelles, 1968, et Lugano, 1988) en matière de loi applicable aux contrats (La Haye, 1955, et Rome, 1980) et en matière de vente internationale de marchandises (Vienne, 1980).

Certaines de ces conventions visent bien plus que l'organisation de relations juridiques entre plusieurs États. Elles ont pour vocation de devenir le droit de référence sur un sujet précis.

EXEMPLE

La convention de Vienne du 11 avril 1980 concerne 80 pays dans le monde, le dernier signataire étant le Bahreïn en 2013.

On peut ainsi considérer que le droit à l'international est composé de ces quatre niveaux de droit (le droit des États, les usages, le droit communautaire et le droit des conventions internationales) qui se superposent et parfois s'enchevêtrent. La difficulté pour les acteurs du commerce international est d'éviter que la rencontre de ces législations et de ces systèmes juridiques ne soient source d'insécurité et de conflit.

5 Les solutions aux conflits de droit

Pour éviter tout litige, les parties à un contrat international choisissent non seulement la loi qui va régir leur contrat, mais également le juge compétent.

1. La solution désignée par les parties

Les parties au contrat désignent la loi ou la convention applicable à leur contrat. Elles prennent soin de désigner le juge territorialement compétent.

2. La solution apportée par les conventions

Lorsque les parties n'ont pas prévu de loi ou de convention applicable, il appartient au juge saisi pour le litige de la désigner. Le juge saisi, appelé aussi «juge du for», utilisera les outils juridiques de sa propre législation. Très souvent, l'ordre juridique interne renvoie aux dispositions de droit international contenues dans les conventions. C'est le cas pour la France, dont les conflits de loi sont réglés, d'une part, par les conventions de Rome du 19 mai 1980 pour les obligations contractuelles en général et, d'autre part, par la convention de La Haye du 15 juin 1955 pour ce qui concerne les obligations applicables aux contrats de vente internationale.

4 L'ENVIRONNEMENT GÉOPOLITIQUE D'UN MARCHÉ

L'approche géopolitique d'un marché analyse comment des populations s'approprient un territoire et les relations qu'elles entretiennent avec leurs voisins. La mise en perspective historique fait partie de la démarche, car les événements du passé marquent la mémoire des peuples et aident à comprendre le présent. L'étude de marché doit sélectionner les informations géopolitiques pertinentes en tenant compte des pays visés, des produits vendus et des objectifs poursuivis.
Les données géopolitiques sont souvent présentées sous forme de cartes, ce qui offre l'avantage de visualiser et de mettre en relation des informations complémentaires.

1 L'appropriation du territoire

1. Son organisation

Les cartes physiques renseignent sur les reliefs et le climat, les cartes politiques sur les limites des territoires : frontières des États, limites des régions et des communes.
Elles doivent être complétées par des informations concernant l'organisation administrative du pays, le régime politique, les noms des principaux responsables au pouvoir et dans l'opposition, les partis auxquels ils appartiennent. La politique menée peut aggraver le risque politique par des mesures défavorables aux entreprises étrangères.
D'autres cartes permettent de situer les principales infrastructures : transport aérien, maritime, ferroviaire, fluvial et routier, mais aussi la dotation en technologies de l'information et de la communication (TIC).

EXEMPLE

L'entreprise Vidéonord vise le marché algérien de l'affichage numérique interactif dans les lieux publics et les transports. Elle doit savoir où se situent les *wilayas* (préfectures) et les communes et comment elles sont organisées, quelles sont les infrastructures de transport actuelles et futures et quels sont les projets du président et du gouvernement en matière d'investissements publics et de contrôle des importations.

2. Ses ressources

L'accès aux sources d'énergie fossiles (pétrole, gaz et charbon), aux matières premières, à l'eau et aux ressources alimentaires est un enjeu stratégique. La dotation d'un pays en ressources conditionne son développement économique et le bien-être de ses habitants. Leur contrôle est à la source de conflits territoriaux dont l'émergence accroît le risque politique.

EXEMPLE

Le groupe Alcâble envisage de racheter en Iran une usine de fabrication de câbles électriques destinés aux forages pétroliers et gaziers. L'estimation des ressources disponibles est indispensable à l'évaluation de son projet.

3. Son occupation

Le territoire peut être inégalement peuplé, les villes plus ou moins denses. Les données démographiques concernent la répartition de la population par âge, sexe, groupe social, langue, culture, religion, lieu d'habitation. Elles décrivent également les migrations internes et externes. Sur le plan économique, il faut s'intéresser à la localisation des activités économiques, à l'existence de zones franches, exonérées d'impôts, et à la politique industrielle de l'État et des collectivités territoriales.

EXEMPLE

Fabritex propose des solutions de lustrage pour l'industrie automobile. Elle suit de près l'évolution de l'implantation des grands constructeurs en Slovaquie et en Pologne.

2 Les relations entre les territoires

Elles sont constituées d'alliances et de coopérations, de ruptures et de conflits qui freinent ou accélèrent les échanges. De nombreux pays tentent de se rapprocher dans le cadre d'accords économiques régionaux : zone de libre échange, union douanière, marché commun, union monétaire. Ainsi, les décisions prises dans le cadre de l'Union européenne doivent être analysées en termes de risques ou d'opportunités pour les entreprises.
La Chine, les États-Unis, le Japon, l'Australie et d'autres pays coopèrent au sein de l'APEC (*Asia Pacific Economic Cooperation*) dans la zone économique la plus dynamique du monde.
Les négociations au sein de l'OMC (Organisation mondiale du commerce) sont un lieu privilégié d'affrontement et de coopération entre les États.
Les conflits armés constituent un risque politique mais ouvrent des perspectives au moment de la reconstruction. Certains peuples occupent plusieurs territoires, d'autres se disputent le même, et leur implantation peut délimiter une zone de marché spécifique.

3 Les problématiques planétaires

Sous l'effet de la mondialisation, elles influencent de plus en plus les choix des entreprises. Parmi les plus importantes, citons : la crise financière et les tentatives de gouvernance mondiale au sein du G20, le réchauffement climatique, les atteintes à la biodiversité, la gestion des déchets, le risque terroriste, Internet.

4 Les sources d'information

- Y. Lacoste, *Géopolitique, la longue histoire d'aujourd'hui*, Larousse, 2012 ;
- H. Védrine, P. Boniface, *Atlas du monde global*, Armand Colin/Fayard, 2010 ;
- J.-C. Victor, *Le Dessous des cartes*, www.arte.tv/ddc ;
- www.monde-diplomatique.fr/cartes.

5 L'ENVIRONNEMENT CULTUREL D'UN MARCHÉ

Pour le sociologue Gilles Ferréol, la notion de culture ne se limite pas à l'érudition ou aux productions littéraires et artistiques mais renvoie à une multitude de sens. C'est un tout cohérent dont la vocation essentielle consiste à réunir une pluralité de personnes en une collectivité donnée. Pour le marketing, l'étude de la culture partagée par les membres d'une collectivité permet de mieux adapter la politique commerciale à la cible.

1 Les aires culturelles

Toute culture étant partagée par un groupe de personnes, il s'agit de cerner les limites de ce groupe. On peut étudier la culture d'un pays ou d'un groupe de pays, celle d'une région, d'une ville, d'une catégorie sociale, d'une ethnie ou de tout autre groupe constitué tel que les anciens élèves d'un lycée, ceux qui pratiquent un sport ou s'adonnent à un loisir particulier.
Chaque individu appartient en même temps à plusieurs groupes sociaux et participe de plusieurs cultures. Les caractéristiques que l'on isole au cours de l'étude sont donc nécessairement relatives puisqu'elles privilégient un niveau d'analyse au détriment des autres.

2 Les domaines d'analyse

Ils sont vastes et variés. L'approche culturelle du marketing est avant tout pragmatique. Parmi l'ensemble des domaines d'analyse du champ culturel, il ne faut retenir que les aspects utiles à l'action commerciale.

1. La culture matérielle

Un premier niveau d'analyse correspond à la culture matérielle. Elle concerne les objets et leur utilisation, les technologies, l'habitat et l'organisation de l'espace.

EXEMPLE

L'équipement indispensable d'une cuisine japonaise est l'autocuiseur pour le riz. Un repas se compose d'un nombre varié de mets servis en portions individuelles dans des ustensiles en céramique choisis pour leurs formes et leurs couleurs ; le prix d'un bol pour la cérémonie du thé peut atteindre plusieurs milliers d'euros. À Kyoto, les maisons sont étroites et profondes et disposent au rez-de-chaussée d'un parking couvert pour la voiture et les vélos.

2. Les comportements des individus

Un deuxième niveau concerne les comportements des individus, leur façon de vivre, de communiquer, de travailler, de se distraire, de réagir face aux événements de l'existence. Selon les cas, une étude de marché pourra s'intéresser aux questions suivantes :
- la façon de se nourrir, de se tenir à table, de se comporter en privé et en public ;
- les habitudes vestimentaires, le rapport au corps (mode, usage des cosmétiques, souci de l'apparence…) ;
- la façon de saluer, de marquer la proximité ou la distance, les relations entre les sexes, les âges, les **groupes sociaux** ;
- les relations réelles et les relations virtuelles (téléphonie, réseaux sociaux…) ;
- l'art de la conversation, la relation amicale, la relation amoureuse ;
- les rituels de passage (naissance, fin de l'enfance, début de la vie de couple, mariage, anniversaires, funérailles…) ;
- les pratiques sportives, les loisirs ;
- les comportements non verbaux et leur signification ;
- la perception et l'organisation du temps (horaires, temps de travail, temps de loisir…) ;
- les sujets qui fâchent et les tabous.

3. Les institutions

Décrire les comportements ne suffit pas : l'étude marketing a besoin de comprendre comment ils ont été acquis. Dans une société, les institutions sont des relais par lesquels les individus apprennent puis intériorisent tout un ensemble de normes et d'attitudes.
On pourra s'intéresser :
- aux types de familles, aux relations familiales et aux systèmes de parenté ;
- au système éducatif ;
- à la presse et aux médias ;
- au monde du travail ;
- à la vie politique ;
- aux institutions religieuses ;
- à tout groupe d'influence : syndicats, associations, clubs.

4. Les « visions du monde »

Au sein d'une culture, les institutions ne jouent leur rôle que parce qu'elles sont acceptées et reconnues. Leur légitimité s'appuie sur un ensemble d'idées, de valeurs, de symboles et de croyances qui constituent le socle intellectuel d'une certaine « vision du monde » partagée par les membres d'une même culture. Celle-ci peut inspirer le choix des composantes symboliques d'une offre commerciale ou encore aider à définir la stratégie de communication en direction d'un marché spécifique.
On pourra étudier :
- les grands systèmes de pensée, l'héritage philosophique, les grands courants d'opinion, les principales religions et l'héritage religieux ;
- l'histoire et ses événements marquants, les mythes fondateurs, récits des origines qui fournissent des modèles de référence à l'action des hommes ;
- les modes d'expression littéraire et artistique ;
- les langues pratiquées : en proposant leur propre façon de nommer la réalité, les langues véhiculent des visions du monde. Ainsi, chaque langue possède des mots intraduisibles ou encore des expressions idiomatiques c'est à dire particulières à la langue.

EXEMPLE

L'expression allemande *« Es ist mir Wurst »*, littéralement « C'est pour moi une saucisse » correspond au français « Ça m'est égal ».

6 L'OFFRE

L'offre est constituée par les entreprises présentes sur le marché des biens et des services qui vendent leurs produits et/ou services. Sur le marché international, les entreprises soumises à la concurrence sont contraintes d'adapter leur offre en fonction des spécificités de ce marché.

1 L'identification de la concurrence

1. Les types de concurrence

Dans un contexte de mondialisation croissant depuis la Seconde Guerre mondiale, l'entreprise doit faire face à une offre de plus en plus importante sur son marché.
La concurrence directe se concrétise par des produits, et/ou des services identiques à ceux de l'entreprise, mais fabriqués par des entreprises présentes sur son marché.

EXEMPLES

La Mégane de Renault et la Golf de Volkswagen sont des produits directement concurrents sur tous les marchés au monde.

La concurrence indirecte (ou élargie) correspond à la même satisfaction du besoin pour le consommateur mais avec des produits ou des techniques de production différents. On parle généralement de « produits de substitution ».

EXEMPLE

Une installation au gaz et un système de géothermie pour le chauffage d'un logement.

L'exacerbation de la concurrence sur tous les marchés incite l'entreprise à prendre en considération l'arrivée des nouveaux entrants. Elle peut émaner parfois d'une réglementation : ainsi, l'Union européenne considère qu'un « monopole naturel » (issu d'infrastructures lourdes ou de la réalisation d'un service public) est acceptable mais doit permettre la mise à disposition de ses installations à la concurrence.

EXEMPLE

Poweo pour la distribution d'électricité en France.

2. La concurrence sur le marché étranger

Il s'agit d'étudier l'intensité de la concurrence sur le marché visé. Elle est constituée par les producteurs locaux (concurrence domestique) et par les concurrents directs étrangers.
Pour la concurrence domestique, il convient de chiffrer le nombre des producteurs et/ou leur production grâce au PIB dégagé sur le secteur.
Pour les concurrents étrangers, leur importance est mesurée par le montant des importations, ainsi que par l'établissement d'un classement des principaux pays fournisseurs pour le secteur.
L'objectif est alors d'évaluer en valeur et en volume le niveau de la concurrence sur le marché étranger.

3. La mesure de la concurrence

Elle s'exprime par la part de marché (PDM).
PDM = Ventes de l'entreprise/Ventes totales sur le marché
Elle peut être exprimée en valeur ou en volume, pour un marché, un segment, un pays, une zone géographique ou au niveau mondial.
La part de marché permet d'apprécier la place de l'entreprise par rapport à ses concurrents.

EXEMPLE

	Ventes		Parts de marché	
	En valeur (K€)	En volume	En valeur	En volume
Entreprise A	125	1 500	36 %	36 %
Entreprise B	90	1 800	26 %	43 %
Entreprise C	130	900	38 %	21 %
	345	4 200	100 %	100 %

On constate que l'entreprise C est leader en valeur, l'entreprise A est challenger et l'entreprise B est suiveuse. Cette classification entre leaders, challengers et suiveurs se retrouve sur chaque marché. Toutefois, il existe quelques cas particuliers.

EXEMPLE

Avec son Mac, Apple possède une part de marché de 7,7 % en octobre 2013 sur le marché des ordinateurs (source Net Market Share). Il est cependant une référence et un spécialiste du secteur.

2 L'offre à l'international

Le diagnostic export permet d'identifier à l'externe les opportunités et les menaces sur le marché visé. Il est donc essentiel pour l'entreprise de prendre en considération la notion de compétitivité, c'est-à-dire l'aptitude à faire face à la concurrence. L'étude de l'offre à l'international passe par la remise en question du plan de marchéage de l'entreprise en fonction des caractéristiques du marché visé.

1. Standardisation ou adaptation ?

La standardisation sous-entend un bien uniforme qu'il est possible de vendre sur l'ensemble des marchés. Elle se concrétise par un bien dont l'adaptation est minime, voire nulle.

EXEMPLES

Coca-Cola, les biens d'équipement (ordinateurs, téléviseurs...).

La problématique pour l'entreprise repose alors essentiellement sur la politique de distribution et sur le mode de présence, qui doit être en adéquation avec le positionnement du produit.

Bien évidemment, l'offre des entreprises n'est pas toujours standardisée, ce qui suppose qu'elles doivent adapter leur produit en fonction des spécificités locales du marché visé. L'adaptation consiste à ajuster le plan de marchéage au marché étranger.

2. L'adaptation de l'offre à l'international

L'analyse de l'adaptation de l'offre doit porter sur l'étude des différentes variables du plan de marchéage.

a) L'adaptation du produit

Afin de pénétrer le marché, l'entreprise peut entrevoir une adaptation de son produit soit sur un plan stratégique, soit à cause des contraintes induites par l'environnement.

Le produit	Quelles sont les normes à respecter ? A-t-on une valeur ajoutée dans notre produit (label, AOP, IGP...) ? Est-il innovant sur le marché ?
L'étiquetage	Le marché visé implique-t-il un surcroît d'information comme aux États-Unis ? La traduction est-elle obligatoire ?
Le nom	Le nom du produit est-il suffisamment évocateur ? Est-il déjà utilisé sur le marché ? Faut-il le traduire ou garder « l'acception française » ?
La marque	L'entreprise garde-t-elle une « marque unique » ? Distribue-t-elle sous une marque de distributeur ? Est-elle connue par les consommateurs étrangers ? Faut-il la protéger ?
L'emballage	Doit-on prévoir un emballage spécifique pour acheminer le produit ? Le surcoût n'est-il pas trop élevé ? Doit-il être recyclable ou jetable ?
Le conditionnement	Faut-il changer le grammage des produits ? Quelles sont les attentes des consommateurs ? Le niveau d'équipement des ménages correspond-il à notre conditionnement ?

b) L'adaptation du prix

L'adaptation du prix sur le marché étranger doit tenir compte des différentes stratégies que l'entreprise souhaite appliquer.

L'accès au marché peut aussi induire un prix d'offre export maximum que l'entreprise devra respecter sous peine de ne pas pénétrer le marché.

L'entreprise doit également tenir compte d'autres variables :

- la réglementation des prix peut être un danger pour l'entreprise, notamment dans le cadre d'un blocage des prix pour lutter, par exemple, contre l'inflation ;
- la différence des taux d'inflation entre le pays exportateur et le pays cible est un risque à terme car l'entreprise doit alors ajuster son prix avec une incidence sur la rentabilité ;
- le pouvoir d'achat du pays cible peut aussi engendrer une modification du prix en raison de la valeur perçue du produit : s'il devient trop bas, il peut être un frein à l'achat en raison d'une « sous-qualité » perçue, et inversement s'il est trop élevé ;
- le taux de change peut modifier le prix sur le marché. L'entreprise doit alors se couvrir et inclure ce coût dans l'établissement de son prix. Elle peut même instaurer une clause de révision dans son contrat de vente international.

c) La prise en compte de la distribution

La problématique repose sur le choix de la présence effective ou non sur le marché visé. Si l'entreprise désire une présence effective, elle doit entrevoir le mode de présence. Si elle décide d'exporter son produit, elle doit analyser les différents circuits de distribution sur ce marché.

Elle doit cependant prendre en considération le caractère transportable de son produit, ainsi que d'éventuelles restrictions dans la distribution pour certains produits.

EXEMPLE

La distribution d'alcool est parfois réglementée (selon les États aux États-Unis), voire contrôlée par l'État.

d) L'adaptation de la communication

Dans le cadre de sa communication média, l'entreprise doit être vigilante dans le message qu'elle désire véhiculer en raison du contexte culturel.

La stratégie globale porte sur une communication identique sur l'ensemble des marchés (par exemple, les chewing-gums Hollywood).

La stratégie adaptée consiste à communiquer différemment sur les marchés visés en fonction des spécificités culturelles, économiques, juridiques...

Pour la communication hors média, il faudra bien évidemment traduire les catalogues et la publicité sur les lieux de vente, voire véhiculer l'image du mécénat ou du sponsoring si elle est transposable.

3 Le cycle de vie international du produit

L'entreprise doit tenir compte de la phase dans laquelle se trouve son produit : lancement, croissance, maturité au déclin. Elle doit notamment prendre en considération qu'à l'international, un décalage peut exister dans ces différentes phases. Autrement dit, un produit peut se trouver dans une autre phase sur un autre marché afin d'allonger la durée de vie d'un produit : un produit en phase de déclin en France peut être en croissance sur le marché roumain. Beaucoup de produits dans l'électronique suivent cette logique.

EXEMPLE

Les téléphones portables commercialisés sont dépendants de l'avancement technologique des réseaux disponibles dans les différents pays, ce qui conditionne, sur le marché domestique, des produits en adéquation avec ceux-ci. Donc, un portable « ancienne génération » peut trouver un niveau de vente élevé sur un autre marché sans 3G.

Cela peut d'ailleurs permettre à l'entreprise d'augmenter la durée de vie de son produit et ainsi générer, à terme, des marges plus importantes en raison de l'amortissement complet des investissements.

7 LA DEMANDE

À l'international, la prise en compte de la demande est essentielle pour que l'entreprise adapte son offre. Ensuite, il convient d'identifier les différents clients, leurs processus d'achat, ainsi que leurs comportements.

1 La demande sur le marché étranger

1. L'évaluation quantitative de la demande

L'évaluation de la demande pour un produit donné se calcule de la façon suivante :

Demande apparente = Production domestique du marché visé – Exportations + Importations.

2. Conseils méthodologiques

Il convient d'être vigilant sur les principes d'évaluation des importations et des exportations. Les importations d'un pays sont évaluées CAF (coût assurance et fret, soit l'incoterm CIF), c'est-à-dire avec le transport et l'assurance jusqu'au point d'entrée dans le pays.
En revanche, les exportations sont évaluées FAB (franco à bord, soit l'incoterm FOB), c'est-à-dire au point de sortie du marché, pré-acheminement et douane export inclus.
Les importations sont donc surévaluées par rapport aux exportations et il est parfois préférable d'ajuster la mesure par une évaluation FAB-FAB.
La prise en compte des valeurs en parité de pouvoir d'achat permet, en outre, d'ajuster le pouvoir d'achat réel du consommateur et d'éliminer les différences internationales de niveau de pouvoir d'achat entre les pays.
Cette mesure quantitative de la demande porte sur des éléments macroéconomiques et permet de positionner un niveau de consommation globale (approche statique). Il convient cependant d'étudier la tendance du marché pour anticiper l'évolution du niveau de consommation (approche dynamique).
La mesure de la demande peut ainsi s'appuyer sur une analyse chronologique sur le marché étudié. Les techniques de prévision permettent l'estimation d'un niveau de demande, qu'il faut affiner en tenant compte de la saisonnalité du produit.
Enfin, une approche par similarités peut permettre à l'entreprise exportatrice de transposer les résultats d'un marché quasiment identique sur le marché visé, comme une estimation ou un objectif à atteindre à terme.

EXEMPLE

Si l'entreprise considère que les niveaux de consommation en France sont transposables à l'Espagne, elle réutilisera alors les données du marché français pour aborder le marché espagnol.

Ces formes d'approche doivent ensuite être recadrées par l'entreprise en fonction de ses parts de marché actuelle, potentielle et prévisible sur le marché, selon les ressources qu'elle désire ou peut consacrer au marché visé.

EXEMPLE (suite)

La part de marché de l'entreprise en France est-elle susceptible d'être atteinte sur le marché espagnol ? Si non, à combien peut-elle alors fixer la part de marché à atteindre ?

3. L'aspect qualitatif de la demande

Pour affiner cette estimation, l'entreprise doit aussi recueillir différentes informations qualitatives et passer ainsi d'une approche quantitative vers une approche qualitative (ou l'inverse au cas où il n'existe pas d'information sur le marché visé).
Ces informations qualitatives sont recueillies auprès des consommateurs, de la force de vente, d'experts du secteur :

- les enquêtes d'intention d'achat permettent de mieux cerner la tendance future du marché, mais aussi de peaufiner les attentes des consommateurs. Elles sont réalisées par le biais de sondages, directement auprès des consommateurs. Certains organismes réalisent des études sur certains types de biens (l'observatoire Cetelem pour l'immobilier, l'automobile et les biens de consommation pour les consommateurs européens). Pour les entreprises, des études complètes et payantes sont disponibles, par exemple, sur Eurostaf. Des études *ad hoc* sont aussi possibles afin de compléter certains travaux ;
- l'opinion des vendeurs peut compléter la mesure de la demande sur un plan qualitatif. Il faut toutefois être méfiant quant au niveau quantitatif qui peut être donné car il est fondé sur leur ressenti et ne correspond donc pas à une démarche rationnelle. Cependant, la transmission d'informations sur le marché est une des fonctions de l'agent commercial à l'étranger ;
- les opinions d'experts, sont souvent plus réalistes. Sont considérés comme experts les fournisseurs, les distributeurs, les associations professionnelles et les consultants externes. Leur démarche est souvent plus rationnelle et étayée par une connaissance parfaite du secteur et de sa réalité économique.

L'aspect qualitatif de la demande intègre également des particularités culturelles : existe-t-il des différences notables entre le marché domestique et le marché visé ?

2 Les intervenants et le processus d'achat

La demande en *B to B* (*Business to Business*) est constituée par les entreprises qui achètent des produits et/ou services à d'autres entreprises. En *B to C* (*Business to Consumer*), elle est constituée par les consommateurs finaux dont il faut prendre les attentes en considération.

1. Les différents intervenants dans l'achat en *B to C*

On distingue généralement cinq intervenants :
- l'utilisateur fait usage du produit et en retire l'expérience ;
- le conseiller influence et guide dans la décision d'achat ;
- le prescripteur oriente l'achat grâce à son expertise ;
- le décideur initie, voire formalise l'achat ;
- le payeur règle l'achat.

En fonction du type d'achat dans lequel on se situe, il y a soit une distinction entre ces différents intervenants, soit une confusion. L'entreprise est donc amenée à identifier clairement sa cible avant de comprendre le processus d'achat. La notion de consommateur est prise au sens large, avec des potentialités peut-être non encore découvertes par rapport au produit.

EXEMPLE

L'enfant influence de plus en plus les achats de la famille. Les publicitaires visent donc ces prescripteurs dans leurs messages.

2. Les intervenants dans la transaction internationale *(B to B)*

La singularité de la transaction internationale se situe au niveau de l'exportateur, qui intervient devant une multitude d'acteurs : importateur, distributeur, grossiste, détaillant, centrale d'achat.

Les comportements respectifs restent relativement identiques en fonction de l'intérêt de chacun. Autrement dit, chaque protagoniste est mu par une maximisation de son profit : l'exportateur veut vendre au plus cher et l'acheteur acquérir au moins cher.

On constate cependant, aujourd'hui, un développement croissant de l'éthique des affaires (transparence, fiabilité et prudence dans les engagements pris par les protagonistes) qui, par le biais de la communication, devient une valeur ajoutée pour le consommateur final.

3. Le processus d'achat

a) Pour le consommateur final

Les entreprises analysent généralement le processus d'achat du point de vue du consommateur afin d'entrevoir la perception du produit et ainsi mieux comprendre ses motivations.

De façon générale, le consommateur suit un cheminement en cinq étapes : l'émergence d'un besoin, la recherche d'une solution, la formalisation d'un choix comparatif, l'acte d'achat, les sentiments post-achat.

Certaines étapes peuvent être absentes lors d'un achat de faible importance. Le sentiment post-achat (satisfaction ou mécontentement) prend de plus en plus d'importance afin de générer le réachat. Il devient stratégique dans le cadre d'une mercatique relationnelle basée sur l'identification de la valeur du client et l'instauration d'un traitement différencié afin de fidéliser le client.

b) Pour l'entreprise

Le processus d'achat est long et complexe. Il fait appel à différents intervenants aux motivations et intérêts différents, parfois antagonistes. Par exemple, pour une machine-outil, l'utilisateur restera vigilant sur la consommation de matière et la diminution des rebuts, alors que le gestionnaire étudiera d'abord la rentabilité de l'investissement, le dirigeant privilégiera la productivité.

Son cheminement porte sur l'identification du besoin et la détermination du cahier des charges afin de pouvoir réaliser, par exemple, un appel d'offres lorsqu'il s'agit d'un bien complexe. La mise en concurrence des différents fournisseurs, voire des commandes tests s'avèrent nécessaires pour vérifier la qualité des produits, les délais.

On distingue l'achat stratégique, qui, en cas de défaillance, peut remettre en cause le fonctionnement de l'entreprise, et l'achat non stratégique, qui n'affectera pas l'activité. Ce dernier porte généralement sur des activités supports (papeterie, administration...).

L'achat international est de plus en plus orienté vers un partenariat (stratégies intégratives), afin de limiter les risques et le développement de chartes de qualité, sans remettre en question la rentabilité de l'opération. Autrement dit, les relations entre fournisseurs et clients à l'international sont de plus en plus de type « gagnant-gagnant ».

3 Le comportement d'achat

1. L'achat réfléchi et l'achat spontané

L'achat réfléchi est basé sur une recherche d'informations afin de comparer rationnellement les offres. Il concerne des biens jugés importants pour le consommateur (voiture, maison...). Il convient alors de connaître parfaitement le processus d'achat du consommateur si l'entreprise se trouve dans ce cadre. Donc, si le bien vendu par l'entreprise relève d'un achat réfléchi, elle doit prévoir dans sa démarche une phase informationnelle plus importante.

En revanche, l'achat spontané ne présente pas de réflexion préalable avant l'acte d'achat. Il est mû par des stimuli émotionnels et/ou marketing : des promotions ou de la publicité sur les lieux de vente peuvent stimuler le consommateur vers l'achat.

2. Les motivations et les freins à l'achat

Les motivations incitent à l'achat. Elles peuvent être basées sur le plaisir : se faire plaisir (comportement hédoniste) ou faire plaisir aux autres. Elles peuvent aussi permettre d'assouvir un désir de reconnaissance.

Les freins sont des forces psychologiques qui vont annihiler l'acte d'achat. Ils se caractérisent essentiellement sous la forme de peurs ou de risques envisagés (réels ou imaginaires) et conditionnent généralement des objections. Le frein le plus courant à l'achat est le prix, jugé souvent trop élevé. C'est souvent une distorsion entre l'effort à consentir pour obtenir le bien et le prix.

8 LES DISPOSITIFS D'APPUIS AU DÉVELOPPEMENT INTERNATIONAL DES ENTREPRISES

Les entreprises françaises qui souhaitent exporter ou s'implanter à l'étranger peuvent bénéficier d'aides diverses allant du conseil à l'aide au financement. Ces aides sont dispensées par divers organismes publics mais aussi par les établissements financiers.

1 Le dispositif public autour d'Ubifrance

1. Les services d'Ubifrance

Ubifrance est l'agence française pour le développement international des entreprises, créée à l'initiative du secrétariat d'État au Commerce extérieur et de la Direction générale du Trésor et de la politique économique (DGTPE). L'agence propose différents services :

a) Conseils

Ubifrance aide à connaître et à choisir un marché export, diffuse des informations sur les projets et les appels d'offres internationaux.

b) Contacts

L'agence identifie et organise la rencontre de prospects, ainsi que des missions collectives à l'étranger.

EXEMPLE

Opinel, fabricant de couteaux, a participé à une mission au Japon en 2008 et en Scandinavie en 2009.

c) Communication

Ubifrance met les entreprises en relation avec la presse étrangère et les agences spécialisées dans la publicité professionnelle.
Elle organise des actions de promotion collective sous la forme d'un pavillon français sur les salons internationaux à l'étranger. Elle organise des salons en collaboration avec les missions économiques.

EXEMPLES

- Varioptic, qui fabrique des lentilles liquides pour téléphone mobile, a fait connaître ses produits à l'international par le biais des bureaux de presse d'Ubifrance.
- Infaco, inventeur du sécateur électrique, s'appuie sur Ubifrance pour participer aux salons à l'étranger. « *Cela nous facilite considérablement l'organisation. Partout, même au bout du monde, nous avons un interlocuteur français.* », a déclaré Daniel Delmas, patron de l'entreprise.

d) Labellisation

Ubifrance atteste de la qualité du projet export d'une entreprise qui demande un financement auprès des CCI ou des fédérations professionnelles.

e) Soutien individualisé à la démarche export (Sidex)

Il s'agit d'aider les PME et TPE françaises à concrétiser leurs relations avec un partenaire étranger (prospection, finalisation de contrats).

f) Volontariat international en entreprise (VIE)

Sur une période de 6 mois à 2 ans, une entreprise peut bénéficier de l'apport d'un jeune diplômé, qui, implanté dans le pays visé, pourra mettre en place son projet d'export ou renforcer à coût modéré l'équipe sur le terrain.

EXEMPLE

Dehem, spécialiste de l'encadrement, a engagé un VIE pour prospecter les marchés belge et néerlandais.

g) Soutien d'opérations

Ubifrance accompagne des délégations composées de PME et de centres de recherches issus des pôles de compétitivité, lors de missions à l'étranger destinées à établir des partenariats technologiques.
Un pôle de compétitivité rassemble des entreprises, des laboratoires de recherche et des établissements de formation en vue de développer des coopérations. Le but est de permettre aux entreprises impliquées de prendre une position de premier plan en France et à l'international.

EXEMPLE

Les pôles français du secteur des biotechnologies (Cancer-Bio-Santé, Lyonbiopôle, Innovations thérapeutiques) ont engagé un partenariat stratégique avec des homologues de la région d'Osaka au Japon.

Ubifrance organise aussi des rencontres technologiques ou industrielles, basées sur des rendez-vous individuels entre les PME des pôles de compétitivité et les entreprises de pays cibles.

2. Le réseau piloté par Ubifrance

Plusieurs organismes tentent d'harmoniser leurs interventions autour d'Ubifrance, selon leurs compétences respectives :
- au niveau local, les directions interrégionales du commerce extérieur et les chambres régionales de commerce et d'industrie (CRCI) détectent et mobilisent les exportateurs potentiels ;
- à l'étranger, 80 bureaux Ubifrance sont implantés dans 70 pays. Ils facilitent une première approche des marchés (découverte, prospection,détection des possibilités d'implantation offertes aux entreprises).

Quand les entreprises ont franchi le cap de la prospection et sont en phase d'installation ou de développement, les chambres de commerce et d'industrie françaises à l'étranger (CCIFE) leur proposent des services plus spécialisés.

3. Les autres partenaires d'Ubifrance

a) Coface

En parallèle de ses activités privées (assurance crédit classique, affacturage, gestion de créances...), Coface gère, pour le compte et avec la garantie de l'État, une large gamme de garanties destinées à assurer des risques non pris en compte par le marché privé.

Quatre procédures sont gérées pour le compte de l'État :
- l'assurance prospection propose aux PME françaises un soutien financier ainsi qu'une assurance contre le risque d'échec commercial ;
- l'assurance crédit pour les grands projets ;
- l'assurance investissement couvre les entreprises françaises réalisant des investissements à l'étranger et les banques qui les financent contre les risques de spoliation et/ou de destruction d'origine politique ;
- l'assurance change permet à toute entreprise de remettre des offres et/ou de conclure un contrat en devises sans être exposée aux variations de change.

EXEMPLE

En 2005, Maesa, qui propose des gammes complètes de parfums à la grande distribution, s'intéresse de près à l'Asie. Elle met le cap vers la Malaisie et s'implante à Kuala-Lumpur. Elle souscrit une assurance prospection Coface et recrute un senior grâce à une aide régionale. Un an plus tard, c'est la déception. Maesa se retire du pays en 2006. « *Nous avons oublié une chose, analyse son PDG : un homme seul, et sans ressources, à l'autre bout du monde ne peut pas vendre. Il a besoin d'une équipe sur place. Grâce aux aides, cette expérience ne nous a pas coûté trop cher.* » Depuis 2009, suite au rachat de Zorbit, Maesa possède une filiale en Chine et a embauché 50 personnes.

b) Oséo

Oséo a pour mission générale le soutien à l'innovation des PME. Il offre sa garantie pour les concours bancaires destinés à financer l'activité internationale, favorise la recherche de partenaires et finance la réalisation de projets conjoints transnationaux (*joint ventures*).
Oséo propose également le prêt pour l'export (PPE), destiné à financer des dépenses immatérielles (achat de brevet, par exemple) liées au développement international.

EXEMPLE

Eurofins, spécialiste de l'analyse des produits agroalimentaires, a reçu le soutien d'Oséo Pays-de-la-Loire pour le développement de ses projets de recherche et le recrutement de ses premiers chercheurs.

c) Les conseillers du commerce extérieur de la France (CCEF)

Ce sont des personnalités actives à l'international, en France et à l'étranger, nommées par le gouvernement. Ils sont plus de 4300, présents dans 146 pays. Leurs activités sont bénévoles.
Outre leur fonction d'information des pouvoirs publics, ils remplissent des missions d'assistance pratique en faveur des entreprises (parrainage, portage, conseil, actions pour les pôles de compétitivité). Ils agissent aussi en faveur des jeunes (formation, tutorat des VIE).

2 L'aide des collectivités locales

La plupart des régions proposent, en collaboration avec le réseau d'Ubifrance, des informations sur les marchés, des actions de formation, des rencontres avec les responsables des missions économiques. Elles fournissent également des aides de trésorerie, proposent des prêts participatifs ou aident les entreprises dans la mise en place de leurs activités à l'export.

EXEMPLE

Durant les premières années, Evolis, fabricant d'imprimantes pour cartes plastiques, a profité du soutien de la région Pays-de-la-Loire qui a cofinancé certains voyages à l'étranger. Son PDG, Emmanuel Picot, s'est rendu au Moyen Orient, au Brésil, aux États-Unis et au Japon dans ce cadre. « Comme nous avions peu de moyens, cela nous a aidés », estime-t-il. La PME a également profité du dispositif régional Arc export pour recruter un cadre export.

3 Les incitations fiscales

Une PME qui recrute un salarié ou un VIE pour prospecter à l'étranger ou qui se fait aider par un organisme spécialisé dans le conseil à l'export peut bénéficier d'un crédit d'impôt.
Les revenus tirés d'activités de prospection commerciale réalisées à l'étranger pendant au moins 120 jours font l'objet d'une exonération d'impôt.

4 Le rôle des établissements financiers

1. Les banques

Elles jouent un rôle important tant en matière de financement que de conseil à l'export.

EXEMPLE

- « *Notre banquier est notre partenaire historique et essentiel* », affirme Benoît Beylier, président d'Airstar, leader mondial du ballon éclairant. « Ce soutien s'est encore vérifié quand un ambitieux projet industriel a été mis en place, début 2007, pour développer notre activité aux États-Unis et en Asie. C'est la banque d'affaires et d'investissement du groupe CIC, qui a apporté 4 millions d'euros au capital du nouveau holding Finastar. »
- Maurice Timon, dirigeant de Minima, fabrique des montures de lunettes ultralégères (moins de 7 grammes) en fil de titane. Il s'appuie beaucoup sur ses banques (BNP, HSBC, Société Générale) et leurs filiales à l'étranger pour obtenir des informations précises sur les pays qui l'intéressent.

2. Les sociétés de capital risque

Elles sont spécialisées dans le financement des entreprises innovantes.

EXEMPLE

Très tôt, des sociétés de capital risque ont cru au potentiel de Varioptic. Elles apportent financement, réseaux et contacts clés. « *Certains de nos représentants ou agents commerciaux ainsi que des partenaires industriels en Asie ont aussi été "apportés" par nos investisseurs* », indique son dirigeant.

9 LES SOURCES D'INFORMATION

Les sources d'information accessibles par Internet permettent de réaliser des études documentaires (études pays ou études sectorielles) et de mener une veille commerciale.
Les organismes publics d'aide à l'export proposent une sélection d'informations qui couvrent tous les champs d'une étude. C'est pourquoi il est recommandé de les consulter en premier. Si cette première recherche n'est pas suffisante, il faut alors explorer des sources plus spécialisées.

1 Les organismes publics d'aide à l'export

1. En France

a) Ubifrance

Le site de l'Agence française pour le développement international des entreprises, ubifrance.fr, permet d'accéder à la page d'accueil des 80 bureaux Ubifrance, implantés dans 70 pays et dédiés à l'accompagnement des PME à l'international (liens « Découvrir Ubifrance », puis « Ubifrance dans le monde »).
Le menu « Nous connaître » propose :
- des données pays gratuites, utiles pour l'approche environnementale du marché. Les fiches peuvent être imprimées, téléchargées ou partagées, dans le cadre d'un travail collaboratif, par mail et *via* les réseaux sociaux ;
- une librairie spécialisée, qui vend des études pays et sectorielles. On peut télécharger gratuitement le sommaire et quelques extraits de ces études et en exploiter les informations. Le guide de la collection « L'essentiel d'un marché », peu onéreux, offre des informations complètes sur le pays ;
- des liens vers les partenaires locaux, organismes français présents dans le pays (chambre de commerce française à l'étranger, conseillers du commerce extérieur...), et vers les organismes utiles (Institut de la statistique, fédérations professionnelles, journaux économiques...) ;
- des nouvelles brèves (lien « Nos actualités »), qui peuvent être classées par secteur d'activité et que l'on peut partager ;
- la liste des événements promotionnels organisés dans le pays par la mission économique ;
- les adresses mail et les numéros de téléphone des responsables sectoriels de la mission économique (lien « Contacts »). Après avoir épuisé toutes les ressources du site, et s'il manque certaines informations, il est recommandé de contacter les missions pour leur soumettre des questions précises.

Certaines d'entre elles disposent d'un blog. On y accède à partir de la page d'accueil du site d'Ubifrance, sous la rubrique « Rejoignez vos communautés », lien « Join the French Trade Commission Blogs ».
La page d'accueil propose aussi des outils de veille commerciale : *newsletters*, alertes, flux RSS, communautés Facebook, Twitter, Viadeo.

b) Le MOCI

Le site du Moniteur du commerce international (MOCI), lemoci.com, est édité par Ubifrance. Il propose des articles d'actualité sur les marchés, la réglementation et les salons ainsi que des témoignages de PME qui ont réussi à l'international.
Il est conseillé de s'y abonner pour pouvoir accéder aux archives du journal dans lesquelles on peut faire des recherches d'informations par pays, par secteurs d'activité et par thèmes (lien « Moci bases »).
Le MOCI propose une *newsletter* gratuite.

2. En régions

Les sites des régions proposent :
- des informations générales, accessibles à tous ;
- des informations plus spécifiques, réservées aux entreprises locales.

Voici ceux que l'on peut consulter en priorité :
- lexportateur.ccip.fr ;
- suddefrance-export.com.

3. À l'étranger

Chaque pays propose son propre dispositif d'aide à l'export. Les sites francophones suivants peuvent compléter les recherches précédentes :
- entreprisescanada.ca ;
- awex.be ;
- asmex.org ;
- infoexport.gc.ca ;
- cepex.nat.tn.

2 Les sources statistiques

a) Le Kiosque de Bercy

Il publie les statistiques françaises des échanges extérieurs (lekiosque.finances.gouv.fr). Il permet aussi de rechercher le numéro de nomenclature douanière (NC8) d'un produit. En lui ôtant ses deux derniers chiffres, on obtient le code produit du système harmonisé (SH6).

b) Market Access Database

À l'aide du code produit du système harmonisé, il est possible de trouver les statistiques d'échanges extérieurs de tous les pays sur le site Market Access Database : http://madb.europa.eu (lien « Statistics »).

c) Le Centre du commerce international

Le site intracen.org donne accès aux statistiques d'échanges extérieurs de 5 300 produits du système harmonisé pour 220 pays (liens « Pays », puis « Trade Statistics (HS) – table »).

d) L'Insee

Le site de l'Institut national de la statistique et des études économiques, insee.fr, propose un lien vers les instituts de la statistique de tous les pays (liens « L'Insee et la statistique publique », puis « Sites statistiques français, européens et internationaux »).

3 Les sources juridiques

a) La législation à travers le monde

Le site lexadin.nl propose, en anglais, des liens vers les sources juridiques de tous les pays du monde : législation, organisation des juridictions, articles de la presse spécialisée, instituts d'études et de formation, sociétés de conseil juridique, etc.

b) La législation européenne

À l'adresse europa.eu/legislation_summaries/, on trouve des synthèses de toute la législation européenne classées par matières : consommateurs, affaires maritimes et pêche, entreprises, etc.

c) La propriété industrielle

Le site de l'Institut national de la propriété industrielle, inpi.fr, donne toutes les informations sur les dépôts de brevet et la protection des marques.

4 Les instituts de normalisation

Le site World Standard Services Network : wssn.net, permet d'accéder aux sites de tous les organismes de normalisation du monde.

5 Les sources douanières

- Le tarif douanier commun est présenté sur le site français des douanes : douane.gouv.fr.
- Les tarifs douaniers de tous les pays figurent sur le site Market Access Database : http://madb.europa.eu, lien « Tariffs ».
- Le site de l'OMC (Organisation mondiale du commerce) propose une base de données complète des tarifs douaniers et des importations de ses pays membres, à partir de l'adresse tariffdata.wto.org.

6 Les sources analysant les risques

Les sociétés d'assurance crédit publient gratuitement des analyses par pays sur les risques politiques et commerciaux. Les sites suivants peuvent être consultés :
- ducroire.be ;
- eulerhermes.com.

7 D'autres sources complémentaires

a) Interex

Le site interex.fr propose des fiches pays très complètes.

b) L'Université de Sherbrooke (perspective.usherbrooke.ca)

Il ne s'agit pas d'un site spécialisé, mais d'un site pédagogique. Il propose de nombreuses statistiques démographiques ou économiques que l'on peut visualiser par des graphiques et des cartes.

c) Euromonitor

Le site euromonitor.com vend des études sectorielles, mais les tables des matières donnent déjà de bonnes idées et sont téléchargeables gratuitement. De plus, des liens intéressants ouvrent vers d'autres sources. (liens « Bookstore », puis « Information sources »).

d) Eventseye

Le site eventseye.com est une base de données de près de 9 500 salons et conférences. On peut réaliser une recherche sur plusieurs critères : nom, thème, date, lieu. Une fiche descriptive propose un lien vers le site officiel du salon. Sur le site du salon, le bilan de la dernière édition donne des informations qui permettent d'en évaluer l'intérêt. La consultation de l'annuaire des exposants permet la constitution d'une base de données d'entreprises utiles à la veille concurrentielle, à la recherche de stages et à la prospection.

8 Les annuaires d'entreprises

a) Les Pages Jaunes

Le site pagesjaunes.fr propose un lien vers les annuaires du monde entier.

b) Europages

L'accès aux Europages (europages.fr) est gratuit. La recherche s'effectue d'abord par produits, puis par pays et par région.

c) Kompass

Les informations du Kompass (kompass.com) sont plus complètes et concernent plus de pays que les Europages, mais elles sont payantes.

10 MÉTHODOLOGIE DE L'ÉTUDE DE MARCHÉ

Pour prendre des décisions éclairées durant la gestion des différentes étapes de son cycle d'activité à l'international, l'entreprise met en place différentes techniques d'étude de marché et des processus de veille.

1 Les différentes phases d'une étude de marché

1. Formaliser les objectifs de l'étude

a) Les objectifs généraux d'une étude de marché

Une étude de marché est un outil d'aide à la décision commerciale. Ses objectifs sont variés :
- décrire les mécanismes de fonctionnement d'un marché (ex. : étude de la concurrence) ;
- expliquer un phénomène marketing (ex. : étude de motivation des consommateurs) ;
- prévoir les évolutions du marché (ex. : prévision des ventes) ;
- proposer des solutions (ex. : mise en place d'un circuit de distribution) ;
- contrôler, évaluer l'efficacité d'une politique ou d'une action commerciale (ex. : étude de satisfaction de la clientèle).

Dans toute étude, la fixation des objectifs est une étape déterminante car elle conditionne non seulement la nature des informations à collecter mais aussi la méthodologie d'investigation, c'est-à-dire la ou les techniques d'étude à exploiter.

b) Les objectifs d'une étude de marché internationale

On distingue trois catégories d'études de marché :

• **Les études de présélection :** études exploratoires destinées à présélectionner des marchés cibles à partir :
- de l'étude des environnements qui les composent ;
- de leur degré d'attractivité ;
- de leur degré d'accessibilité ;
- des risques qu'ils représentent.

• **Les études sectorielles :** études de marché globales et approfondies menées sur les marchés présélectionnés pour valider le choix final du marché cible à partir :
- de l'étude de l'offre (étude de la concurrence, étude des circuits de distribution...) ;
- de l'étude de la demande (consommation, profil de la clientèle, étude des comportements d'achat...) ;
- de l'étude du cadre légal et réglementaire (normes et réglementation en vigueur, droit des contrats...).

• **Les études de marché ponctuelles :** études destinées à structurer la politique commerciale sur un nouveau marché ou à redéfinir les conditions de son offre sur un marché existant à partir :
- de l'étude du plan de marchéage ou d'une de ses variables ;
- de l'étude des conditions d'évolution des environnements du marché, analyse de l'évolution des contextes culturels, socioéconomiques...).

Selon la nature de l'information recherchée, ces différentes études exploiteront des techniques spécifiques et complémentaires.

2. Formaliser le plan et le cahier des charges

Cette phase préparatoire de l'étude permet également de définir les cadres et la méthodologie de la démarche en précisant, en particulier, les modes de collecte et de traitement de l'information, les techniques qui seront utilisées, la période de déroulement de l'étude et le budget qui lui est alloué.

Cette étape est fondamentale car elle permet de formaliser le plan d'étude et, en cas d'externalisation, elle définit les cadres du cahier des charges qui sera confié à une société d'études.

3. Traiter ou externaliser l'étude de marché ?

Pour prendre la décision de gérer en interne ou d'externaliser l'étude, il faut prendre en compte :
- le degré de technicité et donc de compétence que recouvre l'étude ;
- le temps dont l'entreprise dispose ;
- le coût que représente l'étude.

En externalisant la démarche, l'entreprise devient donneur d'ordre et confie à un prestataire la gestion de l'étude à partir du cahier des charges qu'elle a réalisé.

4. Démarche globale

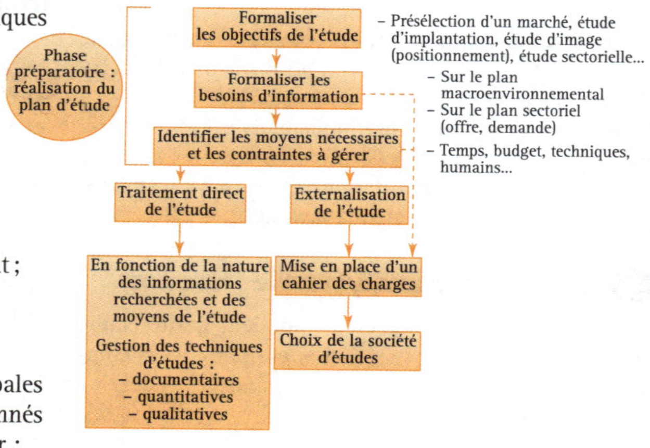

2 Des types d'étude complémentaires

Selon la nature des sources d'information à exploiter, on distingue trois types d'études de marché.

1. Les études documentaires

a) Des informations secondaires collectées et traitées

Une étude documentaire consiste à collecter et à traiter des informations qualifiées de « secondaires », c'est-à-dire des données déjà disponibles en interne (statistiques de l'entreprise, rapports d'étude passés, notes d'information...) et à l'extérieur de l'entreprise (presse et ouvrages spécialisés, documents et sources mis à disposition par le réseau d'appui à l'international et par les organismes internationaux, bases de données, ressources documentaires sur Internet...). La source d'information est qualifiée de « primaire » quand elle est exploitée spécifiquement pour les besoins d'une étude et qu'elle n'a pas fait l'objet de recherches préalables. L'entreprise mènera alors une étude pour répondre à un problème ou à un objectif commercial la concernant précisément (étude *ad hoc*) ou cherchera l'information en recourant a des études collectives (étude omnibus ou multi-clients).

b) Des informations collectées rapidement et à moindre coût

L'étude documentaire initie toute démarche d'étude car :
- selon les spécialistes de la veille informationnelle, 60 à 80 % de l'information recherchée est disponible avant toute démarche d'étude ;
- elle permet de collecter des données de manière très rapide et à moindre coût ;
- les données documentaires ainsi collectées permettent de développer rapidement une première analyse et ainsi, éventuellement, de préciser et d'éclairer la démarche d'étude ;
- les sources documentaires exploitées lors de la phase exploratoire permettent, en particulier, de mener une étude pays et de présélectionner des marchés cibles, qui feront ensuite l'objet d'une étude plus développée, en particulier sur le plan sectoriel.

2. Les études quantitatives

Menées sur un échantillon d'une population, elles permettent de collecter une information qui fera l'objet d'une analyse statistique. Ces études sont mises en place ponctuellement (sondages) ou de façon répétitive (panels).

a) L'enquête par sondage

Elle cherche à caractériser le profil d'une clientèle cible et à mesurer les comportements. Le recueil d'informations s'effectue à partir d'un questionnaire administré auprès d'un échantillon d'individus sélectionnés de manière aléatoire (échantillonnage probabiliste) ou à partir de critères précis (échantillonnage raisonné ou non probabiliste) représentatifs de la population étudiée (population mère).

Il convient d'adapter la forme du questionnaire et la formulation des questions en prenant en compte, en particulier, le profil des personnes interrogées (notamment leurs caractéristiques socioculturelles) et le mode de collecte de l'information (ou mode d'administration de l'enquête). Ainsi, selon que l'administration de l'enquête s'effectue en face-à-face, par téléphone ou par l'enquêté lui-même (enquête postale, sur le site Internet de l'entreprise, sur un salon...), le questionnaire répondra à des conditions de forme particulières (nombre de questions ouvertes et fermées, longueur du questionnaire...). De façon générale, un questionnaire doit être simple. Il est recommandé de le tester avant de mener son enquête.

b) Le panel

L'information est collectée périodiquement sur un échantillon permanent représentatif de la population étudiée. Cette technique, outil de veille commerciale et concurrentielle, permet notamment d'observer l'évolution des comportements d'une clientèle (panels de consommateurs) et les pratiques commerciales des détaillants (panels de distributeurs), en particulier le taux de référencement des marques dans les points de vente. Ces panels sont gérés par des sociétés spécialisées qui mettent à disposition les résultats moyennant un abonnement annuel.

3. Les études qualitatives

a) Une analyse en profondeur de la dimension comportementale

Les études qualitatives cherchent à analyser en profondeur les comportements des consommateurs ainsi que leurs facteurs explicatifs. L'analyse concerne aussi bien les ressorts psychologiques (le « pourquoi ») que les modes d'expression de ces comportements (le « comment »).

EXEMPLE

Des entretiens menés sur un échantillon de clients permettent d'enrichir l'information collectée par le biais d'une enquête de satisfaction menée à partir d'un sondage.

Une entreprise peut également effectuer une étude qualitative pour identifier des attentes qui lui permettront ensuite de structurer son questionnaire d'enquête.

b) La collecte des informations

L'information est collectée principalement à partir :
- des techniques d'entretien : entretiens individuels ou menés sur des groupes de consommateurs ;
- des tests psychotechniques, afin d'identifier des perceptions et d'en caractériser les facteurs explicatifs (perceptions d'une publicité, d'une marque...) ;
- par observation (observer, par exemple, les comportements d'achat et les attitudes dans un linéaire d'une grande surface).

En raison de leur technicité, ces études qualitatives sont, le plus souvent, menées par des professionnels (psychologues, psychosociologues, ethnologues...).

4. La complémentarité des techniques

En fonction du budget et du temps dont elle dispose, une entreprise pourra exploiter conjointement ces différentes études et techniques :

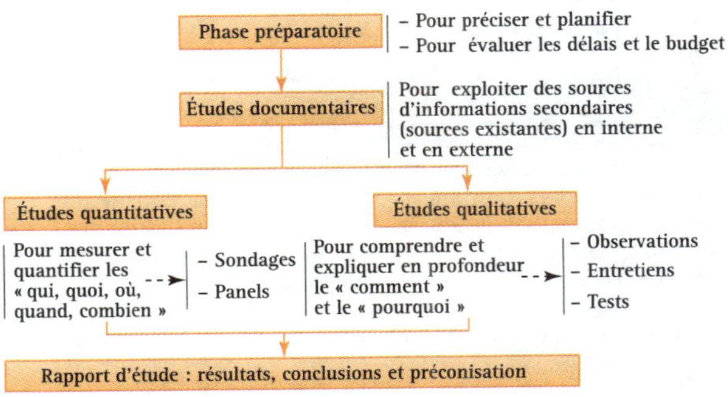

11 LA VEILLE

L'évolution continue des environnements sur un marché étranger est source de menaces et d'opportunités. Au-delà des techniques d'étude de marché qui permettent de collecter une information répondant à un besoin ponctuel, une entreprise doit mettre en place un processus régulier d'observation et d'analyse de son marché.

1 De l'information à l'« inform-action »

1. La veille, un outil stratégique et opérationnel créateur de valeur

a) Un outil de surveillance du marché

La veille, processus de collecte et de traitement de l'information en provenance du marché, permet de suivre en continu l'évolution des données environnementales et ainsi de détecter les menaces et les risques que l'entreprise peut être appelée à gérer, mais aussi les opportunités à saisir.

b) Un outil de pilotage et d'aide à la décision

La veille met à la disposition de l'entreprise un ensemble d'informations qui, sur le plan opérationnel, lui permet d'adapter les conditions d'exercice et de pilotage de son activité commerciale en fonction des évolutions de son marché. La veille sert donc non seulement les capacités d'adaptation de l'entreprise (réactivité), mais elle lui permet également d'anticiper (proactivité) en lui fournissant une grille de lecture des évolutions à venir de son marché.

c) Un outil de création de valeur

La veille permet à l'entreprise de se nourrir de l'information en provenance de son marché et de son environnement pour placer ses processus d'activité dans une démarche d'amélioration continue. Elle apparaît donc comme un outil de création de valeur pour l'entreprise et ses clients.

2. Les domaines d'une veille à l'international

Selon les objectifs auxquels elle répond, une veille peut concerner une dimension spécifique du marché ou être développée sur plusieurs domaines de son secteur d'activité.

a) Les veilles à dominante environnementale

• La veille sociétale

Objectifs et principes	Sources à privilégier
Pour identifier, comprendre et anticiper des tendances lourdes pouvant représenter une opportunité (évolution du pouvoir d'achat moyen, signalant un marché émergent, par exemple) ou une menace pour l'entreprise.	Les médias, les portails d'information et d'actualité sur Internet, les sources primaires qui suivent les tendances (magazines spécialisés, weblogs, forums...).

• La veille réglementaire et normative

Objectifs et principes	Sources à privilégier
Pour traquer les textes de lois, les réglementations et les contraintes administratives qui influencent les conditions de mise en marché d'un produit (licences d'importation, quotas éventuels...). Cette veille cherche également à caractériser et à suivre les normes techniques du secteur pouvant avoir un impact aussi bien sur l'offre que sur les moyens de production de l'entreprise (norme environnementale, par exemple).	– Veille normative : au niveau international : ISO (*International Standard Organisation*) ; au niveau européen : le CEN (comité européen de normalisation) et les bases de données du portail Europa. L'AFNOR (Association française de normalisation), ... – Veille réglementaire : au niveau européen : Eurlex sur le portail Europa, la base de données Market Access Database, solliciter les Missions économiques situées sur le marché cible...

• La veille technologique

Objectifs et principes	Sources à privilégier
Pour identifier les technologies utilisées par les concurrents. Cette veille cherche à détecter, dans d'autres secteurs d'activité, des technologies de substitution innovantes pouvant améliorer les process de l'entreprise.	Les bases de données de l'INPI (Institut national de la propriété industrielle), de l'OMPI (Organisation mondiale de la propriété intellectuelle) et de l'OEB (Office européen des brevets), les Agences régionales d'information stratégique et technologique (ARIST) des CRCI (chambres régionales de commerce et d'industrie), les thèses et rapports scientifiques...

b) Les veilles à dominante sectorielle

• La veille concurrentielle

Objectifs et principes	Sources à privilégier
Cette veille aide à anticiper les stratégies et tactiques des concurrents. Elle concerne aussi bien les concurrents directs que les entrants potentiels et les produits de substitution.	– Site Web des concurrents, *newsletter* – Blogs et forums – Salons internationaux – Plaquettes des concurrents – Articles de la presse économique et spécialisée – Sites d'informations financières – Annuaires d'entreprises

• La veille d'image

Objectifs et principes	Sources à privilégier
Pour surveiller l'évolution de l'image et de la notoriété d'une entreprise ou d'une marque auprès des différentes parties prenantes (clients, fournisseurs, associations de consommateurs, autorités publiques...).	Avis diffusés par les clients (blogs et forums).

- La veille commerciale amont ou veille fournisseurs

Objectifs et principes	Sources à privilégier
Pour identifier l'ensemble des fournisseurs auxquels l'entreprise peut faire appel et les évaluer de manière continue selon plusieurs critères (coûts des matières ou des marchandises, conditions de vente telles que les délais et modalités de paiement...).	– Sites Web des fournisseurs – Salons et foires internationaux – Site européen Market Access Data Base...

- La veille commerciale aval

Objectifs et principes	Sources à privilégier
Concerne la veille clients avec l'observation et l'analyse de l'évolution des besoins et des comportements des clients finaux. Cette veille peut également concerner les intermédiaires sur le circuit de distribution (importateurs-distributeurs, grossistes, centrales d'achat, détaillants) et sur la chaîne logistique (transitaires, transporteurs...).	– Sites clients et prospects – Les sites officiels de passation de marchés publics – Les places de marché (en anglais *market place* ou *e-marketplace* pour « place de marché électronique ») – Les salons et les foires...

c) Le *benchmarking*, illustration d'une veille multi-domaine

Encore appelé « étalonnage concurrentiel », le *benchmarking* est un processus en continu qui permet à une entreprise de rechercher et de caractériser les facteurs de performance d'entreprises leaders afin de les implanter et de les adapter dans sa propre organisation.

2 Le processus de veille à l'international

1. Sa mise en place

a) La démarche préparatoire

À l'image d'une étude de marché, une démarche de veille doit toujours être engagée après une phase préparatoire.

EXEMPLE

Surveiller les entrants potentiels qui peuvent modifier l'intensité concurrentielle sur un marché.

Il s'agit ensuite d'analyser les moyens d'accès à l'information en caractérisant les sources et outils d'information à exploiter. Cette phase permet également d'évaluer le budget nécessaire à la veille (coûts d'accès à certaines informations, coût du temps passé, coût d'investissement).

b) La mobilisation des acteurs et des ressources

Au-delà de sa dimension technique, la veille est également un état d'esprit qui doit placer chaque salarié de l'entreprise comme un maillon de la chaîne de l'information.

Les partenaires commerciaux et logistiques de l'entreprise (importateurs-distributeurs, transporteurs...) ainsi que les structures d'appui (conseillers du commerce extérieurs, Ubifrance, CCI, organisations professionnelles...) sont également des acteurs privilégiés qu'il convient de consulter, voire d'associer à la démarche de veille.

2. La recherche et la collecte de l'information

a) Le degré d'accessibilité de l'information

Selon les spécialistes de la veille, 90 à 95 % de l'information recherchée est accessible. On distingue ainsi l'« information blanche » (données aisément et légalement accessibles, soit 80 % des informations mondiales), l'« information grise » (légalement disponible mais complexe à caractériser ; 15 % des données) et l'« information noire » (dont l'accès est protégé ; 5 % des données). Lors de leurs contacts, certains membres du personnel captent de nombreuses informations de façon informelle. L'entreprise devra chercher à faire remonter ces informations et à les formaliser en mettant en place des supports (rapports de visite, rapports d'étonnement, par exemple).

b) La sélection de l'information

Toute démarche de veille amène à collecter une information très dense qu'il convient de filtrer, de sélectionner et d'en vérifier le degré de fiabilité et d'actualité.

c) Les outils de la veille informationnelle sur Internet

À côté des sources traditionnelles, Internet apparaît comme un mode privilégié d'accès à l'information. Une entreprise pourra automatiser sa veille informationnelle en recourant à des logiciels spécialisés dénommés « agents intelligents » (Copernic Agent Pro, KB Crawl...) qui vont systématiser la recherche et la surveillance de l'information diffusée sur les sites, forums, fils RSS et listes de diffusion référencés sur Internet.

3. Le traitement et la diffusion de l'information

a) Le système d'information mercatique (SIM)

Il consiste à traiter les données collectées pour transformer l'information brute en éléments de connaissances directement utilisables par les décideurs de l'entreprise (notes de synthèse, notes d'alerte, lettres de diffusion internes, portail documentaire interne, moteur de recherche interne indexé, intranet...).

b) La sécurisation des données

L'entreprise doit se protéger et définir des règles et des procédures de confidentialité. Elle veillera, en particulier, aux droits d'accès à l'information et aux modes de protection du système informatique de l'entreprise.

12 ANALYSE STATISTIQUE DES DONNÉES DE L'ÉTUDE

L'analyse statistique sert à décrire, analyser ou estimer les informations de l'étude de marché. Elle constitue une aide à la prise de décision.

1 Les différentes variables statistiques et leur représentation

1. Distinction entre variable discrète et variable continue

Une variable est la propriété étudiée d'un individu. Un individu est l'élément de base qui constitue la population. La population correspond au phénomène étudié et l'effectif est le nombre d'entités correspondant à chaque variable.

EXEMPLE

L'entreprise ExportPlus étudie les différentes formes de présence sur son marché aux États-Unis.

Formes de présence (x_i)	Agents	Importateurs	Distributeurs exclusifs	Succursales	Total (N)
Effectifs (n_i)	126	53	25	12	216

La population étudiée correspond aux différentes formes de présence aux États-Unis, alors que l'individu est constitué d'une seule des formes (un agent, par exemple). La variable correspond aux formes de présence. Elle est notée x_i (allant de 1 à n). L'effectif dénombre le nombre respectif des individus pour chaque variable. Il est noté n_i (allant de 1 à n) et N pour l'effectif total.

a) La variable discrète

Une variable discrète est représentée par un nombre fini sur le plan quantitatif ou par une catégorie sur le plan qualitatif (ex. : les succursales). La représentation graphique d'une variable discrète prend généralement deux formes :

- le diagramme circulaire : l'angle d'un secteur correspond au pourcentage de chaque variable multiplié par 360°. Il faut ensuite les cumuler pour les autres secteurs ;
- le diagramme en bâton : son principe est de raisonner sur la hauteur des bâtons en fonction des effectifs des différentes variables. Les bâtons sont séparés et distincts.

b) La variable continue

Une variable continue est définie dans un intervalle car elle peut prendre une infinité de valeurs à l'intérieur de celui-ci. Sa représentation graphique est l'histogramme, dont le principe de construction consiste à raisonner sur l'aire du rectangle et non sur sa hauteur.

EXEMPLE (suite)

CAHT des agents	[0 ; 100[	[100 ; 200[	[200 ; 300[	[300 ; 500[	Total
Effectifs	25	52	29	20	126

Il faut rectifier la dernière classe, dont l'intervalle est le double des autres. L'effectif de la classe [300 ; 500[est alors de 10 pour [300 ; 400[et de 10 pour [400 ; 500[.

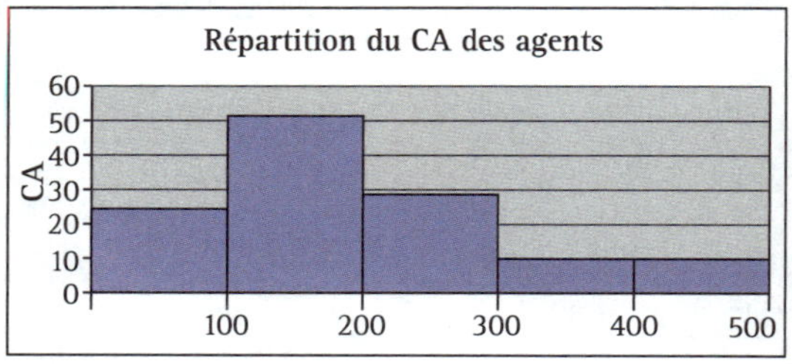

2. Les séries chronologiques

Elles représentent l'évolution des effectifs d'une variable dans le temps. La représentation graphique d'une série chronologique est une courbe.

2 La tendance centrale et la dispersion d'une série statistique

L'objectif est de disposer d'outils qui permettent de mieux comprendre la série étudiée. Une tendance centrale permet de positionner un point central représentatif de la série. La dispersion permet d'envisager l'homogénéité (dispersion faible) ou l'hétérogénéité (dispersion forte) de la variable étudiée par rapport à la tendance centrale.

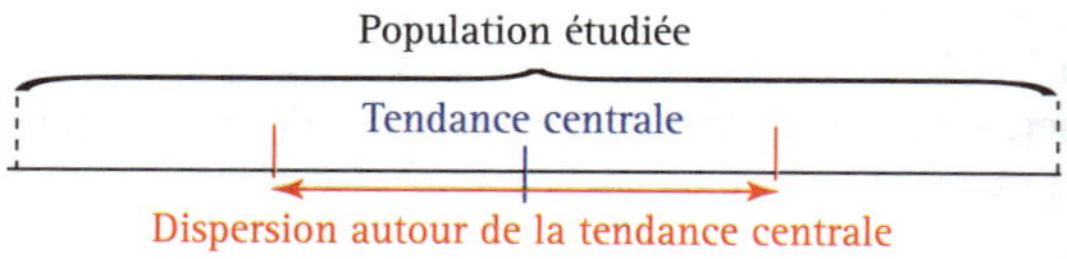

Il est important de lier le positionnement d'une série et la dispersion, autrement dit :

	--- Précision +++		
Positionnement	Mode	Médiane	Moyenne
Dispersion	Étendue	Écarts interquantiles	Écart type

EXEMPLE (suite)

CA des agents en K€	Centre des classes (x_i)	Effectifs (n_i)	Effectifs cumulés croissants (ECC)	$n_i \times x_i$
[0 ; 100[	50	25	25	1 250
[100 ; 200[	150	52	77	7 800
[200 ; 300[	250	29	106	7 250
[300 ; 500[	400	20	126	8 000
Total		126		24 300

1. Le mode et l'étendue

Le mode correspond à la valeur de la variable qui se répète le plus souvent dans la série. Pour une

variable continue, il faut identifier la classe modale ([100 ; 200[) et, par convention, prendre le milieu de la classe pour déterminer le mode (soit 150 000 € dans l'exemple).
L'étendue est la différence entre la valeur la plus basse de la variable et la valeur la plus élevée (soit ici : 500 – 0 = 500). Afin d'affiner la dispersion de cette série, il faut cependant savoir si le fait de prendre en considération un chiffre d'affaires de 0 pour un agent est pertinent. Il conviendra alors d'affiner la dispersion par le chiffre d'affaires le plus faible dans les faits.

2. La médiane

La médiane est la valeur de la variable qui divise une série statistique en deux parties égales. Afin de la déterminer, il faut calculer les effectifs cumulés croissants (ECC). Les ECC représentent le cumul des effectifs pour chaque valeur de la variable.

EXEMPLE (suite)

L'ECC 77 exprime que 77 agents (25 + 52) ont un chiffre d'affaires inférieur à 200 K€.

Attention, pour la lecture et l'interprétation des résultats des ECC, il faut toujours raisonner sur la tranche supérieure de l'intervalle. (par exemple, dans l'intervalle [100 ; 200], la tranche supérieure est 200 K€).
Les effectifs cumulés décroissants (ECD) sont, en tout point, la logique inverse des ECC. Le raisonnement s'effectue donc sur la tranche inférieure de l'intervalle.
À noter que, graphiquement, le point d'intersection des ECC et des ECD représente la médiane. Le rang de la médiane est la moitié de l'effectif total (N).

EXEMPLE (suite)

126/2 = 63ᵉ rang. Il convient donc soit de trouver directement, dans les ECC, la valeur du 63ᵉ rang, soit de procéder à une interpolation linéaire. L'interpolation linéaire est le prorata de la différence des valeurs de la variable par rapport aux rangs.

25ᵉ rang = 100 K€
63ᵉ rang = médiane
77ᵉ rang = 200 K€

$$\textit{Médiane} = 100\text{ K€} + \left(\frac{(63-25)}{(77-25)} \times (200-100)\right) = 173{,}08\text{ K€}$$

50 % des agents ont donc un chiffre d'affaires inférieur à 173 080 € et 50 % des agents ont un CA supérieur.

3 La moyenne et l'écart type

La moyenne est définie comme la somme des valeurs de la variable pondérée des effectifs sur l'effectif total. Elle est notée $\overline{x}$. Si l'étude porte sur une variable continue, il faut, par simplification, prendre le centre des classes de la variable.

EXEMPLE (suite)

$$\overline{x} = \sum_{i=1}^{k} \frac{n_i \times x_i}{N} = \frac{24\,300}{126} = 192{,}857\text{ €}$$

Le chiffre d'affaires moyen des agents est de 192 857 €.

L'écart type, noté σ, est la racine carrée de la variance. La variance, notée σ, (V(x), n'exprime rien. Elle n'est qu'une étape mathématique afin d'aboutir à l'écart type.

$$V(x) = \frac{\sum_{i=1}^{k} n_i(x_i - \overline{x})^2}{N} \quad \text{avec } N = \sum_{i=1}^{k} n_i$$

$$\sigma_x = \sqrt{V(x)}$$

EXEMPLE (suite)

x_i Centre des classes	n_i Effectifs	$(x_i - \overline{x})$	$(x_i - \overline{x})^2$	$n_i(x_i - \overline{x})$
50	25	– 142,86	20 408	510 204
150	52	– 42,86	1 837	95 510
250	29	57,14	3 265	94 694
400	20	207,14	42 908	858 163
	126			1 558 571

$$V(x) = \frac{1\,558\,571}{126} = 12\,369{,}61$$

$$\sigma(x) = \sqrt{12\,369{,}61} = 111{,}22\text{ K€}$$

La dispersion autour de la moyenne est donc de 111 220 €. Le chiffre d'affaires des agents est donc hétérogène, c'est-à-dire avec des grandes disparités dans les résultats commerciaux.

4 La prévision de la demande

L'entreprise doit parfois s'interroger sur l'évolution de la demande dans l'avenir, sur le marché visé. Se baser sur les ventes antérieures peut parfois être dangereux, notamment si la concurrence est exacerbée. La demande apparente (en valeur ou en volume) peut être une donnée plus intéressante à étudier. Il convient aussi de prendre en considération le cycle de vie de certains produits afin d'anticiper éventuellement une rupture dans la tendance, qui ne permettra donc pas un ajustement linéaire.
L'ajustement linéaire permet de formaliser la tendance ultérieure de la demande par une droite (soit une équation de la forme $y = ax + b$). Une fois celle-ci déterminée, il suffit de modifier la valeur de la variable x pour estimer les données futures.

EXEMPLE

La demande de cellules photovoltaïques (en millions) de l'Allemagne pour ces dernières années est la suivante :

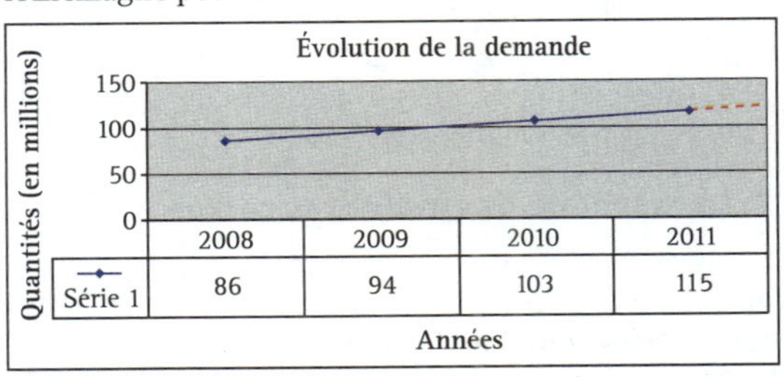

12 ANALYSE STATISTIQUE DES DONNÉES DE L'ÉTUDE (suite)

Nous constatons graphiquement la possibilité d'un ajustement linéaire de cette série. Le principe sera alors d'estimer la demande pour les années postérieures à 2011 (pointillés en rouge).
Deux méthodes sont généralement utilisées.

1. La méthode de Mayer ou méthode des points moyens

Elle consiste à diviser la série chronologique en deux groupes et à déterminer pour chacun les coordonnées d'un point moyen. L'équation de la droite passera par ces deux points.

EXEMPLE (suite)

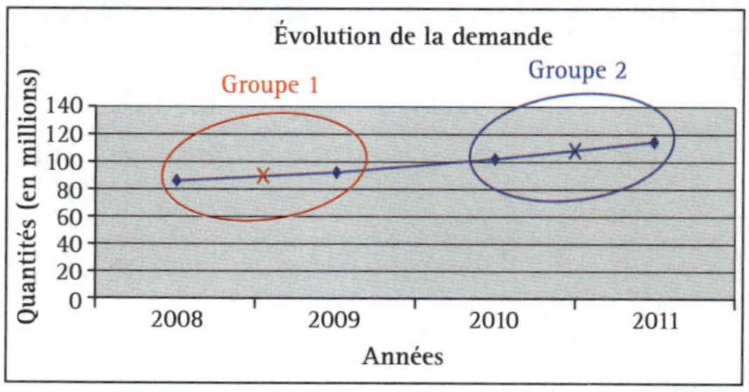

Il faut cependant transposer les valeurs de la variable chronologique (2008, 2009...) par une série incrémentée avec un pas de 1 (c'est-à-dire de compter en entier à partir de 1), soit, dans l'exemple, de 1 à 4 (X_i).
La série devient alors :

	Point 1		Point 2	
	X_1	Y_1	X_2	Y_2
	1	86	3	103
	2	94	4	115
Moyennes	1,5	90	3,5	109

Les coordonnées de P_1 sont : $90 = 1{,}5a + b$, et les coordonnées de P_2 sont : $109 = 3{,}5a + b$.
La résolution de ce système de deux équations avec deux inconnues, par substitution ou par soustraction, détermine le coefficient directeur a et la constante b. Soit, dans le cas présent :

$$\left.\begin{array}{l} 90 = 1{,}5a + (109 - 3{,}5a) \Rightarrow a = 9{,}5 \\ 90 = (1{,}5 \times 9{,}5) + b \Rightarrow b = 75{,}75 \end{array}\right\} y = 9{,}5x + 75{,}5$$

L'estimation des ventes 2012 et 2013 est réalisée en ajoutant un pas à la dernière valeur de x, soit 5 pour 2012 et 6 pour 2013.

$Y_{2012} = (9{,}5 \times 5) + 75{,}5 = 123$

$Y_{2013} = (9{,}5 \times 6) + 75{,}5 = 132{,}5$

Les ventes prévisionnelles de cellules photovoltaïques de l'Allemagne sont estimées à 123 millions d'unités pour 2012 et à 132,5 millions pour 2013.

2. La méthode des moindres carrés

Il s'agit de déterminer le coefficient directeur (a), dans un premier temps, et ensuite la constante (b) afin de déterminer l'équation de la droite.

$$a = \frac{\sum(x_i - \bar{x})(y_i - \bar{y})}{\sum(x_i - \bar{x})^2}$$

et

$$b = \bar{y} - a\bar{x}$$

EXEMPLE (suite)

	x_i	y_i	$(x_i - \bar{x})$	$(y_i - \bar{y})$	$(x_i - \bar{x})(y_i - \bar{y})$	$(x_i - \bar{x})^2$
2008	1	86	− 1,5	− 13,5	20,25	2,25
2009	2	94	− 0,5	− 5,5	2,75	0,25
2010	3	103	0,5	3,5	1,75	0,25
2011	4	115	1,5	15,5	23,25	2,25
					48	5,00

Sur un plan méthodologique, il faut tout d'abord calculer les moyennes de x_i et y_i, soit respectivement 2,5 et 99,5. Ensuite il faut calculer distinctement le numérateur et le dénominateur du coefficient directeur pour, enfin, déterminer la constante.

$a = \frac{48}{5} = 9{,}6$ et $b = 99{,}5 - (9{,}6 \times 2{,}5) = 75{,}5$

Soit une droite d'équation : $y = 9{,}6x + 75{,}5$.
Le niveau de la demande pour 2012 et 2013 est de :

$y_{2012} = (9{,}6 \times 5) + 75{,}5 = 123{,}5$

$y_{2013} = (9{,}6 \times 6) + 75{,}5 = 133{,}1$

On note une légère distorsion entre les deux résultats. La méthode des moindres carrés a cependant l'avantage d'être plus précise que celle de Mayer, mais il faut relativiser la distorsion dans la mesure où il s'agit d'une prévision.

5 La prise en compte d'un phénomène saisonnier

1. Le postulat de départ

Certaines activités peuvent rester saisonnières : les ventes subissent l'influence soit des saisons, soit d'un événement culturel. Celui-ci affecte la demande d'un marché. La détermination des coefficients saisonniers permettra l'actualisation de la prévision : soit en extrapolant le phénomène, soit en le « gommant ».
L'activité de l'entreprise peut reposer sur une activité saisonnière, qu'elle essayera généralement de lisser par une activité complémentaire en relation avec sa compétence métier.
Ainsi, Salomon, vendeur de matériel de ski, a transposé son activité hivernale vers les rollers et la randonnée de montagne.

EXEMPLE

L'entreprise Beach commercialise les maillots de bain dans l'Union européenne.

		x_i	CA (K€) : y_i	Y_i^*	y_i / Y_i^*
2008	T1	1	12	16,97	0,71
	T2	2	18	17,79	1,01
	T3	3	26	18,61	1,40
	T4	4	14	19,43	0,72
2009	T1	5	16	20,25	0,79
	T2	6	27	21,07	1,28
	T3	7	30	21,89	1,37
	T4	8	18	22,71	0,79
2010	T1	9	18	23,54	0,76
	T2	10	29	24,36	1,19
	T3	11	32	25,18	1,27
	T4	12	19	26,00	0,73
2011	T1	13	20	26,82	0,75
	T2	14	33	27,64	1,19
	T3	15	36	28,46	1,26
	T4	16	22	29,28	0,75

La représentation graphique est la suivante :

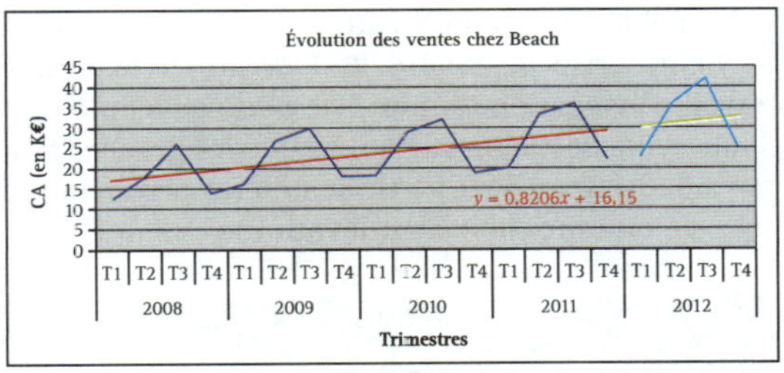

On constate bien la présence d'un phénomène saisonnier pour les trimestres T2 et T3, qui se concrétise par une augmentation des ventes pour ces périodes (pics d'avril à septembre). Afin d'extrapoler les prévisions pour 2012 (trait jaune), il convient, grâce aux coefficients saisonniers, d'affiner la prévision (trait bleu clair).

2. La méthodologie en 4 points

a) La détermination du *trend* et du calcul des points (Y_i^*)

Grâce aux méthodes de prévision de la demande, il s'agit de réutiliser l'équation de la droite afin de recalculer l'ensemble des points de la droite pour toutes les valeurs de x_i, que l'on notera Y_i^*. Cette phase de calcul préparatoire permettra de passer à l'étape suivante.

b) La détermination des coefficients saisonniers

Le calcul de y_i / Y_i^* permet de déterminer un coefficient entre les données réelles et les points de l'équation de la droite de tendance. Si le coefficient est supérieur à 1, cela signifie que la droite est en dessous des données réelles, ce qui caractérise ici le phénomène saisonnier, et inversement.

Il suffit alors de déterminer le coefficient moyen en fonction de la périodicité, soit ici le trimestre :

T1 = (0,71 + 0,79 + 0,76 + 0,75) / 4 = 0,75.

La méthodologie est identique pour les autres coefficients.

T1 = 0,75 T2 = 1,17 T3 = 1,33 T4 = 0,75

c) L'évolution future

Comme dans l'évolution de la demande, il faut déterminer, grâce à la droite de tendance, la prévision pour les années futures. La prévision est réalisée grâce à l'incrémentation des valeurs de x_i pour les périodes à prévoir. Dans le cas présent, pour les trimestres de l'année 2012, les valeurs de x_i seront les suivantes $Y^*_{i\ 2012}$:

			$Y^*_{i\ 2012}$
2012	T1	17	30,10
	T2	18	30,92
	T3	19	31,74
	T4	20	32,56

$Y^*_{i\ 2012T1} = (0{,}8206 \times 17) + 16{,}15 = 30{,}10$

Ces valeurs sont en jaune sur le graphique.

d) L'actualisation de l'évolution

L'actualisation des valeurs en fonction de la prise en compte du phénomène saisonnier se réalise grâce à la multiplication des valeurs futures ($Y^*_{i\ 2012}$) par le coefficient saisonnier correspondant à la période. Ces valeurs sont ici notées Y_i^{**}.

EXEMPLE (suite)

$Y^{**}_{i\ 2012T1} = 30{,}10 \times 0{,}75 = 22{,}58$
$Y^{**}_{i\ 2012T2} = 30{,}92 \times 1{,}17 = 36{,}18$
$Y^{**}_{i\ 2012T3} = 31{,}74 \times 1{,}33 = 42{,}21$
$Y^{**}_{i\ 2012T4} = 32{,}56 \times 0{,}75 = 24{,}42$

			$Y^*_{i\ 2012}$	Y_i^{**} (données actualisées)
2012	T1	17	30,10	22,58
	T2	18	30,92	36,18
	T3	19	31,74	42,21
	T4	20	32,56	24,42

Graphiquement, cela correspond à la courbe bleu clair en 2012. On constate aisément que nous avons bien transposé dans le futur le phénomène saisonnier, identifié empiriquement.

13 LE DIAGNOSTIC EXPORT

Pour développer une activité commerciale à l'international, l'entreprise doit au préalable évaluer précisément les potentialités et les risques que présente son projet export. Ce diagnostic permet de mener et de formaliser ce travail d'évaluation.

1 L'organisation générale d'un diagnostic export

1. Les fonctions du diagnostic export

Après avoir présélectionné un marché cible en fonction d'une première étude menée essentiellement à partir de l'analyse d'indicateurs environnementaux, l'exportateur précise et enrichit le contenu de l'information collectée en mettant en place une étude de marché plus approfondie.

Le diagnostic export exploite cette information pour mener une analyse à deux niveaux :

- **le diagnostic interne** a pour objectif d'évaluer les forces et les faiblesses de l'entreprise au regard de son projet export et des spécificités que présente le marché ;
- **le diagnostic externe** formalise et évalue les opportunités et les menaces qui caractérisent le marché cible.

C'est à partir de cette double approche que l'entreprise détermine et évalue les adaptations stratégiques et opérationnelles nécessaires pour disposer des compétences fondamentales et des facteurs clés de succès qui lui permettront d'être viable sur le marché étranger.

Dans le processus de mise en place d'un projet export et de sélection d'un marché, le diagnostic apparaît donc comme un outil d'aide à la réflexion, mais aussi à la décision :

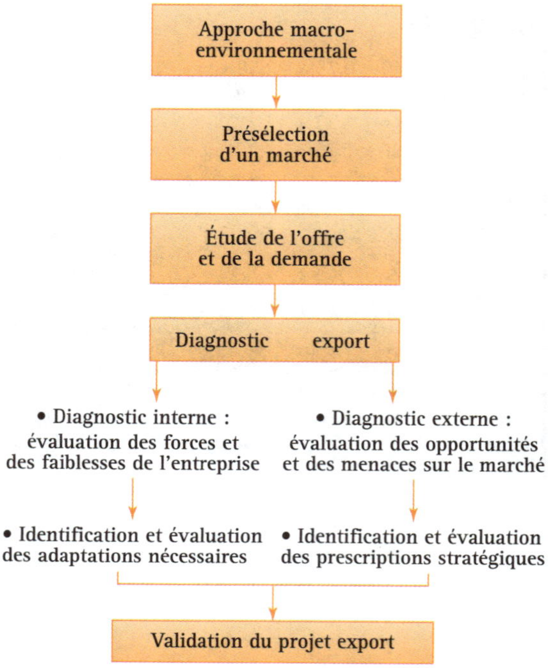

2. La formalisation du diagnostic export

Les deux dimensions d'un diagnostic export sont, le plus souvent, présentées sous la forme de tableaux également appelés « matrices SWOT » (*Strenghts, Weaknesses, Opportunities, Threats*) :

- tableau ou matrice forces/faiblesses pour le diagnostic interne ;
- tableau ou matrice menaces/opportunités pour le diagnostic externe.

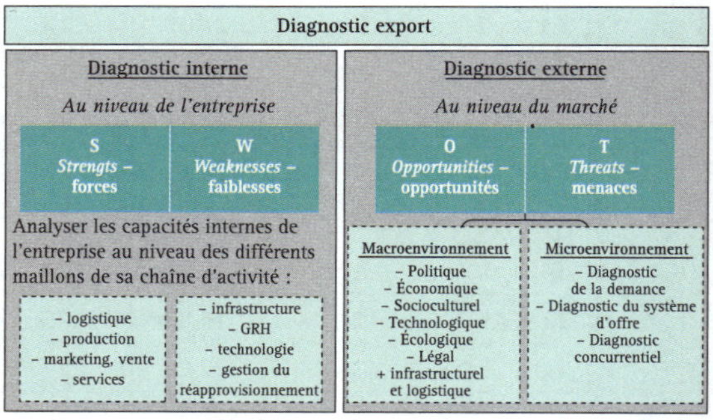

2 Le diagnostic interne

Cette première approche du diagnostic évalue les forces et les faiblesses des différentes fonctions et ressources de l'entreprise au regard de son projet export. Ce travail d'évaluation est mené, le plus souvent, à partir d'une grille de diagnostic qui évalue les grandes fonctions de l'entreprise à partir de critères pertinents que celle-ci aura préalablement identifiés :

CRITÈRES	1	2	3	4	5
Production et approvisionnement					
– Produit disponible dans les quantités demandées					
– Capacité de production disponible					
– Capacité à produire plus sans surcoût					
– Disponibilité et qualité des sous-traitants (si pas de capacité supplémentaire de production)					
– Capacité de stockage					
– Capacité à produire dans les délais					
– Capacité à adapter le produit sur le plan commercial					
– Capacité à mettre aux normes le produit					
– Capacité à adapter sans surcoût majeur					
– Capacité d'approvisionnement des fournisseurs					
Logistique					
– Maîtrise des délais d'acheminement					
– Capacité à maîtriser les opérations de transport					
– Maîtrise des incoterms					
– Maîtrise des opérations douanières					
– Conformité de l'emballage					
Finances					
– Connaissance du budget nécessaire au marché export					
– Capitaux disponibles					
– Capacité à emprunter					
– Fonds de roulement disponible pour l'activité export					
– Maîtrise des outils de financement					
– Maîtrise de la gestion des risques (change, clients)					

Organisation et ressources humaines					
– Degré d'expérience à l'international					
– Disponibilité interne et compétence linguistique					
– Maîtrise du marché (culture, pratiques commerciales, réglementation, formalités administratives...)					
– Maîtrise des techniques à l'exportation					
– Compétence pour la négociation commerciale					
– Capacités humaines					
– Temps disponible pour gérer l'activité export					
– Temps disponible pour former le personnel					
– Disponibilité pour se rendre sur le marché					
– Capacité à financer un ou des recrutements éventuels					
– Capacité à coordonner et à diriger l'activité export					
– Disponibilité pour coordonner et diriger cette activité					
– Connaissance des réseaux de soutien à l'export					
– Système de veille et de suivi de l'évolution du marché					
– Système d'information (échange de données)					
– Démarche et procédures qualité					
– Capacité à gérer une procédure d'appel d'offres					
Marketing – Produit et services					
– Étendue de la gamme					
– Capacité à faire évoluer la gamme (innovation)					
– Niveau technologique du produit					
– Documentation produit adaptée					
– Produit protégé sur le marché local (marque, brevet)					
– Capacité à financer la protection du produit à l'export					
– Capacité à gérer l'après-vente (maintenance)					
Marketing – Prix					
– Connaissance des coûts internes et du coût de revient					
– Marge suffisante					
– Capacité à fixer un prix de vente concurrentiel					
– Capacité à fixer un prix de vente adapté à la demande					
– Capacité à facturer en devises					
– Capacité à proposer des offres de financement					
Marketing – Distribution					
– Disponibilité interne d'un réseau de distribution (représentants, distributeurs, agents...)					
– Qualité du réseau de distribution existant					
– Coûts de distribution					
– Capacité et disponibilité pour gérer, contrôler et animer le réseau de distribution					
Marketing – Communication					
– Existence d'un site Internet dans la langue appropriée					
– Site Internet référençant clairement les produits et leurs avantages concurrentiels					
– Qualité de la documentation commerciale					
– Notoriété de la marque, des produits					
– Capacité à évaluer le budget de communication					
– Capacité à mettre en place un plan de communication et de promotion des produits					
– Capacité et disponibilité pour participer à des manifestations commerciales à l'étranger (salons)					

Cette évaluation des points critiques en interne permet ensuite à l'entreprise d'identifier les actions correctives et les adaptations nécessaires à la mise en place de son projet export.

3 Le diagnostic externe

Ce second volet du diagnostic export permet de formaliser les menaces et les opportunités qui caractérisent le marché cible.

1. Le diagnostic du macroenvironnement

Le macroenvironnement, ou environnement global, de l'entreprise peut être analysé à partir de l'utilisation de la méthode PESTEL. Cette approche décline l'analyse en distinguant six grands types d'influence environnementale : Politique, Économique, Socioculturel, Technologique, Écologique et Légal. Cette analyse reprend ainsi les rubriques et critères utilisés lors de l'approche pays (approche formalisée par la « fiche pays »). Elle permet d'évaluer, en particulier, les conditions d'accessibilité et les risques politiques, sociaux et culturels sur le marché cible.

2. Le diagnostic du microenvironnement

a) Le diagnostic de la demande

Sur un plan quantitatif, l'évaluation des menaces et des opportunités est menée à partir de la caractérisation de différents indicateurs, en particulier :
- la taille du marché en volume et en valeur ainsi que son évolution ;
- les segments de consommateurs en volume et en valeur, leur potentiel d'achat ;
- les volumes et fréquences d'achat...

D'un point de vue qualitatif, le diagnostic prend également en compte les processus d'achat (motivations, freins, critères de choix...) ainsi que les comportements de consommation ou d'utilisation du produit (qui consomme ? Quoi ? Où ? Quand ? Comment ?). Cette approche qualitative doit notamment permettre à l'exportateur de caractériser les adaptations nécessaires pour satisfaire la demande.

b) Le diagnostic du système d'offre

Il permet d'évaluer les partenaires potentiels (distributeurs, fournisseurs) sur le marché export :
- l'évaluation des distributeurs repose, notamment, sur l'analyse des différents canaux de distribution (nombre d'intermédiaires et marges moyennes captées par ces derniers, pouvoir de négociation, implantation des points de vente, politique d'assortiment...) ;
- au-delà du degré de qualité des produits et des coûts d'achat, le diagnostic fournisseurs prend en compte la qualité des services associés (les délais de livraison, les garanties, les conditions de paiement...) ainsi que les capacités de production et d'adaptation des fournisseurs potentiels.

c) Le diagnostic concurrentiel

Ce diagnostic évalue la concurrence directe (parts de marché, analyse des plans de marchéage, du savoir-faire, des moyens humains, financiers et techniques...) ainsi que l'influence des produits de substitution éventuels.

14 LA SÉLECTION DES MARCHÉS

La démarche de sélection d'un marché vise, dans un premier temps, à identifier des marchés potentiels. Ces marchés font ensuite l'objet d'études plus approfondies afin de valider le choix final du ou des marchés cibles.

1 L'organisation générale de la démarche

La démarche de sélection d'un marché se décline en deux temps.

1. La phase de présélection

Cette pré-étude, ou étude exploratoire, est menée à partir de l'exploitation de sources documentaires afin d'identifier et de présélectionner des marchés attractifs. À l'image de l'approche pays, cette étude s'appuie sur l'exploitation de données générales et synthétiques qui caractérisent le potentiel et l'attractivité du marché.

Au-delà du potentiel commercial, cette phase exploratoire intègre également des critères d'accessibilité d'analyse des riques.

Ces différents critères sur lesquels repose l'étude sont hiérarchisés selon leur importance relative et font l'objet d'une analyse conjointe (ou analyse multicritère) menée à partir de grilles de sélection.

2. La phase de sélection

Pour valider le choix final, les marchés présélectionnés font l'objet d'une étude plus approfondie. L'information collectée permet à l'exportateur de mener un diagnostic afin d'évaluer avec précision les potentialités et les risques (diagnostic externe) que présente le marché présélectionné ainsi que les forces et les faiblesses de son entreprise (diagnostic interne) au regard de son projet export.

La sélection finale d'un marché cible apparaît donc comme le résultat de la démarche suivante :

Phase de présélection :
- la pré-étude (ou étude exploratoire) passe par l'exploitation de sources documentaires pour pré-sélectionner des marchés potentiels à partir de critères clés ;
- Sur le marché ainsi présélectionné, valider et préciser ses potentialités et les capacités de l'entreprise à l'exploiter.

Phase de sélection :
- les études de marché passent par des études documentaires, quantitatives, qualitatives pour approfondir et enrichir l'information collectée sur le marché présélectionné ;
- la démarche de diagnostic passe par un diagnostic externe pour évaluer les potentialités du marché en termes de menaces et d'opportunités, et par un diagnostic interne qui permet d'évaluer les capacités de l'entreprise à exploiter le marché selon une approche forces, faiblesses.

Phase de validation finale du ou des marché retenus.

2 Les critères de sélection

La démarche de présélection est menée à partir de l'analyse de critères révélateurs des potentialités du marché, de son degré d'accessibilité et des risques qui le caractérisent.

1. Les critères de potentialité

a) La situation économique du pays

L'étude d'un certain nombre d'indicateurs macroéconomiques permet d'apprécier le niveau de développement économique d'un pays. Parmi ces indicateurs, il convient d'analyser en particulier :
- les indicateurs de richesse économique que sont le PIB global et le PIB par habitant, ainsi que leur évolution ;
- la distribution de cette richesse par la caractérisation du revenu moyen par habitant et la répartition de ces revenus dans la population ;
- les dépenses de consommation ;
- les taux d'inflation et de chômage, etc.

b) La situation commerciale du pays

Les données des soldes commerciaux (exportations en FOB et importations en CIF) et du commerce extérieur (niveaux et évolutions des exportations et des importations) permettent de caractériser le degré d'ouverture d'un pays et sa vitalité commerciale.

c) La situation commerciale du marché

Au sein d'un pays cible, l'évaluation des potentialités d'un marché est menée à partir de l'exploitation d'un certain nombre d'indicateurs. Il est ainsi possible :
- de caractériser la demande intérieure = Production + (Importations – Exportations) ;
- d'évaluer le degré d'ouverture d'un marché en calculant le taux de pénétration ([Importations/Demande intérieure] × 100) et le taux de couverture (Exportations en FOB/Importations en CIF).

Parmi les nombreuses sources permettant d'accéder à ces informations, les statistiques du commerce extérieur, établies et diffusées chaque mois par la Douane française (https://pro.douane.gouv.fr/prodouane.asp), permettent de développer une analyse détaillée par pays et par produit. Les nomenclatures douanières NC8 et CPF4 présentent ainsi la situation commerciale de 10 000 produits ventilés par pays.

2. L'étude du degré d'accessibilité du marché

a) L'accessibilité physique et infrastructurelle

La distance, l'état des infrastructures de transport (qualité et densité du réseau) et les conditions de stockage influencent directement les coûts d'acheminement et donc le degré de compétitivité des marchandises sur le marché cible.

Par ailleurs, et afin de rendre son produit accessible au client final, l'exportateur doit évaluer le degré de modernité de l'appareil commercial et identifier les circuits de distribution locaux, leur structure ainsi que le profil des acteurs économiques qui les composent.

b) Les caractéristiques socioculturelles

Les distances socioculturelles (langues, religions, valeurs, pratiques locales des affaires...) peuvent durcir les conditions d'accès à un marché en obligeant l'exportateur à disposer de compétences culturelles et linguistiques.

Ces distances peuvent également renchérir le coût de l'exportation en rendant, par exemple, nécessaire l'adaptation marketing du produit (emballage, stylique, positionnement...) et de sa communication sur le marché cible.

c) Les environnements politiques et légaux

L'environnement réglementaire peut durcir les conditions d'accès et d'exploitation d'un marché et obliger une entreprise à adapter son produit et les conditions de gestion de son activité.

L'exportateur doit ainsi évaluer, en particulier, les contraintes légales concernant la mise à la consommation de la marchandise (étiquetage, emballage, protection du consommateur, législation environnementale...) et la législation en matière de contrats commerciaux. Si le projet export amène l'entreprise à gérer un personnel sur le marché cible, il convient également de s'informer sur la législation sociale qui encadrera le personnel.

d) Les conditions tarifaires et non tarifaires

Le niveau des droits de douane et de la fiscalité locale a une incidence directe sur la compétitivité-prix de la marchandise exportée. Par ailleurs, les formalités liées aux procédures douanières en vigueur et l'existence d'obstacles non tarifaires particuliers (contingentements, licences d'importation, normes...) peuvent être à l'origine de contraintes importantes.

3. L'étude des risques qui caractérisent le marché

Dans la démarche de présélection d'un marché, il convient de prendre en compte et d'évaluer les différents risques qui caractérisent un marché cible, en particulier le risque pays.

Ce risque comporte deux dimensions :
- le risque politique, qui correspond au degré de stabilité politique d'un pays (situation sociale intérieure, risques de guerre civile ou de conflit militaire...) ;
- le risque économique et financier, qui caractérise la situation économique du pays (niveau d'inflation, risques de dépréciation monétaire, réserves de devises disponibles pouvant menacer les paiements vers l'étranger...).

Il convient d'être également très vigilant au risque de change quand les transactions s'effectuent en devises.

De nombreux organismes évaluent et rendent publiques leur notation et l'évolution du risque pays (l'OCDE, la Coface, Ducroire mettent en ligne leur évaluation des risques pays).

3 L'analyse des critères de sélection

1. L'exploitation du système ALIX

À partir de Comtrade, base de données statistiques du commerce extérieur des Nations unies, Ubifrance a élaboré un outil de veille des marchés. Cet outil, appelé « système ALIX », permet de visualiser sous forme de tableaux de bord (tableaux et graphiques accompagnés d'une information synthétique) la situation commerciale internationale de plus de 4 000 références produits à travers trois modules d'étude. Melodi (module d'étude de l'offre et de la demande internationale) caractérise :
- les principaux pays exportateurs, l'évolution annuelle de leurs exportations et la part du marché mondial qu'ils représentent à l'export ;
- les principaux pays importateurs, l'évolution annuelle de leurs importations et les principaux fournisseurs étrangers présents sur ces pays.

Melofra (module d'étude de l'offre française) et Meloco (module d'étude de l'offre des concurrents) permettent à un exportateur d'identifier ses principaux concurrents français et étrangers.

Peu coûteux, l'exploitation du système ALIX permet à un exportateur de disposer d'informations pour présélectionner des marchés potentiels.

Ubifrance peut accompagner au-delà l'exportateur en mettant à sa disposition une gamme d'outils d'information et de veille complémentaires afin qu'il enrichisse sa démarche de pré-étude et qu'il valide ainsi la sélection finale de son marché cible.

2. Les grilles d'analyse multicritère

Ces grilles sont des tableaux qui permettent de procéder à une démarche de sélection de marchés cibles à partir d'une analyse multicritère menée comparativement sur plusieurs pays.

Dans un premier temps, il convient de caractériser les critères de sélection les plus pertinents au regard du marché et du secteur d'activité concernés. Ces critères seront ensuite hiérarchisés et pondérés en fonction de leur importance relative et des conditions d'exploitation du marché visé : la qualité des moyens logistiques propres au stockage et au respect de la chaîne du froid seront, par exemple, des critères de sélection prépondérants pour une entreprise souhaitant exporter et commercialiser des produits surgelés.

EXEMPLE

Échelle des notes attribuées variant de 1 à 4 :
1 : conditions très défavorables / 2 : conditions peu favorables
3 : conditions favorables / 4 : conditions très favorables

Critères	Pays A			Pays B			Pays C		
	Note	Pond.	Total.	Note	Pond.	Total.	Note	Pond.	Total.
Critères de potentialités		5			5			5	
- Taille du marché - Demande intérieure - État de la concurrence - Évolution du marché - Degré d'ouverture									
Critères d'accessibilité		4			4			4	
- Proximité géographique - Contraintes d'adaptation du produit - Infrastructures logist. - Barrières tarifaires									
Risques pays		1			1			1	
- Risques économiques - Risque bancaire - Risque de transfert (paiement)									
TOTAL :									

15 LES STRATÉGIES D'INTERNATIONALISATION

L'internationalisation correspond à des réalités bien différentes, depuis l'entreprise qui accepte de temps en temps une commande de l'étranger jusqu'à la multinationale qui gère de manière intégrée toutes les opportunités de production et de vente au niveau mondial.

1 Les premières formes d'ouverture à l'international

1. La participation à des salons

De nombreuses PME commencent par aborder l'international en participant à des salons. C'est l'une des voies privilégiées d'accès aux marchés étrangers. L'entreprise peut s'y faire connaître et étudier la concurrence, rencontrer des agents commerciaux ou des distributeurs potentiels.

EXEMPLE

La société Minima, créée en 1993, fabrique des montures de lunettes ultralégères en fil de titane, robustes et qui s'adaptent à la morphologie du porteur. Lorsque ce nouveau produit a été présenté au salon Silmo de Paris en 1994, le succès fut immédiat. Aussitôt, les commandes pleuvent et l'entreprise croule sous les demandes de distributeurs étrangers. « *Dès 1995, j'ai pris ma valise pour participer à tous les salons optiques du monde (un à deux par mois). Il faut parfois de la persévérance ! Nous avons mis 13 ans à nous imposer au Hong Kong Optical Fair, qui est le plus grand salon d'Asie dans notre secteur* » raconte son président.

2. La recherche d'un marché suffisant

D'autres entreprises choisissent de vendre à l'étranger parce que leur produit ne trouve pas assez de clients sur le territoire national.

EXEMPLE

CBE Group est le *leader* mondial des moules pour voussoirs de tunnels. Les voussoirs sont des anneaux de béton qui enserrent la roche et sont installés en série juste derrière le tunnelier. À la fin du chantier du tunnel sous la Manche, l'entreprise s'est orientée vers l'exportation, qui représente maintenant 95 % de sa production. Jusqu'en avril 2009, tout était fabriqué en Touraine. Le fort développement des marchés asiatiques a poussé l'entreprise à ouvrir une unité de fabrication en Chine.

Si l'entreprise décide de développer ses exportations, elle doit mettre en place une structure avec du personnel capable de gérer les opérations administratives d'import et d'export (logistique, douane, couverture des risques, règlements). L'ouverture à d'autres pays lui impose également d'être capable de réaliser un diagnostic export.

2 Le courant régulier d'affaires

À ce niveau de développement international, l'entreprise multiplie ses actions de prospection, structure et anime ses réseaux commerciaux, organise la production et implante, si nécessaire, des filiales à l'étranger. Pour faire face au développement de ses activités, elle doit mettre en place des procédures de prévision et de contrôle. La poursuite du développement international s'appuie souvent sur des partenaires locaux compétents et fiables.

1. Le partenariat avec des distributeurs

L'une des difficultés de l'export réside dans la méconnaissance des particularités du marché local. De plus, tisser des liens durables avec la clientèle nécessite du temps et une bonne connaissance des réseaux de distribution. Cette clientèle accordera aussi plus facilement sa confiance à un fournisseur du pays.

Pour toutes ces raisons, beaucoup d'entreprises cherchent à se développer à l'international en nouant des liens privilégiés avec un importateur-distributeur qui se charge de prospecter et de vendre dans le pays.

EXEMPLES

– Infaco, *leader* mondial du sécateur électrique, ne possède aucune filiale et a développé uniquement un réseau de distributeurs tissé au fil des ans. « *Nous ne nous lançons sur un nouveau marché que lorsque nous avons trouvé la bonne personne. C'est un véritable partenariat avec le distributeur, quitte à ce que le marché ne soit rentable qu'au bout de deux ou trois ans* », explique le dirigeant. Sur place, rien n'est laissé au hasard : « *Nous allons dans chacun des pays pour former nos distributeurs au produit et au service après-vente.* »

– Maesa a décroché en Grande-Bretagne le référencement d'une première gamme de produits de maquillage auprès des hypermarchés Asda, filiale du groupe américain Wal-Mart. Forte de ce succès, l'entreprise ouvre deux ans plus tard une filiale aux États-Unis.

2. Le partenariat avec de grands groupes mondialisés

Il consiste à devenir le fournisseur de grands groupes industriels implantés dans plusieurs pays. Soit la PME exporte ses produits à partir de son marché d'origine, soit elle s'implante elle-même à proximité des unités de production du groupe afin de pouvoir livrer en « juste-à-temps ». Pour répondre aux besoins de ces clients exigeants, l'entreprise doit montrer qu'elle est capable de proposer une solution complète et aller au-delà de la simple fourniture d'un bien.

EXEMPLES

– L'entreprise familiale A. Raymond de Grenoble s'est associée avec l'entreprise allemande Kamax. Le groupe conçoit et fabrique des pièces de fixations techniques par clipage et collage pour l'industrie automobile. Il se présente comme un prestataire de service intégral, depuis la conception jusqu'à la livraison vers toutes les filiales des grands groupes.

– Eurofins est spécialisé dans la bio-analyse. Ses 170 laboratoires, répartis dans 29 pays, sont très spécialisés. Ils proposent une gamme de 25 000 tests et contrôles : origine des composants, substances allergènes et OGM, détection des pesticides, des dioxines et des polluants,

analyse ADN, tests pour essais cliniques de médicaments... Ses clients sont les grandes multinationales agroalimentaires et pharmaceutiques.
– La société Varioptic de Lyon, créée en 2002 par le chercheur Bruno Berge, est devenue *leader* mondial des lentilles liquides à focale variable, utilisées dans la téléphonie mobile, grâce à la signature d'une licence de fabrication et de commercialisation avec une filiale du groupe coréen Samsung.

3. La stratégie de réseau

Le réseau interorganisationnel (RIO) est constitué de plusieurs entreprises de taille et d'expérience complémentaires qui organisent entre elles des partenariats peu formalisés. Le réseau est souple : les dirigeants partagent des informations et s'associent pour réaliser certains projets tout en restant juridiquement indépendants. Selon la situation, ils peuvent à la fois entretenir des relations de concurrence et de coopération. Par cette organisation, les entreprises essaient de garder une grande flexibilité tout en réduisant l'incertitude face à l'intensité de la concurrence internationale. Ce type d'organisation a pu se développer grâce aux technologies de l'information et de la communication.
On trouve des RIO dans de nombreux secteurs : les biotechnologies, les semi-conducteurs, l'automobile, l'industrie textile, les BTP ou le transport et la logistique.

EXEMPLE

Un ensemble de 7 entreprises de 3 pays différents et de tailles très variées (de 6 à 20 000 salariés) est organisé en réseau pour assurer le transport multimodal (route, fer, mer) de véhicules neufs en Europe. Les liens interpersonnels entre les responsables sont plus souples que s'ils étaient uniquement basés sur des contrats. Ils permettent la confiance réciproque, l'échange d'informations importantes sur la concurrence ou les opportunités d'affaires à saisir, la recherche de solutions communes en cas de coup dur.

3 La multinationalisation

Une entreprise devient une multinationale lorsqu'elle possède au moins deux établissements distincts sur des marchés différents à l'étranger, chacun d'eux ayant une personnalité juridique propre. On estime qu'une multinationale est confirmée lorsque le groupe réalise la moitié de ses ventes hors de son marché d'origine. La multinationale travaille dans un univers multiculturel. Le choix de l'implantation des activités de recherche-développement, d'approvisionnement, de production et de vente se fait en essayant de profiter au mieux des opportunités offertes par chaque pays. À mesure que l'organisation du groupe devient plus complexe, il convient de déléguer et de mieux coordonner les activités entre les filiales et le siège ; les activités internationales sont en partie déléguées à des filiales dans un cadre régional (par exemple : Europe, Chine et Asie du Sud-Est, Moyen-Orient, Afrique).

EXEMPLE

Lin&Lys est un groupe multinational de taille moyenne spécialisé dans le lin. Il possède des champs de culture et des ateliers de rouissage du lin en Chine et en Égypte, des entreprises de première transformation en Estonie et en Chine. Une filiale de commercialisation de linge de maison est implantée en Suède et commercialise, sur l'ensemble du marché scandinave, des modèles conçus en France, et fabriqués en France et en Pologne.

Les groupes multinationaux se constituent par croissance interne (en se finançant sur leurs fonds propres), par croissance externe (prise de participation, fusion ou absorption) et par croissance conjointe (alliances et partenariats).
Une forme privilégiée de croissance externe ou conjointe est la coentreprise (en anglais : *joint venture*). La coentreprise internationale se forme quand deux ou plusieurs partenaires de nationalité différente apportent un certain nombre d'actifs à une filiale commune. Le partenaire étranger apporte ses marques, son financement, ses technologies et ses brevets, tandis que le partenaire local offre sa maîtrise des marchés et des réseaux de distribution, de son personnel, sa connaissance des réglementations et des pouvoirs publics locaux.

EXEMPLE

En 2003, Michelin a signé un accord de coentreprise avec l'entreprise indienne Apollo Tyres dans le secteur du pneu radial pour poids lourds. Il a ainsi bénéficié d'un réseau de 188 points de vente avec 2 500 revendeurs exclusifs et 2 000 revendeurs multimarques.

4 L'entreprise mondiale

Une entreprise multinationale parvient au stade de la mondialisation lorsque son marché d'origine ne représente plus qu'une infime partie de ses activités.
L'entreprise mondiale a une vision intégrative des différentes régions de la planète : la conception, la production et la vente sont organisées selon les opportunités de chaque pays et en vue d'une utilisation optimale des ressources. Les stratégies de coopération sont privilégiées : partenariats industriels, activités de R&D partagées, cessions de licence, franchises, contrats de gestion.
Au niveau de la production, les entreprises mondiales développent des stratégies modulaires pour lancer et fabriquer leurs nouveaux produits, qu'elles conçoivent à partir de composants déjà fabriqués par d'autres, se libérant des contraintes liées au temps de développement et aux coûts d'investissement.

EXEMPLE

L'iPod d'Apple est passé du stade de concept à celui de produit en moins d'un an. Ses éléments essentiels sont un minuscule disque dur Toshiba, un lecteur de disquette Nidec, un processeur ARM, une carte Texas Instruments, une interface USB de chez Cypress et une mémoire flash de Sharp. L'assemblage final est assuré par Inventec, fabricant contractuel taïwanais.

exercices

exercice 1 Les sources d'information

La société Mulliez est le leader français des vêtements professionnels personnalisés. Elle commercialise des blouses de travail en coton biologique et envisage d'équiper les ouvriers allemands de l'industrie automobile.

M. Mulliez vous demande de réaliser une première étude documentaire sur ce marché. Vous commencez par consulter les sites Internet suivants : ubifrance.fr, lekiosque.finance.gouv.fr, mkaccdb.eu.int, wssn.net, cofacerating.com, interex.fr

ENTRAÎNEZ-VOUS

Quelles informations utiles à votre étude pouvez-vous y trouver?

CORRIGÉS p. 168

exercice 2 Approches environnementale et sectorielle d'un marché

Après de nombreuses recherches, vous avez rassemblé les informations suivantes sur l'Allemagne :

1. Les achats bio – 2. L'évolution du PIB depuis 5 ans – 3. L'évolution de la production automobile – 4. Les procédures de certification des textiles bio – 5. Le programme du ministère de l'Écologie – 6. La carte des implantations industrielles – 7. Les parts de marché des principaux constructeurs automobiles – 8. L'évolution des achats de coton biologique – 9. L'analyse des sites Internet des principaux importateurs de vêtements de travail – 10. La politique d'achat de Volkswagen – 11. Les importations totales par pays – 12. La liste des fabricants de vêtements de travail – 13. Le catalogue de DK Berufsmoden, site de vente en ligne de vêtements de travail – 14. L'organisation des *Länder* (régions) – 15. La mise en place du label écologique « Purewear », commercialisé par Otto-Versand, grande entreprise de vente à distance – 16. Les engagements de Daimler-Chrysler pour un développement durable – 17. L'immatriculation de véhicules particuliers, par groupes automobiles, en 2009 – 18. L'analyse du site Internet du parti écologique « die Grünen » – 19. La place de l'Allemagne au sein de l'Union européenne – 20. La consommation des ménages – 21. Le statut de l'agent commercial – 22. L'importation de vêtements de travail – 23. Les règles communautaires en matière d'étiquetage – 24. L'analyse du site Internet du Deutsches Institut für Normung (DIN), organisme de normalisation – 25. L'évolution des IDE entrants – 26. Les obligations légales en matière d'hygiène et de sécurité sur les lieux de travail – 27. La répartition de la production par secteurs d'activité – 28. Les principaux producteurs de blouses de travail synthétiques – 29. L'organisation du tri sélectif des déchets – 30. L'évolution des émissions de CO_2.

ENTRAÎNEZ-VOUS

Classez ces informations dans le plan suivant :

1. **Données pays : environnement économique et social, juridique, géopolitique, culturel.**

2. **Données sectorielles :**

a) **offre : concurrence (directe, indirecte, domestique, étrangère), adaptation du produit et du prix, distribution, communication ;**

b) **demande : aspects quantitatifs, qualitatifs, intervenants et processus d'achat.**

CORRIGÉS p. 168

exercices

exercice 3 Les dispositifs d'appui au développement internation des entreprise

Votre étude a convaincu M. Mulliez de l'intérêt du marché allemand des constructeurs automobiles. Il vous demande de l'éclairer sur les opportunités offertes par les dispositifs d'appui au développement international des entreprises.

ENTRAÎNEZ-VOUS

Pour chacune des situations suivantes, quels seraient le ou les organismes à contacter ?

a) Trouver une agence allemande spécialisée dans la publicité professionnelle.

b) Embaucher un VIE pendant un an et lui demander de prospecter.

c) S'assurer contre le risque d'un échec de la prospection.

d) Obtenir un financement des activités de recherche et développement.

e) Suivre un stage de formation sur les moyens de paiement à l'international.

f) Obtenir une aide de trésorerie.

g) Participer à une mission collective en Allemagne.

h) Obtenir l'avis d'un cadre français qui travaille en Allemagne.

CORRIGÉS p. 168

exercice 4 Analyse statistique des données de l'étude

Vous disposez des statistiques suivantes :

1 – Achats de coton biologique en Allemagne (en tonnes)

1998	1999	2000	2001	2002	2003	2004	2005	2006	2007	2008	2009
300	420	800	875	950	980	1 150	1 300	1 400	1 520	1 400	1 350

ENTRAÎNEZ-VOUS

1. Représentez graphiquement l'évolution des achats de coton biologique en Allemagne puis, compte tenu de l'évolution de la courbe, choisissez une ou plusieurs méthodes pour prévoir les achats de 2010. Discutez de la fiabilité de cette prévision.

2 – Effectifs des constructeurs automobiles en Allemagne – personnel de production en 2009

Volkswagen	6 200	Peugeot	5 000	Mercedes	2 600
Audi	1 700	Citröen	3 400	Smart	600
Seat	1 000	Renault	6 700	Chrysler	400
Skoda	600	BMW	5 850		

2. Calculez l'effectif moyen, l'effectif médian et l'effectif modal puis commentez les résultats obtenus.

CORRIGÉS p. 168

corrigés

exercice 1 page 166

• **ubifrance.fr** : accéder à la page d'accueil de la Mission économique en Allemagne (liens «Découvrir Ubifrance», puis «Ubifrance dans le monde», puis cliquer sur la carte de l'Allemagne). Ressources utiles à partir du menu «Nous connaître».
- Données pays : Focus export Allemagne : présentation synthétique de l'Allemagne avec des informations générales, politiques et économiques.
- Librairie spécialisée (ouvrages payants) : *L'essentiel d'un marché : Allemagne. S'implanter en Allemagne, L'industrie automobile en Allemagne.*
- Nos actualités, nos événements : voir ce qui peut concerner l'étude.
- Nos bureaux : accès vers «Notre site Internet local».
- Contact : téléphone et mail du responsable sectoriel pour l'industrie. À contacter, si nécessaire en fin d'étude, pour des compléments d'information.
- Liens utiles : adresse du site des conseillers du commerce extérieur de la France – section allemande.

• **lekiosque.finance.gouv.fr** : on peut trouver le numéro de nomenclature douanière du produit. Liens : les chiffres du commerce extérieur, statistiques en NC8, en utilisant la structure de la nomenclature douanière, 62 Vêtements et accessoires, consulter, 6203 Costumes et complets, 62032210 Ensembles de travail. En cliquant sur ce numéro, on obtient les statistiques des échanges français pour cette catégorie de produits.

• **mkaccdb.eu.int** : liens : statistical database, select EU member state, Germany, select a product code, 620322. On obtient les statistiques des échanges allemands pour cette catégorie de produits.

• **wssn.net** : liens : National members of ISO and IEC, Germany, DIN. Lien vers l'office allemand de normalisation.

• **cofacerating.com** : liens : consultez notre notation pays, choisir un pays, Allemagne. Données macroéconomiques, analyse des forces et faiblesses, analyse du risque pays.

• **interex.fr** : cliquer sur la carte de l'Allemagne. Nombreuses données pays.

exercice 2 page 166

1. Données pays : environnement économique et social : 2 ; 11 ; 20 ; 25 ; 27 – environnement juridique : 21 ; 23 ; 26 – environnement géopolitique : 6 ; 14 ; 18 ; 19 ; 30 – environnement culturel : 1 ; 5 ; 29.

2. Données sectorielles : **a)** offre : concurrence directe : 12, indirecte : 28, étrangère : 22, adaptation du produit et du prix : 4, 24, distribution : 9, 13, 15, demande : aspects quantitatifs : 3, 7, 8 ; **b)** 17, qualitatifs : 16, intervenants et processus d'achat : 10.

exercice 3 page 167

a) Ubifrance – **b)** Ubifrance – **c)** Coface – **d)** Oséo – **e)** Région, chambre de commerce, banques – **f)** Région, banques – **g)** Ubifrance, chambre de commerce – **h)** Conseillers du commerce extérieur de la France.

exercice 4 page 167

1. **Si l'on applique la méthode des moindres carrés** et en posant $x_1 = 1$ pour 1998, on trouve $a = 102{,}29$ et $b = 372{,}19$. L'équation de la droite de tendance s'écrira : $y = 102{,}29x + 372{,}19$. Prévision pour 2010 : comme on a posé 1998 = 1, 2010 = 13. Pour $x = 13$, on trouve $y = 1\,702$ tonnes.
Cette méthode est plus précise que la méthode de Mayer car elle minimise la somme des distances de tous les points à la droite de tendance. Malgré tout, les deux méthodes de prévision ne sont valables que si l'on peut supposer raisonnablement que la tendance observée durant les 12 dernières années se poursuivra en 2010. Or, la représentation graphique montre une forte hausse en 2000, une croissance assez régulière de 2000 à 2007, puis une rupture en 2008. Cette rupture brutale, due à la crise économique, réduit la pertinence de ces méthodes.
Autre méthode : on peut s'informer des prévisions économiques générales ou sectorielles pour 2010 auprès de sociétés d'assurance crédit comme la Coface ou Ducroire, ou auprès des organisations professionnelles, ou de gros distributeurs. Compte tenu des avis recueillis, on évalue un montant prévisionnel d'achats de coton bio. Quoi qu'il en soit, la crise rend toute prévision aléatoire.

2. Effectif moyen : 3 095, effectif médian : 2 600, effectif modal : 600
Si le personnel de production était également réparti chez tous les constructeurs, il y aurait 3 095 salariés par entreprise. La moitié des entreprises a un effectif supérieur à 2 600 salariés. Ce sont les entreprises de 600 salariés qui sont les plus nombreuses. Le mode a peu de signification parce qu'il ne correspond qu'à deux entreprises. La moyenne et la médiane indiquent que la plupart des entreprises du secteur sont de taille importante. La médiane présente l'intérêt de ne pas être influencée par les valeurs extrêmes.

PRÉSENTATION DE L'ÉPREUVE E41

Finalités et objectifs de l'épreuve

L'épreuve E41 – « Analyse diagnostique des marchés étrangers » – valide les compétences et les attitudes professionnelles acquises par le candidat dans le cadre de l'unité de formation UF41 « Étude et veille des marchés étrangers ».
Cette épreuve vise à évaluer les compétences du candidat à mener une veille commerciale, à collecter de l'information économique, juridique, sociale et commerciale relative à un marché étranger. L'information ainsi collectée doit faire l'objet d'une analyse afin de préparer la prise de décision commerciale internationale.
Cette épreuve se prépare à partir de la mise en pratique d'attitudes professionnelles et mobilise les savoirs dispensés en cours d'étude et veille des marchés étrangers, en particulier :

- la démarche marketing ;
- la structure et le fonctionnement d'un marché ;
- le plan marketing ;
- la veille ;
- les études de marché ;
- le diagnostic export ;
- la stratégie d'internationalisation ;
- les réseaux de soutien à l'internationalisation ;
- l'environnement géopolitique ;
- les grandes zones géopolitiques ;
- l'approche des différents cadres juridiques ;
- les statistiques descriptives ;
- la communication écrite ;
- la gestion du temps.

Quel que soit le contexte de l'évaluation, l'épreuve E41 se voit appliquer un coefficient 4.

Le contrôle en cours de formation

1 Le dossier professionnel

L'évaluation prend appui sur le dossier professionnel « Analyse diagnostique des marchés étrangers » (E41), qui récapitule les activités professionnelles réelles ou simulées (situations d'évaluation) auxquelles le candidat a été confronté.
Celles-ci doivent concerner les domaines suivants :

- mener une veille permanente pour collecter des informations sur les marchés étrangers à partir de sources documentaires ;
- recueillir de l'information sur le terrain pendant ses missions à l'étranger ou en activant ses réseaux de contacts ;
- constituer un dossier documentaire afin de préparer une décision commerciale.

Le candidat présente dans le dossier les activités qu'il juge significatives des compétences et attitudes professionnelles qu'il a acquises. Il doit en présenter un nombre suffisant pour couvrir les compétences et attitudes requises.
Le dossier est constitué :

- de la fiche de présentation de chaque activité professionnelle que le candidat a choisi de présenter ;
- des dossiers et documents réalisés au cours de ces activités ;
- des grilles d'appréciation que les formateurs ou professionnels auront remplies à la fin de chaque situation d'évaluation (*cf.* page suivante).

2 Les compétences professionnelles

En réalisant ses activités professionnelles, le candidat doit acquérir les compétences suivantes :

- mener une veille commerciale permanente (recherche documentaire) ;
- collecter l'information à l'étranger ;
- s'assurer de sa fiabilité et de sa pertinence au regard de la recherche ;
- analyser et sélectionner l'information commerciale ;
- repérer les contraintes réglementaires sur les marchés étrangers ;
- élaborer le cahier des charges pour sous-traiter des études et assurer le suivi de sa mise en œuvre sur le marché étranger ;
- formuler des recommandations pour établir un plan d'action opérationnel conforme à la politique commerciale de l'entreprise et aux conclusions de l'analyse diagnostique du marché étranger ;
- analyser et établir la synthèse de l'information collectée.

3 Les attitudes professionnelles

En réalisant ses activités professionnelles, le candidat doit se conformer aux attitudes suivantes :
- organiser les priorités, établir le planning et être autonome dans l'organisation de son travail ;
- être attentif aux opportunités et aux menaces détectées dans l'environnement ;
- adopter un mode de raisonnement commercial.

4 La grille d'appréciation

Au cours de la formation, les formateurs et les professionnels concernés remplissent une grille d'appréciation à la fin de chaque activité réalisée par le candidat, selon le modèle suivant :

Appréciation des compétences et attitudes associées à l'activité professionnelle par le ou les formateurs et/ou le ou les professionnels				
Compétences et attitudes professionnelles :	1	2	3	4
Mener une veille commerciale permanente (recherche documentaire)				
Etc.				

Les notes vont de 1 à 4 :
- 1 : le candidat n'a pas développé la compétence/attitude professionnelle ou présente des lacunes graves dans le développement de la compétence/attitude professionnelle ;
- 2 : le candidat présente des lacunes dans le développement de la compétence/attitude professionnelle nécessitant un approfondissement ;
- 3 : le candidat a atteint un niveau de maîtrise satisfaisant de la compétence/attitude professionnelle ;
- 4 : le candidat a atteint un niveau élevé dans le développement de la compétence/attitude professionnelle.

5 La commission d'évaluation

La commission d'évaluation est composée de professeurs ayant suivi l'étudiant en unité de formation et, le cas échéant, de professionnels. À la lecture des différentes grilles d'appréciations, elle évalue le degré de maîtrise des compétences et attitudes professionnelles en s'aidant de la grille d'évaluation ci-dessous et attribue une note sur 20.

Critères d'évaluation des candidats	– –	–	+	++
Efficacité de la gestion du temps et de l'organisation du travail				
Rigueur de la recherche et de la sélection des informations				
Qualité de l'analyse				
Qualité de la synthèse des informations				
Cohérence des conclusions et recommandations				
Qualité de la communication écrite				

La commission d'évaluation ne communique en aucun cas la note au candidat, celle-ci n'étant, à ce stade, qu'une proposition. Les propositions de notes sont transmises par les établissements de formation à la commission académique chargée de valider les notes proposées au jury final

6 Exemple de dossier d'analyse diagnostique des marchés étrangers

Pour présenter les activités qu'il juge significatives des compétences et attitudes professionnelles qu'il a acquises, le candidat peut éventuellement constituer un dossier selon le plan suivant :

• Une page de garde

Doivent figurer : les coordonnées du lycée, les prénom et nom du candidat, la dénomination de l'épreuve, le titre de l'étude et du commanditaire, la date de l'épreuve (voir convocation).

• Une page de sommaire

Le sommaire doit renvoyer aux numéros de page des parties.

• Une présentation du contexte de l'étude (10 à 20 lignes)

Cette partie introduit la présentation de l'étude et doit donc la motiver en illustrant une problématique d'entreprise (si l'étude est menée à la demande d'une entreprise), un cadre stratégique ou en soulevant des questions ou des problèmes marketing particuliers.

- **Une description de la méthodologie de recherche d'informations présentant explicitement le planning de réalisation de l'étude, les supports et les sources (2 à 2 pages et demie)**

La gestion du temps et l'organisation du travail font partie des critères d'évaluation. Il convient donc de présenter dans le dossier (comme à l'oral) la méthode de travail. Il est fortement recommandé de noter systématiquement la date et la période des différentes tâches réalisées progressivement (organisation de la recherche d'information, collecte des données, présentation des supports et des sources exploités, travail d'analyse et de synthèse, structuration des différentes parties de l'étude, rédaction de l'étude...). Un document de suivi (carnet de bord ou agenda) permettra de noter ces différentes informations, qui pourront alors être présentées dans un planning de réalisation.

Une des principales difficultés rencontrées lors de l'élaboration d'une étude de marché est souvent la surabondance d'informations, qu'il convient de traiter et de synthétiser.

Le travail de traitement consiste tout d'abord à évaluer la qualité de l'information collectée, en particulier en fonction de sa pertinence (son adéquation par rapport aux questions ou problèmes qui motivent l'étude) et de sa fiabilité (l'information, en particulier sur Internet, doit être croisée et recoupée).

Un tableau de synthèse permettra de présenter dans le dossier une analyse critique des sources utilisées.

Exemple de tableau d'une étude sur le marché du vin en Espagne :

Source	Analyse critique			
	Pertinence (1 à 4)		Fiabilité (1 à 4)	
www.missioneco.org	2	Informations trop générales datant, pour la plupart, de plus de 2 ans	4	– Dispositif français d'aide à l'export – Sources et références vérifiables la plupart du temps
www.septimanie-export.com	4	Très complet pour l'étude pays	3	La moitié des sources est invérifiable
www.ensespagne.com	3	Bon complément pour les aspects culturels	1	Site personnel un peu trop publicitaire
Chambre de commerce franco-espagnole	1	N'a envoyé que des informations très générales, tout le reste est payant.	4	Document de 2006 coédité avec le gouvernement espagnol.
Entretien téléphonique avec la Mission économique de Madrid	2	Informations trop générales	2	Informations souvent trop vagues

À titre indicatif, cette seconde partie du dossier pourra donc être structurée de la façon suivante :

2.1 Présentation synthétique de la méthodologie de travail

2.2 Planning de réalisation de l'étude

2.3 Analyse critique des sources utilisées

- **Une synthèse organisée des informations traitées mettant en évidence des données pays et des données sectorielles**

- L'étude pays (1 à 1 page et demie) doit préciser en particulier les différents environnements du marché (économique et sociale, juridique, géopolitique, culturel), les conditions d'accessibilité (infrastructures de transport, équipements logistiques, conditions tarifaires et obstacles non tarifaires) et les différents risques pays (risques politiques et commerciaux). Cette étude peut être représentée et synthétisée dans le dossier par l'intermédiaire d'une « fiche pays » accompagnée d'une carte géographique explicite placée en annexe.
- L'approche sectorielle représente environ la moitié du dossier (4 à 6 pages). Au-delà de la présentation classique offre-demande, cette partie doit être structurée et alimentée de données et représentations statistiques (tableaux, graphiques).

- **Une conclusion (une demi-page)**

Au regard des objectifs qui motivent l'étude et du travail d'analyse, il est important que le dossier présente une conclusion.

- **Le cas échéant, un cahier des charges pour sous-traiter une étude permettant de collecter des informations complémentaires nécessaires**

Les informations manquantes ou qui nécessitent un travail d'actualisation devront être précisées dans un cahier des charges qui pourra être placé après la conclusion de l'étude ou en annexe. Ce document, qui est appelé à être confié à un organisme sous-traitant, doit présenter, en particulier :

1. Le cadre de l'étude
   1.1 Le contexte :
      - Présentation de l'entreprise
      - Cadre auquel l'étude se rattache
      - Questions/problèmes à l'origine de l'étude
      - Évolution récentes à prendre en compte
   1.2 L'objet de l'étude
   1.3 Les résultats attendus : présentation structurée des besoins d'informations. Sur les plans qualitatif et quantitatif, les informations recherchées seront exprimées avec précision.
2. Les modalités de réalisation : délais de réalisation, réunions-bilans intermédiaires, personne(s) référente(s) et interlocuteur(s) dans l'entreprise, clauses de confidentialité...
3. Le budget

- **Des annexes constituées des informations brutes collectées**

Une première page donnera le plan des annexes numérotées.

L'épreuve ponctuelle

Épreuve écrite | **Durée : 3 heures** | **Coefficient : 4**

Le candidat qui a suivi la formation dans un établissement non habilité ou par enseignement à distance est évalué dans le cadre d'une épreuve ponctuelle à la fin de la formation.
Les savoirs à mobiliser, les compétences et les attitudes professionnelles sont identiques à ceux de l'épreuve en CCF.
Un dossier est fourni au candidat. Ce dossier comprend des informations relatives à un marché étranger et à une situation d'entreprise. Certains des documents peuvent être présentés en langue anglaise.
La démarche de traitement du dossier et de présentation des informations et des résultats suit les mêmes conditions de fond et de forme que celles préconisées pour le contrôle en cours de formation.
En fonction de la situation décrite dans le dossier qui lui est soumis, le candidat peut être amené à :
- présenter une méthodologie de recherche d'informations ;
- proposer une analyse critique des sources utilisées et, le cas échéant un cahier des charges pour sous-traiter une étude permettant de collecter des informations complémentaires nécessaires ;
- identifier les problèmes ;
- établir des conclusions et des recommandations dans le respect de la stratégie de l'entreprise ;
- établir des diagnostics interne et externe en vue de préparer une décision de développement international.

COMMUNICATION ET INFORMATIQUE COMMERCIALE

Pour s'entraîner à l'épreuve :

Les sujets d'examen de l'épreuve E42
et leurs corrigés sur le site Internet
www.nathan.fr/reflexe

1 LA COMMUNICATION PROFESSIONNELLE

La communication est utilisée dans de nombreuses situations professionnelles : dans les relations avec les multiples partenaires de l'organisation (clients, fournisseurs, prospects, organismes financiers...) mais aussi avec les collaborateurs (associés, dirigeants, collaborateurs...). Elle revêt de multiples formes.

1 La communication interne et externe

Toute communication qui circule à l'intérieur de l'entreprise, entre les services et au sein de chaque service, est appelée « communication interne ». La communication externe concerne les relations de l'entreprise avec l'extérieur (clients, fournisseurs...). Ces deux types de communication prennent un caractère formel (par exemple, une réunion) ou informel (par exemple, repas d'affaires).

2 La communication interpersonnelle

Elle s'établit entre deux individus ou plus. Une communication est dite « de groupe » quand les membres d'un groupe peuvent échanger entre eux. Lorsque la communication circule entre une organisation et un très grand nombre d'individus, par l'intermédiaire des médias, on parle de « communication de masse ».

3 La communication orale interpersonnelle

Le langage verbal est utilisé fréquemment dans bon nombre de situations de communication professionnelle : travail entre collègues, réunion, appel téléphonique. Ce moyen de communication direct permet de transmettre des messages entre deux individus ou plus.
Le langage non verbal se traduit par des signes (regard, gestuelle, expression, présentation).

1. Le téléphone

Une communication téléphonique, même si elle est rapide, doit être préparée et menée en quatre temps :
- la phase de préparation : définir son objectif, préparer les documents supports (fiche téléphonique, fiche client...) ;
- la phase de présentation ;
- la phase de développement : expliquer, argumenter ;
- la phase de conclusion : reformuler, saluer.

Lors d'une communication téléphonique, il ne faut pas oublier le proverbe : « Au téléphone, le sourire s'entend. »

2. Le répondeur

Le message d'accueil laissé sur un répondeur doit être clair, précis et court. L'interlocuteur sera invité à laisser son message ainsi que ses coordonnées pour qu'on puisse le rappeler en connaissant le motif de son appel.

3. L'entretien en face-à-face

Il peut s'agir d'un entretien face à un prospect, un client, un fournisseur, un responsable de service ou d'une interview.
Dans tous les cas, l'entretien se prépare.
L'écoute active doit être pratiquée : il s'agit de faire le vide de ses propres préoccupations, d'écouter l'autre jusqu'au bout, de l'observer, de ne pas porter de jugement sur ce qui est dit et de poser des questions si nécessaire pour en savoir plus. La prise de notes peut faciliter cette écoute dans certaines situations.
Ensuite, il est nécessaire d'utiliser la reformulation, c'est-à-dire reprendre les idées exprimées par l'interlocuteur et vérifier ainsi qu'on a bien compris le message.

4 La communication orale, de groupe ou de masse

1. La réunion (communication de groupe)

La réunion met en situation plus de deux personnes ayant un objectif ou un intérêt commun : réunion de travail, de bilan, de projet, de créativité. C'est un acte de management et de communication. Dans tous les cas, une réunion doit être préparée et surtout pas imposée.

a) Les conditions de réussite d'une réunion

Une réunion doit répondre à un besoin reconnu par tous les participants.
Elle peut avoir plusieurs objectifs, qui doivent être clairs, précis, concrets, mesurables et, enfin, réalistes (c'est-à-dire réalisables). Il ne faut pas prévoir des objectifs trop ambitieux qui dépasseraient le temps prévu : la durée doit être fixée au départ et être respectée (pas de débordements ni de dérives).
Le nombre de participants doit être limité.

b) La préparation de la réunion

Une réunion est un lieu de rencontre et d'échanges. La salle prévue doit être :
- adaptée au nombre de participants ;
- disposée en fonction des besoins de l'animation ;
- dotée des outils nécessaires (accès Internet, tableau blanc, *paper board* ou vidéoprojecteur...) ;
- agréable et accueillante (proposer des boissons, par exemple).

Un ordre du jour (avec les objectifs à atteindre) doit être diffusé aux participants avant la réunion (par e-mail, par exemple) , ainsi qu'un document d'information préparatoire (avec les questions clés), qui permettra à chaque participant de préparer son intervention.
De plus en plus d'entreprises utilisent les techniques des Webconférences (avec Webcam, micro et haut-parleur). Elles ont l'avantage de réduire les coûts et temps de déplacement, de permettre le travail en temps réel. Enfin, elles sont très rapides à organiser.

c) Le rôle de l'animateur

L'animateur est à la fois communicateur et manager :
- il reformule (pour recentrer les échanges sur les objectifs et préparer le compte rendu) ;
- il est régulateur : il permet à chacun de s'exprimer et stimule le groupe à produire un maximum d'idées.

Le rôle de l'animateur est essentiel dans le bon déroulement d'une réunion :

- il introduit la réunion et met en confiance les participants (message de bienvenue) ;
- il se présente si les participants ne le connaissent pas (ce qui lui permet d'asseoir son *leadership*) et invite chacun à se présenter (élément de convivialité) ;
- il indique les informations pratiques (hébergement, restauration, durée de la réunion...) ;
- il rappelle l'ordre du jour et les objectifs : les points importants ou délicats sont abordés en premier lieu ;
- il désigne un rapporteur pour prendre des notes et établir *a posteriori* un compte rendu écrit ;
- il conclut : il récapitule, fixe la date et l'ordre du jour de la prochaine réunion, remercie les participants.

Selon les objectifs, le style d'animation sera différent :
- autoritaire ou directif (ou consultatif) pour une réunion d'information ;
- participatif pour une réunion-débat (recueillir des propositions, des idées).

2. La conférence (communication de masse)

La conférence peut intervenir dans le cadre d'un meeting, d'une assemblée générale des actionnaires, de la présentation d'un nouveau produit lors d'un salon professionnel. Pour éviter les déplacements, un système de visioconférence peut être mis en place.

3. Les supports visuels et audiovisuels

a) Le diaporama

Le diaporama est utilisé pour :
- servir de support à une intervention en réunion, en conférence, en formation (il faut avoir à disposition un ordinateur portable, un vidéoprojecteur et un écran de visualisation) ;
- présenter l'entreprise et ses produits, par exemple dans un hall d'accueil ou sur le stand d'un salon professionnel (il défile en boucle sur grand écran).

b) Les affiches

Elles figurent sur des panneaux d'affichage dans les locaux professionnels (graphique mensuel des incidents sur une chaîne de production, consignes de sécurité...), sur des panneaux publicitaires (grand format) ou dans des périodiques internes ou externes (revue mensuelle économique, journal d'entreprise). Elles utilisent des graphismes clairs et compréhensibles par tous.

c) Internet

La Toile est un moyen de communication visuelle et audiovisuelle qui se développe rapidement.

d) Autres supports de communication visuelle et audiovisuelle

Films, DVD, CD-Rom sont également utilisés par les organisations pour communiquer sur leurs produits, leur image, leurs valeurs.

5 La communication écrite

Il convient de respecter des normes et des règles d'usage tant en matière de présentation qu'en matière de rédaction.

1. Conseils de rédaction

a) Adopter un plan clair pour être lu

Il faut commencer par jeter les idées directement sur le papier puis les structurer en développant une idée par paragraphe et en adoptant un plan :
- introduction ;
- développement (un ou plusieurs paragraphes) ;
- conclusion : à adapter en fonction de la situation ;
- formule de politesse.

Destinataire du courrier	Titre d'interpellation	Exemple de formule de politesse
Société	Messieurs	Nous vous prions de croire, Messieurs, à l'expression de nos sentiments* distingués.
Directeur	Monsieur le Directeur	Veuillez agréer, Monsieur le Directeur, nos sincères salutations.
Client	- Cher Client - Madame, Monsieur	Nous vous prions d'agréer, Cher Client, nos salutations dévouées.
Partenaire professionnel	- Monsieur - Madame	Je vous prie de recevoir, Monsieur, mes sentiments les meilleurs.
Supérieur hiérarchique	- Monsieur le Directeur - Monsieur	Veuillez croire, Monsieur le Directeur, à l'expression de mes sentiments respectueux.

* Attention, une femme ne présentera pas ses sentiments à un homme.

b) Rédiger clairement et sans fautes

- Construire des phrases courtes.
- Adopter un style direct : au lieu de « je » ou « nous », utiliser « vous » et les adjectifs possessifs « vos », « votre ».
- Préférer la forme active à la forme passive ou impersonnelle.
- Privilégier les expressions positives.
- Utiliser un registre de langage adapté en utilisant un vocabulaire précis, des mots concrets.
- Bannir les archaïsmes et les anglicismes.
- Éviter les répétitions, utiliser des synonymes.

2. L'attitude professionnelle

Dans un courrier professionnel, il convient de valoriser l'entreprise en véhiculant une bonne image de marque.

2 LES SUPPORTS DE LA COMMUNICATION ÉCRITE

La communication écrite est utilisée dans bon nombre de situations de communication professionnelle aussi bien internes (notes de service, courriers électroniques, comptes rendus, journal interne...) qu'externes (courriers adressés aux partenaires de l'entreprise, annonces, messages publicitaires écrits...).

1 Le courrier commercial normalisé

Le courrier doit respecter une certaine forme, conformément à la norme AFNOR NZ 11-001.

2 Le courrier standardisé

Le publipostage, ou *mailing*, est un moyen d'adresser un même courrier à une liste de destinataires contenus dans un fichier « source », tout en personnalisant certaines mentions (variables).

3 La communication électronique

Le courrier électronique connaît un fort développement dans les échanges commerciaux. Il est un moyen de communiquer rapidement et simplement.

Différents termes sont utilisés pour désigner le courrier électronique : « mail », « e-mail » (termes anglo-saxons), mais aussi « mél » et « courriel » (français).

Le style d'un courriel est direct, concis et ne s'embarrasse pas des formules utilisées dans le courrier commercial. Le respect de la Nétiquette, charte définissant les règles de bonne conduite, est cependant de rigueur.

Cie JAIMELO
28 avenue Kléber - 59240 DUNKERQUE
☎ 03 28 93 93 66 – 03 28 93 94 55 — Zone expéditeur

Monsieur Claude COULET
34 avenue de la Libération — Zone de suscription (variable)
59240 DUNKERQUE

Vos réf. :
JMD/cm — Références et objet (variables)
Nos réf. :
PLB/XX – 458
Objet :
Commande n° 45

Dunkerque,
le 2 décembre 20. — Ville et date (variables)

PJ :
Copie lettre — Pièce jointe

Cher Client, — Titre de civilité (variable)

Nous vous informons que nous ne pourrons honorer la commande citée en référence dans les délais prévus.

En effet, notre fournisseur nous avertit ce jour qu'il a des problèmes d'approvisionnement en cuivre (voir pièce jointe), ce qui entraîne un retard important dans la fabrication des tuyauteries.

Nous ne manquerons donc pas de vous appeler dès réception de la marchandise afin de fixer un rendez-vous à votre convenance. — Corps de lettre

Nous comptons sur votre compréhension et vous remercions de votre confiance.

Veuillez agréer, Cher Client, l'expression de nos salutations dévouées. — Formule de politesse

Pierre-Louis BRUXELLE

— Zone de signature

Directeur commercial

SA au capital de 50 000 F – RCS Dunkerque 562 082 909

4 La télécopie

La télécopie peut se définir comme un moyen de transmettre une information écrite rapidement en utilisant la ligne téléphonique et un appareil appelé « télécopieur » ou « fax ».

5 La note de service

Il existe deux types de note de service.

	Note d'information	Note d'instructions
Objectif	Elle transmet et donne des informations sur la vie de l'entreprise au manager ou au personnel.	Elle transmet des consignes applicables par le personnel. Elle est suivie d'une mise en exécution.
Ton	– Ton neutre et impersonnel – « Je » et « nous » ne sont pas employés. – Utilisation fréquente de la forme passive	– Ton direct et personnalisé – « Je » et « nous » sont souvent utilisés. – Utilisation de la forme impérative
Style	Style simple, clair et précis	
Mentions obligatoires	– Nom de la société (mais pas d'adresse : il s'agit d'un document à diffusion interne), logo et département émetteur de la note – Nom du ou des destinataires (« Pour action », « Destinataire(s) », « Pour information », « À ... ») – Date – Titre (note...) et objet – Fonction, nom et signature de l'émetteur – Conclusion La note ne doit pas comporter de titre de civilité ni de formule de politesse. Il n'y a pas de norme imposée en ce qui concerne la disposition.	

6 Le compte rendu

Le compte rendu rapporte fidèlement et objectivement des faits, décisions et échanges verbaux qui se sont déroulés lors d'une réunion. C'est un aide-mémoire pour les personnes présentes. Il permet également d'informer les participants absents ou excusés.

Sa rédaction est neutre. Le rapporteur ne s'exprime jamais en son nom propre. La forme passive est souvent utilisée.

Un compte rendu peut être :

- analytique : il relate les propos dans l'ordre chronologique en citant le nom de chaque intervenant ;
- synthétique : il résume les débats, le plan suivi est souvent thématique et structuré à l'aide de sous-titres.

7 Le rapport

Un rapport est adressé à un supérieur hiérarchique. Il existe deux types de rapport.

	Rapport d'analyse, d'étude	Rapport de synthèse (ou note de synthèse)
Objectifs	– Analyser une situation. – Proposer des solutions. – Répondre à une demande.	– Faire le point sur un sujet déterminé à l'aide de documents divers. – Récapituler des éléments dispersés. – Effectuer des regroupements. – Faire des choix en fonction des besoins.
Ton	Le ton est neutre et le style est indirect pour l'exposé des faits. Le ton devient persuasif lors de la présentation des solutions et le style peut alors être direct.	Le ton est neutre, le rédacteur ne donne pas son avis.
Plan	– Introduction : elle rappelle la demande du supérieur ou le besoin, précise l'objet du rapport et donne la raison pour laquelle le rapport est nécessaire. – Annonce du plan – Développement : faits, solutions possibles et orientation du choix – Conclusion	– Introduction : elle doit être directe et annoncer le plan. – Développement : en fonction du thème. – Conclusion facultative
Mentions obligatoires	– Nom de l'émetteur – Nom du destinataire – Date – Signature (nom et fonction de l'émetteur) – Titre et objet – Sources (obligatoires dans une note de synthèse) – Titre de civilité et formule de politesse (sauf dans certains rapports comme le rapport de stage).	

3 MATÉRIELS INFORMATIQUES ET RÉSEAUX

➔ Les matériels informatiques sont constitués de composants complexes et sont souvent destinés à fonctionner en réseau.

1 Le poste de travail informatique

1. Ses principaux composants

Le poste informatique peut recevoir plusieurs appellations : ordinateur de bureau, terminal informatique, *personal computer* (PC) ou station de travail. Si les usages diffèrent, la technicité reste la même.

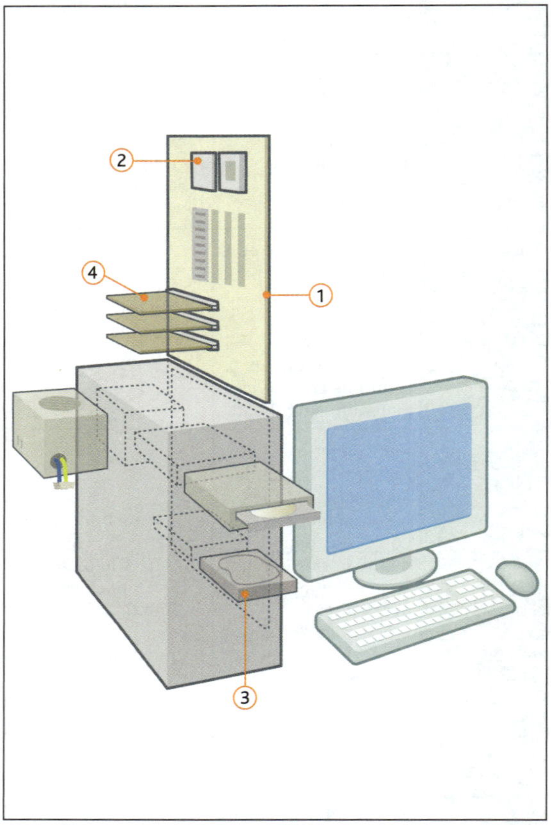

1. La carte mère : composant sur lequel viennent se raccorder tous les autres, c'est le cœur de l'ordinateur.
2. Le processeur : surmonté du ventilateur, il traite l'information numérique à une vitesse variable.
3. Le disque dur : il est le support de stockage principal de l'ordinateur.
4. La mémoire RAM (*Random Access Memory*) : elle sert à stocker momentanément des données pendant leur traitement par l'ordinateur.

2. Ses périphériques

Comme leur nom l'indique, ils viennent s'ajouter à la configuration matérielle initiale de l'ordinateur. Ils sont dits «d'entrée» ou «de sortie», c'est-à-dire qu'ils permettent soit l'entrée, soit la sortie de données, sous la forme d'images, de sons, de textes ou de tout autre format.

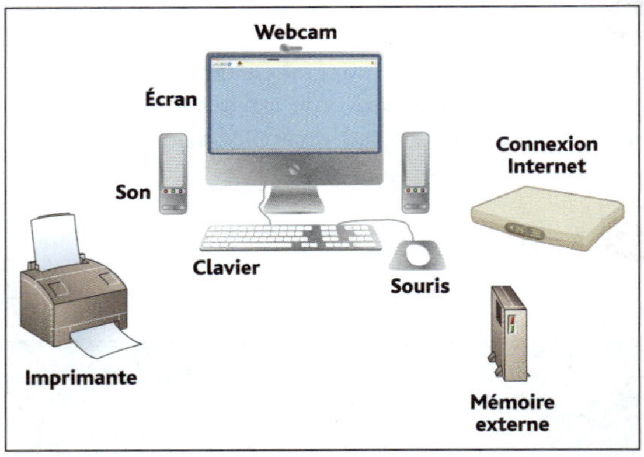

2 Le système d'exploitation

Un système d'exploitation (*Operating System* ou OS, en anglais) est un ensemble de programmes qui permettent la liaison entre ce que peut faire un ordinateur et les logiciels installés par l'utilisateur.
Il existe des versions dites «payantes» ou «propriétaire» et des versions libres. On trouve sur le marché des OS de chez Microsoft®, Apple® (MAC), IBM® et Linux®, qui sont, quant à eux, des versions libres (GNU/Linux). La véritable difficulté pour le possesseur d'un ordinateur équipé de l'une ou l'autre de ces versions, est l'interopérabilité, c'est-à-dire la faculté pour un outil de fonctionner sous n'importe quel système en relation avec tout autre logiciel, concurrent ou non. C'est pour cette raison que les développeurs libres et les entreprises fournissent maintenant des logiciels de système d'exploitation compatibles.

3 Les logiciels

Un logiciel est un outil de traitement automatique de l'information exploité grâce à un matériel informatique.

1. Les logiciels bureautiques

Ils servent à accomplir les tâches administratives classiques de saisie et de gestion d'informations sous plusieurs formes : texteur (saisie de documents), tableur (création de tableaux et graphiques), gestionnaire de bases de données relationnelles (mise en relation de données, commerciales ou non, dans le but d'en faciliter la gestion et l'exploitation), présentation assistée par ordinateur (PAO), gestion de projets (présentation visuelle et animée de documents), etc.
Ils sont souvent présentés et vendus en pack, c'est-à-dire en série.
Il existe, dans cette catégorie de logiciels, des versions payantes et des versions libres.

2. Les logiciels professionnels ou progiciels

À la différence des logiciels bureautiques, les progiciels, ou logiciels métiers, sont modifiables par l'utilisateur pour s'adapter aux besoins de l'entreprise. Les progiciels traitent souvent des applications métiers complexes qui peuvent aller jusqu'à la mise en relation d'ordinateurs de

partenaires, fournisseurs, prestataires ou clients (ex. : *supply chain*).
Tous ces logiciels peuvent être regroupés dans un ERP (*Enterprise Resource Planning*) avec une base de données unique, le tout par le biais d'un serveur. L'objectif d'un ERP est de centraliser les données de tous les services de l'entreprise. Il présente l'avantage de rendre accessible l'information où que l'on soit en fonction du profil d'accès attribué.

3. Les logiciels collaboratifs

Le principe même des outils collaboratifs est de donner la possibilité à plusieurs personnes, identifiées ou non, d'utiliser des applications communes avec des droits d'accès différents (profil administrateur, utilisateur, visiteur, etc.).
Il peut s'agir d'un agenda commun, d'outils de publication (CMS ou système de management de contenus) ou, plus simplement, de logiciels. Il existe, y compris dans cette catégorie de logiciels, des versions gratuites (Zoho CRM®, SPIP®, EditGrid®, etc.).

4. Les logiciels de sécurité

Ils protègent les ordinateurs et/ou les réseaux des attaques de virus et des intrusions illégitimes dans le système.

4 Les réseaux informatiques

Un réseau informatique est l'ensemble des moyens techniques mis en œuvre pour faire communiquer entre eux ordinateurs et périphériques. Il facilite la circulation de l'information et permet le partage de ressources logicielles.

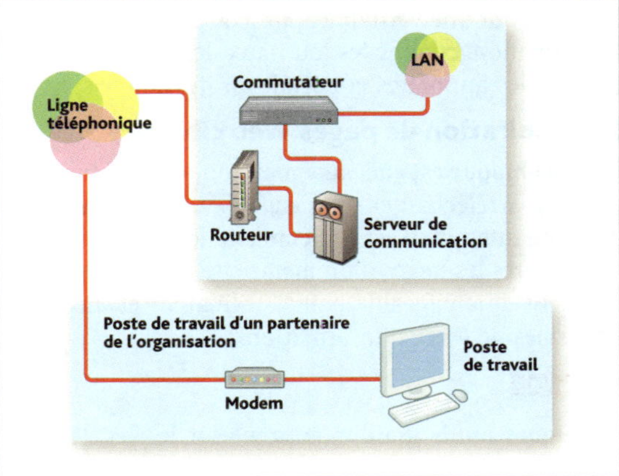

1. L'infrastructure

Les données peuvent circuler par des câbles, par des ondes ou par fibre optique sous forme de signaux lumineux.

2. Les équipements d'interconnexion

Le commutateur (*switch*) est un boîtier qui relie des éléments du réseau par des câbles.
Le concentrateur (*hub*) permet la connexion de plusieurs appareils sur une même ligne de communication, de plusieurs ordinateurs dans un réseau.
Le routeur permet de diriger un message d'un nœud du réseau vers un autre. Il permet la connexion de réseaux étendus.
Le modem (modulateur-démodulateur) assure la compatibilité de transmission de données issues d'un ordinateur ou d'un réseau vers le réseau de télécommunications et inversement.

3. Le serveur

Il sert à répondre automatiquement à des demandes envoyées par un autre ordinateur ou un autre logiciel (client/serveur). Un ordinateur personnel peut être un serveur s'il est configuré comme tel, mais, en règle générale, les serveurs sont des équipements plus sophistiqués et surtout mieux protégés physiquement (contre la chauffe) et techniquement (sécurité).
Il existe différentes sortes de serveurs. Le serveur de fichiers stocke et partage des fichiers. Le serveur d'impression relaye les demandes d'impression des différents utilisateurs vers différents moyens (imprimante-photocopieur réseau). Le serveur de bases de données stocke et permet la gestion et l'exploitation de données partagées. Le serveur de communication permet la communication interne et externe au réseau, y compris l'accès au téléphone et à la messagerie électronique. Enfin, le serveur Web est utilisé pour le stockage et la création de sites Internet ou d'applications collaboratives.

4. Les types de réseaux

Les différents réseaux	Leurs caractéristiques
Le *Local Area Network* (LAN)	Il permet d'interconnecter, dans un rayon limité, plusieurs types de terminaux. Ex. : une salle informatique, une habitation particulière, un bâtiment ou un site d'entreprise.
Le *Wide Area Network* (WAN)	Il permet de faire communiquer plusieurs utilisateurs ou groupes d'utilisateurs entre eux et à distance *via* le réseau téléphonique ; on parle de « réseau étendu ». Internet est le plus grand des réseaux WAN.
Les autres formes de réseaux	- Les réseaux WLAN sont des réseaux LAN en connexion sans fil. - Les réseaux SAN sont dédiés au stockage et permettent d'aligner des armoires informatiques de stockage presque à l'infini et de ne pas être limité par la capacité de stockage du disque d'un serveur classique.

5. La protection des réseaux

Elle est assurée par des sécurités à plusieurs niveaux. Un logiciel antivirus protège le poste ou le terminal informatique. Le serveur est équipé d'un logiciel spécifique. Enfin, le *firewall*, ou pare-feu, protège, en théorie, tout le réseau et facilite l'accès aux ressources réseau.

4 LES TECHNIQUES DE RECHERCHE D'INFORMATIONS ET LA GESTION D'ÉCHANGES DE DONNÉES

Les technologies de l'information et de la communication (TIC), notamment Internet, offrent aux personnes averties d'innombrables sources d'information.

1 Les moteurs et métamoteurs de recherche

1. Présentation générale

a) Les moteurs de recherche

Ce sont des applications informatiques en ligne qui permettent à la fois la recherche de ressources et le référencement de sites Internet ou de pages Web.

Il existe de nombreux moteurs, dont Google, qui concentre aujourd'hui sur le marché près de 80 % des requêtes en ligne. Chaque fournisseur d'adresses e-mails dispose, en général, de son propre moteur de recherche.

EXEMPLES

Yahoo !, MSN, Orange, SFR, LaPoste.

b) Les métamoteurs de recherche

Ces logiciels envoient des requêtes ou recherches vers plusieurs moteurs de recherche en même temps. Ils concentrent les résultats tout en évitant les doublons. Certains de ces métamoteurs trient les résultats par pertinence. Alors que les moteurs de recherche sont à peu près tous généralistes, il existe des métamoteurs plus ou moins spécialisés.

EXEMPLES

Copernic, Seek, Ixquick, Demo.carrot2.org.

Utiliser plusieurs métamoteurs lors d'une recherche permet d'enrichir le système d'information mis en place.

2. La recherche par moteurs et métamoteurs

a) Les principes de fonctionnement

La recherche d'information s'effectue grâce à des robots (appelés aussi *bots, spiders, crawlers* ou encore « agents »), qui parcourent les sites répertoriés à intervalles réguliers et de façon automatique pour découvrir de nouvelles adresses (ou URL pour *Uniform Resource Locator*). Ceci les différencie des portails et annuaires, qui sont alimentés manuellement par leur créateur. Chaque page trouvée par les robots est identifiée et indexée dans une base de données accessible par les internautes à partir de mots-clés saisis dans le module de requête. Certaines de ces pages continuent d'être stockées alors même qu'elles n'existent plus en ligne, grâce au système des « pages caches ».

b) L'usage de mots-clés

Pour obtenir des réponses précises, il convient de faire un clic droit sur les pages des sites Internet qui semblent pertinents lors des recherches, puis de choisir la fonction « Afficher la source ». Dans les premières lignes html apparaissent les *meta name* ou *keywords* utilisés par les concepteurs des sites visités.

EXEMPLE

Mots clés issus du code « source » d'un site Internet :
<meta name = "description content" = "Un réseau de spécialistes en matière de protection juridique et technique des données stratégiques des entreprises, des associations et des administrations".
<meta name = "keywords" content = "Actualités droit TIC/ CNIL 2010, correspondant informatique et libertés (CIL) prestation, réseau lexagone, partenaire mentions légales, législation, archives, droit des TIC"/>

Faire un « copier-coller » des mots-clés utilisés sur la page Web et sur d'autres sites. On sait dès lors que ce sont les mots-clés reconnus par les robots des moteurs de recherche.

c) Les fonctions avancées

Sur les moteurs et métamoteurs, il est possible d'affiner les recherches grâce à la fonction « Recherche avancée » La recherche gagne en efficacité et les réponses sont plus pertinentes.

On affine le nombre des réponses et on évite d'être submergé de pages Web.

2 Les autres outils de recherche d'informations

1. L'abonnement à une liste de diffusion

Certains sites Internet proposent un abonnement à une liste de diffusion ou *newsletter*. Il convient évidemment de choisir les sites qui apportent de l'information actuelle, pertinente, sûre et exploitable. Il est conseillé de se fier en priorité aux sites publics, ministériels et à ceux qui ont une véritable approche professionnelle de l'information, comme les journaux, les magazines spécialisés, les annuaires et portails professionnels.

2. L'aspiration de pages Web ciblées

Cette technique est ancienne mais toujours efficace. Elle consiste à télécharger ou « aspirer » une ou des pages d'un site Internet. Il est évidemment déconseillé de capturer toutes les pages d'un même site (cela sera techniquement dommageable pour l'ordinateur et inefficace en termes de levée d'informations).

EXEMPLE

Quelques outils gratuits existent sur le Net, tels que Wysigot™. Ce logiciel « aspire » en arrière-plan les pages et les mises à jour de ces mêmes pages dès lors que la connexion s'établit. Une fenêtre de type « *pop up* » s'ouvre si des mises à jour ont été installées.

3. L'intégration de flux RSS

a) Le principe

Le fil RSS ou flux RSS est un format de données qui permet de réaliser des sommaires. Il est basé sur le métalangage XML. RSS est l'acronyme de *Rich Site Summary* (sommaire riche de site Web). Un flux RSS est un fichier texte qui contient les titres des derniers articles mis en ligne par un site Web ainsi que les liens vers ceux-ci. Ce fichier est généré périodiquement pour que le sommaire soit toujours à jour.

b) Le fonctionnement

Techniquement, un flux RSS (*RSS feed*, en anglais) n'est qu'un fichier texte mis à la disposition des internautes. Il faut utiliser un logiciel appelé « agrégateur » pour pouvoir consulter le sommaire des derniers articles d'un site Web. Le logiciel travaille généralement en tâche de fond, et avertit l'internaute dès qu'un nouvel article est disponible sur un site Web.

c) Les intérêts

Les données disponibles sur Internet sont plus nombreuses chaque jour et obligent à consulter de plus en plus de sites pour avoir une information complète et objective. La technologie RSS permet de concentrer les sources d'information et de filtrer les données pour ne garder que les informations utiles.
À noter : il existe également des annuaires de fils RSS. Il suffit de taper ces trois mots : « annuaires fils RSS » dans Google ou un autre moteur ou métamoteur de recherche pour obtenir une liste très pertinente de portails intéressants.

EXEMPLES

lamoooche.com
www.1001rss.com/annuaire_rss/index.php
www.flux-rss.info www.fluxrss.fr
www.actuello.com/annuaire-rss

3 La gestion des documents collectés

1. Les principes

La gestion électronique des documents (GED) désigne un procédé informatisé visant à organiser et à gérer des informations et des documents électroniques au sein d'une organisation. La GED consiste à collecter, classer, stocker et diffuser des documents sous forme électronique. Elle permet l'indexation des documents et surtout la numérisation qui comprime le « volume papier ».

2. Les procédés

L'acquisition des documents se fait grâce aux techniques de recherche d'information citées ci-dessus, aux échanges de données informatisées (EDI) et à la numérisation des documents papier.
Le classement s'effectue par indexation, qui elle-même peut s'opérer par type, de document (textes, images, sons...) ou par thèmes abordés.
Le stockage peut s'établir sur un serveur en réseau LAN ou WAN ou encore chez un hébergeur de documents, donc en dehors du réseau informatique de l'organisation.
Les documents se diffusent par l'envoi de liens et de codes d'accès définissant un profil et donc un niveau de consultation. La GED participe aux processus de travail collaboratif, de capitalisation et d'échanges d'informations.

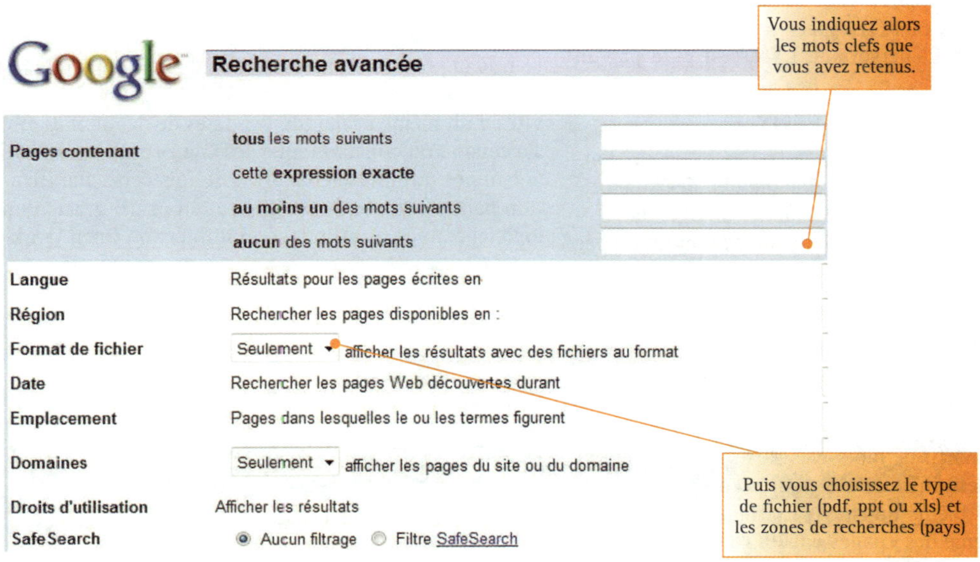

5 LE TRAVAIL COLLABORATIF ET LA GESTION DU TEMPS

Alors que le travail coopératif consiste, pour chaque intervenant d'un projet, à agir en exécutant une tâche précise et personnelle, le travail collaboratif donne la possibilité à chaque intervenant d'agir à distance sur l'ensemble du projet, dans l'objectif d'une amélioration globale.

1 Le travail collaboratif

Le travail collaboratif implique l'usage d'outils informatiques permettant la gestion de documents, de projets et de connaissances.

Il nécessite la collecte et le traitement d'informations, leur intégration dans des bases de données et leur diffusion selon des règles de communication prédéfinies.

Les outils et méthodes du travail collaboratif permettent la mise en commun de connaissances et de compétences selon un objectif de partage de la charge de travail et une recherche de mise en synergie.

2 Les outils du travail collaboratif

On utilise souvent l'expression « espace numérique de travail » (ENT) pour désigner les outils du travail collaboratif, mais cette acception ne vaut que pour les outils auxquels on affecte un objectif et une méthode de travail communs.

1. Définition

Un ENT est une application informatique accessible en ligne par l'intermédiaire d'un navigateur ou implantée sur un réseau informatique local. Les utilisateurs accèdent aux services de l'ENT grâce à des codes qui leur confèrent un profil personnel. L'ENT est géré par un administrateur.

2. Les fonctionnalités de l'ENT

L'ENT donne généralement accès à des bases de données indexées contenant des documents, des supports multimédia, un espace de messagerie, un agenda électronique, un forum ou un module de *chat* et un espace de stockage de données personnelles.

3. Les intérêts de l'outil

Il est conçu comme un véritable outil d'échange et permet la mise en relation de plusieurs personnes en abolissant les distances.

Tâches	Intérêts
Partage de documents	Les documents ne sont plus envoyés mais lus, modifiés et téléchargés à partir d'un espace sécurisé.
Abonder des bases communes	Les participants apportent leurs savoirs.
Échanger par forum et *chat*	Les participants échangent en direct sur des problématiques communes.
Base de données	Elle offre la possibilité d'accéder à une information ciblée.
Agenda partagé	Il permet de connaître les disponibilités de chacun.

4. Les outils disponibles

Il existe des applications pour réseau local de type Kwarz™. D'autres outils en ligne, gratuits ou payants, sont accessibles.

EXEMPLES

Google Documents, Mayetic, Contact Office, Editgrid, Zimbra, eGroupware, YouSAAS Desk, Zoho, Ganescha, Ovidentia, Claroline.

3 La gestion du temps

Elle intègre l'utilisation d'un agenda ou calendrier électronique avec planification des tâches (*workflow*).

1. L'agenda partagé

Il s'agit d'un agenda auquel plusieurs personnes ont accès et sur lequel sont portées des informations partagées.

Il met en évidence l'organisation du travail de chaque intervenant et donne une vision d'ensemble des tâches qui doivent être gérées collectivement. C'est aussi un outil de gestion des ressources humaines pour organiser le travail des employés.

Les personnes qui utilisent cet agenda peuvent le synchroniser avec celui qui se trouve sur leur propre ordinateur ou avec leur téléphone afin de favoriser une mise à jour permanente des données.

2. La planification des tâches

Elle permet la visualisation et l'organisation de tâches ainsi que la gestion des ressources affectées. Elle est réalisée grâce à un logiciel de gestion de projets.

Le travail préalable à la réalisation du planning, ou planigramme, consiste en la définition de toutes les activités d'un même projet (durée, dates de début et de fin, succession ou concomitance des tâches et l'identité des personnes qui interviennent). Une fois cette planification papier réalisée, le projet peut être saisi grâce à un logiciel comme GantProject, MSProject ou Open Workbench.

6 L'UTILISATION DES BASES DE DONNÉES DANS LES LOGICIELS DE GESTION DE LA RELATION CLIENTS

➔ Le système d'information de l'entreprise est alimenté par des données autour desquelles se structurent ses actions de communication internes et externes.

1 Les bases de données et l'activité commerciale

1. Définition

Au sens informatique du terme, une base de données est un stock d'informations organisé et structuré de manière à pouvoir être facilement manipulé.

Les bases de données peuvent prendre une forme électronique ou celle d'un simple registre manuscrit. L'article L. 112-3 al. 2 du Code de la propriété intellectuelle précise que l'on entend par base de données « un recueil d'œuvres, de données ou d'autres éléments indépendants, disposés de manière systématique ou méthodique, et individuellement accessibles par des moyens électroniques ou par tout autre moyen ».

2. L'utilité d'une base de données

Les principales utilisations d'une base de données sont :
- d'organiser et de structurer des données internes et externes ;
- de sauvegarder des informations stratégiques et tactiques ;
- d'exploiter les données à des fins commerciales ou autres ;
- de valoriser les données au fur et à mesure du développement de l'entreprise et de sa connaissance de ses environnements ;
- de partager ces données avec des collaborateurs ou des partenaires dans le cadre de réseaux intranet ou extranet ;
- de capitaliser en louant ces données à d'autres entreprises.

3. Les bases de données commerciales

Elles fonctionnent dans le cadre d'un système d'information marketing reposant sur un réseau informatique performant. Le système d'information peut être globalisé, c'est-à-dire qu'il peut être utilisé par l'ensemble du personnel de l'entreprise, grâce à un programme de gestion intégrée (PGI), également appelé « ERP » (*Entreprise Resource Planning*).

Les bases de données sont alors accessibles par tout collaborateur dûment habilité.

L'équipe commerciale doit alimenter ces bases d'informations issues des contacts commerciaux. On parle alors de « valorisation » de la base de données.

Les informations utilisées doivent être fiables (c'est-à-dire à jour, complètes et exactes), disponibles et adaptées aux besoins de l'entreprise. À chaque contact clientèle, les salariés doivent pouvoir disposer immédiatement d'informations exploitables améliorant la réactivité commerciale.

2 L'action sur les bases de données

Les systèmes de gestion des bases de données relationnelles (SGBDR) lient de façon durable ou ponctuelle des informations interrogées par une requête SQL (*Structured Query Language*).

1. Structurer la base de données

Chaque base est constituée de fichiers, appelés « tables », qui peuvent être mis en relation. Chaque table contient des champs, liés entre eux pour former un objet. Quand les champs sont communs à plusieurs tables, il est alors possible de les mettre en relation.

Le développeur de la base de données réalise sa structure en fonction des besoins de l'entreprise utilisatrice.

2. Utiliser la base de données

La structure de la base correspond aux besoins de l'entreprise. Ces besoins peuvent évoluer car de nouveaux traitements deviennent nécessaires (envois promotionnels, relances commerciales, collecte d'informations *via* un site Internet ou des courriels commerciaux...). Ces modifications ont des incidences sur le fonctionnement du système d'information et sur la structuration de l'ERP. C'est pour cette raison que cette tâche est confiée à des techniciens qui agissent sur la base de préconisations émises par les services destinataires des nouvelles applications.

La mise à jour des données est confiée aux collaborateurs en charge de leur exploitation. La centralisation de ces données dans le cadre d'un PGI permet dès lors à toute personne disposant du profil requis de consulter les bases créées par d'autres services. Cette fonctionnalité est utile, par exemple, dans l'éventualité d'un devis qui devrait être fait à un prospect lors d'un démarchage (accès aux stocks disponibles, derniers tarifs, conditions logistiques, information financière sur le prospect...).

3. Respecter la législation

Tout traitement de données doit *a priori* faire l'objet d'une déclaration auprès de la Commission nationale de l'informatique et des libertés (CNIL, loi du 6 janvier 1978). Lorsque le traitement porte sur des informations concernant des personnes physiques, ces dernières doivent être informées que des données les concernant ont été collectées ; cette règle est appelée l'« *opt-in* ». La finalité du traitement doit être justifiée, les données doivent être sécurisées, la durée de conservation doit être limitée et les personnes doivent avoir accès aux données les concernant.

D'autre part, le Code de la propriété intellectuelle (CPI) protège le producteur de la base de données. Les articles L. 341-1 à L. 343-4 fixent les conditions dans lesquelles les bases de données sont protégées et peuvent être exploitées par des tiers. La violation de cette législation reçoit la qualification de « contrefaçon de base de données » et expose le contrefacteur à trois ans d'emprisonnement et 300 000 € euros d'amende (art. L. 343-1 du CPI).

7 LES LOGICIELS D'ENQUÊTE

L'enquête par sondage constitue un moyen précieux pour l'entreprise pour rassembler des informations ciblées susceptibles de répondre à un besoin.

1 La méthode de l'enquête

1. Les objectifs à atteindre

Il faut identifier un objectif principal et des objectifs secondaires.
L'objectif principal porte sur l'objet même de l'enquête.

EXEMPLE

- Connaître les équipements informatiques des entreprises exportatrices : objectif principal
- Mettre en évidence l'usage des outils nomades et l'emploi d'ENT (espaces numériques de travail) : objectifs secondaires

2. Le questionnement

Il est adapté à la nature des informations à collecter et respecte plusieurs étapes :
- définir le profil de l'enquêté et construire un échantillon représentatif de la population concernée ;
- déterminer le nombre des enquêtés et la répartition par profils, dont la plus courante est la méthode des quotas ;
- choisir un mode d'administration de l'enquête ;
- tester le questionnaire ;
- administrer, collecter les informations et procéder au dépouillement ;
- analyser les réponses et tirer les conclusions.

3. La formulation du questionnement

Type de question	Description
Question fermée	La réponse est alternative (oui/non).
Question à choix multiple	La ou les réponses sont proposées mais peuvent être multiples.
Question ouverte	L'enquêté doit rédiger sa réponse.
Question à échelle	L'enquêté choisit une valeur placée sur une échelle (de 0 à N).
Question de liste	L'enquêté classe ses réponses de 1 à N.
Question matricielle	Les réponses peuvent être multiples et leur choix est à double entrée (deux critères). **Exemple** « Vous achetez : – des yaourts : souvent – parfois – jamais – des fruits : souvent – parfois – jamais » (entourez la bonne réponse)

4. L'organisation du questionnaire et son administration

Une phrase de présentation sert d'introduction au questionnaire et les remerciements font office de conclusion. Les questions sont hiérarchisées et regroupées par thèmes (méthode de l'entonnoir). Les questions les plus larges précéderont les plus précises. Il convient d'éviter les questions ambigües et faisant trop appel à la mémoire. Une seule idée par question et une seule question à la fois : les questions gigognes (trois questions en une) trop complexes sont à proscrire.
L'organisation du questionnaire dépend aussi du mode d'administration.

Mode d'administration	Contenu du questionnaire
Par téléphone	Questionnaire court, questions personnelles à la fin, dont identification de l'enquêté
Par e-mail	Questionnaire long, identification en introduction
Par fax	Questionnaire moyen, identification en introduction
Par courrier postal	Questionnaire très long, identification à la fin
Dans la rue	Questionnaire court, identification à la fin
En réunion	Questionnaire très long, identification connue car les enquêtés ont accepté de se déplacer
En magasin	Questionnaire court, identification à la fin

2 Les outils d'enquête en ligne

L'enquête en ligne est un questionnaire créé grâce à une application hébergée sur un serveur et auquel les enquêtés ont accès grâce à un lien par courriel ou grâce à un site Internet. Il en existe de nombreux, payants ou non.

EXEMPLES

Ethnos, Questidep, Sphynx, Moulinette, Google Forms, etc...

1. Présentation de Google Forms

Google Forms permet la mise en place d'une enquête en ligne. Une fois le questionnaire rédigé et structuré, l'administrateur de l'enquête peut intégrer l'hyperlien activé par la plate-forme Google dans un courriel et l'envoyer aux différents sondés. Les destinataires cliquent sur ce lien et saisissent leurs réponses en ligne.
L'application Google Forms gère automatiquement le dépouillement de l'enquête, génère des tableaux et des statistiques. Il est possible de consulter en temps réel les résultats de l'enquête.

2. L'utilisation des logiciels d'enquête

Les usages sont divers, mais leur objectif est commun. Une enquête peut servir à obtenir des informations chiffrées : c'est une enquête quantitative.
À l'inverse, certaines enquêtes sont qualitatives et visent à obtenir l'avis des personnes sondées. On parle alors d'« enquêtes d'opinion ». Lorsqu'elles permettent de connaître l'impact d'une marque ou d'une personnalité dans la mémoire des personnes sondées, on parle d'« enquêtes de notoriété ».

PRÉSENTATION DE L'ÉPREUVE E42

Finalités et objectifs de l'épreuve E42 : Exploitation du système d'information

Cette épreuve permet d'évaluer les compétences professionnelles acquises dans le cadre de l'unité de formation UF42 « Informatique commerciale ».

Quelles que soient les modalités d'évaluation, c'est une épreuve de coefficient 2

Les modalités d'évaluation

1 Le contrôle en cours de formation

a) Le dossier professionnel

L'évaluation prend appui sur le dossier professionnel « Exploitation du système d'information » (E42) qui récapitule les activités professionnelles réelles ou simulées (situations d'évaluation) auxquelles le candidat a été confronté.

Celles-ci doivent concerner les domaines suivants :
- recueillir de l'information sur le terrain pendant ses missions à l'étranger ou en activant ses réseaux de contacts ;
- constituer un dossier documentaire afin de préparer une décision commerciale.

Le candidat présente dans le dossier les activités qu'il juge significatives des compétences et attitudes professionnelles qu'il a acquises. Il doit en présenter un nombre suffisant pour couvrir les compétences et attitudes requises.

Le dossier est constitué :
- de la fiche de présentation de chaque activité professionnelle que le candidat a choisi de présenter ;
- des dossiers et documents réalisés au cours de ces activités ;
- des grilles d'appréciation que les formateurs ou professionnels auront remplies à la fin de chaque situation d'évaluation (*cf.* ci-dessous).

b) Les compétences professionnelles

En réalisant ses activités professionnelles, le candidat doit acquérir les compétences suivantes :
- utiliser les techniques appropriées pour collecter l'information disponible sous tous supports ;
- organiser et évaluer le processus de collecte et de traitement de l'information ;
- utiliser et mettre à jour une base de données de contacts d'affaires ;
- mettre à jour et enrichir régulièrement le système d'information commerciale ;
- communiquer pour préparer la décision.

c) L'attitude professionnelle

En réalisant ses activités professionnelles, le candidat doit se conformer à l'attitude suivante : mener une veille informationnelle méthodique.

d) La grille d'appréciation

Au cours de la formation, les formateurs et les professionnels concernés remplissent une grille d'appréciation à la fin de chaque activité réalisée par le candidat, selon le modèle suivant :

Appréciation des compétences et attitudes associées à l'activité professionnelle par le ou les formateurs et/ou le ou les professionnels				
Compétences et attitudes professionnelles :	1	2	3	4
Utiliser les techniques appropriées pour collecter l'information disponible sous tous supports				
Etc.				

Les notes vont de 1 à 4 :
- 1 : le candidat n'a pas développé la compétence/attitude professionnelle ou présente des lacunes graves dans le développement de la compétence/attitude professionnelle ;
- 2 : le candidat présente des lacunes dans le développement de la compétence/attitude professionnelle nécessitant un approfondissement ;
- 3 : le candidat a atteint un niveau de maîtrise satisfaisant de la compétence/attitude professionnelle ;
- 4 : le candidat a atteint un niveau élevé dans le développement de la compétence/attitude professionnelle.

e) La commission d'évaluation

La commission d'évaluation est composée de professeurs ayant eu l'étudiant en unité de formation et, le cas échéant, de professionnels. À la lecture des différentes grilles d'appréciations, elle évalue le degré de maîtrise des compétences et attitudes professionnelles en s'aidant de la grille d'évaluation ci-dessous et attribue une note sur 20.

Critères d'évaluation des candidats	- -	-	+	++
Maîtrise des outils numériques de recherche d'informations				
Maîtrise de l'utilisation des bases de données				
Maîtrise des outils de travail collaboratif				
Capacité à enrichir le système d'information				
Respect de la sécurité et de l'intégrité du système d'information commerciale				
Maîtrise des outils bureautiques				

La commission d'évaluation ne communique en aucun cas la note au candidat, celle-ci n'étant, à ce stade, qu'une proposition. Les propositions de notes sont transmises par les établissements de formation à la commission académique chargée de valider les notes proposées au jury final.

2 L'épreuve ponctuelle

L'évaluation ponctuelle s'appuie sur des travaux de recherche, de mise en forme et de communication d'informations, ainsi que sur la mise en place d'un système d'information marketing (SIM), menés par le candidat dans le cadre d'une situation professionnelle fournie par une entreprise ou par l'équipe pédagogique. Le support de l'interrogation est un dossier témoin de 5 pages maximum (hors annexes) des travaux effectués. Il doit être d'une présentation soignée car le support d'examen fera également partie des éléments évalués par le jury.

L'interrogation dure 30 minutes : dans un premier temps, le candidat présente pendant 10 minutes la situation professionnelle et les travaux réalisés ; dans un second temps, il s'entretient avec le jury.

Le dossier doit comporter les éléments suivants :
- Page 1 : définition de la situation professionnelle de départ.
- Page 2 : définition de l'environnement informatique utilisé (réseaux, matériels et logiciels). Cette page doit schématiser le réseau informatique ainsi que le système d'information de l'entreprise et du candidat.
- Page 3 : définition de l'accès aux informations utilisées, en particulier les BDD. Le candidat explicite comment il a trouvé les informations grâce aux moteurs de recherche, aux annuaires en ligne, aux portails, etc. Il justifie les mots-clés et requêtes utilisés. Il présente l'accès aux informations internes et externes. Si le cas d'étude est fictif, il se limitera aux informations externes.
- Page 4 : description de l'organisation du travail et, en particulier, du temps consacré aux travaux. Il convient d'utiliser un logiciel de gestion de projet.
- Page 5 : liste structurée des travaux effectués. Il s'agit ici d'un inventaire exhaustif de tout ce que le candidat a produit comme supports de communication professionnelle ou comme base de données. Le dossier contiendra impérativement une base de données au sens juridique du terme, qui ne sera pas obligatoirement une base sous Access.
- **En annexes au dossier** : doivent absolument figurer, sur support numérique (CD-Rom) et sur support papier, les productions du candidat. Le jury interrogera le candidat avant tout sur ces annexes.

  Les documents seront numérotés et répertoriés dans un sommaire.

  Un second dossier d'annexes, qui n'a pas à être fourni mais qu'il convient de prendre pour l'examen, contiendra les documents qui ont aidé le candidat à réaliser son étude de marché, son stage ou son projet.

PROSPECTION ET SUIVI DE CLIENTÈLE

Pour s'entraîner à l'épreuve :

Les sujets d'examen de l'épreuve E51
et leurs corrigés sur le site Internet
www.nathan.fr/reflexe

1 LES FONDEMENTS DE LA POLITIQUE DE PRODUIT

Un produit peut être analysé comme un ensemble d'éléments matériels et symboliques associés à des utilisations variables selon les pays. Il est conçu pour une clientèle cible précise qui doit en percevoir le positionnement. Le *design* contribue à atteindre ces différents objectifs.

1 Un produit est un « panier d'attributs »

Un produit peut être présenté comme un «panier d'attributs» destinés à répondre aux attentes des clients. Un client se décide à acheter un produit lorsque celui-ci lui offre les attributs qu'il recherche. Le nombre de ces attributs est variable mais relativement limité. On peut les classer en trois catégories.

1. Les attributs matériels

Ce sont toutes les caractéristiques physiques du produit : sa composition, sa forme, ses performances techniques. Ces caractéristiques font souvent l'objet de normes ou de prescriptions réglementaires qui diffèrent selon les pays.

2. Les attributs fonctionnels

Ils sont définis comme l'ensemble des services rendus par le produit.

EXEMPLE

Un savon qui rend le linge «plus propre» ou «qui respecte la couleur d'origine», un équipement industriel qui dépoussière «rapidement et silencieusement».

Ils englobent aussi l'ensemble des services associés : financement et conditions de paiement, livraison, installation, utilisation, garantie, maintenance, etc.
La distinction traditionnelle entre les biens, composés d'éléments matériels, et les services immatériels a tendance à s'atténuer. De nombreux produits se présentent comme une combinaison de biens et de services.

EXEMPLE

Lafarge, l'un des premiers cimentiers mondiaux, ne vendrait pas autant de ciment s'il n'accompagnait pas ses produits de multiples services.

En associant biens et services dans une même offre, les entreprises peuvent cibler des clientèles aux besoins spécifiques et développer des stratégies de différenciation. Elles sont alors perçues comme proposant une offre unique sur le marché.

3. Les attributs symboliques

Ce sont les idées et images associées au produit. Certaines sont spontanées.

EXEMPLE

La couleur blanche du yaourt évoque le lait et l'idée de pureté.

D'autres associations sont stimulées par la politique de communication de l'entreprise.

EXEMPLE

L'action d'un yaourt sur l'organisme sera représentée comme une circulation bienfaisante d'éléments actifs à l'intérieur du corps.

2 Le choix entre la standardisation et l'adaptation des attributs

Tout produit destiné à l'international est le résultat d'un arbitrage entre standardisation et adaptation aux différents marchés.
Standardiser consiste à proposer le même produit sur tous les marchés. Adapter consiste à modifier le produit en fonction des besoins spécifiques de chaque pays.
Une standardisation complète concernera tous les attributs du produit, aussi bien matériels que fonctionnels ou symboliques. Dès que certains attributs sont différents, on peut parler d'adaptation partielle.

1. Les avantages de la standardisation

La standardisation offre des avantages indiscutables.
Elle permet d'améliorer la rentabilité grâce aux économies d'échelle et d'amortir les frais de recherche-développement, très importants du fait du fort contenu en innovation de nombreux produits. Elle permet aussi de rembourser toutes les dépenses liées à la commercialisation, notamment les dépenses de communication engagées pour faire connaître le produit et la marque dans les différents pays.
Toutes les grandes firmes cherchent à commercialiser des produits identiques dans le monde entier et participent ainsi à l'uniformisation planétaire des comportements de consommation.

2. Les inévitables adaptations

Cependant, si on entre dans le détail des politiques de produit, on s'aperçoit qu'il existe très peu de produits entièrement standardisés et qu'à des degrés divers, la plupart des produits doivent être adaptés aux pays ou aux zones auxquels ils sont destinés.

a) L'adaptation des attributs matériels

Ce sont les plus visibles, depuis la conduite à droite ou à gauche des automobiles jusqu'aux additifs alimentaires, en passant par le respect des nombreuses normes ou obligations légales, différentes selon les pays. Par ailleurs, les comportements alimentaires se mondialisent finalement moins qu'on ne le prétend et rendent nécessaires les adaptations aux goûts et habitudes des différents groupes de consommateurs.

b) L'adaptation des attributs fonctionnels

Un même produit peut avoir des usages différents selon les pays.

EXEMPLE

Le fromage «La Vache qui rit», plutôt consommé par les enfants en France, est recommandé pour les régimes alimentaires des adultes américains, parce que la taille des portions permet d'en limiter la consommation. La dentelle, plutôt réservée aux sous-vêtements en Europe du Nord, décore les robes des petites filles autour de la Méditerranée et les leviers de vitesse ou les boîtes de mouchoirs en papier au Japon.

Selon les pays, les services associés peuvent aussi être différents.

c) L'adaptation des attributs symboliques

Ils sont souvent le produit des cultures locales et des images véhiculées par les médias. Les stéréotypes nationaux entrent également en jeu.

EXEMPLE

Les vestes norvégiennes Helly Hansen, prisées de longue date par les amateurs de voile, ont vécu une nouvelle jeunesse le jour où un rappeur célèbre est apparu à la télévision américaine vêtu de la doudoune « Bubble », devenue depuis un symbole de la culture de la rue.

3. « Penser global, agir local »

Cette célèbre maxime résume finalement assez bien la problématique de la standardisation et de l'adaptation. Elle signifie que les entreprises doivent avoir une vision mondiale de leur politique de produit mais que celle-ci doit s'adapter finement à toutes les réalités locales. Cela nécessite une connaissance et une expérience concrètes des besoins, des comportements et des habitudes des différentes clientèles.

3 La construction du positionnement

Quel que soit son degré de standardisation ou d'adaptation, un produit doit être clairement perçu par la clientèle à laquelle il est destiné et situé par rapport à ses concurrents. C'est le rôle du positionnement. Pour le construire, l'entreprise doit d'abord définir sa cible.

1. Le choix de la cible par la segmentation

Segmenter consiste à découper un marché en un certain nombre de sous-ensembles de clients aux comportements d'achat aussi homogènes que possible. L'entreprise choisit parmi ces segments celui auquel elle va proposer son produit. C'est la clientèle cible.

a) Les critères de segmentation traditionnels

Ce sont les critères géographiques (pays, régions, villes...) et sociodémographiques (âge, sexe, taille du foyer, niveau de revenus, professions et catégories socioprofessionnelles – PCS...). Ces facteurs sont souvent déterminants pour expliquer les comportements d'achat.

EXEMPLE

Le groupe de vente à distance Redcats anime 60 sites Internet marchands dans 30 pays : *Daxon* s'adresse aux seniors français, belges et anglais, *Ellos* et la marque Sara Kelly aux femmes actives de Scandinavie, *Avenue* aux Américains en surpoids qui veulent être à la mode.

b) La segmentation par styles de vie

Aux critères traditionnels, les spécialistes des études de marché ajoutent d'autres critères obtenus grâce à des études par sondage. Ils prennent en compte les valeurs, les opinions et les comportements des individus, ensemble de données qui peuvent décrire un « style de vie ». Les segments de clientèle peuvent alors être décrits de façon plus élaborée et dans un vocabulaire plus expressif.

EXEMPLE

Une étude réalisée auprès de 1 089 internautes montre que le marché des internautes voyageurs est segmenté en cinq styles de vie : « les Métropolitains » qui voyagent peu à l'étranger, « les Nomades branchés » qui recherchent des destinations tendance, « les Seniors insolites » qui aspirent au dépaysement et au rêve, « les Kangourous » qui voyagent en famille, « les Globe-trotters », qui voyagent partout et souvent.
Ce dernier segment représente 25 % du marché. Les clients qui s'y rattachent résident en grande agglomération, sont âgés de 35 à 49 ans, disposent de revenus moyens à élevés, voyagent en couple et combinent voyage sur mesure et séjour tout compris.

2. Le positionnement

Le positionnement poursuit deux objectifs : choisir les attributs qui seront perçus par la cible comme répondant à ses attentes ; et permettre au produit de se distinguer des produits concurrents.
Un positionnement réussi combine de façon subtile et cohérente de nombreux attributs. Cependant, les capacités de perception des individus sont limitées. L'entreprise ne pourra donc mettre en valeur dans sa communication qu'un certain nombre d'attributs.

EXEMPLE

Redcats définit ainsi le positionnement de son site marchand La Maison de Valérie : « Accessibilité crédit (facilités de paiement, niveaux de prix attractifs), renouvellement de l'offre en fonction des styles de vie, complicité/proximité dans la communication ».

4 Le rôle intégrateur du *design*

Dans des économies où l'innovation est le moteur de la concurrence et où chacun cherche à se différencier, le *design* ne se réduit pas à sa fonction esthétique. Le travail du *designer* permet de faire le lien entre les attributs matériels, fonctionnels et symboliques, et aide à concevoir globalement un produit.
Grâce au *design*, de nouveaux matériaux sont intégrés dans la fabrication ; les biens d'équipement se simplifient et s'adaptent au mieux à leur fonction. Ils deviennent ainsi plus ergonomiques. Les produits acquièrent des identités fortes et attachantes, facilement reconnaissables : le toucher d'un manche de brosse à dents, le code couleur de l'emballage d'une tablette de chocolat, l'odeur d'un point de vente, les notes de musique qui accompagnent chaque message de la SNCF sont autant d'attributs symboliques permettant de mieux identifier ces produits.

2 LES FACTEURS DE COMPÉTITIVITÉ D'UN PRODUIT

En dehors du prix, la compétitivité des firmes dépend beaucoup de leur capacité à innover et à proposer des produits de qualité. Les marques en sont les repères indispensables.

1 Le rôle moteur de l'innovation

L'innovation est le moyen principal utilisé par les entreprises pour réussir dans une économie de marché. Joseph Schumpeter (1883-1950) avait insisté sur le rôle de l'innovation dans le comportement des entrepreneurs. Michael Porter, en 1982, a montré que de nombreuses firmes cherchaient à innover pour se différencier.

1. La grande variété des innovations

Les innovations peuvent être de nature et d'intensité différentes : innovation de rupture qui crée de nouveaux marchés, produit bien adapté à un marché spécifique, nouvelle combinaison de produits existants...

EXEMPLES

- Sony, Apple ou Microsoft ont créé de nouveaux marchés pour des produits que personne n'avait imaginés auparavant.
- Vergnet, entreprise du Loiret, a inventé une petite éolienne à deux pales tenue par des câbles. Facile à installer et à démonter, elle se vend en Afrique, en Amérique centrale et en Asie.
- Fabritex, entreprise du Nord, se développe rapidement sur les marchés automobiles du monde entier en proposant des solutions de lustrage à partir de produits fabriqués par des grands groupes chimiques qui ne peuvent pas s'adapter aux demandes spécifiques de chaque constructeur.

Cependant, beaucoup d'innovations consistent à simplement proposer une amélioration technique, de nouveaux usages ou même d'autres attributs symboliques à un produit déjà existant.

2. La diffusion des innovations

En 1966, R. Vernon a étudié la relation entre le cycle de vie d'un produit et sa diffusion internationale :
- lancement et croissance : l'entreprise innovatrice peut exporter son produit sans grande concurrence parce qu'elle dispose d'une avance technologique. Les produits sont lancés sur les marchés où les acheteurs peuvent payer un prix élevé pour amortir les coûts de lancement ;
- maturité : la concurrence s'intensifie en provenance d'autres pays industrialisés ;
- déclin : la concurrence s'effectue par les prix parce que des entreprises localisées dans les pays à faible coût de main-d'œuvre peuvent fabriquer le même type de produit.

Cette relation n'est plus aussi pertinente actuellement pour les raisons suivantes :
- des pays émergents comme le Brésil, la Chine ou l'Inde sont maintenant capables, simultanément, de disposer d'une avance technologique et de fabriquer des produits à bas coût ;
- la mondialisation des systèmes d'information uniformise les comportements d'achat et certaines innovations intéressent tous les pays dès leur lancement ;
- on peut trouver dans de nombreux pays des composants nouveaux à intégrer dans un produit fini. L'innovateur devient alors celui qui assemble la bonne combinaison d'éléments qu'il aura été capable de dénicher aux quatre coins du monde.

3. La diffusion des imitations

Un bon indicateur de la réussite d'un nouveau produit est certainement le nombre de copies plus ou moins fidèles qui apparaissent tôt ou tard sur le marché. L'innovateur peut se protéger légalement et essayer de dresser ses propres barrières à l'entrée sur son marché : avance technologique, innovations répétées, politique commerciale, communication. La contrefaçon peut avoir deux effets contradictoires : elle porte préjudice aux entreprises innovatrices mais elle développe aussi leur marché en entretenant le besoin du produit original.

4. La protection internationale des innovations

Le droit de propriété industrielle protège les innovations. Ce droit fait partie des droits de propriété intellectuelle. Les brevets protègent une innovation technique pendant 20 ans, les dessins et modèles protègent la forme des produits. Cette protection peut atteindre 25 ans.
Le principe de base qui régit l'organisation de la protection intellectuelle est qu'un droit de propriété ne s'applique que dans le ou les pays pour lesquels il a été acquis, chaque pays disposant d'organisations spécifiques.
De nombreux traités internationaux permettent d'étendre les droits acquis à plusieurs pays.

2 L'indispensable gestion de la qualité

La gestion de la qualité s'est développée sous l'influence des entreprises japonaises et est un facteur clé de leur compétitivité. La mondialisation de la concurrence la rend incontournable.

1. Qu'est-ce qu'un produit de qualité ?

La notion de qualité est indissociable de la priorité accordée au client : il ne s'agit pas de lui proposer le produit le plus performant théoriquement, mais celui qui répond le mieux à ses attentes. Produire de la qualité nécessite une mobilisation et une motivation de l'ensemble du personnel de l'entreprise et la mise en œuvre de méthodes de travail orientées vers ce but.

2. Des certifications nombreuses mais de valeur inégale

a) Les règlementations techniques et les normes

La qualité d'un produit commence par sa conformité aux prescriptions techniques obligatoires du pays où il sera vendu. Il s'agit des réglementations techniques établies par les pouvoirs publics ou de certaines normes rendues obligatoires.
Une norme est un document qui fournit des spécifica-

tions techniques élaborées par consensus entre toutes les parties concernées et approuvées par un organisme reconnu. La plupart des normes sont en principe d'application volontaire, mais en pratique, leur non-respect constitue un handicap commercial.
Certaines normes ne concernent pas un produit mais l'organisation de l'entreprise : ISO 9000 atteste du savoir-faire en gestion de la qualité, ISO 14000 ou la norme européenne EMAS (*Eco-Management and Audit Scheme*) du management de l'environnement, SA 8000 garantit des conditions de travail sûres et décentes.

b) Les signes ou mentions valorisants

Les meilleures garanties sont les labels officiels comme le Label Rouge en France, l'Appellation d'Origine Protégée ou l'Écolabel au niveau européen.
Sous l'impulsion de la Commission européenne, des associations de consommateurs françaises, belges et italiennes ont enquêté sur 170 « signes ou mentions valorisants ». Il en résulte que leur fiabilité, très inégale, dépend à la fois des critères d'attribution de la mention et de l'indépendance des organismes certificateurs.
Le marquage CE, obligatoire pour un certain nombre de produits, est apposé sous la responsabilité du fabricant ou du distributeur. Il n'offre pas de garantie officielle mais constitue une présomption de conformité aux « exigences essentielles » des directives européennes.

3. La qualité des emballages et l'étiquetage

Les emballages doivent être adaptés aux exigences du transport international et des méthodes de vente, qui privilégient souvent l'aspect visuel. Ils doivent éviter l'accumulation des déchets non recyclables.
L'étiquetage remplit de nombreuses fonctions d'information. Son contenu est soumis à des réglementations, différentes selon les pays. Au niveau du transport, les évolutions techniques telles que les étiquettes RFID (*Radio Frequency IDentification*), étiquettes comprenant une antenne associée à une puce électronique détectables par des émetteurs-récepteurs, permettront d'améliorer la traçabilité des produits. Cette traçabilité est obligatoire pour de nombreux produits alimentaires, et très utile pour le suivi des expéditions.

3 Les multiples fonctions de la marque

Dans un monde où l'information est surabondante et circule très rapidement, la construction symbolique de l'identité des produits devient une priorité. C'est l'objet de la politique de marque.

1. Le rôle de la marque pour le client

La marque favorise le traitement de l'information par le client : il comprend mieux les différentes offres et peut les classer. La marque fidélise par la création d'habitudes. Elle réduit le risque perçu grâce à la confiance qu'elle a su instaurer. Cependant, les habitudes sont fragiles et l'apparition de nouvelles marques pourra faciliter la diffusion de nouveaux produits.

La marque a aussi une valeur symbolique. Elle ouvre sur des mondes imaginaires entretenus par la politique de communication de l'entreprise et utilise l'image du pays d'origine. Elle favorise le phénomène d'identification des clients.

EXEMPLE

Les publicités chinoises pour les jeans Levi's mettent en scène un groupe de rock qui évoque les débuts des Rolling Stones, ou de vieilles affiches des années 1950 représentant des *cow-boys*. En Europe, la marque décline le slogan « *Freedom to move* » (liberté de mouvement).

Enfin, la marque doit être évocatrice et facilement prononçable dans les langues des pays concernés.

2. Le rôle de la marque pour l'entreprise

La marque permet d'identifier et d'authentifier le produit. Elle améliore la productivité commerciale dans la mesure où chaque nouvelle campagne de communication peut s'appuyer sur la notoriété déjà acquise lors des campagnes précédentes et gagner en efficacité. La notion de capital de marque rend compte de la valeur accumulée par certaines d'entre elles, surtout lorsque leur notoriété est mondiale. Certaines grandes marques deviennent des marques caution et servent à authentifier toutes les marques du groupe.

EXEMPLE

L'Oréal, Danone.

Souvent, des marques différentes servent à identifier les gammes et les lignes de produits.
Une gamme est un ensemble de produits destinés à satisfaire une même catégorie de besoins. Elle est composée de plusieurs lignes de produits dont le nombre détermine sa largeur. La profondeur d'une ligne est le nombre de références qui la composent.

EXEMPLE

La gamme Klorane de L'Oréal comprend plusieurs lignes de produits : shampooings, dépilatoires, produits solaires, produits pour bébés, produits pour hommes.

3. La protection internationale des marques

La notoriété des marques suscite des convoitises et incite à la contrefaçon. Ces marques doivent donc être protégées, au même titre que les innovations.
La marque comme signe distinctif est un droit de propriété industrielle qui peut être protégé indéfiniment. Certains éléments visuels peuvent être protégés au titre des « dessins et modèles ».

EXEMPLE

« Opinel » est à la fois le nom des propriétaires qui dirigent l'entreprise, celui de la marque et celui du produit. Le nom et les innovations sont protégés et l'entreprise piste toute contrefaçon avec, si nécessaire, des actions en justice.

3 LA POLITIQUE DE PRIX

➔ Le prix est la contrepartie financière d'un bien ou d'un service à l'achat ou à la vente. La politique de prix est un élément essentiel dans le cadre du management de l'entreprise. Elle induit la mise en œuvre d'une stratégie commerciale, laquelle met en exergue le critère de rentabilité. À l'international, le prix représente un élément de l'offre élaborée par l'exportateur. La fixation du prix s'établit dans le respect de la réglementation locale et internationale avec laquelle elle est en conformité.

1 Les stratégies de prix

1. La stratégie d'écrémage

Elle consiste à fixer un prix volontairement élevé afin de sélectionner la clientèle, qui est prête à payer le prix fort. Le produit doit cependant être en adéquation avec ce positionnement. On considère que la présence d'un tel produit sur le marché étranger apparaît sélective voire exclusive.

2. La stratégie de pénétration de marché

Elle vise l'augmentation des parts de marché par la fixation d'un prix volontairement bas, c'est-à-dire en dessous de celui de la concurrence. Elle suppose une distribution de masse et donc un circuit en grandes et moyennes surfaces (GMS).
Attention, une entreprise en survie pourra difficilement baisser son prix de vente sans dégrader sa profitabilité, voire son image auprès du consommateur.

3. La stratégie d'alignement

Elle consiste à fixer un prix dans une fourchette qui avoisine les prix pratiqués par la concurrence. Pour l'entreprise, il s'agit d'éviter une « guerre des prix ». Le mode de présence sur le marché sera donc très souvent identique à celui des concurrents.

4. La stratégie de prix différenciés

Elle permet l'établissement d'un prix différent en fonction de la « valeur » du client. La stratégie de prix différenciés peut contribuer à l'augmentation du chiffre d'affaires de 20 à 50 % pour un même produit ou service. Elle impose cependant une communication claire et efficace en relation avec le profil de chaque client.

EXEMPLE

Un adulte accepte de payer une place de cinéma plus cher qu'un étudiant ou un enfant. À l'international, le prix peut être différent par pays.

5. Le *yield management*

Généralement utilisé dans les services, cette stratégie permet de mettre en adéquation le niveau de la demande avec le prix. Autrement dit, plus la demande sera forte et plus le prix sera élevé. Il peut s'agir aussi d'attirer des consommateurs grâce à un prix faible, dans une période où la demande est la plus faible.

EXEMPLES

Des prix plus élevés en haute saison pour des locations. Le prix des billets d'avion varie en fonction des places disponibles.

6. Les contraintes juridiques liées au prix

Elles portent sur trois éléments :
- l'obligation pour l'exportateur de s'adapter à la réglementation locale ;
- les réglementations relatives au dumping, qu'elles soient nationales ou internationales (le dumping consiste, pour une entreprise, à vendre à l'étranger un produit moins cher que sur le marché domestique) ;
- le prix qui s'établit aussi à travers le contrat de vente à l'international est le résultat de la négociation entre l'acheteur et le vendeur.

2 Les méthodes de fixation du prix

1. La fixation du prix par les coûts

a) La méthode des coûts complets

Elle consiste à déterminer le coût de revient du produit et, en fonction de la marge souhaitée, de déterminer le prix.
Le coût de revient du produit est la somme de l'ensemble des coûts nécessaires à la fabrication et à la distribution du produit.

Composantes	
Coût d'achat des matières premières et fournitures utilisées	Coût de revient
Charges de production	
Charges de distribution	

Prix = Coût de revient + Marge

Dans cette acception, les variables d'ajustement sont donc constituées par le prix et la marge.

EXEMPLE

Le coût de revient d'un produit est de 10 €, la marge est de 20 %. Le prix du produit est donc de : 10 + (10 × 20 %) = 12 €. Une augmentation de la marge à 25 % engendre une augmentation du prix à 12,50 €, alors qu'une diminution du prix à 11 € induit une baisse de la marge à 10 %.

b) La méthode des coûts cibles

En fonction de la stratégie de l'entreprise (pénétration ou alignement), l'objectif est d'atteindre un certain coût de revient (coût cible) avec une marge fixée. La variable d'ajustement devient alors le coût. Les Japonais ont utilisé historiquement cette méthode afin de pénétrer des marchés.

Coût de revient = Prix – Marge

EXEMPLE

Pour un prix de 12 €, avec une marge de 20 %, le coût de revient à atteindre est :
Coût de revient = Prix/(1 + Marge) = 12/1,2 = 10 €.

2. La fixation du prix en fonction de la variation de la demande (ou élasticité – prix)

L'élasticité prix permet d'apprécier la variation de la demande d'un produit en fonction de la modification du prix, à la hausse ou à la baisse.

EXEMPLES

	Δ prix	Δ demande	ε	Classification
Hypothèse 1	+ 10 %	– 20 %	– 2	Bien élastique (ex. : alimentation)
Hypothèse 2	– 10 %	+ 20 %	– 2	
Hypothèse 3	+ 10 %	– 1 %	– 0,1	Bien rigide (ex. : carburant)
Hypothèse 4	+ 20 %	+ 10 %	0,5	Bien inélastique (ex. : luxe)

Un bien élastique est sensible, en termes de demande, à la modification du prix (hypothèses 1 et 2). Un bien rigide ne sera pas sensible, à terme, à la modification du prix (hypothèse 3). Un bien inélastique est acheté uniquement parce qu'il est cher (hypothèse 4).
Il faut cependant prendre en considération qu'à l'international, la sensibilité de la demande face au prix est variable selon les pays.

3. La fixation du prix psychologique

C'est à partir d'une enquête auprès de la clientèle, que l'on détermine le prix psychologique (ou d'acceptabilité), c'est-à-dire le prix pour lequel les consommateurs seraient les plus nombreux à consommer, au regard de la qualité du produit.
La méthodologie consiste, en fonction des résultats de l'enquête, à soustraire du marché potentiel les consommateurs qui jugent le produit insuffisant sur le plan de la qualité, ainsi que ceux qui estiment le prix comme trop excessif. De cette différence résultera le nombre de personnes intéressées par le produit (zone d'acceptabilité).

EXEMPLE

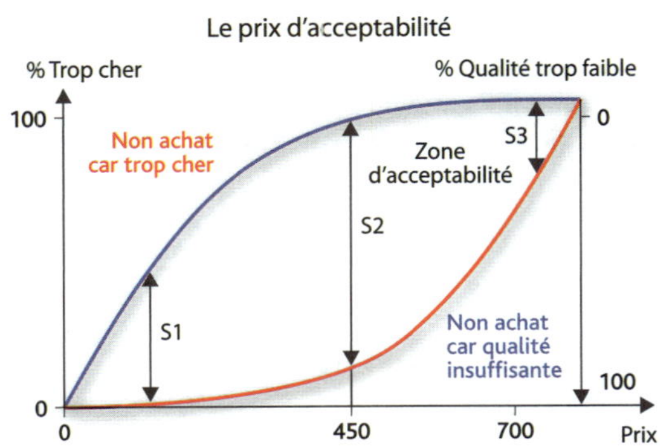

Il suffit alors de déterminer le plus grand nombre de consommateurs dans cette zone : soit le segment le plus grand, ici S2, soit 450 €.

Attention : le prix psychologique n'a souvent aucun rapport avec l'approche par les coûts. L'entreprise doit donc surveiller sa rentabilité. C'est encore plus vrai pour l'exportateur, qui doit inclure des coûts supplémentaires afin d'aborder le marché export.

3 L'établissement du prix à l'international

Quand l'entreprise fixe un prix à l'exportation, elle doit tenir compte de coûts spécifiques qui ne sont pas supportés sur le marché domestique : frais de transport international et d'assurance, coûts d'adaptation des produits, droits de douane, commissions aux agents importateurs et couverture des risques.
Elle doit, avant de déterminer son prix d'offre à l'export, également prendre en considération la situation de la demande et l'état de la concurrence sur le marché.

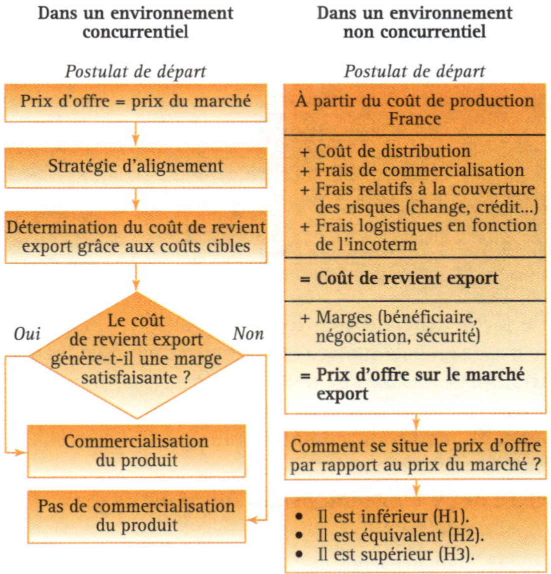

- Hypothèse 1 : le prix d'offre est inférieur au prix du marché. L'entreprise peut l'augmenter afin de pratiquer une stratégie d'alignement si une valeur ajoutée du produit le permet. Elle peut aussi le laisser à ce niveau, mais à condition que la valeur perçue par le consommateur soit satisfaisante.
- Hypothèse 2 : le prix d'offre est équivalent au prix du marché. La stratégie d'alignement par les prix est applicable afin d'entrer sur le marché sans entamer une « guerre » sur les prix. L'entreprise peut aussi augmenter son prix si le produit peut le justifier, par un « *made in* » par exemple. Elle peut aussi réaliser une « chasse aux coûts » afin de mettre en place une stratégie de pénétration de marché.
- Hypothèse 3 : le prix d'offre est supérieur au prix du marché. L'écrémage est possible si le produit le permet, mais l'entreprise doit, en général, entrevoir une réduction du prix sans altérer la profitabilité de l'opération.

4 LE CIRCUIT ET LE RÉSEAU DE DISTRIBUTION

Afin de distribuer ses produits sur un marché étranger, l'entreprise exportatrice doit choisir un mode de pénétration puis structurer son circuit de distribution.

1 La mise en place du circuit de distribution

1. Les voies d'acheminement d'un produit

a) Du canal au circuit de distribution

Un canal de distribution correspond à la voie d'acheminement d'un produit du fabricant jusqu'au client final. L'ensemble des canaux de distribution forme le circuit de distribution. Quand le produit est distribué sur différents canaux, on parle alors de « distribution multicanal ». L'ensemble des partenaires (intermédiaires) présents sur le circuit constitue le réseau.

b) Les formes de canaux de distribution

Un canal de distribution se caractérise par sa longueur, c'est-à-dire par le nombre d'intermédiaires qui se placent entre le producteur et le client final.

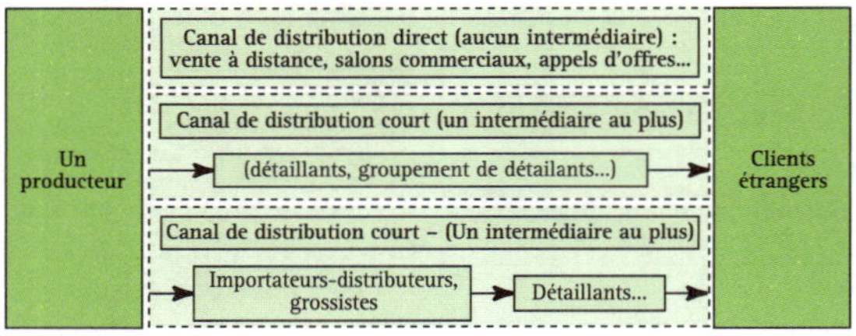

De façon générale, plus le circuit utilisé est long, plus la marge globale captée par les intermédiaires et les distributeurs finaux augmente, et donc plus le prix au client final est élevé. Par ailleurs, le fabricant maîtrise alors de moins en moins sa politique commerciale et perd la relation avec le client final.

c) Le degré d'intégration des fonctions de gros et de détail

Sur le plan international, le phénomène croissant de concentration des grossistes constaté dans les pays développés a une double conséquence : il diminue la longueur des canaux de distribution (nombre de plus en plus restreint de grossistes qui s'adressent à un nombre élevé de détaillants) et affaiblit le pouvoir de négociation des fabricants.

2. L'organisation commerciale des circuits de distribution

La longueur d'un canal de distribution est directement influencée par l'appartenance du point de vente final à des formes précises d'organisation commerciale.

a) Le commerce indépendant

Le commerçant, propriétaire de son point de vente, est un détaillant qui gère ses achats de manière autonome.

b) Le commerce associé

Il s'agit d'associations de commerçants détaillants indépendants qui organisent en réseau leurs achats et leur politique commerciale.

Cette forme de commerce comprend, en particulier :
- les chaînes volontaires : elles regroupent des détaillants et des grossistes, juridiquement et financièrement indépendants, qui organisent en commun les fonctions de gros (centrale d'achat) et de détail ;
- les groupements d'achat : ce sont des commerçants indépendants, détaillants ou grossistes, qui regroupent leurs achats pour obtenir de meilleures conditions de vente auprès des fabricants ;
- la franchise : il s'agit d'une forme de contrat de distribution exclusive, par lequel un franchiseur concède à un franchisé le droit d'exploitation de ses produits, de sa marque, de son enseigne et de son savoir-faire. En contrepartie, le franchisé paie un droit d'entrée et des redevances sur les ventes.

c) Le commerce intégré

Cette forme de commerce, de taille souvent très importante, intègre les fonctions de gros, par le biais d'une centrale d'achat, et de détail, en disposant de son propre réseau de points de vente. On y retrouve, les grands magasins, les magasins populaires, les supermarchés (établissements dont la superficie se situe entre 400 et 2 500 m²) et les hypermarchés (taille supérieure à 2 500 m²).

3. De la politique à la stratégie de distribution

La mise en place du circuit et le choix des partenaires (réseau de distribution) qui vont intervenir formalisent la politique de distribution. En fonction des caractéristiques de son produit et de sa cible, l'entreprise devra alors définir sa stratégie de distribution sur le marché étranger.

a) La stratégie de distribution intensive

L'exportateur cherche à s'implanter dans le plus grand nombre de points de vente possible pour assurer une couverture maximale du marché. Cette approche convient aux produits de grande consommation.

b) La stratégie de distribution sélective

L'exportateur choisit un nombre restreint de distributeurs en fonction de certains critères (taille du magasin, emplacement, univers de distribution, compétence des vendeurs...) afin de préserver l'image de marque de ses produits.

c) La stratégie de distribution exclusive

Le fabricant accorde à un distributeur, qui est tenu de s'approvisionner auprès de lui, l'exclusivité de la vente de ses produits sur une zone géographique. Le commerçant ne peut pas vendre de produits concurrents. Cette forme de distribution, qui fait l'objet d'un contrat de franchise ou de concession, convient en particulier aux biens techniques, aux produits de haute qualité pour lesquels l'image est importante.

2 L'exportation et le réseau de distribution

Pour assurer la commercialisation de ses produits sur un marché étranger, une entreprise a le choix entre trois modes d'exportation, faisant intervenir un ensemble de partenaires et d'intermédiaires qui forment le réseau de distribution.

1. L'exportation contrôlée

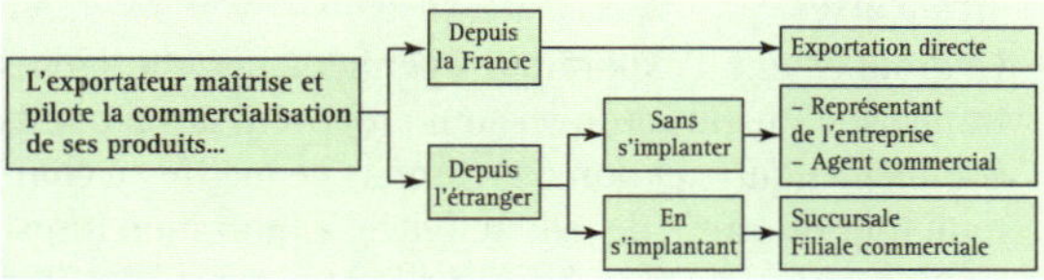

a) L'exportation directe depuis la France

L'exportateur gère sans intermédiaire le processus de commercialisation (négociation, conclusion des contrats et gestion de la relation client) depuis la France.

Différentes méthodes et techniques de commercialisation permettent cette gestion en direct :

- la vente à distance exploite les différents outils propres au marketing direct ;
- les foires et salons internationaux sont avant tout des manifestations commerciales qui permettent à une entreprise de prospecter et de promouvoir ses produits auprès d'une clientèle ciblée. Néanmoins, les contacts développés lors de la participation à ces manifestations peuvent initier une phase de négociation commerciale et des prises de commandes éventuelles ;
- dans le cas de la vente sur appels d'offres internationaux, l'entreprise répond (on dit qu'elle « soumissionne ») à un appel d'offres présenté par un acheteur étranger (dénommé « adjudicateur »). L'entreprise soumissionnaire est alors placée en concurrence avec les autres fournisseurs. À l'issue de la procédure (lors de « l'adjudication »), l'entreprise dont l'offre est la plus proche du cahier des charges du client est retenue. Ce mode de vente directe allège le travail de prospection mais en cas d'obtention du marché, il convient de prévoir une présence régulière auprès du client ;
- les places de marché sont des espaces de commerce en ligne qui fonctionnent comme des centrales d'achat électroniques. Elles regroupent une ou plusieurs entreprises donneurs d'ordre qui mettent en ligne leurs demandes d'offres.

b) L'exportation gérée depuis l'étranger sans implantation locale

Tout en gardant la maîtrise du processus de commercialisation, l'exportateur confie tout ou partie de la gestion de ce processus à un salarié de l'entreprise ou à un intermédiaire qu'il mandate et qui le représente sur le marché étranger :

- le représentant salarié est un employé de l'entreprise exportatrice qui peut prendre en charge les tâches de prospection, la prise de commandes ainsi que la gestion de la relation client, en particulier l'assistance après-vente ;
- l'agent commercial, encore appelé « agent commissionné », est un représentant mandataire qui agit au nom et pour le compte de l'exportateur (le commettant). Ce dernier peut lui confier les tâches de prospection et lui donne pouvoir de négocier et de vendre au nom de l'entreprise. Un contrat de mandat (ou contrat d'agence) définit avec précision l'étendue des tâches et des pouvoirs qui lui sont confiés. On distingue, en particulier, l'agent sans pouvoir de représentation, qui se limite à transmettre les demandes des clients à l'exportateur, de l'agent avec pouvoir de représentation, qui conclut les contrats.

L'agent commercial est rémunéré sous la forme d'une commission sur les ventes réalisées. Généralement issu du marché étranger, il peut agir pour le compte exclusif d'une entreprise ou représenter plusieurs entreprises non concurrentes.

À la différence du représentant salarié, l'agent est indépendant : il organise librement son activité mais doit respecter les orientations de la politique commerciale de l'exportateur, qui reste maître des conditions générales de vente.

Les PME-PMI recourent couramment à un agent commercial à l'étranger, en particulier lors d'une approche et d'une première installation sur un marché. Elles bénéficient ainsi de la connaissance du marché et de l'expérience de l'agent, qui est tenu d'informer l'exportateur sur les caractéristiques et l'évolution du marché.

c) L'exportation gérée depuis l'étranger avec implantation locale

L'exportateur peut gérer et contrôler la commercialisation de ses produits jusqu'au client final en implantant une structure sur le marché étranger. On distingue ainsi deux modes de présence :

- la succursale (ou bureau de représentation) est une structure décentralisée qui ne dispose pas de personnalité juridique et fiscale propre. L'entreprise exportatrice facture ainsi directement les clients et assume en particulier l'intégralité du risque commercial. Une succursale permet d'avoir une présence commerciale sur le marché local et de gérer sur place les tâches de prospection, de promotion des produits et le suivi après-vente ;
- la filiale commerciale (ou filiale de distribution) est un établissement qui, tout en étant contrôlé par l'entreprise exportatrice (ou maison mère), dispose d'une personnalité juridique propre. Une filiale agit donc en son nom propre et assume personnellement les risques. Elle doit toutefois se conformer à la politique commerciale et aux objectifs définis par la maison mère. L'entreprise exportatrice dispose ainsi d'une présence locale permanente.

2. L'exportation sous-traitée

a) L'importateur

Cet intermédiaire achète à l'exportateur la marchandise qu'il revend, se rémunérant ainsi sur la marge réalisée. Même s'il agit toujours en son nom propre, il convient de distinguer deux situations :

- l'importateur-distributeur : aucun contrat ne le lie avec l'exportateur. Il revend la marchandise en appliquant ses propres conditions de vente, privant ainsi l'exportateur de toute maîtrise et de tout mode de contrôle de la politique commerciale : la promotion du produit, le choix des canaux de distribution et des segments de clientèle ainsi que la politique de prix sont gérés librement par l'importateur ;

4 LE CIRCUIT ET LE RÉSEAU DE DISTRIBUTION (suite)

- l'importateur exclusif, ou concessionnaire, agit également pour son propre compte mais un contrat d'exclusivité le relie à l'exportateur. Il bénéficie ainsi d'une exclusivité territoriale et, en contrepartie, l'exportateur dispose de certaines garanties concernant les conditions de commercialisation des marchandises (exclusivité d'approvisionnement, achat de quantités minimales, choix de canaux de distribution spécifiques...).

b) Le négociant (ou entreprise de négoce)

En achetant et en revendant des marchandises en son nom propre, cet intermédiaire agit comme un importateur-distributeur. Cependant, spécialisé dans la commercialisation d'un certain type de produit, il est le plus souvent établi en France.

c) Le courtier

Cet intermédiaire indépendant a pour fonction de mettre en relation un acheteur et un vendeur et de placer à leur connaissance les conditions et les exigences réciproques. Il n'est pas soumis à une obligation de résultat et, au titre de sa prestation de service, il perçoit une rémunération dite « courtage ». Les courtiers sont souvent spécialisés par type de produit et par zone d'exportation.

d) Les sociétés d'accompagnement à l'international

- La société de commerce international (SCI) accompagne des entreprises clientes (inexpérimentées à l'export) en leur achetant des produits qu'elle revend ensuite en son nom propre sur les marchés étrangers, en y appliquant la marge voulue. Ces sociétés, généralement spécialisées par famille de produits et par zone géographique, sont très répandues dans certains pays comme le Japon, le Brésil, la Turquie, les Pays-Bas...
- La société de gestion à l'export (SGE) est une société indépendante qui, dans le cadre d'un contrat de mandat, agit comme le service export d'une entreprise. Généralement spécialisée géographiquement et par famille de produits, elle peut ainsi gérer, au nom de l'exportateur, la prospection, la mise en place de la politique commerciale, la distribution, la gestion des opérations logistiques, la facturation et le recouvrement des créances. À ce titre, elle perçoit une rémunération appelée « abonnement mensuel ». En tant que commissionnaires exportateurs, ces sociétés sont également rémunérées à la commission à la vente.

e) Le bureau d'achat

Appartenant à des entreprises étrangères (groupes de distribution ou groupements d'entreprises), ce sont des structures d'achat établies en France dont la fonction est de rechercher et sélectionner des produits marqués positivement par leur positionnement « *made in France* ».

3. L'exportation concertée

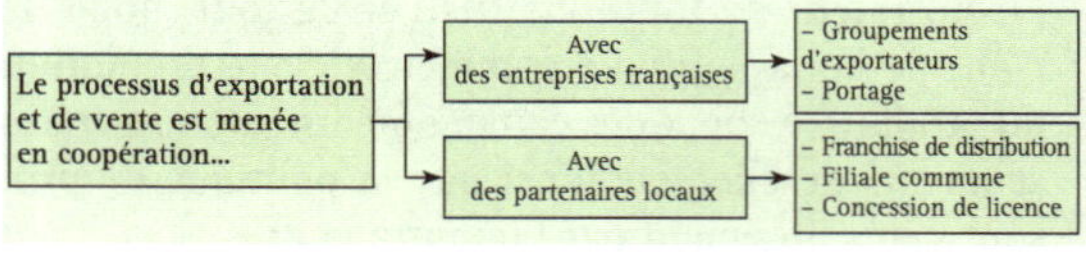

a) L'exportation concertée avec des entreprises françaises

- Le groupement d'exportateurs permet à des entreprises françaises (ou européennes) qui proposent des produits complémentaires et non concurrents de mettre en commun tout ou partie de leur activité d'exportation (prospection, création d'un bureau d'achat, promotion des produits, commercialisation...) pour partager les coûts et rechercher des effets de synergie. Un groupement d'exportateurs est le plus souvent juridiquement constitué en société commerciale et, de manière plus marginale, en groupement d'intérêt économique (GIE) quand le regroupement est motivé par des opérations non directement commerciales, telles que des opérations de recherche et développement, par exemple.
- Le portage, ou *piggyback*, permet à une PME exportatrice de bénéficier de l'aide d'une grande entreprise française qui met à sa disposition sa notoriété et ses structures de distribution. À partir de sa connaissance et de son expérience du marché étranger, elle remplit également une fonction de conseil. Les PME proposent des produits complémentaires avec l'activité du porteur et sont sélectionnées de manière très rigoureuse car elles vont porter l'image de marque de la grande entreprise avec laquelle elles coopèrent. L'entreprise porteuse se rémunère en reportant une partie de ses frais fixes sur les PME partenaires et en percevant une commission sur les ventes.

b) L'exportation concertée avec des partenaires locaux

- La franchise de distribution est un contrat de coopération par lequel une entreprise (le franchiseur) concède à d'autres entreprises (les franchisés) le droit d'utiliser exclusivement, sur une zone géographique définie, tout ou partie des droits incorporels lui appartenant (nom commercial, marques, licences). Le franchiseur perçoit généralement un droit d'entrée auquel s'ajoute un pourcentage sur le chiffre d'affaires réalisé par le franchisé. Par cette formule, le franchiseur développe les points de vente à moindre coût car c'est au franchisé de financer son installation. Ce dernier peut s'appuyer sur la notoriété, le savoir-faire et l'expérience du franchiseur.
- La filiale commune ou *joint-venture* (encore appelée « opération conjointe » ou « co-entreprise ») est un accord entre deux partenaires, issus de pays différents, qui créent une société locale ou qui prennent une participation significative dans le capital d'une société étrangère implantée sur le marché. Les partenaires vont ainsi placer en synergie leur organisation, leurs compétences et leur savoir-faire et mettre en commun des ressources humaines et financières. Dans certains pays, la filiale commune est la seule possibilité pour pouvoir vendre ses produits sur le marché local.
- Dans le cas de la concession de licence, une entreprise (le concédant) cède à une entreprise étrangère (le licencié) le droit d'exploiter un ou plusieurs titres de propriété intellectuelle qu'elle détient pendant une

durée limitée. Elle peut ainsi céder un savoir-faire industriel (licence de brevet) ou un savoir-faire commercial (licence de marque) permettant la distribution de sa marque sur un marché étranger.

4. Les critères de choix d'un mode d'exportation

La commercialisation directe avec le client final permet à l'exportateur de maîtriser sa politique commerciale et la gestion de la relation client. Elle réduit les coûts de commercialisation et, en limitant l'intervention de partenaires, améliore la compétitivité-prix des produits proposés au client final.

Mais dans la réalité, de nombreux facteurs peuvent obliger l'entreprise à choisir un autre mode d'exportation.

a) Un mode d'exportation dépendant des capacités de l'entreprise

Le choix d'un mode d'exportation est fonction des capacités de l'entreprise révélées lors du diagnostic interne, avec en particulier la prise en compte de :

- son degré d'expérience dans le domaine de la gestion des opérations d'exportation (gestion des opérations logistiques et administratives, prospection, négociation...) ;
- la technicité du personnel (linguistique, culturelle, commerciale...) ;
- ses capacités financières.

b) Un mode d'exportation dépendant du marché

Le choix d'un mode d'exportation prend également en compte le profil et les caractéristiques du marché tels qu'ils ont été mis en valeur lors du diagnostic externe :

- les potentialités du marché et ses perspectives d'évolution vont influencer le mode de présence et les investissements liés (ainsi, pour limiter les coûts fixes, l'exportateur privilégiera le recours à des agents commissionnés et, si le marché se développe, il pourra recourir à une présence par implantation directe);
- plus le risque pays est élevé, plus l'entreprise doit éviter des modes de distribution *via* une implantation locale ;
- les conditions d'accessibilité au marché peuvent imposer une présence locale et, au-delà de la dimension réglementaire, les conditions tarifaires peuvent encourager une implantation ;
- les conditions d'accès au produit telles qu'elles s'expriment sur le circuit local de distribution (compétences et coût des intermédiaires, degré de concentration des distributeurs locaux sur le marché, lieux de commercialisation...) peuvent amener un exportateur à privilégier une distribution directe ou, inversement, un mode d'exportation sous-traitée.

c) Un mode d'exportation dépendant du produit

Le degré de technicité d'un produit peut obliger l'entreprise exportatrice à disposer d'une présence locale pour permettre un service après-vente réactif (opérations de maintenance, par exemple).

Sur le plan commercial, le positionnement peut conduire l'exportateur à privilégier un mode de présence lui permettant de contrôler l'image de marque de ses produits.

3 L'animation du réseau de distribution

1. Les objectifs

Quel que soit le mode de distribution choisi, l'entreprise exportatrice doit animer et stimuler son réseau de partenaires afin d'en optimiser les compétences et les performances.

Cette démarche d'optimisation répond à des objectifs à la fois quantitatifs (augmentation des ventes, des parts de marché...) et qualitatifs (amélioration de l'image de marque...).

Il conviendra d'adapter les actions et les techniques d'animation en prenant en compte la nature de la relation contractuelle qui lie ces partenaires à l'entreprise et leur degré d'éloignement géographique par rapport à l'entreprise et au marché local.

2. Les actions et les techniques d'animation du réseau

a) La formation

La force de vente, éloignée des marchés locaux, doit être formée à des techniques de négociation et de vente qui prendront en compte les différences culturelles.

La représentation locale et les distributeurs, éloignés de l'entreprise exportatrice, seront en particulier formés à la connaissance et à la maîtrise du produit.

b) L'information

La mise en place d'un système d'information permet d'associer l'ensemble des partenaires du réseau de distribution à la politique commerciale de l'entreprise. À côté des supports traditionnels (bulletins d'information, journaux d'entreprise...), l'entreprise pourra s'appuyer sur les réseaux informatiques dont la rapidité et l'interactivité facilitent l'échange d'informations. Par ailleurs, ces outils permettent à l'exportateur de disposer de retours d'informations (évolutions du marché, par exemple).

Des visites périodiques et des invitations dans l'entreprise exportatrice permettront également d'impliquer et d'associer les partenaires.

c) L'assistance à la vente

L'exportateur pourra aider ses intermédiaires en mettant à leur disposition :

- des supports promotionnels (échantillons, matériel d'exposition, catalogues...) ;
- une assistance technique (aide au service après-vente, par exemple) ;
- une assistance financière (participation aux frais d'une manifestation ou d'une campagne de communication...).

d) La motivation et la stimulation du réseau

Pour stimuler les ventes et les performances commerciales, l'entreprise exportatrice s'appuie sur différents outils :

- la gestion des carrières et des compétences (formation) de sa force de vente ;
- les motivations financières (commissions, remises en fonction des commandes...), les clauses d'exclusivité, les concours entre distributeurs...

5 LA POLITIQUE DE COMMUNICATION

La communication commerciale correspond à l'ensemble des signaux qu'une entreprise émet en direction des différents acteurs de son marché (prospects, clients, distributeurs...) pour promouvoir un produit ou sa propre organisation.

1 Le plan de communication

1. Les spécificités de la communication internationale

a) La prise en compte du contexte culturel

Toute démarche de communication commerciale est influencée par les caractéristiques socioculturelles de la population cible.

b) L'arbitrage global/local

En tant que variable du plan de marchéage, la démarche de communication est soumise à l'alternative adaptation/standardisation.

En différenciant sa communication sur ses différents marchés étrangers, l'entreprise met en place une stratégie et un plan de communication qui s'adapte aux spécificités locales (culturelles, réglementaires, commerciales...).

L'autre option consiste à standardiser sa démarche de communication afin de globaliser et renforcer une image internationale et de réduire les coûts de création et de production des campagnes publicitaires.

La taille du marché, la nature du produit (bien de consommation, d'équipement...), la notoriété de la marque, le degré d'internationalisation de l'entreprise et ses capacités organisationnelles vont influencer en particulier cet arbitrage global/local.

2. La définition des objectifs de communication

Une campagne de communication répond à différents objectifs :

Un objectif cognitif : faire connaître	Objectif d'information →	• Existence d'un produit, d'une marque • Caractéristique d'un produit, innovation
Un objectif affectif : faire aimer	Objectif d'image →	• Créer une image • Positionner ou repositionner une marque
Un objectif conatif : faire agir	Objectif comportemental →	• Faire acheter, faire essayer • Provoquer une demande de brochure, une visite sur un salon

En fonction de la cible et de ses objectifs de communication, et au regard du budget alloué, l'entreprise met en place une stratégie de communication qui peut combiner des actions média et hors-média.

2 La communication média

On distingue traditionnellement cinq médias : la presse, la télévision, la radio, l'affichage et le cinéma. Le plan média (ou *media-planning*) cherchera à sélectionner les supports média qui garantiront la meilleure efficacité publicitaire. Cette sélection des supports repose en particulier sur :

- la couverture du support ou l'audience (nombre de personnes exposées au message durant la campagne de communication) ;
- la sélectivité du support, c'est-à-dire sa capacité à toucher la cible («audience utile»), qui est mesurée par le taux d'affinité : (Audience utile/Audience totale) × 100 ;
- le coût d'utilisation du support ou «coût pour mille» (CPM), qui rapporte le coût de l'exploitation d'un support pour 1 000 contacts.

3 La communication hors-média

1. Des outils

a) La documentation d'entreprise

C'est le premier vecteur de communication de l'entreprise, en particulier pour les PME exportatrices.

Véritable outil d'information, la plaquette ou brochure permet au prospect de découvrir l'entreprise et ses produits. Ce support met également en avant les caractéristiques qui valorisent l'entreprise et qui la différencient de la concurrence.

Le catalogue produits présente, quant à lui, toutes les informations techniques et les caractéristiques fonctionnelles et commerciales liées à la gamme des produits que l'entreprise propose.

Des supports audiovisuels peuvent accompagner ces documents pour présenter, en particulier, l'histoire, l'organisation et les savoir-faire de l'entreprise.

b) Le site Internet de l'entreprise

Il permet à l'entreprise de diffuser son image et de développer sa notoriété à l'étranger à moindre coût. Présenté en versions multilingues (au moins en anglais), il peut également constituer un espace de marketing relationnel.

2. Les techniques

a) La mercatique directe

Elle regroupe l'ensemble des techniques qui visent à établir un contact direct et personnalisé avec un prospect ou un client à partir de l'exploitation d'un fichier (publipostage, *e-mailing*, *phoning*...).

b) La communication institutionnelle (ou *corporate*)

Elle répond à un objectif d'image en mettant en valeur l'entreprise et ses missions par l'intermédiaire d'opérations de relations publiques (relations presse, séminaires, visite de l'entreprise...).

c) La communication événementielle

Elle correspond aux actions de parrainages (sport) ou de mécénat (activité d'intérêt général à caractère culturel, scientifique ou humanitaire).

d) Les manifestations commerciales

La participation à des foires et salons internationaux est un vecteur de communication privilégié.

e) La promotion des ventes

Elle intègre, en particulier, l'ensemble des techniques qui, sur une durée limitée, visent à augmenter les ventes en «poussant» le produit vers le consommateur (loteries, coupons de réduction...) ou en incitant les distributeurs à le référencer davantage (concours, mise à disposition de supports de publicité sur le lieu de vente ou PLV...).

6 LE DIALOGUE INTERCULTUREL

Le dialogue interculturel s'impose à tous ceux qui pratiquent le commerce à l'international. Il se nourrit de connaissances et s'enrichit par l'expérience à chaque rencontre.

1 Définition

Le Conseil de l'Europe propose la définition suivante : «Le dialogue interculturel est un échange de vues ouvert et respectueux entre des individus et des groupes appartenant à des cultures différentes, qui permet de mieux comprendre la perception du monde propre à chacun. Il est fondé sur l'égalité des partenaires.»

Selon le Conseil, la culture comprend «les diverses formes de création artistique ainsi que tout ce qui est lié aux modes de vie, coutumes et croyances et qui est transmis de génération en génération».

Les expériences de dialogue interculturel se vivent lors de déplacements à l'étranger mais aussi en France, au quotidien, dans un contexte favorisant le rapprochement des communautés (rencontres entre familles, quartiers, écoles, lieux de travail…).

La dynamique interculturelle est présente en chaque être humain car ce qui compose son identité culturelle est le résultat, toujours recomposé, de multiples cultures issues de son histoire familiale, de sa jeunesse, de ses activités professionnelles ou des rencontres vécues dans le cadre de ses loisirs.

2 Vers un savoir-faire interculturel

Pour celui qui s'apprête à travailler à l'étranger, il est nécessaire de se mettre en situation d'ouverture et de dialogue vis-à-vis des autres cultures.

1. Relativiser ses repères

Nous vivons tous sur la même planète mais nous ne la voyons pas de la même façon. Chaque peuple a une perception du monde qui lui est propre, fruit de son histoire et de sa position géographique.

EXEMPLES

- Sur le planisphère de Mercator, géographe flamand du XVIe siècle, le Groenland semble avoir la même taille que l'Afrique alors qu'il est quatorze fois plus petit.
- Les Asiatiques représentent près des deux tiers de la population mondiale ; les Européens, un peu plus de 10 %.
- En 2005, on recensait 6 700 langues dans le monde, dont 1 000 en Afrique et 1 300 en Océanie.
- Les indiens de la forêt amazonienne disposent de plus de 100 mots pour désigner toutes les nuances du vert.
- Les Japonais vivent sur des îles volcaniques sujettes aux tremblements de terre et aux typhons, ce qui leur donne un sentiment de fragilité célébré avec ferveur à chaque printemps face à la beauté éphémère des cerisiers en fleur.

2. Éviter les stéréotypes et les préjugés

a) Les stéréotypes

Ce sont des croyances partagées que des groupes sociaux portent les uns sur les autres et qui consistent à attribuer à tous les membres d'un autre groupe, sans distinction, des traits de personnalité et des comportements généraux et simplificateurs.

Les stéréotypes possèdent souvent une part de vérité, mais ils donnent une image figée et incomplète qui ne tient pas compte de la singularité de chacun des membres d'un groupe.

EXEMPLES

- En Allemagne, les Français sont considérés comme peu travailleurs, débrouillards, râleurs, chauvins et désordonnés.
- Pour un Français, l'«Allemand typique» est rigide, efficace, discipliné et strict.
- Les Américains sont souvent considérés comme des personnes dominatrices, arrogantes et peu subtiles.

b) Les préjugés

Ce mot signifie «jugement préconçu», c'est-à-dire que l'on parvient à une conclusion au sujet d'une personne avant même de la connaître. Il s'agit bien souvent de jugements construits à partir de l'environnement personnel de celui qui juge, de sa famille, de son entourage et/ou de ses relations amicales.

Les préjugés ont la réputation d'être difficilement modifiables. Ce sont des jugements hâtifs et irréfléchis, ayant une dimension affective qui renvoie à l'attirance ou à la répulsion. Paradoxalement, ils sont souvent ressentis comme des opinions personnelles.

EXEMPLES

- Admirer les Asiatiques «parce qu'ils sont travailleurs», mais s'en méfier «parce qu'ils sont fourbes».
- Ne pas aimer les Américains «parce qu'ils sont incultes».
- Se méfier des Allemands «parce qu'il leur reste un fond belliqueux et dominateur».

3. Lire des auteurs étrangers

La littérature et les sciences humaines sont une voie d'accès privilégiée pour une connaissance des autres en profondeur. Il ne faut donc pas hésiter à lire, si possible dans la langue d'origine, des romans ou des essais écrits par des auteurs du pays où l'on se déplace. Une première bibliographie succincte est souvent proposée dans les guides touristiques.

4. Rédiger un rapport d'étonnement

Le principe est le suivant : écrire, très spontanément et à intervalles réguliers, toutes les impressions, idées, surprises sur le pays et ses habitants. On peut commencer avant de partir et relire régulièrement les versions des semaines passées. On s'engage ainsi dans un mouvement réflexif où les stéréotypes du début cèdent peu à peu la place à des perceptions plus fines des étrangers que l'on fréquente.

7 LE PLAN DE PROSPECTION

La prospection regroupe l'ensemble des tâches qui permettent de créer ou de développer une clientèle ou un réseau de partenaires sur un marché étranger. Quel que soit son objet, une prospection correspond à une démarche méthodique et planifiée.

1 La prospection, une démarche planifiée

1. Les étapes d'une prospection

La prospection englobe les différentes techniques et démarches destinées à :

- identifier des clients (« prospects ») ou des partenaires potentiels ;
- filtrer et sélectionner des clients ou des partenaires potentiels ;
- entrer en contact avec ces clients ou ces partenaires potentiels.

Ces démarches vont exploiter différentes techniques et regrouper un ensemble d'actions qu'il convient d'organiser dans le temps : on parle alors de « plan de prospection ».

Cette démarche planifiée se décline en plusieurs étapes à partir de la logique suivante :

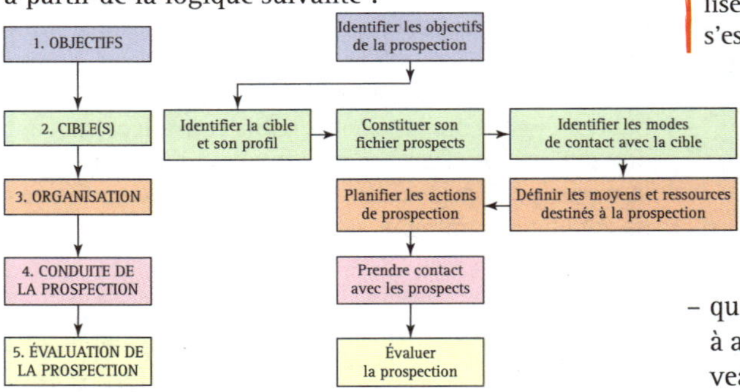

2. Le planning de prospection

Une prospection est une démarche qui se déroule sur plusieurs mois ; aussi, les différentes tâches qui structurent le plan de prospection doivent être chronologiquement programmées. Un planning de prospection permettra de formaliser cette programmation.

PROSPECTION SALON	jan	fév	mar	avr	mai	juin	juil	août	sept
Réservation du stand	×								
Conception du stand	×	×							
Préparation du matériel d'exposition		×	×						
Préparation de la documentation			×	×	×	×			
Réservations hôtel, vol				×					
Formation du personnel							×	×	
Rédaction du courrier								×	
Envoi des invitations aux prospects									×
...									

2 Les objectifs d'une prospection

1. L'évaluation du potentiel d'un marché

En amont de la création ou du développement d'un courant d'activité avec des clients ou des partenaires potentiels, une prospection peut avoir pour premier objectif de valider et de conforter le potentiel d'un marché étranger révélé lors de la phase propre à l'étude de marché. Ainsi, par exemple, la participation à un salon international peut être l'occasion d'évaluer le degré d'acceptabilité et le potentiel d'un produit auprès des prospects.

2. Un objectif de visibilité et d'image

Avant de commercialiser un produit de manière directe ou indirecte, une démarche de prospection peut avoir pour objectif de porter ce produit à la connaissance de la clientèle cible pour ensuite le faire accepter par le marché.

EXEMPLE

C'est l'objectif qu'a suivi la PME Minima : à l'origine simple importateur-distributeur de montures de lunettes, cette entreprise a décidé de produire et de distribuer ses propres lunettes en s'appuyant sur un savoir-faire technologique : la fabrication de montures en fils de titane doré. C'est à partir d'une prospection développée, en particulier sur les plus grands salons internationaux spécialisés, que Minima a séduit de nombreux distributeurs et s'est développée ensuite dans plus de 70 pays.

3. La création ou le développement d'une clientèle

Une prospection peut avoir pour objectif la recherche de nouveaux clients ou le développement du portefeuille clients. Dans ce cadre, les objectifs seront d'ordre :

- quantitatif, avec des indicateurs variables de résultat à atteindre (chiffre d'affaires, marge, nombre de nouveaux clients...) ;
- qualitatif : prospecter pour découvrir les nouveaux besoins et les attentes de la clientèle, diffuser une image, faire découvrir une innovation...

4. La mise en place ou le développement d'un réseau de partenaires

À l'international, une prospection a le plus souvent pour objectif de trouver des partenaires fiables avec lesquels une entreprise exportatrice va pouvoir coopérer sur un marché étranger. La nature du partenaire (importateur, agent...) dépendra, en particulier, du mode de commercialisation et d'accès à ce marché.

3 L'identification des prospects

1. La définition du profil de la cible

Pour permettre une prospection qui aboutisse à la mise en place d'un fichier prospects pertinent et exploitable, il convient au préalable de définir avec précision le profil type de la cible.

Les critères qui vont caractériser ce profil pourront être différents selon que la prospection repose sur la recherche d'entreprises clientes ou de partenaires et intermédiaires éventuels. Parmi ces critères, on peut mentionner :

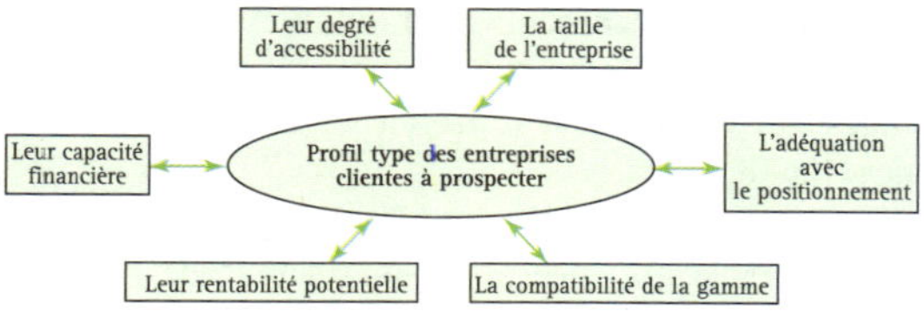

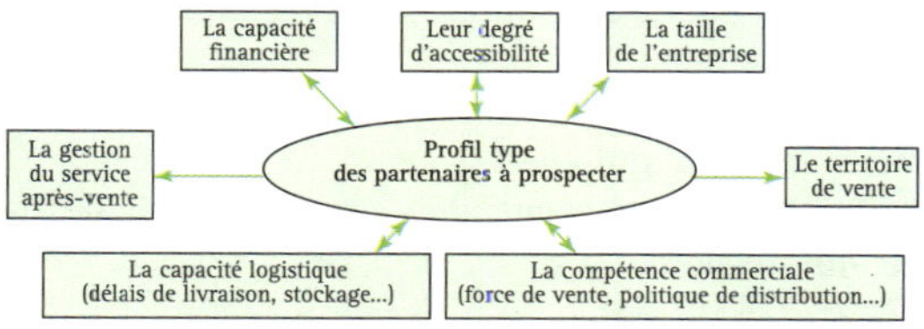

2. La recherche des prospects

Pour identifier ses prospects, une entreprise peut exploiter un ensemble de sources d'information et de contact. Au-delà de l'exploitation des sources internes à l'entreprise, telles que les anciens fichiers qu'il convient de réactualiser, la recherche de prospects est le plus souvent menée à partir de l'exploitation d'annuaires professionnels accessibles en ligne (www.europages.com, www.Kompass.com…).

De même, l'entreprise peut exploiter des fichiers qu'elle achètera ou qu'elle louera auprès de sociétés spécialisées.

De nombreux organismes de soutien à l'exportation (Ubifrance et ses Missions économiques, les CCI françaises à l'étranger…) et les fédérations professionnelles proposent des fichiers de prospects gracieusement ou pour un coût modique.

Les forums et rencontres d'affaires sectorielles organisés et en partie financés par Ubifrance et ses Missions économiques permettent d'entrer directement en contact avec des prospects sélectionnés sur un marché cible.

3. Le fichier de prospection

a) La qualification du fichier

Afin d'enrichir la qualité du fichier et d'en optimiser son exploitation, il convient de procéder à sa qualification qui consiste à :

- éliminer du fichier les prospects trop éloignés du profil de la cible ;
- éliminer les doublons (en raison de l'exploitation de multiples sources) ;
- enrichir l'information prospects (par l'exploitation de nouvelles sources ou par des données collectées lors d'un contact direct avec des prospects).

b) L'organisation du fichier : la segmentation

Quand le fichier brut est composé d'un trop grand nombre de prospects ou quand il est destiné à être exploité pour proposer différentes actions ciblées en fonction du profil spécifique des prospects, il convient de segmenter le fichier.

La segmentation consiste à regrouper les prospects en fonction de caractéristiques communes pertinentes au regard de l'objectif de la prospection : taille de l'entreprise, chiffre d'affaires, localisation géographique, etc. Ces critères pourront être hiérarchisés et affectés d'une pondération pour permettre ainsi de segmenter le fichier à partir d'une méthode de *scoring*.

4 La mise en place du budget de prospection

1. Ses fonctions

Une démarche de prospection est un investissement dont la rentabilité n'est ni certaine ni immédiate. Pour permettre une gestion prévisionnelle de sa trésorerie et financer son activité, il est donc important pour une entreprise d'évaluer dans le temps, en termes de dépenses, l'ensemble des tâches intégrées dans son plan de prospection.

C'est à partir de ce budget prévisionnel que l'entreprise pourra décider certains objectifs tels que le seuil de rentabilité à atteindre, en particulier si la prospection est immédiatement motivée par la vente (participation à une foire commerciale internationale, par exemple).

Par ailleurs, la mise en place d'un budget prévisionnel de prospection est indispensable pour bénéficier de l'aide des différents dispositifs.

2. Les principaux postes budgétaires

Le budget de prospection formalise les différentes dépenses et recettes relatives à la démarche de prospection.

a) Les dépenses

Le poste « dépenses » est composé de l'ensemble des charges directes (charges qui correspondent aux dépenses propres aux tâches et aux activités exclusivement consacrées à la prospection) et indirectes (charges dont seule une fraction concerne la démarche de prospection et qui sont partagées avec des tâches annexes).

Les principaux postes de dépenses sont :

Préparation de la prospection	- Frais de recherche des prospects - Frais d'élaboration des documents - Frais de formation du personnel - Frais de préparation et d'adaptation des produits (emballage, adaptations commerciales et techniques, échantillons…) - Frais de réservation voyage et séjour - Frais d'assurance du matériel - Frais postaux
Réalisation de la prospection	- Frais de mission - Salaires - Frais d'interprétariat

b) Les recettes

Une prospection est avant tout une démarche de recherche et de prise de contact avec un client ou un partenaire potentiel dont le résultat commercial est incertain. Aussi, il est difficile pour une entreprise d'évaluer les recettes prévisionnelles qui lui sont directement liées.

8 LES MODES ET OUTILS DE PROSPECTION

L'entreprise, pour mener à bien sa prospection, dispose de différents modes de prospection qu'elle choisira en fonction des objectifs recherchés, de leur coût et de leur efficacité. Cette prospection peut être menée depuis la France ou entraîner un déplacement à l'étranger. Pour assurer son succès, différents outils sont utilisés.

1 Le marketing direct

1. Les caractéristiques du marketing direct

Appelé également « mercatique directe », le marketing direct regroupe l'ensemble des techniques qui permettent à l'entreprise d'établir un contact personnalisé avec ses prospects afin de susciter une réaction de leur part.

Ces techniques (publipostage ou *mailing*, *e-mailing* et téléphone) présentent des caractéristiques communes.

Elles sont un moyen de communication grâce au contact établi avec le prospect, mais elles sont également un outil de vente.

Elles sont souvent combinées avec d'autres techniques et modes de prospection tels que le salon dans le cadre d'un premier contact ou pour relancer le prospect.

EXEMPLE 1

Suite à un premier courrier, les prospects sont relancés par téléphone.

EXEMPLE 2

Un courrier d'invitation est adressé aux prospects pour les inviter à un salon. Après sa participation au salon, l'entreprise reprend contact avec les prospects par téléphone.

Ces techniques reposent sur l'utilisation d'une base de données prospects. Les informations qui y figurent (coordonnées et caractéristiques des prospects) vont permettre à l'entreprise de personnaliser le contenu du message et sa relation avec chaque prospect.

Si ce mode de prospection est peu coûteux au regard d'autres modes, son efficacité en est aussi plus limitée, notamment dans le cadre d'une utilisation exclusive.

2. Le courrier

a) Le publipostage ou *mailing*

L'utilisation du publipostage consiste, à partir de la base de données prospects, à réaliser une fusion avec un modèle type de courrier afin d'obtenir autant de courriers personnalisés que de prospects.

Ce travail est facilité par l'utilisation de logiciels de traitement de texte de type Word ou de système de base de données relationnelles tel qu'Access.

b) La conception du message

L'efficacité du *mailing* repose sur le respect d'un certain nombre de principes.

Tout d'abord, il convient de présenter l'entreprise, son activité et sa présence à l'international si c'est le cas. Il est important d'indiquer tous les moyens possibles pour contacter l'entreprise : adresse postale, numéro de téléphone avec l'indicatif à l'international, les adresses mail et les références au site Web de l'entreprise.

L'utilisation d'arguments mettant en avant l'entreprise, notamment par rapport à la concurrence, et les avantages que le prospect retirerait de ses produits sont à développer.

Le courrier doit également être adapté au type de marché et de prospect : si, sur un marché *B to B*, le courrier mettra en avant des aspects plus techniques, notamment sur les produits, sur un marché *B to C*, l'approche sera plus commerciale.

À l'international, le courrier doit rendre compte d'une dimension interculturelle.

En effet, le ton du message doit être adapté à la sensibilité du prospect.

EXEMPLE

Les pays scandinaves attendent une approche directe et informative ; les pays latins, une approche plus indirecte.

L'argumentation doit répondre aux besoins ou aux attentes des prospects, qui peuvent être différentes d'un pays à un autre.

EXEMPLE

S'il est important de mettre en avant le côté fiable du produit en Allemagne, pour une prospection en Italie, c'est le côté esthétique du produit qu'il faudra privilégier. Les Allemands apprécieront également l'envoi d'échantillons ou de documentation.

Les règles de forme mais aussi la qualité du papier, l'esthétisme du courrier sont d'autres aspects à prendre en compte.

EXEMPLE

Les Espagnols sont généralement sensibles au graphisme, à son originalité, ils apprécient des couleurs qui « flashent » et un papier de bonne qualité.

Le choix de la langue utilisée dans le courrier est également important, notamment pour certains pays où plusieurs langues sont utilisées, comme la Belgique, le Luxembourg ou la Suisse.

EXEMPLE

Pour une prospection en Belgique, il est recommandé de prévoir le message en deux langues : en français pour la partie wallonne du pays, en néerlandais pour la partie flamande.

La réalisation du courrier en langue étrangère ne peut être une traduction « mot à mot » d'un courrier français ; le recours à un traducteur natif du pays est préférable car celui-ci saura appréhender les subtilités de la langue du destinataire du *mailing* et trouver la bonne formulation.

c) Les avantages et les limites du courrier

Avantages	Inconvénients
- Permet de donner une information détaillée - Possibilité d'y joindre de la documentation	- Coût plus élevé que l'*e-mailing* et le téléphone (frais de conception du message et frais d'envoi) - Incertitude sur la bonne réception du courrier - Taux de retour faible

3. L'*e-mailing*

Il consiste en l'envoi de courriers électroniques à un nombre important de prospects. Il répond, dans la rédaction du message, aux mêmes principes qu'un envoi de courrier, sous forme traditionnelle ou postale, même si le style peut être plus direct.

a) Les spécificités de l'*e-mailing*

Il est possible d'introduire dans le mail des liens hypertextes renvoyant vers le site Internet de l'entreprise, évidemment dans la même langue que celui du message. Face à la facilité de cette technique et à son succès, les entreprises prospectées reçoivent tous les jours un nombre important de mails. Le danger est donc que le message ne soit pas ouvert par le destinataire, passe inaperçu, ce qui rend nécessaire de se démarquer en soignant, notamment l'accroche qui apparaît dans l'objet du message. Un autre danger est celui d'être identifié en tant que *spam*, c'est-à-dire en courrier non désiré.

Il convient également de respecter la réglementation du pays prospecté en matière de législation relative aux législations anti-*spam*, au respect de la vie privée et à l'e-commerce.

b) Les avantages et les limites de l'*e-mailing*

Avantages	Inconvénients
- Rapidité de la communication - Technique interactive et peu coûteuse - Possibilité de joindre de la documentation	- Danger du *spam* et non-ouverture du message - Législation différente d'un pays à un autre

4. L'appel téléphonique ou *phoning*

a) Les spécificités du *phoning*

L'utilisation du téléphone présente l'avantage d'établir un contact direct avec le prospect. Mais il nécessite également une maîtrise de la langue étrangère utilisée, notamment au niveau technique.

Le ton employé lors de l'appel est également important. Il est nécessaire de parler avec assurance, de valoriser son interlocuteur tout en conservant le contrôle de la relation.

Il convient également de tenir compte, à l'international, du moment de l'appel : le jour de la semaine, le moment de la journée, les horaires de travail dans l'entreprise prospectée, les jours fériés ou non travaillés ainsi que le décalage horaire.

Aussi, afin d'assurer le succès d'une opération de *phoning*, une préparation de l'appel est nécessaire, toute hésitation pouvant nuire à la relation avec le prospect.

b) Les outils de préparation

Le plan d'appel reprend les étapes de l'appel téléphonique : prise de contact, raison de l'appel, objectif poursuivi et conclusion. Il tient compte, selon les pays et le type de prospects, de la façon de se présenter et de conclure, d'aborder certains points.

Le guide d'entretien téléphonique est un support qui reprend les étapes de l'entretien téléphonique en prévoyant, notamment, les barrages ou objections possibles et la façon de les surmonter afin d'arriver à une conclusion positive.

c) Les avantages et les limites du *phoning*

Avantages	Inconvénients
- Permet un contact et une réactivité immédiates (réaction en direct du prospect) - Bon complément du mailing (utilisé en tant que relance) - Coût en baisse	- Difficulté à obtenir le contact en raison du filtrage des appels - Nécessite de maîtriser la langue étrangère utilisée car réponse instantanée - Pas de visualisation de l'offre, du produit

2 Les manifestations commerciales

1. Les différentes manifestations commerciales

Les foires sont des manifestations plus ou moins spécialisées qui s'adressent au grand public et aux professionnels.

Les salons sont des manifestations spécialisées dans un domaine d'activité et sont ouvertes exclusivement aux professionnels.

EXEMPLE

Le SIAL (Salon international de l'agroalimentaire) a lieu à Paris tous les deux ans en alternance avec le salon de l'ANUGA, qui a lieu à Cologne.

Les congrès techniques rassemblent des spécialistes d'un secteur d'activité sur un thème donné.

Les pouvoirs publics peuvent mettre en place des manifestations françaises à l'étranger afin d'assurer la promotion des produits français.

EXEMPLE

Du 11 au 15 mai 2010 a eu lieu la semaine française des éco-entreprises en Thaïlande.

2. L'importance du salon à l'international

a) Un outil privilégié de prospection

Le salon permet à l'exposant d'être en contact avec un grand nombre de prospects réunis en même temps et sur un même lieu.

8 LES MODES ET OUTILS DE PROSPECTION (suite)

La participation à un salon est coûteuse mais il s'agit d'un investissement dont la rentabilité commerciale est intéressante et se mesure à moyen terme.

b) Les objectifs recherchés lors du salon

En tant que moyen de prospection, le salon permet de rencontrer des clients potentiels (relation face à face), mais d'autres objectifs peuvent lui être assignés.

C'est l'occasion pour l'entreprise d'étudier les réactions du marché, notamment en cas de lancement d'un nouveau produit, d'affiner une étude de marché, d'observer la concurrence (veille concurrentielle) et les tendances du marché, de fidéliser la clientèle existante, de vendre, de trouver et de communiquer avec des nouveaux partenaires de créer ou de maintenir sa notoriété. C'est aussi l'occasion de mobiliser l'équipe commerciale autour d'un projet commun.

3. La préparation du salon

En raison de son coût, l'entreprise doit mettre toutes les chances de son côté pour assurer le succès de ce type d'opération.

Une préparation minutieuse est nécessaire. Participer à un salon en tant qu'exposant demande, en général, un an de préparation. La réalisation d'un planning reprenant l'ensemble des actions à réaliser aide l'entreprise dans sa démarche.

a) Le choix du salon

De nombreux salons se tiennent régulièrement dans le monde.

L'entreprise en a connaissance par des sites comme www.eventseye.com, www.ubifrance.fr, ou par le MOCI, revue spécialisée dans le commerce international.

En raison du temps de préparation, de l'investissement demandé, l'entreprise participe généralement à un nombre limité de salons sur une année. Son choix est donc particulièrement important et s'appuie généralement sur les critères suivants :

- la nature du salon : l'entreprise s'assurera que le salon correspond au type de prospects ciblés ;
- sa portée géographique ;
- sa notoriété ;
- sa fréquentation : le nombre de prospects présents sur le salon peut être évalué en s'appuyant sur les résultats de participation des années précédentes ;
- le coût de la participation : il s'agit de tenir compte du coût global de la participation au salon mais aussi de tous les autres frais engendrés (frais de transport, d'hébergement, de communication, d'animation...) ;
- les aides possibles que l'entreprise peut obtenir : Ubifrance organise, sous le nom «Pavillon France», des participations collectives à des salons permettant à l'entreprise de réduire ses dépenses mais aussi de bénéficier d'emplacements privilégiés, tout en facilitant l'organisation pour l'entreprise.

EXEMPLE

Le Pavillon France au SIDIM (Salon international du design d'intérieur à Montréal), mai 2011

POURQUOI EXPOSER SUR LE SIDIM :

- **Le SIDIM est le rendez-vous francophone-anglophone du design en Amérique du Nord.**
- **Développer vos courants d'affaires et votre réseau de distribution au Canada en rencontrant de nouveaux clients et prospects professionnels :** plus de 20 000 visiteurs.
- **Bénéficier d'une valorisation importante du pavillon international :** couverture médiatique internationale.
- **Présenter vos nouveautés dans un cadre valorisant et renommé.**
- **Des visiteurs clairement identifiés et une communication ciblée réalisée en amont**
Envoi de news-letters et de mailing : présentation des entreprises françaises et de leurs produits.

Les entreprises s'associant pour participer à un salon (au minimum 5) peuvent bénéficier du «label France» ce qui leur permet d'obtenir une aide financière.

Ces dispositifs permettent à l'entreprise de réduire le coût de participation «parfois de moitié» et de bénéficier d'une notoriété et d'une attractivité plus importante qu'une participation individuelle.

b) Le choix du stand

Le choix de la taille du stand et de son emplacement est important.

Plus celui-ci sera grand, plus il aura de chances d'être repéré, mais plus son coût sera élevé.

L'agencement du stand,vitrine de l'entreprise ne doit pas être négligé. Il peut être réalisé par l'entreprise elle-même ou par une société spécialisée. Il devra prendre en compte les contraintes techniques mais aussi culturelles.

c) L'organisation logistique

L'entreprise est amenée à gérer le transport et l'hébergement des personnes participant au salon ainsi que l'envoi du matériel et des échantillons. Elle s'occupe également d'assurer les marchandises et le matériel transport, de gérer les formalités douanières.

4. La communication sur le salon

De nombreux outils seront utilisés lors du salon, qui permettront de valoriser l'image de l'entreprise et de mener une démarche professionnelle, aspects importants lors d'un premier contact.

a) La documentation commerciale

Disponible au minimum en anglais, elle tient compte des spécificités de la clientèle et du pays ciblé.

Les brochures ou les plaquettes présentent l'entreprise.

Les catalogues papier ou en version numérisée et les fiches techniques présentent les produits commercialisés par l'entreprise.

b) Les tarifs

L'entreprise aura pris le soin d'élaborer des propositions de prix selon différents incoterms et devises ainsi que les autres conditions de son offre.

Elle sera ainsi plus réactive face au prospect à qui elle donnera une image de professionnalisme.

c) L'argumentaire

Outil d'aide à la vente, l'argumentaire permet au commercial de mettre en avant le produit et l'entreprise afin de convaincre le prospect.
Il ne s'agit pas de lui énumérer l'ensemble des caractéristiques contenues dans l'argumentaire, mais d'utiliser celles qui sont adaptées à son profil.

3 Les missions commerciales à l'étranger

1. Les types de mission

Une mission commerciale consiste en un déplacement d'une durée généralement limitée, dans le pays objet de la prospection afin de permettre à l'entreprise d'appréhender les conditions d'accès au marché, de vérifier les conclusions de l'étude de marché menée au préalable, de rencontrer des prospects et de développer son réseau de partenaires.
La mission est individuelle quand elle est organisée par une seule entreprise.
Elle est collective quand elle est organisée pour le compte de plusieurs entreprises par des organismes tels qu'Ubifrance, les CCI, les clubs d'exportateurs ou les fédérations professionnelles. Elle permet alors à l'entreprise de réduire son budget « prospection » et d'en faciliter l'organisation.

2. L'organisation d'une mission commerciale

En raison du coût élevé d'un déplacement à l'étranger et afin d'assurer son succès, l'entreprise doit le préparer minutieusement et longtemps à l'avance.

Avant la mission

- Choisir la période appropriée (tenir compte du calendrier local).
- Procéder aux formalités nécessaires (vaccins, visas...).
- Organiser le transport des personnels, du matériel et l'hébergement.
- Préparer la documentation à utiliser sur place.
- Rechercher et contacter les organismes présents sur place (Missions économiques, CCI...).
- Prendre les rendez-vous avec les partenaires (prospects, agents...).

Pendant la mission

- Rencontrer les partenaires.
- Collecter toute information utile à la prospection.
- Se rendre sur les lieux de distribution.

Après la mission

- Mettre à jour la base de données prospects.
- Exploiter les contacts établis (lettres de remerciement, relances, réponses aux demandes des prospects...).
- Réaliser un compte rendu de la mission.
- Évaluer l'action de prospection.

4 Les outils de suivi

Quel que soit le mode de prospection utilisé, il est nécessaire de collecter l'information obtenue auprès des prospects au moyen d'un document qui peut prendre le nom de « fiche contact » ou de « fiche visiteur » lors d'un salon.
Ce document permet de préparer le suivi de la relation client.
Il comprend généralement quatre parties :
- les coordonnées du contact ;
- des informations sur l'activité de l'entreprise ;
- des informations commerciales ;
- le suivi à effectuer.

Un tableau de suivi est également nécessaire pour la mise en œuvre des techniques du marketing direct. Il reprend les contacts établis, les résultats et les suites à donner pour chaque prospect.

EXEMPLE

Fiche visiteur

Salon X sur l'aménagement intérieur **Décembre 200N** **Tokyo**	
Date du : Établi par :	
Identification du prospect Nom de l'entreprise : Adresse : Tél. : Fax : Mail : Site :	**Carte de visite (agrafée)** Nom du contact : Fonction du contact :
Activités professionnelles Nature contact : ☐ Entreprises de construction d'hôtel Taille de l'entreprise : Chiffre d'affaires : Commentaires / observations particulières :	☐ Distributeurs ☐ Architectes/décorateurs Structure : Zones géographiques couvertes :
Informations commerciales Produits et marques distribuées ou achetées : Fournisseurs actuels : Produits de l'entreprise ayant retenu l'attention : Réaction du contact sur l'entreprise produits, prix résultats…	Types de gammes recherchées : Clientèle type :
Suivi commercial Documentation remise : ☐ oui ☐ non Catalogue remis : ☐ oui ☐ non Suite à donner :	Documentation à envoyer : ☐ oui ☐ non A adresser à : Catalogue : Tarif : Rendez-vous le :

9 LES AIDES À LA PROSPECTION

➔ Au-delà des nombreuses tâches qui vont mobiliser l'entreprise sur des durées plus ou moins longues, la prospection engage l'entreprise sur le plan financier. Le retour sur investissement n'est ni certain ni immédiat. Un ensemble de dispositifs a donc été mis en place pour aider et accompagner les entreprises dans cette démarche.

1 Les aides financières à la prospection

1. L'assurance prospection

a) L'objectif

Toute prospection comporte de nombreux aléas qui exposent l'entreprise à un risque d'échec commercial. Un dispositif d'aide public, géré par la Coface (Compagnie française d'assurance pour le commerce extérieur) propose aux entreprises une assurance prospection qui les couvre contre le risque d'échec et les accompagne dans le financement, permettant ainsi d'alléger la charge financière de l'effort de prospection.

b) Les critères d'éligibilité

L'assurance prospection est proposée à toutes les entreprises françaises (hors entreprises de négoce) dont le chiffre d'affaires est inférieur ou égal à 500 millions d'euros. Ce dispositif couvre toutes les dépenses qui correspondent à une prospection régulière, en particulier :

- la participation à des manifestations commerciales professionnelles, aux déplacements et séjours à l'étranger, aux salaires et charges pendant la durée des déplacements ;
- le recrutement, la formation, les salaires et les charges patronales du personnel dans le cadre de la création ou du renforcement d'un service export lié à la prospection ;
- les frais de fonctionnement d'un bureau ou d'une filiale commerciale, les frais de conseils juridiques, de publicité, de création d'un site Internet, la documentation ;
- les études de marché.

Après étude d'éligibilité, ces différentes dépenses seront présentées dans le cadre d'un budget agréé par la Coface.

c) Les principes de fonctionnement

Le contrat d'assurance prospection comporte deux périodes successives :

- une période de garantie (de 1 à 4 ans) : l'entreprise effectue ses actions de prospection et la Coface lui verse, à la fin de chaque exercice annuel, une indemnité si les dépenses prises en compte ne sont pas rentabilisées par des recettes.

L'indemnité versée représente une fraction (la « quotité garantie ») des dépenses annuelles de prospection diminuée d'un pourcentage des recettes (l'« amortissement ») générées par la prospection.

Alors que le taux d'amortissement est fixé forfaitairement (7 % pour les ventes de produits, 14 % pour les prestations de services et 30 % pour les autres sommes telles que les licences, par exemple), la quotité garantie est variable selon le chiffre d'affaires et le caractère innovant de l'activité.

- une période complémentaire d'amortissement (durée de la période de garantie + 1 an) : l'entreprise rembourse à la Coface tout ou partie des indemnités versées en fonction de ses recettes. Le montant des remboursements ne peut excéder le montant des indemnités perçues par l'entreprise. Les indemnités non amorties à l'issue de la période d'amortissement en raison de recettes insuffisantes restent acquises à l'entreprise.

d) Le coût

Chaque année, durant la période de garantie, l'entreprise doit payer, en début d'exercice, une prime d'assurance de 2 % appliquée au montant des dépenses annuelles de prospection garanties. Ce taux de prime est porté à 4 % au cas où l'entreprise souhaite bénéficier d'une avance sur indemnité avant la fin de l'exercice.

La demande de garantie peut être effectuée en ligne (www.coface.fr) ; en raison de leur constante évolution, il convient notamment de bien vérifier les conditions de calcul de l'assurance prospection.

- **Synthèse : tableau de déroulement de l'assurance prospection**

Une entreprise bénéficie d'une assurance prospection pour une opération présentant les caractéristiques suivantes :

Années	Dépenses totales de prospection	Dépenses garanties par la Coface
1	180000 €	160000 €
2	300000 €	280000 €
3	390000 €	380000 €

Années	1	2	3	4	5	6	7
CA réalisé sur la zone prospectée (*en milliers d'euros*)	220	580	980	1350	1480	1750	1920

- **Quotité garantie par la Coface : 65 % et taux d'amortissement 7 %**

Le tableau ci-dessous reprend le mécanisme de cette assurance prospection :

Exercices	Dépenses réelles	Dépenses garanties	Chiffre d'affaires	Amortissement (1)	Solde (2)	Quotité garantie	Indemnités (3)	Primes (4)
Période de garantie								
Année 1	180000	160000	220000	15400	144600	65 %	93990	3200
Année 2	300000	280000	580000	40600	239400	65 %	155610	5600
Année 3	390000	380000	980000	68600	311400	65 %	202410	7600
Bilan 1	**870000**	**820000**	**1780000**	**124600**	**695400**		**452010**	**16400**
Période d'amortissement							Reversements	
Année 5			1350000	94500			- 94500	
Année 6			1480000	103600			- 103600	
Année 7			1750000	122500			- 122500	
Année 8			1920000	134400			- 131410	
Bilan 2			**6500000**	**455000**			**452010**	

(1) = 7 % du Chiffre d'affaires
(2) = Dépenses garanties – Amortissement
(3) = Solde × Quotité garantie
(4) = 2 % Dépenses garanties

2. L'Assurance Prospection Premiers Pas (A3P) de la COFACE

L'A3P permet la prise en charge des dépenses de prospection des marchés étrangers effectuées par les entreprises françaises de tout secteur d'activité (hors négoce international), ayant un chiffre d'affaires global inférieur à 50 M€, et au moins un bilan fiscal et un chiffre d'affaires export inférieur ou égal à 200 000 € (ou représentant moins de 10 % du chiffre d'affaires global).

Ce dispositif s'ajoute à l'offre d'assurance prospection classique, et permet aux PME, et en particulier aux TPE, de se couvrir du risque commercial des premières démarches de prospection.

Par son caractère forfaitaire et un accès facile, l'A3P répond aux besoins exprimés par les PME et TPE :
- une demande et une instruction allégées et rapides, totalement en ligne ;
- une réponse en 48 heures ;
- une indemnisation rapide dans la limite d'un plafond fixé forfaitairement à 30 000 € ;
- une prime de 4 % des dépenses prises en compte.

3. Les aides nationales

a) L'avance prospection de la Coface

À côté de l'assurance prospection qui apparaît également comme une source de préfinancement, la Coface propose l'avance prospection : en complément d'une assurance prospection, cette avance permet aux entreprises, dont le chiffre d'affaires est compris entre 1,5 et 500 millions d'euros, de préfinancer leur prospection en faisant financer par leur banque les dépenses couvertes dans le cadre d'un contrat d'Assurance Prospection.

La banque perçoit alors les indemnités en période de garantie et prend en charge le paiement de la prime annuelle.

b) Les aides d'OSEO

OSEO est un établissement public qui peut accompagner le financement d'une action de prospection, en mettant à disposition des entreprises deux outils de préfinancement :
- Mis en place en partenariat avec Ubifrance, le Prêt Pour l'Export (PPE) finance les dépenses immatérielles de prospection et en particulier :
  - les études de marché, prospection, foires et salons ;
  - les opérations de communication ;
  - les frais de recrutement et de formation ;
  - les salaires et dépenses liés aux Volontaires internationaux en entreprise (VIE) ;
  - les frais de design, d'adaptation des produits aux normes étrangères.

Proposé aux PME créées depuis plus de trois ans et répondant à la définition européenne de la PME (moins de 250 salariés et CA annuel inférieur à 50 millions d'euros), ce prêt correspond à un montant variable de 20000 à 150000 €. Il peut être contracté pour une durée maximale de six ans, à un taux fixe privilégié, et avec un allégement du remboursement lors de la 1re année.
- Le Contrat de développement international : avec ce contrat, OSEO propose également un cofinancement aux entreprises dans le cadre d'un partenariat bancaire. Il s'agit donc d'un prêt d'une durée de six ans et d'un montant variable de 40000 à 300000 € (jusqu'à 600000 € dans certaines régions), destiné aux PME de plus de trois ans qui engagent un programme de développement à l'international.

Par ailleurs, pour encourager les banques à accompagner le développement international des entreprises, le Fonds de Garantie International d'OSEO peut garantir le prêt bancaire à hauteur de 60%. Proposé aux PME, ce contrat finance prioritairement les investissements immatériels liés à une prospection : les frais d'adaptation des produits et services, les coûts de mise aux normes, la participation aux foires et salons, le recrutement et la formation de l'équipe commerciale export, les dépenses de communication, les frais d'échantillonnage et de transferts de matériel.

b) Le Volontariat international en entreprises (le VIE)

Géré par Ubifrance, le VIE permet aux entreprises françaises de confier à un jeune salarié de moins de 28 ans une mission professionnelle à l'étranger durant une période modulable de 6 à 24 mois, renouvelable une fois dans cette limite de deux années. Bénéficiant d'un statut public, le volontaire est placé sous la tutelle du Ministère délégué au commerce extérieure et Ubifrance gère la protection sociale du salarié (le contrat est établie entre Ubifrance et le salarié volontaire). L'entreprise lui verse une indemnité mensuelle qui est exonérée de charges sociales. Le budget VIE est intégrable dans une assurance prospection Coface et dans certains cas, les entreprises peuvent bénéficier d'aides régionales.

3. Les aides régionales

Pour soutenir l'activité économique dans leur région, les conseils régionaux proposent aux entreprises différents dispositifs destinés à les accompagner dans la recherche de nouveaux marchés et dans leur plan de développement à l'international. Le réseau régional des chambres de commerce et d'industrie peut également intervenir dans ces dispositifs.

2 Les aides non financières à la prospection

Ces aides relèvent du dispositif français de soutien aux exportateurs qui fait intervenir des organismes publics relevant principalement du ministère de l'Économie et des Finances et du Secrétariat d'État au Commerce extérieur (en particulier, Ubifrance et ses Missions économiques), le réseau régional des chambres de commerce et d'industrie (CCI) et les organisations professionnelles. Ces organisations peuvent mettre en place des prospections collectives pour des entreprises relevant de leur secteur professionnel. De grands groupes français peuvent également proposer des opérations de portage (ou *piggyback*) et mettre à disposition de PME leur connaissance d'un marché étranger et leur réseau pour les accompagner dans leur opération de prospection.

10 LE SUIVI ET L'ÉVALUATION DE LA PROSPECTION

Quels que soient les modes de prospection mis en œuvre dans le cadre du plan de prospection, il faut mettre à jour le fichier prospects, suivre les actions engagées et en analyser les résultats. Ces activités se réalisent à l'aide d'outils tels qu'un tableur ou un système de gestion de bases de données (SGBD). Certains logiciels spécialisés en gestion commerciale ou en gestion de la relation client (GRC) permettent de traiter des effectifs importants de prospects et de réaliser des analyses plus approfondies. L'information collectée au cours de la prospection doit aussi être diffusée dans l'entreprise auprès des personnes concernées : responsables hiérarchiques et collaborateurs.

1 La mise à jour du fichier prospects

Le fichier créé pour la prospection doit être mis à jour et enrichi au fur et à mesure que se déroulent les actions de prospection.

1. Les données d'identification

Ces données doivent être systématiquement vérifiées et actualisées. Après chaque action de prospection, il faut supprimer les NPAI (« n'habite pas à l'adresse indiqué »). Il convient également de contrôler régulièrement la validité des informations, de corriger les erreurs, de compléter les fiches et de supprimer les doublons (fiches identiques en deux exemplaires ou plus). Il est aussi nécessaire de normaliser les formats d'écriture en tenant compte de la charte graphique de l'entreprise et des exigences des entreprises de distribution du courrier, papier ou électronique.

Les données d'identification sont les suivantes :

- nom de l'entreprise, activité, adresse postale, téléphone, télécopie, site Internet ;
- identification de l'interlocuteur : civilité (Monsieur, Madame ou Mademoiselle), prénom, nom, fonction, adresse mail, téléphone direct.

2. Les données complémentaires

Ces informations permettent de situer le prospect et d'en tracer le profil. Elles peuvent servir à mieux adapter la communication et les actions futures de l'entreprise. Si certaines ne sont pas faciles à obtenir, il convient malgré tout d'essayer de les collecter en variant les sources d'information à l'intérieur ou à l'extérieur de l'entreprise.

Les données complémentaires sont :

- l'environnement économique du prospect : positionnement, points forts/points faibles ;
- le chiffre d'affaires, les effectifs ;
- les principaux dirigeants ;
- les autres interlocuteurs à connaître ;
- les particularités à respecter (codes culturels en usage, heures et jours de contact à privilégier...) ;
- les fournisseurs du prospect avec lesquels l'entreprise est en concurrence ;
- l'origine du contact avec ce prospect (contact spontané, formulaire renseigné sur le site de l'entreprise, réponse à un publipostage, un appel téléphonique...).

3. Les opportunités d'affaires

Il faut évaluer :

- l'utilisation possible des produits de l'entreprise, les produits ayant suscité l'intérêt, les volumes de commandes attendus ;
- les contraintes probables pour l'entreprise, les conditions d'achat particulières (quantités, prix, incoterms, emballages, conditions de livraison de paiement...) ;
- les problèmes identifiés et actuellement mal résolus ;
- l'intérêt global que représente ce prospect.

4. L'historique des contacts

Pour chaque contact, il convient de noter :

- la date ;
- les interlocuteurs dans l'entreprise et chez le prospect ;
- le résumé du contact (réponses obtenues, objections faites...) ;
- la suite à donner (envoi de documentation ou d'échantillons, relance, rendez-vous...).

2 Le suivi des actions engagées

Chaque action prévue dans le plan de prospection poursuit un objectif particulier : trouver de nouvelles adresses, qualifier le fichier prospects, obtenir une demande d'information complémentaire, inviter à un salon, obtenir un rendez-vous, obtenir une demande d'offre. Il convient de suivre avec précision et constance le résultat de chaque envoi, appel ou rencontre.

1. Les relances

Il est fréquent qu'un prospect ne réponde pas au premier contact ; silence ne signifie pas nécessairement désintérêt. Il faut donc penser à le relancer, par le même canal de communication ou en variant les approches. Dans le cadre d'une prospection téléphonique, on peut varier l'heure d'appel, laisser un message et rappeler, connaître l'horaire à privilégier. L'utilisation du courriel permet de varier les heures et jours d'envoi, d'expérimenter plusieurs stratégies de message en modifiant l'adresse mail de l'expéditeur, l'objet ou le corps de la lettre.

EXEMPLES

- Certaines entreprises envoient leurs mails de prospection dans la nuit du dimanche au lundi pour qu'ils soient parmi les premiers à l'ouverture de la boîte mail le lundi matin.
- Lors d'une campagne d'*e-mailing* pour le 1er Mai, la société Aquarelle.com, qui vend des fleurs par Internet, a testé quatre mails différents, combinant deux objets et deux introductions :
  - Objet 1 : Quelques brins de bonheur pour quelques euros ! Découvrez nos offres spéciales...
  - Objet 2 : Pour un peu de bonheur... offrez du muguet des bois ! Bouquets et jardinières à partir de 29 €.
  - Introduction 1 : Bientôt le 1er Mai et le temps du muguet... Comme chaque année, Aquarel.com vous propose son muguet des bois.

- Introduction 2 : 1er Mai : du bonheur à partager... Comme il est rare dans l'année, le muguet est à partager tout de suite et sans tarder. Ne laissez pas la saison passer.

2. Le pistage des destinataires de mails

L'utilisation d'un logiciel de courrier électronique permet le *tracking*. Ce terme désigne les techniques informatiques utilisées pour suivre le comportement d'un destinataire suite à la réception d'un mail. L'entreprise traque l'ouverture d'un message, les clics vers le site Internet ou vers des micro-sites créés pour la campagne d'*e-mailing*. Elle suit la navigation de l'internaute sur l'ensemble des pages du site.

Il évalue la transformation, c'est-à-dire la réalisation de l'action proposée au prospect (réponse à un questionnaire, demande de documentation ou de rendez-vous, inscription à une visite de salon, commande ou achat...).

3. Le retour d'un salon

Les contacts noués lors d'un salon sont nombreux, variés et fugaces. Il importe de garder le plus de traces possibles de la rencontre sur le lieu d'exposition en rédigeant la fiche visiteur présentée fiche 8.

Au retour, l'efficacité de l'action tient beaucoup à la diligence et à la pertinence des réponses aux demandes formulées. Il faut remercier au plus vite par une lettre personnalisée, répondre aux questions laissées en attente, envoyer la documentation demandée ou formuler l'offre promise, prendre le ou les rendez-vous nécessaires.

3 L'analyse des résultats

Elle s'effectue sous trois aspects : commercial, budgétaire et interculturel. Les analyses peuvent être menées globalement et par modes de prospection, par zones géographiques, par types d'offre, types de prospects ou de canal de distribution. Elles servent également à mesurer la performance des différents membres de l'équipe commerciale.

1. Le contexte commercial

Il s'agit d'évaluer dans quelle mesure les objectifs fixés dans le plan de prospection ont été atteints et de mesurer l'efficacité des actions de prospection.

Les ratios qui suivent sont utilisés dans les campagnes d'*e-mailing*. On peut s'en inspirer pour concevoir des ratios adaptés aux autres modes de prospection.

- Taux de NPAI = Nombre de NPAI / Nombre de messages envoyés.
- Taux d'ouverture = Nombre de visiteurs / Nombre de message envoyés (Les visiteurs sont le nombre d'individus ayant cliqué sur le mail au moins une fois.)
- Taux d'attractivité = Nombre de visites / Nombre de messages envoyés (Les visites sont le nombre global de clics sur le mail.)
- Taux de transformation = Nombre de réalisations de l'action proposée / Nombre de messages envoyés
- Taux de conversion = nombre de réalisations de l'action proposée / nombre de visites

On peut aussi distinguer différents types de prospects selon les étapes de la prospection et calculer les pourcentages que représente chaque groupe par rapport au groupe de départ :

- prospects repérés : ceux qui ont été identifiés et localisés ;
- prospects contactés : ceux qui ont reçu une documentation ou accepté un rendez-vous ;
- prospects travaillés, ceux avec lesquels une rencontre a eu lieu ;
- nouveaux clients ou partenaires.

2. Le contexte budgétaire

Il s'agit d'évaluer le coût de la prospection, globalement et par modes de prospection, par pays et par segments de clientèle.

Plusieurs coûts unitaires peuvent aussi être calculés : par messages envoyés, par actions transformées, par nouveaux clients, etc.

Les coûts doivent aussi être comparés aux budgets afin d'envisager d'éventuelles actions correctives et d'améliorer la rentabilité des actions.

3. Le contexte interculturel

Le plan de prospection ayant pris en compte les différences culturelles, il convient de les confirmer par l'expérience afin de mieux adapter les actions futures.

L'attention portera sur les points suivants :

- la bonne distance interpersonnelle et le degré de formalisme dans les relations. Les messages doivent-ils exprimer une forme de familiarité ou, au contraire manifester une distance et rester très professionnels ?
- la fidélité de la traduction en langue étrangère et le choix approprié du niveau de langue ;
- l'interprétation des réponses des prospects. Il existe de multiples façons de s'engager, de manifester son accord ou son désaccord;
- le rapport au temps. Les délais de réponse et de relance peuvent varier selon les cultures.

4 La diffusion de l'information

Comme toute activité en entreprise, la prospection est un travail collaboratif qui nécessite la diffusion et le partage des informations.

Le fichier prospects et les documents de suivi des actions engagées sont partagés dans le cadre de l'intranet de l'entreprise ou d'un progiciel de gestion intégré (PGI), qui permet de coordonner l'ensemble des activités.

Il faut aussi rendre compte de la prospection auprès des responsables de l'entreprise en présentant les principales conclusions : situation du marché, rappel des objectifs fixés et des actions mises en œuvre, liste des contacts établis avec des partenaires potentiels, nature des actions à entreprendre, évaluation synthétique des résultats.

11 LES BUDGETS

La méthode budgétaire consiste à prévoir les dépenses et les recettes, pour une période donnée, dans un cadre budgétaire constitué des grandes divisions de l'entreprise : les centres budgétaires.

1 Principes de la gestion budgétaire

1. Les étapes de la gestion budgétaire

Trois grandes étapes caractérisent la gestion budgétaire : la prévision, la budgétisation et le contrôle budgétaire.

a) La prévision

Selon la stratégie qu'elle définit, l'entreprise fixe des objectifs à long, moyen et court terme. Chaque centre budgétaire se voit donc assigner des objectifs à atteindre et bénéficie de moyens permettant de les réaliser.

b) La budgétisation

Un budget est un état prévisionnel valorisé des ressources et des dépenses d'un centre budgétaire. Il accompagne le programme d'action. La période budgétaire correspond en principe à l'exercice comptable (une année) et peut être divisée en sous-périodes (ex. : un mois).

c) Le contrôle budgétaire

C'est le rapprochement réalisations-prévisions au niveau des objectifs et des charges. La mise en évidence d'écarts conduit à en identifier les causes et à envisager les actions de redressement à mettre en œuvre pour se rapprocher des objectifs initiaux.

2. Les différents budgets

Toutes les activités de l'entreprise peuvent faire l'objet d'une budgétisation. Les budgets les plus fréquemment élaborés sont les suivants : ventes, distribution, approvisionnement, investissements, personnel, TVA, trésorerie. Ces budgets sont hiérarchisés, c'est-à-dire établis dans un ordre logique, les prévisions découlant les unes des autres. Le volume prévu des ventes détermine les capacités de production à mettre en œuvre, les approvisionnements dépendent des productions envisagées.

Le budget des ventes est au centre de la méthode budgétaire. De ce dernier dépendent tous les autres :

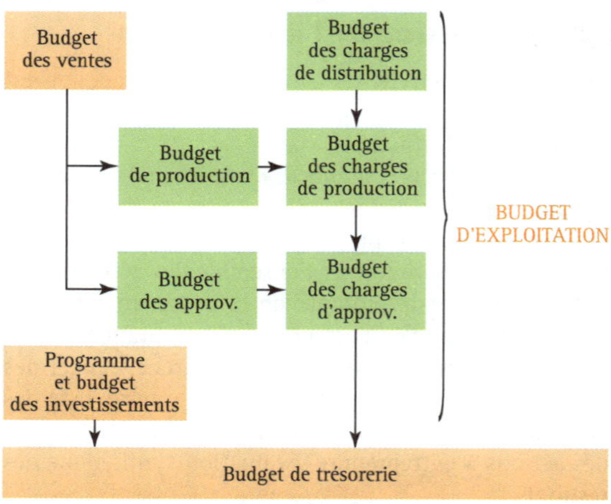

2 Le budget des ventes

Il inventorie les ventes prévues en valeur (en distinguant les montants HT et la TVA collectée pour les ventes nationales), en les ventilant par zone, ou par pays selon une périodicité déterminée : mois, trimestre...

EXEMPLE

Budget général des ventes (K€)

ZONES	Trimestre 1	Trimestre 2	Trimestre 3	Trimestre 4	Total par produits
France					
Produits X	2340	4567	3456	5676	16039
Produits Y	1234	3456	2345	6657	13692
Produits C	5678	8900	7890	2344	24812
Total France	9252	16923	13691	14677	54543
Allemagne					
Produits X	12340	8979	6789	3456	31564
Produits Y	3567	8909	3456	9006	24938
Produits Z	3453	6754	3425	4578	18210
Total Étranger	19360	24642	13670	17040	74712
Total général	28612	41565	27361	31717	129255

L'établissement d'un tel budget suppose la détermination des ventes prévisionnelles en quantité. Celles-ci peuvent être déterminées, par exemple, à partir de données historiques par extrapolation des ventes passées, à partir d'une étude de marché.

3 Le budget des encaissements et le budget des décaissements

1. Le budget des encaissements

Il reprend l'ensemble des flux positifs de trésorerie ou encaissements principalement générés par les ventes, les placements financiers, une indemnisation Coface...

EXEMPLE

La société Bacoux a dressé un budget prévisionnel des ventes pour le premier trimestre :

Budget des ventes

	Janvier	Février	Mars
Ventes HT	1000,00	1100,00	1300,00
TVA 20 %	200,00	220,00	260,00
Ventes TTC	1200,00	1320,00	1560,00

Les clients règlent 30 % au comptant, le solde à 60 jours fin de mois.

Au 31 décembre, les créances au bilan s'élèvent à 820 € ; elles seront encaissées pour 200, en janvier, 300 € en février, 320 € en mars.

Le budget des encaissements, en supposant que les ventes et les créances de l'exercice précédent sont les seules recettes prévues au premier trimestre, se présentera comme suit :

Budget des encaissements

	Janvier	Février	Mars	Créances au 31/03
Ventes N-1 (créances bilan)	200,00	300,00	320,00	
Ventes de janvier	358,80(1)		837,20(1)	
Ventes de février		394,68		920,92
Ventes de mars			466,44	1 088,36
Total des encaissements	**558,80**	**694,68**	**1 623,64**	**2 009,28**

(1) 1 196 × 0,30 = 358,80 et 1 196 × 0,70 = 837,20

2. Le budget des décaissements

Il reprend toutes les sorties de trésorerie résultant des budgets des charges, d'investissement et de TVA.

EXEMPLE

La société Vinego a établi son budget des décaissements pour les trois premiers mois de N.

Budget des décaissements 1er trimestre N (€)

	Janvier	Février	Mars
Achats	19 054,00	6 250,00	15 175,00
Salaires	6 400,00	6 400,00	6 400,00
Charges sociales	9 984,00		
Acompte impôt			3 200,00
Total	**35 438,00**	**12 650,00**	**24 775,00**

4 Le budget de trésorerie

Établi après tous les autres, il permet d'établir, mois par mois, les prévisions de trésorerie à partir du budget des encaissements et du budget des décaissements.

EXEMPLE

Le budget des encaissements de la société Vinego pour les trois premiers mois de N se présente comme suit :

Budget des encaissements 1er trimestre N (€)

	Janvier N	Février N	Mars N
Soldes ventes N-1(1)	8 078,75	24 236,25	
Ventes janvier N(2)	6 859,75		20 579,25
Ventes février N		7 885,00	
Ventes mars N			10 062,50
Total	**14 938,50**	**3 2121,25**	**30 641,75**

(1) Ce montant correspond à une partie des ventes à crédit de N-1 restant à encaisser début N.
(2) Les ventes de janvier sont de l'ordre de 27 439 € et seront encaissées, compte tenu des conditions de paiement accordées par l'entreprise à ses clients, à raison de 25 % au comptant et le reste à 60 jours.

La société Vinego établit son budget de trésorerie pour le premier trimestre N. Elle dispose le premier janvier N, de 22 011 € de disponibilités (avoirs en banque et en caisse), qui constituent la trésorerie initiale de janvier.

Budget de trésorerie 1er trimestre N

	Janvier	Février	Mars
Encaissements	14 938,50	32 121,25	30 641,75
– Décaissements	35 438,00	12 650,00	24 775,00
Flux net du mois(1)	– 20 499,50	19 471,25	5 866,75
Trésorerie initiale	22 011,00	1 511,50	20 982,75
Trésorerie finale(2)	1 511,50	20 982,75	26 849,50

(1) Flux net du mois = Encaissements - Décaissements
(2) Trésorerie finale = Trésorerie initiale ± le Flux net du mois. La trésorerie finale d'un mois devient la trésorerie initiale du mois suivant.

Les prévisions de trésorerie ainsi établies permettent d'envisager les actions à mettre en œuvre pour gérer au mieux deux types de situation :
- Sous quelle forme placer les excédents éventuels ?
- Quelles solutions de financement utiliser pour faire face aux déficits de trésorerie (découverts, escomptes d'effet...) ?

12 L'APPROCHE FINANCIÈRE DE LA VALEUR D'UN PARTENAIRE

L'entreprise est en relation avec de nombreux partenaires : clients, fournisseurs, sous-traitants, agents commerciaux... Avant de décider de contracter avec l'un d'entre eux, elle doit s'assurer de sa fiabilité par l'analyse de sa situation commerciale et financière, en s'appuyant sur les informations issues des documents comptables. Les travaux d'harmonisation menés ces dernières années rapprochent les systèmes comptables nationaux, en facilitant ainsi la lecture.

1 Le compte de résultat

Il détermine le résultat net dégagé par l'entreprise sur une période annuelle. Le résultat peut être un bénéfice ou une perte. Il est issu de la différence entre les produits et les charges.

1. Le contenu du compte de résultat

Les produits comprennent les biens et services à l'origine de l'augmentation du résultat, les charges regroupent les éléments à l'origine de la diminution du résultat... Le compte de résultat classe les charges et les produits en distinguant les éléments d'exploitation, les éléments financiers et les éléments exceptionnels.

EXEMPLE

Extrait du compte de résultat au 31/12/N :

Produits d'exploitation (en k€)	
Ventes de marchandises	4200
Ventes de produits finis	12800
Production stockée	200
Total produits d'exploitation	**17200**
Charges d'exploitation (en k€)	
Coût d'achat des marchandises vendues	6250
Coût d'achat des matières premières consommées	2910
Achats externes	5725
Impôts et charges salariales	2050
Total charges d'exploitation	**16935**
Produits financiers	8
Charges financières	18
Produits exceptionnels	2
Charges exceptionnelles	25
Résultat de l'exercice (résultat net en k€)	**232**

2. L'analyse du compte de résultat

a) La détermination de résultats intermédiaires

La première analyse consiste à distinguer les résultats d'exploitation, financier et exceptionnel.

EXEMPLE (suite)

Résultat d'exploitation	17200 – 16935	265 k€
Résultat financier	8 – 18	– 10 k€
Résultat exceptionnel	2 – 25	– 23 k€
Résultat net	17200 + 8 + 2 – 16935 – 18 – 25	232 k€

b) Les soldes intermédiaires de gestion (SIG)

Ils mettent en évidence la richesse créée par l'entreprise au cours de l'exercice et apportent des explications sur la formation du résultat.

- La marge commerciale (MC) est un solde uniquement calculé pour les entreprises ayant une activité commerciale :
  MC = Ventes de marchandises
  – Coût d'achat des marchandises vendues
- La production de l'exercice (PE) représente la valeur générée par l'entreprise grâce à son activité industrielle et/ou de service :
  PE = Vente de produits finis + Production stockée
- La valeur ajoutée (VA), qui mesure la création de richesse de l'entreprise, est un indicateur de son efficacité économique :
  VA = MC + PE – Consommation en provenance des tiers (achats réalisés à l'extérieur)
- L'excédent brut d'exploitation (EBE), indépendant de la politique financière et fiscale de l'entreprise, mesure la part de la valeur ajoutée qui revient à l'entreprise :
  EBE = Valeur ajoutée – Impôts et taxes
  – Charges de personnel

EXEMPLE (suite)

MC	4200 – 6250	– 2050 k€
PE	12800 + 200	13000 k€
VA	– 2050 + 13000 – 2910 – 5725	2315 k€
EBE	2315 – 2050	265 k€

Si la société connaît des difficultés avec son activité commerciale, l'activité industrielle lui permet de dégager des soldes positifs.

c) Les ratios

Évolution de l'activité	$\frac{CA_N - CA_{N-1}}{CA_{N-1}}$	Il mesure l'accroissement des ventes de l'entreprise.
Profitabilité	$\frac{EBE}{CA}$ et $\frac{\text{Résultat net}}{CA}$ et $\frac{\text{Marge commerciale}}{\text{Vente de marchandises}}$	
Rentabilité financière	$\frac{\text{Résultat net}}{\text{Capitaux propres}}$	Il mesure la rentabilité du point de vue des apporteurs de capitaux (associés ou actionnaires).

EXEMPLE (suite)

Activité	Profitabilité	Rentabilité
CA_{N-1} = 16300 k€ CA_N : 17000 k€ Évolution : 4,3 %	265/(4200 +12800) = 1,6 % 232/(4200 + 12800) = 1,4 % –2050/4200 = – 49 %	Capitaux propres : 2200 k€ 232/2200 =10,5 %

Malgré une activité en progression (CA en augmentation de 4,3 %) et un ratio de rentabilité financière satisfaisant pour les apporteurs de capitaux, l'entreprise dégage peu de profit au regard des ventes réalisées. La connaissance de ces ratios pour les années précédentes ou celle des entreprises concurrentes aiderait à mieux comprendre les raisons de cette situation.

2 Le bilan

Le bilan présente la situation patrimoniale de l'entreprise à un moment donné et apporte des informations sur sa santé financière.

1. Le contenu du bilan

a) L'actif

Il regroupe les éléments que l'entreprise possède. Deux catégories d'actif sont à distinguer. Les biens destinés à être conservés de façon durable dans l'entreprise forment l'actif immobilisé. Il peut s'agir des terrains, des machines-outils, du matériel informatique. Les éléments destinés à être consommés au cours du cycle d'exploitation tels que les stocks, les créances et les disponibilités forment l'actif circulant.

b) Le passif

Il informe sur l'origine des ressources dont dispose l'entreprise en distinguant les capitaux propres et l'ensemble des dettes.

2. L'analyse fonctionnelle du bilan

a) Le bilan fonctionnel

Construit à partir du bilan comptable, il permet une meilleure compréhension de la structure financière de l'entreprise en distinguant deux types de flux ou cycles : un cycle long lié aux opérations d'investissement et de financement de l'entreprise et un cycle court lié à l'exploitation de l'entreprise.

Bilan fonctionnel au 31/12/N (en k€) :

Actif	Passif	
Emploi stables	**Ressources stables**	Cycle long
Actif immobilisé : 2700	Ressources propres : 3600 Dettes financières : 1200	
Actif circulant	**Passif circulant**	Cycle court
Stocks : 1400 Créances : 2800	Dettes fournisseurs : 950 Dettes fiscales : 1040	
Trésorerie active (> 0) : 190	Trésorerie Passive (< 0) : 300	

b) Les éléments d'analyse du bilan fonctionnel

Le fonds de roulement net global (FRNG) permet de vérifier si les emplois stables sont financés par des ressources elle mêmes stables.

FRNG : Ressources stables – Emplois stables

- Le besoin en fonds de roulement (BFR) exprime les besoins en capitaux générés par le cycle d'exploitation. En général, le BFR est positif, ce qui traduit un besoin à financer.

  BFR : Actif circulant (hors Trésorerie > 0)
  – Passif circulant (hors Trésorerie < 0)

- La trésorerie nette exprime le besoin ou l'excédent de liquidités de l'entreprise. Elle est le résultat des choix de financement opérés par l'entreprise. Elle se calcule de deux façons différentes :

  Trésorerie nette = FRNG – BFR
  ou Trésorerie nette = Trésorerie >0 – Trésorerie < 0

EXEMPLE (suite)

FRNG	4800 (3600 + 1200) – 2700	2100 k€
BFR	1990 (1400 + 2800) – 4200 (950 +1 040)	2210 k€
Trésorerie nette	2100 – 2210 ou 190 – 300	– 110 k€

Les ressources stables financent en totalité les emplois stables. Il en résulte un fonds de roulement positif mais qui n'est pas suffisant pour financer la totalité du BFR. Il en résulte une trésorerie nette négative de 110000 €. La situation financière de l'entreprise n'est donc pas équilibrée.

c) Les ratios de structure financière

Ratios	Formules	Interprétations
Financement des immobilisations	$\frac{\text{Ressources stables}}{\text{Emplois stables}}$	Excédent des ressources de long terme sur actif immobilisé. Doit être > 1.
Indépendance financière	$\frac{\text{Capitaux empruntés}}{\text{Ressources propres}}$	Niveau d'endettement de l'entreprise. Ne doit pas être > 1.
Liquidité générale	$\frac{\text{Actif circulant}}{\text{Dettes circulantes}}$	Solvabilité à court terme de l'entreprise (capacité à faire face aux dettes à court terme). Doit être > 1.

EXEMPLE (suite)

Financement des immobilisations	4800 / 2700 = 1,78
Indépendance financière	1200 / 3600 = 0,34
Liquidité générale	4390 / 2290 = 1,92

d) Les ratios de rotation

Les délais de rotation des créances expriment la durée moyenne du crédit accordé. Le délai de rotation des dettes fournisseurs exprime la durée moyenne du crédit que l'entreprise obtient de ses fournisseurs.

$$\frac{\text{Créances clients} \times 360}{\text{Chiffre d'affaires}} \qquad \frac{\text{Dettes fournisseurs} \times 360}{\text{Achats}}$$

EXEMPLE (suite)

Clients	CA = 4200 + 12800 = 17000 k€ 2800 / 17000 × 360 = 59 jours
Fournisseurs	Achats de l'entreprise = 8860 k€ 950 / 8860 × 360 = 38 jours

Les clients règlent la société belge en moyenne au bout de 59 jours alors qu'elle règle ses fournisseurs au bout de 38 jours. Ce décalage dans le temps explique le déséquilibre financier de l'entreprise. Si elle ne trouve pas de solution, cela peut entraîner des retards ou des défaillances dans le paiement de ses fournisseurs.

13 LE CONTEXTE DE TRAVAIL INTERCULTUREL

La place du travail et les façons de travailler ensemble caractérisent en partie la culture d'une collectivité. Celle-ci s'observe à partir des institutions du monde du travail et des comportements des acteurs.

1 Les particularités des relations de travail

Dans un pays, les relations de travail s'inscrivent dans un cadre légal et institutionnel. Le code du travail, la convention collective de la branche professionnelle et le règlement intérieur permettent de s'informer sur le droit et les institutions.

1. Le cadre légal

Il concerne l'ensemble des règles instituées par le droit du travail, en particulier les conditions de travail, de rémunération, d'embauche et de licenciement et les droits d'expression des salariés.

2. Le cadre institutionnel

Il est constitué des institutions représentatives des salariés (organisations syndicales, délégués du personnel), des fédérations professionnelles qui représentent les employeurs, de l'organe judiciaire à saisir en cas de contentieux.

2 Les déterminants culturels des pratiques managériales

Quel que soit le pays, le manageur est amené à prendre des décisions, à fixer des objectifs et programmer leur réalisation, à motiver, coordonner et contrôler ses collaborateurs, enfin, à gérer les conflits.
Des sociologues se sont intéressés à la pratique concrète du management selon les pays. Les déterminants ci-après sont ceux cités le plus souvent et permettent une première observation des pratiques managériales lors d'un stage ou d'un premier emploi.

1. L'accès aux postes de responsabilité

Dans certaines cultures, les postes sont plutôt attribués en fonction de l'âge ou des diplômes ; dans d'autres, ils sont attribués en fonction des réalisations personnelles.

EXEMPLE

En France, les dirigeants et cadres d'entreprises sortent souvent des grandes écoles ; en Allemagne, un quart des dirigeants a commencé sa carrière par l'apprentissage.

2. La distance entre manageurs et collaborateurs

Elle correspond au degré d'inégalité attendu et accepté par les collaborateurs dans le cadre de leurs relations hiérarchiques avec les manageurs.

EXEMPLE

Dans les entreprises françaises, italiennes ou espagnoles, on accorde beaucoup d'importance à ce qui symbolise le rang social comme le statut de cadre, le titre du poste occupé, la taille et l'emplacement du bureau, le nombre d'assistants, la différenciation vestimentaire. En Allemagne ou dans les pays scandinaves, les relations entre les manageurs et leurs collaborateurs sont moins formelles.

3. L'universalité des règles et procédures

L'organisation du travail en entreprise repose sur des règles préétablies et sur des façons de procéder. Pour certaines cultures, ces règles s'appliquent quel que soit la situation ou le contexte ; pour d'autres, elles peuvent être plus ou moins interprétées ou adaptées aux cas particuliers.

EXEMPLE

Un subordonné américain suivra scrupuleusement les consignes qu'il a reçues ; un Français distingue systématiquement « l'officiel » de « l'officieux » et interprète les règles en fonction des circonstances et de son appréciation personnelle. Aux États-Unis, les récompenses et les sanctions sont fixées et appliquées très précisément ; en France, l'encadrement dispose d'une plus grande marge de manœuvre et un bon meneur d'hommes sera celui qui sait « passer l'éponge » sur une bêtise.

4. Le contrôle de l'incertitude

Certaines sociétés évitent plus que d'autres les situations d'incertitude en planifiant précisément les différentes étapes d'un travail, en dissuadant les salariés de prendre des risques, et en les protégeant en cas de chômage, d'accident ou de maladie. Dans ces sociétés, les idéaux communs sont plus largement partagés et laissent moins de place à des systèmes de pensée différents.

EXEMPLE

Les pays à contrôle élevé de l'incertitude sont les pays de culture latine tels que la France, la Belgique, l'Italie, l'Espagne, les pays d'Amérique du Sud, mais aussi le Japon. Ce contrôle est plus faible dans les pays anglo-saxons, le Sud-Est asiatique ou l'Inde.

5. Le sens collectif

Plus une société a des valeurs collectives, plus les personnes sont intégrées dans des groupes très soudés tels que la famille élargie ou le groupe de travail. Ces groupes les protègent, à condition qu'elles leur soient fidèles et ne les remettent pas en cause. Le rapport aux autres est de l'ordre de l'interdépendance.
Dans une société individualiste, les liens entre les individus sont plus relâchés, l'affirmation de soi et la compétition sont valorisés, on considère que chacun est libre de ses actes et doit assumer seul son développement personnel.

EXEMPLE

Au vice-président américain d'une banque japonaise qui se plaignait de ne jamais avoir d'objectifs précis de performances à atteindre, le président japonais répondit : « Vous ne comprenez pas notre philosophie de la banque, comment nous sentons que nous devons agir, quelles doivent être nos relations avec les communautés locales que nous servons. Si vous pouviez comprendre cela, alors vous trouveriez quel est l'objectif approprié dans toute situation. »

6. La place de la communication privée

a) Contextes riches et pauvres

Au cours d'un échange, chacun comprend ce qui se dit en combinant les informations échangées et le contexte dans lequel se déroule la communication. Dans une culture à contexte riche, les relations étroites et permanentes entre les individus créent un fond commun de références qui leur permet de communiquer sur un mode allusif. Dans les cultures à contexte pauvre, les interlocuteurs « mettent les points sur les i », l'information est triée, organisée et présentée en vue d'éviter toute ambiguïté.

EXEMPLE

Dans les entreprises du Moyen-Orient, du Japon et de Chine, les manageurs et les collaborateurs entretiennent des réseaux d'informations étroits parmi leurs familles, amis et partenaires professionnels. Ils ont de ce fait une approche plus diffuse quand il s'agit de présenter des objectifs ou de coordonner et contrôler le travail. Au contraire, les entreprises des États-Unis, d'Allemagne ou de Suisse, pays à contexte pauvre, présentent leurs objectifs et plans d'action dans un style clair et structuré.

b) L'attention portée aux tâches ou aux personnes

Dans certaines cultures, le simple fait de s'engager ensemble dans un projet suffit à constituer une équipe de travail. Pour d'autres, une relation de confiance doit se construire avant de commencer.

EXEMPLE

Les Américains arrivent souvent à une réunion avec un ordre du jour détaillé et un document écrit qui prévoit le détail des tâches à accomplir, les objectifs à réaliser et les difficultés à surmonter. Pour un Brésilien, ce comportement donne l'impression que le partenaire veut imposer ses vues. Dans les cultures d'Amérique latine, le professionnel tient d'abord compte des personnes présentes à la réunion avant de proposer un plan d'action.

c) La place de la vie privée dans la vie professionnelle

Selon les pays, on exposera ou non ses états d'âme entre collègues, on établira ou non des liens entre vie privée et vie professionnelle

7. La perception du temps

Dans une culture monochronique, le temps est perçu comme une entité très concrète et linéaire où le passé, le présent et le futur sont conçus de façon très réaliste. Dans les réunions, les ordres du jour sont respectés et chacun s'attend à ne pas être dérangé dans le travail qu'il a engagé.

Dans une culture polychronique, la relation sociale et le déroulement harmonieux des échanges sont privilégiés au détriment d'un programme préétabli. Les personnes s'engagent simultanément dans plusieurs activités. Les rendez-vous peuvent être annulés ou reportés et les projets fluctuent selon le cours des événements.

8. Les distances physiques entre les personnes

Tout le monde use de ces distances pour symboliser la proximité ou l'éloignement dans une relation. Cependant, celles-ci sont différentes selon les cultures et la difficulté d'une rencontre interculturelle réside dans le choix d'une distance adaptée qui ne met pas mal à l'aise l'interlocuteur. La taille et l'emplacement des bureaux et des ateliers, l'organisation des espaces d'attente et de circulation, l'existence de lieux de convivialité comme une cafétéria, un restaurant d'entreprise ou un espace de détente influencent la forme des rapports sociaux.

Lors d'une réunion de travail, le choix de la place occupée par chaque participant est un signe de l'importance de chacun et conditionne la nature des échanges.

9. L'influence de la culture politique

Les travaux d'anthropologie de Philippe d'Iribarne ont montré que les relations hiérarchiques et les façons de décider dans les entreprises pouvaient s'interpréter à partir de l'histoire et des cultures politiques.

EXEMPLES

- La France et la logique de l'honneur : depuis le Moyen Âge, la société française est divisée en groupes hiérarchisés. Chaque groupe a une idée précise des droits et des devoirs que la coutume lui attribue. De ce fait, dans l'entreprise, la conduite de chacun est guidée par la conscience qu'il a des droits et des obligations associés à son métier, et non par ce qui est écrit. Ce qui compte pour tout employé, quelle que soit sa position hiérarchique, c'est d'agir de manière honorable et noble, compte tenu de sa condition.
- Les États-Unis et la logique du contrat : depuis sa fondation par les premiers marchands immigrants au début du XVIIe siècle, la société américaine est conçue comme une société de gens égaux unis par des relations contractuelles. Ainsi, dans l'entreprise, un subordonné travaille pour son chef comme un fournisseur pour son client et le fait qu'il soit à son service dans le cadre limité d'un contrat n'implique pas une hiérarchie définitive entre eux.
- Les Pays-Bas et la logique du consensus : les Pays-Bas se sont constitués par une succession d'accords et de compromis entre les Provinces. Dans l'entreprise, toute décision ne peut être prise qu'après une concertation qui se déroule au cours de longues discussions, entre les parties concernées, sur des données objectives.

exercice 1 La politique de prix

Une entreprise française de cosmétique souhaite lancer une nouvelle crème de beauté au Japon, premier pays consommateur au monde de produits cosmétiques.
Ce produit, crème de visage blanchissante vendue en pot, permet de garder la peau blanche, symbole japonais de beauté et signe de pureté et d'hygiène. Destinée aux jeunes Japonaises, cette crème serait distribuée sur le circuit « *ippan hi* », c'est-à-dire par la grande distribution (supermarchés, *convenience stores* et *drugstores*), et suivrait donc le circuit long suivant : importateur/grossiste/détaillants.
Les taux de marque pratiqués sont de 15 % pour l'importateur et 20 % pour le grossiste. Le détaillant, quant à lui, applique un taux de marge de 70 % sur le consommateur japonais.
Une étude des marques concurrentes situées sur le même niveau de gamme a permis de caractériser que le prix de vente moyen est de 720 yens. La taxe locale à la consommation est de 5 %.

ENTRAÎNEZ-VOUS

Sachant que les frais de logistique (fret et assurance) représentent 4,8 % du prix de vente départ usine et que les droits de douane représentent 4,2 % de la valeur en douane, calculez en euros le prix départ usine d'un pot de crème qui permettra d'être compétitif (1 EUR = 112,4 YEN).

CORRIGÉS p. 218

exercice 2 La politique de communication

Pour promouvoir le lancement d'un nouveau produit cosmétique sur le marché allemand, une entreprise souhaite mettre en place un plan média qui intègre en particulier une campagne publicitaire dans un magazine féminin. Son produit, positionné haut de gamme, s'adresse aux 4,8 millions de femmes allemandes de 30 à 50 ans appartenant à une catégorie sociale élevée (CSP+).
Cette entreprise a le choix entre trois magazines féminins qui présentent les caractéristiques suivantes :

Magazines	Audience	Audience utile	Coût d'une insertion (1 page du magazine)
1	320 000	192 000	28 000 €
2	580 000	230 000	40 000 €
3	440 000	200 000	31 000 €

ENTRAÎNEZ-VOUS

1. Définissez les notions d'audience et d'audience utile.
2. Calculez le taux de couverture, le taux d'affinité et le coût pour mille de ces supports.
3. Proposez et justifiez le choix d'un support magazine.

CORRIGÉS p. 218

exercice 3 La prospection

La société SETALG (Société d'exploitation et de transformation des algues) produit, transforme et distribue des algues et des ingrédients naturels. Elle propose des produits de soin pour le visage et le corps.
L'entreprise a choisi de développer son marché en Asie. Elle a participé à de nombreux salons professionnels : Cosmoprof Asia 2008 à Hong Kong, In-Cosmetics 2009 à Munich et In-Cosmetics Asia à Singapour en octobre 2009. Elle envisage de participer au salon In-Cosmetics Asia qui se tiendra en Corée du Sud en octobre 2010.

Document 1 – Extrait d'un article du MOCI du 5 mars 2009

Le Salon des ingrédients, des matières premières et de la formulation cosmétique pour l'Asie du Sud-Est réunit tous les ans dans une capitale de la région les fabricants de principes actifs, émollients, agents ou fixatifs utilisés dans les produits de soin et d'hygiène. Sur le créneau des matières premières, In-Cosmetics Asia est seul sur sa zone. Auréolé de la réputation de son grand frère In-Cosmetics Europe, il ne couvre en principe que l'Asie du Sud-Est. Dans la pratique, nombre d'exposants établissent des contacts dans l'ensemble de l'Asie.

Document 2 – Les « plus » de l'organisateur du salon, Reed

- Un programme fourni de présentations de tendances marketing, d'ateliers techniques, de conférences scientifiques et de séminaires sur des innovations.
- Une campagne de promotion auprès des scientifiques d'Europe et d'Asie qui participent la semaine précédente au congrès de l'*International Federation Society of Cosmetic Chemists*.
- Une mise à jour de la base de données des visiteurs avec l'aide des Missions économiques – Ubifrance.

Document 3 – Bilan du dernier salon In-Cosmetics Asia

- Visiteurs : 3 466 visiteurs – 96 % sont asiatiques – 57 % viennent pour la première fois – 33 % de distributeurs, 36 % de fabricants de produits finis, 17 % de fabricants d'ingrédients et de matières premières.
- Exposants : 232 exposants – 54 % en provenance d'Asie, 34 % d'Europe, 11 % d'Amérique du Nord.
- Segments de marché ciblés : maquillage, soins du cheveu, produits solaires, parfums et fragances, soins du corps, produits d'hygiène corporelle.

ENTRAÎNEZ-VOUS

1. Quel est l'intérêt pour SETALG de participer à ce salon ?

2. Listez les principales dépenses permettant d'établir le budget de ce salon.

3. Le directeur commercial envisage de faire paraître un encart dans le catalogue des exposants. Donnez la liste des principaux éléments qui figureront dans cet encart.

4. Proposez la liste des informations que comportera la fiche visiteur.

5. Quelles sont les actions à envisager au retour du salon ?

6. Quels autres modes de prospection pourraient être combinés à ce salon ?

D'après le sujet de l'épreuve ponctuelle U51, session 2010.

CORRIGÉS p. 218

corrigés

exercice 1 page 216

Éléments	Calculs	Résultats
Prix de vente HT au consommateur	720 yens TTC Soit HT : 720 / 1,05	685,71 YEN
Prix d'achat du détaillant	Taux de marge = (PV – PA / PA) × 100 Donc : 0,7 = (685,71 – PA) / PA Soit PA = 403,36	403,36 YEN
Prix d'achat du grossiste	Taux de marque = (PV – PA / PV) × 100 Donc : 0,2 = (403,36 – PA) / 403,36 Soit PA = 322,69	322,69 YEN
Prix d'achat de l'importateur	Taux de marque = (PV – PA / PV) × 100 Donc : 0,15 = (322,69 – PA) / 322,69 Soit PA = 274,29 yens	274,29 YEN

Ce prix d'achat de l'importateur correspond au prix de vente de l'entreprise de départ augmenté des frais de logistiques et des droits de douane.
274,29 = PV départ + frais expédition + droits de douane
Avec :
- Frais de logistiques = 4,8 % PV départ
- Droits de douane = 4,2 % Prix CIF

= 4,2 % (PV départ + frais de logistiques)
= 4,2 % (PV départ +4,8 % PV départ)
= 4,4016 % PV départ
274,29 = PV départ + 4,8 % PV départ + 4,4016 % PV départ
PV départ = 251,18 YEN soit 2,23 EUR

exercice 2 page 216

1. L'audience d'un support correspond au nombre de personnes qui ont eu un contact avec ce support alors que l'audience utile correspond au nombre de personnes faisant partie de la cible qui ont eu un contact avec le support.

2.

Magazine	Audience	Audience utile	Taux d'affinité	Coût insertion	Coût pour mille (CPM)
1	320000	192000	60 %	28000 €	145,8 €
2	580000	230000	39,7 %	40000 €	173,9 €
3	440000	200000	45,5 %	31000 €	155 €

- Taux d'affinité = Audience utile / Audience totale
- CPM = Coût insertion pour 1000 personnes faisant partie de la cible

3. Le support A doit être choisi car il présente à la fois le meilleur taux d'affinité et le coût pour mille contacts le moins élevé.

exercice 3 page 217

1. a) Rencontre de clients et de partenaires potentiels ; veille concurrentielle ; évaluation du potentiel du marché ; étude des tendances du marché ; visibilité et image, intégration à la campagne de promotion de l'organisateur ; présentation de nouveaux produits.

2. Voyage, hôtel, repas, location d'un véhicule, inscription au salon, réservation du stand, conception et installation du stand, transport et assurance des marchandises exposées, frais engendrés par les personnels supplémentaires (manutention, accueil, interprétariat), documentation commerciale, dépenses de communication.

3. Nom et coordonnées, présentation en insistant sur les points forts, par exemple : « *Leader* européen, la société crée et innove depuis 25 ans pour proposer à la vente une large gamme de produits naturels (algues, crèmes pour envelopper le corps, lotions nettoyantes, masques) applicables à de nombreux soins en cabines. SETALG peut concevoir, adapter, transformer et personnaliser tout soin pour répondre aux besoins exacts de ses clients », invitation à venir essayer les nouveaux produits, emplacement du stand.

4. Date, auteur de la fiche, date du contact, identification de l'entreprise (nom, adresse, code postal, ville, pays, téléphone, fax, courriel, site Internet), identification de la personne rencontrée (civilité, prénom, nom, fonction, téléphone direct, courriel), carte professionnelle de la personne rencontrée, langue pratiquée, type d'activité de l'entreprise (importateur, grossiste, détaillant, agent, fabricant), type de clientèle visée (instituts de beauté, SPA), secteur géographique couvert (local, national, international, quels pays), produits ayant suscité l'intérêt, résumé du contact, suite à donner.

5. Remercier au plus vite les personnes rencontrées par lettre personnalisée, répondre aux questions en attente, envoyer la documentation et les échantillons demandés, formuler si nécessaire l'offre promise, répondre à toute autre demande spécifique.

6. Le plan de prospection combine, la plupart du temps, différentes actions ayant des objectifs différents. Avant le salon, SETALG pourrait qualifier son fichier prospects par téléphone ou à l'aide d'un formulaire accessible sur son site Internet, puis envoyer une invitation au salon par mail ou courrier. Après le salon, outre les actions évoquées à la question 5, elle peut aussi envisager une mission commerciale.

PRÉSENTATION DE L'ÉPREUVE E51

Finalités et objectifs de l'épreuve E51 : Prospection et suivi de clientèle

Cette épreuve permet d'évaluer les compétences professionnelles acquises au cours de la première période de stage en entreprise et, éventuellement, au cours d'une mission de prospection export.
La première période de stage en entreprise se déroule, en première année, sur une durée minimum de 8 semaines, dont 4 semaines minimum à l'étranger; de préférence dans un pays non francophone. Elle implique la présence continue du stagiaire en entreprise pendant la durée du stage. Elle permet de développer les compétences en prospection de la clientèle menée vers un pays tiers dont la France ou sur le marché national à l'étranger. Si une partie du stage se déroule en France, la prospection sera obligatoirement en direction d'un pays étranger. La mission de prospection export donne lieu à un déplacement à l'étranger pour le compte d'une entreprise.

Les modalités d'évaluation

1 Le contrôle en cours de formation

Coefficient 3

a) Le dossier professionnel

L'évaluation prend appui sur le dossier professionnel « Prospection et suivi de clientèle » (E51) qui récapitule les activités professionnelles réelles ou simulées (situations d'évaluation) auxquelles le candidat a été confronté.
Celles-ci doivent concerner les domaines suivants :
- vente à l'export : prospecter afin d'élaborer une offre adaptée ;
- gestion des relations dans leur contexte pluriculturel : produire des messages en intégrant le contexte socioculturel de la relation, animer un réseau relationnel pluriculturel.

  Le candidat présente dans le dossier les activités qu'il juge significatives des compétences et attitudes professionnelles qu'il a acquises. Il doit en présenter un nombre suffisant pour couvrir les compétences et attitudes requises.

Le dossier est constitué :
- de la fiche de présentation de chaque activité professionnelle que le candidat a choisi de présenter ;
- des dossiers et documents réalisés au cours de ces activités ;
- des grilles d'appréciation que les formateurs ou professionnels auront remplies à la fin de chaque situation d'évaluation (*cf.* ci-dessous).

b) Les compétences professionnelles

En réalisant ses activités professionnelles, le candidat doit acquérir les compétences suivantes :
- identifier et sélectionner les cibles en accord avec les caractéristiques spécifiques des marchés étrangers ;
- évaluer les potentialités des clients actuels ;
- organiser la prospection ;
- communiquer avec les clients potentiels ;
- analyser, évaluer et suivre la prospection ;
- constituer, gérer et mettre à jour un réseau de contacts pertinent et pluriculturel ;
- animer un réseau de vente et un portefeuille de clients ;
- rassembler, analyser et sélectionner des informations sur les processus décisionnels et les méthodes de négociation dans différents pays ;
- rassembler des informations sur les pratiques sociales et culturelles afin de communiquer efficacement avec les contacts étrangers ;
- intégrer, solliciter et enrichir le réseau multiculturel de contacts étrangers ;
- animer, stimuler et gérer le réseau de vente et des contacts.

c) Les attitudes professionnelles

En réalisant ses activités professionnelles, le candidat doit se conformer aux attitudes suivantes :
- communiquer avec les contacts, utiliser et élargir le réseau de contacts professionnels ;
- être loyal et prendre en considération les intérêts de l'entreprise ;
- travailler en équipe ;
- prendre en considération les différences culturelles du monde des affaires.

d) La grille d'appréciation

Au cours de la formation, les formateurs et les professionnels concernés remplissent une grille d'appréciation à la fin de chaque activité réalisée par le candidat, selon le modèle suivant :

Appréciation des compétences et attitudes associées à l'activité professionnelle par le ou les formateurs et/ou le ou les professionnels				
Compétences et attitudes professionnelles :	1	2	3	4
Identifier et sélectionner les cibles en accord avec les caractéristiques spécifiques des marchés étrangers				
Etc.				

Les notes vont de 1 à 4 :
- 1 : le candidat n'a pas développé la compétence/attitude professionnelle ou présente des lacunes graves dans le développement de la compétence/attitude professionnelle ;
- 2 : le candidat présente des lacunes dans le développement de la compétence/attitude professionnelle nécessitant un approfondissement ;
- 3 : le candidat a atteint un niveau de maîtrise satisfaisant de la compétence/attitude professionnelle ;
- 4 : le candidat a atteint un niveau élevé dans le développement de la compétence/attitude professionnelle.

e) La commission d'évaluation

La commission d'évaluation est composée de professeurs ayant suivi l'étudiant en unité de formation et, le cas échéant, de professionnels. À la lecture des différentes grilles d'appréciations, elle évalue le degré de maîtrise des compétences et attitudes professionnelles en s'aidant de la grille d'évaluation ci-dessous et attribue une note sur 20.

Critères d'évaluation des candidats	– –	–	+	++
Qualité de la démarche d'identification et de sélection de la cible de prospection				
Maîtrise des outils et techniques de prospection				
Maîtrise des outils et techniques d'évaluation de la prospection				
Qualité de l'analyse de l'impact des variables socioculturelles				
Pertinence de l'intégration de l'impact des variables socioculturelles dans la démarche de prospection				
Capacité à gérer des relations dans un contexte étranger				

La commission d'évaluation ne communique en aucun cas la note au candidat, celle-ci n'étant, à ce stade qu'une proposition. Les propositions de notes sont transmises par les établissements de formation à la commission académique chargée de valider les notes proposées au jury final.

2 La forme ponctuelle

C'est une épreuve écrite d'une durée de 3 heures, affectée du **coefficient** 3.

Un cas portant sur une situation d'entreprise liée à l'approche d'un marché étranger est fourni au candidat. Il regroupe des informations concernant les caractéristiques économiques et socioculturelles du marché ainsi que les caractéristiques de l'entreprise, des produits et de la clientèle. Certains des documents fournis peuvent être proposés en anglais. Le candidat peut être amené à :
- définir des cibles compte tenu de la stratégie commerciale de l'entreprise, présenter les différentes composantes du plan d'action commerciale sur le marché visé, évaluer la valeur d'un partenaire, proposer des actions de prospection, élaborer un budget de prospection et des propositions de financement ;
- proposer des adaptations en fonction des spécificités du marché.

NÉGOCIATION – VENTE

Pour s'entraîner à l'épreuve :

Les sujets d'examen de l'épreuve E52 et leurs corrigés sur le site Internet www.nathan.fr/reflexe

1 LES COÛTS COMPLETS ET LE COÛT DE REVIENT

La détermination des prix suppose que les coûts engagés par l'entreprise pour fabriquer et distribuer ses produits soient connus. Dans un souci de rentabilité, une évaluation rigoureuse des coûts s'avère indispensable et elle implique la prise en compte de charges spécifiques engendrées par l'activité export.

1 La méthode des coûts complets

Un coût représente une somme de charges (définition du plan comptable général).

EXEMPLES

Coût de production d'un bien, coût d'achat d'une matière, coût de la fonction commerciale.

1. La hiérarchie des coûts

La méthode des coûts complets suppose la détermination de coûts ainsi hiérarchisés.

a) Le coût d'achat

Il s'obtient en additionnant le prix d'achat convenu et les frais accessoires.

EXEMPLES

Le coût d'achat d'une essence de bois chez un fabricant de meubles se composera du prix d'achat hors taxe négocié avec le fournisseur augmenté des frais de transport et de frais administratifs d'achat (charges de traitement des commandes...).

b) Le coût de production

Il s'obtient en additionnant :
- le coût d'acquisition des matières consommées pour la production du bien ;
- les charges de production, c'est-à-dire les coûts engagés par l'entreprise au cours des opérations de production pour amener le bien dans l'état et l'endroit où il se trouve.

EXEMPLES

Le coût de production d'un meuble en bois intégrera le coût d'achat du bois et des fournitures utilisées, les salaires et charges sociales du personnel d'atelier, les coûts énergétiques...

c) Le coût de distribution

Ce coût comprend exclusivement les charges afférentes à l'exercice de la fonction distribution.

EXEMPLES

Les commissions d'un agent, les dépenses de publicité et de promotion.

d) Le coût de revient

C'est le coût complet d'un produit au stade final, coût de distribution inclus.

2. Les charges directes et les charges indirectes

Les charges à intégrer dans les coûts sont classées en charges directes et des charges indirectes :

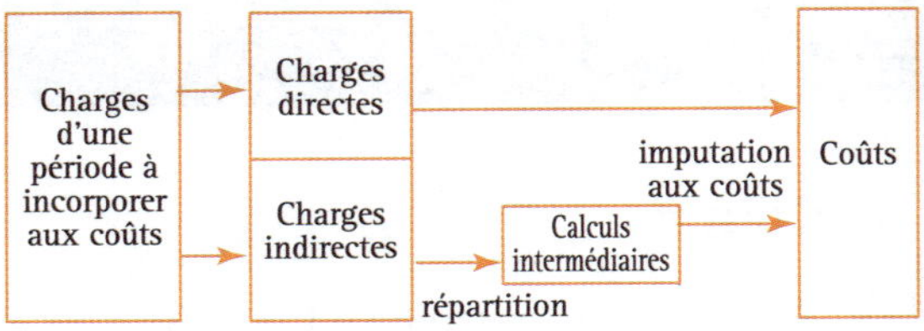

a) Les charges directes

Les charges directes sont les charges qu'il est possible d'affecter «immédiatement», c'est-à-dire sans calcul intermédiaire, au coût d'un produit déterminé.

EXEMPLES

La consommation de bois dans une entreprise qui fabrique des bureaux en bois, le coût de la main d'œuvre des salariés des ateliers...

b) Les charges indirectes

Ce sont des charges qu'il n'est pas possible d'affecter «immédiatement» : elles nécessitent des calculs intermédiaires pour être imputées au coût d'un produit déterminé. Ces calculs consistent en une répartition des charges indirectes dans des divisions de l'entreprise appelées «centres d'analyse». Une fois les charges réparties dans les centres, elles peuvent imputées, à chaque stade du processus, aux coûts concernés.

EXEMPLE

Dans une entreprise qui fabrique différents modèles de bureaux, la prime annuelle d'assurance des locaux n'est pas directement imputable aux coûts des différentes productions.

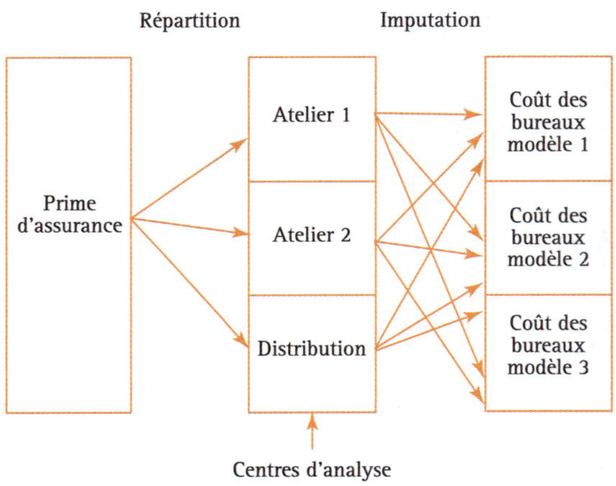

La répartition de l'ensemble des charges indirectes dans les centres d'analyse est réalisée dans un tableau de répartition des charges indirectes. L'imputation aux différents coûts des charges accumulées dans chaque centre est réalisée grâce à des unités d'œuvre.

EXEMPLE

Extrait du tableau de répartition des charges indirectes mensuel d'une entreprise qui fabrique différents modèles de bureaux :

	Centre atelier conditionnement	Centre distribution
Charges indirectes du centre (1)	37 380,00 €	23 210,20 €
Unités d'œuvre	Nombre de bureaux fabriqués	Chiffre d'affaires des bureaux vendus
Nombre d'unités d'œuvre (2)	700	715 200
Coût de l'unité d'œuvre (1) / (2)	53,40	0,03

Les charges du centre Conditionnement seront imputées aux coûts de production des différents modèles de bureau à raison de 53,40 € par bureau fabriqué ; celles du centre distribution seront imputées aux coûts de revient à raison de 0,03 € de charge pour 1 € de chiffre d'affaires.

2 Le coût de revient export complet (CREC)

Le coût de revient export complet constitue un minimum en dessous duquel il ne faut pas descendre en terme de prix. Il est obtenu en ajoutant différents postes de charges au coût de revient des produits vendus au « départ de France » c'est-à-dire hors frais engagés sur le marché étranger.

1. Structure du coût de revient des produits export départ France

Coût de production des produits vendus « départ de France »
+ Frais d'adaptation des produits au marché visé
+ Quote-part de frais généraux
+ Coût de fonctionnement du service Export
= Coût de revient export départ France

2. Les frais engagés sur le marché visé

Afin de pénétrer le marché étranger, l'exportateur pourra être amené à engager tout ou partie des charges détaillées ci-dessous :

Postes de charges	Exemples
Frais de commercialisation à l'étranger	Dépenses de communication, rémunération de la force de vente locale...
Frais financiers et de couverture des risques	Coût du crédit client, de l'assurance crédit, des instruments et des techniques de paiement, de la couverture de change...
Frais de protection juridique	Dépenses engendrées pour les dépôts de marque, de brevets...
Frais d'élaboration des documents	Frais de visa des consulats, chambres de commerce...
Frais de logistique internationale	Frais à la charge de l'exportateur selon la règle incoterms utilisée

3. Composition du coût de revient export complet

Ce coût est obtenu en ajoutant au coût de revient export départ France les frais engagés sur le marché :

Coût de revient des produits export départ France
+ Frais de commercialisation à l'étranger
+ Frais financiers et de couverture des risques
+ Frais de protection juridique
+ Frais d'élaboration des documents
+ Frais de logistique internationale
= CREC

EXEMPLE

L'entreprise LAGARDE produit et commercialise des autoclaves. Les autoclaves sont de grosses "cocottes-minutes" utilisées dans les secteurs suivants : agro-alimentaire, pharmacie, textile. La société a reçu une commande de 5 autoclaves de l'entreprise DOGS CATS FOODS de Colombus (États-Unis). Pour être conformes aux normes américaines de sécurité, ces autoclaves d'un type spécifique doivent être équipés de composants américains Stork & Worcester.

L'entreprise détermine son coût de revient export complet pour une vente DAP locaux du client Columbus (États-Unis).

Eléments	Montants (€)
Coût de production de 5 autoclaves « départ de France »	271 750
Composants Stork & Worcester Frais d'adaptation des produits au marché visé Emballage spécifique Coûts hors production	139 600 29 150 6 400 180 000
Coût de revient export départ France	626 900
Frais de commercialisation (commission de l'agent) Frais de couverture des risques (assurance change et assurance responsabilité civile) Frais de logistique internationale	59 100 29 550 24 325
Coût de revient export complet en DAP Columbus des 5 autoclaves	**739 875**

3 Le résultat

Le résultat est déterminé en soustrayant au prix de vente le coût de revient export complet.

EXEMPLE (suite)

L'entreprise LAGARDE envisage de fixer à 152 000 € son prix de vente unitaire DAP COLUMBUS. Le résultat prévisionnel sur cette transaction peut être estimé à (152 000 × 5) – 739 875 = 20 125 €.

2 LES COÛTS PARTIELS

Pour fixer ses prix, l'exportateur peut opter pour un raisonnement en coûts partiels. Le calcul du coût d'un produit vendu à l'export est alors déterminé sur la base du coût variable ou du coût marginal.

1 La méthode du coût variable

Cette méthode est fondée sur la distinction charges fixes/charges variables. Elle permet d'apprécier la rentabilité de chaque produit ou de chaque activité.

1. Les charges fixes ou charges de structure

Ce sont les charges indépendantes d'un niveau d'activité donné. Le niveau d'activité se mesure, par exemple, par la quantité produite (ou vendue) ou par le chiffre d'affaires.

EXEMPLE

Une entreprise fabrique des pompes électriques dans un atelier qu'elle loue 1 500 € par mois. La capacité maximale mensuelle de production de cet atelier est de 10 000 unités. Que l'entreprise produise 500, 1 000 ou 9 000 pompes, la charge locative reste la même.

2. Les charges variables ou opérationnelles

Ce sont les charges directement liées au volume d'activité, sans cependant être nécessairement proportionnelles à ce volume.

EXEMPLE (suite)

Chaque pompe fabriquée intègre un système électrique dont le coût unitaire est estimé à 15 €. Le coût de production intégrera 1 500 € de systèmes électriques pour une production de 100 pompes, 3 000 € pour une production de 200 pompes...

3. L'analyse du comportement des charges selon le niveau d'activité

Les charges variables globales évoluent avec l'activité et restent, le plus souvent, constantes unitairement.
Les charges fixes globales restent fixes jusqu'à un certain niveau d'activité. Les coûts fixes unitaires décroissent quand le niveau d'activité s'accroît, les charges fixes étant réparties sur une production plus importante.

EXEMPLE

La société Les Délices de l'Île-de-France fabrique des produits de confiserie et de chocolaterie de luxe. Elle propose actuellement à sa clientèle des coffrets « Menu chocolat » de 2,5 kg, fabriqués et commercialisés par lots de 300, 400 ou 500 unités. Les conditions actuelles de fabrication sont les suivantes :

Nombre de coffrets fabriqués et vendus	300	400	500
Masse des coffrets en kg	750	1 000	1 250
Matières (2,75 € / kg), charge variable	2 062,50	2 750,00	3 437,50
Conditionnement (1,38 € / kg), charge variable	1 035,00	1 380,00	1 725,00
Main-d'œuvre (8,40 € / kg), charge variable	6 300,00	8 400,00	10 500,00
Charges de commercialisation export (0,90 € / kg) charge variable	675,00	900,00	1 125,00
Charges variables globales (1)	10 072,50	13 430,00	16 787,50
Charges variables unitaires (par coffret)	33,58	33,58	33,58
Charges de production et d'administration, charges fixes globales (2)	4 616,00	4 616,00	4 616,00
Charges fixes unitaires (par coffret)	15,39	11,54	9,23
Coût de revient export global départ France (1 + 2)	**14 688,50**	**18 046,00**	**21 403,50**
Coût de revient export unitaire départ France	**48,96**	**45,12**	**42,81**

4. L'analyse différentielle

La méthode du coût variable conduit à pratiquer l'analyse différentielle basée sur le principe suivant : les ventes dégagent une marge sur coût variable (MSCV) qui contribue à couvrir les charges fixes.

Chiffre d'affaires − Charges variables = Marge sur coût variable

Marge sur coût variable − Charges fixes = Résultat

Taux de marge sur coût variable = (Marge sur coût variable/Chiffre d'affaires) × 100

EXEMPLE

La société Isigny, fabricant de fromages, a établi des prévisions pour le marché polonais. En N+1, 84 500 fromages devraient être vendus au prix unitaire de 1,95 €. Les charges variables unitaires sont de 1,45 € et les charges fixes sont évaluées à 33 600 €.
Analyse différentielle du résultat :

Éléments	Calculs	Chiffre d'affaires et marges N+1
Chiffres d'affaires (CA)	84 500 × 1,95	164 775
– Charges variables (CV)	84 500 × 1,45	– 122 525
= MSCV	CA – CV	= 42 250
– Charges fixes		– 33 600
= Résultat		= 8 650

Le taux de marge sur coût variable s'établit à : (42 250/164 775) × 100 = 25,64 %.
100 € de chiffre d'affaires permettent de dégager une marge sur coût variable de 25,64 €.

5. Le seuil de rentabilité (SR)

C'est le niveau de chiffre d'affaires à partir duquel l'entreprise commence à réaliser des bénéfices : la marge sur coût variable est alors au moins égale aux charges fixes. Le seuil de rentabilité peut être déterminé selon plusieurs méthodes : par le calcul ou un graphique.

SR (en €) = Charges fixes/Taux de marge sur coût variable

EXEMPLE

Pour la société Isigny : SR = 33 600/0,2564 = 131 045,24 €. En N+1, l'activité sera bénéficiaire à partir d'un chiffre d'affaires de 131 045,24 €.

Le seuil de rentabilité peut aussi être déterminé en quantité de produits :

SR (en quantité) = SR en valeur/prix de vente unitaire HT

EXEMPLE (suite)

Dans le cas précédent, le seuil de rentabilité en quantité s'établit à : 131 045,24/1,95 = 67 203 fromages. C'est à partir de cette quantité vendue que l'entreprise commencera à dégager du bénéfice.

2 Le coût marginal

1. Définition

Le coût marginal correspond à la variation du coût total résultant d'une production supplémentaire. Un raisonnement en coût marginal est particulièrement pertinent lors de la réception d'une commande supplémentaire, « en marge » de la production existante et si des capacités de production sont disponibles. Dans le cas d'un raisonnement marginal, on peut déterminer :

- la recette marginale : supplément de chiffre d'affaires procuré par la production supplémentaire vendue ;
- le résultat marginal, différence entre la recette marginale et le coût marginal.

EXEMPLE

Dans une entreprise, on a relevé les éléments suivants :

Production vendue	Coût total	Ventes	Coût marginal	Recette marginale	Profit marginal
1 000	4 000	4 500			
1 100	4 200	4 750	200 (1)	250 (3)	50
1 200	4 300	4 950	100 (2)	200	100

(1) Le coût marginal de 100 unités supplémentaires (1 100 – 1 000) est égal à : 4 200 – 4 000 = 200 €.

(2) Le coût marginal de 100 unités supplémentaires (1 200 – 1 100) est égal à : 4 300 – 4 200 = 100 €.

(3) La recette marginale générée est de : 4 750 – 4 500 = 250 €.

Il s'agit de déterminer si la production et la vente d'unités supplémentaires sont rentables.

Si la production d'une série supplémentaire n'entraîne pas de changement de structure (donc pas d'accroissement de charges fixes), le coût marginal d'une unité est égal au coût variable unitaire.

Dans le cas contraire, le coût marginal d'une unité le coût variable unitaire auquel s'ajoutent les charges fixes supplémentaires par unité.

2. L'utilisation en commerce international

Le prix exigé dans la demande d'un client étranger peut parfois être inférieur au coût complet et conduire l'exportateur à la décliner. Il peut cependant envisager de l'accepter en calculant le coût marginal pour le comparer au prix d'offre proposé.

EXEMPLE

La société IDF a estimé son coût de revient export complet pour la vente de 210 coffrets de chocolat en Arabie Saoudite en DAP Ryiad :

Éléments	Q	CU	Montant
Coût de revient export complet départ France	210	45	9 450,00
(+ Charges d'adaptation étiquetage...)	210	5,32	1 117,20
+ Frais de transport			1 987,00
Coût de revient export DAP entrepôt Riyad	210	59,78	12 554,20

Le prospect saoudien souhaite un prix qui n'excède pas 57 €. Sur la base du coût complet (59,78 €), la société IDF ne peut accepter cette commande, le prix étant inférieur au coût de revient.

Sachant qu'elle dispose de capacités de production disponibles (aucune charge fixe supplémentaire n'est donc à engager), elle détermine le coût marginal de cette commande :

Éléments	Q	CU	Montant
Charges variables Matières, conditionnement... (+ Charges d'adaptation étiquetage...) + Charges de commercialisation export + Frais de transport	 210 210 210 	 31,325 5,32 2,25 	 6 578,25 1 117,20 472,50 1 987,00
Coût marginal	210	48,35	10 154,95

Coût marginal = 48,35 €

Profit marginal : 57 – 48,35 = 8,65 € par coffret. L'entreprise dégage un profit marginal, les charges fixes étant absorbées par l'activité normale. Elle peut donc accepter cette proposition à 57 € le coffret DAP entrepôt Riyad.

3. Les limites de la méthode

Cette pratique doit rester exceptionnelle pour plusieurs raisons :

- le prix de vente de la production supplémentaire doit rester supérieur au coût moyen de l'ensemble de la production ;
- il sera délicat de revoir les prix à la hausse pour les commandes futures ;
- ces différences de tarification peuvent mécontenter la clientèle.

3 LES CALCULS COMMERCIAUX DE BASE

Toute situation de négociation commerciale induit la maîtrise d'éléments commerciaux et financiers qui interviennent dans le calcul du prix.

1 Les réductions de prix

1. Les réductions commerciales

a) La remise

La remise est une réduction accordée à un client sur le montant du prix de vente en fonction des quantités achetées, de la qualité des relations antérieures avec l'acheteur et/ou dans le cadre d'une opération promotionnelle. Les remises peuvent s'appliquer sur le montant HT de la facture ou sur un produit spécifique.

b) Le rabais

Le rabais est une réduction du prix à caractère exceptionnel pour compenser un défaut de qualité ou de conformité, ou un retard de livraison.

c) La ristourne

La ristourne est une réduction accordée à un client à la fin d'une période (année, trimestre...) en fonction du montant total des ventes réalisées.

Lorsqu'un client bénéficie de plusieurs réductions commerciales, le calcul s'effectue « en cascade ».

EXEMPLE

Un client bénéficie d'une remise de 10 % et d'un rabais de 5 %.

Prix brut :	12 400 €
Remise 10 % :	1 240 €
	11 160 €
Rabais 5 % :	558 €
Net commercial :	10 602 €

2. Les réductions financières

En cas de cumul des deux types de réductions, l'escompte se calcule après les réductions commerciales.

2 Les marges

La marge représente la différence entre le prix de vente et un coût. Pour un fabricant, elle correspond à la différence entre le prix de vente HT d'un produit et coût de revient.

Pour une entreprise commerciale ou un intermédiaire de la distribution, c'est la différence entre le prix de vente HT et le coût d'achat.

3 Les taux

1. Le taux de marque

Il s'agit de la marge commerciale exprimée en pourcentage du prix de vente HT.

2. Le taux de marge

C'est la marge commerciale exprimée en pourcentage du coût d'achat HT.

EXEMPLE

Une entreprise achète un produit 400 € et le revend 650 €. Les coûts d'approvisionnement sont évalués à 25 % du prix d'achat.

Coût d'achat = prix d'achat + frais d'achat
= 400 + 25 % de 400 = 500 €

Marge commerciale = prix de vente − coût d'achat
= 650 − 500 = 150 €

Le taux de marque est de : 150/650 = 0,23 soit 23 %.

Le taux de marge est égal à : 150/500 = 0,30 soit 30 %.

4 Le coefficient multiplicateur

Il permet de calculer un prix à partir d'un autre :
- le prix de vente TTC consommateur à partir d'un coût d'achat ;
- le prix de vente HT à un distributeur à partir d'un coût de revient ;
- le prix CIF à partir d'un prix EXW...

EXEMPLES

- Une entreprise importatrice achète un produit au prix HT de 130 €. Elle le revend sur le marché français au prix TTC de 225 €. Le coefficient multiplicateur est égal à : 225/130 = 1,73.
- Une entreprise exportatrice vend un produit à son distributeur exclusif pour le marché italien au prix EXW de 12,50 €. Le prix de vente final pratiqué sur ce marché est de 28 €.

Le coefficient multiplicateur est égal à : 28/12,50 = 2,24.

Le coefficient multiplicateur tient donc compte des différentes composantes du prix final. Il permet à l'entreprise exportatrice de proposer un prix en adéquation avec le marché.

EXEMPLE

La société Loradia produit et commercialise des chocolats dans toute la France. Elle s'intéresse au marché espagnol et envisage de vendre son produit phare en boîtes de 250 grammes. Elle souhaite évaluer le prix départ à pratiquer pour avoir un prix consommateur proche de celui de ses concurrents. Elle a recueilli les informations suivantes : prix de vente consommateur d'un produit équivalent : 12 €, taux de TVA applicable : 18 %, marges du détaillant et de l'importateur : respectivement 25 % et 20 % de leur prix de vente, coût de stockage et d'acheminement : 5 % du prix départ.

Détermination du prix départ à pratiquer afin d'être compétitif :
- prix de vente consommateur HT : 12/1,18 = 10,17 € ;
- prix d'achat détaillant : 10,17 − 25 % = 7,63 € ;
- prix d'achat importateur : 7,63 − 20 % = 6,10 € ;
- prix départ : 6,10/1,05 = 5,81 €.

Pour pouvoir commercialiser le produit au prix de 12 €, l'entreprise doit pratiquer un prix de départ maximum de 5,81 €. Cela donne un coefficient multiplicateur de 12/5,81 = 2,065.

4 LA PRÉPARATION D'UNE NÉGOCIATION

➔ Une négociation commerciale est un processus relationnel entre un acheteur et un vendeur qui cherchent à satisfaire au mieux leur intérêt au regard d'objectifs qui peuvent être divergents.

1 Les contextes d'une négociation internationale

1. Le diagnostic situationnel

Une négociation correspond à une confrontation d'objectifs différents, voire divergents. Cette confrontation s'appuyant sur des stratégies relationnelles, il est au préalable nécessaire de bien maîtriser les contextes situationnels dans lesquels va s'exprimer la négociation.

a) La prise en compte de la dimension interculturelle

Les processus de communication, de persuasion et de recherche de compromis sont influencés par les profils culturels des différentes parties à la négociation. Aussi, le plan de découverte du client doit diagnostiquer les caractéristiques culturelles pour adapter le processus et le style de négociation.

b) La prise en compte des autres facteurs environnementaux

Les différences et distances de tous ordres (linguistiques, géographiques, risques pays...) formatent les conditions d'une négociation et sont à l'origine de difficultés, de coûts et de risques qu'il convient de diagnostiquer.

2. Le diagnostic commercial

a) La prise en compte du profil de la cible

Le processus et les modes de conduite d'une négociation sont directement dépendants du profil de la cible. On peut ainsi distinguer :

- la négociation propre à une situation de vente aux particuliers (*B to C* ou *Business to Consumer*) : en dehors des mécanismes de vente en direct (vente à distance, dans les foires et salons...), cette forme de contact direct avec le client final est très marginale à l'international. Dans ce type de contexte, le diagnostic commercial repose sur une étude des besoins et sur une analyse comportementale afin de caractériser en particulier les motivations et les freins à l'achat des différents segments de clientèle ciblée.
- La négociation interentreprises (*B to B* ou *Business to Business*) : ce contexte de négociation, qui correspond à la très grande majorité des situations commerciales à l'international, regroupe une multitude d'interlocuteurs et d'acheteurs professionnels. On y retrouve en particulier les importateurs-distributeurs, les acheteurs du secteur industriel (PME ou grands comptes), les représentants de la grande distribution (centrales d'achat, groupements de détaillants...) et éventuellement des détaillants étrangers. Le produit qu'ils recherchent doit satisfaire des exigences techniques, fonctionnelles et commerciales (en particulier le prix et le potentiel de marge qu'il permet). Ces acheteurs sont tout aussi exigeants sur les services associés (garanties, formation, maintenance...) et sur les dimensions organisationnelles et logistiques qui accompagnent la vente.

b) La prise en compte de l'objet de la négociation

Au-delà du profil commercial de la cible, de nombreux paramètres propres à l'objet de la négociation vont influencer la forme des stratégies relationnelles entre les parties, en particulier : le degré stratégique du produit, les délais et la fréquence des commandes négociées, leurs poids en volume et en valeur...

2 Le plan stratégique d'une négociation

1. Les objectifs et les marges de négociation

L'objectif premier d'une négociation commerciale est de convenir des conditions du contrat de vente. Aussi, malgré l'importance qu'il représente, le prix n'est que l'un des paramètres d'une offre. Les conditions générales de vente comportent d'autres paramètres qui peuvent faire l'objet d'une négociation : les délais de livraison, les conditions de paiement, l'étendue et le partage des responsabilités entre le vendeur et l'acheteur en termes d'emballage, de transport et d'assurance, la nature et l'étendue des garanties contractuelles, etc.
Au regard des objectifs qu'il s'est fixé, du diagnostic du contexte de la négociation et en particulier d'une évaluation précise des rapports de force, le vendeur devra prévoir ses marges de négociation et les concessions éventuelles.

2. Les stratégies

a) La négociation distributive

Cette stratégie est qualifiée de « négociation compétitive ». Elle amène à considérer la négociation comme une guerre de positions et un rapport de force par lesquels tout ce que peut gagner l'une des parties se fera au détriment de l'autre (on parle ainsi de négociation de type « gagnant-perdant »).

b) La négociation intégrative

L'optique intégrative, appelée aussi « négociation coopérative », vise avant tout à maximiser le résultat commun par la recherche d'un compromis satisfaisant les deux parties (négociation de type « gagnant-gagnant »). Cette stratégie facilite les conditions de mise en place et l'efficacité de la gestion d'une relation commerciale durable entre les parties.

c) La négociation mixte

Les stratégies distributive et intégrative illustrent deux postures extrêmes. Or, les situations et formes de négociation sont souvent plus nuancées. Ainsi, une approche mixte exploitant en particulier des comportements de marchandage peut être exploitée pour parvenir à un accord. Par ailleurs, une stratégie relationnelle peut évoluer en fonction des nécessaires adaptations comportementales que peut exiger une négociation.

5 L'OFFRE À L'INTERNATIONAL

Le contrat de vente à l'exportation est généralement précédé d'une offre commerciale qui constitue l'étape « charnière » entre la prospection et la négociation.

1 L'offre

L'offre commerciale est élaborée par l'entreprise exportatrice suite à :
- un appel d'offres émis par un client potentiel ;
- une demande d'offre émise par un prospect ou un client de l'entreprise.

1. L'appel d'offres

C'est la procédure par laquelle un acheteur potentiel sollicite différents offreurs pour obtenir une proposition commerciale chiffrée dans le respect d'un cahier des charges et en fonction du besoin (produit ou service). L'appel d'offres est dit « ouvert » lorsqu'il s'adresse à tout fournisseur potentiel ; il est dit « restreint » s'il s'adresse seulement à certaines entreprises préalablement sélectionnées.

2. La demande d'offre

La demande d'offre est formulée par une entreprise étrangère qui envisage de passer commande à une entreprise exportatrice et souhaite recevoir une proposition commerciale. La demande d'offre fait l'objet, de la part de l'exportateur, d'une analyse détaillée afin de pouvoir y répondre au mieux dans l'intérêt des deux parties.

2 Le contenu de l'offre

La remise de l'offre constitue la base de négociation entre les deux partenaires. Elle doit être ferme, claire et sans ambigüité. L'offre s'appuie sur un document écrit ; elle est rédigée dans la langue du pays de l'acheteur ou bien en anglais.

1. Les mentions de l'offre

Mentions	Indications nécessaires
Description de la marchandise	Désignation commerciale précise, nomenclature, code produit
	Description détaillée du produit ou service : fonctionnement, caractéristiques, performances
	Poids, dimensions, volume
	Conditionnement, éléments relatifs à l'expédition (cartons, palettes, conteneur...)
Quantité à livrer	Indication du nombre ou de la quantité
	Mention éventuelle des tolérances admissibles
Prix	Prix unitaire et prix total avec incoterms
	Devise (codification ISO)
	Clause éventuelle de variation de prix
Conditions d'expédition	Incoterms (permet de connaître les éléments qui ont été intégrés dans le prix d'offre)
	Mode de transport envisagé
	Lieux de chargement, de déchargement et de destination finale de la marchandise
	Indication sans engagement de la durée de transit
	Indication de la date ou délai de livraison après réception de la commande
	Possibilité ou non de livraisons partielles
Conditions de paiement	Mode de règlement
	Modalités (date et lieu de paiement)
	Références bancaires
	Versement ou non d'un acompte
	Garanties demandées en matière de paiement
Durée de validité de l'offre	Indication de la date limite de l'offre
Clauses juridiques	Droit applicable, tribunal compétent, clause d'arbitrage
	Clause de réserve de propriété
	Conditions générales de vente

2. Le cadre juridique

a) La convention de Vienne

La convention de Vienne, élaborée sous l'égide des Nations unies, réglemente les échanges internationaux de marchandises. Signée en avril 1980, elle compte aujourd'hui 80 pays ; le Royaume-Uni reste le grand absent des pays signataires.

La convention de Vienne s'applique aux ventes internationales de marchandises et édicte des règles en matière de formation du contrat, de paiement, de garantie, etc. La validité du contrat, le transfert de propriété et la responsabilité du vendeur restent réglés par les lois nationales. L'application de la convention de Vienne dépend entièrement de la volonté des deux parties. Certaines entreprises peuvent l'exclure totalement, d'autres l'appliquent partiellement. Il suffit pour cela que le rejet figure de façon explicite dans le contrat.

b) Les conditions générales de vente

Les conditions générales de vente permettent aux entreprises de définir le cadre juridique de leurs rapports commerciaux. Elles sont propres à chaque exportateur. Elles définissent les droits du vendeur et lui permettent de défendre ses intérêts.

Les conditions générales font l'objet d'une rédaction claire et non équivoque, soit dans la langue du pays de l'acheteur, soit en anglais.

❸ La présentation de l'offre

Dans la plupart des systèmes juridiques et dans la convention de Vienne, l'offre n'est soumise à aucune condition de forme particulière. Elle peut être matérialisée par une facture *pro forma*, une proposition adressée par courriel ou par télécopie...
L'offre s'adresse à une personne dénommée et tient compte du contexte de l'opération. Dans ce cas, elle prend très souvent la forme d'une facture *pro forma*.
La facture *pro forma* est considérée comme un devis qui détermine les grandes lignes de la vente. Elle reprend tous les éléments de la facture commerciale et permet à l'acheteur de prendre connaissance des spécifications relatives à l'offre. Enfin, cette facture engage la responsabilité et fixe les obligations du vendeur.
La facture *pro forma* permet également à l'importateur d'effectuer une demande de licence ou de solliciter auprès de sa banque l'ouverture d'un crédit documentaire.

❹ L'acceptation de l'offre

L'offre est en principe « révocable » tant qu'elle n'a pas été acceptée par le client.
L'acceptation de l'offre par le client vaut « accord » et permet de conclure le contrat de vente. L'acceptation se présente sous forme écrite (bon de commande ou contrat) afin que le vendeur obtienne une garantie. Elle constitue alors une preuve en cas de litige.

Exemple de facture pro forma

Facture pro forma

Exportateur / *Exporter*		N° facture / *Invoice N°*		Date facture / *Invoice date*	
		Autres références / *Other references*			
Destinataire / *Consignee*		Acheteur / *Buyer*			
Notifier à / *Notify*		Banque du vendeur / *Seller's bank*			
		Pays d'origine / *Country of origin*		N° guichet de banque *Bank counter N°*	
Date de mise à disposition *Date of disposal*	Date d'expédition demandée *Date of dispatch requested*	Incoterm			
Pré-transport par *Pre-carriage by*	Lieu de réception *Place of receipt*	Conditions de paiement *Terms of payment*		Monnaie de paiement *Currency of payment*	
Identité moyen transport *Transport identity*	Lieu de chargement *Place of loading*				
Lieu de déchargement *Place of discharge*	Lieu de destination *Place of destination*				
Nb suites *Nb of continuing sheets*	Désignation des articles *Description of goods*	Poids net kg *Net weight*	Quantité *Quantity*	Prix unitaire *Unit price*	Montant *Amount*
				Montant total / *Total amount*	
Emballage / *Packing* Fret / *Freight*		Autres coûts *Other costs*	Assurance *Insurance*	Total frais / *Total charges*	
Déductions / *Deductions*				Total deduct./ *Total deduct.*	
Total à payer / *Total to pay*				Montant / *Amount*	
Clauses particulières - Visas *Special informations - Visas*		Lieu d'établissement / *Place of issue*			
		Nom / *Name*			
		Signature / *Signature*			

6 LA NÉGOCIATION INTERCULTURELLE

➔ Négocier avec un partenaire étranger suppose une attitude de communication adaptée à la situation, les meilleures relations commerciales se fondent sur la confiance et se construisent dans la durée.

1 Asseoir sa crédibilité

Durant les premières minutes d'un entretien de vente, vendeur et acheteur vont se découvrir. Les compétences et la fiabilité supposées de l'interlocuteur s'expriment alors de façon symbolique à partir d'indices physiques, comportementaux et verbaux dont le décodage passe à travers le filtre de chaque culture.
L'âge, le sexe, la taille ou le poids sont connotés différemment selon les cultures. Le vendeur en tiendra compte pour adapter son comportement. Il s'informera sur le code vestimentaire en vigueur dans l'entreprise et le pays.
La carte professionnelle est rédigée dans la langue de l'acheteur. Il convient de soigner la formulation de la fonction du vendeur (« responsable de zone » n'a pas le même impact que « conseiller clientèle »). Le rituel de présentation de cette carte a aussi son importance.

EXEMPLE

Les Japonais présentent leur carte professionnelle dès le début de la rencontre en la tenant des deux mains.

Dans certains pays, on est attentif aux titres universitaires ou aux diplômes, dans d'autres, aux écoles ou aux clubs professionnels fréquentés. Ce sont des signes extérieurs de compétence et de pouvoir. Cependant, au cours de l'entretien, il importe d'évaluer le pouvoir réel de décision de l'interlocuteur.

EXEMPLE

Un Français indique parfois la grande école qu'il a fréquentée sur sa carte de visite. Les Allemands et les Slovaques mentionnent systématiquement leurs titres universitaires.

La façon de se présenter et de saluer diffère selon les pays. Des cultures valorisent l'expression d'une certaine assurance quand d'autres préfèrent un abord plus réservé. À ces aspects liés aux individus s'ajoutent des images associées aux différents groupes d'appartenance : entreprise, pays d'origine, profession, club, groupe ethnique, religion...

2 Trouver la bonne distance interpersonnelle

Les cultures diffèrent dans leur appréciation de ce qu'est la bonne distance physique et relationnelle.

1. Les sociétés donnant la priorité au travail

Ce sont des sociétés où le travail à réaliser prime sur le souci de créer et d'entretenir des liens personnels. Il faut donc s'engager très vite dans la découverte des besoins et dans la présentation de l'offre en limitant la phase de prise de contact. Si l'on opte pour une stratégie intégrative (celle qui vise à ce que chacun sorte gagnant de la négociation), on exposera objectivement les avantages que chacun peut retirer.

EXEMPLE

L'approche allemande de la négociation est lente, logique et analytique : la présentation des arguments doit être complète et bien ordonnée. Les Allemands évitent tous les signes qui pourraient être perçus comme un engagement à personnaliser davantage la relation.

2. Les sociétés valorisant les relations

Dans ces sociétés, la discussion d'une affaire ne peut s'envisager que lorsque des liens personnels sont tissés entre les parties. Les premiers contacts visent d'abord à instaurer un certain climat, à mieux évaluer les partenaires et à préciser leur statut. Les différentes phases de la vente ne sont pas nécessairement suivies dans un ordre méthodique, mais leur contenu est amené dans le cadre de discussions plus larges au cours desquelles sont abordées des questions d'ordre personnel ou social. Il est plus important de se sentir sur « la même longueur d'onde » que d'identifier tous les problèmes dans le détail. Le réseau relationnel est indispensable. La négociation est un processus social.
Dans le cadre d'une stratégie intégrative, il est essentiel de veiller à ce que personne ne perde la face plutôt que d'arriver à des conclusions trop précises.

EXEMPLE

Une négociation au Maghreb s'engage d'abord par une relation personnelle. Si une véritable amitié se noue, la fidélité du partenaire peut être sans faille.

3 Se situer dans le temps

Le rapport au temps concerne l'agenda, le programme, la ponctualité et le respect des engagements.

1. Le temps linéaire

Certaines cultures privilégient une conception linéaire et objective du temps. On peut le découper et l'organiser, lui attribuer des limites précises et savoir quand commence une activité et quand elle se termine. Elles accordent une place importante à la ponctualité, à la programmation, à l'échéance, au contenu des accords, perçu comme le signe matériel de la fin d'une séquence de négociation.

2. Le temps cyclique

Chaque rencontre est l'occasion d'intégrer une nouvelle expérience dans une relation qui se définit comme un processus cumulatif. Une programmation stricte des négociations est plus difficile à établir et les conclusions de chaque étape sont plus informelles. La signature d'un accord ne met pas nécessairement fin à la négociation, sachant que « rien n'est définitif » et que l'accord peut donner lieu à d'autres discussions.

4 Maîtriser sa communication

1. Le degré de formalisme dans la relation

Il comprend la capacité à trouver le bon niveau de langue, compte tenu de l'interlocuteur et de la nature des relations. Dans certains pays, les négociateurs passent très vite à l'usage du prénom et au tutoiement. Dans d'autres, ils restent plus longtemps aux «Madame X, Monsieur Y» et au vouvoiement.

EXEMPLE

En Chine ou au Japon, des comportements qui sembleraient être le signe d'un grand intérêt ne sont en fait qu'une forme de politesse et l'on n'exprimera jamais son désaccord par un «non» explicite. L'expression franche et directe des Américains n'implique pas nécessairement la proximité.

2. La relativité des valeurs

Elle doit être prise en compte dans la façon d'énoncer et de partager les informations. La franchise et la sincérité, très positives dans certaines cultures, sont perçues comme de la naïveté, un manque de réalisme ou une absence de contrôle de soi dans d'autres. Le souci de coopérer loyalement n'est parfois pas prioritaire.

3. Le lien entre la pensée et l'action

Dans certaines cultures, les négociateurs privilégient les idées, les concepts, les théories. Ils argumentent sur la façon d'appréhender les choses dans leur ensemble, sur les causes et conséquences logiques qui peuvent lier les différents points de la discussion. Ils risquent d'être perçus comme des phraseurs qui noient leur interlocuteur dans des considérations générales et n'acceptent jamais d'être convaincus par les faits.

EXEMPLE

Les Français aiment les joutes oratoires. Leur argumentation fait appel à la logique et à l'abstraction à partir de quelques principes généraux.

Dans d'autres cultures, les négociateurs sont plus orientés vers l'action, la réalisation, les résultats. Plus pragmatiques, ils présentent les problèmes comme la succession de plusieurs questions techniques à résoudre en s'appuyant sur des faits concrets et mesurables. Ils risquent d'être perçus comme des gens brutaux, sans principes et imprévisibles.

EXEMPLE

Les négociateurs américains se concentrent sur des faits objectifs et des données quantifiées. Les relations sont conçues selon le modèle du contrat où chacun défend ses droits et respecte ses obligations sans affectivité excessive.

4. Les problèmes de traduction

Aucune langue n'est strictement équivalente à une autre. Les mots et expressions sont reliés à un univers de sens que seule une connaissance suffisante de la culture permet d'appréhender avec nuance.

Une maîtrise insuffisante de la langue de l'interlocuteur appauvrit la communication, ce qui est particulièrement gênant dans les situations où la relation interpersonnelle est importante et où le partenaire recherche une forme d'entente au-delà du contenu technique.

Le recours à un interprète constitue toujours une forme d'écran entre les protagonistes. L'usage d'un «anglais international de base» ne donne que l'illusion d'un langage commun et laisse souvent une grande partie du contenu non exprimée.

5. La communication non verbale

Il s'agit de décoder les gestes et comportements qui accompagnent le discours. Quelle signification donner aux silences, aux pauses, aux hésitations? Quels gestes sont à proscrire, que signifie tel mouvement de la tête ou des mains? Faut-il regarder son interlocuteur droit dans les yeux? Quelle place occuper autour d'une table? Convient-il de s'asseoir d'office ou d'attendre d'être placé? Comment se comporter dans un repas d'affaires? Comment répondre à une invitation? Convient-il d'offrir et d'accepter les cadeaux, de les ouvrir en public? Quels cadeaux sont recommandés ou proscrits?

Les cultures diffèrent aussi sur la place à accorder à l'expression des émotions et des sentiments : faiblesse ou tromperie pour certains, signes d'une relation sincère et profonde pour d'autres.

5 Gérer les conflits

Selon les cultures, la formulation directe d'un désaccord est acceptée ou perçue comme un manque de respect. Certains négociateurs tendent à éviter les conflits quand d'autres les provoquent.

EXEMPLE

Chez les Chinois, comme dans de nombreux pays asiatiques, l'art du compromis est un élément essentiel de la négociation.

6 Conclure la négociation

Certaines cultures conçoivent le résultat d'une négociation comme un contrat qui formalise clairement les bénéfices attendus par chacun et les exprime en mots choisis, en chiffres et en clauses. D'autres préfèrent une forme d'accord général qui exprime une volonté sincère et crédible de collaborer, sans pour autant entrer dans le détail.

Dans certaines sociétés, la confiance est une affaire personnelle. On n'envisage jamais de trahir la parole donnée. Dans ce cas, exiger un écrit serait perçu comme un signe de méfiance.

Dans certains pays, demander à renégocier un accord écrit apparaît comme une démarche normale. L'idée sous-jacente est que des parties qui ont manifesté une forme de confiance mutuelle en arrivant à se mettre d'accord peuvent poursuivre des discussions au-delà d'une simple rédaction formelle.

7 LA PRISE DE CONTACT ET LA DÉCOUVERTE DU CLIENT

La phase de prise de contact représente la première étape de la négociation commerciale. Elle doit permettre de créer les conditions favorables à son bon déroulement.
Dans le contexte interculturel, la connaissance des us et coutumes s'avère indispensable pour mener à bien une négociation.

1 La préparation de la négociation

Cette étape, préalable à la prise de contact, consiste notamment en une étude complète de la situation. Elle doit permettre d'anticiper les problèmes qui risquent de se poser. Il s'agit donc de :
- recueillir des informations générales sur le contexte de la négociation (informations générales sur le pays, ses codes culturels, ses pratiques en matière de négociation...) ;
- rassembler des informations sur le client ou le prospect (données signalétiques, historique des relations commerciales) ;
- se définir des objectifs (au niveau qualitatif et quantitatif) ;
- établir le plan de découverte (questions à poser afin d'apprécier les besoins du client ou du prospect) ;
- maîtriser les informations relatives aux produits (fiches techniques), repérer les avantages en vue d'anticiper les réponses aux questions l'interlocuteur ;
- construire son argumentaire ;
- préparer les outils d'aide à la négociation (plaquette de l'entreprise, échantillons, documentation, tarifs...).

Pour ce faire, le vendeur réalisera une veille informationnelle (presse, Internet, services de l'entreprise, réseau informel...).

La fiche prospect, réalisée en amont de la phase de négociation, reprend l'essentiel des informations recueillies. Elle permet de mieux connaître le client et ses besoins, ainsi que l'ancienneté des relations.

Exemple de fiche prospect

FICHE PROSPECT			
IDENTIFICATION			
RAISON SOCIALE :	Adresse :		
Activité :	Tel. :	Fax :	
	Site WEB :		
Nom du contact :	Fonction :		
	Mail :		
	Tel :		
FOURNISSEURS ACTUELS (dans notre domaine de compétence) : – – –			
Type de produits	Quantités	Marque	
HISTORIQUE DES CONTACTS			
Dates	Actions	Objets	Suites à donner
INFORMATIONS COMPLÉMENTAIRES			
– Autres informations sur l'entreprise (environnement économique) – Besoins exprimés par l'interlocuteur – Pouvoir de décision du contact – Motivations exprimées par l'acheteur ou le prospect – Possibilités commerciales envisageables (volume, prix, délais, conditions de paiement...).			

2 Les objectifs de la prise de contact

Le premier contact avec le client ou le prospect s'avère déterminant pour le bon déroulement de la négociation. Le vendeur adoptera un comportement facilitateur.
Il s'agira de :
- créer le climat de confiance favorable à la négociation en respectant le contexte culturel ;
- être « reconnu » dès le départ comme étant un professionnel et de transmettre une image positive de l'entreprise, de ses produits et services ;
- donner envie à l'acheteur potentiel d'exprimer ses besoins ;
- s'assurer des besoins du client.

3 Les étapes de la prise de contact

1. Les règles à respecter

La réussite de la négociation se joue dans les premières minutes. Pour ce faire, le vendeur doit respecter certaines règles :
- être ponctuel : arriver à l'heure est un signe de respect du client. Toutefois, la notion de temps diffère selon les pays ;
- porter une tenue adaptée au contexte de la négociation (selon le code vestimentaire du pays) ;
- maîtriser sa voix (ton, débit, intonation...) ;
- manifester de l'enthousiasme, un état d'esprit ouvert et faire preuve d'empathie (capacité de se mettre à la place de l'interlocuteur, de percevoir ce qu'il ressent).

2. Réussir les premiers instants

a) La règle des 4 × 20

• Les 20 premières secondes

Elles conditionnent toute la négociation. C'est sur cette première impression (image) que le client « jugera » son interlocuteur. Le non-verbal est un aspect important du comportement dans une situation de communication et s'exprime par le regard, le sourire, la gestuelle. Par exemple, un large sourire et le regard franc inspirent la sympathie. Il convient d'adopter un comportement mesuré plutôt qu'une attitude faussement à l'aise : le vendeur n'est pas en terrain conquis, c'est le client qui décide.

• Les 20 premiers gestes

Ils renforcent la communication verbale :

- commencer par saluer son interlocuteur : c'est au client de tendre la main (poignée de main ferme et confiante) ;
- mesurer ses gestes (carte de visite offerte, respect de la distance avec l'interlocuteur...) ;
- attendre de l'interlocuteur l'invitation de s'asseoir. S'il ne prend pas l'initiative, le vendeur suggérera l'invitation : « vous permettez... » en montrant le siège choisi.

• Les 20 premiers mots

Le salut s'exprime par un « bonjour », prononcé d'une voix assurée, claire, chaleureuse. Après avoir identifié le client, le vendeur se présentera (prénom suivi du nom, fonction, société). Il est indispensable de prendre en compte les aspects interculturels, car la façon de saluer est différente selon les pays. Respecter les codes du pays s'impose.

• Les 20 premiers centimètres

Le vendeur qui a obtenu de son client un entretien veillera à être reçu dans un lieu favorable à la négociation. Son attitude et sa position dans l'espace jouent un rôle essentiel : regarder son interlocuteur bien en face, se concentrer sur le visage de ce dernier, rester à une distance raisonnable.

b) La fixation des rôles

Dans le cas d'une première rencontre avec le client, le vendeur, après s'être présenté, vérifiera qu'il se trouve bien en présence du « bon interlocuteur » en s'assurant que celui-ci est décisionnaire. Lors de rencontres ultérieures, le vendeur montrera qu'il se souvient de son interlocuteur.

4 La découverte du client

Cette étape permet au vendeur de connaître le prospect, d'identifier ses besoins et ses motivations pour lui proposer, par la suite, une proposition adaptée et être en mesure de personnaliser l'argumentation et la réponse aux objections.

1. La découverte des besoins

Cette phase repose sur la pratique de l'écoute active, dont le but consiste à cerner les attentes du client vis-à-vis du produit ou service proposé :

- l'écoute : le vendeur doit donner la parole au client. Il évite d'interpréter, d'induire les réponses et fait preuve d'empathie tout en caractérisant le non-verbal ;
- le questionnement : il permet au vendeur de déceler les besoins, la personnalité de l'interlocuteur, les questions (ouvertes ou fermées) ayant pour objectif de s'informer, d'approfondir, d'orienter ;
- la reformulation : elle est indispensable, de façon régulière, pour bien saisir les propos du client. Elle offre un double avantage : montrer au client l'intérêt porté à la véracité de ses propos, et vérifier les informations recueillies.

2. Le plan de découverte

Il récapitule les différents thèmes que le vendeur envisage d'aborder avec le client dans le but de déterminer ses besoins et de lui faire une proposition adaptée. Il comprend la liste guide « en entonnoir » des questions à poser au client, à savoir :

- découvrir la situation actuelle (ses activités, sa clientèle...) ;
- connaître la situation future (augmentation de la production, ouverture de marché...) ;
- prendre en compte les contraintes du client (économiques, technologiques...).

Tout au long de cette phase de découverte, le vendeur adoptera une attitude d'écoute, prendra des notes dans un contexte de « gagnant-gagnant ».

3. La synthèse

À l'issue de la phase de découverte, le vendeur effectue une synthèse orale afin d'orienter le choix de la proposition qu'il compte faire au client, laquelle hiérarchisera les besoins exprimés par le client. Enfin, le vendeur sera à même de vérifier tout oubli ou négligence.

8 L'ARGUMENTATION ET LA GESTION DES OBJECTIONS

➔ Outil d'aide à la vente, l'argumentaire permet au vendeur de mettre en avant le produit ou le service vis-à-vis de son client dans le but de le convaincre.

1 L'argumentaire

Un argument de vente est la combinaison d'une caractéristique et d'un avantage client. La construction d'un argumentaire comprend cinq étapes et prend appui sur la motivation du client.

1. Recenser les caractéristiques produit

Les produits et/ou services se distinguent en fonction de leurs caractéristiques, à savoir :
- les caractéristiques techniques : composition, poids, performances, fonctionnement, couleur, technique de fabrication... ;
- les caractéristiques commerciales : marque, origine, tarifs, service après-vente, conditions de livraison et de distribution... ;
- les caractéristiques annexes au produit et/ou service : formation, montage ou/et installation... ;
- les caractéristiques propres à la carte d'identité de l'entreprise (vendeur) : notoriété, image de marque, références, expérience du marché, normes ISO...

2. Déterminer les avantages concurrentiels

Pour chaque caractéristique, il s'agit de rechercher un ou plusieurs avantages concurrentiels propres à l'entreprise, adaptés aux besoins et aux motivations du client.

3. Apporter les preuves

Pour tout argument avancé, le vendeur apporte des preuves par différents moyens : catalogue, presse, démonstration, référence, échantillon, schéma technique, photo, essai... Le «book commercial», support visuel, témoigne de la crédibilité des arguments avancés.

4. Personnaliser l'argumentation

La réussite d'une argumentation repose sur la prise en compte des besoins et du profil de l'acheteur. Le vendeur hiérarchisera pour chaque client ou prospect les principaux arguments de vente à utiliser afin de répondre aux besoins fondamentaux exprimés par l'acheteur ou le prospect.

5. Convaincre

Le vendeur fait preuve d'enthousiasme et de dynamisme sur un ton convenu. Il utilise un vocabulaire adapté au contexte de la négociation et utilise des termes à fort «impact», suggestifs, qui «font acheter». Il accompagnera son argumentation avec les gestes appropriés (non verbal).

2 La construction de l'argumentaire

1. La méthode CAP

Pour chaque caractéristique (C), un avantage (A) est avancé pour le client et fait l'objet d'une preuve (P).

EXEMPLE

Extrait d'un argumentaire : cas Metafix.

La «Gaine Flash» est un système inédit d'insertion de câbles pour des applications informatiques et industrielles.

Caractéristiques	Avantages	Preuves
Sécurité	Permet de regrouper tous les fils sous une gaine protectrice	Photo avant installation et après
Rapidité d'installation	Système souple, facilité de pose et de dépose	Démonstration
Utilisations diverses	Intérêt du produit pour les particuliers, les entreprises	Applications : réseaux, TV, hi-fi...

2. La méthode SONCASE

SONCASE est l'acronyme pour Sécurité, Orgueil, Nouveauté, Confort, Argent, Sympathie, Environnement. Il reprend en un mot les préoccupations du client ou du prospect :
- sécurité : besoin d'être rassuré sur la qualité du produit (solidité, SAV, normes...) ;
- orgueil : besoin de s'affirmer (envie, fierté, prestige...) ;
- nouveauté : volonté d'avoir un nouveau produit ;
- confort : recherche de gain de temps, de place... ;
- argent : économies, rentabilité, gain ;
- sympathie : rapport affectif par rapport au produit ;
- environnment : respect des normes environnementales.

3 Le traitement des objections

Dans la mesure où les objections sont utiles, elles facilitent la compréhension des besoins du client et de ses préoccupations. Le vendeur apporte une réponse appropriée dans le but de les réfuter, en mettant en œuvre le processus suivant :
- identifier et valoriser l'objection ;
- comprendre et confirmer la compréhension de l'objection en reformulant ;
- traiter l'objection par des arguments et contrôler («Ai-je répondu à votre attente ?»).

Dans un environnement concurrentiel, le prix devient une objection de plus en plus fréquente. Il est abordé lorsque le client a «accepté» plusieurs avantages, en fin d'argumentation.

Le vendeur défend le prix. Les techniques d'explication et de justification du prix s'inscrivent dans un contexte :
- de positionnement : est-ce un produit haut de gamme ?
- d'addition : on additionne tous les avantages pour justifier le prix ;
- de division : division du prix par la durée d'utilisation du produit (par exemple, on divise le prix total pour aboutir à un prix par jour) ;
- de multiplication : on multiplie les avantages du produit par sa durée d'utilisation.

Le vendeur utilisera une ou plusieurs de ces techniques en fonction du produit.

9 LA CONCLUSION DE L'ENTRETIEN ET LA GESTION DE LA RELATION CLIENT

➔ Dans la phase finale de négociation, le vendeur prend l'initiative de conclure. Cette étape décisive suppose que le vendeur a perçu des signaux d'achat de la part du client, avant d'obtenir l'accord de ce dernier sur la proposition commerciale.

1 Les signaux d'achat

Le vendeur repère chez le client des signaux d'achat, indices essentiels pour engager le processus de conclusion de la vente. Il convient d'éviter :
- une conclusion prématurée qui risque d'indisposer le client, susceptible d'ouvrir la porte à de nouvelles objections ;
- une conclusion tardive qui laisse au client la possibilité de revenir sur son désir d'achat en exprimant des objections et des freins supplémentaires.

Conclure demeure une étape décisive qui demande du sens commercial et de l'attention.

1. Les signaux verbaux

Le client montre son intérêt pour le produit :
- en adoptant « une attitude de propriétaire » (il se projette dans le futur avec le produit) ;
- en demandant une précision sur certains points (garantie, délai de livraison...), voire des avantages supplémentaires ;
- en acceptant du vendeur le traitement d'une objection majeure telle que le prix, par exemple.

2. Les signaux non verbaux

Le client change d'attitude, de posture, il sourit et fait des gestes qui traduisent son ouverture, sa satisfaction. Par une écoute active de qualité, le vendeur repère ces signaux.

2 Les techniques de conclusion

Au moment de conclure, le vendeur adapte son comportement à la situation, en fonction de la personnalité de son client :
- il se montre positif et affirmatif (« ce produit répondra à vos besoins et vous donnera entière satisfaction... ») ;
- il garde le contact avec le client jusqu'à la fin du rendez-vous ;
- il reformule les principaux points et avantages accordés et acceptés par le client (« je peux vous livrer les produits pour le... »).

3 La commande

Pour une situation donnée et dès la conclusion de l'accord, le vendeur propose au client :
- de remplir le bon de commande ;
- ou d'accepter les termes de la facture *pro forma* adressée au préalable ;
- ou d'adresser très rapidement une nouvelle facture *pro forma* reprenant l'ensemble des conditions de vente acceptées par le client.

4 La prise de congé

Quel que soit le résultat de l'entretien de vente, le vendeur s'assure que son client dispose de toutes les informations nécessaires avant de prendre congé.
Dès la conclusion de l'accord, le vendeur :
- félicite, rassure, remercie le client pour son écoute, sa disponibilité, le temps consacré... ;
- prévoit et organise sa prochaine visite et/ou un prochain contact ;
- salue chaleureusement et part sans précipitation en adoptant une attitude empathique, souriante et sobre.

Dans la situation d'une « non-vente », le vendeur :
- garde le sourire et son sens commercial ;
- reste à la disposition du client ;
- prépare les bases d'une relance ou une nouvelle visite (prochain contact) ;
- remercie le client pour son accueil et prend congé sans précipitation.

5 Le suivi de la négociation commerciale

Dans tous les cas, le vendeur prévoit des actions concrètes à entreprendre dès l'issue de l'entretien et prépare le prochain contact. Pour ce faire, il renseigne, complète la « fiche prospect », fait remonter toute information utile aux différents services de l'entreprise :
- services dits « opérationnels » : fabrication, logistique, administratif... ;
- service commercial export pour la préparation des futures actions à mener.

Le vendeur s'assure également de la bonne réalisation du contrat par une prise d'informations auprès des différents services concernés. Il prend contact avec le client pour l'informer du bon déroulement du contrat et s'assure du degré de satisfaction de son interlocuteur.

6 La relation client

Dans le cadre de son développement à l'export, l'entreprise cherche à pérenniser les relations commerciales avec le client (la conquête d'un nouveau client engendre des coûts supérieurs à ceux consacrés à la « fidélisation » d'un client actuel). La mise en œuvre d'une politique de gestion de la relation client (GRC) ou *customer relationship management* (CRM) concerne toutes les activités consacrées à la meilleure compréhension des clients, à l'intensification des relations commerciales et à l'élaboration d'offres personnalisées, avec pour objectif de créer un important « capital client », élément incontournable de la relation client. Ce capital client comprend deux déterminants principaux :
- le capital marque : associations fortes, uniques et favorables avec le nom de la marque ;
- le capital relationnel : tendance du client à rester fidèle à l'entreprise-vendeur.

Enfin, cette relation client se concrétise par la contribution financière du client au chiffre d'affaires de l'entreprise.

10 LE CADRE JURIDIQUE DE LA VENTE À L'INTERNATIONAL

La vente d'une marchandise consiste en son transfert du patrimoine du vendeur à celui de l'acheteur. Pour cela, les deux parties utilisent ou non des documents qu'elles s'échangent. La vente internationale de marchandises peut être soumise à différentes législations quant à sa formation, son exécution et son éventuelle résolution.

1 Les caractéristiques du contrat de vente

Pour que le contrat soit valide, il doit respecter des règles de fond et de forme.

1. Les règles de fond liées à la formation du contrat

a) Le consentement (C. civ., art. 1109 et s.)

Il émane d'une volonté libre et ne doit pas être vicié, c'est-à-dire que l'accord donné par les parties ne doit pas avoir été obtenu par la contrainte ou la ruse. Sont considérés comme des vices du consentement : l'erreur (se tromper sur un élément fondamental et déterminant du contrat), la violence (extorquer un accord par la menace physique ou morale contre les biens ou les personnes), le dol (mensonge, mise en scène pour obtenir l'accord de l'autre et le pousser à l'erreur) et la lésion (l'article 1118 du Code civil protège les incapables en particulier).

b) La capacité (C. civ., art. 1123 et s.)

Les mineurs non émancipés et les majeurs protégés sont incapables. Il s'agit d'une mesure de protection et non d'une sanction, ces personnes pouvant contracter pour des actes courants de la vie quotidienne (acheter des choses de faible valeur).

c) L'objet (C. civ., art. 1126 et s.)

Il s'agit de l'objet de l'obligation qui forme le contrat et non de l'objet matériel de la vente. Dans un contrat de vente, l'objet de l'obligation est de «donner» la chose, c'est-à-dire d'en transférer la propriété.

d) La cause (C. civ., art. 1131 et s.)

L'obligation sans cause, ou sur une fausse cause, ou sur une cause illicite, ne peut avoir aucun effet.

2. Les règles de forme liées à la formation du contrat

La loi n'impose aucune forme précise pour les contrats, c'est donc le consensualisme qui prévaut. Le contrat peut être écrit ou verbal, il se forme par simple échange des consentements. Dans ce cas, il convient d'apporter la preuve de l'engagement.

Dans certains cas, la loi exige un écrit *ad validatem* pour que le contrat soit valide et qu'il produise des effets juridiques. C'est le cas des contrats de vente de biens immobiliers, des navires, des aéronefs et des contrats dans lesquels la loi veut protéger l'une des parties (par exemple, les contrats de crédit à la consommation). Dans certaines ventes, le législateur exige une publication dans un journal ou un registre (registre des hypothèques ou journal d'annonces légales) pour que la vente soit opposable aux personnes qui n'ont pas participé au contrat.

3. Les conséquences du non-respect des règles de fond et de forme

Lorsqu'une des conditions de validité n'est pas respectée, la sanction prévue par la loi est la nullité.

Elle peut être relative ou absolue selon la nature du problème.

La nullité est relative dans les cas peu graves, par exemple lorsqu'elle porte sur un vice du consentement ou l'incapacité. Le contrat peut être annulé dans un délai de 5 ans par les parties. Il pourra toutefois être confirmé si les parties le souhaitent.

La nullité est absolue lorsqu'elle porte sur l'absence d'une règle de fond, tel que le consentement, un objet ou une cause, ou s'il y a une non-conformité, à l'ordre public et/ou aux bonnes mœurs. Dans ce cas, toute personne qui y a intérêt peut agir en nullité pendant 30 ans. La conséquence d'une nullité est de faire disparaître le contrat rétroactivement. Le législateur considère que le contrat n'a jamais existé. La nullité doit être prononcée par un juge pour produire des effets juridiques.

2 Les règles liées à l'exécution ou à l'inexécution du contrat

L'exécution du contrat est présumée de «bonne foi». C'est à la partie qui se prévaut du contraire d'en apporter la preuve.

1. La force obligatoire du contrat

Ce principe est posé par l'article 1134 du Code civil, qui précise que «les conventions régulièrement formées tiennent lieu de loi à ceux qui les ont faites [...]». Lorsque les parties s'engagent dans un contrat qui respecte les règles de fond et de forme imposées par le Code civil, ce contrat a, à leur égard, force de loi.

2. Les effets relatifs à l'égard des tiers au contrat

En principe, un contrat ne peut avoir d'effets qu'entre les parties contractantes, mais dans la réalité économique, les contrats ont souvent des effets plus larges (C. civ., art. 1165). Certains contrats peuvent produire des effets juridiques à l'égard des tiers, par exemple la stipulation pour autrui (C. civ., art. 1121) pour laquelle les effets doivent être positifs et à condition que le bénéficiaire y consente (une livraison de fleurs au profit d'un tiers, par exemple).

3. Le cas du contrat non exécuté

Une mauvaise exécution d'un contrat (un retard, par exemple), une exécution partielle ou une absence totale d'exécution de l'obligation représentent une faute contractuelle.

S'agissant d'une vente, le créancier de l'obligation peut utiliser l'exécution forcée, soit en se faisant livrer la chose retenue illégalement par le vendeur, soit en convertissant cette obligation de donner en obligation de faire, qui devient alors obligation de verser des dommages et intérêts en plus de la restitution du prix (C. civ., art. 1142). Les juristes distinguent toutefois l'exécution forcée portant sur une chose de genre (interchangeable) de celle portant sur un corps certain (bien clairement identifié et non interchangeable).

3 Les conséquences de la non-exécution

La responsabilité contractuelle est engagée en cas de non exécution partielle ou totale du contrat. C'est à la partie plaignante de prouver l'existence :

- d'un dommage, c'est-à-dire le préjudice subi (il concerne, en règle générale, le patrimoine du créancier de l'obligation) ;
- d'un fait générateur, à savoir la faute du contractant défaillant ;
- d'un lien de causalité entre le fait générateur et le dommage.

La loi prévoit qu'en cas de non-exécution liée à un événement de force majeure, le débiteur de l'obligation est dégagé partiellement ou totalement de sa responsabilité. La force majeure est définie comme un événement imprévisible. Certaines manifestations de la force majeure sont retenues par les juges comme le cas fortuit (incendie), le fait du prince (l'intervention de l'État par la loi qui modifie le contrat), le fait d'un tiers et la faute de la victime.

Dès lors que la faute contractuelle sera prouvée, et en l'absence d'un cas de force majeure, le créancier de l'obligation pourra, dans un premier temps, mettre en demeure le débiteur de s'exécuter. Dans certains cas, la loi lui permet de suspendre l'exécution de sa ou ses propres obligations (exception d'inexécution). Enfin, en cas d'inaction du débiteur de l'obligation, le créancier pourra demander des dommages et intérêts, conformément à ce qui a été prévu au contrat (si une telle clause, appelée « clause pénale », a été insérée dès sa rédaction) ou par voie de justice. La résolution de la vente, c'est-à-dire l'annulation rétroactive du contrat avec remise en l'état des parties, pourra être sollicitée.

4 La nature internationale du contrat de vente

1. Le caractère international du contrat de vente

La doctrine française dominante précise : « Un contrat qui, par les actes concernant sa conclusion ou son exécution, ou la situation des parties quant à leur nationalité ou leur domicile, ou la localisation de son objet, a des liens avec plus d'un système juridique, est un contrat international. »

Quant à l'article 4 alinéa 1er de la convention de Rome du 19 juin 1980 sur la loi applicable aux obligations contractuelles (entrée en vigueur en France le 1er avril 1991), elle définit le contrat international en fonction des liens qui existent avec un pays, qu'elle nomme « liens les plus étroits ».

Un contrat est donc international lorsqu'il présente des points de rattachement avec au moins deux systèmes juridiques différents, en l'occurrence lorsque deux cocontractants ont leur établissement dans des États différents.

2. Les conflits de lois dans le contrat de vente international

Un conflit de loi, se définit par la possibilité d'appliquer au même contrat deux législations de deux pays différents. Ceci est source de litiges.

a) La simplicité de la loi d'autonomie

Les parties peuvent opter pour la loi d'autonomie, qui correspond à la loi choisie par les parties et mentionnée dans le contrat. Ce choix s'impose au juge, sauf exceptions (lois d'ordre public, de police, d'éviction, d'application immédiate prévues par la règle de conflit du juge qui sera saisi en cas de litige).

Cette faculté est prévue par les articles 3 de la convention de Rome du 19 juin 1980 (sur la loi applicable aux obligations contractuelles) et 2 de la convention de La Haye du 15 juin 1955 (sur la loi applicable aux ventes à caractère international d'objets mobiliers corporels).

Le choix d'une loi applicable au contrat de vente simplifie les démarches juridiques en cas de conflit entre les parties.

b) Les solutions apportées par le droit international en l'absence de choix des parties

Les articles 4 de la convention de Rome de 1980 et 3 de la convention de La Haye de 1955 apportent une réponse. Ces dispositions amènent à désigner la loi du pays avec lequel le contrat présente les liens les plus étroits. La convention de La Haye rejoint ce principe puisqu'elle indique en son article 3 que la vente est régie par la loi interne du pays où le vendeur a sa résidence habituelle au moment où il reçoit la commande. Elle ajoute toutefois que la loi du pays de l'acheteur peut être applicable si c'est dans ce pays que la commande a été reçue par le vendeur. Cette solution amène donc, en règle générale, à la désignation de la loi du pays du vendeur.

11 LE CONTRAT DE VENTE À L'INTERNATIONAL

Le contrat de vente à l'international peut être régi par la loi d'une des parties, par une loi ou par une convention internationale, dont la convention de Vienne du 11 avril 1980.

1 La convention de Vienne du 11 avril 1980

1. Champ d'application de la convention

La convention de Vienne traite des ventes internationales de marchandises. Adoptée sous l'égide des Nations unies, elle donne un cadre juridique uniforme aux ventes internationales et concerne 80 pays adhérents. La France a ratifié le 6 août 1982 la convention, qui constitue donc notre droit international privé de la vente. Cette convention est entrée en vigueur le 1er janvier 1988. Ainsi, lorsque, dans un contrat de vente international, on désigne la loi française, ou lorsque la règle de conflit du juge saisi (le for) désigne la loi française, c'est la convention de Vienne qu'il conviendra appliquer.

2. Conditions d'applicabilité de la convention

La convention s'applique aux contrats de vente de marchandises passés entre des parties dont l'entreprise se situe sur le territoire d'un État contractant de la convention, ou lorsque le juge saisi du litige désigne la loi d'un pays signataire en application de sa règle de conflit, qui consiste à désigner la loi applicable au litige qui lui est présenté.

La convention s'applique à tout ou partie du contrat. Les parties sont également soumises aux usages qui existent dans la profession ou qui seraient nés entre elles (art. 9 de la convention).

a) La forme du contrat

Elle est libre, selon le principe fixé par l'article 11, et le contrat peut être prouvé par tout moyen.

b) La formation du contrat

Elle nécessite une offre du vendeur ou une demande de l'acheteur ainsi qu'une acceptation de l'autre partie.

Une offre se définit comme une proposition d'affaire suffisamment précise (la précision s'apprécie par rapport à la désignation des marchandises, à la quantité, au prix ou à tout élément qui permet de les déterminer) adressée à une ou plusieurs personnes déterminées.

Une offre peut être rétractée avant qu'elle n'arrive à l'acheteur potentiel ou révoquée avant que cet acheteur l'ait acceptée. Le point de départ de l'offre se matérialise par l'envoi du courrier, du fax, du télex, du courriel ou du jour de l'appel téléphonique (art. 20).

L'offre peut prendre la forme d'un courrier dès lors qu'il contient tous les éléments essentiels à la formation d'un accord (la désignation complète de la chose vendue et son prix). Elle peut aussi être une facture *pro forma* avec au dos les conditions générales de vente export. Enfin, l'offre peut tout simplement revêtir l'aspect traditionnel d'un contrat contenant toutes les clauses obligatoires.

Lorsque l'autre partie accepte l'offre dans son état d'origine, le contrat est formé et la vente est parfaite. S'il apporte des modifications sur le prix, le paiement, la qualité, la quantité de marchandises, le lieu et le moment de la livraison ou l'étendue de la responsabilité, on parle alors de « refus de l'offre », qui s'analyse comme une contre-offre (art. 19).

2 Les obligations et droits des parties

Ces questions sont réglées par les articles 30 à 65 de la convention de Vienne.

1. Les obligations et droits du vendeur

a) Les obligations du vendeur

Il doit la délivrance conforme des marchandises (en quantité, qualité et emballage), les documents et le transfert de la propriété. S'il y a un transport à sa charge, il doit respecter les délais et remettre les documents qui permettent le retrait des marchandises (art. 32 à 34).

Il ne doit pas tromper l'acheteur et il doit le garantir contre l'éviction et la revendication d'un tiers, c'est-à-dire que personne d'autre ne revendiquera la propriété de la marchandise.

Il doit respecter les droits et licences qui pèsent sur la marchandise (mise en circulation et à la consommation).

Il doit remplacer la marchandise non conforme.

b) Les droits du vendeur

Il peut remplacer les marchandises défectueuses si elles sont livrées avant la date butoir ou s'il y a accord de l'acheteur. Il a le droit de contester la vérification des marchandises faite par l'acheteur. Il peut obliger l'acheteur à s'exécuter (art. 62). Il peut demander la résolution du contrat et des dommages et intérêts en cas de faute du débiteur.

Il a le droit de revendre les marchandises et de faire payer la différence à l'acheteur originel en cas de défaillance de celui-ci.

2. Les obligations et droits de l'acheteur

a) Les obligations de l'acheteur

Il doit payer le prix visé dans le contrat (art. 54 à 59). Dans certaines législations, comme en Allemagne, le prix peut ne pas être clairement indiqué, le contrat reste pour autant valable. Se pose alors la méthode de détermination du prix au moment de la formation du contrat. Ce cas est expressément visé par l'article 55 de la convention de Vienne.

Il doit prendre livraison de la marchandise et la vérifier.

Il doit des dommages et intérêts en cas d'inexécution de ses obligations.

b) Les droits de l'acheteur

Il bénéficie de remèdes à la résolution du contrat (art. 46 à 52). Ces solutions sont prévues pour éviter la résolution de la vente (remise en état des marchandises, livraison, remplacement, réduction de prix).

Il peut suspendre l'exécution de ses obligations, dénoncer le contrat et demander des dommages et intérêts en cas de faute du vendeur.

3 La résolution du litige

En cas de litige, deux voies principales s'offrent aux entreprises du commerce international : le recours juridictionnel et le recours non juridictionnel.

1. Le recours au juge

Il consiste en la saisie du juge d'un État.
Pour éviter certains problèmes, les parties doivent recourir à l'écrit.

a) Les avantages

Le juge choisi est identifié dès la formation du contrat, par une clause d'élection de juridiction. Il est donc accepté des parties et connu d'elles. La désignation d'un juge écarte l'incertitude de celui qui pourrait être choisi par la partie plaignante, en général celui de son pays. Pour que la sécurité soit complète, les parties doivent également désigner la loi que le juge utilisera pour trancher leur litige. Ceci écarte une autre incertitude, celle de la solution offerte par la règle de conflit du for : elle correspond à la règle juridique du juge saisi de résoudre le litige.
Enfin, à la fois avantage et inconvénient, la décision est susceptible de recours (en théorie) ce qui offre une sécurité dans l'analyse au fond mais risque de ralentir la solution du litige.

b) Les inconvénients

Le juge saisi est-il un spécialiste de l'objet du litige (produits techniques, marché restreint, haute technologie...)? Connaît-il le droit désigné par les parties dans leur contrat? Ne va-t-il pas écarter la loi choisie par les parties en application d'une règle de droit impératif de son pays?
Toutes ces questions sont judicieuses quand le juge désigné et la loi choisie ne relèvent pas du droit communautaire applicable au sein de l'Union européenne. En effet, depuis la convention de Bruxelles du 27 septembre 1968, qui traite de la compétence judiciaire et de l'exécution des décisions en matière civile et commerciale, le problème est résolu pour les ressortissants des États membres.

2. Le recours non juridictionnel : l'arbitrage

Pour recourir à l'arbitrage, il faut obligatoirement un écrit : une clause compromissoire (lorsque la clause est insérée dès la création du contrat) ou un compromis de compétence (quand l'accord se formalise après la naissance du différend). Les parties ont à choisir entre les formes d'arbitrages.

a) L'arbitrage *ad hoc*

Organisé par les parties et leurs conseils (avocats d'affaires), il est complexe à mettre en place. Il faut prévoir un renvoi aux juridictions étatiques si nécessaire. Les parties doivent prévoir : les arbitres et leur nombre, leur éventuel remplacement, le droit applicable ou l'amiable composition (recours à la logique et non au droit), la durée de l'arbitrage et les conditions de sa prorogation, la nature des litiges arbitrables, l'indemnisation des parties, la langue utilisée, le lieu de l'arbitrage, la rémunération des arbitres, le recours aux expertises, etc. Cet arbitrage est donc complexe, coûteux et réservé aux litiges d'une valeur importante, comme ceux portant sur des transports, des droits de la propriété industrielle, des constructions ou des matières onéreuses.

b) L'arbitrage institutionnel

Il consiste, pour les parties, à désigner dans leur contrat, leurs conditions générales de vente export (CGVE) ou leurs conditions générales d'achat import (CGAI) une cour d'arbitrage permanente. Cette solution est moins coûteuse, plus rapide à rédiger et il existe d'excellentes cours d'arbitrage en Europe et dans le monde. Certaines ont même une spécialité (Carmed Marseille – Caren Lille – CEA Strasbourg – CIA Paris – OMPI Genève – UNCITRAL La Haye...). On notera que, lorsque la sentence arbitrale est rendue, soit les parties l'exécutent de bonne foi et volontairement, soit il faut recourir à *l'exequatur*, c'est-à-dire à l'apposition sur la sentence arbitrale de la formule exécutoire, devant le juge national compétent dans le ressort duquel doit être exécutée la sentence.

4 Le traitement du litige

Les parties à un contrat de vente à l'international peuvent avoir ou non anticipé cette question.

1. En l'absence d'un écrit

Si les parties n'ont pas eu recours à un écrit contractuel, elles seront tentées, en cas de litige, de saisir leur juge national. On aboutit alors à un conflit de juridictions, qui peut lui-même aboutir à des décisions judiciaires différentes. Cette situation doit être évitée.

2. Le recours à l'écrit

Divers documents peuvent servir de supports à l'indication du mode de résolution des litiges : les conditions générales de vente, le contrat de vente à proprement parler, le bon de commande et le bon de livraison si les mentions désignant le mode de résolution du litige sont lues, acceptées et signées par l'acheteur.
Dans le but d'aménager la résolution d'un éventuel litige, les parties peuvent utiliser diverses clauses :
- la clause d'élection de juridiction désigne la juridiction qui sera saisie en cas de litige ;
- la clause de droit applicable vise la législation qui va régir le contrat ;
- la clause pénale fixe par avance le montant des dommages et intérêts dus par la partie qui contreviendrait à ses obligations ;
- la clause résolutoire dresse la liste des situations qui peuvent conduire à la résolution du contrat ;
- la clause compromissoire désigne une cour d'arbitrage institutionnelle ou un arbitrage *ad hoc*.

12 NÉGOCIER EN ANGLAIS

L'entretien de vente repose sur une relation qui nécessite une bonne connaissance de la langue et du contexte culturel de l'interlocuteur étranger.

1 La prise de contact

1. Tenir compte du contexte culturel

a) Quelques règles générales à respecter face à un partenaire anglophone

L'anglais des affaires est certes utilisé dans de nombreux contextes commerciaux mais les circonstances, les pays, la maîtrise de la langue varient énormément. De ce fait, il ne convient pas d'imposer une ou deux références culturelles majeures (britannique et américaine) mais d'adopter un comportement standard relativement neutre et de le moduler en fonction des circonstances :
- soigner sa présentation : on n'a jamais une deuxième chance de faire une première bonne impression ;
- apprendre à être à l'aise, à maîtriser la situation : c'est beaucoup plus facile si l'on est bien préparé ;
- la poignée de mains en début et en fin d'entretien est d'usage dans la plupart des cas.

b) Règles de conduite dans le cadre de l'entretien

Les premiers échanges peuvent être d'ordre très général (le temps qu'il fait, le décalage horaire ou le moyen de transport utilisé), éventuellement autour d'une boisson. Ensuite, la transition se fait naturellement vers le sujet de fond : la négociation commerciale. Le négociateur, qui rencontre un prospect afin de conclure une vente, mène l'entretien sans pour autant monopoliser la parole. Le prospect doit se sentir écouté et compris dans ses attentes. L'entretien ne peut de ce fait être stéréotypé.

2. La phase d'accueil

a) Saluer

Good morning, good afternoon, good evening. Hello! et *Hi!* sont tout à fait possibles si le contexte n'est pas trop formel, et, bien sûr si votre interlocuteur utilise ces salutations.
Nice to meet you/it's a pleasure to meet you suivent en général.
How do you do est également utilisé, on y répond par *how do you do.*

b) Se présenter, présenter son entreprise

Je m'appelle... de l'entreprise... située à... : *I'm Christian Darnell from... located in.../My name's Deborah Beisert, the export assistant of...*
Nous commercialisons, nous sommes spécialisés en... : *We sell... we specialise in the sale of.../in textiles.*

c) Vérifier l'identité du prospect

Are you Mr Crockett, from Darlington Cutlery? You must be Ms Van Hellen.
Enchanté de vous rencontrer personnellement : *I'm pleased to meet you in person.*

d) Annoncer le but de la visite

Je suis ici pour présenter notre offre/en réponse à votre demande d'offre : *I'm here to present our sales offer or tender/in reply to your request for a quotation or in response to your enquiry.*

3. La conduite de l'entretien

a) La découverte des besoins et des motivations par une écoute active

Si je vous comprends bien, vous souhaitez/vous avez besoin de... : *If I understand you correctly, you wish to order/you need or you would like to have...*
Vous vous intéressez à... : *You are particularly interested in...*

b) Poser des questions en variant la technique de questionnement

Que voulez-vous dire précisément quand vous dites... ? *What exactly do you mean when you say...?*
Cela signifie-t-il que vous cherchez... ? *Does that mean that you are looking for...?*
Et si nous revenions sur ce point? *Could we come back to this particular point?*

c) S'assurer que l'on a bien compris par la reformulation

En d'autres termes, vous attendez que nous... : *In other words, you expect us to...*
Vous attachez donc beaucoup d'importance à... : *So it is a priority for you...*
Vous voulez dire que... : *You mean that...*

d) Faire répéter ou demander des précisions

Excusez-moi, pourriez-vous répéter/parler plus lentement? *Excuse me, but could you please repeat that/speak more slowly?*
Excusez-moi, je ne suis pas sûr(e) d'avoir bien compris : *I'm sorry, but I'm not sure I've understood you.*
Puis-je vous demander de me préciser... ? *Can I ask you to give me some more information on...?*
Résumons ce à quoi nous avons abouti : *Can we sum up what has been said so far?*

e) Suggérer

Que penseriez-vous si nous... ? *What would you say if we...?*
Vous pourriez peut-être modifier... ? *You could perhaps change...?*
Ne pourrions-nous pas revenir plus tard sur ce point? *Couldn't we come back to this point later?*
Ce serait peut-être mieux de... : *It might be more sensible to...*

2 La présentation de l'offre commerciale

1. Montrer sa connaissance des besoins du prospect

Nous savons que vous désirez... : *We know you're interested in...*
Nous avons bien compris que... : *We perfectly understand that...*
Nous avons étudié vos besoins et... : *We have analyzed your requirements and...*

2. Présenter l'offre globalement

Voici l'offre commerciale que je suis venu(e) vous présenter : *Here is the sales offer/business opportunity I would like to show you.*
Comme vous le voyez dans ce document, nous proposons précisément : *As you can see in this document we are offering you...*

3. Détailler les points principaux de l'offre

Tout d'abord le produit lui-même : *first of all, the product itself.*
Ses caractéristiques sont résumées dans ce paragraphe : *Its characteristics are briefly presented in this paragraph.*
Les quantités/le poids/le volume sont conformes à vos exigences : *The quantities/the weight/the volume meet(s) your requirements.*
L'emballage et le conditionnement sont bien sûr parfaitement étudiés : *The wrapping and the packaging are of course perfectly suited to the product.*
Nos délais de livraison sont fixés comme suit... à partir de la date de la commande : *Our delivery time is usually... from the date of the order.*
Sauf en cas de force majeure : *Except in the case of force majeure.*
Nos conditions de paiement sont toujours les mêmes lors d'une première commande : *Our terms of payment are always the same for a trial order.*

4. Les mentions de l'offre

Mentions	Indications nécessaires
Description of the goods (description de la marchandise)	*Satin lipstick, ref CK 52/navy blue velvet shirts ESH 603 (sizes XS to XXL)/AC 240 aluminium ingots*
	Nonslip ceramic grey-coloured tiles, of the ACUMEN range, 60 × 60 cm (sixty by sixty centimeters)
	8,000 (eight thousand) cubic metres/a gross weight of 5 tons/55 cm long, 7.5 cm wide and 4 cm high
	In cardboard boxes numbered 1 to 10/bubble wrap is used to protect individual items/in shock-proof boxes
Quantity to deliver (quantité à livrer)	*In accordance with your request, the total amount to be delivered is 7 pallets/80 tons/2,000 liters/500 items*
	The minimum quantity to be ordered is..../+/- 5% (more or less five per cent)/no spillage during freight
Price (prix)	*11.96 EUR/sqm; the total amounts to 14,352 EUR (EXW) for 1,200 sqm/transport is not included*
	The prices are quoted in GBP (pounds, pounds sterling)/EUR/USD/CAD/JPY/RUB/INR/BRL
	The customer will bear a price varirion of ...% due to weather conditions.
Shipping (conditions d'expédition)	*Our terms are usually EXW but we can organise a FOB/CIF transport upon request.*
	The cargo will be shipped by containers on board «The Apollo»/by plane/by rail/by road haulage
	Pre-carriage and post-carrriage are not included/Loading at our warehouse located.../The consignment will be discharged upon arrival in the port of...
	The non-binding transit time is 10 days/12 hours; partial transshipments are/aren't allowed
	The merchandize will be delivered within 48 hours/in 7 days at the latest upon receipt of the order/10 days after confirmation of the credit opening
	Partial deliveries are/aren't accepted/tolerated for quantities over.../under any circumstances
Terms of payment (conditions de paiement)	*The invoice will be settled by SWIFT transfer to the Irish Bank of Commerce, account #...*
	Payment is by bank draft at 60 days from the date of the invoice through our bank/by monthly instalments
	The invoice will be settled upon delivery of the goods. Please contact our bank for the list of documents requested (insurance certificate, packing list...)
	We expect a 30% downpayment when the order is placed; the outstanding amount will be paid at 90 days
	A 1% monthly interest rate will apply in case of late payment. We offer a 5% discount for payment at sight.
Validity (durée de validité de l'offre)	*The offer is valid until July 31st/for 6 months from this date/. Our prices may then be adjusted*
Legal clauses (clauses juridiques)	*The relevant tribunal to settle disputes is the Canadian International Trade Tribunal*
	The goods remain the property of the seller until fully delivered
	The general terms of sale are mentioned on the back of the offer/apply unless otherwise specified

5. Vérifier qu'aucun point n'a été omis

Je voudrais savoir si cette offre vous semble complète : *I would like to know if this offer/sales proposal seems complete to you.*
Avez-vous des questions/remarques concernant un point particulier ? *Do you have any questions/remarks about anything/any aspect of this deal?*

3 L'argumentaire

1. Valoriser le produit

a) Vérifier que l'offre correspond aux attentes

Nous espérons avoir bien cerné vos besoins : *We trust that we have correctly determined your requirements.*

Nous pouvons naturellement opérer les modifications que vous jugerez nécessaires : *We can of course carry out any modifications that you may find necessary.*

b) Annoncer les caractéristiques de notre produit

Nous sommes spécialisés dans la vente de... : *We specialize in selling...*

Notre produit est le plus rentable du marché : *Our product is the most cost-effective on the market.*

Il dispose/est équipé de... : *It includes/is equipped with...*

Il permet à l'utilisateur de... : *It permits/enables the user to...*

Notre service après-vente est très efficace : *Our after-sales service is very efficient.*

Son prix imbattable en fait un produit abordable : *Its unbeatable price makes it an affordable product.*

c) Expliciter les avantages client

Nous nous occupons de... : *We'll take care of/look after...*

Inutile d'investir dans de l'équipement lourd/notre produit vous évite de perdre du temps : *No need to invest in heavy machinery/our product saves you time.*

Vous n'aurez plus qu'à choisir le modèle : *All you will have to do is choose the model.*

Avant, vous deviez..., maintenant avec ce produit, vous pouvez... : *You used to... but now, with this product you can...*

Grâce à..., vous réduirez vos coûts de... : *Thanks to... you will cut your costs.*

d) Apporter les preuves

Voilà un échantillon... : *Here is a sample...*

Si vous observez le graphique, vous verrez que... : *If you look at the chart you will notice that...*

Selon une enquête/un questionnaire de satisfaction... réalisé(e) auprès des utilisateurs de/du... : *According to a survey/a consumer satisfaction study carried out among the users of...*

La norme ISO garantit à nos clients... : *The ISO standard is a guarantee for our customers that...*

Comme vous le voyez dans notre catalogue, à la page 15... : *As you can see in our catalogue, page 15...*

Nous n'avons jamais reçu de réclamations concernant... : *We have never received any complaint about...*

Nos fournisseurs s'engagent eux aussi dans une démarche qualité : *Our suppliers too are committed to providing quality products.*

2. Réfuter les objections

a) Identifier l'objection

Si je vous comprends bien, vous... : *If I get your point, you...*

D'après ce que vous me dites, vous aimeriez modifier... : *According to what you've just said, you would be willing to change...*

Donc, vos doutes concernent... : *So, your doubts concern...*

b) Valoriser l'objection

Bien sûr, il est compréhensible que... : *Of course it's quite understandable that...*

Je comprends votre position : *I perfectly understand your position.*

c) Chercher à comprendre

Vous préféreriez peut-être que... : *You might prefer that...*

Ce serait mieux si... : *It would be better if...*

d) Confirmer la compréhension en reformulant

En résumé, votre entreprise... : *To sum up, your company...*

Corrigez-moi si je me trompe : *Correct me if I'm wrong.*

e) Traiter l'objection, proposer des alternatives, des concessions

Je vous suis sur ce point, mais malgré tout... : *I perfectly understand what you're saying, but all the same...*

Évidemment, nous pouvons..., par contre, il nous sera difficile de... : *Of course we can..., but, on the other hand, it will be difficult for us to...*

Il est vrai que nos concurrents... mais ils ne vous assurent pas que... : *It's true that our competitors... but they don't guarantee that...*

Et si nous vous proposions... : *What if we offered you...*

Seriez-vous satisfait si... : *Would you be satisfied if...?*

L'alternative serait de... : *An alternative would be to...*

Si vous vous engagez à..., nous pourrons... : *If you take a stand to..., we'll be able to...*

Nous vous garantissons... En échange, vous devrez/devriez... : *We guarantee... In exchange you will/should...*

Si vous vous engagiez à..., nous ferions un effort sur... : *If, on your part, you took a stand to..., we would make concessions on...*

f) Contrôler l'effet de la réponse

Qu'est-ce que vous en pensez ? *What do you think about this?*

Est-ce que je me fais bien comprendre ? *Am I being clear?*

4 La fin de l'entretien

1. Gérer les signaux d'achat

a) L'accord est différé

Nous allons prendre en compte vos remarques et suggestions et vous recontacterons : *We're going to take your remarks and suggestions into account and will contact you again.*

Je vous laisse le temps de réfléchir/d'étudier notre proposition : *I'll give you time to think over/to study our proposal.*

Je vais discuter avec mes supérieurs de la faisabilité de... : *I'm going to talk to my boss about the feasibility of...*

Nous vous ferons de nouvelles propositions dans les plus brefs délais : *We will submit a new proposal as soon as possible.*

Vous pouvez compter sur nous : *You can count on us.*
Je vais contacter mon supérieur hiérarchique afin d'obtenir les précisions que vous demandez : *I'm going to get in touch with my line manager in order to get/obtain the precise information you require.*

b) La négociation aboutit (signaux d'achat)

Je crois que nous venons de nous mettre d'accord : *I think we have come to an agreement, haven't we?*
Notre accord impliquerait... : *Our agreement would imply that...*
Si je comprends bien, nous pourrions prévoir/envisager... : *If I understand you correctly, we could plan to/consider* + verbe en *-ing...*
On pourrait donc en déduire que nous allons... : *We can conclude that we're going to...*
Je note que vous seriez/êtes d'accord pour... : *I note that you would agree to/have agreed to...*
Je crois que nous avons traité les points principaux : *I think we have dealt with the main points.*
Alors, nous pouvons conclure : *So, we can now conclude.*

2. Clore la négociation

a) Réaffirmer les atouts du produit

Ce produit/service vous donnera entière satisfaction : *This product/service will give you entire satisfaction.*
Vous ne regretterez pas ce choix : *You won't regret this choice.*
Vous verrez qu'il sera à la hauteur de vos exigences : *You will see that it will meet your expectations.*

b) Reformuler les points-clés

Nous nous engageons à... : *We are committed to...* + verbe en *-ing.*
À votre niveau, vous... : *At your level, you...*
Nous vous livrons le... : *The delivery is to take place on...* (+ date exacte).
Le paiement est à 30 jours date de facture : *The payment is expected at 30 days after the date of the invoice.*

c) La commande

Maintenant que nous sommes d'accord sur les points de détail... : *Now that we have agreed on the details...*
Et si nous remplissions le bon de commande? *What about completing the order slip?*
Alors, acceptez-vous les termes de la facture pro forma que nous vous avions fait parvenir? *So, do you accept the terms of the pro-forma we sent you?*
Nous vous adresserons demain la nouvelle pro forma : *The new pro-forma will be sent to you tomorrow.*
Vous voulez bien signer...? *Will you sign...?*

3. Conclure l'entretien

a) Prendre congé/remercier

Merci pour votre intérêt : *Thank you for the interest you have shown.*
Je sais que vous êtes occupé(e) et je vous remercie de m'avoir reçu(e) : *I know you're very busy and I thank you for your time.*

b) S'intéresser au lien créé

Je suis ravi(e) d'avoir travaillé avec vous : *I'm delighted I've had this opportunity to work with you.*
C'est un plaisir de vous avoir rencontré(e) : *It's been a pleasure to meet you.*

c) Apporter de nouveaux éléments

Je vous fais parvenir les documents et je vous rappelle dans le courant de la semaine prochaine : *I'm going to forward the documents to you and I'll give you a ring in the coming week...*

d) Garder le contact

Restons en contact au cas où... : *Let's keep in touch in case...*
Nous pouvons d'ores et déjà fixer l'heure et la date du rendez-vous : *We can therefore decide the date and time of the appointment.*
Je peux vous contacter dès la parution de notre nouveau catalogue? : *Can I contact you as soon as our next catalogue is available?*
Puis-je vous envoyer une invitation pour le prochain salon de... : *Would you be interested in receiving an access card for the next professional show...?*
N'hésitez pas à nous appeler si... : *Don't hesitate to call us if...*
Nous restons à votre disposition si vous avez la moindre question : *We remain at your disposal should you have any questions.*

13 NÉGOCIER EN ALLEMAND

L'entretien de vente repose sur une relation qui nécessite une bonne connaissance de la langue et du contexte culturel de l'interlocuteur étranger.

1 La prise de contact

1. Tenir compte du contexte culturel

a) Quelques règles générales à respecter face à un partenaire allemand

- Être ponctuel : le respect des horaires et des échéances est primordial.
- Adopter plutôt une tenue classique à défaut d'une connaissance précise du code vestimentaire du prospect.
- Respecter le besoin d'espace vital du prospect allemand : il ne faut pas être trop près de lui, la distance approximative correspondant à la longueur du bras tendu plus quelques centimètres.
- Avoir un visage détendu et souriant, se montrer intéressé.
- Débuter l'entretien par une poignée de main ferme et un contact visuel soutenu.

b) Règles de conduite dans le cadre de l'entretien

- Dans le cadre d'une réunion, fixer un ordre du jour et le suivre scrupuleusement.
- Pour un entretien, présenter la démarche après avoir accueilli l'interlocuteur. S'exprimer de manière claire, directe et professionnelle. Les Allemands abordent très vite les points essentiels de l'entretien et passent peu de temps sur des sujets accessoires.
- Savoir écouter sans interrompre l'interlocuteur. Des interruptions spontanées peuvent être perçues comme un manque de respect et une impolitesse.

2. La phase d'accueil

a) Saluer

Le matin : *guten Morgen.*
Dans le courant de la journée : *guten Tag.*
En Bavière et en Autriche : *grüß Gott.*

b) Se présenter, présenter son entreprise

Je m'appelle... de l'entreprise... : *Mein Name ist Marion Calenne von der Firma Côte d'Argent in Seclin/Ich heiße Marion Calenne von...*
Nous commercialisons, nous sommes spécialisés en : *Wir vertreiben (das Produkt), Wir sind auf+A... spezialisiert.*

c) Vérifier l'identité du prospect sans oublier son titre

Sind Sie Herr Dieter Siecke? Sind Sie Frau Doktor Müller?
Enchanté de vous rencontrer personnellement : *Es freut mich, Sie persönlich zu treffen. Sehr angenehm.*

d) Annoncer le but de la visite

Faire connaissance : *Ich wollte Sie persönlich kennenlernen.*
Répondre à une demande d'offre : *Ich möchte persönlich auf Ihre Anfrage antworten.*
Présenter un nouveau produit : *Ich möchte Ihnen unser neues Produkt vorstellen.*

3. La conduite de l'entretien

a) La découverte des besoins et des motivations par une écoute active

Il vous semble donc que... : *Es scheint Ihnen also, dass...*
Si je vous comprends bien, vous souhaitez/vous avez besoin de... : *Wenn ich Sie richtig verstehe, möchten Sie.../haben Sie Bedarf an+Dat.*
Vous vous intéressez à... : *Sie interessieren sich für* + Acc.

b) Poser des questions en variant la technique de questionnement

Que voulez-vous dire précisément quand vous dites.../ par là? *Was meinen Sie genau, wenn Sie sagen...? Was genau verstehen Sie unter...?*
Cela signifie-t-il que...? : *Bedeutet das, dass...?*
En d'autres termes... : *Mit anderen Worten...*
Pourriez-vous réexpliquer votre demande? : *Könnten Sie Ihre Forderung wieder erklären?*
Et si nous revenions sur ce point? : *Lassen Sie uns auf diesen Punkt zurückkommen?*

c) S'assurer que l'on a bien compris par la reformulation

Si je vous comprends bien, vous cherchez... : *Wenn ich Sie recht verstanden habe, suchen Sie...*
En d'autres termes : vous attendez que... : *Mit anderen Worten : Sie erwarten, dass...*
Vous attachez donc beaucoup d'importance à... : *Sie legen also besonderen Wert auf* + Acc.
Vous voulez dire que... : *Was Sie damit sagen wollen...*
Je vois, vous vous intéressez donc à... : *Ich sehe, Sie interessieren sich also für* + Acc.

d) Faire répéter ou demander des précisions

Excusez-moi, pourriez-vous répéter/parler plus lentement? *Entschuldigen Sie, könnten Sie das bitte noch einmal wiederholen? Entschuldigung, können Sie langsamer sprechen?*
Excusez-moi, je ne suis pas sûr d'avoir bien compris : *Entschuldigen Sie, ich bin nicht sicher, ob ich das richtig verstanden habe.*
Puis-je vous demander de me préciser ce point? *Darf ich Sie bitten, mir diesen Punkt zu präzisieren?*
Résumons : *Darf ich zusammenfassen.*

e) Suggérer

Que penseriez-vous si... : *Wie wäre es, wenn...?*
Vous pourriez peut-être... : *Sie könnten vielleicht...* (+ inf.)?
Ne pourrions-nous pas... : *Wäre es nicht möglich... zu* (+ inf.)?
Ce serait peut-être mieux de... : *Es wäre vielleicht besser, wenn...*

2 La présentation de l'offre commerciale

a) Montrer sa connaissance des besoins du prospect

Nous savons que vous souhaitez... : *Sie interessieren sich sicher für* + Acc./*Sie sind besonders an* + Dat. *interessiert...*

Nous avons bien compris que... : *Wir haben verstanden, dass...*
Nous avons étudié vos besoins et... : *Wir haben Ihren Bedarf analysiert und...*

b) Présenter l'offre globalement

Voici l'offre commerciale que je suis venu(e) vous présenter : *Gern unterbreite ich Ihnen das folgende Angebot.*
Comme vous le voyez dans ce document... : *Wie Sie aus diesem Dokument entnehmen können...*
Nous vous proposons précisément... : *Wir bieten Ihnen genau folgendes... an.*

c) Détailler les points principaux de l'offre

Tout d'abord, le produit lui-même : *Zuerst das Produkt.*
Ses caractéristiques sont résumées dans ce paragraphe : *Die typischen Merkmale des Produkts sind in diesem Abschnitt zusammengefasst.*
L'emballage et le conditionnement sont bien sûr parfaitement étudiés : *Die Verpackung und die Aufmachung des Produkts sind natürlich angemessen.*
Nos délais de livraison sont fixés comme suit... à partir de la date de confirmation de la commande : *Wie unten genannt erfolgt die Lieferung... nach Auftragsbestätigung.*
Sauf en cas de force majeure : *Außer wenn Sie die Ware dringend benötigen.*
Lors d'une première commande, nos conditions de paiement sont les suivantes... : *Unsere Zahlungsbedingungen sind bei einer Probebestellung wie folgt...*

d) Les mentions de l'offre

Mentions	Indications nécessaires
Beschreibung der Ware (description de la marchandise)	*Wir können Ihnen 500 kg Kiwis aus Australien, 1. Wahl verpackt in 50 Kisten anbieten*
	Playmobil Tierklinik ist ein weißer neuer Anbau mit Gehegen
	Gewicht, Maße, Volumen 82 × 35 × 23 cm
	Alle unsere Kartons sind für Post-und Bahnversand geeignet
Abnahmemenge (quantité à livrer)	*Da es sich um ein Sonderangebot handelt, sind diese Weine nur beliefbar, solange der Vorrat reicht*
	Ab Abnahme von 48 Flaschen an eine Adresse liefern wir frei Bahnstation
Preis (eventuelle Klausel über Preisschwankung) (prix)	*Der Stückpreis beträgt 10 EUR Verpackung und Transport ausschließlich*
	Währung (Kodifikation ISO der Devise)
	Unsere Preise verstehen sich einschließlich Mehrwertsteuer (MwSt)
Lieferbedingungen (conditions d'expédition)	*Incoterms*
	Per Bahn/Per LKW/als Frachtgut/als Eilgut
	Die Früchte werden morgen im Bremer Hafen verladen
	Unverbindliche Transitdauer
	Auf Wunsch machen wir Ihnen ein Transportangebot für Lieferung frei Haus
	Wir bieten Ihnen Teillieferungen an
Zahlungsbedingungen (conditions de paiement)	*Die Begleichung der Rechnung erfolgt per Banküberweisung auf unser Konto Nr... bei der Dresdner Bank in München*
	Wenn die Zahlung innerhalb von 14 Tagen nach Erhalt der Ware erfolgt, gewähren wir einen Rabatt von...
	Wir liefern gegen Nachnahme. Bei Barzahlung gewähren wir einen 5% Nachlass
	Wir bitten um eine Anzahlung in Höhe von... (Summe EUR)
	Der Wechsel; das Akkreditiv
Gültigkeitsdauer des Angebots (durée de validité de l'offre)	*Dieses Angebot ist bis zum (Datum) gültig. Da es sich um ein Sonderangebot handelt, sind diese Weine nur beliefbar, solange der Vorrat reicht*
Gerichtliche Klauseln (clauses juridiques)	*Rechtwahl, Zuständigkeitsvereinbarung, Schiedgerichtsabrede, Privatstrafe*
	Eigentumsvorbehalt
	Allgemeine Verkaufsbedingungen

e) Vérifier qu'aucun point n'a été omis

Je voudrais savoir si cette offre vous semble complète : *Ich möchte wissen, ob dieses Angebot Ihnen umfassend (vollständig, komplett) scheint.*
Avez-vous des questions concernant un point particulier ? : *Sollen wir einen bestimmten Punkt ansprechen (aufgreifen)?*
Avez-vous des remarques concernant notre proposition ? *Wie gefällt unser Angebot?*

3 L'argumentaire

1. Valoriser le produit

a) Vérifier que l'offre correspond aux attentes

Nous espérons avoir bien cerné vos besoins : *Hoffentlich haben wir Ihre Bedürfnisse genau eingesehen.*
Nous pouvons toujours opérer les modifications que vous jugez nécessaires : *Wenn Sie eventuell Veränderungen an+D vornehmen möchten, ist es immer möglich.*

b) Annoncer les caractéristiques de notre produit

Nous sommes spécialisés dans... : *Wir sind auf+Acc. spezialisiert...*
Notre produit est le plus sûr.../le meilleur... du marché : *Unser Produkt ist das sicherste/beste... auf dem Markt.*
Il dispose/est équipé de : *Es ist mit* + Dat. *ausgestattet, es verfügt über* + Acc.
Il inclut.../il contient... : *(Etwas) ist eingeschlossen/Es enthält...*
Il permet de, rend possible... : *Es ermöglicht...*
Il est vrai que nous ne pouvons pas... par contre, nous pouvons... : *Es stimmt, es ist uns nicht möglich... aber wir können...*
L'efficacité de notre service après-vente : *Die Effizienz unseres Kundendienstes...*
Son prix abordable, intéressant... : *Der günstige Preis.*

c) Expliciter les avantages client

Nous nous occupons de... : *Wir beschäftigen uns mit* + Dat...
Inutile de..., notre produit (vous) évite... : *Mit diesem Produkt sparen Sie sich, ... zu* (+ inf.)
Vous n'aurez plus à... : *Sie brauchen nur, ... zu* inf.
Avant, vous deviez..., maintenant, avec ce produit, vous... : *Vorher mussten Sie... mit diesem Produkt können Sie jetzt...* (+ inf.)
Grâce à..., vous réduirez vos coûts de... : *Dank* + Dat. *reduzieren Sie Ihre Kosten...*

d) Apporter les preuves

Voilà un échantillon... : *Hier ist ein Muster...*
Si vous observez le graphique, vous verrez que... : *Wenn Sie die Grafik beobachten, stellen Sie fest, dass...*
Selon une enquête, un questionnaire de satisfaction... réalisé(e) auprès des utilisateurs de/du..., le produit... : *Laut einer Umfrage bei den Benutzern des Produkts...*
La norme ISO garantit à nos clients... : *Die Norme ISO garantiert unseren Kunden...*
Comme vous le voyez dans notre catalogue, à la page 15... : *Wie Sie Seite 15 unseres Katalogs sehen können...*
Nous n'avons jamais reçu de réclamations concernant... : *Bis jetzt haben wir keine Reklamation über...*
Nos fournisseurs s'engagent eux aussi dans une démarche qualité : *Die Qualität ist für unsere Lieferanten höchstwichtig.*

2. Réfuter les objections

a) Identifier l'objection

Si je vous comprends bien, vous... : *Wenn ich Sie richtig verstehe, Verbe + Sie...*
D'après ce que vous me dites, vous... : *Sie meinen also, dass...*
Donc, vos doutes concernent... : *Sie äußern Bedenken gegen* + Acc...

b) Valoriser l'objection

Bien sûr, il est compréhensible que... : *Es ist natürlich verständlich, dass...*

c) Chercher à comprendre

Vous préféreriez que... : *Sie hätten lieber.../lieber* (+ verbe au subj II).
Ce serait mieux si... : *Es wäre besser, wenn,...* (+ verbe au subj. II).

d) Confirmer la compréhension en reformulant

En résumé, votre entreprise... : *Fassen wir zusammen, Ihr Unternehmen...*
Corrigez-moi si je me trompe : *Korrigieren Sie mich, wenn ich falsch verstanden habe.*

e) Traiter l'objection, proposer des alternatives, des concessions

Je suis d'accord avec vous sur ce point, mais/malgré tout... : *Darüber bin ich mit Ihnen einverstanden, aber/trotzdem...*
Évidemment, nous pouvons... Par contre, nous ne pouvons pas... : *Selbstverständlich können wir... Aber wir können nicht* (+ inf.)
Il est vrai que nous ne pouvons pas... Par contre, nous pouvons... : *Es stimmt, wir können nicht* (+ inf.), *dagegen ist es möglich, ... zu* (+ inf.)
Il est vrai que nos concurrents... mais ils ne vous assurent pas que... : *Ja, unsere Konkurrenten... aber sie sichern Ihnen nicht zu, dass...*
Seriez-vous satisfait si... : *Wären Sie mit* (+ datif)... *zufrieden?*
L'alternative serait de... : *Die Alternative wäre...*
Si vous vous engagez à..., nous pourrons... : *Wenn Sie sich für uns entscheiden, können wir...*
Nous vous garantissons... En échange, vous devrez/devriez... : *Wir garantieren.... Dafür sollen/sollten Sie...*
Si vous vous engagiez à..., nous ferions un effort sur... : *Wenn Sie sich für unser Produkt entscheiden, bieten wir Ihnen als Gegenleistung...*

f) Contrôler l'effet de la réponse

Qu'est-ce que vous en pensez ? : *Was meinen Sie dazu?*
Je me fais comprendre ? : *Ist alles klar?*

4 La fin de l'entretien

1. Gérer les signaux d'achat

a) L'accord est différé

Nous allons prendre en compte vos remarques et suggestions et vous recontacterons : *Wir werden Ihre Bedenken berücksichtigen und wieder Kontakt aufnehmen.*
Je vous laisse le temps de réfléchir/d'étudier notre proposition : *Ich lasse Ihnen Zeit, das Ganze noch zu überlegen/unser Angebot zu untersuchen.*
Je vais discuter avec mes supérieurs de la faisabilité : *Über die Machbarkeit möchte ich noch mit meinen Vorgesetzten sprechen/Die Machbarkeit möchte ich noch mit* + Dat... *besprechen.*
Nous vous ferons de nouvelles propositions dans les plus brefs délais : *Wir werden Ihnen möglichst bald ein neues Angebot unterbreiten.*
Vous pouvez compter sur nous : *Sie können sich auf uns verlassen.*

b) La négociation aboutit (signaux d'achat)

Je crois que nous venons de nous mettre d'accord : *Ich glaube, wir sind jetzt einverstanden.*
Si je comprends bien, notre accord serait... : *Wenn ich Sie richtig verstanden habe, wäre unsere Zusammenarbeit wie folgt...*
Nous pourrions envisager... : *Wir könnten planen, dass...*
On pourrait donc en déduire que nous allons... : *Wir könnten daraus schließen, dass...*
Je note que vous êtes d'accord pour... : *Ich sehe, wir einigen uns über* + Acc...
Je crois que nous avons traité les points principaux : *Ich glaube, wir haben die Hauptpunkte behandelt.*
Alors, nous pouvons conclure : *Wir können also Schluß machen.*

2. Clore la négociation

a) Réaffirmer les atouts du produit

Ce produit vous donnera entière satisfaction : *Dieses Produkt wird Sie in höchstem Maß zufrieden stellen.*
Vous ne regretterez pas d'avoir choisi notre produit : *Sie werden nicht bedauern, unser Produkt gewählt zu haben.*
Vous verrez qu'il sera à la hauteur de vos exigences : *Das Produkt wird Ihren Erwartungen entsprechen.*

b) Reformuler les points-clés

Nous nous engageons à... : *Wir verpflichten uns... zu* (+ inf.)...
À votre niveau, vous... : *Ihrerseits* (+ verbe + sujet)...
Nous vous livrons le... : *Die Lieferung erfolgt am* (+ jour).
Le paiement est à 30 jours date de facture : *Die Zahlung erfolgt innerhalb von 30 Tagen nach Rechnungsdatum.*

c) La commande

Maintenant que nous sommes d'accord sur les points de détail... : *Da wir uns über die Einzelheiten geeinigt haben,* (verbe + sujet)...
Et si nous remplissions le bon de commande ? : *Können wir jetzt den Bestellschein ausfüllen?*
Alors, acceptez-vous les termes de la facture pro forma que nous vous avions fait parvenir ? : *Sind Sie mit den Bestimmungen der pro forma Rechnung einverstanden?*
Nous vous adresserons demain la nouvelle pro forma : *Morgen schicken wir Ihnen die neue pro forma Rechnung!*
Vous voulez bien signer... ? : *Wollen Sie unterschreiben?*

3. Conclure l'entretien

a) Prendre congé/remercier

Merci pour votre intérêt : *Danke für Ihr Interesse.*
Je vous remercie de m'avoir reçu(e) : *Ich danke Ihnen, mich empfangen zu haben.*
Je sais que vous êtes occupé(e) et je vous remercie pour le temps que vous m'avez accordé (e): *Ich weiß, Sie sind sehr beschäftigt, ich danke Ihnen für die Zeit, die Sie mir gewidmet haben.*

b) S'intéresser au lien créé

Je suis ravi(e) de travailler avec vous : *Ich freue mich auf unsere Zusammenarbeit.*
C'est un plaisir de vous avoir rencontré : *Es freut mich, Sie getroffen zu haben.*

c) Apporter de nouveaux éléments

Je vous fais parvenir les documents et je vous rappelle dans le courant de la semaine prochaine : *Ich schicke Ihnen die Unterlagen und rufe Sie nächste Woche zurück.*

d) Garder le contact

Bien évidemment nous restons en contact... : *Natürlich bleiben wir in Verbindung.*
Nous pouvons d'ores et déjà fixer l'heure et la date du rendez-vous : *Wir können unseren nächsten Termin schon jetzt vereinbaren.*
Je peux vous contacter dès la parution de notre nouveau catalogue ? : *Darf ich bei Veröffentlichung unseres neuen Katalogs wieder Kontakt aufnehmen?*
Puis-je vous envoyer une invitation pour le prochain salon de... : *Darf ich Ihnen eine Einladung zur nächsten Messe von... schicken?*
N'hésitez pas à nous appeler si... : *Rufen Sie uns ruhig an, wenn...*
Nous restons à votre disposition si vous avez la moindre question : *Wir stehen Ihnen jederzeit für weitere Auskünfte zur Verfügung.*

14 NÉGOCIER EN ESPAGNOL

Connaître la langue et les traits culturels de son interlocuteur permet de mieux s'adapter à lui et d'être plus performant lors de l'entretien de négociation.

1 La prise de contact

1. Mieux connaître les Espagnols

a) Quelques règles générales à respecter face à un partenaire espagnol

La négociation avec des PME (*pymes*) diffère de celle avec des multinationales.

Dans les PME, familiales notamment, la prise de décisions dépend surtout du supérieur hiérarchique. Leadership et paternalisme sont unis.

Intuition et expérience l'emportent sur le pragmatisme et la logique.

Les changements de dernière minute sont fréquents.

L'entretien est à appréhender dans son ensemble : les Espagnols passent d'un sujet à un autre, abordent plusieurs points en parallèle.

b) Règles de conduite

Au niveau du comportement non verbal :
- être attentif aux horaires «décalés» par rapport à la France : une longue pause entre 14 h et 17 h allonge le travail de l'après-repas ;
- ne pas être surpris si le prospect vous fait attendre avant l'entretien ;
- adopter une tenue plutôt classique, soignée, les Espagnols apprécient les vêtements de marque, les accessoires de goût ;
- présenter la carte de visite au début ou à la fin de l'entretien ;
- débuter par une poignée de mains ferme ;
- accepter une certaine proximité physique, le contact est facile, la gestuelle accompagne la parole : les Espagnols parlent avec les mains ;
- éviter les cadeaux qui associent le rouge et le jaune du drapeau (connotation politique).

Au niveau du comportement verbal :
- parler en espagnol : vos efforts seront appréciés par votre client ;
- utiliser la forme de courtoisie (*usted/ustedes*) dans un premier temps, ne pas résister au tutoiement même s'il vous paraît rapide ;
- ne pas hésiter à parler de soi, de son pays, de sa famille en début d'entretien : les Espagnols ont besoin de connaître qui vous êtes ;
- être cordial, souriant, créer une ambiance de travail détendue : les Espagnols sont sérieux sur les points-clés mais aiment plaisanter ;
- laisser l'interlocuteur aborder les sujets d'affaires en premier ;
- ne pas blesser leur fierté (*amor propio*), la confiance est vitale, être subtil dans la critique ;
- ne pas être contrarié si le prospect Espagnol vous interrompt : c'est une marque d'intérêt pour ce que vous lui exposez ;
- être modéré dans ses questions sur l'entreprise du client, sur son secteur d'activité : les Espagnols sont réservés dans ce domaine ;
- ne pas revenir sur les affaires lorsque ce n'est plus le sujet en cours.

2. La phase d'accueil

a) Saluer

Le matin : *Buenos días*; l'après midi : *Buenas tardes.*

Comment allez-vous? : *¿Cómo está usted?*

Ça va? : *¿Qué tal?/Hola, ¿qué tal?* (assez familier mais très courant)

Enchanté(e) : *Encantado/a (de conocerlo/a)/Mucho gusto.*

Enchanté(e) moi aussi : *El gusto es mío.*

Je suis râvi(e) de vous voir/de vous connaître : *Me alegro de verlo/a, de conocerlo/a.*

b) Se présenter, présenter son entreprise

Je suis... de l'entreprise... : *Soy (= me llamo) Marine Roux, de la empresa NORCLIM de Blois.*

Nous sommes spécialisés en... ; nous commercialisons... : *Somos especialistas en...; Estamos especializados en...; Vendemos...*

Je vous présente M. ... : *Le presento al señor Leduc, Director Comercial.*

c) Vérifier l'identité de l'interlocuteur

Êtes-vous Juan Rodriguez/Madame Martos? : *¿Es usted Juan Rodríguez? ¿Es usted la señora Martos?*

d) Annoncer le but de la visite

Je suis ici pour vous connaître personnellement/connaître vos besoins/répondre à votre invitation/à votre demande d'offre/vous présenter notre nouveau produit : *He venido para conocerle(s) en persona/conocer sus necesidades/responder a su solicitud (de oferta)/darle(s) a conocer nuestro nuevo producto.*

3. La conduite de l'entretien

a) Découvrir les besoins et motivations par une écoute active

Si je vous comprends bien, vous souhaitez/vous avez besoin de... : *Si le(s) entiendo bien, usted(es) desea(n)/necesita(n)* (+ *que* + subj.)...

Vous vous intéressez à... : *Usted(es) está(n) interesado(s) en...*

b) Se renseigner en variant la technique de questionnement

Qu'entendez-vous précisément par...? : *¿Qué quiere(n) decir exactamente con...?/¿Qué entiende(n) exactamente por...?*

Cela signifie-t-il que vous cherchez...? : *¿Significa eso que busca(n)...?/... que está(n) buscando...?*

c) S'assurer que l'on a bien compris par la reformulation

Vous voulez dire que... : *Quiere(n) decir que...*

En d'autres termes, vous attendez que nous... : *En otras palabras, usted(es) espera(n) que nosotros* (+ subj.)...

Je vois que vous attachez beaucoup d'importance à... : *Ya veo que le da(n) mucha importancia a...*
Et si nous revenions sur ce point? : *¿Y si volviéramos a ese punto?/¿Le(s) importa si volvemos a abordar la cuestión de...?*

d) Faire répéter ou demander des précisions

Excusez-moi, pourriez-vous répéter/parler plus lentement? : *Perdone(n), ¿podría(n) repetir/hablar más despacio, por favor?*
Excusez-moi, je ne suis pas sûr de (vous) avoir bien compris : *Discúlpe(n)me, no estoy seguro de haber(le/les) entendido bien.*
Puis-je vous demander de me préciser (davantage) ce point? : *¿Le(s) importaría darme (más) detalles sobre ese punto?*
Résumons jusqu'ici : *Resumiendo.../Resumamos hasta aquí.*

e) Suggérer

Que penseriez-vous si...? : *¿Qué pensaría(n) usted(es) si* (+ subj. imp.)...?
Vous pourriez peut-être...? : *Quizás podría(n)* (+ inf.)...?
Ne pourrions-nous pas...? : *¿No podríamos...?/¿No sería posible...?*
Ce serait peut-être mieux de... : *Sería mejor que* (+ subj. imp.)...

2 La présentation de l'offre commerciale

1. Montrer notre connaissance des besoins du prospect

Nous pensons que vous désirez... : *Pensamos que usted(es) desea(n)...*
Nous avons bien compris que... : *Entendemos perfectamente que...*
Après avoir étudié vos besoins/exigences... : *Después de analizar/estudiar sus necesidades/exigencias...*

2. Présenter l'offre globalement

Voici l'offre commerciale que je suis venu(e) vous présenter : *Aquí tiene(n) la oferta comercial que he venido a proponerle(s).*
Comme vous le voyez... : *Como puede(n) constatar...*
Ce que nous vous proposons précisément... : *Lo que le(s) ofrecemos concretamente es...*

3. Détailler les points principaux de l'offre

Tout d'abord, le produit lui-même : *En primer lugar, el producto.*
Ses caractéristiques sont résumées dans ce dépliant : *Sus características vienen resumidas en este folleto.*
Les quantités/le poids/le volume sont conformes à vos exigences : *Las cantidades/el peso/el volumen se corresponden con sus exigencias.*
L'emballage et le conditionnement sont bien sûr parfaitement étudiés : *Hemos estudiado perfectamente el embalaje y el acondicionamiento.*
Comme indiqué ci-dessous nos délais de livraison sont généralement de... à partir de la date de la commande : *Como se indica más abajo, nuestros plazos de entrega suelen ser de... a partir de la fecha de pedido.*
Sauf en cas de force majeure... : *Salvo en caso de fuerza mayor...*
Nos conditions de paiement sont toujours les mêmes lors d'une première commande : *Nuestras condiciones de pago son siempre las mismas en el caso de un primer pedido.*

4. Les mentions de l'offre

Mentions	Indications nécessaires
Descripción de la mercancía (description de la marchandise)	*Pantalón 40% lino 60% rayón costura reforzada talla L/Bolsa de plástico biodegradable 40 × 20 cm Ref. Bbio4*
	Baldosa NEGRO serie BRILLANTE, color metal, gres porcelánico esmaltado 45 × 45 cm, antideslizante
	Paquetes de 50 grs/9 cm ancho × 5 cm largo × 4 cm alto/1000 (mil) metros cúbicos/3 toneladas de peso bruto
	Cajas de cartón de 12 latas. Paletizadas/Envuelto en plástico burbuja/Palés y cajas rotulados en el exterior/Doble envoltorio impermeable/Frágil, no apilable
Cantidad a entregar (quantité à livrer)	*Conforme a su solicitud, se entregarán 5 palés de 48 cajas: 2400 unidades/300 frascos/500 tarros/75 kgs*
	En caso de cantidades superiores a... se facturará un sobrecargo de.../No se admiten pedidos inferiores a...
Precio (prix)	*11,96 EUR/m²; total por 1200 m²: 14352 EUR(EXW). El precio incluye/excluye.../Carga y descarga incluidas*
	Los precios figuran en EUR, USD.../Los precios señalados en las cotizaciones son en MXN
	El cliente deberá soportar una variación de precio del ...% en caso de.../un sobrecargo por sobrepeso...
Condiciones de entrega/de expedición (conditions d'expédition)	*Solemos vender nuestros productos EXW pero si lo desea/n podemos vender FOB/CIF*
	El envío se hará por carretera (en tren, avión, barco)/El transporte corre(rá) a cargo de la empresa «...»/Pre y post transporte no incluidos (= por cuenta del cliente)
	La mercancía se entregará en el puerto de destino convenido/en su almacén sito en (+ adresse)
	El tiempo de tránsito (de entrega) será de 48 horas/de máximo 10 días hábiles/Estos plazos son orientativos
	Los productos se entregarán en 48 horas/a más tardar el siguiente día hábil a la confirmación del pago/20 días a partir de la confirmación de apertura de crédito
	La entrega fraccionada (no) es posible/Si lo desea, podemos proponerle una entrega parcial (= escalonada)

Condiciones de pago (conditions de paiement)	*El pago se efectuará mediante transferencia a la cuenta corriente n°... del banco "..." de* (+ adresse)
	El pago se hará a la confirmación del pedido/a los 30 días fecha de factura/No se admiten pagos parciales
	Datos bancarios: Banco X, cuenta n° ..., código BIC (SWIFT) del Banco X: ..., código IBAN vendedor: ...
	Se abonará el ...% del total a la confirmación del pedido y el resto a 30 (60, 90) días
	Si hay una apertura de crédito documentario, la duración debe tener como mínimo 30 (treinta) días de validez/El crédito será emitido y confirmado al menos 10 (diez) días antes de la fecha de entrega prevista
Validez de la oferta (validité de l'offre)	*La oferta es válida hasta el... de... de.../La presente oferta tiene vigencia hasta el... de... de.../Oferta válida hasta el...*
Marco jurídico/Jurisdicción/Fuero/Ley aplicable (clauses juridiques)	*Ambas partes se someten a los Juzgados y Tribunales de* (+ ville + pays) *con renuncia expresa a otros fueros*
	Los productos seguirán siendo propiedad de la empresa "..." hasta el abono efectivo total del pago
	Las condiciones generales de venta figuran al dorso (=au verso) *de la oferta*

5. Vérifier qu'aucun point n'a été omis

Aimeriez-vous ajouter quelque chose ? : *¿Le(s) gustaría añadir algo?*
Avons-nous abordé tous les points ? *¿Hemos tratado todos los puntos?*
Avez-vous des questions concernant un point particulier ? : *¿Necesita(n) que le(s) aclare algún punto en especial?*
Avez-vous des remarques sur notre proposition ? : *¿Tiene(n) algún comentario que hacernos sobre esta propuesta?*

3 L'argumentaire et les objections

1. Valoriser le produit

a) Vérifier que l'offre correspond aux attentes

Nous espérons avoir bien cerné vos besoins : *Esperamos haber entendido sus necesidades.*
Bien entendu, si vous avez des éléments à modifier, nous pouvons les prendre en compte : *Por supuesto, si desea(n) modificar algún elemento, podemos tomarlo en cuenta.*

b) Annoncer les caractéristiques de notre produit

Nous sommes spécialistes de/du... : *Somos especialistas en...*
Notre produit/service est le plus.../le mieux... du marché : *Nuestro producto/servicio es el más.../el mejor... del mercado.*
Il dispose/est équipé de... : *Dispone de.../Está equipado con...*
Il inclut..., il contient... : *Incluye.../Contiene...*
Il permet de, rend possible... : *Permite, hace posible* (+ nom/inf.)
Son prix imbattable en fait un produit abordable : *Su precio inmejorable hace de él un producto accesible.*
L'efficacité de notre service après-vente (vous) garantit/garantit à l'utilisateur... : *La eficacia de nuestro servicio posventa (le/les) garantiza/garantiza al usuario...*

c) Expliciter les avantages client

Nous nous occupons de... : *Nosotros nos encargamos de...*
Inutile de..., notre produit (vous) évite... : *Es inútil* (+ infinitif), *nuestro producto le(s) evita tener que* (+ infinitif)
Vous n'aurez plus à... : *Usted(es) ya no tendrá(n) que...*
Vous n'aurez plus qu'à... : *Usted(es) no tendrá(n) más que...*
Avant, vous deviez..., maintenant, avec ce produit, vous... : *Antes, tenía(n) que* (+ inf.)... *Ahora, con este producto, usted(es)...*
Grâce à..., vous réduirez vos coûts de... : *Gracias a..., usted(es) reducirá(n) los costes de...*

d) Apporter les preuves

Voilà un échantillon de... : *Aquí tiene(n) una muestra de...*
Ses performances dépassent... : *Sus prestaciones sobrepasan...*
Ses résultats prouvent que... : *Sus resultados demuestran que...*
Comme vous le voyez dans notre catalogue, à la page 15... : *Como puede(n) ver en la página 15 de nuestro catálogo...*
Si vous observez le graphique, vous verrez que... : *Si observa(n) el gráfico, se dará(n) cuenta de que...*
Selon une enquête, un questionnaire de satisfaction... réalisé(e) auprès des utilisateurs de/du..., le produit... : *Según una encuesta de satisfacción realizada entre los usuarios de/del..., el producto...*
La norme (ISO...) garantit à nos clients... : *La norma (ISO...) garantiza a nuestros clientes...*
Nous n'avons jamais reçu de réclamations concernant... : *Nunca hemos recibido quejas sobre...*

2. Réfuter les objections

a) Identifier l'objection

Si je vous suis bien, vous... : *Si le(s) entiendo bien, usted(es)...*
D'après ce que vous me dites, vous... : *Según lo que acaba(n) de decirme, desea(n)/necesita(n)/propone(n)* (+ inf. ou *que* + subj.)...
Donc, vos doutes concernent... : *Entonces sus dudas se refieren a...*

b) Valoriser l'objection

Je comprends bien votre position : *Entiendo perfectamente su posición.*
Bien sûr, il est compréhensible que vous teniez à... : *Claro, es comprensible que/podemos entender que quiera(n)...* (+ inf. ou *que* + subj.).

c) Chercher à comprendre

Vous préféreriez que... : *Usted(es) preferiría(n) que* (+ subj. imp.)...
Ce serait mieux que... : *Sería mejor que* (+ subj. imp.)...

d) Confirmer la compréhension en reformulant

En résumé, votre entreprise... : *Resumiendo, su empresa...*
Corrigez-moi si je me trompe... : *Corríja(n)me si me equivoco...*

e) Traiter l'objection, proposer des alternatives, des concessions

C'est évident, cependant : *Eso es evidente, sin embargo*
J'en suis conscient, mais... : *Soy consciente (de ello), pero...*
Je vous suis sur ce point, cependant.../malgré tout... : *Estoy de acuerdo con usted(es) en ese punto, sin embargo.../a pesar de todo...*
Justement... : *Precisamente...* (+ retourner l'objection: effet boomerang)
Évidemment, nous pouvons..., par contre, il nous sera difficile de.../nous ne pouvons pas... : *Por supuesto podemos... En cambio, nos será difícil* (+ inf.).../*no nos es posible* (+ inf.)...
Malheureusement, nous ne pouvons pas nous permettre de... mais ce que nous pouvons faire pour vous est de... : *Aunque no podemos permitirnos* (+ inf.)..., *lo que sí que podemos hacer por usted(es) es* (+ inf.)...
Il est vrai que nos concurrents... mais ils ne vous assurent pas .../que... : *Es cierto que nuestros competidores... pero lo que no le(s) garantizan es...* (+ nom)/*es que* (+ subj.)...
Et si nous vous proposions... : *Y si le(s) propusiéramos...*
Seriez-vous satisfait(s) si... : *¿Quedaría(n) satisfecho(s) si* (+ subj. imp.)... *?*
L'alternative serait de... : *Otra opción sería que* (+ subj. imp.)...
Si vous vous engagez à..., nous pourrons... : *Si usted(es) se compromete(n) a..., nosotros podremos...*
Nous vous garantissons/garantirions... En échange, vous devrez/devriez... : *Nosotros le garantizamos/garantizaríamos... A cambio, usted tendrá/tendría que...*
Si vous vous engagiez à..., nous ferions un effort sur/en -ant : *Si usted(es) se comprometiera(n) a..., nosotros haríamos un esfuerzo en* (+ nom)/(+ gérondif : *entregando, subiendo*).

f) Contrôler l'effet de la réponse

Qu'est-ce que vous en pensez ? : *¿Qué le(s) parece ?*
Quel est votre avis ? : *¿Qué opina(n) ?*

4 La fin de l'entretien et la prise de congé

1. S'adapter lorsque la fin de l'entretien approche

a) L'accord est différé

Nous allons prendre en compte vos remarques et suggestions et vous recontacterons : *Vamos a tomar en cuenta sus observaciones y sugerencias y volveremos a ponernos en contacto con usted(es).*
Je vous laisse le temps de réfléchir/d'étudier notre proposition : *Le(s) dejo tiempo para pensar/estudiar nuestra propuesta.*
Je vais discuter avec mes supérieurs de la faisabilité : *Voy a consultarlo con mis superiores para ver si es factible.*
Je vais contacter mon supérieur hiérarchique afin d'obtenir les précisions que vous demandez : *Voy a ponerme en contacto con mi superior para conseguir los datos que me ha(n) pedido.*
Nous vous ferons de nouvelles propositions dans les plus brefs délais : *Le(s) haremos nuevas propuestas en cuanto (nos) sea posible.*
Vous pouvez compter sur nous : *Puede(n) contar con nosotros.*

b) La négociation aboutit (signaux d'achat)

Je crois que nous venons de nous mettre d'accord : *Creo que acabamos de ponernos de acuerdo.*
Si je comprends bien, nous pourrions envisager... : *Si le(s) entiendo bien, podríamos tomar en cuenta.../prever.../planear...*
Notre accord serait de... : *Nuestro acuerdo consistiría en.../Nuestro acuerdo quedaría definido así: ...*
On pourrait donc en déduire que nous allons... : *Podríamos deducir entonces que vamos a...*
Je note que vous êtes d'accord pour... : *Tomo nota de que usted(es) está(n) de acuerdo para...*
Je crois que nous avons traité les points les plus importants : *Creo que hemos tratado los puntos más importantes.*
Alors, nous pouvons conclure : *Entonces podemos concluir/cerrar.*

2. Clore la négociation

a) Réaffirmer les atouts du produit

Ce produit/service vous donnera entière satisfaction : *Este producto/servicio le(s) dará plena satisfacción.*
Vous ne regretterez pas d'avoir choisi... : *No se arrepentirá(n) de haber elegido...*
Vous verrez qu'il sera à la hauteur de vos exigences : *Ya verá(n) que estará a la altura de sus expectativas.*

b) Reformuler les points-clés

Nous nous engageons à... : *(Nosotros) nos comprometemos a...*
A votre niveau, vous... : *Por su parte, usted(es)...*
Nous vous livr(er)ons le... : *Le(s) entrega(re)mos la mercancía el...*
Le paiement est à 60 jours date de facture : *El pago se efectuará a 60 días fecha de factura.*

c) La commande

Maintenant que nous sommes d'accord sur les points de détail... : *Ahora que ya estamos de acuerdo en los detalles...*
Et si nous remplissions le bon de commande ? : *¿Qué le parece si rellenamos la orden de pedido?*
Alors, acceptez-vous les termes de la facture pro forma que nous vous avons fait parvenir ? : *¿Acepta(n) los tér-*

minos de la factura pro-forma que le(s) hemos enviado?
Nous vous adresserons demain la nouvelle pro forma : *Le(s) mandaremos/haremos llegar mañana mismo la nueva pro-forma.*
Vous voulez bien signer...? : *¿Le(s) importa firmar...?*
J'ai besoin de votre/vos signature(s) ici : *Necesito su(s) firma(s) aquí.*

3. Conclure l'entretien

a) Prendre congé/remercier : *Despedirse/Dar las gracias*

Je vous remercie pour votre intérêt : *Le(s) agradezco su interés.*
Merci de m'avoir reçu(e) : *Muchas gracias por haberme recibido.*
Je sais que vous êtes occupé/e(s) et je vous remercie pour le temps que vous m'avez accordé : *Sé que está(n) muy ocupado/a(s) y le(s) doy las gracias por su tiempo.*

b) S'intéresser au lien créé

Je suis ravie de travailler avec vous : *Me alegro de trabajar con usted(es)/Estoy encantado/a de colaborar con usted(es).*
C'est un plaisir de vous avoir rencontré/e(s) : *Es un placer haberlo/a(s) conocido.*

c) Apporter de nouveaux éléments

Je vous fais parvenir les documents et je vous rappelle dans (+ temps)/la semaine prochaine : *Le(s) hago llegar la documentación y le(s) vuelvo a llamar dentro de* (+ temps)/*la semana que viene.*

d) Garder le contact

Je vous propose de rester en contact au cas où vous auriez besoin de... : *Le(s) propongo que sigamos en contacto por si necesita(n)/necesitara(n)...*
Je peux vous contacter dès la parution de notre nouveau catalogue ? : *¿Puedo ponerme en contacto con usted(es) en cuanto salga nuestro nuevo catálogo?*
Puis-je vous envoyer une invitation pour le prochain salon de... : *¿Puedo mandarle(s) una invitación para el próximo salón de... ?*
N'hésitez pas à nous appeler si... : *No dude(n) en llamarnos si...*
Nous restons à votre disposition si vous avez la moindre question : *Estamos a su disposición en caso de duda.*
N'hésitez pas à vous mettre à nouveau en rapport avec nous/moi : *No dude(n) en ponerse de nuevo en contacto con nosotros/conmigo.*

exercice

L'argumentaire

La société française Laverne, située dans le Nord de la France, conçoit, fabrique et commercialise du mobilier domestique en bois et en métal. Elle compte 45 salariés et réalise un chiffre d'affaires de 6 millions d'euros, dont 20 % à l'export. L'entreprise a obtenu les normes ISO 9001 (qualité) et ISO 14001 (management environnemental), innove en permanence et édite deux catalogues par an.

Les produits

L'entreprise dessine, fabrique et commercialise différents produits destinés à l'ameublement d'intérieur : chariots à roulettes, dessertes, plateaux, range-bouteilles, étagères, égouttoirs… Elle se situe sur le marché moyen-haut de gamme, les prix (revendeurs) pour une desserte de cuisine varient de 32 à 125 € selon le modèle choisi. Ces prix sont justifiés par le choix des matières premières auprès de fournisseurs exclusivement européens, qui garantissent la qualité, la solidité et la fiabilité dans le temps des principaux composants des produits. Les produits sont livrés soit prémontés (chariots…), soit démontés (étagères…).

Présence à l'international

Cinq ans seulement après sa création, l'entreprise avait déjà fait le choix de l'export *via* des salons du meuble à travers l'Europe (Allemagne : Ambiente, Espagne : Intergift…). Ces manifestations sont l'occasion de se faire connaître, d'attirer de nouveaux clients, d'évaluer la concurrence… Laverne est présente en Europe, en Amérique du Nord, en Asie et au Proche-Orient.

La clientèle

L'entreprise se situe sur un marché en *B to D*, les clients sont principalement : des centrales d'achat, des grands magasins, des magasins spécialisés, des grossistes (Galeries Lafayette, BHV, Carrefour, El Corte Inglés…). Le marché *B to D* constitue la majorité de son activité puisque les distributeurs sont des clients avec qui une relation commerciale à long terme est possible. La société Laverne est disposée à accorder l'exclusivité à un importateur-distributeur en fonction de l'importance des commandes, du pays, de la notoriété et de la fiabilité du partenaire.

Extraits des conditions commerciales export

- Les prix sont exclusivement en EUR et sont valables pour la durée du catalogue.
- Incoterms possibles : EXW, FCA, FOB, CIF ou CIP, DAP.
- Conditions de paiement :
  - 20 % d'acompte à la commande, 80 % à 60 jours date de livraison
  - Règlement par virement SWIFT au compte de l'entreprise
  - Escompte de 3 % pour paiement comptant
- Modes de transport : routier, maritime, aérien.

Contexte de la situation

Lors du dernier salon Moa Casa à Rome, la société Laverne a rencontré l'entreprise danoise Park. Cette entreprise est une importante enseigne implantée exclusivement au Danemark et spécialisée dans la vente de produits dédiés à la maison. Le directeur export de Laverne doit rencontrer très prochainement le responsable achats de la société danoise et vous demande de préparer l'argumentaire de vente selon le modèle suivant :

	Caractéristique	Avantage	Preuve
Sécurité			
Orgueil			
Nouveauté			
Confort			
Argent			
Sympathie			
Environnement			

CORRIGÉS p. 254

corrigés

exercice page 253

	Caractéristique	Avantage	Preuve
Sécurité	Solidité des produits, sélection des fournisseurs	Très grande qualité des produits	Références des fournisseurs européens, norme ISO
Orgueil	Notoriété de l'entreprise, produits français (image)	Confiance	Catalogue, références clients actuels
Nouveauté	Innovations constantes	Renouvellement de la gamme, prise en compte des nouvelles tendances	Catalogues (2 par an)
Confort	Praticité des produits	Stockage facilité, pas de difficulté de montage pour le consommateur	Catalogue, photos, notices de montage
Argent	– Gamme de prix – Proposition de différents incoterms – Conditions de paiement	Choix large pour le revendeur et pour le consommateur final	Tarifs, conditions de vente
Sympathie	Possibilité d'être importateur-distributeur exclusif	Partenariat	Exemple de contrat, mesure des gains pour l'importateur-distributeur
Environnement	Respect des normes	Très forte sensibilité du marché danois à l'aspect environnemental	Produits européens, norme en matière de management environnemental

PRÉSENTATION DE L'ÉPREUVE E52

Finalités et objectifs de l'épreuve U52 « Négociation-vente en langue étrangère »

L'objectif visé est d'apprécier la capacité du candidat à :
- mobiliser ses connaissances en matière de communication et négociation dans un contexte pluriculturel ;
- mener une analyse critique et adapter une offre commerciale à un client étranger ;
- conduire une négociation ;
- communiquer en langue étrangère en situation de négociation-vente.

La langue étrangère est choisie par le candidat au moment de son inscription à l'examen, parmi les langues étudiées au cours de la formation. La langue choisie est celle désignée par le terme LVA.

Les modalités d'évaluation

1 Le contrôle en cours de formation

Cette épreuve est affectée d'un coefficient 4.

a) Le dossier professionnel

L'évaluation prend appui sur le dossier professionnel « Négociation vente en langue étrangère » (E52) qui récapitule les activités professionnelles réelles ou simulées (situations d'évaluation) auxquelles le candidat a été confronté.

Celles-ci doivent concerner les domaines suivants :
- vendre à l'export ;
- assurer le suivi des ventes.

Le candidat présente dans le dossier les activités qu'il juge significatives des compétences et attitudes professionnelles qu'il a acquises. Il doit en présenter un nombre suffisant pour couvrir les compétences et attitudes requises.

Le dossier doit être constitué :
- de la fiche de présentation de chaque activité professionnelle que le candidat a choisi de présenter ;
- des dossiers et documents réalisés au cours de ces activités ;
- des grilles d'appréciation que les formateurs ou professionnels auront remplies à la fin de chaque situation d'évaluation (*cf.* ci-après).

b) Les compétences professionnelles

En réalisant ses activités professionnelles, le candidat doit acquérir les compétences suivantes :
- rédiger une offre adaptée ;
- préparer et organiser la mission de vente ;
- négocier en langue étrangère avec des clients/partenaires étrangers.

c) Les attitudes professionnelles

En réalisant ses activités professionnelles, le candidat doit se conformer aux attitudes professionnelles, à savoir communiquer avec les contacts, utiliser et élargir le réseau de contacts professionnels.

d) La grille d'appréciation

Au cours de la formation, les formateurs et les professionnels concernés remplissent une grille d'appréciation à la fin de chaque activité réalisée par le candidat, selon le modèle suivant :

Appréciation des compétences et attitudes associées à l'activité professionnelle par le ou les formateurs et/ou le ou les professionnels				
Compétences et attitudes professionnelles :	1	2	3	4
Rédiger une offre adaptée				
Préparer et organiser la mission de vente				
Négocier en langue étrangère avec des clients/partenaires étrangers				
Communiquer avec les contacts, utiliser et élargir le réseau de contacts professionnels				

Les appréciations vont de 1 à 4 :
- 1 : le candidat n'a pas développé la compétence/attitude professionnelle ou présente des lacunes graves dans le développement de la compétence/attitude professionnelle ;
- 2 : le candidat présente des lacunes dans le développement de la compétence/attitude professionnelle nécessitant un approfondissement ;
- 3 : le candidat a atteint un niveau de maîtrise satisfaisant de la compétence/attitude professionnelle ;
- 4 : le candidat a atteint un niveau élevé dans le développement de la compétence/attitude professionnelle.

e) La commission d'évaluation

La commission d'évaluation est composée de professeurs ayant supervisé l'étudiant en unité de formation et, le cas échéant, de professionnels. À la lecture des différentes grilles d'appréciations, elle évalue le degré de maîtrise des compétences et attitudes professionnelles et remplit une grille d'évaluation permettant d'attribuer une note sur 20.

Critères d'évaluation des candidats	- -	-	+	++
Qualité de l'analyse de la situation de négociation				
Adaptation de la préparation de la négociation à la situation et au client				
Adaptation de la stratégie de négociation adoptée				
Maîtrise des techniques de vente				
Qualité de l'argumentation et écoute active du client				
Maîtrise de la relation de face à face dans un contexte interculturel				
Qualité de la communication en langue étrangère				
Capacité à proposer une solution adaptée				

La commission d'évaluation ne communique en aucun cas la note au candidat, celle-ci n'étant, à ce stade, qu'une proposition. Les propositions de notes sont transmises par les établissements de formation à la commission académique chargée de valider les notes proposées au jury final.

2 La forme ponctuelle

Cette épreuve orale, d'une durée de 40 minutes, est affectée d'un coefficient 4.

L'épreuve repose sur un dossier de 6 pages maximum, élaboré par le candidat. Il synthétise les informations nécessaires pour mener une négociation-vente avec un client étranger :
- présentation du contexte commercial (marché étranger ciblé, entreprise exportatrice) ;
- présentation du contexte de la négociation (mode d'approche et caractéristiques des prospects) ;
- présentation de l'offre de l'entreprise exportatrice (produits, tarifs, conditions commerciales...) ;
- énumération des outils d'aide à la vente utilisés ;
- liste des termes techniques spécifiques aux produits et au marché.

À partir du dossier, la commission d'interrogation construit une situation de négociation proposée au candidat sous forme d'une fiche rédigée dans la langue étrangère choisie. L'usage d'un dictionnaire n'est pas autorisé. Le candidat dispose de 40 minutes pour découvrir son client, se fixer une stratégie de négociation et adapter son offre et son argumentation.
Puis l'un des interrogateurs joue le rôle du client et le candidat doit simuler en langue étrangère, pendant 15 minutes maximum, l'entretien de vente. Le candidat échange ensuite avec le jury, pendant 25 minutes maximum, sur sa prestation et la constitution de son dossier.

GESTION DES OPÉRATIONS D'IMPORT-EXPORT

Pour s'entraîner à l'épreuve :

Les sujets d'examen des épreuves E61 et E62 et leurs corrigés sur le site Internet
www.nathan.fr/reflexe

1 LA LOGISTIQUE INTERNATIONALE

La logistique est devenue, depuis quelques années, une fonction stratégique pour les entreprises, et plus particulièrement pour celles qui ont des activités internationales.

1 La logistique d'entreprise

Selon l'ASLOG (Association française pour la logistique), la logistique est définie comme étant « l'ensemble des activités ayant pour but la mise en place, au moindre coût, d'une quantité de produits, à l'endroit et au moment où une demande existe. La logistique concerne donc toutes les opérations déterminant le mouvement des produits telles que : localisation des usines et entrepôts, approvisionnement, gestion physique des encours de fabrication, emballage, stockage et gestion des stocks, manutention et préparation des commandes, transports et tournées de livraison ».

Cette définition met en évidence les principales caractéristiques de la logistique :

– elle contribue à la satisfaction de la demande au moindre coût et implique la gestion de flux physiques et de flux d'informations ;

– elle englobe un certain nombre d'activités : le transport, le stockage, la manutention, la production...

2 La chaîne logistique et son management

1. La logistique, une fonction en évolution

La logistique a connu un certain nombre d'évolutions, résultant particulièrement de l'évolution des marchés (désormais très concurrentiels et mondialisés), du management de la production (ex. : le juste-à-temps, JAT) et de la technologie (notamment les technologies de l'information et de la communication, TIC). Ainsi est apparu le concept de chaîne logistique (*supply chain*), qui comprend toutes les opérations permettant d'apporter le produit à celui à qui il est destiné.

EXEMPLE

Un exemple de chaîne logistique

2. Le management de la chaîne ou *supply chain management* (SCM)

Ce management global permet la coordination des activités au sein de l'entreprise mais aussi celles de ses partenaires : il est appelé *supply chain management* (SCM). Le SCM comprend toutes les activités relevant de la recherche de fournisseurs, de l'approvisionnement et de la fabrication. Il implique donc une logique de collaboration et de partage des informations entre tous les partenaires.

3 Les acteurs de la logistique

L'intensification du commerce international et la mondialisation des échanges ont contribué au développement de la fonction logistique.

EXEMPLE

Le groupe Schneider Electric, spécialisé dans la gestion de l'électricité et des automatismes, diffuse 750 000 références produits dans 190 pays. Il s'appuie sur 219 usines et 124 centres de distribution répartis sur tous les continents.

1. Commissionnaires de transport et armateurs, des acteurs incontournables

Des entreprises spécialisées participent à l'organisation des chaînes logistiques internationales : ce sont les commissionnaires (appelés aussi « organisateurs de transports », tels DHL, Schenker Bax et Kühne & Nagel) et les armateurs (compagnies maritimes) assurant le transport de conteneurs (tels Maersk, MSC, CMA-CGM). Ces dernières diversifient leur offre en proposant des prestations ferroviaires, fluviales ou de manutention.

Ces commissionnaires sont les principaux acteurs de l'organisation du transport international (*freight forwarding*), comprenant trois domaines d'activité : le transport terrestre (routier, ferroviaire) et le stockage (entreposage), le transport aérien et le transport maritime. La commission de transport est une opération par laquelle un commissionnaire de transport organise et fait exécuter, sous sa responsabilité et en son propre nom, un transport de marchandises selon les modes de son choix pour le compte d'un commettant (importateur ou exportateur).

2. Le rôle des prestataires « 4PL »

Une *supply chain* internationale se compose parfois de 30 à 40 intermédiaires, ce qui peut poser des problèmes de pilotage, de coordination et de responsabilité. Les entreprises font alors appel à des prestataires dits « 4PL » (quatrième partie logistique, en anglais : *Fourth Party Logistics Provider*). Ces intervenants exercent une activité de coordination entre le chargeur (1PL), le client final (2PL) et le prestataire logistique (3PL).

2 LES INCOTERMS : PRÉSENTATION GÉNÉRALE

Les 11 incoterms, *INternational COmmercial TERMS* ou termes commerciaux internationaux, ont été mis en place par la Chambre de commerce internationale (ICC). Ce langage commun permet de définir avec précision certaines obligations du contrat commercial.

1 La raison d'être des incoterms

1. La transaction internationale

Elle fait intervenir des acteurs de nationalités différentes, parfois géographiquement éloignés, lesquels évoluent dans des systèmes juridiques distincts, aux usages commerciaux différents. C'est ce qui lui confère un caractère de complexité en termes de risques de malentendus et de litiges.

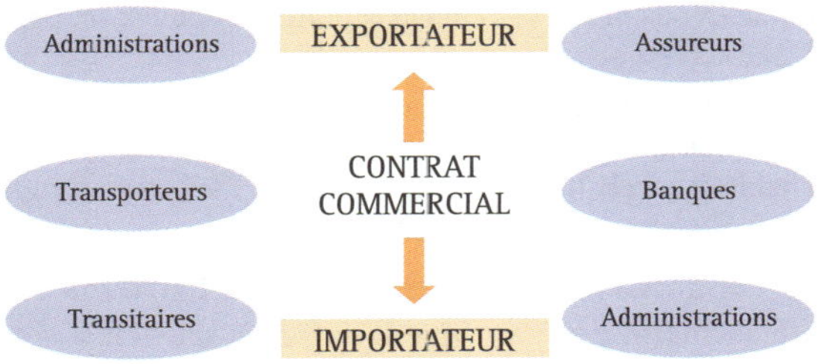

2. Une solution : la définition de onze contrats types

Les incoterms sont apparus dès 1936 et ont subi plusieurs révisions compte tenu de l'évolution des techniques dans le domaine du transport international. La dernière révision date de 2010 et propose 11 termes (publication n° 715 de l'ICC).

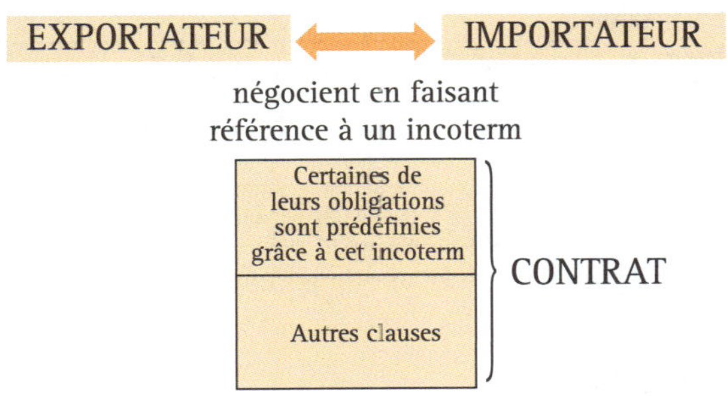

Ces contrats types, écrits en langue anglaise, sont identifiables par des acronymes (sigles). Ils définissent certaines obligations de l'exportateur et de l'importateur, leur usage n'étant pas obligatoire. À noter que ces règles ne définissent pas le transfert de propriété.

2 Le rôle des incoterms

Chacun des 11 incoterms propose principalement :
- la répartition des opérations de logistique internationale et des frais correspondants entre le vendeur et l'acheteur ;
- l'obligation du vendeur, de livrer ou remettre la marchandise à un transporteur ;
- le point de transfert de risque sur la marchandise, du vendeur à l'acheteur, c'est-à-dire à partir de quel moment et à quel endroit l'acheteur assume les risques de perte ou d'avarie encourus par la marchandise ;
- les documents à établir par le vendeur pour l'acheteur.

Un incoterm s'associe toujours à un lieu géographique (port, aéroport...). Les parties définissent les « points critiques » :
- le point de livraison ou point de transfert des risques,
- le point de transfert des frais de logistique.

Les incoterms 2010 prennent aussi en compte les obligations de sûreté et de sécurité relatives aux mouvements de marchandises.

EXEMPLE

L'incoterm FOB (*Free on board*) est toujours suivi du nom d'un port d'embarquement, par exemple : FOB Dunkerque.

3 La classification des incoterms

Regroupés en familles (ou groupes), les termes présentent des caractéristiques communes.

FAMILLES	TERMES
E pour Ex... obligation minimum du vendeur.	EXW
F pour *Free...* (franco) Le vendeur n'organise pas le transport principal (c'est à l'acheteur de le faire) et n'en assume pas les risques.	FCA FAS FOB
C pour *Cost* ou *Carriage* (coût ou port) Le vendeur organise le transport principal mais n'en n'assume pas les risques.	CFR CIF CPT CIP
D pour *Delivered* (rendu) Le vendeur assume les frais et les risques du transport principal.	DAT DAP DDP

3 LES INCOTERMS : PRÉSENTATION DÉTAILLÉE

Les incoterms ont pour objectif de répartir les frais de logistique internationale et les risques entre le vendeur et l'acheteur. Les parties contractantes choisissent l'une des onze solutions, celle-ci leur imposant des obligations plus ou moins étendues.

1 Nature des frais et des risques répartis par les incoterms

1. Les frais de logistique internationale

La nature des coûts logistiques concernés dépend de la solution de transport retenue.

EXEMPLE

L'envoi d'un camion complet de marchandises d'entrepôt à entrepôt, de Dunkerque à Varsovie, n'implique pas les mêmes postes de frais logistiques qu'une expédition par voie aérienne.

Les frais de logistique comprennent :
- l'emballage, nécessaire au transport de la marchandise ;
- le chargement sur camion ou wagon, l'empotage du conteneur en usine ou dans un entrepôt départ ;
- le prétransport (ou préacheminement) : frais de transport jusqu'à un port, un aéroport ou à une plate-forme de groupage ;
- les formalités douanières export, c'est-à-dire les frais engagés lors du dédouanement export de la marchandise (passage en douane) ;
- la manutention au départ, occasionnée lors d'un passage portuaire, aéroportuaire ou dans une plate-forme de groupage ;
- les frais d'inspection des marchandises avant leur embarquement ;
- le transport principal, maritime ou aérien, ou la part de transport international ferroviaire ou routier qui traverse une frontière sans rupture de charge à cette frontière (on appelle « rupture de charge » un changement de mode de transport) ;
- l'assurance transport ;
- les frais de manutention à l'arrivée : passage portuaire, aéroportuaire ou plate-forme de dégroupage ;
- les formalités douanières import : frais engagés lors du dédouanement import de la marchandise (passage en douane), y compris les droits de douane et taxes à l'importation ;
- le post-acheminement : frais de transport pour amener la marchandise d'un port, d'un aéroport ou d'une plate-forme de groupage à un endroit précis (le plus souvent les locaux de l'acheteur) ;
- les frais de déchargement au point d'arrivée.

2. Les risques

a) La livraison, synonyme de transfert des risques

Lors du transport, les marchandises peuvent subir des dommages (avaries) ou disparaître (vol, perte...). Le vendeur ou l'acheteur, en fonction de l'incoterm, assumera ces risques. En cas d'avarie, l'un ou l'autre exercera les recours à l'encontre des intermédiaires (transporteurs, etc.) susceptibles d'être responsables ou demandera une indemnisation à un assureur (en cas de couverture du risque). Ce transfert de risques intervient lorsque le vendeur a rempli son obligation de livraison, laquelle intervient à un certain endroit de la chaîne logistique, en fonction de l'incoterm retenu.

EXEMPLES

Un contrat Ex-Works usine Arcelor Dunkerque (EXW) implique une livraison au moment où le vendeur met la marchandise à disposition de l'acheteur, dans ses propres locaux à Dunkerque.

Un contrat *Free On Board Dunkerque* (FOB) implique une livraison par le vendeur à bord d'un navire au port de Dunkerque.

Le mot « livraison » n'est donc pas à utiliser au sens commun du terme. En effet, cette livraison prend effet à cet endroit précis (mise à bord), alors que l'acheteur n'en a pas encore pris possession.

b) Contrats « au départ » et contrats « à l'arrivée »

Un incoterm précisant que le vendeur satisfait à son obligation de livraison dans le pays d'embarquement ou d'expédition (avant le transport principal) est qualifié d'incoterm de vente « au départ » ; dans ce cas, les risques du transport principal sont assumés par l'acheteur (incoterms des familles E, F et C).

A contrario, si le terme prévoit une livraison à un lieu de destination convenu après le transport principal, le vendeur en assume les risques (incoterms de la famille D).

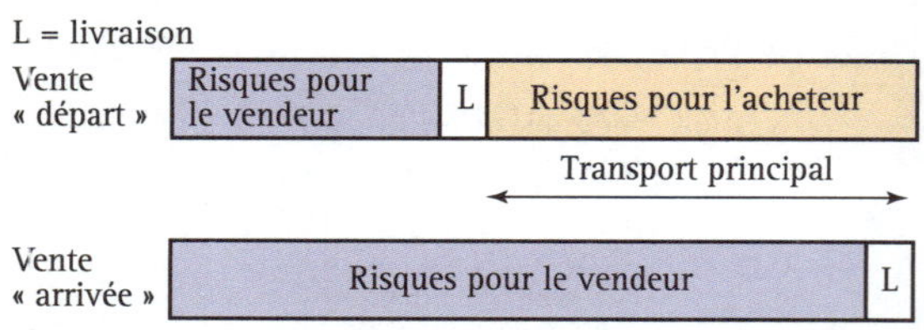

Cette distinction revêt une importance en matière de dates et délais de livraison.

EXEMPLE

Exportation depuis une usine située à Bonneuil (94) *via* Roissy CDG pour Los Angeles. Date limite de livraison convenue : 10 octobre 2011.

– Contrat A : contrat conclu « CPT Jackson Carriers Inc., Main Warehouse Los Angeles Incoterms ICC 2010 ». Dans ce cas l'exportateur doit remettre la marchandise au plus tard le 10 octobre 2011 au transporteur retenu en France. Il s'agit en effet d'une vente « départ » (incoterm de la famille C)

– Contrat B : contrat conclu « DAP Jackson Carriers Inc., Main Warehouse Los Angeles Incoterms ICC 2010 ». Dans ce cas, l'exportateur doit mettre la marchandise à la disposition de l'acheteur au plus tard le 10 octobre 2011 à Los Angeles au lieu indiqué.

Le vendeur (qui organise notamment le transport principal) expédiera les marchandises plus tôt afin qu'elles soient effectivement livrées à Los Angeles à la date convenue.

2 Diagramme des points critiques

Voir ci-dessous.

3 Le choix de l'incoterm

Il résulte de la négociation et des usages, un certain nombre de facteurs pouvant venir influencer ce choix. C'est toujours la marchandise (donc l'acheteur) qui supporte les coûts logistiques, le vendeur incluant toujours les frais qu'il a engagés dans son prix de vente. Pour une transaction donnée, le montant de la facture établie par le vendeur ne sera pas identique s'il a été retenu EXW ou DDP par exemple.

1. Les caractéristiques de l'entreprise

Taille, organisation, stratégie commerciale de l'entreprise et caractéristiques du marché visé représentent autant d'éléments à prendre en compte pour déterminer l'incoterm à retenir.

Sur un marché très concurrentiel, l'exportateur a tout intérêt à présenter un prix d'offre permettant à l'acheteur la possibilité de le comparer à celui des fournisseurs nationaux. Cette situation implique que le vendeur organise de nombreuses prestations logistiques, facteur positif de différenciation (image de marque).

Avec les termes des familles C et D, le vendeur libère l'importateur des contraintes d'acheminement des marchandises dans le pays de destination. Il apparaît indispensable que le vendeur maîtrise l'ensemble de la chaîne de transport depuis le lieu de production.

Si ses flux export sont importants, le vendeur négociera des conditions avantageuses, réductrices de coûts, auprès des intermédiaires choisis (transporteurs, assureurs...) afin de rendre son offre compétitive.

2. La nature des marchandises et le mode de transport

Dans certains commerces, il est d'usage de recourir à certains termes. C'est le cas, par exemple, des céréales ou des produits pétroliers transportés par voie maritime. Pour ce type de négoce, le choix de référence à FOB ou CFR s'impose. Par ailleurs le choix d'un incoterm dépend étroitement du mode de transport qui sera utilisé.

EXEMPLE

Certains incoterms sont exclusivement réservés au transport maritime et fluvial.

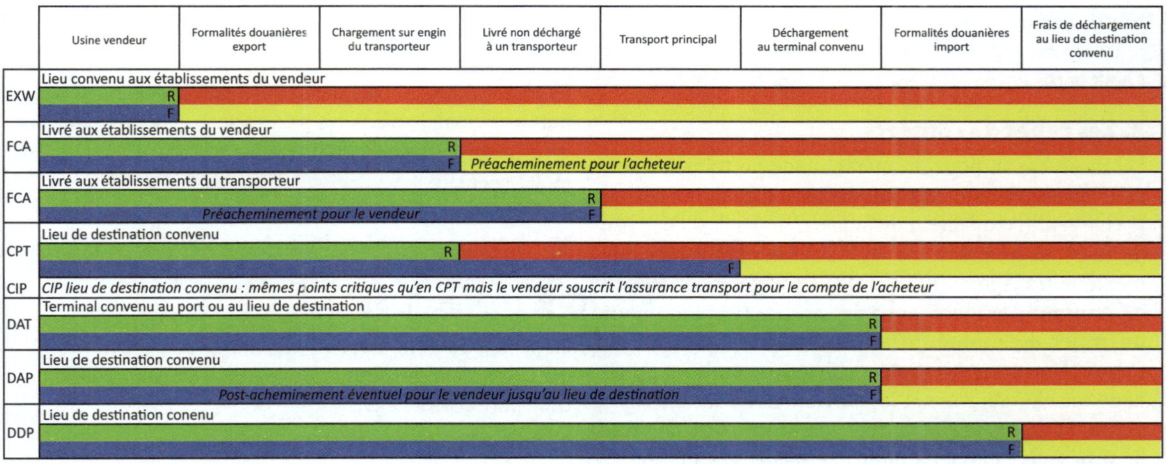

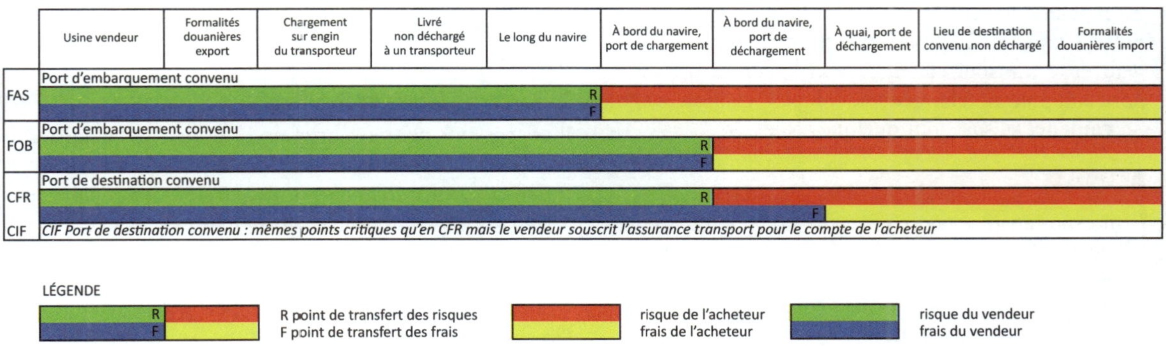

4 LE TRANSPORT INTERNATIONAL

Dans un souci de compétitivité, à la fois sur le plan commercial et logistique, les entreprises sont amenées à choisir des solutions transport appropriées.

1 Les principales solutions transport

Une solution transport combine un mode de transport avec un type de contrat (ou modalité d'expédition).

1. Les principaux modes de transport

Il s'agit du transport maritime, fluvial, aérien, ferroviaire, routier et postal. S'y ajoute le transport multimodal, qui est une combinaison de différents modes. Ce mode de transport est spécifique dans la mesure où les marchandises ne subissent pas de rupture de charge.

EXEMPLES

- Les marchandises conteneurisées en transport maritime.
- Le transroulage (*Roll on – Roll off*) : technique qui consiste à faire embarquer des camions sur des navires rouliers qui les amèneront à un port à partir duquel ils pourront reprendre la route.

La marchandise ne change pas de moyen de transport : c'est le conteneur ou le camion qui la transporte.
À l'international, les différents modes de transport sont très souvent utilisés successivement, car, hormis la route, aucun ne permet d'acheminer directement la marchandise des locaux du vendeur dans ceux de l'acheteur.

2. Les types de contrats

Selon les cas et pour un même mode de transport, on peut envisager différentes modalités d'expédition. Ainsi, le chargeur (l'expéditeur de la marchandise), s'il dispose du matériel nécessaire, a la possibilité d'effectuer lui-même le transport. Ou bien il peut affréter un moyen de transport, le louer, pour un laps de temps ou pour un trajet déterminé (affrètement au voyage ou au temps). Une autre solution consiste à recourir au groupage : le chargeur remet la marchandise à un intermédiaire, le groupeur. Ce dernier réunit les marchandises de différents chargeurs pour une même destination et confie le lot constitué à un transporteur (le groupage est répandu en routier et en maritime).
Enfin, l'expédition dite « exclusive » suppose que le chargeur et le transporteur négocient le contrat de transport, soit pour un chargement complet (camion, wagon ou conteneur), soit pour quelques colis.

EXEMPLE

Un exportateur organise l'expédition, de la France vers l'Égypte, d'un climatiseur destiné à équiper un complexe hôtelier. Deux solutions maritimes s'offrent à lui : l'expédition exclusive en conteneur complet ou l'expédition en conteneur de groupage.

2 Le choix d'une solution transport

1. L'identification des solutions envisageables

Pour dresser l'inventaire des solutions possibles, il s'avère indispensable d'apporter des éléments de réponse aux questions suivantes :
- quels sont les lieux de départ ? de destination ? les contraintes techniques (eu égard aux marchandises, aux équipements de manutention requis...) ?
- quelles sont les quantités à transporter ? L'expédition est-elle ponctuelle ? S'agit-il d'envoyer une quantité de manière échelonnée sur une période définie ?
- quels modes de transport sont compatibles avec la nature et la valeur des marchandises (marchandises pondéreuses en vrac de faible valeur, à forte valeur ajoutée, dangereuses, fragiles,), leur emballage (palettisées ou non) ?
- Quelles sont les impératifs commerciaux en matière de délais, par exemple ?

2. Un choix critérié

Trois critères majeurs déterminent le choix de la solution transport optimale : les coûts, les délais et la sécurité.

a) Les coûts

Appréciés globalement, ils intègrent l'emballage, le coût des transports, des manutentions, les frais de stockage, les honoraires des intermédiaires. Afin d'effectuer des comparaisons pertinentes, on exprimera ce coût global en pourcentage de la valeur départ ou au kg de marchandise.

b) Les délais

Ils sont estimés globalement et incluent le délai de transport principal, le délai des pré- et post-acheminements, le délai de rupture de charge.

c) La sécurité

Il s'agit de la sécurité des marchandises (risques d'avarie, de vol) et des délais (retards possibles).

3 L'emballage

La principale fonction de l'emballage consiste à protéger la marchandise à tous les stades de la *supply-chain* : transport et stockage.

1. Critères de choix d'un emballage

Il convient d'adapter l'emballage au produit (poids, volume, fragilité...), au mode de transport et à l'environnement (manutention, climat, durée de stockage, règlementation locale...).

2. Les solutions emballage

Il est possible de transporter en l'état les marchandises emballées en cartons, fûts et caisses. Dans ce cas, le transporteur procédera à leur préparation (ex. : palettisation en aérien). La mise sur palettes et ou la conteneurisation représentent une autre alternative. À noter que l'emballage fera l'objet d'un marquage : marques de destinataire, de port ou d'aéroport qui indiquent la destination et les points de rupture de charge.

5 LES INTERMÉDIAIRES DU TRANSPORT INTERNATIONAL

De nombreuses entreprises externalisent tout ou partie de leurs opérations logistiques en faisant appel aux intermédiaires du commerce international. Leurs missions, juridiquement définies, couvrent un ensemble d'activités relativement diversifié.

1 Les intermédiaires

1. Les métiers au service des chargeurs

a) L'organisateur de transports multimodaux

C'est un intermédiaire qui, outre le transport et l'assurance, propose aux chargeurs des prestations de stockage et de dédouanement. D'envergure européenne ou mondiale, il dispose d'un réseau de correspondants à l'étranger.

b) Le groupeur

Son rôle consiste à réunir des marchandises en provenance de différents chargeurs afin de constituer des lots complets qu'il remet aux transporteurs avec lesquels il négocie des tarifs préférentiels.

c) L'affréteur routier

Il met en relation les chargeurs et les transporteurs routiers.

d) Le commissionnaire en douane

Il est mandaté par son client afin de réaliser les formalités douanières import ou export.

e) L'agent de fret aérien

Il a pour missions d'organiser le transport en contractant avec les compagnies aériennes de son choix, de procéder à l'enlèvement des marchandises et, s'il est agréé, d'accomplir les formalités douanières.

2. Les métiers au service des transporteurs

a) L'agent maritime

Il est le représentant d'une compagnie maritime dans un port où elle n'est pas physiquement implantée. Ses fonctions sont principalement commerciales : prospection, cotation, émission du document de transport (connaissement).

b) Le consignataire de navire

Représentant de la compagnie maritime dans un port, il est chargé de l'organisation physique de l'escale (relations avec les autorités du port, les autorités douanières et les entreprises de manutention portuaire ; avitaillement du navire).

c) L'agent de fret aérien

Au service des transporteurs aériens, il recherche du fret pour leur compte, réceptionne les marchandises et émet le document de transport aérien au nom des compagnies en vertu d'un agrément IATA (agrément de l'International Air Transport Association).

3. La rémunération des intermédiaires

Le montant de leurs prestations est fixé librement par les parties. Selon les cas, les intermédiaires sont rémunérés sur la base de commissions versées par leurs sous-traitants. Ils bénéficient également d'une marge sur les prestations achetées et perçoivent des honoraires en contrepartie de leur prestation.

2 Le statut juridique des intermédiaires

Avant de faire appel aux services d'un intermédiaire, l'entreprise choisit le cadre juridique de son intervention : commissionnaire ou mandataire.

1. Le commissionnaire de transport

La commission de transport est une convention par laquelle le commissionnaire s'engage envers le commettant (par exemple l'importateur ou l'exportateur) à accomplir pour le compte de celui-ci les actes nécessaires au déplacement de la marchandise d'un lieu à un autre. Le commissionnaire a toute latitude pour organiser librement le transport par les voies et moyens de son choix, sous son nom et sa responsabilité. Il est donc soumis à une obligation de résultat. Il sera tenu pour responsable de ses fautes personnelles ainsi que de celles des substitués à qui il fait appel.

2. Le mandataire

Le mandataire est parfois désigné sous le terme de « transitaire ». Il exécute les ordres reçus du mandant (l'importateur ou l'exportateur) qui lui impose les sous-traitants. Dans un périmètre d'action plus limité, le mandataire n'a qu'une obligation de moyens : il ne sera donc responsable que de ses propres fautes.

3 Les modalités d'intervention

1. La demande de cotation

Par voie d'appel d'offres, l'importateur ou l'exportateur se donnera la possibilité de choisir le prestataire avec lequel il entend collaborer. Cet appel d'offres prend la forme d'une « demande de cotation » comportant principalement les informations suivantes : nature et valeur de la marchandise, caractéristiques physiques (poids, volume, nombre de colis ou de palettes...), incoterm, nature des prestations attendues, type de transport, itinéraire, impératifs de délais. La fiabilité, la rapidité, le prix des prestations, la certification qualité, l'éventail des prestations représentent les principaux critères de choix.

2. Avantages et inconvénients de la sous-traitance logistique

a) Les avantages

L'entreprise peut se concentrer sur son « cœur de métier ». Elle externalise les activités logistiques auprès de véritables spécialistes offrant un ensemble de prestations et une couverture géographique larges.

b) Les inconvénients

Les problèmes majeurs tiennent au choix délicat des intermédiaires ainsi qu'à la difficulté de bien synchroniser leurs activités au sein de la chaîne logistique. L'entreprise est dépendante vis-à-vis de ces prestataires.

6 LE TRANSPORT MARITIME

Les échanges maritimes représentent près de 80 % de l'ensemble du fret transporté en volume et plus de 70 % des échanges mondiaux en valeur, d'où l'importance accrue du trafic lié à l'amélioration des techniques de transport, à l'évolution des infrastructures et à la croissance asiatique.

1 La tarification du transport maritime

Le terme « fret » désigne ici le prix du transport. Il se compose de différents éléments : le fret proprement dit, les ajustements ou surcharges, les ristournes et les frais de manutention.

1. Le fret de base

Sa détermination diffère selon qu'il s'agit de fret conventionnel, conteneur ou RO-RO (*roll on-roll off*).

a) Le fret conventionnel

Le fret conventionnel désigne des marchandises qui ne sont pas transportées sous un conditionnement classique (sacs, caisses, fûts, etc.). La tarification se fait à l'unité payante (UP). Cette dernière est la plus élevée des deux valeurs suivantes : la masse en tonnes ou le volume en mètres cubes à l'avantage du transporteur maritime.

EXEMPLE

Expédition de 3 caisses identiques de robinetterie. Dimensions d'une caisse : 0,9 × 0,9 × 0,6 m ; poids d'une caisse vide : 6 kg ; marchandises : 65 kg / caisse. Nombre d'UP qui servira de base au calcul du fret :
- volume de l'expédition : (0,9 × 0,9 × 0,6) × 3 = 1,458 m^3 ;
- masse de l'expédition : (6 + 65) × 3 = 213 kg, soit 0,213 tonne. Il sera retenu ici 1,458 UP car 1,458 > 0,213.

Ce nombre d'UP est ensuite multiplié au tarif de l'UP, lui-même fonction de la classe (nature) des marchandises et, bien sûr, de la destination.

EXEMPLE

Si le tarif pour la robinetterie est de 80 € l'UP, le fret s'élèvera à : 80 × 1,458 = 116,64 €.

b) Le fret conteneur

Sur certaines lignes maritimes, la tarification s'effectue comme pour le tarif conventionnel : à l'unité payante. La tendance est cependant à la simplification. Des barèmes sont appliqués en fonction de la taille du conteneur (20 pieds ou 40 pieds) et de son type (conteneur à usage général, *dry*, ou, par exemple, réfrigéré, *reefer*). Le fret est donc déterminé à l'EVP (l'équivalent vingt pieds) avec une tarification forfaitaire par conteneur, quel que soit son contenu (*freight all kind*, FAK). Des marchandises conteneurisées peuvent être expédiées selon quatre modalités :
- il y a un expéditeur unique et un destinataire unique : l'expédition est qualifiée de FCL/FCL (*full container load*). Il appartient au chargeur d'empoter (remplir) le conteneur dans ses locaux et au destinataire de le dépoter (décharger) à destination ;
- il y a un expéditeur unique et plusieurs destinataires à l'arrivée : l'expédition est qualifiée FCL/LCL (*less than a container load*).

Il y a groupage-dégroupage (LCL/LCL) la marchandise est remise au groupeur, qui se charge de l'empotage des marchandises de plusieurs chargeurs. À l'arrivée, les marchandises sont dépotées et livrées à leurs destinataires ;
- il y a groupage au départ et un seul destinataire à l'arrivée : LCL/FCL (situation à l'importation).

c) En RO-RO

Le transroulage (*roll on-roll off*) est une technique qui consiste à faire embarquer des camions sur des navires rouliers qui les amèneront à un port à partir duquel ils pourront reprendre la route. La tarification dépend en général du mètre linéaire « hors tout » de la remorque.

2. Les ajustements

Le fret de base peut faire l'objet d'ajustements appelés « surcharges ». Les plus répandues sont les suivantes :
- la surcharge BAF (*bunker adjustment factor*) : pourcentage appliqué au fret de base pour tenir compte de la variation du prix des carburants ;
- la surcharge CAF (*currency adjustment factor*) : pourcentage appliqué au fret de base pour tenir compte de la variation des taux de change de la monnaie dans laquelle sont payés les frais d'exploitation du navire ;
- la surcharge dangereux ;
- la surcharge colis lourd (en général, plus de 25 tonnes) ;
- la surcharge colis long ;
- la surcharge d'encombrement (*congestion charge*) : applicable lorsque le navire doit attendre pour décharger ses marchandises en raison de l'encombrement du port de destination ;
- la surcharge ISPS (*international ship and port facility security*) : destinée à financer les mesures de sécurité mises en place dans les ports suite aux attentats de 2001.

3. Les ristournes

Ce sont des réductions accordées par les compagnies maritimes (entre 8 et 10 % du fret) aux commissionnaires de transport ou à certains chargeurs.

4. Les frais de manutention

Ce sont les frais de chargement au port d'embarquement et les frais de déchargement au port d'arrivée. En théorie, c'est l'incoterm qui a vocation à les répartir entre le vendeur et l'acheteur.

EXEMPLE

Avec l'incoterm FOB, les frais de chargement sont à la charge du vendeur jusqu'à la mise à bord des marchandises.

Mais en pratique, sur certaines lignes maritimes, ce sont les contrats de transport maritime qui fixent la répartition des frais de manutention sur la base des *liner terms* (à ne pas confondre avec les incoterms, qui concernent le contrat de vente). La partie qui paie le fret paye les frais selon qu'ils sont ou non inclus dans le fret facturé par le transporteur, qui fait référence aux points physiques suivants : quai, sous-palan (la grue) et bord du navire.

EXEMPLES

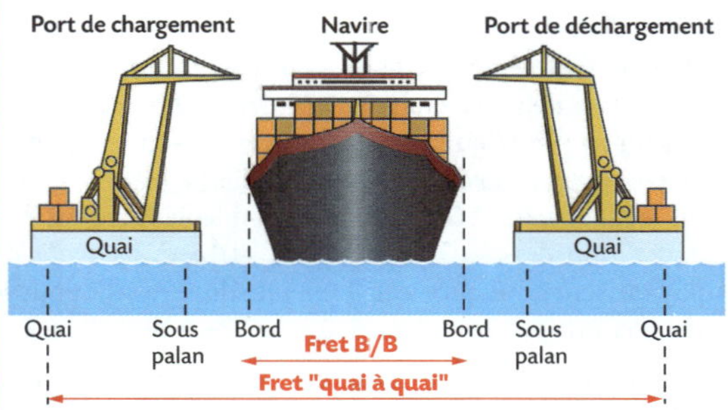

- Une cotation de fret dite « bord à bord » (B/B) n'intègre aucune opération de manutention : ces frais seront donc payés à des prestataires par le chargeur ou le destinataire en fonction de l'incoterm.
- À l'inverse, un fret coté « quai à quai » intègre le prix du transport et tous les frais de manutention, au départ comme à l'arrivée. Celui qui paie le fret paie en sus tous ces frais.

En matière de conteneurs, les frais de manutention sont très souvent forfaitaires et appelés « *terminal handling charges* » (THC) ou « *container service charges* » (CSC).

2 Le contrat de transport

1. Les principales obligations des parties

Le contrat de transport fait naître des obligations pour le chargeur (qui est, selon les cas, l'expéditeur, le destinataire ou un transitaire) et le transporteur.
Le chargeur a pour obligations :
- de fournir par écrit tous les éléments nécessaires à l'identification de la marchandise ;
- d'emballer la marchandise, d'étiqueter et de marquer les colis.

Le transporteur a pour obligations :
- de mettre le navire en état de navigabilité ;
- de prendre en charge la marchandise et d'émettre le connaissement (document de transport) ;
- de transporter et d'assurer la garde de la marchandise ;
- d'avertir de l'arrivée des marchandises et de les remettre au destinataire.

2. Le connaissement maritime (*bill of lading*)

Émis par la compagnie maritime (ou son agent), en général en trois originaux et un certain nombre de copies, il matérialise le contrat de transport.

a) Les fonctions du connaissement

Il constitue la preuve du contrat de transport et vaut reçu de la marchandise : en l'émettant, le transporteur reconnaît l'avoir reçue telle que décrite sur le document.
Titre représentatif de la marchandise, il permet d'entrer en possession de la marchandise sur présentation d'un original.

b) Les formes d'émission

Un connaissement peut être émis sous trois formes : à ordre, au porteur ou à personne dénommée. C'est la manière dont est renseignée la rubrique « Destinataire » du document qui en détermine la forme :
- le connaissement à ordre : la personne indiquée pourra retirer la marchandise sur remise d'un original ou l'endosser au profit d'une autre. Le connaissement est, dans ce cas, qualifié de « négociable ». Dans le cas d'un crédit documentaire, le connaissement sera très souvent à l'ordre de la banque de l'acheteur. Celle-ci ne l'endossera à son nom que contre paiement : l'acheteur pourra ainsi retirer la marchandise sur présentation du connaissement endossé.

EXEMPLE

Extrait d'un connaissement

CHARGEUR (*shiper*) SAINT GOBAIN VITRAGE 18 avenue d'Alsace 92400 COURBEVOIE PARIS LA DÉFENSE FRANCE	Connaissement n° 9312
DESTINATAIRE : À L'ORDRE DE (*Consignee To Order*) BANQUE MAROCAINE DU COMMERCE EXTÉRIEUR CASABLANCA	COMANAV Compagnie Marocaine de Navigation
NOTIFY SOCIÉTÉ DELBEAU CASABLANCA	

La rubrique « Notify » indique les coordonnées de la personne qu'il faudra aviser de l'arrivée des marchandises ;
- le connaissement au porteur : la rubrique « Destinataire » est vide. Toute personne détentrice d'un tel connaissement peut retirer la marchandise ;
- le connaissement à personne dénommée, donc non négociable : la mention « À l'ordre de » est rayée. Seul le destinataire indiqué pourra retirer la marchandise.

c) Les autres mentions importantes

- *On board* : le transporteur atteste du chargement effectif de la marchandise sur le navire.
- *Freight prepaid* : le fret est payé au départ.
- *Freight collect* : le fret est payable à destination.

Un connaissement exempt de réserves du transporteur sur l'état ou la quantité de la marchandise lors de sa prise en charge est dit « *clean* » ; il est « surchargé » ou « clausé » dans le cas contraire (*dirty*).

d) Les différents types de connaissements

- Le connaissement maritime (*ocean bill of lading*), émis par une compagnie maritime, couvre un transport de port à port.
- Le connaissement de transport combiné (*combined transport bill of lading*, CTBL) couvre le transport maritime mais aussi le pré- et post-acheminement.
- Le connaissement FIATA (Fédération internationale des associations de transitaires et assimilés) émis par un transitaire couvre également des transports combinés.

7 LE TRANSPORT AÉRIEN

➔ Le transport aérien ne représenterait que 5 % du volume mondial mais 30 à 40 % en valeur. Le fret aérien désigne les marchandises transportées contre rémunération, à l'exception de la poste et des bagages.

1 Fret général et fret express

Le fret général (*general cargo*) est confié par le chargeur à un agent de fret aérien agissant comme commissionnaire (le transporteur aérien n'assure que le transport d'aéroport à aéroport). Le fret express est réalisé par un intégrateur (ex. : FEDEX, TNT, UPS, DHL), qui assure toutes les prestations de transport porte-à-porte dans un délai restreint. Les transporteurs sont les compagnies aériennes ; elles utilisent des avions mixtes (passagers + fret) et des avions tout cargo sur les axes à très fort trafic.

2 Le conditionnement du fret aérien

Les marchandises sont conditionnées dans des unités de charges (ou de chargement), couramment désignées sous l'acronyme ULD (*unit load device*).

Ces unités rassemblent les colis isolés afin de réduire les opérations de manutention. On distingue deux types d'ULD :

– les palettes, qui sont en alliage d'aluminium (le bois est interdit) et sont recouvertes d'un filet ou d'un film plastique ;

– les conteneurs, qui sont aussi en alliage d'aluminium mais qui sont fermés. Les plus grands ont une capacité d'environ 15 m³, un poids maximal de 6 800 kg.

3 La tarification du fret aérien

1. Le fret

Différents modes de tarification sont appliqués : le tarif général, les tarifs spéciaux et les tarifs ULD.

a) Le tarif général

Il est constitué d'un barème par tranches de poids au kg, dégressif, pour un transport d'aéroport à aéroport. À noter que les groupeurs établissent leur tarification le plus souvent, à partir de ce tarif.

EXEMPLES

Fret aérien (Roissy CDG – Riyad)

Destination	Poids mini (kg)	EUR/kg
Riyad	M*	68,60
	– 45	9,60
	+ 45	8,20
	+ 500	3,10
* M signifie minimum.	+ 1 000	2,85

– Si la masse de l'expédition est de 4 kg (– de 45 kg) : fret : 4 × 9,60 = 38,40 € mais il sera de 68,60 €, la règle du minimum s'appliquant.

– Si la masse de l'expédition est de 60 kg (+ de 45 kg) : fret : 60 × 8,20 = 492 €.

– Si la masse de l'expédition est de 490 kg (+ de 45 kg) : fret : 490 × 8,20 = 4 018 €.

Le transporteur aérien appliquera éventuellement, si c'est l'intérêt du chargeur, la règle du « payant pour » qui consiste à calculer le fret sur la base de la tranche immédiatement supérieure.

EXEMPLE

Dans le deuxième exemple ci-dessus, le fret pour une expédition de 60 kg était de l'ordre de 492 €. La règle du payant ne s'appliquera pas car il n'est pas intéressant de « payer pour » 500 kg, c'est-à-dire 1 550 € (500 × 3,10).
En revanche, dans le troisième exemple, le fret pour une expédition de 490 kg s'élevait à 4 018 €. La règle du payant sera appliquée car il est plus intéressant pour le chargeur de « payer pour » 500 kg, c'est-à-dire 1 550 €.

Les calculs de fret à partir du tarif, tel que présenté, supposent que soit déterminé le « poids taxable » ou « poids de taxation » de l'expédition. Ce poids est obtenu en comparant la masse réelle en tonnes de l'expédition à une masse théorique elle-même égale au volume en m³ divisé par 6, à l'avantage du transporteur (une tonne équivaut donc à 6 m³).

EXEMPLES

- Une expédition fait 1 125 kg et 5 m³. La masse réelle en tonnes est égale à 1,125. La masse théorique est de : 5 m³/6 = 0,833 tonne théorique. 1,125 tonne réelle > 0,833 tonne théorique : poids taxable = 1 125 kg.
- Une expédition fait 200 kg et 3 m³. La masse réelle en tonnes est égale à 0,2 tonne. La masse théorique est de : 3 m³/6 = 0,5 tonne théorique. 0,5 tonne théorique > 0,2 tonne réelle : poids taxable = 500 kg.

b) Les tarifs ULD

Ce sont des tarifs à l'unité de chargement (palette/conteneur complet) sur une destination donnée. Ces tarifs sont forfaitaires. Ils correspondent à une masse réelle déterminée, appelée « poids pivot », les kilogrammes supplémentaires étant facturés en plus.

EXEMPLE

Expédition de Séoul vers Roissy CDG. Marchandises : volume 4,5 m³, masse réelle 2 550 kg. Ces marchandises sont conteneurisées en ULD qui supporte une charge maximale de 4 625 kg et un volume utile de 6,3 m³. Tarification ULD : fret 3 000 USD pour un poids pivot de 2 000 kg. Prix par kg supplémentaire : 1,60 USD.

Montant du fret = 3 000 + 1,60 × (2 550 – 2 000) = 3 880 USD :

↑ 3 000 : Tarif pour le poids pivot
↑ (2 550 – 2 000) : kg supplémentaires

À noter que la règle du tarif général ne s'applique pas ici (1 tonne équivaut à 6 m³).

c) Les tarifs CORATES (*commodity rates*)

Ces tarifs sont plus favorables que le tarif général mais ne sont proposés que sur certaines destinations et marchandises.

Des tarifs *class-rates* concernent plus particulièrement certaines marchandises (journaux, animaux vivants, bagages non accompagnés) et sont basés sur le tarif général, auquel sont appliquées des majorations (animaux vivants) ou minorations (journaux).

2. Les taxes, surcharges et frais annexes

Différents éléments viennent s'ajouter au fret proprement dit :
- des suppléments : fioul, taxe de sûreté, taxe de risque de guerre... ;
- les frais d'émission du document de transport (la lettre de transport aérien, LTA), la prime d'assurance transport, les frais d'enlèvement...

4 Le contrat de transport

1. Les parties au contrat

Dans le cadre d'une expédition exclusive, le chargeur s'adressera à un agent de fret aérien qui agira comme commissionnaire de transport. Le chargeur et le transporteur sont, dans ce cas, les parties au contrat.
En cas de groupage, c'est le groupeur qui devient le chargeur.

2. Le document de transport : la lettre de transport aérien

La lettre de transport aérien (LTA) ou *air way bill* (AWB) matérialise le contrat de transport. Elle est émise par l'agent de fret aérien sur imprimé de la compagnie en cas d'expédition exclusive.

Pour les opérations de groupage, le groupeur émet une *house airway bill.*
La LTA, signée par la compagnie avant embarquement, n'atteste de l'expédition effective des marchandises que si elle porte date et numéro de vol. Non négociable, elle est émise en trois originaux et un certain nombre de copies.
L'*International Air Transport Association* (IATA) propose un modèle de LTA conforme aux exigences de la convention de Varsovie de 1929. Outre les coordonnées de l'expéditeur et du destinataire, elle comporte les rubriques suivantes :
1 - Agent de fret aérien
2 - Code de l'agent de fret
3 - Devise dans laquelle sont calculés le fret et les frais accessoires
4 - En fonction de l'incoterm, cette rubrique indique si les frais sont payables au départ (payé ou *prepaid*) ou à l'arrivée (dû ou *collect*).
5 - Mention de la valeur déclarée en cas de déclaration de valeur. S'il n'y a pas de déclaration de valeur, la mention « NVD » (*non value declared*) est inscrite.
6 - Valeur d'assurance
7 - Mention des documents joints, de la personne à prévenir de l'arrivée des marchandises
8 - Calcul du fret
9 - Répartition des frais selon qu'ils sont payés (mentionnés à gauche) ou dus (mentionnés à droite)
10 - Codification et montants des frais annexes (frais d'émission de la LTA, par exemple)

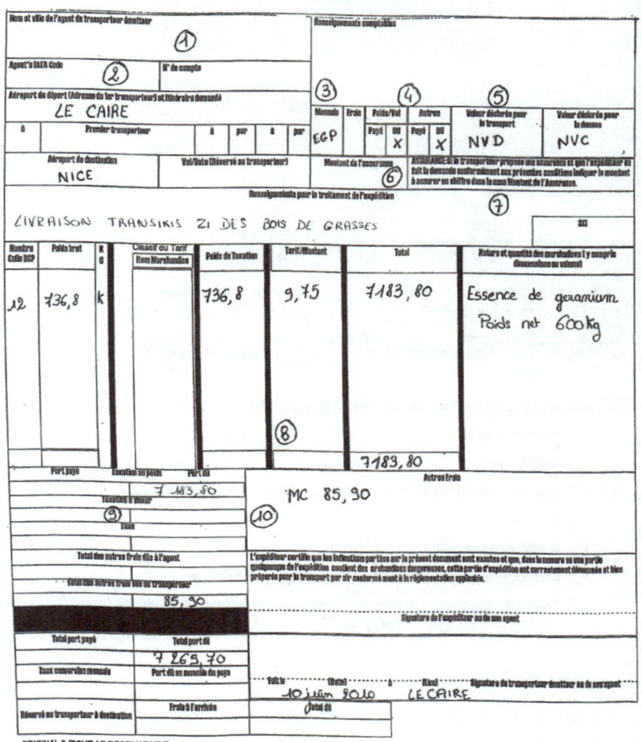

8 LES TRANSPORTS CONTINENTAUX

La volonté des États est aujourd'hui, dans une optique écologique, de mettre fin au « tout routier » dans le domaine des transports terrestres. En 2010, la part en pourcentage de chaque mode de transport dans le total des transports intérieurs, mesurés en tonnes-kilomètres (tkm), s'établissait ainsi en Union européenne : 76,4 % pour la route, 17,1 % pour le ferroviaire et 6,5 % pour le fluvial. Les politiques mises en œuvre favoriseront le report modal vers des modes de transports respectueux de l'environnement comme les autoroutes ferroviaires et maritimes, la voie fluviale et le ferroutage, afin d'offrir des alternatives au fret routier.

1 Le transport routier international

C'est le mode de transport continental par excellence. Il présente l'avantage de permettre la réalisation d'opérations « porte à porte ». Il constitue également une prestation complémentaire aux autres modes de transport. Les matériels assurant le transport routier de marchandises sont de trois types : les camions, les trains routiers (camion + remorque) et les véhicules articulés (tracteur + semi-remorque). Les tracteurs avec semi-remorque sont les plus nombreux. Leur masse chargeable peut atteindre 40 tonnes pour des volumes allant jusqu'à 70 m^3.
Les matériels assurant le transport routier de marchandises sont de plusieurs types :

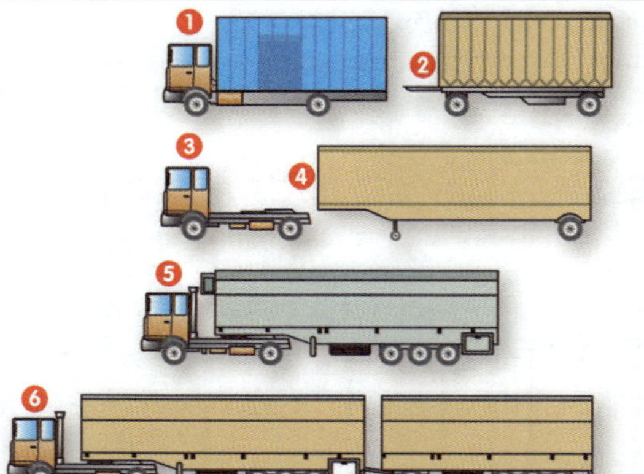

Silhouettes des principaux véhicules poids lourds

- **1 porteur solo**
- **2 remorque**
- **1+2 porteur remorqueur, l'ensemble forme un train routier**
- **3 tracteur**
- **4 semi-remorque**
- **5 ensemble articulé avec semi-remorque tridem**
- **6 train double avec tracteur, une semi-remorque et une remorque « dolly »**

1. Tarification

Dans ce secteur très concurrentiel, la tarification est libre. Pour les envois complets, les prix du transport sont forfaitaires et se négocient en fonction du type de véhicule, de la distance et aussi des possibilités pour le transporteur d'assurer le fret de retour. Pour les envois en groupage, le fret dépend du poids, de l'occupation au sol ou du volume et, bien entendu, de la distance.
Le métrage de plancher (surface au sol), le volume qu'occupera la marchandise dans le camion et son poids sont appelés « coefficient d'occupation ». Ils déterminent le coût de transport : plus la marchandise sera encombrante au sol, lourde ou volumineuse, plus ce coefficient sera fort. Ces paramètres sont encadrés par le rapport poids/volume : 3 m^3 = 1 tonne selon les mêmes principes que le transport aérien, le poids taxable étant arrondi à la centaine de kg supérieure.

EXEMPLE

Un transporteur routier propose un prix de 44 € les 100 kg pour un transport de Villeurbanne à Plovdiv, en Bulgarie, de : 2 palettes 100 × 120 cm et 1 palette 80 × 120 cm, masse de l'ensemble : 300 kg ; hauteur de chaque palette : 150 cm.
Poids réel : 300 kg = 0,3 tonne.
Volume : 2 × (1 × 1,2 × 1,5) + 0,8 × 1,2 × 1,5 = 5,04 m^3.
Poids théorique = volume/3 = 5,04/3 = 1,68 tonne théorique, arrondi à 1,7 tonne, soit 1 700 kg. Le fret sera de : 44 × 17 = 748 €.

Les tarifs peuvent aussi être présentés sous forme de tranches de poids. Dans ce cas, comme en transport aérien, la règle du « payant pour » est applicable. Les transporteurs majorent aussi le fret si la marchandise excède une certaine masse au m^2 de plancher occupé.
En messagerie (moins de 3,5 tonnes), les tarifs proposés sont établis par zones de destination et sont indépendants de la nature de la marchandise.

2. Le contrat de transport

a) Le cadre juridique

La convention de Genève, appelée couramment CMR (Convention Marchandises Route), est le texte de base de toute collaboration entre un expéditeur et un transporteur, dès qu'il s'agit d'acheminer un envoi hors frontières par la route.

b) Le document de transport

C'est la lettre de voiture CMR qui matérialise le contrat de transport.
Elle est établie en trois originaux par l'expéditeur et constitue la preuve du contrat de transport. Ce document n'est pas négociable.
Il comporte les rubriques suivantes :
1 – Expéditeur
2 – Destinataire
3 – Le délai de livraison court à partir de la date mentionnée
6 – Transporteur
8 – Zone destinée à recevoir les réserves du transporteur (sur l'état de la marchandise ou leur emballage) lors de la prise en charge

10 à 15 – Il appartient au transporteur de vérifier ces éléments, relatifs aux marchandises transportées
16 – Zone pouvant faire état d'une déclaration de valeur ou d'une déclaration d'intérêt spécial à la livraison

2 Le transport ferroviaire international

Le transport ferroviaire de marchandises est une activité entièrement ouverte à la concurrence en France depuis le 31 mars 2006. Fret SNCF est le premier transporteur de marchandises en France et le deuxième transporteur ferroviaire européen.

1. Tarification

Les tarifs tiennent compte du type de wagon, de la masse de l'envoi, de la distance et de la classe de marchandise. Contrairement aux autres modes de transport, il n'y a pas de règle particulière d'équivalence poids/volume.

2. Le contrat de transport

a) Le cadre juridique

Le transport ferroviaire international est régi par les conditions générales de transport pour le transport international ferroviaire des marchandises (CGT - CIM). CIM (Convention internationale sur le transport de marchandises) désigne les règles uniformes concernant le contrat de transport international ferroviaire des marchandises, appendice B à la convention relative aux transporteurs internationaux ferroviaires (COTIF 1999).

b) Le document de transport

La lettre de voiture CIM constitue la preuve du contrat de transport et la preuve de la prise en charge des marchandises par le transporteur. Elle est signée par l'expéditeur et le transporteur.
Ce document n'est pas négociable et son émission incombe à l'expéditeur, qui se limite à renseigner les cases n° 1 à 29.
Une lettre de voiture doit être établie pour chaque envoi. Sauf convention contraire entre l'expéditeur et le transporteur, une même lettre de voiture ne peut concerner que le chargement d'un seul wagon.
Une lettre de voiture comporte les rubriques suivantes :
1 – le nom et l'adresse de l'expéditeur ;
4 – le nom et l'adresse du destinataires ;
9 – énumération détaillée des documents requis par les douanes ou d'autres autorités administratives, joints à la lettre de voiture ou tenus à la disposition du transporteur ;
10 – le lieu de livraison ;
16 – le lieu et la date de la prise en charge de la marchandise ;
18 – numéro du wagon, dans le cas de transport par wagons complets ;
20 – si la case « franco de port » n'est pas cochée, les frais seront à la charge du destinataire ;
21, 23 – dénomination de la nature de la marchandise et du mode d'emballage, et, pour les marchandises dangereuses, la dénomination prévue par le règlement concernant le transport international ferroviaire des marchandises dangereuses (RID) ;
25 – masse brute de la marchandise ou la quantité de la marchandise exprimée sous d'autres formes ;
26, 27 – zone pouvant faire état d'une déclaration de valeur ou d'une déclaration d'intérêt spécial à la livraison ;
29 – le lieu et la date de son établissement ;
58 – le nom et l'adresse du transporteur qui a conclu le contrat de transport.

3 Le transport flluvial

Le transport fluvial de marchandises est économique, propre, fiable et sûr. Le réseau de transport fluvial, en particulier les canaux à grand gabarit dispose d'atouts indéniables pour constituer une alternative au mode routier. Après une période de déclin, le secteur est à nouveau en phase de croissance.
Contrairement aux ports de l'Europe du Nord qui tirent parti de l'axe rhénan, la plupart des pré et post-acheminements des ports français se fait par la route, la voie fluviale est encore peu utilisée.
Le transport fluvial international fait l'objet de la Convention de Budapest relative au contrat de transport international de marchandises en navigation intérieure (CMNI) ratifiée par la France en 2007. Ce texte prévoit que le transporteur doit établir un document de transport. Il ne devra établir un connaissement que si l'expéditeur le demande et s'il en a été convenu ainsi avant le chargement des marchandises ou avant leur prise en charge en vue du transport.

9 LA COUVERTURE DU RISQUE DE TRANSPORT

Le choix d'une bonne solution d'emballage ne dispense pas de mener une réflexion en matière de couverture du risque transport.

1 Les raisons d'être de l'assurance transport

1. Une responsabilité des intermédiaires limitée, voire inexistante

Les transporteurs et organisateurs de transport sont présumés responsables des pertes ou avaries causés aux marchandises dès lors qu'ils les ont prises en charge sans avoir émis de réserves. Cette présomption de responsabilité est une présomption simple : ces intermédiaires peuvent prouver que les dommages ne sont pas de leur fait. Ils peuvent, par ailleurs, invoquer les causes d'exonération limitativement énumérées par les conventions internationales de transport. Ces conventions conduisent à une indemnisation forfaitaire en « droits de tirages spéciaux » (DTS), souvent dérisoire, après des démarches en général longues et fastidieuses.

2. Quelques exemples

Conventions	Maritime (Bruxelles)	Aérien (Montréal)	Routier, CMR (Genève)	Ferroviaire, COTIF CIM (Berne)
Présomption de responsabilité du transporteur pour avarie	Présumé responsable, sauf faute du chargeur ou réserves	Présumé responsable en l'absence de réserves	Présomption de responsabilité	Présomption de responsabilité
Exemples de causes d'exonération de responsabilité	Défaut d'emballage, vice propre de la marchandise, force majeure	Faute du chargeur, emballage défectueux	Force majeure, faute du chargeur, emballage défectueux	Force majeure, défaut d'emballage
Indemnisation limitée à... (1 DTS = 1,20 €)	667 DTS par colis ou 2 DTS par kg (limite la plus élevée qui s'applique)	17 DTS environ par kg	8,33 DTS par kg brut	17 DTS environ par kg brut
Augmentation des limites d'indemnisation	Déclaration de valeur, dol ou faute lourde du transporteur	Déclaration de valeur, faute intentionnelle ou dol	Déclaration de valeur ou d'intérêt spécial à la livraison, dol ou faute lourde du transporteur	Déclaration de valeur ou d'intérêt spécial à la livraison, dol ou faute lourde du transporteur
Responsabilité pour retard	La responsabilité pour retard ne peut, le plus souvent, être mise en jeu qu'en cas de délai convenu, le montant de l'indemnisation étant variable selon la convention.			

Les transitaires ont une responsabilité plus ou moins étendue selon qu'ils agissent comme commissionnaires ou mandataires. Ils sont responsables de leurs propres fautes dans les limites contractuelles. Le commissionnaire sera en plus responsable des fautes de ses substitués selon les règles définies dans le tableau ci-dessus.

2 Les modalités d'assurance de la marchandise

Les risques sont assumés par l'acheteur ou le vendeur en fonction de l'incoterm choisi : la faculté (et non l'obligation) d'assurer les marchandises revient donc à l'un ou l'autre (seuls les termes CIF et CIP imposent une obligation d'assurance).

1. Les formes de contrats

Les contrats peuvent être souscrits auprès d'une compagnie d'assurances, d'un courtier, d'un agent d'assurance ou des transitaires et transporteurs. Ils couvrent la marchandise tout au long de la chaîne de transport (« de bout en bout »). À l'arrivée des marchandises, la garantie expire au terme d'un délai variable selon le mode de transport. Différents types de polices existent :
- la police au voyage couvre une marchandise déterminée en nature et en valeur pour un trajet identifié ;
- la police à alimenter couvre un montant fixé pour un trajet déterminé sur une durée non définie (jusqu'à expiration du montant assuré) ;
- la police d'abonnement (ou flottante) couvre toutes les expéditions de l'assuré sur une période définie (en général, un an), quels que soient le mode de transport, la nature et la quantité de marchandises ;
- la police tiers chargeur : l'assuré demande à bénéficier de la police flottante d'un transporteur ou d'un transitaire (parfois moins onéreuse que la police au voyage).

2. Les garanties : les polices d'assurances françaises

	Maritime	Aérien	Terrestre
Garantie tous risques	Couverture de la contribution d'avarie commune, du naufrage, de l'incendie, de l'explosion, du vol, de la disparition...	Couverture de tous dommages et pertes matériels résultant, par exemple, d'événements tels le vol, la disparition...	Couverture des dommages et pertes matériels, des disparitions et des vols
Garantie restreinte	Garantie FAP sauf (franc d'avaries particulières sauf...) : cette assurance plus restreinte ne garantit que les pertes ou dommages résultant des seuls événements énumérés dans le contrat. (ex. : la contribution d'avarie commune, le naufrage, l'incendie, l'explosion).	Assurance accidents majeurs : contrat offrant des garanties plus réduites ou la couverture de risques particuliers	Assurance accidents caractérisés : cette garantie, plus restreinte, ne couvre que des événements limitativement énumérés dans la police.
Durée de la garantie	La garantie expire 60 jours après le déchargement du dernier navire de mer.	La garantie expire 15 jours à compter de la date d'arrivée de l'avion à l'aéroport de destination.	La garantie expire 15 jours à compter de la date de mise à disposition de la marchandise par le transporteur au lieu de destination.

Quel que soit le type de garantie, des exclusions seront toujours énumérées dans le contrat : vice propre de la marchandise, insuffisance d'emballage, risques exceptionnels...

10 LES MISSIONS DE LA DOUANE

L'administration douanière française assure de nombreuses missions. Elle participe, en particulier, à la régulation des échanges économiques entre l'Union européenne (UE) et les pays tiers.

1 Une mission fiscale

L'administration douanière assure la perception de différents droits et taxes qui alimentent principalement les budgets de l'UE et de l'État français.
Pour le compte de l'Union européenne, l'administration douanière perçoit notamment les droits de douane et autres taxes à l'importation, les droits agricoles dans le cadre de la Politique agricole commune (PAC), les droits antidumping (qui sont des surtaxes appliquées sur les produits importés lorsque le fournisseur d'un pays tiers les vend en UE à un prix inférieur à celui pratiqué sur son marché national, faussant ainsi le jeu de la concurrence).
Au niveau national, la Douane perçoit principalement la taxe sur la valeur ajoutée (TVA) sur les produits importés des pays tiers à l'Union européenne. Elle assure également la perception de droits plus spécifiques, comme les droits d'accises (droits frappant certains produits comme les huiles minérales, l'alcool et les boissons alcoolisées, le tabac manufacturé), et les taxes parafiscales (taxes collectées au profit de certains secteurs d'activité). Elle participe au contrôle du recouvrement de la TVA dans les échanges intracommunautaires (échanges réalisés entre États membres).

2 Une mission économique

1. Le principe du libre-échange

L'Union européenne a mis en place une politique commerciale commune qui repose essentiellement sur le principe du libre-échange. Selon ce principe, l'essentiel des marchandises a accès au marché communautaire ou en sort sans contrainte particulière, dès lors qu'il a été procédé aux formalités de dédouanement. Le rôle de l'administration douanière est d'assurer la bonne application des règles issues de cette politique.

2. Le contrôle du commerce extérieur

Des exceptions à ce principe existent. La volonté de soutenir la compétitivité des entreprises européennes dans certains secteurs et de protéger les consommateurs européens justifient l'application de mesures de contrôle pour certaines marchandises. Ces mesures consistent à soumettre l'opérateur européen à l'accomplissement de formalités particulières, comme l'obtention d'autorisations à limiter ou interdire les entrées ou les sorties de certaines marchandises du territoire communautaire.

3. L'application de mesures de contrôle

a) Les mesures à l'importation

– Les marchandises surveillées et contingentées : certaines marchandises importées en trop grande quantité ou à des prix inférieurs aux prix européens pourraient poser des difficultés aux entreprises de l'Union. La Douane place alors ces marchandises sous surveillance, ce qui rend nécessaire la présentation d'un document de surveillance par l'importateur lors de leur dédouanement. Elle peut, si le danger est plus grave, décider la mise en place d'un contingent quantitatif, qui consiste à limiter les importations de marchandises par l'instauration de quotas au-dessus desquels il ne sera plus possible d'importer. Cette mesure rend nécessaire l'obtention préalable d'une licence d'importation.

EXEMPLE

Nécessité d'une licence d'importation sur certains produits textiles originaires de Biélorussie.

– Les marchandises prohibées : la Douane peut également décider d'interdire l'entrée de certaines marchandises qui sont contraires à l'ordre public, aux bonnes mœurs ou néfastes pour la santé.
– Les marchandises faisant l'objet d'un contingent tarifaire : à l'inverse, pour faciliter l'importation de marchandises nécessaires à l'économie européenne, il peut être mis en place des contingents tarifaires qui consistent, pour le produit concernés, à réduire ou rendre nuls les droits de douane sur une certaine période.

b) Les mesures à l'exportation

Certaines marchandises, en principe interdites de sortie du territoire de l'UE (médicaments, végétaux, armes...), peuvent être exportées sous la condition d'obtenir une licence d'exportation.
Nécessitent également une licence d'exportation les biens de haute technologie « dits à double usage » : ils peuvent être aussi bien utilisés à des fins civiles que militaires (produits électroniques, systèmes de transmission...)

Les mesures de contrôle du commerce extérieur tendent aujourd'hui à diminuer.

EXEMPLE

Depuis le 1er janvier 2009, les produits textiles originaires de Chine ne sont plus soumis à la présentation d'une licence d'importation.

3 Autres missions

La Douane veille à la conformité à la réglementation relative à la qualité et à la sécurité des produits importés par le contrôle du respect des normes CE et la lutte contre la contrefaçon.
Elle procède à l'établissement et à la diffusion des statistiques du commerce extérieur, consultables sur le site lekiosque.finances.gouv.fr.
Elle développe un rôle de conseil auprès des entreprises en matière de dédouanement avec la présence, dans chaque région, de « cellules de conseils aux entreprises ».

11 L'ORGANISATION DU DÉDOUANEMENT

Les échanges de biens entre l'Union européenne et les pays tiers nécessitent le respect de formalités bien précises afin de procéder au dédouanement des marchandises.

1 La conduite et la mise en douane

1. À l'importation

À l'entrée dans l'Union européenne, les marchandises sont présentées au bureau de douane le plus proche (le bureau d'entrée) où une déclaration sommaire est déposée.
La Douane procède ensuite à son enregistrement : c'est la mise en douane, qui atteste de la prise en charge des marchandises par les autorités douanières.

2. À l'exportation

Les formalités sont simplifiées : il s'agit d'acheminer les marchandises vers le bureau de douane le plus proche du lieu de chargement des marchandises. Aucune déclaration sommaire n'est à effectuer.

2 La déclaration préalable de sûreté-sécurité (ICS-ECS)

À compter du 1er janvier 2011, afin de sécuriser les flux de marchandises, est rendu obligatoire l'établissement d'une déclaration préalable (appelée ENS) avant toute entrée ou sortie du territoire de l'Union européenne. Cette déclaration est transmise par voie informatique dans un délai qui varie selon l'opération (importation ou exportation) et le type de transport utilisé.

3 Les procédures de dédouanement

Elles s'appliquent aux opérations à l'import comme à l'export.

1. La procédure de dédouanement de droit commun

a) Le dépôt de la déclaration en douane

L'entreprise ou toute personne habilitée à réaliser le dédouanement, qui prend alors le nom de déclarant, procède à la transmission par voie informatique de la déclaration en douane auprès du bureau de douane compétent. Cette déclaration se fait sur un formulaire appelé « document administratif unique » (DAU). Préalablement renseigné par le déclarant, il précise les documents requis par la législation douanière.
En cas d'impossibilité de produire un des documents requis dans les délais, et afin d'éviter l'immobilisation des marchandises en douane, le déclarant peut demander à bénéficier d'un délai supplémentaire pour présenter ce document. Il fournit alors le formulaire D48, qui constate l'engagement de l'entreprise à produire le document manquant dans le délai convenu.

b) L'enregistrement de la déclaration en douane

Lorsque la déclaration est recevable, la Douane procède à son enregistrement. La déclaration devient définitive : le déclarant est désormais engagé par les informations qu'elle contient.

c) L'enlèvement des marchandises

À l'importation, la délivrance du bon à enlever (BAE) par la Douane permet à l'opérateur de disposer de sa marchandise. Elle est précédée de l'acquittement ou l'engagement à s'acquitter des droits et taxes et de la réalisation de contrôles de la Douane pouvant être d'ordre physique (vérification des marchandises) et/ou documentaire (contrôle de la conformité et de la cohérence des documents).
À l'exportation, la déclaration en douane n'entraîne pas l'acquittement de droits et taxes. Seuls des frais liés aux formalités de dédouanement, comme la taxe liée à l'utilisation du système informatique de dédouanement DELT@, sont à la charge de l'opérateur. Après des contrôles éventuels et si tout est régulier, la Douane délivre le bon à exporter (BAE).

d) Les limites de la procédure

Même si, aujourd'hui, l'introduction de l'informatique, et notamment d'Internet, permet d'accélérer la procédure, celle-ci reste lourde et allonge les délais d'acheminement induits par la conduite en douane, les délais pouvant être augmentés en cas de contrôle.

2. La procédure de dédouanement à domicile (PDD)

a) Le fonctionnement de la PDD

La PDD permet le dédouanement des marchandises dans les locaux de l'entreprise sans passer par le bureau de douane. La transmission par voie informatique d'un titre de transit au bureau d'entrée dans l'UE permet la circulation des marchandises sur le territoire communautaire et un avis d'arrivée remplace la déclaration sommaire.
Les formalités douanières sont ainsi réalisées directement à partir des installations de l'entreprise, qui doit tenir une comptabilité-matières (registre des mouvements de marchandises). Une déclaration récapitulative, qui prend le nom de « déclaration complémentaire globale » (DCG), ou un DAU sont ensuite transmis à l'administration douanière.

b) L'intérêt de la PDD

La PDD vise à pallier les inconvénients de la procédure de droit commun, et donc à faciliter et accélérer les formalités de dédouanement : elle permet à l'entreprise de gagner en efficacité et compétitivité par le gain de temps engendré et l'absence de rupture de charge. Elle est donc mieux adaptée aux besoins des opérateurs réguliers.
Pour en bénéficier, cette procédure implique l'autorisation préalable de l'administration douanière et le respect d'un certain nombre de conditions pour l'entreprise, comme la présentation de garanties de moralité fiscale et de garanties financières.

4 L'informatisation des procédures : les téléprocédures

Dans le cadre du programme européen *Electronic customs* conduisant à une douane sans papiers, la Douane française a mis en place le système DELT@ (dédouanement en ligne par traitement automatisé), qui permet une dématérialisation de toute la chaîne de dédouanement. Les déclarations papier sont ainsi remplacées par des déclarations en ligne.

1. L'accès au système DELT@

Pour accéder au système DELT@, les opérateurs ont le choix entre deux modes de transmission :
– le guichet EDI (échange de données informatisées), où l'opérateur envoie directement sa télédéclaration à la douane *via* son propre système informatique ;
– le guichet DTI (*Direct Trade Interface*), qui permet à l'opérateur, après agrément préalable de la Douane, de saisir sa télédéclaration sur Internet *via* le portail Internet Prodou@ne (site de la Douane réservé aux professionnels pour accomplir l'ensemble de leurs formalités douanières par l'accès à des téléservices).

2. Les différentes téléprocédures

DELT@ propose différentes téléprocédures.

Téléprocédure	Mode d'utilisation
Delt@ C	Permet, pour les procédures de droit commun et de dédouanement à domicile, l'établissement d'une télédéclaration complète (dédouanement en une seule étape).
Delt@ D	Permet aux opérateurs bénéficiant de la procédure de dédouanement à domicile la réalisation du dédouanement en deux étapes, par l'établissement d'une télédéclaration simplifiée puis complémentaire.
Delt@ X	S'adresse aux opérateurs de fret express (spécialisés dans les petits colis).
Delt@ P	Spécifique au transport aérien, il permet la transmission des déclarations sommaires.

3. Les fonctionnalités offertes par DELT@

Delt@ présente de nombreux avantages par rapport aux procédures traditionnelles :
– La rapidité : avec l'accessibilité du programme ouvert 24 heures sur 24 et 7 jours sur 7, la possibilité de réaliser en ligne des déclarations anticipées jusqu'à 10 jours avant la date d'arrivée ou de départ des marchandises et l'obtention plus rapide du bon à enlever ;
– la simplicité : avec l'accès à un guichet unique *via* Prodou@ne, le calcul automatisé de la valeur en douane et la possibilité de rectifier ou de réviser la déclaration. Les documents accompagnant la déclaration ne sont plus présentés systématiquement. De plus, l'accès à la base réglementaire complète, le moteur RITA (référentiel intégré tarifaire automatisé), permet de connaître en temps réel la législation douanière et de s'y conformer. Cet outil permet également de vérifier la validité et la cohérence des éléments déclarés ainsi que le calcul des droits et taxes à payer ;
– un coût moindre : après un abaissement progressif de la redevance d'utilisation du système, il est prévu, à terme, la gratuité du service.

5 Le statut d'opérateur économique agréé (OEA)

Délivré par l'administration douanière, ce statut permet à l'entreprise qui en est détentrice de bénéficier de simplifications douanières et de taux réduits de contrôle. Il est ouvert à toutes les entreprises (importateurs, exportateurs, commissionnaires), dès lors qu'elles en font la demande et qu'elles répondent à des critères relatifs à la qualité des procédures internes mises en place dans l'entreprise et à la sécurisation de leurs flux, afin d'attester de leur fiabilité.

6 Le paiement des droits et taxes

À l'issue de son enregistrement, et quelle que soit la procédure, la déclaration douanière pour les opérations à l'import permet de connaître le montant des droits et taxes à acquitter. Leur paiement doit se faire, en principe, immédiatement. Mais l'opérateur, afin de soulager sa trésorerie, peut bénéficier de deux formes de crédit :
– le crédit d'enlèvement lui permet de payer les droits et taxes dans les 30 jours à compter de la date d'enregistrement de la déclaration en douane ;
– le crédit de droits lui permet de bénéficier d'un report de 120 jours. Il entraîne le paiement d'un intérêt.
Il est possible de cumuler ces deux crédits, portant le délai de paiement à 150 jours. Ces crédits nécessitent l'engagement de cautions, qui garantissent le paiement en cas de défaillance de l'entreprise.

7 Le déclarant en douane

Les agents en douane n'étant pas autorisés à réaliser le dédouanement pour le compte de l'entreprise, cette dernière dispose alors de deux possibilités :
– l'effectuer elle-même ;
– le sous-traiter auprès d'un prestataire agréé, le commissionnaire en douane, qui reçoit alors mandat de l'entreprise opératrice et la représente vis-à-vis de la Douane.

Déclarant	Avantages	Limites/contraintes
L'entreprise elle-même	Maîtrise complète de la chaîne logistique	Nécessité d'un service « douane » dans l'entreprise et d'un personnel qualifié
Le commissionnaire en douane	– Recours à un prestataire spécialisé, qui maîtrise les formalités douanières – Avance par le prestataire des droits et taxes dus pour les marchandises importées	– Choix du prestataire – Responsabilité du prestataire limitée en cas d'erreurs – Frais supplémentaires liés à la facturation d'honoraires

12 LA DÉCLARATION DOUANIÈRE

La déclaration douanière est établie sur un formulaire harmonisé au niveau de l'Union européenne, appelé « document administratif unique » DAU.

1 Le rôle de la déclaration douanière

Cette déclaration comprend un ensemble de rubriques dont l'essentiel est à renseigner par le déclarant, même si le système DELT@ facilite aujourd'hui son établissement. De caractère obligatoire aussi bien pour les opérations à l'import qu'à l'export, elle remplit plusieurs rôles :

– elle donne un statut juridique aux marchandises par l'attribution d'un régime douanier. Le choix de ce régime dépend de l'utilisation que l'entreprise fera de ses marchandises ;

– elle permet de déterminer, grâce aux informations fournies à l'import, le montant des droits et taxes à acquitter : c'est la liquidation douanière ;

– elle sert également de document de base pour l'application des mesures de contrôle du commerce extérieur ;

– enfin, elle permet l'établissement des statistiques du commerce extérieur.

2 Les documents accompagnant la déclaration

La déclaration s'accompagne d'un certain nombre de documents formant la liasse documentaire.

Ils justifient les éléments déclarés dans le DAU : il s'agit de la facture commerciale, de la liste de colisage, du titre de transport, du document de transit, le cas échéant, et de la déclaration de valeur, appelée « DV1 » (si le montant de la facture est supérieur à 10 000 €, montant au 1er janvier 2009).

La réglementation douanière pourra exiger d'autres documents selon la nature de la marchandise et son pays d'origine :

– un certificat d'origine ou de circulation pour attester de l'origine du produit ;

– une licence d'importation ou d'exportation exigée par les mesures de contrôle du commerce extérieur ;

– un certificat sanitaire ou phytosanitaire pour les espèces végétales et animales.

3 La présentation du DAU

1. L'identification de la déclaration

1 DECLARATION		
IM	A	

La première case indique le type de l'échange :

– IM pour une déclaration d'importation ;

– EX pour une déclaration d'exportation.

La seconde case précise le type de déclaration réalisée :

– A pour une déclaration normale ;

– B pour une déclaration incomplète ;

– C pour une déclaration simplifiée ;

– D pour une déclaration normale avant présentation des marchandises ;

– E pour une déclaration incomplète avant présentation des marchandises ;

– F pour une déclaration simplifiée avant présentation des marchandises.

2. L'identification de l'opération commerciale

La déclaration douanière permet l'identification des parties : l'expéditeur de la marchandise, le destinataire et le déclarant. Afin de permettre le calcul des droits et taxes à acquitter et l'application des mesures de contrôle du commerce extérieur, le déclarant doit indiquer le pays d'origine ou de destination, les conditions de livraison, la valeur facturée ainsi que la devise utilisée. Le taux de change à appliquer correspond au dernier cours publié par la Douane.

EXEMPLE

9 Responsable financier		No.	
10 Pays p. dest. d.prov	11 Pays trans-/prod.	12 Elements de la valeur	13 P.A.C
15 Pays d'expédition/d'exportation CH		15 Code P. expéd./expor. a __ b	17 Code P. de a b
16 Pays d'origine		17 Pays de destination	
20 Conditions de livraison CIF ANVERS 2			

3. L'identification des marchandises

Cette partie du DAU apporte des informations sur la nature et l'identification de la marchandise, avec l'indication du code TARIC issu de la nomenclature douanière. Sont également mentionnés : en case 37, par un code, le régime douanier choisi par l'entreprise ; en case 46, la valeur statistique (valeur retenue pour l'établissement des statistiques du commerce extérieur de la France), ainsi que les documents joints.

EXEMPLE

34 Code P.origine a CH	35 Masse brute (kg) 1780	36 Préférence 1 00
37 régime 40 00 000	38 Masse nette (kg) 1780	39 Contingent
40 Déclaration sommaine/Document précédent 821 Z MRN 2011		
41 Unités supplémentaires	42 Prix de l'article 15000	43 Code M.E. 1
	Code M.S.	45 Ajustement
		46 Valeur statistique 15 190

4. Le calcul des impositions

Dans cette dernière partie du DAU sont indiqués le montant et les modalités de paiement des droits et taxes à acquitter par l'entreprise, avec les détails sur la base de calcul et les taux (appelés dans le document « quotité ») utilisés.

Type	Base d'imposition	Quotité	Montant
U165 A00	15 000 Valeur en douane : 15 000 Assiette TVA : 15 205	2.7	405
M820 1I1	15 190 Valeur en douane : 15 000 Assiette TVA : 15 205	0.2	30
A445 B00	15 640 Valeur en douane : 15 000 Assiette TVA : 15 205	19.6	3 065
			Total : 3 500

13 TVA ET OPÉRATIONS DE COMMERCE INTERNATIONAL

La taxe sur la valeur ajoutée (TVA) est un impôt général sur la consommation, directement facturé aux clients sur les biens achetés ou les services consommés en France, qu'ils soient d'origine française ou étrangère.

1 Les taux de TVA

Le montant de la TVA dépend du taux applicable à l'opération réalisée :
- le taux normal de 20 % concerne la majorité des biens et services ;
- le taux réduit de 10 % est applicable aux ventes à emporter ou à livrer de produits alimentaires ;
- le taux réduit de 5,5 % s'applique aux produits alimentaires, équipements de services pour handicapés, abonnements gaz et électricité, livres, fourniture de repas dans les cantines scolaires ;
- le taux particulier de 2,1 % est réservé aux médicaments remboursables par la Sécurité sociale, à la redevance télévision, à certains spectacles et publications.

2 Le mécanisme de la TVA

1. La TVA, un impôt indirect

Ce sont les entreprises commerciales, industrielles ou prestataires de services (les assujettis) qui sont chargées du recouvrement de la taxe. En contrepartie de l'obligation de collecter la TVA sur les ventes ou prestations, il est possible pour l'entreprise de déduire la TVA payée sur ses achats.

L'entreprise collecte la taxe lors des ventes (TVA collectée) et la reverse au Trésor public diminuée des montants de TVA qu'elle a elle-même payés sur ses achats (TVA déductible) :

TVA due à l'État = TVA collectée – TVA déductible

Conséquences : quoique payée aux fournisseurs, la TVA sur les achats est « récupérée » par déduction sur la TVA collectée sur les ventes : cette taxe est donc neutre pour l'entreprise.

Quel que soit le nombre d'intermédiaires dans un circuit de distribution, seul le consommateur final supporte intégralement cet impôt qualifié « d'indirect ». La TVA n'est donc pas une charge pour les entreprises.

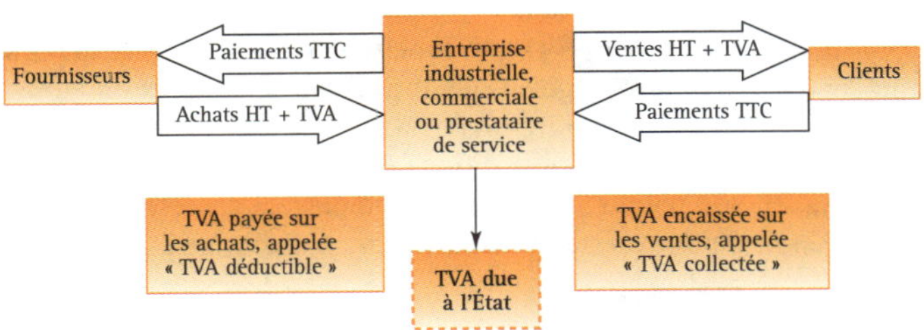

2. Les obligations déclaratives

a) La déclaration de TVA

Les entreprises déclarent périodiquement les opérations réalisées (en général, mensuellement) sur support papier ou en ligne.

Lorsque le montant de la TVA déductible excède celui de la TVA collectée, il y a crédit de TVA. L'entreprise dispose, dans ce cas, d'une créance sur le Trésor public qu'elle peut, sous conditions, se faire rembourser. Faute d'obtenir ce remboursement, le crédit de TVA sera imputé sur le mois suivant.

b) La déclaration d'échanges de biens (DEB)

La DEB permet à l'administration des douanes d'établir chaque mois les chiffres du commerce extérieur et d'effectuer un suivi fiscal (en matière de TVA) des échanges de marchandises avec les partenaires de l'Union européenne. Elle est établie mensuellement par les entreprises réalisant des échanges intracommunautaires.

3 Opérations de commerce international soumises ou non à la TVA

Opérations	Définitions	Situation au regard de la TVA
Exportations	Livraisons effectuées vers les pays tiers à l'Union européenne	Exonération : pas de TVA
Importations	Acquisitions originaires de pays tiers à l'Union européenne	Imposables : l'importateur acquitte la TVA à l'administration des douanes*
Acquisitions intracommunautaires (ou introductions)	Acquisitions par une entreprise d'un État membre de marchandises originaires d'un autre État membre	Imposables : l'acquéreur acquitte la TVA au Trésor public de son pays*
Livraisons intracommunautaires (ou expéditions)	Livraisons par une entreprise d'un État membre de marchandises à une entreprise située dans un autre État	Exonération : pas de TVA

* La TVA acquittée aux administrations est déductible au même titre que celle versée à des fournisseurs nationaux.

Ces règles s'appliquent aux transactions relatives à des marchandises et réalisées par des entreprises assujetties à la TVA (les prestations de services et les livraisons aux particuliers faisant l'objet de règles spécifiques).

14 TVA ET OPÉRATIONS INTRACOMMUNAUTAIRES

Depuis le 1er janvier 1993, la suppression des frontières fiscales entre les États membres de l'UE a modifié certaines formalités en matière d'échanges de biens. Une déclaration d'échanges de biens (DEB) a été instituée pour permettre à l'administration des douanes d'établir les chiffres du commerce extérieur et d'effectuer un suivi fiscal (en matière de TVA) des échanges de marchandises avec les partenaires de l'Union européenne.

1 Les opérations reprises dans la DEB

La déclaration d'échanges de biens reprend l'ensemble des mouvements de marchandises communautaires (les introductions et les expéditions) circulant entre la France métropolitaine et un autre État membre de l'Union européenne.

On appelle « introduction » l'arrivée de marchandises communautaires sur le territoire national (une marchandise importée est originaire d'un pays tiers). *A contrario*, l'envoi de marchandises à partir de la France vers un pays de l'Union européenne est qualifié d'« expédition » (l'envoi de marchandises vers un pays hors UE sera qualifié d'« exportation »).

Sont également reprises dans la déclaration :

– les marchandises importées de pays tiers qui acquittent les droits et taxes et sont expédiées vers un autre État membre ;

– les marchandises communautaires expédiées d'un État membre A à destination d'un État membre B à partir duquel elles seront exportées, les formalités à l'exportation étant établies dans l'État membre B.

2 Les personnes tenues d'établir la DEB

Dès lors que l'entreprise est assujettie à la TVA en France et qu'elle réalise des échanges intracommunautaires, elle doit établir une déclaration d'échanges de biens. Chaque entreprise est identifiée par un numéro de redevable délivré par son centre des impôts de rattachement (le numéro de TVA composé des lettres FR et d'une clé informatique à 2 caractères + le numéro SIREN à 9 chiffres).

Certaines personnes sont toutefois dispensées du dépôt de déclarations :

– les particuliers ;

– à l'introduction, les opérateurs qui réalisent un montant annuel d'introductions inférieur à 460 000 € par année civile (et non par opération).

Les obligations en matière de fourniture d'informations sont plus ou moins détaillées selon le niveau, en euros, des introductions ou des expéditions réalisées du 1er janvier au 31 décembre de l'année précédente.

Introduction	Niveau d'obligation	Expédition	Niveau d'obligation
Seuil de 460 000 €	Déclaration détaillée	Seuil de 460 000 €	Déclaration détaillée
En dessous de 460 000 €	Pas de déclaration	En dessous de 460 000 €	Déclaration simplifiée, données limitées à fournir

EXEMPLE

Une entreprise a enregistré au cours de l'année 2010 des introductions d'une valeur HT de 300 000 € et des expéditions d'une valeur de 360 000 €. Que doit-elle déclarer à la douane ?

En 2011, elle n'est pas tenue de déposer une DEB à l'introduction. Elle devra déposer une DEB comportant les seules données fiscales à la livraison. Si le seuil de 460 000 € est dépassé en cours d'année 2011 pour l'un de ces flux (introduction ou expédition), elle déposera une DEB complète pour le flux en question.

En cas de création d'entreprise, à l'expédition, la société devra déclarer ses opérations à la livraison dès le premier euro et fournir une déclaration détaillée en cas de franchissement du seuil de 460 000 €. À l'introduction, la société sera dispensée de DEB tant que le seuil des 460 000 € ne sera pas atteint.

3 Contenu et modalités de transmission de la DEB

1. Les données à fournir

Ces données sont plus ou moins détaillées selon le niveau d'obligation :

– la nomenclature de produit (2) : il s'agit de la nomenclature combinée à 8 chiffres (NC8), commune à l'ensemble des États membres ;

– le pays de destination/provenance (3) : cette rubrique comprend 2 caractères alphabétiques. Il s'agit, à l'expédition, du code de l'État membre de destination des biens et, à l'introduction, du code de l'État membre de provenance. Il ne peut s'agir que d'un code se référant à un pays de la Communauté européenne, à l'exclusion de la France (FR) ;

– la valeur (4) : cette zone reprend la valeur fiscale des livraisons/acquisitions intracommunautaires en euros, arrondis à l'unité entière la plus proche, de biens conformément aux dispositions en matière de TVA ;

– le régime (5) : ce code comporte 2 caractères numériques, variables selon le type d'opération ;

EXEMPLES

21 pour une livraison exonérée, 11 pour une acquisition intracommunautaire taxable en France.

– la masse nette en kg (6) ;

– les unités supplémentaires (7) : il s'agit d'unités de mesure autres que le kilogramme. Cette rubrique n'est à renseigner que si le code nomenclature utilisé l'exige ;

EXEMPLES

Pour les eaux minérales, il faut indiquer le nombre de litres ; pour les chaussures de sport, le nombre de paires.

– la nature de la transaction (8) : cette codification comporte 2 caractères numériques permettant de transmettre une information économique sur l'opération réalisée (achat/vente, travail à façon...) ;

EXEMPLES

11 pour une vente ferme, 40 pour une expédition de biens destinés à faire l'objet d'un travail à façon.

– le mode de transport (9) : ce code numérique à 1 caractère indique le moyen de transport par lequel les marchandises sont présumées devoir quitter le territoire national à l'expédition ou avoir pénétré sur le territoire national à l'introduction ;

EXEMPLES

1 pour le transport maritime, 2 pour le transport par chemin de fer, 3 pour le transport par route...

– le département (10) : il s'agit du département français (code à 2 caractères numériques) d'expédition initiale de la marchandise à l'expédition ou de destination effective à l'introduction ;

– le pays d'origine (11) : ce code à 2 caractères alphabétiques désigne le pays d'où sont originaires les biens introduits, au sens de la réglementation douanière sur l'origine. Cette donnée n'est à fournir qu'à l'introduction ;

– le numéro d'identification de l'acquéreur CE (12) : il s'agit du numéro d'identification TVA fourni par le client intracommunautaire, qui doit figurer sur les factures pour les livraisons intracommunautaires. Cette donnée est obligatoire à l'expédition, quel que soit le niveau d'obligation.

2. Transmission de la DEB

La DEB est mensuelle. En règle générale, la période de référence correspond au mois civil au cours duquel la TVA est devenue exigible au titre des livraisons et des acquisitions intracommunautaires de biens. Elle doit être transmise au plus tard le 10e jour ouvrable suivant le mois de référence à un centre de rattachement.

La douane propose un outil gratuit pour dématérialiser la DEB : la téléprocédure en ligne DEB sur pro.douane.gouv.fr ou DEB sur Pro.Dou@ne

cerfa
N° 10838*03

Ministère du budget
des comptes publics
de la fonction publique
et de la réforme de l'Etat

DÉCLARATION D'ÉCHANGES DE BIENS
ENTRE ÉTATS MEMBRES DE LA COMMUNAUTÉ EUROPÉENNE

Direction générale des Douanes
et Droits indirects

A. Période

Année 2011

Mois 02

B. Flux	introduction	expédition
≥ 460 000 HT/an	☒[a]	☐[b]
<460 000 HT/an	Pas de DEB	☐[c]

C. Redevable de l'information

Numéro d'identification TVA : **FR** 24 421 173 970

Raison sociale : S.A. S.T.L.

Rue : de la République BP425

Code postal et ville : 59140 DUNKERQUE

Personne à contacter : R. DUMELIE

Téléphone : 03 28 29 36 84 Télécopie : 03 28 29 70 57

Messagerie électronique : dumelie@stl.com

D. Service

(réservé à l'administration)

Date, nom et signature

05 mars 2011

DUMELIE

1 N° ligne	2 Nomenclature de produit	3 Pays dest. prov.	4 Valeur (en euros)	5 Régime	6 Masse nette (kg)	7 Unités Supplémentaires	8 Nature transact.	9 Mode de transport	10 Département	11 Pays d'origine	12 Numéro d'identification de l'acquéreur C.E.
1	83071050	IT	3030	11	80		11	3	59	IT	
2	65021000	ES	27713	11	2480		11	3	59	ES	
3											
4											
5											
6											
7											
8											
9											
10											

Mentions légales
Les données des déclarations d'échanges de biens (DEB) font l'objet d'une saisie informatique dans le cadre du traitement automatisé instauré par arrêté du 8 octobre 2004 publié au journal officiel n°247 du 22 octobre 2004.
Conformément à la loi « informatique et libertés » du 5 janvier 1978, vous bénéficiez d'un droit d'accès et de rectification aux informations qui vous concernent. Ce droit peut être excercé auprès de la Direction Nationale des Statistiques du Commerce Extérieur.

[a] Toutes les colonnes, à l'exception de la colonne 12, doivent être complétées.
[b] Toutes les colonnes, à l'exception de la colonne 11, doivent être complétées lorsque le code régime 21 est utilisé.
[c] Seules les colonnes 4, 5 et 12 doivent être complétées (têtes de colonnes grisées)

15 LE DÉDOUANEMENT D'UNE IMPORTATION

L'importation de marchandises originaires de pays n'appartenant pas à l'UE suppose l'évaluation de la dette douanière, constituée de droits et taxes faisant l'objet d'une réglementation communautaire et nationale. Afin de disposer librement de ces marchandises, il est impératif d'acquitter ces impositions, en principe exigibles au comptant.

1 Inventaire des droits et taxes exigibles à l'importation

1. Les droits de douane

Ils sont le plus souvent *ad valorem*, c'est-à-dire calculés en appliquant un pourcentage selon la valeur de la marchandise. La base de calcul des droits peut être également la quantité de marchandises : poids, volume, nombre.

2. Les droits antidumping

Les producteurs communautaires qui s'estiment lésés par des pratiques de dumping ou de subventions de la part de pays tiers peuvent demander à la Commission européenne de mettre en place un droit antidumping ou un droit compensateur.

Un dumping se définit comme le fait, pour un producteur tiers, de vendre son produit à l'exportation vers l'Union à un prix inférieur au prix auquel il vendrait ce même produit sur le marché local.

3. Les droits d'accises

Ce sont des droits de consommation frappant certaines catégories de produits. Ils sont codifiés et régis par des directives communautaires et le Code général des impôts.

Ils concernent trois catégories de produits : les huiles minérales, l'alcool et les boissons alcooliques, les tabacs manufacturés.

4. Les taxes parafiscales

Ces taxes, très faibles, ne pèsent que sur certaines catégories de produits : produits des industries de l'habillement, de la pêche maritime, des cultures marines...

5. La TVA

L'importation de marchandises constitue un acte imposable à la TVA.

La TVA à l'importation est recouvrée par l'administration des douanes, qui applique les taux nationaux (20 %, 5,5 % ou 2,1 %).

2 Les modalités de calcul des droits et taxes

1. Le calcul des droits de douane

Trois éléments sont déterminants pour le calcul des droits de douane : l'origine des marchandises, leur espèce tarifaire et leur valeur.

a) L'origine des marchandises

L'origine est une notion complexe. Pour simplifier, on peut considérer qu'elle désigne le lieu où ont été fabriquées les marchandises importées. Elle permet de déterminer le niveau de perception des droits de douane et l'application éventuelle de mesures de politique commerciale (droits antidumping et quotas).

Elle fait l'objet de deux définitions dans le système juridique communautaire : l'origine préférentielle et l'origine non préférentielle. Elle est distincte de la provenance géographique, qui correspond au pays à partir duquel les marchandises sont exportées.

EXEMPLE

Pour une marchandise fabriquée en Chine et arrivée en France *via* le port d'Anvers, en Belgique, l'origine est la Chine, sa provenance est la Belgique.

– L'origine préférentielle

Des accords préférentiels ayant été passés entre l'Union européenne et certains pays tiers ou groupes de pays, une même marchandise sera taxée de façon différente selon son origine : des droits de douane réduits ou nuls pourront être appliqués.

EXEMPLE

Des accords préférentiels ont été passés avec les pays de l'Association européenne de libre-échange (AELE), avec les pays méditerranéens, avec les pays de la zone Afrique-Caraïbes-Pacifique (ACP), ou encore avec les pays en développement bénéficiaires du système de préférences généralisée (SPG).

Chaque système d'accords préférentiels exige que le transport des produits originaires du pays partenaire qui sont exportés vers l'Union au bénéfice du régime préférentiel s'effectue directement.

Le bénéfice d'un régime préférentiel est subordonné, en principe, à la présentation d'une preuve de l'origine au moment du dédouanement : le certificat de circulation des marchandises EUR1 (ou Eur-Med dans la zone paneuromed, qui est constituée des 28 États membres de l'UE, de l'AELE, de la Turquie, des îles Féroé et des pays de l'Euromed : Algérie, Maroc, Tunisie, Égypte, Israël, Jordanie, Liban, Syrie, Cisjordanie et la bande de Gaza). En lieu et place du certificat EUR1 peut être présentée une déclaration sur facture, établie par tout exportateur si la valeur de l'envoi n'excède pas 6000 € et au-delà de 6000 € par un exportateur agréé par les autorités douanières du pays d'exportation.

– L'origine non préférentielle

L'origine non préférentielle devra être utilisée pour déterminer l'application éventuelle à l'importation dans l'Union de mesures de politique commerciale (quotas, droits antidumping) ou pour procéder au marquage de l'origine sur les produits. Dans ce cas, aucune réduction ou suspension de droits n'est pratiquée : le tarif extérieur commun (TEC) s'applique.

b) L'espèce tarifaire des marchandises

L'espèce d'une marchandise est la dénomination qui lui est attribuée dans le tarif douanier commun. Elle correspond à une ligne du tarif désignant précisément la marchandise concernée.

La dénomination de cette espèce est déterminante en matière de taux de droits de douane, de TVA, de mesures de politique commerciale telles que les suspensions tarifaires, les droits antidumping et autres taxes. Un code TARIC (tarif intégré des Communautés européennes), constitué de 10 chiffres, identifie chaque marchandise. Les 8 premiers reprennent la nomenclature combinée, les 2 derniers déterminent les réglementations communautaires à l'importation.

La recherche de l'espèce tarifaire et de la réglementation qui s'applique à une marchandise peut être réalisée dans le module RITA du site https://pro.douane.gouv.fr.

EXEMPLE

L'espèce tarifaire des parasols de jardin et articles similaires est 6601100000. Les principaux éléments de réglementation applicables sont les suivants :
- taux de droits de douane pour les produits d'origine pays tiers : 4,7 % ;
- taux de droits de douane d'origine préférentielle : 0 % ;
- taxe parafiscale des industries de l'habillement : 0,07 % ;
- taux de TVA : 20 %.

c) La valeur en douane des marchandises

La valeur en douane des marchandises importées à destination de l'Union est, en général, leur valeur transactionnelle, c'est-à-dire le prix effectivement payé ou à payer pour les marchandises lorsqu'elles sont vendues pour l'exportation à destination du territoire douanier de l'Union. Le cas échéant, cette valeur est ajustée conformément aux dispositions du Code des douanes communautaires.

Valeur Union européenne, base de calcul des droits de douane = valeur de la facture
Éléments à ajouter si non inclus dans la valeur de la facture : + Commissions à la vente et frais de courtage + Coût des emballages + Frais de transport et d'assurance des marchandises importées et frais de chargement et de manutention jusqu'au lieu d'introduction dans l'Union européenne
Éléments à déduire si inclus dans la valeur de la facture : – Intérêts dus par l'importateur pour paiement différé – Frais de transport et d'assurance engagés après l'entrée sur le territoire de l'Union – Commissions à l'achat

EXEMPLES

Importation de parasols du Japon (taux de droits de douane : 4,7 %). Deux fournisseurs ont fait les offres suivantes :
- offre A : 50 000 € FOB port de Kobe, fret Kobe – Le Havre : 1 550 € ;
- offre B : 53 000 € CIP Reims *via* le port de Dunkerque, frais de transport Dunkerque – Reims : 465 €.

Calcul de la valeur en douane et des droits de douane :
- offre A : la valeur en douane sera déterminée en ajoutant au prix FOB tous les frais jusqu'au point d'entrée de la marchandise en UE, soit ici Le Havre. Valeur en douane : 50 000 + 1 550 = 51 550 €. Droits de douane : 51 550 × 0,047 = 2 423 € ;
- offre B : le prix CIP inclut les frais de transport jusque Reims. Il faut donc soustraire les frais postérieurs à l'entrée en UE (après Dunkerque), soit : 53 000 – 465 = 52 535 €. Droits de douane : 52 535 × 0,047 = 2 469 €.

Si la facture est en devises, le taux de change à retenir pour la conversion en euros pour les déclarations enregistrées au cours d'un mois entier est le taux, publié au *Journal officiel de la République française* (JORF), constaté l'avant-dernier mercredi du mois précédent.

2. Le calcul de la TVA

C'est sur l'assiette ou base d'imposition que doit être appliqué le taux de TVA. Cette assiette est déterminée à partir de la valeur en douane.

Assiette de la TVA
= Valeur en douane + Droits de douane, autres taxes
+ Frais accessoires (commission, emballage, transport, assurance) intervenant jusqu'au premier lieu de destination des marchandises à l'intérieur du pays (lieu mentionné sur la lettre de voiture ou, à défaut de cette mention, au premier point de rupture de charge). Si les marchandises sont acheminées sous le régime du transit, le lieu à retenir est celui du dédouanement si celui-ci se trouve au-delà du lieu de destination ; sinon, c'est la règle précédente qui s'applique.

EXEMPLE

Reprenons l'offre B : achat 53 000 € CIP Reims *via* le port de Dunkerque, frais de transport Dunkerque – Reims : 465 €. Les droits de douane sont de 2 469 €.
- Hypothèse 1 : le dédouanement a lieu à Dunkerque, premier lieu de destination. Assiette de la TVA = valeur UE + droits de douane : 52 535 + 2 469 = 55 004 €. TVA à acquitter : 55 004 × 0,2 = 11 000,80 €.
- Hypothèse 2 : le dédouanement a lieu à Reims, les marchandises voyageant sous un régime de transit (T1) entre Dunkerque et Reims. Assiette de la TVA = valeur UE + droits de douane + frais jusque Reims : 52 535 + 2 469 + 465 = 55 469 €. TVA à acquitter : 55 469 × 0,2 = 11 093,80 €.

3 Le paiement des droits et taxes

Les droits et taxes sont dus au comptant mais des possibilités de report de paiement peuvent être accordées :
- le crédit d'enlèvement : il permet de bénéficier d'un report de paiement qui ne peut excéder 30 jours ;
- le crédit de droits et taxes : au moyen d'obligations cautionnées. Celles-ci s'apparentent à des billets à ordre souscrits au profit de l'Administration et à une échéance de 120 jours.

Crédit d'enlèvement et crédit de droits et taxes étant cumulables, le report peut atteindre 150 jours.

Depuis 2012, les droits et taxes peuvent être réglés par télérèglement.

16 LES RÉGIMES DOUANIERS

➔ Toute entreprise importatrice ou exportatrice indique, lors du dédouanement, le régime douanier attribué à sa marchandise, dont le choix dépend de l'utilisation qu'elle en fera.

1 Les régimes définitifs

Ils s'appliquent automatiquement si aucun régime provisoire n'est autorisé ou choisi par l'entreprise.

1. À l'exportation : le régime en simple sortie

Il concerne les marchandises qui sortent définitivement du territoire de l'UE à destination de pays tiers.

EXEMPLE

La société Mécanique Albigeoise exporte des pièces pour automobile à une société américaine.

Le dédouanement effectué, la marchandise peut circuler librement. L'opération commerciale à l'export est exonérée de droits de douane et de TVA.

2. À l'importation : les régimes de la mise en libre pratique et de la mise à la consommation

Ces deux régimes, qui s'appliquent simultanément, concernent les marchandises originaires de pays tiers qui entrent définitivement sur le territoire de l'UE.

EXEMPLE

La société Dubois importe de Taïwan des chaussures qu'elle revend sur le marché français.

a) Le régime de la mise en libre pratique (MLP)

Il nécessite l'acquittement des droits de douane et l'application de la réglementation communautaire. Il autorise alors la libre circulation des marchandises au sein de l'Union européenne. Mais ce régime ne permet pas la commercialisation de la marchandise sur le territoire national. Le régime de la MAC lui est donc associé.

b) Le régime de la mise à la consommation (MAC)

Il permet la commercialisation des marchandises sur le territoire national à la condition que l'entreprise se soit conformée à la réglementation nationale et qu'elle ait acquitté les taxes nationales, notamment la TVA.

2 Les régimes provisoires : les régimes de transit

1. Le régime du transit communautaire externe (T1)

Il permet la circulation des marchandises au sein de l'UE en suspension de droits et taxes d'un bureau de douane de départ à un bureau de destination. En principe, toute marchandise importée est dédouanée dès son arrivée dans l'UE au bureau de douane le plus proche. Avec ce régime, l'entreprise effectue le dédouanement de sa marchandise à proximité de ses locaux ou dans ses locaux si elle bénéficie d'une procédure de dédouanement à domicile, et acquitte les droits et taxes.

EXEMPLE

Un importateur situé à Lille reçoit des marchandises provenant des États-Unis. Il souhaite procéder aux formalités douanières à proximité de son entreprise. Il a opté pour le régime du transit T1 d'Anvers à Lille. Ces marchandises, transportées par bateau, arriveront à Anvers avant d'être acheminées par camion jusqu'à Lille.

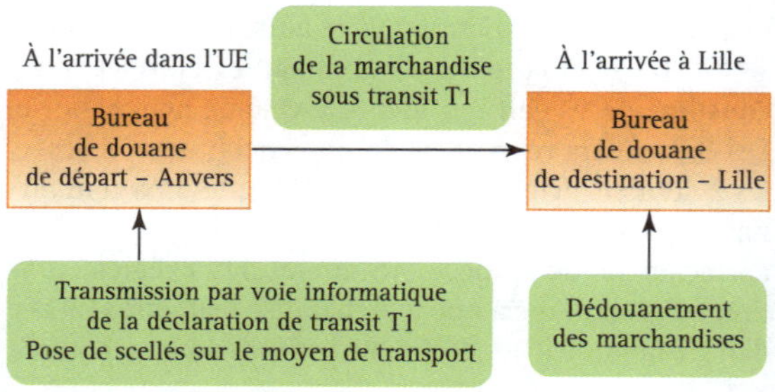

Le nouveau système de traitement informatisé (NSTI) utilisé pour la transmission de la déclaration au bureau de douane de départ, facilite le traitement douanier de l'opération.

2. Les autres régimes de transit

Parmi les autres régimes de transit, le transit international routier (TIR) permet le passage de plusieurs frontières hors UE sans contrôle.

3 Les régimes provisoires : les régimes économiques

1. Le régime de l'entrepôt

Il donne la possibilité de stocker les marchandises en suspension de droits et taxes, dans l'attente de leur sortie définitive de l'entrepôt.

L'avantage essentiel de ce régime est la possibilité pour l'entreprise d'acquitter les droits et taxes au fur et à mesure de la sortie des marchandises de l'entrepôt. Sa trésorerie s'en trouve ainsi facilitée. De plus, la durée de stockage étant illimitée, l'entreprise bénéficie d'un report de paiement des droits et taxes qui peut être long. Ce régime peut lui permettre également d'importer en grande quantité afin de bénéficier de prix plus attractifs.

EXEMPLE

Un importateur français a acheté en janvier 2010 des articles de décoration provenant de Chine qu'il a placés sous entrepôt. Lors de la sortie de l'entrepôt, trois situations sont alors possibles :
- pour les ventes en France, l'entreprise paiera les droits et taxes au fur et à mesure de la sortie des marchandises de l'entrepôt ;
- pour les ventes réalisées vers un pays de l'UE, elle n'acquittera que les droits de douane (la TVA sera acquittée par l'acheteur au taux en vigueur dans son pays) ;
- pour les ventes hors UE, l'opération est exonérée de droits et taxes.

L'octroi de ce régime est subordonné à deux conditions :
- la tenue d'une comptabilité-matière par l'entreprise ;
- la nécessité de ne pas faire subir de transformation à la marchandise.

2. Les régimes temporaires

a) Le régime de l'admission temporaire

Il permet d'importer des marchandises de pays tiers en exonération totale ou partielle des droits et taxes, à la condition que ces marchandises soient réexportées dans le même état que lors de leur entrée dans l'UE. La réexportation doit se faire dans un délai maximal de 2 ans.
Ce régime concerne les biens faisant l'objet d'une location, ceux utilisés pour des démonstrations à l'occasion de foires ou salons, les emballages, les marchandises importées pour essai...
Si le bien bénéficie d'un exonération partielle (s'il est loué, par exemple), l'entreprise importatrice acquittera :
- la totalité de la TVA ;
- des droits de douane à hauteur de 3 % par mois d'utilisation du montant des droits qui auraient été perçus en cas d'importation définitive.

EXEMPLE

Un importateur français a loué pour 4 mois une machine-outil d'une valeur CIF Le Havre de 10 000 €, dédouanement au Havre. Les droits de douane normalement dus pour une importation définitive de ce type de bien sont de 850 €.
La TVA acquittée sera de : 10 000 × 19,6 % = 1 960 €.
Les droits de douane acquittés seront de : 850 × 3 % × 4 = 102 €.

b) Le régime du carnet ATA

Le carnet ATA permet d'exporter temporairement des marchandises et de les réimporter en franchise de droits et taxes. Il concerne le matériel professionnel, les produits et échantillons destinés à être présentés lors de manifestations commerciales à l'étranger, sous condition qu'ils soient réimportés dans leur état initial.

3. Le régime des retours

Il permet de réimporter en franchise de droits et taxes des marchandises préalablement exportées. Ces marchandises doivent être réimportées dans leur état initial dans un délai maximal de 3 ans. Leur retour peut avoir été prévu ou non : il peut donc s'agir de biens loués à l'étranger ou de biens que l'acheteur retourne car il n'en est pas satisfait.

4. Le régime de perfectionnement actif suspension (PAS)

Il permet d'importer des composants ou matières premières de pays tiers afin de les transformer en produits finis appelés « produits compensateurs », avant de les réexporter hors de l'UE.
Pour bénéficier de ce régime, l'entreprise doit être certaine que la vente des produits finis ou compensateurs se fera dans un pays tiers (hors UE).
Ce régime permet alors d'importer les marchandises en franchise de droits et taxes.

EXEMPLE

Une société française importe des États-Unis des capsules plastique afin de fabriquer des emballages vendus ensuite au Japon.
Si les emballages sont vendus au Japon, l'opération sera exonérée de droits et taxes. S'ils ne sont pas finalement vendus hors UE, des droits et taxes seront payés au prorata de la quantité des produits commercialisés en UE avec paiement d'intérêts compensatoires.

5. Le régime de perfectionnement passif

Il permet d'exporter temporairement des marchandises originaires de l'UE en vue de les « perfectionner » (transformer) dans un pays tiers puis de les réimporter en exonération totale ou partielle de droits et taxes.
Le calcul des droits pourra se faire selon le principe de la taxation différentielle, qui consiste à déduire des droits dus à l'import sur les produits finis, les droits que l'on aurait acquittés sur les matières exportées, si on les avait importées.

EXEMPLE

Une société française exporte en Thaïlande du tissu de coton d'une valeur de 3 000 € afin de fabriquer des articles de bonneterie qui sont ensuite réimportés en France (valeur en douane de la marchandise importée : 5 000 €).
Taux de droits de douane sur le tissu : 8 %, taux sur les articles confectionnés : 12 %.
La société française applique le principe de la taxation différentielle :
Droits de douane à acquitter : (5 000 × 12 %) – (3 000 × 8 %) = 360 €.

4 L'utilisation des régimes provisoires

Ces régimes offrent à l'entreprise la possibilité de faciliter ses opérations de logistique et d'améliorer sa compétitivité grâce à la suspension, la réduction ou l'exonération de droits et taxes.
Pour bénéficier d'un régime provisoire, l'entreprise doit en faire la demande et en justifier le besoin. Elle doit aussi présenter des garanties de moralité fiscale et financière et une caution peut être demandée.
Plusieurs régimes provisoires peuvent se succéder et s'achever par un régime définitif. Le passage d'un régime douanier à un autre entraîne l'apurement du régime précédent et l'établissement d'une nouvelle déclaration.

EXEMPLE

Un importateur lillois, dont les marchandises arrivent par le port du Havre, utilise le régime de transit jusqu'à Lille, où il les place sous le régime de l'entrepôt. Au fur et à mesure de la sortie des biens de l'entrepôt, pour des ventes en France, l'importateur utilisera le régime définitif à l'importation.

17 LES INSTRUMENTS DE PAIEMENT

Dans toute négociation commerciale, le vendeur et l'acheteur s'accordent sur les conditions de vente mais aussi sur les conditions de paiement. Il convient donc, pour les deux parties, de choisir les instruments de paiement appropriés.

1 Le virement international

Il consiste en un transfert d'une somme d'argent du compte de l'importateur (le débiteur) au profit du compte de l'exportateur (le créancier). Il est réalisé sur ordre de l'importateur auprès de son banquier.

1. Les formes de virement

Elles ont pour point commun de permettre la transmission des ordres de virement par voie électronique avec l'utilisation d'un langage standardisé et codifié.

a) Le virement Swift

Réalisé *via* le réseau interbancaire Swift, il est très fréquemment utilisé en raison du grand nombre de banques adhérentes au réseau mais aussi de son mode de transmission rapide et sécurisé. Ouvert 24 heures sur 24, il permet en effet la transmission des messages en quelques secondes.

b) Le virement SEPA

Le virement SEPA (*Single Euro Payments Area*, Espace unique de paiement en euros) est applicable aux pays membres de l'UE mais aussi à la Suisse, la Norvège, le Liechtenstein et l'Islande. Il s'utilise entre ces pays dans des conditions sûres, avec la même facilité et au même coût que s'il s'agissait de virements nationaux.

2. Les avantages et les limites du virement

Le virement présente une facilité d'utilisation dans la mesure où les transmissions sont rapides, sécurisées et à des coûts réduits. C'est l'un des instruments les plus utilisés pour les règlements internationaux.
Cependant, quelques limites existent : l'initiative du virement est, en effet, laissée à l'acheteur ; elle ne présente donc pas de garantie de paiement pour le vendeur.

2 Le chèque

C'est un titre de paiement matérialisé par un écrit par lequel l'importateur (le tireur) donne ordre à son banquier (le tiré) de payer à l'exportateur (le bénéficiaire) une somme déterminée.

1. Les formes du chèque

a) Le chèque d'entreprise

Il correspond à la forme classique du chèque. Il est émis par l'importateur et ne couvre pas l'exportateur contre le risque de provision insuffisante sur le compte de l'importateur. Cet inconvénient peut être levé par :
– l'apposition d'un visa par la banque, qui atteste de l'existence de la provision au moment de l'émission ;
– la certification, qui consiste, pour la banque, à bloquer la somme mentionnée sur le chèque jusqu'à son encaissement par l'exportateur.

b) Le chèque de banque

Il est émis par une banque sur demande de l'importateur. Il offre ainsi une sécurité au vendeur, la somme due étant prélevée sur les propres fonds de la banque.

2. Les avantages et les limites du chèque

Couramment utilisé dans de nombreux pays pour les règlements nationaux, facile à mettre en œuvre, le chèque est d'un usage réduit pour les règlements internationaux.
En effet, il présente peu de garanties de paiement pour le vendeur, son émission étant laissée à l'initiative de l'acheteur. La réglementation sur le chèque varie d'un pays à l'autre et son délai d'encaissement peut être long. Le chèque peut également être perdu, volé ou falsifié.

3 Les effets de commerce

1. La lettre de change ou traite

C'est un écrit par lequel l'exportateur (le tireur) donne l'ordre à l'importateur (le tiré) de régler une certaine somme à une date déterminée, en faveur du vendeur lui-même (le bénéficiaire). Elle nécessite l'acceptation de l'importateur.

a) Les possibilités offertes par la lettre de change à l'exportateur

Le vendeur peut décider d'attendre l'échéance indiquée sur la lettre de change pour procéder à l'encaissement de sa créance.
S'il connaît des difficultés de trésorerie, il peut procéder à la mobilisation de sa créance par l'opération d'escompte : il demande alors à sa banque de bénéficier du montant de la créance avant son échéance.
Il peut être assuré du paiement de sa créance en obtenant l'aval de la banque, qui est un engagement solidaire de payer. Ainsi, en cas de défaillance de l'acheteur, la banque réalisera le paiement.

b) Les avantages et les limites de la lettre de change

La lettre de change est un instrument fréquemment utilisé à l'international car elle est un instrument à la fois de paiement et de financement. Émise à l'initiative du vendeur, elle détermine précisément la date d'échéance. Mais elle ne supprime pas le risque d'impayé, sauf si une banque a donné son aval. Le recouvrement de la créance par cette technique peut être long et coûteux (frais bancaires). Des réglementations différentes selon les pays sont à prendre en compte.

2. Le billet à ordre

C'est un effet de commerce émis par l'importateur qui promet à l'exportateur le paiement de la somme due à une date déterminée. Émis sur l'initiative de l'acheteur, il est peu utilisé.

Tous ces instruments de paiement ne couvrent pas l'exportateur contre le risque de change en cas d'utilisation d'une devise autre que la sienne.

18 L'ENCAISSEMENT SIMPLE ET LA REMISE DOCUMENTAIRE

Les techniques de paiement désignent les procédures à suivre pour réaliser le règlement de la créance selon l'instrument de paiement choisi. L'encaissement simple et la remise documentaire sont deux techniques présentant une sécurité de paiement moins élevée que le crédit documentaire.

1 L'encaissement simple

L'encaissement simple est une procédure par laquelle l'exportateur demande à l'importateur le règlement de la somme due sans aucune autre formalité. Selon le moment où intervient le paiement, il offre plus ou moins de sécurité à l'exportateur.

1. Le paiement sur facture

L'exportateur demande le règlement lors la remise de la facture soit au comptant (dès réception de la facture), soit à crédit (avec un délai de règlement). Dans ce cas, la technique offre peu de sécurité, l'initiative du règlement appartenant au client alors que la marchandise est déjà expédiée.

2. Le paiement anticipé

– L'acompte à la commande : l'acheteur verse une partie de la somme due avant la livraison des marchandises. Il est ainsi engagé par l'opération, même si la garantie de paiement reste limitée à ce montant.
– Le paiement total de la facture avant expédition : dans ce cas, la garantie est maximale pour le vendeur. Mais elle est difficilement acceptable par l'acheteur, qui règle la totalité de la facture avant d'avoir reçu les marchandises.

3. L'utilisation de l'encaissement simple

Cette technique présente l'avantage de la simplicité pour un coût réduit mais, hormis le cas où l'importateur règle la totalité de la facture avant expédition des marchandises, elle présente peu de garanties.
Elle est donc à utiliser avec des clients avec qui l'entreprise entretient des relations de confiance.
Elle peut également être utilisée dans le cas où l'entreprise a mis en place d'autres garanties de paiement, comme des garanties bancaires ou l'assurance crédit.

2 La remise documentaire

Appelée également « encaissement documentaire », il s'agit d'une technique où l'exportateur fait remettre par sa banque des documents nécessaires à l'acheteur pour prendre livraison des marchandises contre paiement ou engagement de payer de celui-ci (acceptation d'une traite, par exemple).
Les documents remis par le vendeur à la banque sont généralement la facture, la liste de colisage, le titre de transport (émis à l'ordre de la banque), la police d'assurance, le cas échéant, et l'instrument de paiement si le règlement se fait par traite.

1. Le fonctionnement de la remise documentaire

a) Les intervenants

La remise documentaire fait intervenir deux banques :
– la banque remettante, qui est la banque du vendeur. Elle agit selon les indications portées sur la lettre d'instructions du donneur d'ordre ;
– la banque présentatrice, qui est la banque correspondante de celle du vendeur située dans le pays de l'acheteur. Elle est chargée de l'encaissement de la créance contre remise des documents.

b) La procédure

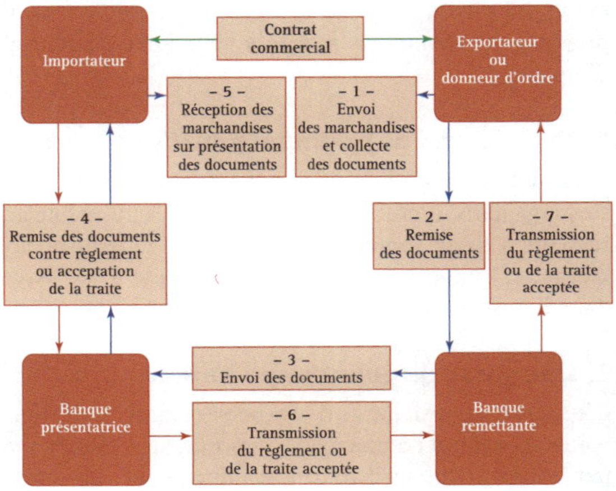

2. Les avantages et les limites

a) Les avantages de la remise documentaire

– Une garantie pour le vendeur : l'acheteur ne pourra prendre possession des marchandises à l'arrivée sans avoir au préalable réglé ou s'être engagé à régler le montant de la facture.
– Une technique souple : elle n'entraîne pas de formalité particulière pour l'acheteur, elle est donc simple et rapide à mettre en place. Son coût reste raisonnable, notamment en comparaison du crédit documentaire.

b) Les limites de la remise documentaire

– Une garantie limitée : les banques ne sont que des intermédiaires entre l'acheteur et le vendeur et ne s'engagent pas à payer en cas de défaillance de l'acheteur.
– La non-levée des documents : les marchandises sont expédiées avant le règlement par l'importateur. Si celui-ci ne les veut plus, il ne demandera pas la remise des documents (on parle, dans ce cas, de « non-levée des documents »). L'exportateur devra alors, à ses frais, rapatrier les marchandises ou essayer de les vendre sur place.

3. L'utilisation de la remise documentaire

Cette technique est plutôt à utiliser par l'exportateur avec des partenaires connus et pour des marchandises pouvant être revendues facilement en cas de désistement de l'acheteur.

19 LE CRÉDIT DOCUMENTAIRE

Le crédit documentaire, appelé également « crédoc », est une technique de paiement qui occupe une place importante dans les échanges internationaux.

1 Les spécificités du crédit documentaire

Il se définit comme l'engagement d'une banque de payer une somme déterminée à l'exportateur contre remise de documents conformes justifiant de l'exécution de la prestation dans un délai précis. Le règlement s'effectue immédiatement sur présentation des documents ou en fonction du délai de paiement prévu. Il présente des avantages à la fois pour l'exportateur et l'importateur.

1. Une sécurité de paiement pour l'exportateur

À la différence de la remise documentaire, la banque s'engage dans la procédure : elle procède elle-même au règlement de la somme indiquée dans le crédit documentaire. L'exportateur a ainsi la certitude d'être payé dans le respect des délais définis dans le crédoc.

2. Une garantie pour l'importateur

L'importateur est garanti du respect des conditions issues du contrat commercial, l'exportateur n'étant payé par la banque que s'il fournit les documents prouvant qu'il a respecté ses engagements.

EXEMPLES

Exemples de documents demandés par un importateur français :
- le connaissement maritime : il l'assure du respect de la date limite d'expédition des marchandises ;
- le certificat d'inspection avant embarquement : il l'assure de la conformité des marchandises (en termes de qualité et de quantité) aux exigences fixées dans le contrat commercial.

3. Des règles harmonisées au niveau international

Le crédit documentaire est régi par les règles et usances uniformes (RUU). Ces règles, élaborées par la chambre de commerce internationale, permettent d'harmoniser les pratiques en matière de crédoc. Elles sont reconnues par les banques de plus de 160 pays. Régulièrement révisées, ce sont les RUU 600 qui s'appliquent à l'heure actuelle.

2 Le mécanisme du crédit documentaire

Le choix de la technique et du type de crédit documentaire résulte d'un accord entre l'acheteur et le vendeur.

1. Le crédit documentaire irrévocable

a) Le principe

Il rend l'engagement de la banque émettrice définitif : en possession des documents conformes respectant les délais exigés dans le crédoc, elle sera dans l'obligation de réaliser le règlement auprès de l'exportateur.

b) Les intervenants

- Le donneur d'ordre (l'importateur) demande à sa banque d'ouvrir un crédoc au profit de l'exportateur.
- La banque émettrice (celle de l'importateur) accepte de s'engager à payer dans les conditions établies par son client, ouvre le crédit et le transmet à la banque notificatrice.
- La banque notificatrice (la banque correspondante de la banque émettrice située dans le pays du vendeur) informe l'exportateur de l'ouverture du crédit documentaire.
- Le bénéficiaire (l'exportateur) reçoit le crédoc et présente les documents nécessaires dans les délais indiqués, afin de bénéficier de l'engagement bancaire.

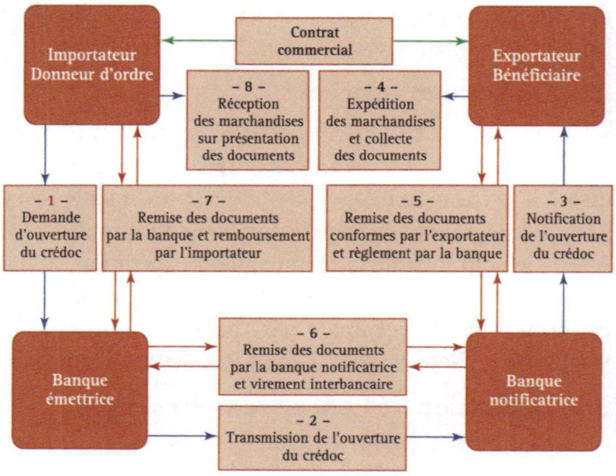

c) Une garantie de paiement limitée

Le crédoc irrévocable couvre uniquement l'exportateur contre le risque commercial, c'est-à-dire le risque de non-paiement de la part de l'acheteur. Il ne le couvre pas contre le risque politique et de non-transfert, qui prend en compte tous les événements liés au pays de l'acheteur qui pourraient empêcher la réalisation du règlement par la banque émettrice. Ces évènements peuvent être d'origine politique, sociale ou économique, et entraîner des défaillances bancaires ou l'impossibilité de transférer des devises vers l'étranger.

2. Le crédit documentaire irrévocable et confirmé

Il couvre l'exportateur contre le risque commercial et le risque politique et de non-transfert car il comporte un double engagement bancaire : celui de la banque émettrice et celui la banque notificatrice, située dans le pays du vendeur, qui prend alors le nom de « banque confirmante ». Ainsi, en cas de défaillance de la banque émettrice, c'est la banque confirmante qui assure le règlement de la créance auprès de l'exportateur.

3. La réalisation du crédit documentaire

Elle consiste en la vérification, par une banque appelée «banque réalisatrice» ou «banque désignée», de la conformité des documents remis par le vendeur avant de procéder au règlement. La banque réalisatrice est souvent la banque notificatrice ou confirmante car elle présente l'avantage de se trouver dans le pays du vendeur, contrairement à la banque émettrice. Mais une autre banque peut être désignée comme intermédiaire. Si les documents sont conformes, elle procède au règlement selon les conditions prévues dans le contrat. Plusieurs modes de réalisation sont possibles :

Paiement à vue	La banque paie à la présentation des documents.
Paiement à échéance	La banque s'engage à payer à l'échéance indiquée dans le crédit documentaire.
Paiement par acceptation	La banque accepte une traite tirée sur elle-même. En effet, le débiteur de la traite ne peut être l'importateur dans la mesure où, avec le crédit documentaire, c'est la banque qui est engagée dans le paiement vis-à-vis de l'exportateur.
Paiement par négociation	La banque avance les fonds avant l'échéance indiquée sur la traite.

3 L'utilisation du crédit documentaire

1. Les avantages

L'exportateur est protégé contre le risque commercial et le risque politique et de non-transfert (si le crédoc est confirmé) en raison de l'engagement bancaire. Il peut bénéficier d'une avance de trésorerie s'il s'agit d'un paiement par négociation.

L'importateur est assuré du respect des conditions figurant dans le contrat commercial.

2. Les limites

La procédure de mise en place et de réalisation du crédit documentaire est très rigoureuse.

Le recours au crédit documentaire entraîne des frais pour les deux parties. En général, ils sont fonction de la banque : les frais de la banque émettrice sont à la charge de l'importateur et ceux de la banque notificatrice et, éventuellement, confirmante sont à la charge du vendeur. Le coût du crédoc est également plus élevé en cas de confirmation de celui-ci.

EXEMPLE

Commissions pouvant être perçues par la banque émettrice	Commissions pouvant être perçues par la banque notificatrice
– Commission d'ouverture – Commission d'engagement – Commission d'acceptation	– Commission de notification – Commission de confirmation – Commission de réalisation

3. Le recours au crédit documentaire

Avant d'opter ou non pour le crédit documentaire, l'exportateur apprécie l'importance du risque de non-paiement, en tenant compte des éléments suivants :

- la valeur du contrat est-elle élevée ou non?
- la relation établie avec le client est-elle nouvelle ou ancienne?
- le pays présente-t-il des risques ou non?
- le contexte de l'entreprise exportatrice : a-t-elle l'habitude d'utiliser cette technique? Quel est son niveau de prise de risque?

Le choix du recours au crédit documentaire se fait donc au cas par cas. Ainsi, un crédit documentaire irrévocable et confirmé est recommandé pour des nouveaux clients, situés dans des pays à risque et pour des montants importants. Pour d'autres situations, l'exportateur peut estimer, compte tenu des contraintes liées au crédit et du faible niveau de risque de non-paiement, de ne pas y avoir recours.

4 Les variantes du crédit documentaire

Afin de proposer des solutions adaptées aux besoins des entreprises, des modalités spécifiques au crédit documentaire sont mises en place.

1. Le crédit *revolving* ou renouvelable

Il se renouvelle automatiquement après chaque utilisation, sans qu'il soit nécessaire d'ouvrir un nouveau crédit. Il est donc adapté aux entreprises qui réalisent des échanges réguliers et échelonnés, il leur permet d'économiser en procédures, en temps et en coûts.

2. Le crédit *red clause*

Il comprend une clause particulière qui autorise la banque notificatrice à effectuer une avance sur le montant du crédit avant l'expédition des marchandises et la remise des documents exigés, l'exportateur s'engageant à les produire ultérieurement.

Le crédit *red clause* apporte donc à l'exportateur une solution de financement.

3. Le crédit transférable

Il permet à l'exportateur, appelé «premier bénéficiaire», de demander à la banque chargée de réaliser le règlement de transférer le crédit dans les mêmes conditions à un ou plusieurs bénéficiaires, fournisseurs ou sous-traitants de l'entreprise exportatrice, qui bénéficient ainsi d'une garantie de paiement.

D'un formalisme rigoureux, ce type de crédit suppose l'accord du donneur d'ordre (l'importateur).

4. Le crédit adossé ou *back-to-back*

Il est parfois difficile d'ouvrir un crédoc transférable. Dans ce cas, l'exportateur peut solliciter, sans avoir à obtenir l'accord du donneur d'ordre, un crédoc en faveur de son sous-traitant, nommé «crédit adossé» ou «contre-crédit» qui sera garanti par le crédit initial. Il assure une sécurité de paiement au sous-traitant de l'exportateur et peut faciliter sa trésorerie. Mais son montage est délicat et d'un coût élevé.

20 LE CRÉDIT DOCUMENTAIRE IMPORT

➔ L'importateur réalise la demande d'ouverture du crédit documentaire au profit de l'exportateur selon les conditions prévues dans le contrat commercial. Cette ouverture suit une procédure bien précise.

1 La procédure d'ouverture

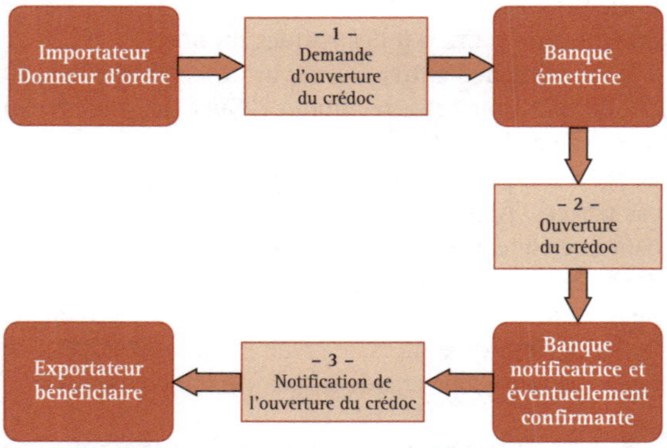

1. La demande d'ouverture du crédit documentaire

L'importateur renseigne un formulaire de demande d'ouverture émis par sa banque (la banque émettrice) en faveur de l'exportateur dans lequel il donne ses instructions (documents demandés, délais requis...). Cette demande est formulée au mieux de ses intérêts tout en tenant compte des conditions définies par le vendeur lui-même au cours de la négociation commerciale et contenues dans la facture *pro forma*.

2. L'ouverture du crédoc par la banque émettrice

a) L'engagement de la banque émettrice

En acceptant l'ouverture du crédit documentaire, la banque émettrice s'engage à payer l'exportateur dès lors qu'il aura remis dans les délais les documents exigés. Avant de donner son accord, la banque vérifie au préalable la solvabilité de ce dernier, c'est-à-dire son aptitude à faire face à ses engagements, et lui demande, éventuellement, des garanties.

b) L'acceptation de la demande d'ouverture

Si la banque émettrice accepte la demande de l'importateur, elle transmet l'avis d'ouverture du crédit à la banque notificatrice en lui demandant d'ajouter sa confirmation si cette condition est prévue.
Cet envoi se fait aujourd'hui fréquemment par le réseau Swift : outre la rapidité et la sécurité des transmissions qu'offre ce réseau, le message Swift a l'avantage d'être présenté sous une forme standardisée.

3. La notification d'ouverture

Dans un premier temps, la banque notificatrice s'assure de l'authenticité du crédit documentaire en vérifiant les codes d'identification Swift. S'il lui est demandé d'y ajouter sa confirmation, elle vérifie auparavant la situation de la banque émettrice et celle du pays de l'acheteur.
Elle informe ensuite l'exportateur de l'ouverture du crédit documentaire : c'est la notification. Elle y joint la copie du message émis par la banque émettrice.

2 Le formulaire d'ouverture

Le formulaire que l'importateur remplit au moment de la demande d'ouverture du crédoc se présente sous la forme d'un document pré-imprimé.

1. Le contenu du formulaire d'ouverture

a) L'identification des parties et la nature du crédit documentaire

Sont d'abord indiquées de façon précise les coordonnées des différentes parties dans le crédit : le donneur d'ordre (l'importateur), l'exportateur (le bénéficiaire), la banque émettrice et la banque notificatrice.
La nature du crédoc (irrévocable, irrévocable et confirmé ou transférable) est à préciser.

b) Les modalités de réalisation

Les points essentiels à préciser par l'importateur concernent le montant à régler, auquel est associée la devise, et les modalités de réalisation du crédit :
- la mention « Réalisable chez » indique les coordonnées de la banque désignée pour la remise et la vérification des documents ainsi que pour la réalisation du règlement auprès de l'exportateur ;
- la mention « Réalisable par » donne des précisions sur les modalités de paiement, et notamment le délai de paiement qui sera fonction soit de la date de présentation des documents, soit de la date d'expédition des marchandises. Pour un règlement à vue, le paiement interviendra immédiatement, dès la remise des documents conformes.

c) Les conditions d'expédition et de vente

Sont définis :
- les conditions d'expédition : l'importateur est amené à préciser plusieurs points, comme les lieux de départ et d'arrivée des marchandises, l'autorisation ou non de réaliser des expéditions partielles et des transbordements :
  • des expéditions partielles autorisées permettent à l'exportateur de réaliser plusieurs envois pour livrer les marchandises. Généralement, l'importateur les interdira,
  • le transbordement est le transfert des marchandises, au cours de l'expédition, d'un navire à un autre (ou de tout autre mode de transport à un autre). Afin d'éviter d'endommager les marchandises suite à leur manutention, l'importateur a peu d'intérêt à l'autoriser. Mais ce n'est pas toujours possible : sur certaines destinations, l'absence de ligne directe implique nécessairement un transbordement ;
- les marchandises acheminées : l'importateur indique précisément la nature et la quantité des marchandises acheminées, leur prix unitaire et toute autre information qu'il estime utile ;
- l'incoterm utilisé pour l'expédition : c'est une information importante pour le crédoc puisque, selon l'incoterm retenu, l'importateur saura quels documents il peut exiger de l'exportateur.

d) Les dates et les délais du crédoc

Le crédoc comporte une date d'ouverture et une date de fin de validité. Dans l'intervalle, l'importateur sera amené à préciser :
- une date limite d'expédition (mentionnée « au plus tard » dans le formulaire d'ouverture), en laissant le temps nécessaire à l'exportateur pour assurer celle-ci ;
- un délai de présentation des documents, qui tiendra compte du temps nécessaire à l'exportateur pour les obtenir, les vérifier et les remettre à la banque. Ce délai est exprimé en nombre de jours à compter de la date limite d'expédition des marchandises dans la limite de 21 jours et ne peut dépasser la date de fin de validité du crédoc.

e) Les documents exigés

L'importateur précise les documents à fournir par l'exportateur. Ces documents seront nécessaires pour vérifier l'exécution de la prestation par l'exportateur mais aussi pour prendre possession des marchandises. Les exigences de l'importateur portent également sur : la nature et l'émission des documents, le nombre d'originaux et de copies, l'exigence de signature, le signataire habilité, les mentions obligatoires à faire figurer sur les documents...

f) Les autres conditions

Il s'agit de préciser la répartition des frais bancaires entre l'importateur et l'exportateur. Les RUU 600 stipulent que les frais bancaires hors du pays de l'importateur sont à la charge du bénéficiaire (l'exportateur), mais les parties peuvent en décider autrement.

g) Les conditions de remboursement pour la banque émettrice

La dernière partie du formulaire précise comment la banque émettrice se fera rembourser par l'importateur.

2. Le rôle de conseil de la banque émettrice

La banque émettrice peut également jouer un rôle de conseil auprès de l'importateur. Elle connaît en effet les spécificités du crédit documentaire et peut renseigner l'importateur sur la façon d'ouvrir le crédit, sur les documents à demander et la formulation des instructions.

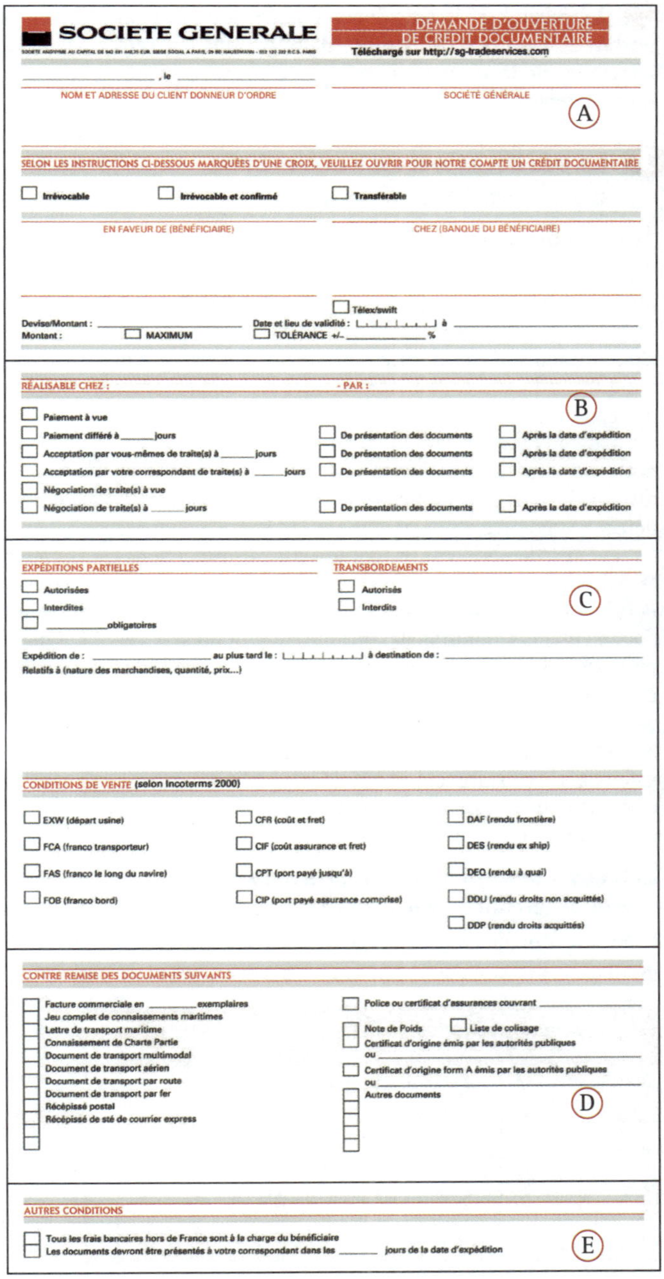

SOCIETE GENERALE

DEMANDE D'OUVERTURE DE CREDIT DOCUMENTAIRE

Téléchargé sur http://sg-tradeservices.com

________________ , le ________________

NOM ET ADRESSE DU CLIENT DONNEUR D'ORDRE — SOCIÉTÉ GÉNÉRALE (A)

SELON LES INSTRUCTIONS CI-DESSOUS MARQUÉES D'UNE CROIX, VEUILLEZ OUVRIR POUR NOTRE COMPTE UN CRÉDIT DOCUMENTAIRE

☐ Irrévocable ☐ Irrévocable et confirmé ☐ Transférable

EN FAVEUR DE (BÉNÉFICIAIRE) — CHEZ (BANQUE DU BÉNÉFICIAIRE)

☐ Télex/swift

Devise/Montant : ________ Date et lieu de validité : ________ à ________

Montant : ☐ MAXIMUM ☐ TOLÉRANCE +/- ________ %

RÉALISABLE CHEZ : - PAR : (B)

☐ Paiement à vue
☐ Paiement différé à ____ jours ☐ De présentation des documents ☐ Après la date d'expédition
☐ Acceptation par vous-mêmes de traite(s) à ____ jours ☐ De présentation des documents ☐ Après la date d'expédition
☐ Acceptation par votre correspondant de traite(s) à ____ jours ☐ De présentation des documents ☐ Après la date d'expédition
☐ Négociation de traite(s) à vue
☐ Négociation de traite(s) à ____ jours ☐ De présentation des documents ☐ Après la date d'expédition

EXPÉDITIONS PARTIELLES
☐ Autorisées
☐ Interdites
☐ ________ obligatoires

TRANSBORDEMENTS (C)
☐ Autorisés
☐ Interdits

Expédition de : ________ au plus tard le : ________ à destination de : ________

Relatifs à (nature des marchandises, quantité, prix...)

CONDITIONS DE VENTE (selon Incoterms 2000)

☐ EXW (départ usine) ☐ CFR (coût et fret) ☐ DAF (rendu frontière)
☐ FCA (franco transporteur) ☐ CIF (coût assurance et fret) ☐ DES (rendu ex ship)
☐ FAS (franco le long du navire) ☐ CPT (port payé jusqu'à) ☐ DEQ (rendu à quai)
☐ FOB (franco bord) ☐ CIP (port payé assurance comprise) ☐ DDU (rendu droits non acquittés)
☐ DDP (rendu droits acquittés)

CONTRE REMISE DES DOCUMENTS SUIVANTS

☐ Facture commerciale en ________ exemplaires
☐ Jeu complet de connaissements maritimes
☐ Lettre de transport maritime
☐ Connaissement de Charte Partie
☐ Document de transport multimodal
☐ Document de transport aérien
☐ Document de transport par route
☐ Document de transport par fer
☐ Récépissé postal
☐ Récépissé de sté de courrier express

☐ Police ou certificat d'assurances couvrant ________
☐ Note de Poids ☐ Liste de colisage
☐ Certificat d'origine émis par les autorités publiques ou ________
☐ Certificat d'origine form A émis par les autorités publiques ou ________
☐ Autres documents (D)

AUTRES CONDITIONS

☐ Tous les frais bancaires hors de France sont à la charge du bénéficiaire
☐ Les documents devront être présentés à votre correspondant dans les ____ jours de la date d'expédition (E)

A. Identification des parties et la nature du crédit documentaire
B. Modalités de réalisation
C. Conditions d'expédition et de vente
D. Documents exigés
E. Répartition des frais bancaires et délai de présentation des documents.

21 LE CRÉDIT DOCUMENTAIRE EXPORT

Le recours au crédit documentaire soumet l'exportateur à un certain nombre d'obligations s'il veut bénéficier de la sécurité de paiement liée à l'engagement bancaire.

1 La vérification de l'ouverture du crédit documentaire

1. Les enjeux de la vérification

Dans l'avis d'ouverture du crédit documentaire, l'importateur définit les obligations qu'il attend de l'exportateur en termes d'expédition, de documents et de délais. L'exportateur, dès la notification de l'ouverture par la banque notificatrice, doit alors vérifier s'il est en mesure de répondre à ces obligations.

Cette étape de vérification est particulièrement importante car, dès lors que l'ouverture du crédoc est acceptée par l'exportateur, il ne pourra plus s'y soustraire et perdra le bénéfice du paiement par la banque émettrice (et, éventuellement, confirmante) s'il n'en respecte pas les conditions.

Pour vérifier la faisabilité des obligations issues du crédit documentaire, l'exportateur consulte ses propres services mais aussi le transitaire chargé de l'acheminement des marchandises. Celui-ci dispose en effet d'informations sur les modalités de l'expédition (telles que la durée du pré-acheminement, les dates de départ possible des navires, l'itinéraire emprunté...) et peut indiquer à l'exportateur si les délais mentionnés dans le crédit peuvent être respectés.

2. La conformité de l'ouverture du crédit documentaire avec le contrat commercial

La vérification de l'avis d'ouverture porte sur différents points.

Points à vérifier	Contenu de la vérification
Forme du crédit	Irrévocable, irrévocable et confirmé ou transférable
Banques	Coordonnées de la banque réalisatrice et de la banque confirmante, le cas échéant
Prestation	– Désignation de la marchandise – Quantités – Montant
Conditions de paiement	– Devise utilisée – Échéance de paiement – Mode de réalisation du crédit
Conditions d'expédition	– Intervenants et incoterm utilisé – Lieux d'expédition et de destination – Expéditions partielles et transbordements
Dates et délais	– Date limite d'expédition des marchandises – Date de fin de validité du crédoc
Documents demandés	– Liste des documents – Contenu des documents – Forme des documents
Autres conditions	Répartition des frais bancaires

3. La vérification des dates butoirs

L'exportateur doit s'assurer qu'il peut respecter les dates limites indiquées dans le crédit documentaire :
- la date limite d'expédition des marchandises doit être suffisante pour tenir compte des délais d'approvisionnement et de fabrication, du niveau des stocks, mais aussi des conditions d'expédition ;
- le délai de présentation des documents doit lui laisser suffisamment de temps pour obtenir les documents, les vérifier et les remettre à la banque ;
- la date de fin de validité du crédoc doit permettre d'assurer sans risque la totalité de la prestation, y compris la transmission des documents entre les banques.

L'exportateur veillera également à la cohérence entre ces dates : la date de fin de validité du crédit doit être supérieure au délai de présentation des documents, lui-même fixé au-delà de la date limite d'expédition des marchandises.

EXEMPLE

Dans un crédoc, sont fixées les dates suivantes :
- date d'ouverture : 02/09, date de fin de validité : 20/10 ;
- date limite d'expédition des marchandises : 15/10 ;
- délai de présentation des documents : 21 jours.

Dans ce cas, le délai de 21 jours pour la remise des documents n'est pas possible car la date butoir de présentation des documents (le 05/11) dépasse la date d'expiration du crédit. Dans les faits, la date limite de présentation des documents est ici le 20/10 (le délai doit être de 6 jours, il est donc très court).

4. L'analyse des documents demandés

L'exportateur doit s'assurer qu'il peut fournir les documents demandés dans les quantités requises, selon la forme exigée et dans le respect du délai de présentation. Cette vérification est d'autant plus importante lorsqu'il s'agit de documents que l'exportateur doit se procurer auprès de tiers (transporteur, transitaire, assureur, chambre de commerce, consulat...).

EXEMPLES

- Il peut arriver qu'un crédit documentaire exige la production de deux certificats d'origine originaux alors qu'un seul certificat sera effectivement délivré.
- Il peut être demandé à l'exportateur de présenter une facture consulaire (facture qui nécessite la certification des services consulaires) sans tenir compte, dans le délai de présentation des documents, du temps nécessaire pour l'obtenir.

L'exportateur doit également vérifier la cohérence des documents demandés avec l'incoterm du contrat. En effet, selon l'incoterm retenu, il sera ou non en mesure de fournir certains documents.

EXEMPLES

Il ne sera pas possible à l'exportateur de fournir :
- le certificat d'assurance avec les incoterms FOB ou CFR ;
- le document de transport avec l'incoterm EXW ;

– le document de transport avec la mention « fret payé » avec l'incoterm FOB.

5. Les autres points de vérification

L'exportateur vérifiera également les exigences formulées par l'importateur et qui n'étaient pas prévues dans la facture *pro forma*. Elles porteront notamment sur les conditions de livraison.

EXEMPLE

Dans l'ouverture du crédit documentaire est mentionné « transbordements interdits », alors que ce n'est pas possible pour la destination demandée.

2 L'acceptation ou la demande de modification du crédoc

1. L'acceptation des conditions du crédoc

Si l'exportateur est d'accord avec les conditions du crédoc, il met alors tout en œuvre pour lui répondre : il lance la fabrication des marchandises, organise leur expédition et commence à préparer les documents demandés. Il informe de façon précise ce qu'il attend du transitaire au niveau logistique (dans l'acheminement des marchandises et la préparation des documents).

2. La demande de modification du crédoc

La modification du crédit documentaire suit une procédure bien précise :

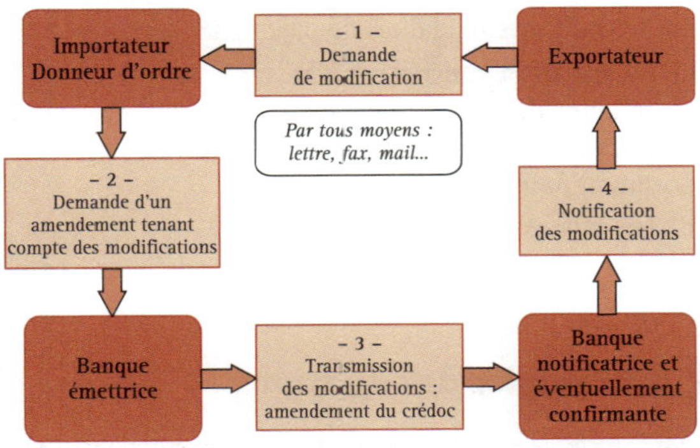

Si le vendeur estime qu'il ne peut accepter certaines conditions du crédoc, il demande au donneur d'ordre de procéder à sa modification. Il indiquera de façon précise et sans ambiguïté les éléments qu'il souhaite voir rectifier.

L'exportateur peut bénéficier des conseils de sa banque pour la réalisation de la demande.

L'importateur adresse ensuite une demande d'amendement auprès de la banque émettrice tenant compte des modifications demandées et acceptées.

La banque émettrice, après analyse des conditions de la demande, procède à l'amendement du crédoc et en informe la banque notificatrice, qui en avise l'exportateur.

3 La réalisation du crédoc

1. La vérification préalable des documents

Avant de remettre les documents à la banque, l'exportateur vérifie leur conformité aux exigences du crédit. En effet, toute anomalie ou irrégularité (que ce soit une faute de frappe ou un document manquant) constatée par la banque peut remettre en cause le paiement. Peu de documents étant établis par l'exportateur lui-même (essentiellement la facture et la liste de colisage), il doit donc être particulièrement vigilant quant au contenu et à la forme des documents émanant de tiers. Aussi, après avoir collecté l'ensemble des documents, et quelques jours avant la date limite de leur présentation, l'exportateur doit contrôler :

– la présence de tous les documents, avec le nombre d'originaux demandés ;

– le contenu des documents : il s'agit de vérifier que les mentions indiquées sont conformes et que les documents ne comportent pas de fautes ;

– la concordance des documents entre eux au niveau des informations indiquées.

Pour mener à bien ces vérifications, l'exportateur peut bénéficier de l'aide de sa banque, qui met à sa disposition des listes de contrôle documentaire ou *check-lists*, qui précisent l'ensemble des points à vérifier dans le crédit.

2. Le contrôle bancaire des documents

La banque désignée dans le crédit documentaire procède à un examen détaillé des documents remis par l'exportateur pour vérifier leur conformité avec l'ouverture du crédoc. Elle dispose de cinq jours pour se prononcer sur la régularité des documents et le respect des délais. Deux situations peuvent alors se présenter.

a) Les documents sont conformes

La banque désignée réalise ses engagements envers l'exportateur : elle procède au règlement auprès de celui-ci selon les conditions stipulées dans le crédit.

b) Les documents présentent des irrégularités

La banque désignée émet des réserves contre le bénéficiaire, qu'elle prévient immédiatement.

Si les délais sont encore suffisants, l'exportateur procède à la régularisation des documents. Dans le cas contraire, plusieurs attitudes de la banque sont possibles selon la nature des irrégularités constatées :

– elle peut réaliser le paiement sous réserve de l'acceptation des documents par la banque émettrice et le donneur d'ordre. En cas de non-levée des documents par la banque émettrice, le bénéficiaire rembourse alors la banque désignée ;

– elle peut aussi décider de ne pas réaliser le règlement et d'attendre la décision de la banque émettrice et du donneur d'ordre.

22 LE CHOIX DES MODALITÉS DE PAIEMENT

Les modalités de paiement représentent des aspects importants de l'offre commerciale au regard des conséquences qu'elles entraînent pour l'exportateur.

1 Les modalités de paiement

1. L'instrument de paiement

Il désigne la forme prise par le support de paiement. Les instruments généralement utilisés à l'international concernent le virement et la traite.

2. La technique de paiement

Elle précise la procédure suivie pour réaliser le règlement auprès de l'exportateur. Il s'agit de l'encaissement simple, de la remise documentaire ou du crédit documentaire, qui offrent plus ou moins de sécurité à l'exportateur quant au paiement de sa créance.

3. La devise

Elle peut être celle du pays de l'exportateur, de l'acheteur ou toute autre. L'exportateur doit prendre en compte le risque de change si la monnaie de facturation retenue n'est pas la sienne.

4. Le moment du paiement

a) Le versement de l'acompte

Le paiement intégral de la facture avant l'expédition de la marchandise étant difficilement accepté par l'acheteur, l'acompte permet de couvrir partiellement l'exportateur contre le risque de non-paiement. Il réduit ainsi son besoin de trésorerie en finançant le lancement de la fabrication.

b) L'échéance de règlement

Un délai de paiement est en général accordé à l'acheteur pour le règlement de la facture. L'offre commerciale doit alors préciser la durée de crédit accordé, ainsi que le fait générateur, c'est-à-dire l'événement, ou le moment, à partir duquel la durée est calculée, afin de définir précisément la date d'échéance de règlement.

2 Les critères de choix

Le choix des conditions de paiement est guidé, pour l'exportateur, par la nécessité de garantir le paiement de sa créance et de prendre en compte sa situation de trésorerie tout en préservant, vis-à-vis de l'acheteur, la qualité commerciale de son offre.

1. Les critères internes à l'exportateur

a) La structure financière

Tant que l'exportateur ne perçoit pas le produit de ses ventes, une partie de ses ressources est mobilisée par le crédit accordé. Celui-ci augmente alors le besoin en fonds de roulement et peut générer un besoin de trésorerie. Le choix des conditions de paiement, et notamment de la durée du crédit accordé, dépend évidemment de la situation de trésorerie de l'exportateur.

b) La politique commerciale habituelle

En fonction du contexte de l'opération commerciale, l'exportateur propose les modalités de paiement dont il maîtrise le contenu et la technicité.

c) L'importance du client ou de sa commande

L'importance du client, les montants de la commande et de la marge prévue sont des éléments qui pèsent sur la négociation et sur le choix des modalités de paiement.

2. Les critères externes à l'exportateur

a) La situation de l'acheteur

– La position de l'acheteur sur le marché peut le placer en situation de force face au vendeur et limiter le choix de ce dernier dans les conditions de paiement.
– Le risque commercial (c'est-à-dire le risque de non-paiement de la part de l'acheteur) est à prendre en compte par l'exportateur. Pour l'évaluer, il étudie le comportement de paiement de l'acheteur par l'analyse de l'historique des relations établies avec ce client ou en s'adressant aux banques, assureurs... si c'est un nouveau client.

b) La situation du pays de l'acheteur

Le risque lié au pays de l'acheteur (risque politique et de non-transfert) est un autre critère à prendre en compte dans le choix des conditions de paiement. Il est évalué par une notation attribuée par des organismes spécialisés tels que la Coface. La réglementation et les habitudes culturelles du pays qui obligent ou interdisent l'utilisation de certaines solutions de paiement pèsent également sur le choix des modalités de paiement.

c) La situation concurrentielle

Le nombre de concurrents sur un marché mais aussi leurs pratiques en matière de paiement influencent l'exportateur dans son choix.

d) Les autres critères

Le coût et les formalités de certaines modalités de paiement sont d'autres éléments à prendre en compte.

3 Exemples de situations

Situation	Modalités de paiement à envisager
Client connu, trésorerie de l'exportateur satisfaisante	Virement Swift avec un délai de paiement accordé au client
Nouveau client, montant de la commande élevé	– Demande d'un acompte à la commande – Utilisation du crédit documentaire irrévocable (et confirmé s'il existe un risque pays élevé)
Échéance à 60 jours, taux de change fluctuant	Demande d'un acompte à la commande afin de limiter le risque de change
Trésorerie de l'exportateur négative	– Demande d'un acompte – Utilisation d'un crédit documentaire ou de la LCSB, avec virement Swift

23 LA LETTRE DE CRÉDIT *STAND BY*

La lettre de crédit *stand by* (LCSB) est une garantie bancaire mise en œuvre uniquement en cas de défaillance de l'acheteur.

1 Les spécificités de la LCSB

1. Une garantie bancaire

La LCSB représente l'engagement irrévocable d'une banque de procéder au règlement de la créance de l'exportateur en cas de défaillance de l'importateur. Cette garantie entraîne l'obligation pour l'exportateur de remettre à la banque des documents dans un délai précis. Elle peut faire l'objet d'une confirmation par la banque de l'exportateur, afin de couvrir le risque politique et de non-transfert lié au pays de l'acheteur.

2. La LCSB : une formule hybride

La LCSB s'apparente au crédit documentaire par ses modalités d'ouverture, la remise obligatoire de documents conformes et le respect d'un délai, mais elle s'en différencie par d'autres aspects. En effet, elle n'est utilisée qu'en cas de non-paiement par l'importateur, contrairement au crédit documentaire mis en œuvre systématiquement : il s'agit d'une garantie de paiement et non d'une technique de paiement. Deux situations peuvent se présenter à l'échéance prévue de règlement.

a) Le règlement de la facture

L'importateur procède au paiement de la facture selon les conditions prévues en termes de devise et d'instrument de paiement. Dans ce cas, la LCSB n'est pas mise en jeu : il y a extinction de la garantie bancaire.

b) Le non-règlement de la facture

En cas de défaut de paiement de la part de l'importateur, l'exportateur met en jeu la LCSB : c'est l'appel en garantie ou en paiement. Dans le délai convenu, l'exportateur remet les documents demandés lors de l'émission (ouverture) de la LCSB. Après examen de la conformité des documents, la banque procède au règlement selon les conditions prévues dans la lettre.

3. Des règles harmonisées au niveau international

Lors de l'émission de la lettre de crédit *stand by*, la banque fait référence à la réglementation applicable. Deux corps de règles, mis au point par la chambre de commerce internationale afin d'harmoniser les pratiques bancaires, régissent la LCSB :
- les RUU 600, relatives au crédit documentaire et qui comprennent des dispositions relatives aux LCSB ;
- les ISP 98 (*International Standby Practices*), règles et pratiques internationales relatives aux lettres de crédit *stand by*.

2 L'émission de la LCSB

1. Le déroulement

Lorsque les parties ont convenu du choix de la lettre de crédit *stand by* comme couverture du risque de non-paiement, l'acheteur (le donneur d'ordre) demande à sa banque (la banque émettrice) d'émettre la LCSB en faveur du vendeur. La banque émettrice procède, après acceptation, à l'émission de la LCSB et la transmet à la banque notificatrice (et, éventuellement, confirmante) située dans le pays du vendeur, qui en informe ensuite l'exportateur. Suite à cette notification, ce dernier s'engage dans l'opération commerciale selon les conditions prévues avec l'importateur.

2. Le contenu de la LCSB

– Peu de documents sont exigés : il s'agit, le plus souvent, d'une attestation, établie par l'exportateur, du non-paiement de l'acheteur et des documents prouvant l'exécution de la prestation (copies de la facture impayée et documents de transport).
– Seule la date de fin de validité de la LCSB est indiquée : elle est fixée au-delà de l'échéance de paiement afin de laisser le temps à l'exportateur d'agir en cas de non-paiement de l'acheteur.

3 Les avantages et les limites de la LCSB

La LCSB présente, au regard du crédit documentaire, des avantages et des limites à la fois pour l'exportateur et l'importateur.

1. Les avantages

Exportateur	Importateur
– Nombre limité de documents à remettre et une seule date butoir – Couverture des risques identiques au crédoc	– LCSB mieux acceptée par l'acheteur que le crédit documentaire, parfois perçu comme un signe de méfiance
Solution plus souple dans sa mise en place et son utilisation – Solution moins coûteuse – Utilisation non systématique de la LCSB	

2. Les limites

Exportateur	Importateur
– Envoi des documents nécessaires à la prise en charge des marchandises directement à l'acheteur avant leur paiement	– Pas de garantie contre d'éventuelles négligences ou défaillances de l'exportateur dans sa prestation (respect des délais d'expédition et de livraison, qualité de la marchandise...) – Risque de mise en jeu abusive de la LCSB par l'exportateur, entraînant l'obligation par l'importateur de conserver la preuve du paiement

La LCSB n'est pas opérationnelle dans tous les pays du monde : elle est ainsi peu utilisée dans les pays du golfe persique, en Inde, au Pakistan et dans de nombreux pays d'Amérique du Sud et d'Amérique centrale.

24 LA GESTION DU RISQUE CRÉDIT

→ Un quart des liquidations d'entreprises françaises proviennent du défaut de paiement des acheteurs (ou des clients). L'exportateur cherche donc à mesurer ce risque, appelé « risque crédit », afin de s'en prémunir par la mise en place de solutions adaptées.

1 L'évaluation du risque crédit

1. Les formes du risque crédit

a) Le risque commercial

Il s'agit du risque lié au non-paiement par l'entreprise importatrice de la somme due, qui peut s'expliquer par son incapacité financière à faire face à ses engagements (situation d'insolvabilité) ou par sa volonté de ne pas honorer ses dettes (comportement de mauvais payeur).

b) Le risque politique

Le non-paiement peut être lié à la situation du pays de l'acheteur empêchant la réalisation des transferts de devises vers le pays de l'exportateur. Ce risque dépend donc de l'instabilité politique du pays (pouvant entraîner guerres, émeutes ou révolutions), des décisions des autorités publiques et des risques de catastrophes naturelles.

c) Le risque bancaire

Il est lié aux défaillances de la banque de l'acheteur qui ne peut assurer le règlement de la somme due auprès de l'exportateur.

2. La mesure du niveau de risque

L'évaluation du niveau de risque encouru est primordiale pour l'entreprise exportatrice. En effet, une mauvaise appréciation de ce risque peut mettre en cause son équilibre financier et sa pérennité. La mesure du niveau de risque se fait selon différents critères.

a) La répartition du chiffre d'affaires

L'analyse de la répartition du chiffre d'affaires selon les clients ou les pays donne une première information sur le niveau du risque crédit. Ainsi, si l'analyse montre une concentration du chiffre d'affaires sur un nombre réduit de clients ou de pays dont le risque politique est élevé, alors le risque crédit est important. À l'inverse, une dispersion du chiffre d'affaires réduit le risque crédit, même si elle entraîne une gestion de facturation plus importante. Pour mener à bien cette étude, différentes techniques sont utilisées par les entreprises, dont la loi de Pareto (ou loi des 20/80), qui consiste à regrouper les clients les plus importants de l'entreprise exportatrice et à mesurer leur contribution à son chiffre d'affaires global.

b) Les caractéristiques des clients (ou acheteurs)

Trois éléments sont à étudier :

– le statut de l'acheteur : alors que l'acheteur public (administration ou entreprise publique) présente uniquement un risque politique, il en va différemment avec un acheteur privé (entreprise), pour qui l'exportateur devra prendre en compte à la fois un risque commercial et un risque politique ;

– l'ancienneté des relations établies avec le client : elle permet de connaître son comportement en matière de paiement, même si l'exportateur doit mettre régulièrement à jour les informations le concernant. À l'inverse, si la relation est récente, le risque est plus important faute de connaissance sur son comportement de paiement ;

– le pays de l'acheteur : pour apprécier ce risque, l'exportateur peut s'aider du système de notation des pays. La Coface note les pays à partir de l'étude d'une série d'indicateurs portant sur les aspects macro- et micro-économiques du pays. Les notes attribuées définissent le niveau de risque du pays : 7 notes sont possibles (A1 – A2 – A3 – A4 – B – C – D), allant du risque le plus faible au risque le plus élevé. Ces informations sont accessibles sur le site www.cofacerating.fr. Une autre société, Ducroire, propose, sur le site www.ducroire.be, une évaluation des pays en distinguant le risque politique et le risque commercial.

c) L'échéance de paiement

Plus cette échéance est éloignée, plus le risque de changement de situation de l'acheteur ou du pays augmente, entraînant une élévation du niveau du risque crédit.

2 La gestion du risque crédit

1. Les techniques de prévention du risque

Elles consistent essentiellement en la collecte d'informations sur le client et son pays. Ces informations aident l'entreprise exportatrice à prendre un certain nombre de décisions, comme contracter ou non avec un client, adapter son offre commerciale en exigeant un paiement d'avance (total ou partiel) ou mettre en place des techniques de couverture.

Les partenaires de l'entreprise (les agents, les filiales, les clubs d'exportateurs ou les banques à travers leur réseau dans le monde), les sociétés spécialisées dans l'assurance crédit (Coface, Ducroire, Euler-Hermes...), le dispositif public et parapublic français (Ubifrance, les CCI...), mais aussi le fichier clients de l'exportateur constituent des sources utiles.

2. Les techniques de couverture bancaire

Elles couvrent le risque crédit à différents niveaux.

Couverture du risque commercial	– Remise documentaire – Crédit documentaire irrévocable – LCSB
Couverture des risques commercial et politique	– Crédit documentaire irrévocable et confirmé – LCSB confirmée

3. L'affacturage export ou *factoring*

L'exportateur transfère la gestion de ses créances à une société spécialisée, appelée « factor », qui se charge d'en assurer l'encaissement à l'échéance prévue et d'en garantir le paiement auprès de l'exportateur en cas de défaillance de l'acheteur.

a) La gestion des créances

Le factor se charge du recouvrement des créances auprès des importateurs ainsi que du déclenchement des relances en cas de retard de paiement. L'exportateur perçoit le montant des créances à l'échéance prévue, non pas de l'importateur, mais directement du factor.

b) Une garantie de paiement

L'affacturage offre à l'exportateur une couverture contre le risque de non-paiement. Mais cette garantie est assortie d'un certain nombre de conditions. Le contrat d'affacturage est en effet un contrat global : l'exportateur est dans l'obligation de céder l'ensemble des créances exports au factor et non uniquement les créances qui lui paraîtraient douteuses. Toute créance émanant d'un nouveau client nécessite l'agrément du factor, qui peut en refuser la gestion. De plus, la garantie de paiement est limitée à un montant maximal appelé « encours ».

c) Les autres prestations possibles

Le factor peut avancer le montant des créances et prendre également en charge le risque de change pour les factures émises en devises étrangères.

d) L'utilisation de l'affacturage

Même si son coût reste élevé au regard d'autres solutions, l'affacturage connaît un succès croissant ces dernières années, lié à la diversité des services qu'il offre et à sa souplesse. Le contrat d'affacturage est en effet un contrat modulaire qui permet à l'exportateur d'opter pour les prestations dont il a besoin, en limitant ainsi le coût.

4. L'assurance crédit

L'entreprise exportatrice souscrit un contrat d'assurance crédit auprès d'une compagnie qui s'engage à l'indemniser en cas de défaillance du débiteur. Comme pour l'affacturage, l'assurance crédit est donc une solution où le risque crédit est transféré auprès d'un tiers, mais elle s'en différencie par le fait que l'assureur n'intervient qu'en cas d'incident de paiement.

a) La mise en place de la garantie

Un certain nombre de points sont définis lors de la signature de la police d'assurance :

Étendue de la police	Police globale : concerne une ensemble d'opérations commerciales (ex. : l'ensemble du chiffre d'affaires export).
	Police individuelle : ne couvre qu'une seule affaire.
Risques couverts	Risque commercial uniquement
	Risque politique uniquement
	Risques commercial et politique
Quotité garantie	Détermination du pourcentage servant de base de calcul pour l'indemnisation de l'assuré : - pour le risque commercial : il varie de 70 à 90 % ; - pour le risque politique : il varie de 90 à 95 %.
Durée de crédit	Détermination de l'échéance de paiement maximale au-delà de laquelle la créance n'est plus couverte.
Prime d'assurance	Coût de l'assurance fixée soit de façon forfaitaire, soit de façon proportionnelle au chiffre d'affaires.

b) L'entrée en garantie (dans le cadre de la police globale)

À compter de la signature du contrat d'assurance, toute nouvelle créance est en principe garantie. Une demande d'agrément ou d'option peut néanmoins être nécessaire pour les nouveaux clients de l'exportateur. Son accord donné, l'assureur fixe ensuite un découvert autorisé (ou montant garanti), qui consiste en la fixation d'un montant maximum de créances couvertes avec ce client.

c) La mise en jeu de la garantie

Elle intervient en cas de non-paiement de l'exportateur à échéance et suit une procédure précise.

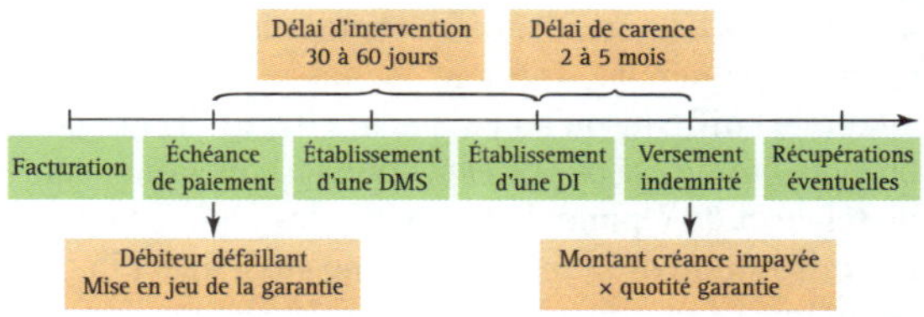

Établie par l'exportateur dans les jours qui suivent l'échéance, la DMS (déclaration de menace de sinistre) informe l'assureur de la défaillance de l'acheteur. L'établissement de la DI (demande d'intervention), toujours par l'exportateur, permet ensuite à l'assureur d'entamer des démarches auprès de l'importateur afin de recouvrer la créance. À compter de l'établissement de la DI, un délai de carence ou délai constitutif de sinistre (variable selon les polices et la nature des risques) s'écoule avant le versement de l'indemnité, qui a lieu dans les 30 jours qui suit l'expiration de ce délai.

EXEMPLE

La société Dessein reçoit le 2 mars une commande d'un client allemand d'une valeur de 12 000 €. Son assureur lui accorde un découvert de 10 000 €. À l'échéance (le 31 juillet), l'acheteur allemand se révèle défaillant. Une déclaration de menace de sinistre puis une demande d'intervention sont établies par la société Dessein, respectivement les 25 septembre et 25 octobre. Le contrat précise que la quotité garantie pour le risque commercial est de 90 %, le délai de carence est de 5 mois.
Le montant de l'indemnité reçue est de : 10 000 × 90/100 = 9 000 €. Son versement aura lieu au cours du mois d'avril de l'année suivante.

d) Les récupérations éventuelles

Si l'assureur obtient du débiteur défaillant tout ou partie du montant de la créance impayée, une régularisation peut intervenir auprès de l'assuré. Deux situations sont à distinguer :
- si le montant récupéré est inférieur à l'indemnité versée, l'assureur conserve la totalité de la somme obtenue ;
- si le montant de la créance récupérée est supérieur à l'indemnité versée, l'assureur reverse le solde (solde = montant obtenu – indemnité – frais liés à la récupération de la créance).

25 LA GESTION DOCUMENTAIRE DES OPÉRATIONS INTERNATIONALES

Une opération d'import-export nécessite pour l'entreprise la création, la collecte et l'archivage de nombreux documents. L'utilisation des nouvelles technologies de l'information et de la communication (NTIC), en conduisant à une dématérialisation documentaire, en facilite leur gestion.

1 La chaîne documentaire

1. Son contenu

La chaîne documentaire correspond à l'ensemble des documents nécessaires à l'exécution du contrat commercial. Ces documents, collectés tout au long du processus commercial, forment la liasse documentaire, allant de l'offre jusqu'au paiement effectif. Ils ont pour objet de prouver la bonne exécution de l'opération commerciale et de répondre aux exigences réglementaires. La constitution de la liasse concerne aussi bien l'importateur que l'exportateur, même si ce dernier joue un rôle souvent plus important.

EXEMPLE

Dans le cadre d'une vente CIF de produits agroalimentaires au Mexique, avec paiement par crédit documentaire réalisable par traite, l'exportateur est amené à constituer la chaîne documentaire suivante. Le client exige une inspection des marchandises avant le départ du port du Havre.

	Document établi par		
	Exportateur	Prestataire de services	
Exportateur		Nature du document	Nature du prestataire
Négociation	Facture *pro forma*		
Acceptation commande	Confirmation de commande Contrat de vente	Avis de notification du crédit documentaire	Banque notificatrice (banque du vendeur)
Préparation commande : – fabrication – gestion administrative et douanière	Facture Traite		
	Liste de colisage	Cerrtificat de circulation EUR1 Certificat d'analyse	Document visé par la Douane Laboratoire
	Déclaration douanière	Certificat d'inspection des marchandises	Laboratoire de certification
	Bordereau d'instructions au transitaire		
Sortie entrepôt Transport		Attestation de prise en charge des marchandises	Transitaire
		Certificat d'assurance	Compagnie d'assurances
		Titre de transport	Entreprise de transport
Paiement	Bordereau de remise des documents		
Importateur		Avis de crédit	Banque du vendeur

2. Les documents

a) Les documents relatifs à la relation commerciale

– La facture *pro forma* matérialise l'offre commerciale de l'exportateur et détermine les grandes lignes de la vente. Elle engage la responsabilité du vendeur et permet d'effectuer une demande de licence, de solliciter l'ouverture d'un crédit documentaire.

– La facture commerciale est indispensable pour exiger le paiement. Les mentions qui y figurent serviront, notamment, à l'élaboration de la déclaration douanière (détermination de la valeur en douane) ou de la déclaration d'échange de biens (valeur fiscale).

– Le bon de commande marque l'acceptation de l'offre par l'acheteur.

– Le contrat de vente et/ou la confirmation de commande reprennent de façon précise les conditions de l'opération de vente.

– Le certificat d'inspection, délivrée par une entreprise spécialisée et indépendante de l'exportateur, assure l'importateur de la conformité des marchandises au contrat initial en termes de quantité et de qualité, mais aussi au niveau documentaire.

– Les documents liés au paiement concernent les instruments de paiement tels que la traite mais aussi les techniques telles que l'ouverture d'un crédit documentaire.

b) les documents relatifs à la logistique

– La liste de colisage est utile pour le transport des marchandises. Elle identifie de façon précise les marchandises et les colis. Sont indiqués la désignation de la marchandise, la quantité, le poids et le volume des colis.

– Le bordereau ou la lettre d'instructions remis au transitaire par l'exportateur définit les missions confiées à celui-ci. Il doit être le plus précis possible afin d'éviter tout malentendu pouvant entraîner des retards ou erreurs dans l'expédition.

– Les documents de transport, tels que le connaissement maritime ou apportent la preuve de l'existence du contrat. Ils fournissent, notamment, des informations importantes sur la date de prise en charge des marchandises par le transporteur, ce qui exonère l'exportateur ou le transitaire de leur responsabilité en cas de retard, de manquant ou de détérioration de la marchandise, et la date d'envoi des marchandises.

– Le certificat d'assurance couvre les marchandises durant leur transport.

c) Les documents liés à la réglementation douanière

La déclaration douanière est obligatoire à la sortie ou à l'entrée dans l'UE. Elle est également exigée dans le pays tiers pour l'entrée ou la sortie des marchandises. Elle s'accompagne de documents :

– les certificats d'origine et de circulation peuvent être requis afin de bénéficier de droits de douane réduits ou nuls. Ils sont généralement visés par les chambres de commerce et d'industrie ou par les douanes ;

– certains pays peuvent également exiger, lors de l'entrée des marchandises sur leur territoire, des factures spécifiques. Dans le cas d'une facture consulaire, l'exportateur doit faire apposer un visa par le consulat du pays concerné. C'est le cas pour les pays d'Amérique latine ;

– la facture douanière peut nécessiter, d'obtenir un imprimé spécifique (pour le Canada, par exemple).

2 La gestion de la chaîne documentaire

Assurée par le service d'administration des ventes à l'export ou le service des achats à l'import, la gestion de la chaîne documentaire doit permettre d'exécuter correctement la commande : l'expédition des marchandises dans les délais, leur dédouanement (à l'export et à l'import), leur mise à disposition auprès de l'importateur et le règlement de l'exportateur. Dans un contexte concurrentiel accru, elle constitue un avantage compétitif pour l'entreprise. Différentes contraintes sont à prendre en compte.

1. La constitution de la liasse documentaire

La nature et le nombre de documents nécessaires à l'opération commerciale varient selon les caractéristiques du contrat.
– Le choix de l'incoterm détermine les documents à collecter par les parties au contrat.

EXEMPLE

Dans le cadre d'une vente FOB, l'exportateur aura à gérer et à collecter les documents relatifs au dédouanement export, au pré-acheminement et au transport principal. Pour une vente DDP, il aura à gérer, en supplément, les documents liés à l'assurance, au post-acheminement et au dédouanement des marchandises à l'import.

– Les documents exigés varient selon la réglementation des pays et selon la nature des produits.

EXEMPLE

Dans le cas d'une vente CIF en Argentine de produits dérivés de l'amidon de maïs, l'exportateur aura à produire ou à collecter les documents suivants : une facture commerciale, la liste de colisage, le connaissement maritime et le certificat d'assurance, mais aussi un certificat d'analyse, un certificat d'origine pour fécule et gluten légalisé par le consulat argentin et un certificat phytosanitaire.

Il est donc nécessaire pour l'entreprise de s'assurer de l'actualité des informations qu'elle a en sa possession par la mise en place d'une veille réglementaire. Les entreprises qui échangent régulièrement à l'international peuvent établir des fiches pays relatives à la réglementation douanière, qu'elles mettent régulièrement à jour.
– Les modalités de paiement retenues entre les parties détermineront également les documents à produire et à collecter.

EXEMPLE

Dans le cas d'un paiement par crédit documentaire, l'exportateur aura à remettre à sa banque l'ensemble des documents requis lors de l'avis d'ouverture en respectant un délai précis. Il devra être particulièrement vigilant à la vérification de la conformité des documents, sous peine de perdre l'engagement bancaire.

2. L'établissement des documents

L'établissement de certains documents (facture, liste de colisage...) s'effectue par les services de l'entreprise elle-même. Pour d'autres (titre de transport, certificat d'assurance...), il s'agira de se les procurer auprès de tiers. Dans ce cas, l'entreprise prendra en compte le temps nécessaire pour les obtenir et les vérifier.

3. La vérification des documents

Compte tenu des origines diverses des documents, l'entreprise mène un travail de vérification afin de s'assurer de la conformité des documents aux exigences du contrat et à la réglementation applicable. Ce travail de contrôle porte sur le contenu de la liasse et des documents, mais aussi sur le nombre d'exemplaires demandés.
Les enjeux sont importants : un document manquant, ou comprenant des irrégularités, peut remettre en cause la responsabilité juridique de l'entreprise, nuire à la relation commerciale établie avec son partenaire, retarder le paiement ou générer un coût supplémentaire.

4. Le respect des délais

La liasse documentaire est destinée à être remise en partie ou en totalité aux partenaires de l'entreprise : acheteur, vendeur, transitaire, administration douanière, banques, etc., au plus tôt et dans des délais précis.

5. La conservation des documents

Afin de pouvoir satisfaire aux contrôles administratifs et fiscaux, mais aussi afin de conserver des éléments de preuve en cas de litige, l'entreprise est amenée à conserver et à stocker les documents, ce qui nécessite la mise en place d'un système d'archivage efficace.

3 La dématérialisation de la chaîne documentaire

L'introduction des technologies de l'information améliore la gestion quotidienne de la chaîne documentaire, évite la circulation des documents papier et permet d'accroître la productivité et la performance de l'entreprise dans ce domaine.

1. Les outils de la dématérialisation

L'échange de données informatisées (EDI) consiste en une connexion directe des systèmes informatiques des différents services et partenaires de l'entreprise, permettant ainsi une circulation des informations en temps réel.
Le système DELT@ (dédouanement en ligne par transaction automatisée) permet aujourd'hui la dématérialisation des déclarations douanières.

2. Les avantages de la dématérialisation

La communication directe des informations (*via* le réseau informatique) par le partenaire de l'entreprise permet de traiter l'information plus rapidement, d'éviter les ressaisies et de diminuer ainsi les erreurs, et donc les sources d'insatisfaction et de litiges.
Le coût de gestion s'en trouve alors réduit et le service offert au client amélioré grâce à la réactivité qui en résulte.

3. Les contraintes de la dématérialisation

La dématérialisation des documents implique, pour l'entreprise le respect de certaines conditions, comme la nécessité de disposer d'un équipement informatique performant et d'un personnel formé, et la mise en œuvre d'un système de sécurisation des données lors de la transmission. Elle ne supprime pas le besoin d'archiver les documents papier.

26 LE RISQUE DE CHANGE

Le risque de change est lié à la volatilité des devises sur le marché des changes. Ce risque existe lorsque les entreprises effectuent des opérations commerciales avec l'étranger (exportations et/ou importations) dans une devise autre que l'euro. Se préoccuper de la politique de couverture à mettre en œuvre pour se protéger contre le risque de change représente un objectif essentiel pour ces entreprises. Le risque a disparu pour les pays européens qui ont adopté l'euro comme monnaie d'échange. Toutefois, il reste présent pour les échanges avec les autres pays.

1 Les types de risque

Les fluctuations des monnaies peuvent affecter l'entreprise sur deux plans.

1. Le risque de transaction

Les opérations d'exportation et d'importation comportent généralement des délais de paiement ou de règlement pendant lesquels les fluctuations des changes peuvent affecter de façon sensible le montant des factures converties en euros.

EXEMPLE

Le 15 janvier, une entreprise réalise une opération d'exportation pour 85 000 USD payables le 15 mars. Le jour de la transaction commerciale, l'euro cotait 1,38 USD sur le marché au comptant.
Le jour du règlement le 15 mars, la valeur de l'euro est de 1,44 USD.
Valeur du contrat au 15 janvier : 85 000/1,38 = 61 594 EUR.
Valeur du contrat au 15 mars : 85 000/1,44 = 59 027 EUR.
Si l'entreprise ne s'est pas couverte et si elle change ses 85 000 USD le 15 mars, sa perte est de 61 594 – 59 027 = 2 567 EUR.

2. Le risque de perte de compétitivité

Une variation des taux de change de l'euro par rapport à une devise étrangère peut affecter le prix des produits en les rendant plus ou moins chers pour les acheteurs étrangers. De même, une variation positive ou négative des cours de change peut faire fluctuer le prix des importations de matières premières, affectant de la sorte le coût de revient des produits finaux, d'où une perte de compétitivité.

EXEMPLE

Cas de l'importation : une entreprise achète en Asie des éléments indispensables à la fabrication de ses produits, pour un montant de 42 000 USD. Ce jour-là, l'USD cote 0,70 EUR. Le fournisseur a accordé un délai de règlement de 45 jours. Lors de ce règlement l'USD cote 0,73 EUR.
À la date de l'achat, le coût prévu de l'importation est de : 42 000 × 0,70 = 29 400 EUR.
À la date du règlement : 42 000 × 0,73 = 30 660 EUR.
Le «surcoût» est de 30 660 – 29 400 = 1 260 EUR. Cette différence se traduit par une augmentation du coût de revient de l'entreprise et peut la rendre moins compétitive.

2 L'appréciation du risque

Elle se situe en amont de l'opération commerciale : avant la facturation, au moment de l'établissement de l'offre (catalogue, tarif...) dans le cas d'une exportation ou à la commande dans le cas d'une importation.

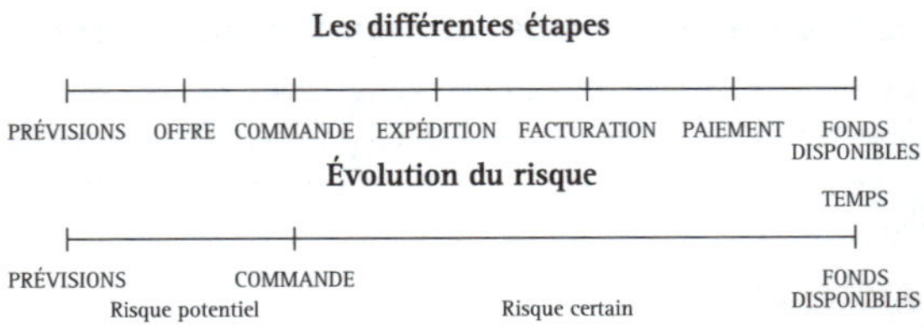

3 La position de change (PCH) d'une devise

C'est la situation d'une entreprise à une date donnée, relative à la somme de ses avoirs et engagements en devises. Les avoirs représentent les devises à recevoir (créances résultant de ses ventes, achat de devises...). Les engagements représentent les devises à verser (achats, emprunts à rembourser, ventes à terme...).
Elle s'établit plus ou moins régulièrement selon la fréquence des opérations commerciales et financières de l'entreprise.

EXEMPLE

Date d'établissement de la position : 19 avril N	
Date de valeur : 30 avril N	
Éléments	Montants
Situation de trésorerie disponible	18 500 USD
Avoirs à recevoir	24 200 USD
Engagements	19 800 USD
Position nette (PCH)	22 900 USD*

* 18 500 + 24 200 – 19 800 = 22 900 USD.

Deux cas sont possibles :
– la PCH est égale à 0 : la position est dite nulle ou fermée, l'entreprise n'est pas en risque de change ;
– la PCH est différente de 0 : la position est qualifiée d'ouverte. La position est dite longue s'il y a un excédent de créances en devises (cas de l'exemple) et courte si l'entreprise détient moins de créances que de dettes.

4 La détermination des seuils de tolérance

C'est l'entreprise qui fixe ses propres seuils de tolérance face au risque de change. Trois possibilités s'offrent à elle.

1. La non-couverture du risque

Ce choix est adopté si l'entreprise :
– traite avec des devises stables ;

– souhaite « prendre le risque » dans le but de réaliser un gain de change (attitude spéculative) ;
– juge le coût de couverture trop élevé par rapport au risque encouru.

2. La couverture systématique

Elle consiste à se couvrir automatiquement dès qu'apparaît un engagement ou un avoir en devises. Cette attitude est conseillée lorsque les devises sont volatiles et que les opérations commerciales sont d'un montant élevé. En effet, la perte de change risque d'entraîner une érosion importante de la marge.

3. La couverture sélective

La politique de l'entreprise consiste à mettre en place des critères de sélection qui correspondent à un niveau d'acceptation du risque et à une anticipation de l'évolution du risque de change.
C'est l'entreprise qui détermine si elle se couvre ou non contre le risque.

5 Les critères de choix de la devise

1. Critères externes à l'entreprise

a) La législation des changes

Certains pays « imposent » leur monnaie nationale dans les opérations commerciales avec l'étranger.

b) Le marché des changes

Il n'existe pas dans tous les pays de marché des changes pour toutes les monnaies. Dans ce cas, l'importateur peut éprouver des difficultés pour se procurer la devise de paiement auprès des banques locales et peut être amené à refuser la transaction commerciale. Il en est de même pour l'exportateur, qui peut avoir du mal à convertir la devise reçue de l'étranger.

c) Les habitudes et usages des pays étrangers

Certains pays ont l'habitude de commercer dans une devise.

EXEMPLE

Le dollar américain pour les pays d'Amérique, du Moyen-Orient et d'Asie.

2. Critères internes à l'entreprise

a) Les devises du portefeuille de l'entreprise

Une entreprise peut opter pour une devise qui compense une position de change de sens contraire, annulant ainsi (en totalité ou partiellement) le risque de change. Cela suppose que l'entreprise effectue des opérations d'importations et d'exportations. Dans ce cas, elle cherchera à payer ses achats dans la même devise que celle utilisée à l'export.

b) Les possibilités financières qu'offre la devise

Le cours à terme de la devise et/ou l'évolution favorable de celle ci peuvent contribuer à l'obtention d'un gain financier.

Il faut déterminer si le taux d'intérêt de la devise étrangère (dans le cas où il est plus faible que celui de l'euro) est favorable à l'entreprise, et notamment si elle doit avoir recours à un financement (emprunt en devises).

6 Le choix de la devise de facturation

Toute transaction entre une entreprise de la zone euro et une entreprise qui utilise une autre devise a pour conséquence de mettre l'une des deux parties en risque de change.

1. La facturation en euros

C'est à l'évidence la solution de facilité pour une entreprise française. Le risque de change est alors supporté par l'autre partie contractante. Toutefois, il faut être attentif au fait que les conditions de compétitivité par rapport à l'offre d'un concurrent peuvent être modifiées si l'offre de ce dernier est présentée dans une devise autre que l'euro.

2. La facturation en devises

La facturation dans la devise de l'acheteur présente un avantage commercial essentiel mais nécessite toutefois de mettre en place une gestion du risque de change.

3. Incidences du choix de la devise

	Facturation en monnaie nationale	Facturation dans une autre devise
Avantages	– Pas de risque de change. – Connaissance du montant exact de l'encaissement dès la conclusion du contrat. – Facilités au niveau comptable. Les opérations avec l'étranger sont comptabilisées comme des opérations nationales. – Pas d'impact du risque de change sur la marge bénéficiaire.	– Comparaison du prix plus facile pour l'acheteur. Cela peut être un atout dans la négociation. – Possibilité de bénéficier d'une évolution favorable de la devise étrangère. – Possibilité de bénéficier de financements en devises à un taux parfois plus intéressant.
Inconvénients	– Transfert du risque de change sur l'autre partie (attitude peu commerciale). – L'appréciation de l'euro peut aboutir à une perte de compétitivité. – Pas de possibilité de gain de change en cas d'évolution favorable de la devise étrangère.	– Une politique de gestion du risque de change doit être mise en place. – Coût de la protection du risque de change. – La facturation en devises peut introduire des lourdeurs comptables.

27 LES TECHNIQUES DE COUVERTURE DU RISQUE DE CHANGE

Quand l'entreprise importatrice et/ou exportatrice décide de se couvrir totalement ou de limiter le risque de change, elle dispose de trois groupes de techniques. Le choix du degré de couverture est fonction de l'arbitrage qu'exercera l'entreprise entre la sécurité (risque de change réduit ou supprimé) et la rentabilité de l'opération commerciale (impact du coût de la couverture). Ce choix nécessite la connaissance préalable du mécanisme des devises.

1 Les devises

1. Les codes internationaux

Chaque devise est désignée par un code ISO. Il est conseillé de l'utiliser dans tous les documents (offres, contrats, factures...). Les deux premières lettres correspondent au pays d'émission, la troisième à l'unité monétaire (sauf pour l'euro).

Quelques codes ISO

Pays	Devise	Code
États-Unis	Dollar américain	USD
Japon	Yen japonais	JPY
Chine	Yuan chinois	CNY
Royaume-Uni	Livre sterling	GBP
Suisse	Franc	CHF

2. Le taux de change

Le taux de change d'une devise représente son prix (son cours) par rapport à une autre devise. Ce taux de change résulte de la confrontation entre la demande et l'offre de devises sur le marché des changes. Il existe deux marchés sur lesquels les devises sont échangées.

a) Le marché au comptant

Le marché au comptant, ou « marché spot », est le marché sur lequel des devises sont échangées entre banques. Le cours d'achat est le prix auquel la banque s'apprête à acheter des devises (c'est le cas pour un importateur qui paie une facture en devise étrangère). Le cours de vente est le prix demandé par la banque pour vendre de la devise (cas de l'exportateur qui facture dans une devise étrangère).

EXEMPLE

1 EUR = 1,4925 – 1,4980
Pour l'importateur le cours sera de :
1 EUR = 1,4925 USD.
Pour l'exportateur le cours sera de : 1 EUR = 1,4980.
Calcul : l'exportateur a reçu 47 650 USD d'un client étranger ; la contrepartie est de :
47 650 USD/1,4980 = 31 809,07 EUR.

b) Le marché à terme

Le marché des changes à terme est un marché où les devises s'échangent pour un montant et à un cours déterminés immédiatement, mais pour une livraison à une date future et prédéterminée (le terme).

2 Les techniques internes de couverture

1. Acheter et vendre uniquement en euros

Dans ce cas, l'entreprise élimine totalement le risque de change. Cette solution est envisageable lorsque l'entreprise travaille uniquement avec des partenaires de la zone euro.

2. La compensation ou l'autocouverture

C'est la technique de couverture par laquelle l'entreprise qui a une activité à l'export et à l'import limite le risque de change en « compensant » les encaissements et les décaissements dans une même devise. Le règlement d'une créance en devise sera affecté au paiement d'une dette libellée dans la même unité monétaire.

3. Le termaillage ou *leads and lags*

Cette technique consiste à accélérer ou à retarder les encaissements ou les décaissements selon l'évolution anticipée de hausse ou de baisse des cours des devises. Elle vise donc à faire varier les termes des paiements afin de profiter de l'évolution favorable des cours.

4. Le maillage ou *netting*

Cela suppose que l'entreprise ait des filiales à l'étranger. Le maillage consiste à compenser les flux financiers au niveau du groupe. Le solde, exposé au risque de change, est géré par l'établissement central.

5. Les clauses de change contractuelles ou clauses d'indexation

Les clauses d'indexation rédigées dans les contrats d'achat ou de vente internationale visent à prévoir contractuellement les modalités de partage du risque de change de transaction entre l'acheteur et le vendeur, dans l'hypothèse où une variation du cours de change de la devise choisie par les parties interviendrait. Le contenu d'une clause d'indexation est souvent difficile à négocier.

3 Les techniques bancaires

1. L'avance en devises (ADE)

L'entreprise exportatrice emprunte, sur le marché des devises, un montant en devises qui correspond au montant de la créance à recevoir et revend aussitôt ces devises sur le marché au comptant pour obtenir de la monnaie nationale. Elle remboursera l'emprunt avec les devises reçues de son client, majoré des intérêts en devises.

EXEMPLE

Cas d'une exportation : la société Leonor décide de se couvrir contre le risque de change suite à une vente de 80 000 USD, payables dans trois mois. Elle dispose des données suivantes : cours spot USD/EUR = 0,7150, taux d'intérêt USD : 3,25 %.
L'opération peut se décomposer en 3 étapes :
– T1 : l'entreprise emprunte les USD pour 3 mois au taux de 3,25 % ;

– T2 : conversion des USD en EUR au cours du jour : 80 000 × 0,7150 = 57 200 EUR ;
– T3 : l'entreprise rembourse à l'échéance le montant de 80 000 USD augmenté des intérêts à savoir : 80 000 × 3,25 % × 3 mois/12 mois = 650 USD.

2. La couverture à terme

La couverture sur le marché à terme est l'une des techniques les plus utilisées par les entreprises.
Le change à terme permet de fixer un cours d'achat ou de vente (cours à terme) de devises pour une livraison réciproque à une date future et déterminée.
Pour se couvrir contre le risque de change lié à la dépréciation éventuelle de la devise étrangère, l'exportateur vend à terme, à sa banque, le montant de la créance sur le client étranger. Il fixe ainsi de façon précise le montant en monnaie nationale qu'il recevra à l'échéance.

EXEMPLE

Situation initiale : l'entreprise exportatrice a réalisé une vente de 45 000 USD, payable dans deux mois.
T1 : l'entreprise signe un contrat de vente avec son banquier de 45 000 USD à un cours donné (le cours à terme).
T2 : la banque emprunte les 45 000 USD sur le marché à un taux d'intérêt (taux sur la devise).
T3 : La banque change immédiatement ces devises en euros et les place (taux d'intérêt sur l'euro).
Le différentiel des taux d'intérêt génère un écart qui constitue le déport ou le report.

Le cours à terme de l'euro = cours au comptant + report *ou* cours au comptant – déport.

Sur le plan pratique, les informations communiquées par la banque peuvent concerner :
– le montant du déport ou du report : dans ce cas, l'entreprise calcule le cours à terme ;
– le cours à terme à une date donnée : par exemple le cours à terme à deux mois.
Il importe de tenir compte de la commission de change prise par la banque. Le pourcentage s'applique sur le montant de l'opération. Pour l'entreprise exportatrice, la commission se retranche de la contrepartie en euros. Dans le cas d'une opération à l'import, la commission s'ajoute au montant que l'entreprise doit donner en euros pour recevoir les devises.

EXEMPLE

La société Brelle, exportateur de produits alimentaires, vend à un acheteur américain pour 32 000 USD, payables dans trois mois. Les informations communiquées par la banque sont les suivantes :
– cours au comptant EUR/USD : 1,4550 – 1,4590 ;
– cours à trois mois EUR/USD : 1,4680 – 1,4710.
L'entreprise Brelle décide de se couvrir à terme et vend à trois mois les 32 000 USD. Elle est ainsi certaine de percevoir à l'échéance : 32 000/1,4710 = 21 754 EUR quel que soit le cours au comptant à cette date.
Si dans trois mois le cours est de 1,4960 (baisse du dollar), l'entreprise sera satisfaite de s'être couverte. En revanche, en cas de valorisation du dollar, l'entreprise ne bénéficiera pas de cette évolution.

4 Les assurances Coface

1. L'assurance « change négociation »

Cette assurance permet de couvrir des opérations d'exportation dès la période d'offre. Elle est réservée aux projets pour lesquels les exportateurs sont en concurrence commerciale avérée sur des projets d'exportation ponctuels.
Ce produit se décline en deux versions :
– l'assurance change négociation, avec une couverture à hauteur de 100 % de la perte de change constatée aux échéances de paiement par rapport au cours garanti ;
– l'assurance change négociation avec intéressement, qui permet de bénéficier de 50 % ou 70 % de la hausse de la devise pendant la période de négociation commerciale. Le taux d'intéressement est fixé lors de la souscription du contrat.
La prime d'assurance (coût pour l'exportateur) varie en fonction de la durée de négociation, de la devise garantie, du choix ou non d'un intéressement.
Les devises éligibles sont au nombre de onze, dont le dollar US, le yen et la livre sterling.

EXEMPLE

La société Leonor sollicite auprès de la Coface une garantie de change négociation le 20 octobre suite à une demande d'offre formulée par un acheteur américain.

Le montant de l'offre est de : 65 000 USD. La durée prévue des négociations est de trois mois. La Coface communique le cours garanti de 1 EUR = 1,45 USD.
Le contrat est conclu pour le montant prévu de 65 000 USD.
Dans le cas de l'assurance change négociation avec une couverture à hauteur de 100 % et sur la base d'un cours lors du paiement de 1 EUR = 1,48 USD, la perte de change subie par l'entreprise est de :
Contrevaleur garantie (prévue) :
65 000/1,45 = 44 828 EUR.
Contrevaleur à l'échéance du paiement :
65 000/1,48 = 43 919 EUR.
Montant de la perte de change indemnisée par la Coface : 909 EUR.
Remarque : en cas de gain de change, celui-ci est reversé à la Coface.

2. L'assurance « change contrat »

Elle permet de figer un cours de change avant la signature du contrat commercial ou au plus tard dans les quinze jours de sa conclusion. Les devises éligibles sont : le dollar américain, la livre sterling et, au cas par cas, le franc suisse.
La Coface couvre 100 % de la perte de change éventuelle. La prime, payable dès la fixation du cours garanti, varie en fonction de la devise et de la durée à garantir.

28 LE FINANCEMENT DES OPÉRATIONS À COURT TERME

Il s'écoule souvent plusieurs mois entre le moment où l'entreprise décide d'engager des frais liés à la prospection et celui où elle encaisse le montant des ventes réalisées sur le marché prospecté. Exporter engendre une mobilisation de capitaux plus importants que sur le marché national, d'où la nécessité de recourir au financement externe

1 L'influence de l'activité internationale sur la structure du bilan

1. Le besoin en fonds de roulement (BFR)

Le BFR est égal à la différence entre l'actif circulant et le passif circulant.

Actif circulant :	Passif circulant :
– Stocks – Créances	– Dettes
	BFR ⇐ Besoin à financer

2. Incidence de l'actif circulant sur le BFR

a) Conséquences sur les stocks

L'activité internationale, par l'accroissement des ventes qu'elle génère, a pour conséquence l'augmentation des stocks. En effet, la croissance de la production entraîne une augmentation du stock de matières premières et de produits intermédiaires. De même, l'accroissement du stock de produits finis permet de faire face à la demande supplémentaire.

b) Conséquences sur les créances

Le développement de l'activité de l'entreprise engendre aussi une augmentation des créances clients qui peuvent s'expliquer d'une part par l'augmentation du chiffre d'affaires, et d'autre part par l'allongement de la durée moyenne du crédit clients (sauf si les clients paient à la commande).

Il est en effet fréquent que l'activité export, par rapport à l'activité domestique, entraîne un allongement de la durée de crédit sauf, si l'entreprise arrive à négocier avec ses clients une technique de paiement qui raccourcisse ce délai.

Les procédures spécifiques au commerce international en matière de règlement ou en matière d'incoterm peuvent entraîner des besoins supplémentaires. Ainsi, si l'entreprise vend en DDP, elle doit très souvent financer les opérations logistiques avant d'encaisser le fruit de la vente.

Des besoins supplémentaires peuvent s'ajouter : besoins de financement d'investissements afin d'augmenter les capacités de production, le recrutement de nouvelles compétences, les frais de développement de nouveaux produits...

3. Incidence du passif circulant sur le BFR

Le passif circulant constitue des ressources qui peuvent venir diminuer le BFR :

– le crédit fournisseurs : les fournisseurs de l'entreprise peuvent accorder des crédits de paiement (accroissement du volume et de la durée du crédit). Selon les pays, cette durée est plus ou moins longue, mais elle coïncide rarement avec celle consentie aux clients ;

– les acomptes versés par les clients étrangers à la commande : cette pratique est peu fréquente, sauf pour les commandes de biens d'équipement. Les acomptes sont de l'ordre de 10 à 30 % maximum du montant du contrat.

4. Les solutions possibles face à l'augmentation du BFR

L'activité internationale entraîne souvent le gonflement du BFR et, en cas d'insuffisance du fonds de roulement, une diminution de la trésorerie nette de l'entreprise. Pour faire face à l'accroissement du BFR, l'entreprise peut : accroître les ressources stables et donc augmenter le fonds de roulement, agir sur les postes du BFR, rechercher des solutions de financement à court terme.

2 Les moyens d'action sur le BFR

L'activité internationale affecte le BFR et la trésorerie. Deux situations peuvent se présenter :

BFR	Fonds de roulement
Trésorerie > 0	

Situation équilibrée : FR > BFR → trésorerie nette positive

BFR	Fonds de roulement
	Trésorerie > 0

Situation déséquilibrée : BFR > FR → trésorerie nette négative

Pour diminuer le BFR, l'entreprise doit essayer de réduire les décalages dans le temps entre les encaissements et décaissements :

– en réduisant les délais de paiement accordés à ses clients ;

– en demandant un allongement des délais de paiement aux fournisseurs ;

– en essayant de diminuer le délai de mise à disposition des fonds (décalage entre le moment où l'acheteur ordonne le paiement à l'échéance prévue et le délai de disponibilité des fonds).

L'entreprise prendra les mesures nécessaires pour gérer ses stocks le plus rigoureusement possible.

3 Les solutions de financement à court terme

Le financement interne est le « fer de lance » de tout développement à l'international. Pour financer ce développement, l'entreprise s'appuiera nécessairement sur des fonds propres sans lesquels les banques risquent de refuser toute intervention.

1. Les acomptes clients (ou avances sur commandes)

L'entreprise peut réduire son besoin de trésorerie en demandant des acomptes à ses clients. Dans ce cas, les clients préfinancent en partie la fabrication des produits commandés.

2. La mobilisation de créances

Ce procédé permet à l'entreprise d'obtenir de la trésorerie en échange de ses créances. Toute créance commerciale peut être mobilisée sous réserve de l'acceptation de la banque. En cas de défaillance du débiteur, la banque reprend le montant correspondant sur le compte bancaire de l'exportateur. Cette technique ne couvre donc pas le risque de non-paiement.

Les banques prennent des garanties en exigeant certains documents : facture commerciale, titre de transport pour prouver l'exportation effective, effet de commerce...

EXEMPLE

Le 1er mars, l'entreprise Soltec a une créance à échéance du 30 avril d'un nominal de 13 500 EUR. Elle s'adresse à sa banque pour escompter la traite. Celle-ci lui communique les informations suivantes : taux d'escompte de 5,5 %, commission forfaitaire de 35 EUR.

L'escompte commercial est l'intérêt calculé au taux indiqué par la banque, sur la valeur nominale, pour la durée en jours qui sépare la date de l'escompte de la date d'échéance.

Calcul de l'escompte :

13 500 × 5,5 % × 60/360 = 123,75 EUR.

Total des agios : 123,75 + 35 = 158,75 EUR.

Montant net perçu par l'entreprise : 13 341,25 EUR.

3. L'avance en devises à l'export (ADE)

L'entreprise contracte un emprunt auprès d'une banque pour le montant de la facture dans la devise de facturation. Elle reconstitue sa trésorerie en vendant les devises sur le marché au comptant sans attendre le règlement des factures à l'exportation. L'entreprise remboursera l'emprunt à l'échéance avec le montant de la créance client au moment du règlement du client. L'avance en devises présente l'avantage d'être également une technique de couverture du risque de change.

EXEMPLE

L'entreprise Lamarre détient une créance de 22 500 USD sur un client coréen à échéance du 15 mai. Elle s'adresse à sa banque le 15 février afin d'obtenir une avance en devises à l'export. La banque lui communique les informations suivantes : taux d'intérêt sur l'USD : 4,25 %, cours au comptant 1 EUR = 1,4250 USD, commission de change : 0,20 %.

• **Cas des intérêts postcomptés** : à l'échéance, l'entreprise rembourse l'emprunt majoré des intérêts en devises.

Calcul du montant net reçu par l'entreprise :

22 500/1,4250 = 15 789 – commission de 0,20 %
= 15 757 EUR.

Montant des intérêts à payer à l'échéance :

22 500 × 4,25 % × 90/360 = 239 USD.

• **Cas des intérêts précomptés** : l'entreprise emprunte un montant en devises tel que la somme à rembourser corresponde au montant de la créance.

Soit M ce montant.

Montant emprunté en USD :

M + M × 4,25 % × 90/360 = 22 500.

Montant emprunté :

1,006 25 M = 22 500 ; M = 22 360 USD.

Calcul du montant reçu par l'entreprise :

22 360/1,425 – commission de 0,20 % = 15 660 EUR.

4. L'avance en devises à l'import (ADI)

L'avance en devises à l'import constitue un prêt consenti par une banque à un importateur afin de lui permettre de régler la facture d'un fournisseur étranger en devises étrangères. L'entreprise importatrice remboursera sa banque à une date définie.

5. L'affacturage (*full factoring*)

L'affacturage consiste à transférer les créances commerciales d'une entreprise à un factor, à charge pour lui d'en opérer le recouvrement et d'en garantir la bonne fin, même en cas de défaillance du débiteur.

Cette technique propose trois services :

- le financement : sans attendre l'échéance des créances, l'entreprise peut percevoir en fonction de ses besoins, tout ou partie du montant des factures transférées ;
- la prévention du risque d'impayés ;
- la gestion des comptes-clients : le factor se charge de tous les aspects de cette gestion (tenue des comptes, recouvrement amiable, contentieux des factures).

Il peut également couvrir le risque de change selon les accords passés entre le factor et l'entreprise. Le coût de l'affacturage varie selon les prestations demandées.

6. Le crédit global d'exploitation

La multiplicité des modes de financement de l'exploitation courante de l'entreprise a conduit à la mise en place d'un crédit unique de substitution, le crédit global d'exploitation. Il s'agit d'une convention passée entre l'entreprise et sa banque, par laquelle la banque fournit à l'entreprise le financement nécessaire à son activité, sous forme d'autorisation annuelle de découvert à un taux négocié. Ce crédit se substitue à toutes les formes de crédit à court terme classiques (découvert, mobilisation de créances, avance en devises...). La formule présente l'avantage de la simplicité et de la souplesse.

7. La recherche des meilleures solutions de financement

Il s'agit de faire un choix entre les différentes solutions de financement possibles. Plusieurs critères sont à prendre en compte :

- le montant et la nature du besoin de financement (besoin passager ou plus long, régulier) ;
- le coût du financement (le taux d'intérêt, les commissions) ;
- les facilités de gestion (certaines solutions sont plus ou moins complexes à mettre en place) ;
- la couverture du risque (risque de non-paiement).

29 LA FONCTION ACHAT

Par leur impact sur le coût de revient des produits et leur contribution à la qualité du produit final vendu, les achats conditionnent la compétitivité d'une entreprise.

1 Les enjeux

1. La compétitivité par les coûts

a) La compétitivité par les coûts d'achat

Dans un contexte concurrentiel où il est difficile d'augmenter les prix et de répercuter des hausses de coût sans dégrader sa compétitivité, la maîtrise des coûts d'achat apparaît comme un levier de compétitivité. En effet, les achats représentent en moyenne 40 à 70 % du chiffre d'affaires des entreprises industrielles et 80 à 90 % pour celui des entreprises commerciales.

L'internationalisation des achats permet à une entreprise d'acquérir des produits à moindre coût. Cependant, le coût complet d'un achat à l'international doit également prendre en compte les coûts de transport, de manutention, les droits de douane éventuels.

b) La compétitivité par les coûts de fonctionnement

En élargissant les sources d'approvisionnement, une politique d'achat à l'international peut ouvrir à de nouvelles perspectives et permettre, en particulier, d'accéder à des produits plus économiques en fonctionnement (produits plus légers, plus simples à entretenir, moins consommateurs en énergie...).

2. La compétitivité par la qualité

L'avantage concurrentiel apporté par les achats ne se situe pas uniquement au niveau du prix mais porte aussi sur le choix et la qualité des matières utilisées pour la fabrication du produit.

En ce sens, la fonction achat participe à la démarche qualité de l'entreprise.

En ouvrant et en multipliant ses sources d'approvisionnement à l'international, une entreprise peut également disposer de sources d'innovation et de différenciation.

2 Typologie des achats

1. Les différents types d'achat

La fonction achat intègre l'approvisionnement de l'entreprise en matières premières, en biens d'équipement, en biens intermédiaires (entreprise industrielle) ou en produits finis qu'elle revendra en l'état (entreprise de négoce).

Les achats peuvent également concerner des services, tels que le recours à des prestations externes, par exemple.

Les achats sont qualifiés de stratégiques quand ils concernent des biens à fort enjeu économique et sur lesquels repose la compétitivité de l'entreprise (ex. : l'acquisition de microprocesseurs destinés à la fabrication de biens électroniques).

2. La nécessaire segmentation des achats

Au regard des enjeux que recouvre la fonction achat, face à la multitude et la variété des biens acquis dans une entreprise, il est nécessaire de distinguer et de catégoriser les achats. Ainsi, la segmentation des achats va permettre de classer les produits en familles d'achat homogènes à partir de critères pertinents (selon leur degré stratégique, la part qu'ils représentent dans le budget achats, les différents métiers ou secteurs de l'entreprise à qui ils sont destinés, leur origine géographique...).

À chaque segment correspond alors un marché fournisseur spécifique pour lequel il est possible de formuler une stratégie d'achat particulière.

3 Les missions de la fonction achat

La fonction achat a pour mission d'acquérir au meilleur prix les produits qui répondent aux besoins des utilisateurs, en respectant les quantités et les délais attendus. Pour répondre à cet objectif, la fonction achat gère trois missions essentielles.

1. Le marketing achat

Il correspond à l'ensemble des actions qui cherchent à caractériser et à analyser les besoins d'approvisionnement de l'entreprise pour rechercher des fournisseurs (*sourcing*).

L'entreprise consulte alors les fournisseurs potentiels pour leur proposer un cahier des charges et leur présenter une demande d'offre afin de sélectionner le prestataire qui répond au mieux aux attentes de l'entreprise.

Le fournisseur sélectionné est évalué au regard de la conformité et de la qualité des réponses de la prestation au cahier des charges.

Quand cette démarche fait l'objet d'une certification ISO 9001, l'entreprise associe logiquement ses fournisseurs à la démarche qualité.

2. La négociation achat et la gestion de la relation fournisseur (*supplier relationship management*)

Au-delà de l'objectif prix, de la recherche de produits et de prestations de qualité, et au regard des exigences liées à une démarche qualité, la négociation achat à l'international tend de plus en plus à placer les fournisseurs comme de véritables partenaires de l'entreprise. Cette logique partenariale est prépondérante pour fidéliser, en particulier, les fournisseurs de biens correspondant à des achats stratégiques.

3. L'approvisionnement

Il intègre l'ensemble des tâches organisationnelles et logistiques permettant à l'entreprise de disposer des produits attendus dans les meilleurs délais. L'approvisionnement recouvre en particulier la gestion de la commande et de l'acheminement ainsi que la gestion des stocks.

30 LA PROSPECTION DES FOURNISSEURS ÉTRANGERS

À partir de l'expression précise de ses besoins, l'entreprise exploite différents modes et supports de recherche pour prospecter des fournisseurs potentiels.

1 Préparer et organiser la prospection

1. La formalisation des besoins : le cahier des charges

a) Ses fonctions

Ce document contractuel est l'expression des besoins de l'entreprise et des exigences que devront satisfaire les fournisseurs.

Il formalise et détaille :
- les caractéristiques techniques et fonctionnelles du produit (composition, dimensions, poids, niveau de performance et de qualité attendue, normes à respecter...) ;
- les exigences commerciales (prix, garantie, modalités de paiement, maintenance, service après-vente) ;
- les conditions logistiques.

b) Sa forme

Le cahier des charges peut être présenté selon deux approches :
- le cahier des charges technique : document qui impose des caractéristiques et des spécifications détaillées et précises ;
- le cahier des charges fonctionnel : il décrit les fonctionnalités attendues en laissant le choix de la solution à adopter.

2. La localisation des zones d'approvisionnement

L'identification des zones d'approvisionnement peut permettre de réduire les délais et les coûts de recherche de fournisseurs potentiels. Certains pays sont en effet des sources d'approvisionnement privilégiées.

2 Recherche des fournisseurs potentiels

1. Les sources d'information traditionnelles

Après avoir consulté ses propres fichiers fournisseurs, l'entreprise peut exploiter différentes sources :
- les annuaires professionnels ;
- la presse professionnelle et économique ;
- les foires et salons professionnels internationaux ;
- les chambres de commerce et d'industrie (CCI), des CCI françaises à l'étranger, les consulats, les organisations professionnelles... ;
- les représentations en France des pays fournisseurs.

2. Le sourcage en ligne (*e-sourcing*)

Internet, et en particulier l'exploitation des moteurs de recherche réduisent les délais et les coûts de recherche. À côté de l'exploitation des portails (développés par les organisations professionnelles, et les organisateurs de salons internationaux), cette recherche s'appuie sur l'exploitation des très nombreuses bases de données en ligne :

www.Kompass.fr	Recense 1,5 millions de sociétés, 23 millions de produits sur 70 pays.
www.europages.com	Recense 500 000 fournisseurs européens.
www.thomasnet.com	Recense 700 000 fournisseurs sur 28 pays.
www.Alibaba.com	Concerne surtout l'offre asiatique.
www.activexport.com/annuaires%20intezrnationaux.htm	Recense des centaines d'annuaires professionnels sur un grand nombre de pays.
www.purchasing.com	Portail américain. La rubrique Find suppliers permet d'accéder à de multiples annuaires sectoriels.

3 Solliciter l'offre de fournisseurs potentiels

1. L'appel d'offres international

À partir de son cahier des charges, l'entreprise peut directement solliciter des fournisseurs potentiels en publiant sa demande dans la presse internationale, sur un site portail spécialisé, ou sur son propre site Internet. Un appel d'offres est une procédure publique, c'est-à-dire ouverte à l'ensemble des fournisseurs. Si la demande s'adresse exclusivement à certains fournisseurs sélectionnés, on parlera de demande d'offre.

2. Les enchères inversées

L'acheteur précise les conditions de sa demande et son cahier des charges sur son site ou sur une place de marché. L'entreprise sélectionne «le moins disant» (prix d'offre le moins élevé) parmi les fournisseurs ayant participé.

3. Les places de marchés

a) Leurs fonctions

Ce sont des espaces virtuels de commerce en B to B qui permettent d'accueillir et mettre en relation des fournisseurs et des clients, d'héberger des appels d'offres et des procédures d'enchères inversées. Ces places de marché servent d'espaces de négociation et peuvent également permettre l'automatisation en ligne des procédures d'achats et d'approvisionnement (on parle alors de *e-procurement*). L'*e-procurement* est un système d'information achats qui place donc en réseau l'entreprise et ses fournisseurs.

b) Leurs formes

- Les places de marché sectorielles (ou verticales) : spécialisées sur un secteur précis, elles permettent de localiser avec rapidité des fournisseurs potentiels (ex. : www.frozenb2b.com pour le secteur du surgelé, www.texapro.com pour le textile...).
- Les places de marché publiques (ou horizontales) : elles sont ouvertes à un grand nombre d'acheteurs et de vendeurs de tous secteurs d'activité (ex. : www.sourcingparts.com, www.freemarkets.com qui regroupe 21 000 fournisseurs dans 70 pays).
- Les places de marché privées : mises en place par une ou plusieurs entreprises à reliées de leurs fournisseurs.

31 LA SÉLECTION DES FOURNISSEURS

La démarche de prospection a permis de collecter un ensemble d'offres potentielles proposées par différents fournisseurs. Il convient alors d'évaluer ces offres en les plaçant en perspective avec les différents critères énoncés dans le cahier des charges.

1 De la prospection à la procédure d'achat

1. Organisation générale de la démarche

L'automatisation en ligne de la démarche de prospection (*e-sourcing*) et au-delà de l'ensemble de la procédure d'achat (*e-procurement*) permet de réduire les délais et les coûts de fonctionnement de la fonction achat.

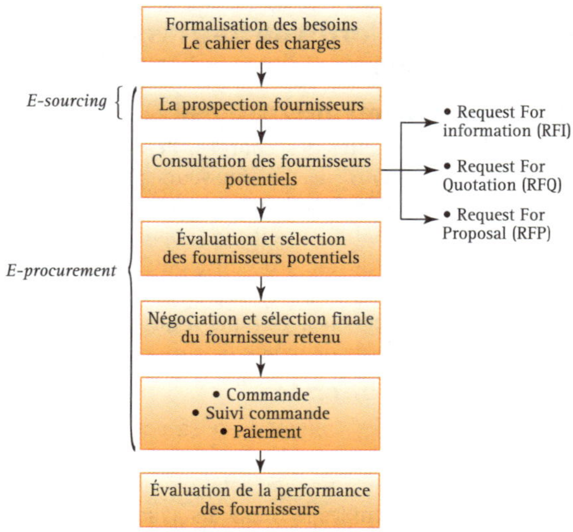

2. La consultation

Pour préparer l'évaluation des offres, il est souvent nécessaire de consulter les fournisseurs potentiels détectés lors de la phase de prospection. Cette procédure de consultation, appelée « procédure RFx », correspond à une démarche qui peut prendre trois formes et qui est mise en place lors d'une procédure de demande d'offres ou pour préparer et finaliser un appel d'offres restreint à quelques fournisseurs identifiés :

- RFI (*Request For Information*) : un dossier de consultation est adressé aux fournisseurs potentiels afin d'obtenir des informations techniques complémentaires. Ce dossier comprend en particulier une présentation de l'entreprise, le contexte du projet d'achat et le cahier des charges à satisfaire.
- RFQ (*Request For Quotation*) : les fournisseurs sont consultés pour une demande de devis.
- RFP (*Request For Proposal*) : les fournisseurs retenus sont invités à présenter une première proposition complète et chiffrée.

2 Les critères d'évaluation d'une offre

Au-delà de l'adéquation du produit aux exigences techniques et fonctionnelles du cahier des charges, les offres proposées sont confrontées et évaluées au regard d'un ensemble de paramètres.

1. Les critères liés au coût de revient de l'offre

a) La prise en compte du coût global d'acquisition

Le prix est l'un des principaux facteurs de sélection d'un fournisseur. Pour permettre une comparaison rigoureuse des différentes offres proposées, il convient de ne pas considérer simplement le prix de facturation mais de calculer le coût global d'acquisition.

En effet, selon l'incoterm qui accompagne l'offre, la prise en charge des différentes opérations et prestations nécessaires à l'acheminement de la marchandise jusqu'à l'entreprise s'ajoute au prix d'achat.

COÛTS DE PROSPECTION ET DE NÉGOCIATION
– coûts liés au sourcing, voyages de prospection, formation du personnel en en langues, à l'interculturel...
+ MONTANT DE L'ACHAT DDU
En fonction de l'incoterm, il convient d'ajouter au prix d'achat négocié avec le fournisseur : – les frais éventuels d'enlèvement des marchandises sortie fournisseur, – les frais de pré-acheminement, – les frais induits par le traitement des formalités douanières export, – les frais de manutention au départ – le transport principal et les frais d'assurance – les frais de manutention à l'arrivée, – la rémunération des prestataires éventuels, – les frais de post-acheminement.
+ TAXATION DOUANIÈRE ET FRAIS DOUANIERS IMPORT
+ COÛTS INDUITS PAR LE PAIEMENT ET FRAIS FINANCIERS
= COÛT GLOBAL D'ACQUISITION

b) La prise en compte des conditions douanières

En fonction de la localisation des sources d'approvisionnement et de la nature de la marchandise importée, il convient de vérifier les conditions et contraintes douanières éventuelles (niveau des droits de douane, régime préférentiel éventuel, contingents...) qui vont en particulier renchérir le coût global d'acquisition.

EXEMPLE

Une entreprise orientera sa recherche et concentrera la sélection de ses fournisseurs potentiels en fonction de l'origine des marchandises pour bénéficier de droits de douane moins élevés ou d'un régime d'échange préférentiel.

c) La prise en compte des conditions de paiement et des frais financiers

Les modes et techniques de paiement peuvent renchérir le coût de transaction et être à l'origine de tâches de traitement supplémentaires (paiement à partir d'une technique documentaire telle que le crédit documentaire, par exemple).

L'acheteur doit être également vigilant sur les délais de paiement imposés par le fournisseur qui peuvent impacter la trésorerie ainsi que sur la devise de facturation qui peut exposer l'entreprise à un risque de change dont la couverture renchérira le coût de revient global d'achat.

2. Les délais de livraison

Au-delà du respect des engagements du fournisseur, l'évaluation du délai de livraison est menée à partir de l'incoterm proposé dans les conditions de vente. Une fois que le vendeur a rempli les obligations liées à l'incoterm, il appartient à l'acheteur de gérer l'ensemble des tâches qui lui incombent (acheminement, manutention, dédouanement) au lieu dénommé par l'incoterm.

EXEMPLE

Deux fournisseurs répondent à l'appel d'offres d'une entreprise lilloise :
- Offre 1 : CIF Anvers : le délai de livraison s'apprécie au moment de la date d'arrivée des marchandises à Anvers. Pour déterminer le délai de livraison effectif de la marchandise dans l'entrepôt de l'entreprise à Lille, il faut que l'acheteur intègre les délais supplémentaires correspondant à la gestion des tâches de manutention au port d'arrivée à Anvers, de dédouanement et de post-acheminement jusqu'à Lille.
- Offre 2 : DAP entrepôt entreprise Lille : le délai de livraison s'apprécie au moment où la marchandise est remise dans l'entrepôt lillois de l'acheteur.

3. Les caractéristiques organisationnelles du fournisseur

La procédure de sélection prend également en compte le profil du fournisseur et notamment les caractéristiques de son organisation. Ce critère qualitatif est primordial, en particulier quand la démarche d'achat concerne l'acquisition de produits stratégiques pour l'entreprise.
Parmi les critères organisationnels prépondérants, on intégre en particulier :
- les capacités de production du fournisseur ;
- ses procédures qualité (certification ISO, par exemple) ;
- sa capacité à gérer des procédures d'achat automatisées, de la prise de commande au paiement (*e-procurement*) ;
- sa capacité d'innovation (brevets déposés, investissement en recherche & développement...) ;
- sa stabilité et sa solidité financières ;
- la qualité et le degré de réactivité des services après-vente (maintenance, par exemple)...

3 L'évaluation des offres et la sélection

Le cahier des charges a permis de formaliser les exigences techniques, fonctionnelles, commerciales et logistiques du besoin d'achat de l'entreprise. Ce document va servir de support pour construire une grille d'évaluation et faciliter la comparaison des différentes offres des fournisseurs potentiels.
Les critères permettant d'évaluer les offres font l'objet d'une notation puis sont pondérés en fonction de leur importance relative à l'aide d'une grille d'évaluation.

EXEMPLE

Critères	Pondération	Offre 1		Offre 2		Offre 3	
		Note (sur 5)	Note pondérée	Note (sur 5)	Note pondérée	Note (sur 5)	Note pondérée
Conformité technique	25%	4	1	3	0,75	5	1,25
Prix	20%	4	0,8	3	0,6	4	0,6
Délai de livraison	15%	5	0,75	4	0,6	4	0,6
Conditions de paiement	15%	4	0,6	4	0,6	3	0,45
Capacités de production	15%	4	0,6	3	0,45	4	0,6
Garanties	10%	4	0,4	2	0,4	4	0,4
Total	100%		4,15		3,4		3,9

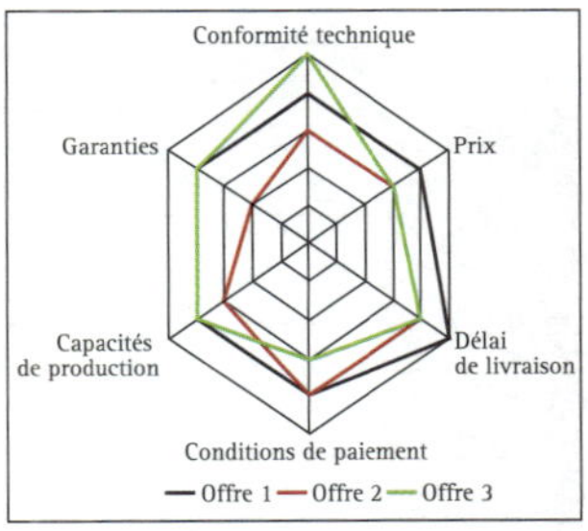

Dans cet exemple, la conformité technique est le critère d'achat le plus important. Même si l'offre 1 apparaît comme étant la plus intéressante, l'entreprise pourra ainsi contacter le fournisseur 3 pour négocier le prix.
Un graphique en radar permet de visualiser un diagnostic forces-faiblesses des différentes offres.
Ainsi, à partir de cette représentation, une entreprise qui place le prix et les délais de livraisons comme critères d'achat prioritaires choisira alors l'offre 1.
Des grilles plus élaborées peuvent évaluer les diverses offres en distinguant les niveaux d'exigence :
- évaluation technique (dimension, poids, composition, niveau de qualité, niveau de performance, ...) ;
- évaluation commerciale et financière (prix, délai de paiement, devise et technique de paiement...) ;
- évaluation des performances organisationnelles (délai de livraison, capacités de production, d'innovation, financières, ...).
Ces trois dimensions et les critères qui les composent sont pondérées et évalués au sein d'une grille d'évaluation globale :

	Évaluation des offres : tableau de synthèse						
	Évaluation technique (E.T)		Évaluation commerciale et financière (E.C.F)		Évaluation organisationnelle (E.O)		
	Note E.T	Pondération	Note E.C.F	Pondération	Note E.O	Pondération	Note globale
Offre 1							
Offre 2							
Offre 3							

32 LE SUIVI DES ACHATS

➔ La mise en place de procédures d'évaluation et une vision stratégique de la relation fournisseur placent l'entreprise dans une démarche d'amélioration continue.

1 L'évaluation de la performance des fournisseurs

1. L'évaluation de la performance liée à l'achat

On distingue tout d'abord les indicateurs exploités pour évaluer les performances du fournisseur tout au long de la relation contractuelle, à savoir ceux qui sont spécifiques au produit et aux prestations qui l'accompagnent. Orientés autour de trois vecteurs de performance (la qualité, le prix et les délais), ces critères permettront de mener une évaluation sous la forme de grilles ou de tableaux de bord :

	Critères	1	2	3	4
Le produit	Conformité technique (au regard du cahier des charges)				
	Taux de rebut et d'avarie (% de pièces ou produits défectueux)				
	Documentation technique				
	...				
Les prestations	Maîtrise prix vente				
	Qualité de la relation commerciale				
	Réactivité du SAV, de la maintenance				
	Efficacité du SAV, de la maintenance				
	Respect des délais de réalisation				
	Respect des délais de livraison				
	...				

Chaque critère bénéficie d'une notation :
1. résultats inacceptables (trop de défaillances)
2. résultats insatisfaisants (des défaillances notables)
3. résultats acceptables (pouvant encore s'améliorer)
4. résultats satisfaisants (conformes aux attentes)

Les acheteurs informent leurs fournisseurs de leur évaluation et mettent en place un plan de progrès. Les fournisseurs dont les résultats ne sont pas conformes aux attentes peuvent faire l'objet d'une suspension s'il n'y a pas un plan d'actions correctives.

2. L'évaluation de la fiabilité du fournisseur

Quand l'entreprise souhaite développer une relation durable avec ses fournisseurs et garantir la pérennité de son approvisionnement, il est également important de surveiller leur situation économique et financière. Cette observation est menée ponctuellement ou de manière continue par la mise en place d'un processus de veille.

2 La gestion de la relation fournisseurs

L'amélioration des performances techniques, économiques et commerciales d'une entreprise dépend en grande partie de la qualité des produits qu'elle achète et du degré de performance de ses fournisseurs. Les procédures de consultation, d'évaluation et au-delà l'ensemble de la gestion de la relation fournisseurs s'inscrivent de plus en plus dans une logique partenariale et intégrative, « gagnant-gagnant » afin de :
- fidéliser les fournisseurs les plus performants ;
- diminuer les coûts et délais de prospection ;
- sécuriser les approvisionnements, les gérer en flux tendus ;
- développer les sources d'innovation et de qualité ;
- mettre en place des processus d'achat automatisés (e-procurement).

3 La gestion des approvisionnements

1. Fonctions

Gérer les approvisionnements consiste à évaluer quantitativement et qualitativement les besoins d'achat de l'entreprise. Pour éviter une situation de surstockage ou de rupture de stock, l'entreprise planifie ses approvisionnements en cherchant à minimiser les coûts de stockage, en particulier les coûts de passation des commandes (gestion des bons de commande, des bons de réception...), les coûts de possession (coûts d'entreposage, de gardiennage, d'assurance,...) et les coûts de pénurie de stocks (ventes perdues ou différées).

2. La gestion des stocks

Différents modèles de gestion des stocks sont utilisés pour planifier les approvisionnements et limiter les coûts, on trouve les modèles d'approvisionnement :
- par périodicité constante tels que la gestion à recomplètement : à date fixe (le 15 de chaque mois, par exemple), on commande une quantité variable d'un produit pour permettre d'amener le stock au niveau égal de consommation de ce produit depuis la dernière commande ;
- par quantités constantes : utilisé pour des consommations irrégulières afin de minimiser le coût global d'approvisionnement en commandant des quantités constantes à des périodes variables ;
- par périodicité et quantités variables tels que la gestion à point de commande : lorsque le niveau de stock nécessaire à la satisfaction de la demande est atteint (point de commande), la commande est lancée.

3. Le budget des approvisionnements

Le budget identifie les entrées et sorties de stocks, volume, valeur, par période.

exercice 1 Les incoterms

La Société d'études, de fabrication et d'applications des moteurs électriques (Sefame) est spécialisée depuis 1919 dans la fabrication de machines électriques telles que des moteurs d'ascenseur. En phase de prospection sur le marché japonais, elle doit établir des offres de prix pour un prospect.

Les éléments relatifs à cette transaction sont les suivants :
- la livraison porte sur 50 moteurs – poids brut de l'expédition : 20 tonnes;
- prix de vente EXW Dunkerque d'un moteur : 5 858 €;
- pré-acheminement usine – port de Dunkerque : 30 € la tonne;
- frêt maritime : Dunkerque – Tokyo : 4 772 €;
- frais de dédouanement export : 25 €;
- frais de mise à bord à Dunkerque : 38 € la tonne.

ENTRAÎNEZ-VOUS

1. **Calculez le prix d'offre FOB Dunkerque relatif à cette livraison.**

2. **Calculez le prix d'offre CFR Tokyo relatif à cette livraison.**

CORRIGÉS p. 311

exercice 2 Le choix d'une solution transport

L'entreprise Lagarde produit et commercialise des autoclaves, grosses « Cocotte-Minute » utilisées dans les secteurs suivants : agro-alimentaire, pharmacie, textile. La société a reçu une commande de 5 autoclaves de l'entreprise Dogs Cats Foods de Colombus (États-Unis), avec pour date limite de livraison le 24 juillet N. Pour répondre à la commande de Dogs Cats Foods, la société Lagarde s'adresse à deux transitaires (DHL et Ziegler France) afin d'obtenir le coût logistique, la fréquence des départs et le *transit-time* pour une expédition en maritime, de Malataverne à Colombus. Les marchandises seront prêtes la semaine 27 (01/07-07/07) pour mise en conteneur à Malataverne.

• Proposition du transporteur Ziegler du 18/06/N – Validité de ces renseignements : 31/07/N

Je fais suite à notre conversation téléphonique de ce jour et vous prie de trouver, ci-après, notre meilleure cotation pour :
- nombre de colis : 5 conteneurs 40 pieds OPEN TOP, destination : COLOMBUS, État d'OHIO;
- incoterm : rendu domicile COLOMBUS non dédouané;
- total frais : 22 235 €;
- fréquence des départs : 1 départ par semaine – Transit time jusqu'à NEW YORK : 11 jours.

• Proposition du transporteur DHL

Concerne : 5 conteneurs 40 pieds OPEN TOP depuis vos entrepôts MALATAVERNE, *VIA* FOS à DAP OHIO 43201 COLOMBUS *VIA* MONTRÉAL;
- depuis MALATAVERNE à rendu navire FOS, fret FOS – NORFOLK, post-acheminement NORFOLK à domicile COLOMBUS non dédouané : total frais 24 325 €;
- service : un départ par semaine – *Transit-time* global : 15 jours jusqu'à COLOMBUS.

NB : il est actuellement possible de procéder au positionnement de deux conteneurs le 1er juillet à 8 h, de deux autres le 2 juillet à 8 h, le cinquième le 3 juillet à 8 h. Départ le 4 juillet.

ENTRAÎNEZ-VOUS

Comparez les deux offres et proposez un choix argumenté.

CORRIGÉS p. 311

exercice 3 La liquidation douanière

La société Lagache importe de Chine des articles d'outillage (bêches et pelles) et vous charge de son dédouanement. Vous disposez des informations suivantes :

– quantités : 2500 pièces ;
– montant : 31,25 USD le lot de 10, prix DAP Arras
– transport :
• transport principal : voie maritime jusqu'au port d'Anvers
• post-acheminement : voie terrestre : 500 EUR
– nomenclature douanière : 8201100000
– taux de change applicable : 1 EUR = 1,25 USD

RECAPITULATIF DES CRITERES SAISIS			
Date	Nomenclatures	Pays	Territoire
04/06/N	8201100000	CN	Continent

▪ Résultat de la recherche

Colonnes Supplementaires

Droits de Douanes	Taux
Droit pays tiers	1.7 %
TVA	**Taux**
TVA normale	19.6 %

ENTRAÎNEZ-VOUS

1. **Calculez le montant de la liquidation douanière en tenant compte d'un dédouanement au lieu de destination finale.**

2. **Déterminez le coût d'achat de cette importation.**

CORRIGÉS p. 311

exercice 4 Les régimes douaniers

1. Pour répondre à la demande d'un client des Émirats arabes unis, la société Bale importe des pièces détachées d'Asie qui entrent dans la fabrication de systèmes de brumisation ensuite expédiés à Dubaï pour l'équipement d'hôtels de luxe.

2. Suite à l'envoi aux EAU, un des appareils s'avère défectueux. Conformément aux conditions prévues dans le contrat de vente, la société Bale se charge de rapatrier l'appareil. Le client ne désire pas son remplacement.

3. Pour sa participation au salon Heat & Vent, qui se tiendra à Moscou, la société Bale a décidé d'expédier du matériel de démonstration. L'acheminement du matériel, qui se fera par camion, empruntera le territoire ukrainien. Ce matériel sera ensuite utilisé pour une mission de prospection en Turquie.

4. La société Dubois, implantée dans la zone industrielle de Lesquin, importe des composants de Chine dont l'acheminement se fait par voie maritime du port de Shenzhen au port de Rotterdam puis par voie terrestre jusqu'à Lesquin. Elle souhaite réaliser le dédouanement à proximité de ses locaux.

5. La société Merlot fait fabriquer en sous-traitance une partie de sa production auprès d'une entreprise située au Maroc. Afin de s'assurer de la qualité de ses produits finis, elle fournit les schémas techniques et les matières premières nécessaires.

6. La société RDT importe du matériel de forage du Canada pour un chantier d'une durée de 6 mois.

7. Afin de bénéficier de prix intéressants, et ses capacités de stockage le lui permettant, la société Dubrulle importe d'Asie des surligneurs en quantité importante. Après les avoir reconditionnés sous blisters par lots de 4, la société les commercialise auprès de la grande distribution en France, en Allemagne, en Belgique et en Suisse. Le délai moyen d'écoulement de ses stocks est de 4 mois.

8. Dans le cadre de sa politique de développement, la société Charlet importe pour les besoins de son activité.

ENTRAÎNEZ-VOUS

Pour chacun des cas présentés, indiquez le régime douanier le plus approprié.

CORRIGÉS p. 311

exercice 5 Le crédit documentaire export

Le 25 avril N, la société Dutry a adressé à un client indonésien une facture *pro forma* relative à une commande de systèmes de drainage.

Extrait de la facture *pro forma* n° 2145/10 :
Paiement par crédit documentaire irrévocable et confirmé, payable par virement SWIFT à 60 jours date d'expédition.
Montant : 55 000 EUR, FOB tout port européen.

Extrait de la notification d'ouverture du crédit documentaire

Issue of a documentary credit From : Bank of Indonesia To : Credit Agricole - Lille		
40A	Form of documentary credit	Irrevocable
31C	Date of issue	N/05/20
31D	Date and place of expiry	N/06/15
50	Applicant	Industrial Society of Indonesia – Jakarta – INDONESIA
59	Beneficiary	DUTRY SA – Lille – FRANCE
32B	Currency code and amount	USD 68 750 max
41A	Available with/by	Bank Credit Agricole – Lille
42P	Deferred payment details	90 days after transport documents date
44	Port of loading Port of discharge	Any European port Port of Singapore
44C	Latest date of shipment	Latest N/06/10
45A	Description of goods	5 systems of drainage per proforma 2145/10 Amount: USD 68 750 – FOB European port
46A	Documents required	Signed commercial invoice quintuplicate manually signed Full set clean on board bills of lading marked "freight prepaid" made out to order of Bank of Indonesia, notify applicant Packing list in triplicate Inspection certificate issued by SGS, Bureau Veritas or equivalent organism, in the exporter's firm or before shipment of the goods on board Certificate of French origin Insurance certificate covering all risks for 110%
48	Period for presentation	Documents be presented within 21 days of B/L date
49	Confirmation instructions	Without
71B	Charges	All bank charges outside of this country for beneficiary's account

ENTRAÎNEZ-VOUS

1. Justifiez le choix pour Dutry d'exiger un crédit documentaire irrévocable et confirmé.

2. À l'aide de la facture *pro forma* et de l'extrait de l'ouverture du crédit documentaire, présentez et justifiez les éléments susceptibles de poser problème à la société Dutry.

CORRIGÉS p. 311

exercices

exercice 6 Les conditions de paiement

La société RCM est spécialisée dans la fabrication de vérins spécifiques, fabriqués à la demande selon les exigences du client. Le montant moyen d'une commande pour l'année N-1 a été de 6 000 EUR.
70 % de son CA est réalisé à l'export, en Europe mais aussi en Asie et en Amérique du Nord.
Pour les clients hors zone euro qu'elle juge « sûrs » (clients situés dans les pays notés A1 par la Coface), elle applique habituellement les conditions de paiement suivantes :
- versement d'un acompte de 25 % à la commande par virement SWIFT ;
- réglement du solde par virement SWIFT à 60 jours date de livraison ;
- monnaie de facturation : l'euro.

ENTRAÎNEZ-VOUS

Présentez les avantages et les inconvénients de ces conditions de paiement pour la société RCM.

CORRIGÉS p. 312

exercice 7 Les politiques de change et de financement

Cette société a vendu du matériel pour 80 000 USD payables à 60 jours date d'expédition par virement. Ne souhaitant pas prendre de risque, le trésorier utilise régulièrement les opérations à terme et dispose des informations suivantes :
Cours EUR / USD : 1,2105 – 1,2218
Commission de change : 1 pour mille

Tableau des reports et déports de l'EUR contre l'USD	
À 1 mois	– 0,0003
À 2 mois	+ 0,0028
À 3 mois	+ 0,0025

La société désire se couvrir contre le risque de change tout en trouvant une solution de financement. Elle envisage deux solutions :
- solution 1 : utiliser la couverture à terme et mobiliser sa créance ;
- solution 2 : utiliser l'avance en devises.

ENTRAÎNEZ-VOUS

1. **Mise en place de la solution 1 : couverture à terme et mobilisation de la créance**

a) **Quel serait le montant perçu par l'exportateur dans 60 jours s'il mettait en place une vente à terme dès l'expédition ?**

b) **Si la société mobilisait cette créance le jour de la mise en place de la couverture, quel serait le montant net perçu par l'entreprise ? Le taux d'intérêt est de 5,8 %.**

2. **Mise en place de la solution 2 : avance en devises**
Retrouvez le montant net perçu par l'entreprise exportatrice lors de la mise en place de cette opération ainsi que le montant des intérêts à payer à échéance. Le taux d'intérêt sur l'USD est de 6,2 %.

CORRIGÉS p. 312

corrigés

exercice 1 page 307

Éléments	Calculs	Montants (€)
Prix EXW Dunkerque	50 × 5 858	292 900,00
Pré-acheminement	30 × 20	600,00
Dédouanement export		25,00
Mise à bord	38 × 20	760,00
FOB Dunkerque		294 285,00
Fret maritime		4 772,00
CFR Tokyo		299 057,00

exercice 2 page 307

Les critères de choix d'une solution transport sont les coûts, les délais et la sécurité.

Critères de choix	Ziegler	DHL
Coût des prestations	22 235 EUR	24 325 EUR
Sécurité des autoclaves	Conteneur	Conteneur
Qualité de la prestation	Conteneur	Conteneur
Délai d'acheminement	11 jours jusqu'à New York	Au total : 15 jours
Fréquence des départs	1 départ par semaine	Chargement : 01-02-03/07 Départ : 04/07

La proposition de DHL dépasse de 2 090 EUR celle de Ziegler. La sécurité des autoclaves est assurée par la qualité de la prestation : dans les deux cas, les autoclaves sont conteneurisés. Délai d'acheminement : 11 jours jusqu'à New York pour Ziegler (les autoclaves doivent être ensuite ré-acheminés à Colombus) contre 15 jours au total pour DHL, qui fournit des informations très précises : les dates de chargement et de départ (les autoclaves arriveraient ainsi à destination vers le 20 juillet), ce qui permettrait de respecter la date limite de livraison demandée par l'acheteur. Ce dernier critère est déterminant pour le client. Sachant que Lagarde a besoin de six mois pour préparer la commande (fabrication prête le 1er juillet), les deux transitaires respectent les délais imposés. Cependant, la proposition de DHL est plus précise et permet des positionnements étalés.

exercice 3 page 308

Montant total de la facture en EUR, incoterm DAP :
2 500 / 10 × 31,25 / 1,25 = 6 250 EUR
Valeur en douane :
6 250 – 500 = 5 750 EUR

Droits de douane à acquitter :
5 750 × 1,7 / 100 = 98 EUR
Assiette de TVA :
6 250 (ou 5 750 + 500) + 98 = 6 348 EUR
Montant de la TVA : 6 348 × 19,60 / 100 = 1 244 EUR
Montant de la liquidation douanière :
98 + 1 244 = 1 342 EUR

exercice 4 page 308

1. Régime du perfectionnement actif – **2.** Régime des retours – **3.** Régime du carnet ATA – **4.** Régime du transit communautaire externe ou T1 – **5.** Régime du perfectionnement passif – **6.** Régime de l'admission temporaire – **7.** Régime de l'entrepôt – **8.** Régime de l'importation définitive : mise en libre pratique et mise à la consommation

exercice 5 page 309

1. Le choix de Dutry pour un crédit documentaire irrévocable et confirmé se justifie par le montant élevé de la créance. En effet, le crédit documentaire irrévocable permet de couvrir l'exportateur contre le risque commercial, par l'engagement de la banque émettrice, et contre le risque politique et de non-transfert si celui-ci est confirmé, grâce à l'engagement d'une seconde banque, la banque notificatrice située dans le pays du vendeur. Cette technique offre ainsi une garantie maximale à la société Dutry contre le risque de non-paiement.

2. Éléments susceptibles de poser problème à la société Dutry

Éléments	Éléments identifiés	Analyse/conséquences pour Dutry
Nature du crédit	Le crédoc est uniquement irrévocable dans la notification, contrairement à la *pro forma*.	Perte de la couverture contre le risque politique et de non-transfert.
Dates	Date limite d'expédition : 10/06 + Date limite de présentation des documents : 10 + 21 = 1er juillet. Or, la notification indique une date de validité fixée au 15/06.	Dutry peut avoir des difficultés à respecter les délais si elle accepte ces conditions. S'agissant d'une date limite, elle devrait anticiper l'envoi.
Devise	*Pro forma* : EUR Notification : USD	Dutry encourt un risque de change si elle accepte les conditions de l'ouverture.

GESTION DES OPÉRATIONS D'IMPORT-EXPORT

Bill of lading	Il est prévu dans la notification du crédoc que la mention « fret payé » soit indiquée dans le BL. Or, l'incoterm retenu est le FOB.	Dutry ne gère et ne paie pas, dans le cadre d'un incoterm FOB, le fret. Elle ne peut donc obtenir cette mention de la compagne maritime.
Certificat d'assurance	Le certificat d'assurance est demandé dans la notification.	Dutry ne s'occupe pas des formalités d'assurance avec un incoterm FOB. Elle ne peut donc collecter ce document.
Délai de paiement	*Pro forma* : 60 j date d'expédition Notification : 90 j date d'expédition	L'allongement du délai pour encaisser la créance peut entraîner des difficultés de trésorerie.

exercice 6 page 310

Conditions	Avantages	Limites
Facturation en EUR	– Pas de risque de change. – Connaissance du montant encaissé dès la conclusion du contrat.	Transfert du risque de change sur le client, attitude pouvant être perçue comme peu commerciale par le client.
Versement acompte 25 %	– Engage le client dans le contrat. – Procure les ressources nécessaires à la fabrication (source de financement).	Peut être difficile à faire accepter par le client.
Règlement du solde à 60 jours date de livraison	Atout commercial	– Risque de non-paiement sur le solde – Le délai accordé (60 j) peut poser des difficultés de trésorerie.
Virement SWIFT	Le virement est un instrument rapide, d'utilisation facile et peu coûteux. Le réseau SWIFT sécurise le transfert et est utilisé par de nombreuses banques.	L'initiative du règlement dépend de la bonne volonté du client.

exercice 7 page 310

1. a) Cours à terme :
1,2218 + 0,0028 = 1,2246
Montant net perçu :
80000 / 1,2246 = 65327 EUR
– Commission (65327 × 1/1000 soit 65,33)
= **65262 EUR**

1. b) 65262 – (65262 × 5,8/100 × 60/360)
= **64631 EUR**

2. Montant net perçu lors de la mise en place :
80000/1,2218 = 65477 EUR – Commission (65477 × 1/1000 soit 65,48) = **65412 EUR**
Montant des intérêts à payer à l'échéance :
80000 × 6,2/100 × 60/360 = 827 USD

PRÉSENTATION DES ÉPREUVES PONCTUELLES E61 ET E62

Comment se présente l'épreuve E61 « Montage des opérations import-export » ?

L'épreuve de montage des opérations import-export valide les compétences acquises par le candidat lors de l'enseignement de gestion des opérations import-export.

1 Les finalités et les objectifs de l'épreuve

Cette épreuve vise à évaluer les compétences du candidat à :
- analyser des situations commerciales réelles ;
- choisir les méthodes et techniques pertinentes et les mettre en œuvre ;
- rechercher et proposer des solutions réalistes permettant de résoudre efficacement les problèmes posés ;
- justifier les décisions en mobilisant les savoirs associés.

2 Le contenu de l'épreuve

Cette épreuve est affectée d'un coefficient 2.

a) La forme du sujet

L'épreuve se présente sous la forme d'une étude de cas prenant appui sur une ou deux situations d'entreprise réelles. Elle comprend obligatoirement deux parties : la première correspond à un volet « vente à l'export » et la seconde à un volet « achat à l'import ». Avec les annexes, l'étude comprend une quinzaine de pages environ.

Le sujet comprend une présentation générale de l'entreprise. Chaque partie est ensuite subdivisée en sous-parties et, pour chacune d'entre elles, le contexte de travail et les annexes correspondantes sont précisés.

Les documents fournis en annexe, de natures variées (facture, facture *pro forma*, notification d'ouverture d'un crédit documentaire, document de transport...), ont pour objet de fournir au candidat les informations nécessaires à la résolution du cas. Ils ne sont pas destinés à être complétés. Certains d'entre eux peuvent être en langue anglaise.

b) Les connaissances et savoirs mobilisés

Le champ de l'étude de cas couvre uniquement les connaissances dispensées en cours de GOIE. Les questions à traiter peuvent concerner des opérations réalisées avec des pays tiers ou des opérations réalisées dans un cadre intracommunautaire.

Le sujet comprend aussi bien des questions d'ordre quantitatif que des questions d'ordre qualitatif, pour lesquelles il peut être demandé de proposer une solution et de la justifier, de procéder à des comparaisons...

3 Les modalités et les critères d'évaluation

Cette épreuve se passe toujours sous forme ponctuelle. C'est une épreuve écrite d'une durée de 4 heures qui se voit appliquer un coefficient 4.

Les critères d'évaluation repose sur :
- la compréhension du contexte professionnel ;
- la maîtrise des connaissances et savoir-faire mobilisés ;
- la prise en compte des objectifs et le respect des contraintes ;
- la rigueur d'analyse et de synthèse ;
- la pertinence des méthodes et outils utilisés ;
- le réalisme, la cohérence et la pertinence des solutions proposées ;
- la clarté des explications et de l'argumentation.

Réussir l'épreuve

1 Quelques conseils pour se préparer à l'épreuve

Une bonne préparation à l'épreuve consiste non seulement à maîtriser les connaissances, mais aussi à savoir les mettre en pratique en s'exerçant sur des cas aux contextes et problématiques différents. Il convient également, lors de ces entraînements, de se fixer un temps imparti. En effet, la gestion du temps est un des points importants à maîtriser pour cette épreuve. Il est donc nécessaire de se mettre le plus possible dans les conditions de l'examen, par la réalisation de cas en 4 heures sans interruption.

2 Le jour de l'épreuve

a) La lecture du sujet

Dans un premier temps, il est important que le candidat prenne connaissance de l'ensemble du sujet, annexes comprises, afin d'apprécier la difficulté et le temps nécessaire pour traiter les questions posées. La gestion du temps est en effet une contrainte à ne pas négliger, sous peine de ne pas réussir à répondre à l'ensemble des questions et de manquer ainsi l'obtention de points importants sur des parties où le candidat aurait eu plus de facilité.

b) La rédaction

Le candidat rédige dans un style clair, évite de longues phrases et emploie une terminologie adap dispensable pour la réalisation des calculs et il aide le candidat à structurer ses idées.

c) La présentation de la copie

Afin d'en faciliter la relecture, mais aussi de démontrer ses qualités d'organisation, le candidat doit s'efforcer de présenter sa copie de façon aérée, soignée et structurée.
L'indication de la partie avec son titre ainsi que les sous-parties et les numéros de questions apparaissent clairement grâce à l'utilisation de couleurs différentes, de soulignements, etc., surtout si le candidat ne suit pas l'ordre du sujet dans le traitement des questions. La même structure graphique est conservée pour l'ensemble de la copie. Il est inutile de réaliser une introduction et une conclusion. La copie commence par le premier dossier traité par le candidat.

d) Le traitement des questions

La pertinence de la réponse à la question posée est un des critères d'évaluation de l'épreuve.

EXEMPLE

Extrait sujet : « Dans le cadre de cette demande, indiquez les avantages et les inconvénients du choix de cette modalité de paiement pour RDM Sparcraft. » Il est inutile ici de traiter les avantages et les inconvénients pour l'autre partie.

Les réponses attendues ne consistent pas uniquement en une mobilisation de connaissances théoriques, elles doivent être également adaptées à la situation présentée. Celle-ci apporte, en effet, avec les annexes, des éléments qui aident à la résolution du problème posé.

EXEMPLE

Extrait sujet : « Présentez les avantages et les inconvénients de l'incoterm retenu (EXW) sur la facture n° 26366. ». Il est fait état, dans la présentation de l'entreprise, que celle-ci exporte 80 % de sa production et qu'elle dispose d'un service Transport suite au développement des flux à l'import et à l'export. Cette information est à prendre en compte dans le traitement de la question.

e) L'utilisation de tableaux

Elle est vivement recommandée et doit faire apparaître les détails des calculs réalisés.

EXEMPLE **Type de présentation sous forme de tableau (question à caractère qualitatif)**

Comparez les conditions offertes par chacun des deux fournisseurs.

Critères	Fournisseur 1	Fournisseur 2	Analyse
Coût d'achat	9,89 € le kg	8,75 € le kg	Le prix du fournisseur indien est inférieur de 12 % au prix du fournisseur français.
Gestion des achats – Gestion des commandes	Achat réalisé dans l'UE avec paiement en EUR	Achat pays tiers avec paiement en USD	L'achat auprès du fournisseur indien entraîne pour le client français de nouvelles contraintes : le dédouanement des marchandises et la gestion du change.

Comment se présente l'épreuve E62 « Conduite des opérations d'import-export » ?

1 Les finalités et les objectifs de l'épreuve

Cette épreuve permet d'évaluer les compétences opérationnelles acquises par le candidat dans le cadre de l'unité de formation UF62 « Gestion documentaire des activités d'import-export et suivis des activités supports ».

2 Les modalités d'évaluation

a) Le contrôle en cours de formation

Cette épreuve et affectée d'un coefficient 2

• Le dossier professionnel

L'évaluation prend appui sur le dossier professionnel : « Conduite des opérations d'import-export », qui récapitule les activités professionnelles réelles ou simulées (situations d'évaluation) auxquelles le candidat a été confronté. Celles-ci doivent concerner les domaines suivants :
- assurer la gestion documentaire des opérations ;
- assurer le suivi des activités supports.

Cette épreuve porte sur les activités réalisées en centre de formation et au cours du stage (seconde période de stage) dont la durée est au minimum de 4 semaines. Ce stage s'effectue en France ou à l'étranger, obligatoirement dans une entreprise réalisant des opérations de commerce international. Le candidat présente dans le dossier les activités qu'il juge significatives des compétences et attitudes professionnelles qu'il a acquises. Il doit en présenter un nombre suffisant pour couvrir les compétences et attitudes requises.

Le dossier est constitué :
- de la fiche de présentation de chaque activité professionnelle que le candidat a choisi de présenter ;
- des dossiers et documents réalisés au cours de ces activités ;
- des grilles d'appréciation que les formateurs ou professionnels auront remplies à la fin de chaque situation d'évaluation (*cf.* ci-dessous).

• Les compétences professionnelles

En réalisant ses activités professionnelles, le candidat doit acquérir les compétences suivantes :
- envoyer la demande d'offre aux fournisseurs sélectionnés ;
- préparer et organiser la négociation avec un fournisseur étranger ;
- évaluer les offres et les fournisseurs ;
- coordonner l'administration des ventes et des achats ;
- réaliser le suivi de la chaîne documentaire (import et export) ;
- définir et appliquer des solutions alternatives et adaptées afin de surmonter les difficultés rencontrées ;
- réaliser le contrôle qualité.

• Les attitudes professionnelles

En réalisant ses activités professionnelles, le candidat doit se conformer aux attitudes suivantes :
- adopter une attitude loyale et savoir préserver les intérêts de son entreprise ;
- s'assurer du bon déroulement des opérations en mettant en œuvre les procédures appropriées, éviter les problèmes et les conflits ;
- allouer de manière optimale le temps et les ressources ;
- établir des relations stables avec des partenaires pertinents.

• La grille d'appréciation

Au cours de la formation, les formateurs et les professionnels concernés remplissent une grille d'appréciation à la fin de chaque activité réalisée par le candidat, selon le modèle suivant :

Appréciation des compétences et attitudes associées à l'activité professionnelle par le ou les formateurs et/ou le ou les professionnels				
Compétences et attitudes professionnelles :	1	2	3	4
Envoyer la demande d'offre aux fournisseurs sélectionnés				
Etc.				

Les notes vont de 1 à 4 :
- 1 : le candidat n'a pas développé la compétence/attitude professionnelle ou présente des lacunes graves dans le développement de la compétence/attitude professionnelle ;
- 2 : le candidat présente des lacunes dans le développement de la compétence/attitude professionnelle nécessitant un approfondissement ;
- 3 : le candidat a atteint un niveau de maîtrise satisfaisant de la compétence/attitude professionnelle ;
- 4 : le candidat a atteint un niveau élevé dans le développement de la compétence/attitude professionnelle.

• La commission d'évaluation

La commission d'évaluation est composée de professeurs ayant eu l'étudiant en unité de formation et, le cas échéant, de professionnels. À la lecture des différentes grilles d'appréciations, elle évalue le degré de maîtrise des compétences et attitudes professionnelles en s'aidant de la grille d'évaluation ci-dessous et attribue une note sur 20.

Critères d'évaluation des candidats	- -	-	+	++
Pertinence de l'analyse du processus logistique et des solutions retenues				
Qualité de l'analyse de l'efficacité de la prestation des prestataires de service				
Qualité de l'analyse des solutions logistiques retenues par l'entreprise				
Pertinence de l'analyse du rôle de chaque document dans le processus d'import-export				
Pertinence de l'analyse des incidents potentiels et de solutions proposées				
Qualité de la communication avec les intermédiaires				

b) La forme ponctuelle

L'épreuve E62 est une épreuve orale d'une durée totale de 30 minutes, de coefficient 2, qui prend appui sur la deuxième période de stage.

• Le dossier support de l'épreuve

Le candidat doit produire un dossier (de 5 pages maximum) présentant son activité et les diverses missions qu'il a réalisées en entreprise au titre de sa formation ou de son expérience professionnelle, durant son stage. Ce dossier est structuré en deux grandes parties :
- un descriptif de l'entreprise dans son contexte géographique, organisationnel et commercial (3 pages au maximum) ;
- un descriptif des activités menées durant le stage d'import-export dans leurs dimensions administrative, organisationnelle et relationnelle. Ce dossier est fourni au jury avant les épreuves.

• La présentation par le candidat de son activité en entreprise

Le candidat présente, pendant 10 minutes maximum, son expérience en entreprise. Il doit s'attacher à mettre en évidence :
- le contexte professionnel des activités menées (entreprise, secteur d'activité) ;
- les procédures de qualité et d'éthique mises en place par l'entreprise ;
- les opérations d'import-export les plus significatives auxquelles il a été associé.

Le candidat devra faire ressortir la méthodologie utilisée par l'entreprise pour organiser ses opérations internationales, analyser les choix retenus et, le cas échéant, faire des préconisations pour améliorer le processus. Le candidat peut utiliser les supports de son choix en appui de sa présentation et il procède à une autoévaluation de son activité.

• L'entretien avec le jury

La seconde partie de l'épreuve est un entretien général avec le candidat sur son expérience en entreprise. Le jury est amené à faire préciser les méthodes, les techniques et les connaissances, afin d'apprécier la maîtrise du candidat.

FRANÇAIS

Pour s'entraîner à l'épreuve :

Les sujets d'examen de l'épreuve E1
et leurs corrigés sur le site Internet
www.nathan.fr/reflexe

1 LA MAÎTRISE DES THÈMES AU PROGRAMME

➔ On ne peut réussir si l'on n'approfondit pas les thèmes au programme : c'est sur l'un d'eux que porteront les épreuves d'examen.

1 L'exploration du thème

1. L'approfondissement de la problématique générale

La problématique générale de chaque thème au programme est précisée par le texte officiel. Elle délimite le champ de la réflexion, il convient donc de l'étudier soigneusement.

Cette problématique générale suggère des questions nouvelles, auxquelles il n'est pas possible de répondre par un simple oui ou non, tant des arguments contradictoires se présentent à la réflexion. Le texte officiel pose ces questions, donne des pistes de réflexion et invite à explorer les réponses possibles.

EXEMPLE

Thème *Faire voir.* Quoi ? Comment ? Pour quoi ?
Problématique générale : La question du spectacle et du spectaculaire s'impose à qui réfléchit sur notre société contemporaine.
Questions partielles : Qui fait voir ? Comment ? Quoi ? Pour quoi ? De nombreux thèmes de réflexion se présentent à l'esprit pour répondre à ces questions. Ils portent sur la place de l'image dans notre société, sur son objet, son rôle, son pouvoir, ses avantages, les risques qu'elle comporte, etc.

L'exploration de ces questions doit être conduite tout au long de l'année pour préparer l'examen puisque c'est sur un de ces aspects que portera la synthèse.

2. La recherche des aspects du thème et de leurs problématiques

Après avoir décomposé le thème en différents aspects, on formule à leur propos de nouvelles problématiques dont on dresse la liste. On note pour chacune de ces problématiques les références des documents et leurs idées clés de manière à pouvoir mémoriser les thèses en présence. Ce travail permet de compléter la vision globale du thème et prépare à affronter la problématique proposée à l'examen.

EXEMPLE

Thème *Faire voir.* Aspect : Qui fait voir ?
Une des réponses possibles est la publicité. Elle donne à voir de multiples images. De nouvelles questions se posent à propos de ces dernières : que veut faire voir la publicité ? Quelles valeurs impose l'image publicitaire ? Peut-on vivre dans une société sans publicité ? Son rôle économique la rend-elle incontournable ? etc.

3. Les recherches personnelles

Les recherches personnelles accompagnent et complètent le cours. Les exposés, les débats, la lecture de documents divers, les émissions de télévision ou les films sont l'occasion d'acquérir des connaissances nouvelles.

Il s'agit à chaque fois de faire le lien entre le document étudié et la problématique d'ensemble ou une problématique partielle, de manière à constituer une véritable banque de données susceptibles d'être utilisées le jour de l'examen.

EXEMPLE

Ainsi à propos du thème *Faire voir*, un exposé à partir de certains mots clés du thème (proposés par le texte officiel) peut amener à se documenter sur les *reality show*, le photo-journalisme, l'image publicitaire, l'information, la starisation, etc.

Chacune de ces recherches donne lieu à une fiche où sont consignés les idées, les thèses en présence et les exemples intéressants.

2 La mise au net des connaissances

1. Les grandes idées du thème

Elles sont étudiées en cours mais leur approfondissement donne lieu à des recherches personnelles. C'est pourquoi la lecture d'œuvres significatives enrichit le corpus d'idées car les chercheurs, dans leurs essais, avancent des hypothèses, des analyses qui clarifient le sujet.

Ainsi, à propos du thème de la télévision, il sera profitable d'avoir lu, par exemple, l'essai de Pierre Bourdieu intitulé *Sur la télévision*, ou celui de Jean-Louis Missika *La Fin de la télévision*.

Enfin, il est impératif de consulter les ouvrages parascolaires consacrés chaque année aux deux thèmes du programme.

Chaque œuvre fait l'objet d'une notice répertoriant les thèses de son auteur et montrant son apport à la problématique.

2. La vue d'ensemble du thème

Pour s'assurer une bonne maîtrise du thème, rien ne vaut une fiche synoptique. Elle donne une vue globale du thème en le décomposant en ses différents aspects. À chaque grande idée est associée une source. Ce peut être un document exploité en cours, un exemple qui a fait débat, des documents collectés sur Internet pour réaliser des exposés ou bien encore un dossier de synthèse, etc.

Une astuce à l'examen

Avant de commencer l'épreuve d'écriture, cherchez le lien entre le sujet, le thème du dossier de synthèse et le thème du programme.
Ce travail facilite la recherche de vos idées et de vos arguments. En effet il donne accès à la banque de données personnelles que vous vous êtes constituée en étudiant ce thème.

3 La recherche de points de vue personnels

1. Les oppositions et les polémiques

Chaque thème provoque des discussions et de grandes oppositions se retrouvent à propos de ces sujets de société.
Par exemple, dans les dossiers de synthèse, des opinions divergentes s'affrontent souvent. Il faut savoir les identifier, cerner les thèses contradictoires en présence et les mémoriser. Les clivages peuvent concerner la religion (athées contre croyants), l'économie (liberté totale du marché contre régulation par l'État), la vision de l'avenir de la planète (productivistes contre écologistes), etc. Connaître ces grands enjeux du monde contemporain prépare à l'épreuve d'écriture personnelle : dans l'argumentation à rédiger, il faudra probablement en débattre et se situer par rapport à eux.

2. La prise de position personnelle

Les thèmes au programme concernent le monde contemporain. C'est pourquoi ils peuvent être abordés du point de vue du citoyen. Il n'est pas nécessaire d'être très érudit ou spécialiste pour en débattre. Il suffit de réfléchir aux implications sociétales, éthiques, politiques, humaines des thèmes pour se forger son propre point de vue à partir de ses propres valeurs et de sa vision du monde.

3. À quel propos chercher un point de vue personnel ?

L'étude du thème offre de multiples occasions de chercher un point de vue personnel.
a) Les faits. Les constats sont-ils partagés ? Est-on d'accord sur l'analyse des phénomènes, de leurs causes, de leurs conséquences ? Quels remèdes et solutions sont préconisés ? Ceux qui sont proposés sont-ils acceptables ?
b) Les thèses en présence. En réfléchissant aux thèses développées par les auteurs, en étudiant les oppositions et les polémiques, on se demandera avec quelle thèse on s'accorde, laquelle est refusée, quel enrichissement peut être apporté.

EXEMPLE

Synthèse de documents portant sur les thérapies génétiques
Sujet d'écriture : Sommes-nous, comme le pense François de Closet, « en danger de progrès » ?
Thèses en opposition dans les documents
- Une pratique dangereuse : dangers psychologiques, risques de discrimination ; intervention sur le vivant.
- Une pratique prometteuse : prévention des maladies ; naissance d'une nouvelle discipline, la bio-médecine.

Ces deux attitudes face au progrès devront être confrontées et utilisées dans le traitement du sujet d'écriture.
Recherche d'un point de vue personnel
Pour échapper aux contradictions du progrès, soit on le refuse, soit on fait abstraction du risque, soit on cherche dans le progrès lui-même les moyens de les résoudre. Chacun choisit sa position personnelle en fonction de ses valeurs et de ses choix de vie.

4. L'expérience personnelle

Corrobore-t-elle les différents points de vue exprimés ? Par exemple, un candidat dont un proche serait affecté par une maladie génétique sera sensible au problème posé par la thérapie génétique. Son jugement sera influencé par la stigmatisation dont aurait pu être victime ce malade, ou à l'inverse par l'espoir de sa guérison grâce à la bio-médecine. Mais attention, cette expérience personnelle ne doit surtout pas nuire à une réflexion plus globale, équilibrée, prenant en compte l'ensemble du problème. Ainsi cela ne doit pas empêcher d'envisager les moyens de juguler les risques pour la liberté liés à la manipulation du génome. Les recherches en thérapie génétique pourraient alors se poursuivre. À cet effet, ce candidat développerait la thèse paradoxale selon laquelle plus de science reste encore le meilleur moyen de contrer les risques inhérents à la recherche.

4 La révision avant l'épreuve

1. Les textes étudiés

Avant l'épreuve, il est nécessaire de relire l'ensemble des textes étudiés en cours, ainsi que les documents des dossiers de synthèse. De même, il faut relire les corrigés des devoirs de synthèse et d'écriture personnelle. Ces relectures ravivent la curiosité intellectuelle et entretiennent les connaissances dans lesquelles on puisera des idées le jour de l'examen.

2. Les notes personnelles

Le dossier consacré au thème doit être entretenu régulièrement en archivant les documents nouveaux rencontrés au fil des lectures ou au fil de l'actualité. Les notes personnelles sont consignées sur la fiche synoptique et sur les fiches consacrées aux auteurs, aux documents étudiés en cours, aux documents compulsés pour préparer des exposés ou participer à des débats. Il faut consulter périodiquement ce dossier pour mémoriser les grandes idées du thème. Classer et relire fréquemment ses notes permet de réactiver ses connaissances.

Auto-évaluation

Les vérifications à faire le jour de l'examen pour m'appuyer sur le thème au programme

1. Ai-je cerné l'aspect du thème étudié en cours auquel se réfère le sujet d'écriture ?
2. Ai-je recherché les souvenirs qu'éveille en moi cette question ?
3. Ai-je identifié un auteur auquel me référer pour y répondre ?
4. Ai-je recherché quelle est mon expérience personnelle sur cette question ?
5. Ai-je repéré des documents étudiés en cours sur lesquels m'appuyer ?

2 L'ÉTUDE DES TEXTES DE LA SYNTHÈSE

➔ **Il faut savoir extraire des textes les données de la synthèse car la qualité du travail en dépend. Chaque type de texte appelle sa propre méthode.**

1 La lecture du dossier

1. Le libellé du sujet

Le libellé du sujet précise le thème et parfois la problématique. Au cas où celle-ci ne serait pas proposée, il faut rechercher dès la première lecture l'angle particulier sous lequel le thème du dossier est abordé. Quand on a une vue d'ensemble de ce dossier, le travail d'analyse des documents peut commencer.

2. La découverte des documents

a) Les références des documents. Il faut les analyser car elles précisent la nature et le statut de chaque pièce du dossier. Les titres, les auteurs, l'origine, la date de publication, toutes ces références sont utiles pour comprendre les documents, les situer les uns par rapport aux autres lors de leur confrontation. En outre, elles seront exploitées lors de la rédaction de la synthèse.

b) La lecture du dossier. L'inventaire de ses données met en jeu l'ensemble des compétences en lecture du candidat. En effet, la réussite d'une synthèse passe par l'identification des idées clés des textes. Il est donc impératif de lire attentivement les documents.

3. Les types de textes

Le dossier à synthétiser comprend deux ou trois documents textuels. Ils sont de deux types.

a) Les textes analytiques : ils contiennent des idées, sous la forme d'explications (ce sont alors des textes explicatifs) ou sous la forme de thèses, d'arguments (ce sont des textes argumentatifs). Les extraits d'essais, d'articles de presse, de documents administratifs, d'argumentaires publicitaires sont des textes analytiques.

b) Les textes illustratifs : ils sont concrets, construits à partir d'un récit, d'une anecdote, d'un témoignage, de personnages, d'exemples, de faits, de chiffres. Ce sont des textes de théâtre, de roman, de poésie, de reportage, d'autobiographie.

2 Les textes analytiques

1. Le texte explicatif

a) Les caractéristiques du texte. Il a pour objectif d'exposer et de faire comprendre un fait ou un phénomène en le décomposant pour le décrire et en l'analysant.

b) L'étude du texte explicatif. Il faut repérer les explications des phénomènes qu'il étudie, c'est-à-dire distinguer leurs acteurs, leurs composantes, leurs causes et leurs conséquences. Ces éléments se suivent en s'ajoutant les uns aux autres. Ils sont parfois reliés par des termes comme *de surcroît, de plus, en outre*. Ils peuvent être aussi hiérarchisés et introduits alors par des mots comme *tout d'abord, non seulement, mais ensuite, en premier lieu*, etc.

2. Le texte argumentatif

a) Les caractéristiques du texte. Il cherche à convaincre du bien-fondé d'une position, d'une thèse en l'argumentant. Attention, en plus de leurs idées, certains auteurs présentent des thèses qu'ils discutent ou qu'ils combattent. Il faut veiller à ne pas les leur attribuer, ce contresens fausserait la synthèse !

b) L'étude du texte argumentatif. Il faut dégager la thèse de l'auteur, en distinguant ses arguments et les exemples qu'il utilise. Certains indices servent de repères : les termes valorisants, dévalorisants, les marques de jugement. Ils révèlent le point de vue défendu et le degré d'implication du locuteur. On doit aussi analyser les relations logiques entre les idées : les oppositions, le rapport cause/conséquence, les concessions, la condition, etc. Tout ce travail d'analyse du texte doit être conduit avec méthode : de lui dépendent la précision et la richesse de la synthèse. Enfin, il ne faut pas négliger d'observer la structure d'un texte d'idées : les étapes successives de l'argumentation peuvent suggérer une possibilité de plan pour la synthèse.

3. Le tri des données des textes explicatifs et argumentatifs

Dans un texte, tout ne concerne pas la problématique de la synthèse. On ne cherchera et ne conservera que les données utiles à la réalisation de cette dernière, en les reformulant avec le maximum de précision, c'est-à-dire sans les déformer.

EXEMPLE

Texte argumentatif

« Il est extrêmement fallacieux de considérer les humains en période d'enfance comme un monde à part. Les enfermer ensemble dans un supposé cercle magique est stérilisant. Le rôle de l'adulte est de susciter et d'aider l'enfant à s'insérer dans la société dont il est un élément vivant nécessaire, durant le temps qu'il est encore dans sa famille. Pour soutenir son développement, il faut le considérer dans son advenir et faire confiance à l'adulte qu'il vise à devenir. Le drame est que, à partir du moment où on cesse de le regarder comme un petit poète, comme un enfant qui rêve, qui a son monde à part, on fait intervenir le modèle imposé. "Tu es un pré-adulte, mais par rapport à ce que moi-même je suis comme adulte." Alors qu'il est un pré-adulte, c'est vrai, mais d'un style qui n'existe pas encore, qui est à inventer, qu'il doit trouver lui-même. »

Françoise Dolto, *La Cause des enfants*, 1977, Éd. Robert Laffont.

Données à conserver : l'éducation doit voir dans l'enfant un futur adulte qui doit se construire par lui-même et non se mouler dans un modèle imposé.

Une astuce à l'examen

Partez du principe que les idées des textes analytiques constituent la substance de la synthèse. Les autres textes, parce qu'ils sont concrets, mettent en lumière ces idées en les confirmant ou en les contredisant.

3 Les textes illustratifs

1. Le texte narratif

a) Les caractéristiques du texte. Il est extrait d'un roman ou d'une autobiographie. C'est un récit, comportant souvent des dialogues et des éléments de description. Il a été choisi parce que les situations, les décors et les personnages illustrent, attestent, contredisent, nuancent, complètent des idées clés des textes explicatifs ou argumentatifs. Les textes illustratifs et les textes analytiques sont complémentaires.

b) L'étude du texte narratif. Elle permet au candidat de montrer ses capacités d'analyse. En effet on doit analyser les personnages, les éléments de l'intrigue ou du décor pour découvrir les idées dont ils sont porteurs. Ces éléments concrets sont, en réalité, chargés d'un sens qu'on doit découvrir en les interprétant.

c) La sélection des données. Il faut conserver l'interprétation des éléments qui illustrent les idées des textes argumentatifs, et uniquement celles-là.

EXEMPLE

Synthèse sur le thème de la grande ville. Sa problématique porte sur le mode de vie des citadins.

« Tu ne le croirais pas peut-être ; depuis un mois que je suis ici [à Paris], je n'y ai encore vu marcher personne. Il n'y a point de gens au monde qui tirent mieux parti de leur machine que les Français : ils courent ; ils volent : les voitures les plus lentes d'Asie, le pas réglé de nos chameaux, les feraient tomber en syncope. Pour moi, qui ne suis point fait à ce train, et qui vais souvent à pied sans changer d'allure, j'enrage quelquefois comme un chrétien : car encore passe qu'on m'éclabousse depuis les pieds jusqu'à la tête ; mais je ne puis pardonner les coups de coude, que je reçois régulièrement et périodiquement : un homme, qui vient après moi et qui me passe, me fait faire un demi-tour ; et un autre, qui me croise de l'autre côté, me remet soudain où le premier m'avait pris : et je ne fait pas cent pas, que je suis plus brisé. »

Montesquieu, *Lettres persanes*, lettre 24, 1721.

Données à conserver : « ils courent ; ils volent » = la surexcitation du citadin quand il se déplace. « J'enrage ; m'éclabousse ; les coups ; brisé » = les conséquences physiques et psychologiques négatives des conditions de déplacement.

2. Le texte poétique

a) Les caractéristiques du texte. C'est un poème, en vers ou parfois en prose qui exploite les possibilités sonores, rythmiques, visuelles du langage. Il recourt souvent aux images et aux connotations des mots.

b) L'étude du texte poétique. Elle se conduit en deux étapes. Dans la première il s'agit de rechercher les aspects du thème abordés par le poème : de quoi est-il question, de quoi parle-t-il ? La deuxième étape est plus complexe. Il s'agit de rechercher l'influence de la forme poétique sur le contenu, de trouver le sens porté par cette forme. On étudiera donc les images, la longueur et la place des mots, leur effet sonore et rythmique, la typographie, la structure du texte et on les interprétera.

c) Les données à conserver. Comme pour les autres types de texte, on ne conservera que celles qui sont utiles à la synthèse. Attention, on n'attend pas un commentaire de texte, il ne faut sélectionner que les interprétations en lien avec la synthèse.

3. Le texte de théâtre

a) L'étude du texte. On analyse la situation, l'intrigue, les personnages. Il faut être attentif à ce que révèle le dialogue sur les relations entre les personnages. Les indications de jeu et de décor peuvent avoir de l'importance, on les étudie aussi.

b) Les données à conserver. Là encore, on ne conservera que celles qui sont utiles à la synthèse. Elles illustrent de façon très concrète les thèses et les arguments des textes d'idées.

EXEMPLE

La synthèse porte sur les rapports entre les maîtres et les domestiques.

La comédie s'ouvre sur une scène entre Follavoine, un fabricant de porcelaine, et sa bonne, Rose.

« FOLLAVOINE. – Les Hébrides ?... Vous ne savez pas où c'est ? [...]

ROSE. – Ah ! non !... non !... *(Comme pour se justifier.)* C'est pas moi qui range ici !... c'est madame.

FOLLAVOINE. – Quoi ! quoi, « qui range » ! les Hébrides !... des îles ! bougre d'ignare !... de la terre entourée d'eau vous ne savez pas ce que c'est ? [...]

Elle ne sait rien cette fille ! rien ! qu'est-ce qu'on lui a appris à l'école ? [...] « C'est pas elle qui a rangé les Hébrides » ! Je te crois, parbleu ! *(Se replongeant dans son dictionnaire.)* « Z'Hébrides... Z'Hébrides... » *(Au public.)* C'est extraordinaire ! je trouve zèbre, zébré, zébrure, zébu !... Mais de Zhébrides, pas plus que dans mon œil ! Si ça y était, ce serait entre zèbre et zébrure. On ne trouve rien dans ce dictionnaire ! »

Georges Feydeau, *On purge Bébé*, 1910, Acte I, scène I.

Données à conserver : la scène place le maître et sa domestique à égalité, ils sont tous deux aussi ignorants ! Pourtant le dialogue illustre la différence de statut social, en montrant le sentiment de supériorité du maître et le droit qu'il s'accorde de brusquer son employée. Non seulement le maître est risible, mais il est odieux.

Auto-évaluation

Les vérifications à faire le jour de l'examen avant d'entamer l'étape suivante

- Ai-je bien analysé les références des documents ?
- Ai-je bien dégagé les principales données des textes argumentatifs ?
- Ai-je suffisamment analysé les textes illustratifs ?
- Ai-je vu la complémentarité des différents types de textes ?

3 L'ÉTUDE DES IMAGES, DES TABLEAUX DE CHIFFRES ET DES GRAPHIQUES

Il faut étudier avec soin les images, les chiffres et les graphiques. Ces documents apportent des données qui illustrent, confortent ou réfutent les idées en présence.

1 L'étude des images

1. Les caractéristiques des images

Une synthèse comporte en général une image, de nature variable : une reproduction de tableau, une photographie, un dessin de presse, une bande dessinée, une publicité...

2. L'étude des images

Elle se conduit en deux temps.
Dans un premier temps, on perçoit la signification globale de l'image et il faut rechercher le lien entre le thème de la synthèse et le document iconographique.
Dans un deuxième temps on décompose l'image pour rechercher les éléments porteurs de sens : la composition, les couleurs, les personnages et les objets, les textes qui figurent dans une légende ou une bulle. En les interprétant on dégage leur signification.

EXEMPLE

Dessin de Plantu.

Étude de l'image : la différence de taille des personnages du dessin illustre le déséquilibre entre les pays riches occidentaux et les pays pauvres. L'acheteur situé à gauche est vêtu richement. Il symbolise l'Occident. Il domine de toute sa masse le vendeur, pauvrement vêtu, très maigre et qui a peu à vendre, avec des moyens dérisoires. Il représente le Tiers Monde. Ce rapport de force influe sur la compréhension que le lecteur peut avoir des paroles. Au lieu de leur donner comme signification « votre prix sera le mien », formule convenue qui signifie que l'acheteur se plie aux conditions du vendeur, il comprend que c'est ce dernier qui doit accepter celles qui sont imposées par le plus fort : « mon prix sera le vôtre » est une formule impérieuse, et somme toute, impérialiste.
La violence est soulignée par le point d'exclamation et par le recul apeuré du vendeur.

3. Le tri des données

Il en est des images comme pour les textes : tout n'est pas à garder. On ne retiendra que ce qui rentre dans le cadre de la problématique. Ce travail est facilité par la connaissance du contenu des textes, qui ont déjà été analysés : on sait ce qu'il faut retenir de l'image.
Ainsi, pour une synthèse portant sur les inégalités dans le monde, il faudrait conserver du dessin de Plantu le caractère choquant de l'inégalité, le déséquilibre des forces, la violence du dominant à l'égard du dominé. Ces données caractérisent l'impérialisme.
Pour une synthèse portant sur la négociation, il faudrait conserver la contradiction entre le projet contractuel de négociation et le déséquilibre des parties en présence, la notion de rapport de force, l'inscription de ce rapport dans un contexte (ici le contexte géo-économique mondial), le poids des représentations et des préjugés à l'égard de l'autre.

Une astuce à l'examen

Pour étudier une image, cherchez les connotations du décor, des couleurs, des formes, du graphisme. Ces éléments sont chargés de symboles et leur association concourt à sa signification globale.

2 L'étude des tableaux de chiffres

1. Leurs caractéristiques

Les chiffres qu'ils présentent sont des informations qui concernent un aspect du thème de la synthèse. Ils sont classés de manière à faire apparaître des ressemblances, des différences, des oppositions, des évolutions, des corrélations.

2. L'étude d'un tableau

L'exploitation d'un tableau consiste à tirer parti des chiffres qui le composent. Le travail doit suivre trois étapes.
a) Le repérage de la structure du tableau. Il s'agit de repérer le nombre de rangées et de colonnes, les titres, les unités utilisées, les dates.
b) Les lectures horizontales et verticales. Elles recherchent des évolutions et des comparaisons. On procède à une lecture horizontale afin de confronter sur une même ligne les différentes colonnes : ainsi on peut déceler une évolution. La lecture verticale permet de comparer les chiffres à l'intérieur d'une même colonne.
c) La recherche des faits saillants. C'est à ce stade du travail qu'il faut tirer parti des chiffres et interpréter le tableau. La lecture fine des rangées et des colonnes met en évidence des écarts remarquables, des évolutions marquantes, des contrastes spectaculaires (ou bien l'inverse...).

EXEMPLE

Nombre de fumeurs réguliers en %						
	2005					
	18-24 ans	25-34 ans	35-44 ans	45-54 ans	55-64 ans	65-75 ans
Hommes	38	40	35	31	20	10
Femmes	33	30	31	22	10	6

Source : Insee, *La France en faits et en chiffres*. Baromètre santé 2005, INPES, exploitation OFDT.

- La lecture horizontale montre l'évolution de la consommation de tabac : la proportion de fumeurs diminue fortement avec l'âge.
- La lecture verticale compare le comportement des hommes et des femmes : celles-ci fument moins souvent et arrêtent plus vite que les hommes.
- Les faits saillants : près d'un homme sur deux, près d'une femme sur trois fument à 30 ans. Le pic de la consommation se situe entre 24 et 34 ans. On observe une importante chute de la consommation à partir de 50 ans, chez les deux sexes.

d) Le tri des données. Pour une synthèse portant sur les addictions on retiendra que la proportion de fumeurs diminue fortement avec l'âge, et que le pic de la consommation se situe entre 24 et 34 ans.

Pour une synthèse portant sur la parité homme / femme, il faudrait retenir la variation des écarts en fonction de l'âge : l'écart se rétrécit entre les 18 / 24 ans mais augmente entre les 24 / 34 ans, diminue sensiblement entre les 35 / 44 ans, pour augmenter ensuite jusqu'à 65 ans. À partir de 65 ans il redevient faible. On peut expliquer ces variations par l'influence de la maternité sur les femmes.

3 L'étude des graphiques

1. Leurs caractéristiques

Les graphiques organisent visuellement les éléments d'information pour montrer leurs relations et établir des comparaisons. C'est pourquoi ils peuvent illustrer des idées des textes de la synthèse. Ils montrent s'il y a eu des changements et à quel moment ils se sont produits, ce qui permet de voir clairement les tendances.

2. Les graphiques en courbes

Les courbes sont un moyen très simple de représenter une évolution. En outre, l'association de plusieurs courbes permet d'établir une corrélation ou une comparaison entre deux aspects d'un même phénomène.

L'étude procède du général vers le particulier. Une courbe va représenter une tendance globale (hausse, baisse, stagnation) mais aussi un phénomène particulier, par exemple une brusque hausse, un décrochage.

3. Les graphiques en barre

Les graphiques à barres verticales et horizontales comparent simultanément divers éléments d'information. La longueur de chaque barre indique la quantité représentée.

4. Les diagrammes circulaires

Dans les diagrammes circulaires l'angle de chaque secteur est proportionnel à un pourcentage. Ils permettent de présenter l'information à des fins de comparaison en montrant les relations entre le tout et les parties.

EXEMPLE

Modes d'accès à la télévision

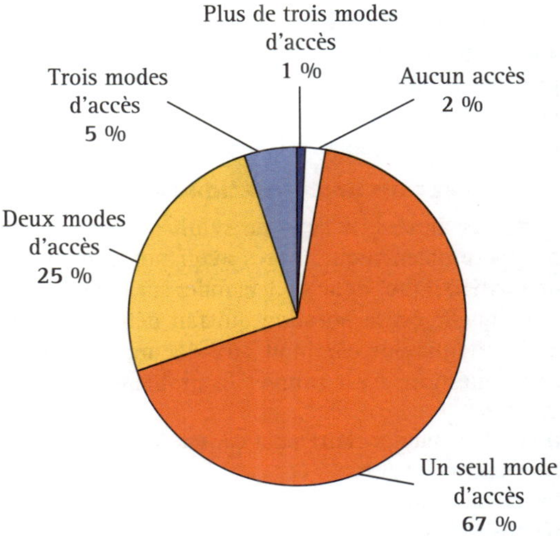

Champ : ensemble de la population

Source : CREDOC, enquête « Conditions de vie et aspirations des Français », juin 2006.

Données à retenir

- Pour une synthèse sur le poids de la télévision dans la vie des Français : près d'un tiers des Français s'équipe de trois ou quatre canaux d'accès à la télévision.
- Pour une synthèse portant sur la pénétration des nouvelles technologies : on constate une appropriation de plus en plus grande de ces technologies : si une grande majorité des téléspectateurs (67 %) n'a qu'un seul canal d'accès à la télévision, 31 % d'entre eux utilisent maintenant un téléviseur, un ordinateur et un téléphone portable.

Auto-évaluation

Les vérifications à faire le jour de l'examen

- Ai-je repéré les éléments connotés de l'image et analysé leur sens ?
- Ai-je perçu le lien entre les idées des textes et les données chiffrées ?
- Ai-je montré les évolutions, les tendances, les faits saillants ?
- Ai-je exploité la capacité de comparaison des diagrammes ?

4 LA CONFRONTATION DES DOCUMENTS

Un tableau synoptique met en en évidence les relations entre les documents. En classant leurs données, on construit progressivement les fondations de la synthèse.

1 La clarification de la problématique

1. Le sujet à problématique imposée

La problématique est l'angle par lequel le thème est abordé. Si elle est indiquée dans le libellé du sujet, on peut rechercher immédiatement ce qu'il faut retenir de chaque document et s'attacher à la manière de mettre en relation les données relevées.

2. Le sujet sans problématique imposée

Certaines années, le sujet de synthèse ne mentionne aucune problématique. Après avoir pris connaissance du dossier, il faut donc se demander sur quoi il s'interroge, quelle est la question qui fait débat et qui sert de dénominateur commun aux documents. Trouver cette question, c'est trouver la problématique de la synthèse.
Il faut la formuler clairement car elle va orienter l'analyse des documents.
En effet, chaque document contient des éléments de réponse à la problématique. Ils se complètent, se contredisent, débattent entre eux et leur confrontation constituera la substance de la synthèse.
S'il n'y a pas qu'une seule problématique possible – cela dépend des dossiers –, on choisira la plus large, la plus riche et, bien évidemment, celle qui englobe le plus grand nombre de données des documents.

2 La préparation du tableau synoptique

1. L'objectif du tableau

Il permet de mettre en œuvre le processus de synthèse. Cette dernière se construit par étapes successives.

- Dans une première étape, les données de chaque document sont analysées, relevées, notées et mises en relation. C'est une étape capitale qui exige de la rigueur et de la précision.
- Dans une deuxième étape, on se sert de la vue panoramique de l'ensemble des données pour les confronter et les regrouper par pistes de réflexion. Ce regroupement dégagera les bases de la synthèse.
- Dans une troisième étape, on profite de la vue de l'ensemble des pistes de réflexion pour travailler sur des hypothèses de plan.

2. L'organisation du tableau

Sur une grande feuille A3 ou deux A4 assemblées, on trace une colonne par document et après la dernière on en ajoute une autre intitulée «Pistes de réflexion».
En haut de chaque colonne, on note la référence du document.

EXEMPLE

Synthèse portant sur les horoscopes.
Elle s'intéresse aux raisons de leur succès.

Doc. 1 *Les horoscopes* C. Chantreau	Doc. 2 *Du rêve à vendre* V. Léandre	Doc. 3 Scorpion 13 au 20/01/2008	Pistes de réflexion

Une astuce à l'examen

Pour clarifier ce que vous devez chercher dans les documents, rédigez la phrase suivante : ce dossier traite de ... (c'est le thème) et il s'interroge sur ... (c'est la problématique). Vérifiez que la problématique que vous proposez intègre bien tous les documents.

3 L'analyse des documents

1. L'étude d'un premier document

a) Le choix du document

On a tout intérêt à choisir le document le plus riche, celui qui semble aborder les aspects les plus variés du thème. En effet, il pourra servir de pivot lors de sa confrontation avec les autres, qui le complèteront, l'illustreront, le nuanceront ou le contrediront.

b) Le relevé des données

Dans la colonne correspondant à ce document, on note les idées qui concernent la problématique.
La pertinence de la sélection est fondamentale pour réussir une bonne synthèse : il ne faudrait pas négliger une idée importante ou noter un détail sans intérêt !
La manière de noter les idées importe elle aussi : le propos doit être reformulé le plus fidèlement possible : le correcteur ne pardonnerait pas une déformation des idées du dossier. Bien entendu, la plus grande concision est recommandée pour pouvoir faire tenir dans le tableau l'idée relevée.

EXEMPLE

Doc. 1 *Les horoscopes* C. Chantreau	Doc. 2 *Du rêve à vendre* V. Léandre
Gros succès des horoscopes	
Public : davantage féminin	
Apportent une aide, de l'espoir	

2. La confrontation avec un deuxième document

a) Le choix du nouveau document

Lequel choisir ? Il est préférable de choisir un document d'analyse, qui enrichisse, complète le premier. Choisir un document purement illustratif, comme un tableau de chiffres, une image ou un diagramme serait prématuré car il retarderait le moment où commence à se dégager une vision assez large de la question.

b) L'organisation de la confrontation

L'efficacité du tableau vient de ce que, dans la nouvelle colonne, on place ces données nouvelles en face de celles qui leur correspondent. Qu'elles soient semblables, qu'elles les critiquent ou qu'elles les contredisent ne change pas le fait qu'elles font partie du même domaine de réflexion : il faut donc les aligner l'une en face de l'autre. Au bout de la rangée ainsi créée, on note la piste de réflexion qui leur correspond. Toute la difficulté est de bien titrer ces pistes de réflexion : leur intitulé doit être suffisamment synthétique pour rendre compte du contenu de la rangée.
Ainsi se construit peu à peu le contenu de la synthèse.

EXEMPLE

Doc. 1 *Les horoscopes* C. Chantreau	Doc. 2 *Du rêve à vendre* V. Léandre
Gros succès des horoscopes	Un gros marché
Public : davantage féminin	Toutes les catégories du public
Apportent une aide, de l'espoir	Des conseils pour vivre le quotidien

Doc. 3 Scorpion 13 au 20/01/2008	Pistes de réflexion
	Une industrie
	Le profil des consommateurs
	Le rôle des horoscopes

3. L'étude des autres documents

a) Les documents littéraires

Ils peuvent être maintenant exploités. Les extraits d'œuvres de fiction (roman, théâtre, poésie), les témoignages apportent à la problématique leur propre éclairage. Ils complètent, corroborent, infirment parfois certains aspects des textes analytiques.

b) Les images, les diagrammes et les chiffres

Les chiffres et les diagrammes sont importants car ils ont valeur de preuve et donnent de la réalité aux phénomènes. Il faut donc les utiliser largement dans la synthèse. Les images montrent, au sens propre, certains aspects du thème traité. Il faut les interpréter pour dégager leur apport à la problématique et noter cet apport.

EXEMPLE

Doc. 1 *Les horoscopes* C. Chantreau	Doc. 2 *Du rêve à vendre* V. Léandre
Gros succès des horoscopes	Un gros marché
Public : davantage féminin	Toutes les catégories du public
Apportent une aide, de l'espoir	Des conseils pour vivre le quotidien

Doc. 3 Scorpion 13 au 20/01/2008	Pistes de réflexion
	Une industrie
	Le profil des consommateurs
Amour : 8/10, Argent : 9/10, Santé : 8/10	Le rôledes horoscopes

4. Le travail d'ajustement et de vérification

Il ne faut pas hésiter à revenir en arrière, à réexaminer ses choix au fur et à mesure que le tableau se remplit. C'est pourquoi il est préférable de travailler avec un crayon et une gomme pour modifier plus facilement les cases.

a) Les ajustements

Ils concernent d'abord les données omises, mais dont on se rend compte qu'elles méritent d'être retenues parce qu'elles apparaissent dans un nouveau document. Ils concernent aussi le nombre de pistes de réflexion. Lorsque de nombreuses pistes semblent se dégager, il ne faut pas hésiter à les regrouper dans des ensembles : un nombre trop important de pistes émietterait la réflexion et compliquerait la recherche d'un plan.

b) Les vérifications

Elles concernent l'intitulé des pistes de réflexion. Il ne faut pas hésiter à en changer jusqu'à ce qu'on trouve la formulation la plus fidèle et la plus synthétique.

Auto-évaluation

Les vérifications à faire le jour de l'examen pour évaluer la pertinence de mon tableau de confrontation
- Ai-je bien clarifié la problématique de la synthèse ?
- Ai-je bien relevé toutes les données qui la concernent ?
- Ai-je utilisé tous les documents ?
- Ai-je bien formulé mes pistes de réflexion ?
- Mes pistes de réflexion s'inscrivent-elles dans la problématique ?

5 LA MISE AU POINT DU PLAN DE LA SYNTHÈSE

Un tableau est un outil puissant. En regroupant les pistes de réflexion, on découvre quelles sont les grandes lignes de la synthèse et on parvient au plan recherché.

1 La recherche du plan de la synthèse

1. L'observation des pistes de réflexion

L'alignement sur une même ligne horizontale des données qui abordent le même sujet aboutit à la formation d'une piste de réflexion.

Mais certaines pistes concernent un même domaine, vu sous des aspects différents. Après avoir observé le tableau, il faut chercher quels regroupements on peut opérer entre ces pistes pour le simplifier et augmenter ainsi d'un cran le niveau de synthèse.

EXEMPLE

Synthèse sur l'illettrisme

Doc. 1	Doc. 2	Pistes de réflexion
Infériorité, honte	Complexes	Souffrances psychiques
Problèmes administratifs	Problèmes pour se déplacer	Difficultés matérielles
Désocialisation	Difficultés économiques	Difficultés sociales

Les souffrances psychiques, les difficultés matérielles, les difficultés sociales appartiennent à un même domaine. Ces pistes peuvent être regroupées.

2. Le regroupement des pistes en rubriques

Il faut alors se demander quels titres on pourrait donner à ces regroupements, autrement dit sous quelles rubriques ces pistes pourraient être classées.

EXEMPLE

Pistes de réflexion	Rubrique
Souffrances psychiques	Les conséquences de l'illettrisme
Difficultés matérielles	
Difficultés sociales	

De façon logique, ces pistes apparaissent comme des conséquences de l'illetrisme. On intitulera donc ainsi cette rubrique.

Il faut s'efforcer d'obtenir un nombre raisonnable de rubriques. Il peut être nécessaire parfois de regrouper plusieurs rubriques en une seule, de manière à en diminuer le nombre.

En créer deux ou trois – quatre est un maximum – doit permettre de prendre en compte l'intégralité du tableau. Attention, aucune donnée ne doit être laissée de côté si l'on veut que la synthèse soit complète.

3. L'organisation des rubriques en un plan de synthèse

L'organisation logique des rubriques fournit le plan de la synthèse. Chaque rubrique devient alors une partie du plan. Mais pour obtenir un plan valable, la succession des parties doit obéir aux règles de la logique et leur progression doit être assurée par des transitions.

EXEMPLE

Pistes de réflexion	Rubriques	Plan de la synthèse
Illettrés : Qui ? Combien ?	Description du phénomène	1. Le problème de l'illettrisme
Souffrances psychiques	Les conséquences de l'illettrisme = difficultés rencontrées par les illettrés	2. Les causes de l'illettrisme
Difficultés matérielles		
Difficultés sociales		
Échec scolaire	Les causes de l'illettrisme	3. Les conséquences : les difficultés rencontrées par les illettrés
Primo-arrivants		
Problèmes psychologiques et comportementaux		

Ce plan est logique : la synthèse commence par présenter l'illettrisme, puis elle en analyse les causes et ensuite les conséquences.

En s'appuyant sur des repères logiques on trouve plus facilement le plan de la synthèse. Ainsi, dans cet exemple, on voit que si l'on trouve la première rubrique « description du phénomène de l'illettrisme », il y a une grande probabilité que le tableau induise les rubriques « causes » ou « conséquences » de ce phénomène.

En effet, elles sont liées logiquement entre elles.

Une astuce à l'examen

Osez des plans originaux.

Ils mettront en valeur vos qualités s'ils sont logiques et prennent en charge l'ensemble des données du tableau.

Ainsi un plan plus dynamique, inspiré des techniques d'écriture journalistiques, inverserait l'ordre des parties 2 et 3 : après avoir décrit l'illettrisme et ses victimes, la synthèse expliquerait les difficultés auxquelles celles-ci se heurtent puis analyserait l'origine du problème.

2 L'organisation des parties de la synthèse

1. L'ordre des pistes de réflexion

De même que les rubriques deviennent les parties du plan, les pistes de réflexion deviennent des sous-parties

à l'intérieur de chaque partie. Le classement de ces sous-parties doit être logique et progressif.
La logique apporte de la clarté : ainsi il semble logique d'expliquer de quoi il est question avant d'expliquer *qui* est concerné par le phénomène, sinon le lecteur ne comprendra pas. Quant à la progression des sous-parties, elle permet d'approfondir la réflexion : aller du plus simple au plus complexe est plus satisfaisant pour l'esprit, c'est plus enrichissant.

2. L'organisation des données de chaque piste de réflexion

À l'intérieur de chaque sous-partie, il faut exploiter toutes les données du tableau de confrontation. Mais ces informations doivent être utilisées en fonction de leur valeur démonstrative et il faut donc établir une hiérarchie entre elles. C'est pourquoi le candidat ne devra pas suivre l'ordre d'apparition des données dans la rangée mais il va devoir les classer.
Le premier critère de ce classement est la logique, bien évidemment. Le deuxième est le souci de progression de la réflexion. Le troisième est la chronologie des documents, s'ils ont été rédigés à des époques différentes.

EXEMPLE

Synthèse sur l'illettrisme, troisième partie

Plan d'ensemble de la troisième partie : les conséquences de l'illettrisme
1. Une souffrance personnelle 2. Des difficultés matérielles 3. Des difficultés sociales

La troisième partie comprend trois sous-parties. La troisième intitulée, « Des difficultés sociales », résulte de l'observation du tableau de confrontation suivant :

Doc. 1	Doc. 2	Pistes de réflexion
Désocialisation	Difficultés économiques	Difficultés sociales

La sous-partie 3 prend en compte les données du tableau de confrontation. Mais en les inversant, dans un souci de logique et d'approfondissement.
En effet, il est plus logique de commencer par évoquer les difficultés économiques des illettrés, puis le risque de désocialisation qu'elles engendrent.

Plan de la sous-partie 3 :
Des difficultés sociales :
- des difficultés économiques ;
- à terme, un risque de désocialisation.

3 Les critères d'un bon plan

1. La confrontation des données

Les idées doivent absolument résulter d'un travail de confrontation des documents. Le traitement successif des documents est interdit, ils doivent être mis en vis-à-vis et comparés, de manière à faire apparaître leur similitude, leur complémentarité, leurs oppositions et ainsi faire naître des pistes de réflexion puis les rubriques qui en rendront compte.

2. L'équilibre des parties

Pour réaliser un plan correct, il faut équilibrer les parties, c'est-à-dire leur donner à peu près la même importance. Pour y parvenir il faut leur donner un contenu de même densité. De même, on essaiera d'équilibrer les sous-parties.

3. La conformité à la problématique

Un bon plan correspond à la problématique choisie en rendant compte de tous les aspects du problème. Il est progressif : les idées s'enchaînent logiquement. Enfin, il est structuré : il comporte des transitions et des liens logiques, mettant en évidence sa structure.

Auto-évaluation

Les vérifications à faire le jour de l'examen pour évaluer la manière dont j'ai construit mon plan
- Ai-je pris en compte l'intégralité des données du tableau ?
- Ai-je intitulé les rubriques de manière à englober toutes les pistes concernées ?
- Ai-je classé logiquement les parties et les sous-parties qui les composent ?
- Ai-je bâti un plan équilibré ?

6 LES DIFFÉRENTS PLANS DE LA SYNTHÈSE

Chaque synthèse génère son propre plan. Mais connaître quelques plans-types peut aider à organiser les rubriques et finalement orienter vers un plan.

1 Le plan analytique

1. La démarche du candidat

Si le candidat est conduit à créer des rubriques concernant des causes ou des conséquences, voire une rubrique décrivant un aspect d'un phénomène ou d'une situation, il faut qu'il vérifie si le plan analytique peut s'appliquer à la synthèse.

2. L'organisation du plan analytique

Ce plan s'applique à la description d'un phénomène ou permet d'établir le constat d'une situation. Sa première partie explique les composantes de ce phénomène, et indique qui est concerné. La deuxième partie est consacrée à l'analyse des causes et /ou des conséquences de cette situation. Elles peuvent être très diverses, et classées par catégories. Parfois la documentation génère une troisième partie consacrée à la recherche de solutions, lorsque des conséquences sont négatives.

EXEMPLE

Synthèse sur les fans des séries « cultes »

Pistes de réflexion	Rubriques
Âge moyen : 30 ans	Acteurs du fait
Hommes plus nombreux	Acteurs du fait
Bac et souvent +	Acteurs du fait, classes moyennes
Savoir exhaustif, collection	Composantes du phénomène
Consécration culturelle d'un genre populaire	Cause : besoin de légitimation culturelle
Besoin de partager sa « folie »	Causes : besoin de socialisation, besoin de se rassurer
Réunions, conventions, sites Internet, forums, revues	Composantes du phénomène : les manifestations du culte

L'observation du tableau révèle des rubriques telles que les acteurs et les composantes du fait, les causes du phénomène. Le plan analytique s'impose. On l'obtient en regroupant et en classant les rubriques.

Plan de la synthèse
1. Le phénomène des fans
- Les manifestations du culte : sites, conventions, forums, etc.
- Les fans : + d'hommes, classes moyennes, 30 ans.
- Le savoir, les collections exhaustives.
2. L'explication du phénomène
- Le besoin de socialisation : retrouver ses semblables.
- Le besoin de se rassurer.
- Le besoin de légitimation culturelle de productions de la culture de masse.

2 Le plan thématique

1. La démarche du candidat

La synthèse présente une situation, un processus, un problème, un phénomène. Si, après l'observation des pistes de réflexion, les rubriques obtenues portent sur les aspects les plus remarquables de cette situation, de ce processus, le candidat doit vérifier si le plan thématique peut s'appliquer à la synthèse.

2. L'organisation du plan thématique

Ces aspects peuvent être de plusieurs sortes, mais le plan obéit toujours au même principe d'organisation.

a) L'étude du problème à partir des disciplines scientifiques

Le problème est envisagé du point de vue de la médecine, de la biologie, de la psychologie, de la sociologie, de l'histoire, de l'économie, la politique, l'environnement, etc.

b) L'étude du problème à partir d'autres catégories

Les angles d'approche d'un phénomène peuvent être très variés. Par exemple on peut étudier les différents degrés (du plus au moins), les différentes échelles (les niveaux local, national, planétaire, par exemple), les différentes temporalités (le passé, le présent, l'avenir, l'immédiat, le lointain, etc.), les différentes valeurs (le positif, le négatif) ou tout simplement les différentes composantes d'un objet d'étude.
Ainsi une synthèse portant sur les formes contemporaines de la solidarité pourrait étudier ses aspects institutionnels (la Sécurité sociale, le régime des retraites, les assurances, etc.), le versant humanitaire (les ONG), la pratique privée (le don, l'entraide familiale, etc.).

EXEMPLE

Plan d'une synthèse sur les enjeux de l'eau au XXIe siècle
1. Enjeux politiques
- pénurie de l'eau
- disparité des ressources
- nombreux conflits régionaux
2. Enjeux économiques
- les besoins de l'agriculture
- les besoins industriels
- l'eau et le développement
3. Enjeux environnementaux
- la dégradation de la qualité de l'eau
- les aléas climatiques

Une astuce à l'examen

Demandez-vous si la rubrique que vous avez formulée n'en appelle pas une autre, qui ferait aboutir à un plan-type. Par exemple, une cause peut faire penser à une conséquence et donc à un plan analytique causes / conséquences ; une rubrique aspects économiques peut faire penser à un plan thématique : aspects économiques, sociaux, humains, etc.

3 Les plans alternatifs et dialectiques

1. Le plan alternatif

a) La démarche du candidat. Les pistes de réflexion aboutissent à la formulation de rubriques signifiant de nettes différences de points de vue.
Ce cas de figure se rencontre quand un sujet fait débat, suscite des polémiques. Il faut alors se demander si la synthèse ne peut pas être organisée sur un système d'oppositions, en prenant garde à bien confronter les documents.
b) L'organisation du plan alternatif. Ce plan voit s'opposer des couples antithétiques : les ressemblances et les différences, le «pour» et le «contre», les aspects positifs et négatifs, la tradition et la modernité, les avantages et les inconvénients, le progrès et la régression, le bien et le mal, etc.

EXEMPLE

Dans une synthèse portant sur les comportements à risques, les auteurs peuvent s'opposer à propos de la politique de prévention.
- Pour les uns, les campagnes de prévention contre l'alcool, le tabac, la vitesse, le sucre, le sel, les graisses, etc. sont excessives, déprimantes, voire liberticides. En outre, pour ces auteurs toute forme de prohibition risque de déresponsabiliser les gens.
- Pour les autres, ces campagnes ont un rôle éducatif, elles protègent des addictions et sauvent des vies. Selon eux, elles responsabilisent les citoyens en mettant chacun en face des risques qu'il prend avec sa santé et en lui faisant prendre conscience de l'effort financier qu'il demande à la collectivité pour le guérir quand son addiction le rend malade.

2. Le plan dialectique

Il peut se rencontrer parfois. Mais il faut être sûr de disposer des données capables de nourrir une troisième partie.
Dans ce cas l'observation des rubriques montre une opposition entre deux thèses mais aussi qu'une troisième voie est possible. Elle réconcilie les opposants ou permet de dépasser leur opposition en posant autrement la question, en décalant l'angle de réflexion initial.

EXEMPLE

Dans une synthèse s'interrogeant sur la nécessité de la croissance, une première partie exposerait ses avantages, la deuxième exposerait ses inconvénients, la troisième proposerait un autre modèle : la décroissance soutenable.

4 Le plan combiné et le plan original

1. La combinaison plan analytique/plan thématique

La structure de ce plan est analytique : il expose les faits, leurs causes, leurs conséquences, éventuellement les solutions. Mais à l'intérieur de chaque partie, il classe les causes et les conséquences par catégorie, par thème. Par exemple il analyse les conséquences sociales, économiques, humaines, etc.

2. La combinaison plan thématique/plan alternatif

La structure de ce plan est thématique. Mais à l'intérieur de chaque partie, les idées sont classées selon leur aspect antithétique : avantages – inconvénients, «pour» – «contre», etc.

EXEMPLE

On pourrait organiser une synthèse portant sur la marginalité de deux manières.
Plan 1 :
1. La marginalité et la personnalité du sujet
- aspects positifs : créativité, enrichissement de la personnalité
- aspects négatifs : solitude, fragilisation culturelle et psychologique
2. La marginalité et les relations avec la société
- aspects positifs : pratiques sociales innovantes, créatrices
- aspects négatifs : isolement, rejet, exclusion

Plan 2
1. Les aspects positifs de la marginalité
- l'enrichissement de la personnalité
- la créativité
2. Les aspects négatifs de la marginalité
- la fragilisation culturelle et psychologique
- l'exclusion sociale

3. Le plan original

Si aucun des plans-types ne semble convenir, il faut chercher alors un plan original, qui ne coule pas les données de la synthèse dans un moule préétabli.
Il faut oser suivre les évidences imposées par le tableau de confrontation.

Auto-évaluation

Les vérifications à faire le jour de l'examen pour évaluer la pertinence de mon plan
- Ai-je vérifié que, une rubrique en appelant une autre, je n'aboutissais pas à un plan-type ?
- Ai-je pensé à tous les plans-types possibles ?
- Ai-je pensé à utiliser les ressources du plan combiné ?
- Ai-je utilisé tous les documents et toutes les données ?
- Ai-je essayé de bâtir un plan original ?

7 LA RÉDACTION DE LA SYNTHÈSE

➔ Pour réussir la rédaction de la synthèse, il faut reformuler les données du dossier tout en rédigeant avec adresse les références aux documents. Sans oublier la qualité de l'expression, bien entendu.

1 La rédaction de l'introduction et de la conclusion

1. Le rôle de l'introduction

Comme toute introduction, elle annonce le sujet et amorce la curiosité du lecteur. Elle doit être courte et aller à l'essentiel sans fioriture : le candidat n'a que trois heures pour rédiger sa synthèse.

2. La composition de l'introduction

Elle commence par définir le thème traité, puis indique la problématique retenue. Elle présente ensuite le dossier et annonce enfin le plan de manière claire et concise.
Pour l'alléger et gagner du temps le candidat peut choisir de reporter la présentation des documents à leur première apparition dans le développement. Il devra alors indiquer le genre du document, son auteur et la date de parution : « Selon François Derval, qui s'exprime dans un article du journal *Le Figaro* du 19 mai 2008, la démocratie participative... ». Mais il reste possible de présenter l'ensemble des documents dès l'introduction.

EXEMPLE

Ce dossier traite des lectures des jeunes et s'interroge plus précisément sur la place de la lecture / plaisir dans ce qu'ils lisent. Tous les documents constatent l'importance de la lecture / plaisir chez les adolescents. Mais ils dénoncent aussi les effets pervers de la lecture contrainte et proposent des pistes pour réconcilier les jeunes avec le livre.

3. La rédaction de la conclusion

La conclusion doit être courte et ne pas dépasser cinq lignes. Son rôle est d'indiquer au lecteur qu'il est parvenu au terme de l'argumentation. C'est pourquoi elle est introduite par un terme d'articulation comme : *en définitive, pour résumer, en conclusion, finalement, en somme,* etc. Elle reformule sous une forme synthétique les grands axes de la synthèse. Le candidat ne doit formuler aucun jugement personnel, il doit rester neutre.

EXEMPLE

Finalement ce dossier montre que les adolescents lisent volontiers quand on ne les contraint pas. En effet, ils détestent les livres qu'on leur impose à la maison ou à l'école. Si l'objectif est de les faire lire, c'est contre-productif. C'est pourquoi il faut passer par des méthodes plus subtiles pour leur faire aimer la lecture.

2 La rédaction du développement

1. L'objectivité

Elle est impérative dans la synthèse de documents. D'une part il s'agit de rapporter les idées ou les faits relevés dans les documents sans les déformer, sans les tronquer. C'est donc être fidèle. D'autre part, il ne faut introduire aucun jugement personnel dans la formulation de ses phrases. Les adverbes appréciatifs, les verbes introducteurs, les connotations exprimant son propre jugement, aucune de ces marques d'implication du candidat ne doit apparaître dans la rédaction. Il faut rester neutre.

2. La reformulation

Le candidat doit réécrire les idées dont il se sert pour faire sa synthèse : la reformulation est une exigence absolue de l'exercice de synthèse au BTS. Chaque donnée des documents doit donc être reformulée avec les mots et les structures de phrase du candidat. Seuls les mots clés des documents peuvent être réutilisés.
Toutefois une formule courte et frappante, particulièrement signifiante, peut être reprise sous la forme d'une citation, donc entre guillemets, mais une synthèse reposant sur un montage de citations est interdite et donc lourdement sanctionnée.

EXEMPLE

Reformulation des idées dans une synthèse traitant du dopage
« Dès les origines, dès les premiers Tours de France, les coureurs prenaient au départ de l'alcool, puis des amphétamines, puis des anabolisants, puis l'EPO, le dopage sanguin. Il y a une progression dans le dopage qui tient aussi au fait que c'est un sport très difficile, tout simplement. Quand on enchaîne trois semaines de course par tous les temps, c'est très dur. Et il y a donc une tendance à favoriser la prise de produits. Comme c'est très ancré dans la culture, il est difficile, voire impossible, de s'en défaire. »
Stéphane Mandard, envoyé spécial du *Monde* sur le Tour de France, mercredi 20 juillet 2005.
Reformulation : le dopage fait partie de la culture du sport cycliste, car c'est un sport très exigeant. On y a eu recours dès l'origine du Tour de France. Ce sera donc très difficile de l'abandonner.

3. La concision

Elle fait partie des exigences de l'épreuve, c'est pourquoi elle est souvent rappelée par le libellé du sujet.
Il faut donc aller à l'essentiel, chercher les reformulations synthétiques, se garder de toute paraphrase inutile et d'une accumulation d'exemples si un seul suffit pour comprendre.

Une astuce à l'examen

Faites un plan très précis. S'il est détaillé, vous pourrez rédiger la synthèse directement sur la copie d'examen, ce qui vous fera gagner un temps précieux. En revanche, pour soigner l'introduction et la conclusion, rédigez-les au brouillon.

3 Les références aux documents

1. La manière de citer les documents

Là encore il faut varier la façon de nommer des documents. On ne peut se contenter d'une abréviation entre parenthèses (doc. 1 ; doc. 2, etc.). Ce procédé est valable pour un brouillon ou un tableau de confrontation, mais ne satisfait pas à l'obligation de rédaction. On citera donc le document en jouant sur sa nature : dans cet article, dans cet extrait, dans son essai, sur cette affiche, dans ce dessin, dans ce récit, ce poème, etc.

2. Les façons de se référer aux auteurs

Dans une synthèse, il est obligatoire de citer les auteurs des documents que l'on confronte. Il faut les nommer, mais en évitant les répétitions lassantes. On peut remplacer le nom de l'auteur par divers substituts qui concernent :

- son rapport à l'écriture : X peut être cité comme journaliste, romancier, poète, essayiste, dramaturge, dessinateur, etc. ;
- son statut professionnel : X peut être présenté comme sociologue, philosophe, statisticien, observateur, juriste, linguiste, chercheur, etc. ;
- ses positions dans le débat : X peut être cité comme le partisan, le défenseur, le promoteur, l'adepte, l'adversaire, de telle ou telle idée.

3. La caractérisation des points de vue

S'il y a confrontation des documents, il y a nécessairement confrontation de points de vue. Il peut être pratique de les caractériser, mais il faut le faire en utilisant avec prudence des synonymes.

a) La certitude : on peut parler d'*affirmation*, d'*assertion*, de *constatation*, de *certitude*, de *proposition*, d'*évidence*.

b) La justification : on peut parler de *confirmation*, de *preuve*, de *démonstration*, de *justification*.

c) l'accord : on peut parler d'*approbation*, de *convergence*, de *soutien*, de *confirmation*.

d) l'opposition : on peut parler de *divergence*, de *contestation*, d'*allégation*, de *désaccord*, de *division*, de *conflit*, de *débat*.

e) Le doute : on peut parler de *question*, d'*interrogation*, de *scepticisme*, d'*incertitude*, de *méfiance*, de *soupçon*.

4. L'introduction des références

Elles sont introduites par des verbes ou des tournures différentes.

a) Pour amener une affirmation : *Selon X, d'après X, X pense, X croit, X s'exclame, pour X, si l'on en croit X, X fait part de, X évoque.*

b) Pour amener une confirmation : *X insiste sur, X souligne que, X confirme que, X rappelle que, X est d'accord avec, X partage cette idée.*

c) Pour amener une réflexion : *X explique, X montre, X analyse, X fait apparaître, X démontre, X découvre que, X met en évidence.*

d) Pour amener une information implicite : *X laisse entendre que, X sous-entend que, X suggère que.*

e) Pour amener un complément : *X prolonge, X complète, X ajoute, X précise.*

f) Pour amener un souhait, un conseil : *X souhaite, X préconise, X propose, X conseille.*

g) Pour amener une question : *X se demande si, X s'interroge sur, X se questionne sur, ... demande X.*

h) Pour amener une contestation : *X refuse, X s'indigne, X revendique, X conteste, X s'insurge contre, X déplore que, X doute, X regrette que.*

EXEMPLE

Extrait d'une synthèse portant sur le bénévolat en France
Cependant on observe une évolution des comportements des adhérents. Jean Béranger et Claude Menu notent que les associations de défense des intérêts collectifs ou de soutien aux grandes causes humanitaires sont en recul. Jean Béranger explique ce phénomène par la montée de l'individualisme et le recentrage des choix sur les associations œuvrant pour les loisirs, le sport ou la culture. Il montre que le bénévolat y est plus facile dans la mesure où les adhérents ont l'impression de travailler pour eux. Comme l'écrit Yvette Leroi dans *Le Monde industrialisé*, « association rime de moins en moins avec militantisme ». Cette tendance est confirmée par les statistiques du Credoc.

4 La présentation de la synthèse

1. La mise en page de la synthèse

L'organisation de la synthèse doit être visible. Deux lignes séparent l'introduction du développement, puis ce dernier de la conclusion. Une ligne sépare chaque partie et, à l'intérieur de chacune, les paragraphes commencent par un retrait. Pour plus de lisibilité, il vaut mieux commencer un paragraphe par l'idée clé qu'il développe ensuite.

2. Le soin de l'écriture et de l'expression

Il faut éliminer les phrases trop longues, le vocabulaire trop familier. Bien entendu il est impératif de relire sa copie pour corriger les fautes d'orthographe.
Il est préférable de souligner le titre des ouvrages pour leur donner du relief.

Auto-évaluation

Les vérifications à faire le jour de l'examen pour évaluer la qualité de ma rédaction

- Ai-je été objectif, suis-je resté neutre ?
- Ai-je reformulé les données des documents ?
- Ai-je cité les auteurs, et les genres auxquels appartiennent les documents ?
- Ai-je introduit les références par des tournures appropriées ?

8 L'ANALYSE DU SUJET D'ÉCRITURE PERSONNELLE

➔ L'étude de la question posée au candidat fournit déjà de précieuses indications. Elle permet de préparer une réponse pertinente et personnelle.

1 La relation avec le programme

1. Un sujet en rapport avec l'un des deux thèmes annuels

Le thème du sujet d'écriture aborde obligatoirement l'un des deux thèmes étudiés pendant l'année du BTS. Sa problématique n'est donc pas inconnue, il se peut même qu'elle ait été étudiée lors d'une lecture ou d'un débat.

EXEMPLE

Thème de l'année : Risque et progrès
Thème de la synthèse : La science en débat
Exposé préparé par le candidat : Présentation d'un ouvrage de la collection « Pour ou contre ? » réunissant sur le même sujet les avis de deux experts aux points de vue différents (Yves Chupeau – Jacques Testart), intitulé *OGM, quels risques ?* Éd. Prométhée, 2007.
Sujet d'écriture : Selon vous, faut-il s'inquiéter des pouvoirs de la science ?
En analysant ce sujet on comprend alors l'intérêt du travail qui accompagne la préparation en vue de l'examen. En effet, conduire tout au long de l'année une réflexion sur des problématiques liées à chaque thème permet de faire face au sujet d'écriture. En outre il faut le plus souvent possible chercher à définir son propre point de vue. On se construit ainsi une pensée personnelle.

2. Un sujet d'écriture en rapport avec la synthèse

Le sujet d'écriture poursuit le thème sur lequel portait la synthèse. Il explore un aspect sur lequel un débat peut s'engager et à propos duquel on demande au candidat de s'impliquer. Alors que la synthèse imposait une attitude neutre et objective, l'écriture personnelle est un exposé argumenté en réponse à une question. La synthèse et l'écriture personnelle sont donc étroitement liées. Mais avant tout travail, il convient de bien repérer ce lien.

EXEMPLE

Thème de la synthèse : la santé, une exigence nouvelle
Sujet d'écriture : Selon vous, la santé est-elle un droit ou un devoir ?
Le thème de la synthèse porte sur la place prise par la santé dans notre société.
Le sujet d'écriture propose de débattre d'un aspect du thème de la synthèse : la part de responsabilité qui revient à l'individu et à la société.

2 La formulation du sujet

1. La question posée

Le sujet peut demander explicitement au candidat d'expliquer, de discuter ou de commenter une citation extraite d'un document de la synthèse.

Dans ce cas, il s'agit d'un passage pouvant donner lieu à un débat.

EXEMPLE

Commentez cette affirmation de Maryline Baumard : « La marque doit doter le produit d'une valeur symbolique non mesurable qui l'emporte sur sa valeur utilitaire et d'échange. »

Le sujet peut aussi solliciter directement le point de vue du candidat sur une question en relation avec le thème : « Pensez-vous que… » Il s'agit alors de s'interroger sur les termes de ce débat et d'en cerner les enjeux. Ensuite seulement on engage une réflexion personnelle, pour construire sa propre argumentation.

EXEMPLE

Sujet : Pensez-vous que les messages de santé publique (prévention de l'alcoolisme, du tabagisme, de l'obésité, etc.) altèrent notre liberté ?

2. Les mots clés

Tout sujet comporte un certain nombre de termes qui fournissent de précieuses indications sur le thème abordé. La signification des mots clés est à explorer pour éviter tout contresens, à l'origine de nombreux hors-sujets. On peut déjà noter quelques exemples concrets qui viennent à l'esprit. Les relations entre les mots clés sont aussi à analyser, surtout si elles sont sous-entendues.

EXEMPLE

Sujet : Dans le voyage touristique, pensez-vous que le désir de rester entre soi a aujourd'hui remplacé le plaisir des rencontres et le souci de comprendre les autres ?
Mots clés : « le désir de rester entre soi » : rester avec ses semblables. « Le plaisir des rencontres » : dans la relation, le plaisir d'échanger et de partager. « Le souci de comprendre les autres » : être curieux de connaître les modes de pensée et de vie d'autres cultures.
L'étude de ces mots clés permet de bien comprendre qu'il s'agit de s'interroger sur certains comportements contradictoires du touriste actuel.

3. La reformulation du sujet

En reformulant le sujet avec un vocabulaire différent de celui de l'énoncé, on vérifie sa bonne compréhension. Dans certains cas, il est possible de visualiser le problème posé sous la forme d'un schéma.

EXEMPLE

Sujet : « Du passé faisons table rase ! » Partagez-vous cette idée ?
Reformulation : Faut-il supprimer tout ce qui nous vient de notre histoire pour repartir à zéro, sur des bases nouvelles et meilleures ?

Passé = Le mal → Abolition → Création nouvelle société
Le mal ↓ Vrai ?
Abolition ↓ Avec quelle violence ?
Création nouvelle société ↓ Meilleur ?

Comment concilier (r)évolution et respect du passé ?

3 La problématique du sujet

1. Le thème du débat

Tout sujet invite le candidat à se confronter à un problème qui fait débat et sur lequel on veut qu'il argumente. Ce débat, parfois déjà présent dans certains textes de la synthèse, doit être enrichi et même élargi. Le texte à rédiger doit montrer la qualité de la réflexion du candidat. Il convient donc de l'alimenter et de l'enrichir en questionnant le thème qui fait débat dans le sujet.

2. Le questionnement du thème

Même quand la problématique est clairement proposée, le questionnement du thème du sujet est une étape indispensable. La définition du texte à écrire repose sur une série d'interrogations préalables qui, pas à pas, cernent l'argumentation à développer : « Qui est concerné, d'autres options sont-elles possibles, quelles en sont les conséquences... ? » Chaque question peut être aisément formulée à partir d'un mot clé.

EXEMPLE

Sujet : Pensez-vous que, « contrairement à une idée reçue, les valeurs de la jeunesse ne diffèrent pas tellement de celles adoptées par le reste de la société » ?
Mot clé : valeurs. Questionnement préalable : Y a-t-il des valeurs communes aux différentes générations ? La jeunesse a-t-elle des valeurs qui lui sont propres ?
Le débat peut se formuler ainsi : entre les générations, y a-t-il un socle commun de valeurs ? Quelles valeurs seraient propres aux jeunes ?

EXEMPLE

Thème au programme : L'avenir
Sujet d'écriture personnelle : Quelles réflexions vous inspire ce mot attribué au roi Louis XV : « Après moi, le déluge ! » ?
Il faut commencer par bien comprendre la problématique du sujet : l'avenir est-il de notre responsabilité ? Celui qui se sent comptable de l'avenir (par exemple du point de vue écologique), formulera spontanément le point de vue suivant : ces paroles relèvent d'une attitude égoïste et irresponsable !

Une astuce à l'examen

Dans une situation de blocage devant un sujet, pas de panique ! Il faut procéder par étapes en revenant sur les mots clés. D'abord cernez la question en cherchant un maximum de synonymes (vous délimitez le thème). Puis recherchez pour chaque terme son contraire (vous enrichissez le débat). Ensuite examinez la liste de mots clés pour envisager le sujet sous des angles différents et en avoir une vue plus large.

4 La recherche d'un point de vue

1. Le candidat a un point de vue sur le sujet

Grâce à sa culture personnelle le candidat peut être en mesure de formuler d'emblée un point de vue sur le sujet. Mais il faut vérifier d'abord qu'il ne fausse pas la problématique. Il formule donc clairement sa thèse et vérifie qu'elle s'inscrit bien dans le cadre du sujet. Il peut alors commencer à chercher des arguments pour la justifier.

2. Le candidat n'a pas, *a priori*, de point de vue sur le sujet

Il arrive qu'un candidat soit pris au dépourvu par le sujet. Ce dernier n'évoque rien, ne suscite aucun écho chez lui. Or il est tenu d'adopter un point de vue en réponse à la question que pose le sujet. C'est, par exemple ce qui peut arriver si la préparation du thème au programme a été insuffisante. Pour se forger un point de vue plusieurs recours sont alors possibles.

a) Le recours à l'implication personnelle

Les sujets d'écriture personnelle concernent des grands problèmes du monde contemporain. C'est pourquoi le candidat peut facilement imaginer en quoi il pourrait être concerné par le problème et quelles réactions il aurait alors. Par exemple, il imagine les conséquences de ce problème sur sa propre vie. Des conséquences regrettables impliquent qu'il va adopter un point de vue critique, des conséquences positives vont le faire pencher pour une opinion favorable.

b) L'appui du dossier de la synthèse

Le dossier contient des idées en lien avec la problématique du sujet d'écriture personnelle. Pour se construire un point de vue personnel, il faut se demander quelles sont celles dont on se sent le plus proche, ou celles qu'on rejette.
Plusieurs étapes sont nécessaires. La première est consacrée à la collecte des idées rentrant dans la problématique du sujet. Dans la deuxième, il faut se demander vers quel point de vue elles orientent le lecteur et se déterminer par rapport à ce point de vue : accord, désaccord partiel ou total. Quelle que soit la position adoptée, il faut approfondir la réflexion pour trouver les arguments capables de la justifier.

Auto-évaluation

Les vérifications à faire le jour de l'examen avant d'entamer l'étape suivante
- Ai-je bien analysé les mots clés du sujet ?
- Ai-je compris la question posée par le sujet ?
- Ai-je vérifié que la problématique choisie est bien celle du sujet ?
- Ai-je réussi à formuler un point de vue personnel ?

9 LA RECHERCHE DES ARGUMENTS

La connaissance du thème et le dossier de synthèse fournissent des idées. Mais il faut compléter cette recherche par d'autres méthodes si l'on veut disposer d'idées et d'arguments efficaces.

1 La place de l'argumentation dans l'écriture personnelle

1. L'obligation d'argumenter

Pour se conformer aux exigences de l'épreuve le candidat doit rédiger sa réponse en la justifiant par des arguments. Il s'agit de convaincre et, dans l'idéal, de séduire son lecteur par la qualité de son argumentation et de son expression. Il est préférable d'avancer plusieurs arguments pour être sûr de convaincre. Mais deux ou trois arguments pertinents suffisent : souvent il ne reste pas assez de temps pour en développer davantage. Attention : il ne faut pas se contenter de nommer les arguments, il faut les développer en une dizaine de lignes, et les justifier par un exemple, au moins.

2. Une argumentation personnelle

Le candidat doit étayer sa réflexion sur les documents de la synthèse, il peut aussi s'appuyer sur les études conduites en cours (textes, films, images, etc.). Mais on attend surtout de lui qu'il enrichisse ces données par des apports personnels. En outre les exemples qu'il choisit doivent être suffisamment connus pour être efficaces.

2 La collecte des premiers arguments

1. Les arguments spontanés

Ils naissent dès l'étude du sujet car leur collecte génère spontanément des idées. En effet, lors de l'analyse de la problématique du sujet le candidat recherche les interrogations que ce dernier soulève. La succession de ces interrogations permet d'envisager sous des angles différents le problème posé, ce qui suggère des idées nouvelles. Dès cette phase du travail, tout ce qui se présente à l'esprit et peut fournir des arguments est soigneusement relevé.

2. Les arguments liés à la connaissance du thème

Il s'agit de mobiliser les connaissances engrangées pas à pas lors de l'étude du thème au programme. Il suffit de retrouver dans ses souvenirs tout ce qui peut servir d'argument ou d'exemple. Pour les mobiliser il faut inscrire chaque mot clé du sujet dans une colonne et noter en face du mot les situations, les exemples, les idées qui reviennent à son propos. Après avoir clarifié ce souvenir, on note l'argument qui peut en résulter.

3. Les idées provenant du corpus de la synthèse

a) L'utilisation du tableau synoptique

Les cellules du tableau contiennent des données du dossier qui peuvent entrer dans le cadre de la problématique du sujet. Il faut consulter ce tableau et relever les idées pertinentes. Les pistes de réflexion de la dernière colonne doivent elles aussi être consultées. Elles peuvent fournir des arguments de qualité du fait de leur niveau d'abstraction et de synthèse.

b) La relecture des documents

La relecture des documents de la synthèse permet de retrouver d'éventuels arguments qui répondent à la problématique du sujet d'écriture. Ils sont notés en veillant à ne pas sortir du cadre du sujet. Il faut aussi essayer d'approfondir les idées recueillies. Chaque idée peut être explorée, détaillée, enrichie par un exemple. Elle peut aussi être contredite, générant ainsi de nouvelles pistes de réflexion.

EXEMPLE

Synthèse de documents portant sur la prolifération de l'information

Sujet d'écriture personnelle : Pensez-vous que les médias accordent trop d'importance à certains événements ?

Document 1

« La multiplication extraordinaire de l'information est telle qu'elle devient à son tour indéchiffrable et semble ne plus faire autorité. C'est certainement le plus étonnant de la situation actuelle des médias. Ce n'est pas qu'une affaire de maîtrise du trop-plein. Les institutions ont appris à communiquer, tous les responsables communiquent à qui mieux mieux. Comment s'y retrouver dans cet afflux ? À qui se fier ? Tout finit par se valoir, le bidonné complet et le très sérieux. »

Marcel Gauchet, « Les habits neufs du complot mondial », *L'Histoire* n° 270, novembre 2002.

Document 2

« Les exemples, toujours plus abondants à l'image du tsunami en Asie, de la grippe aviaire ou des scandales d'Outreau et de Clearstream, démontrent qu'il est urgent de repenser notre rapport à l'information. Le choc des images et la contribution naturelle pour les individus à fabriquer de l'information, aussi brute que brutale, rendent la perception et l'analyse de l'information de plus en plus complexe. La diffusion de l'actualité n'est plus le monopole des médias conventionnels. Elle est désormais à la portée de tous, ce qui contribue fortement à l'emballement de la "machine médiatique" et peut favoriser la dérive d'une information devenue insaisissable. »

Site de l'UCPF : Grenoble, 27e congrès de l'UCPF *L'emballement médiatique*, du 7 au 10 décembre 2006.

Les idées suivantes, surlignées dans le texte, peuvent être exploitées pour traiter le sujet : on assiste à la multiplication extraordinaire de l'information (doc. 1) ; les médias conventionnels sont concurrencés par les médias numériques (doc. 2) ; toutes les informations sont placées sur le même plan (doc. 1) ; l'information ne fait plus autorité (doc. 1) ; certains événements qui font scandale provoquent une abondance d'images et d'information (doc. 2) ; on assiste à un emballement des médias (doc. 2) ; l'information n'est plus contrôlable, elle dérive (doc. 2).

Une astuce à l'examen

Cherchez s'il existe un lien entre le sujet et votre expérience personnelle. Demandez-vous en quoi la question qui est posée vous concerne : en réfléchissant sur votre expérience personnelle, vous trouverez des idées.

3 La production de nouvelles idées

1. L'association d'idées

Pour trouver des idées nouvelles, il est intéressant de partir des mots clés et de noter tout ce qui vient spontanément à l'esprit. Chaque mot clé est placé en haut d'une colonne dans laquelle il faut noter les associations de mots qui surgissent. Une association en fait naître une autre, une idée appelle un exemple qui fait surgir à son tour une nouvelle idée, et ainsi de suite. Il faut noter tout ce qui se présente, sans effectuer de censure. Des idées pertinentes et inattendues finissent par émerger.

La recherche des termes opposés favorise l'émergence de nouvelles idées. On peut ainsi disposer un mot clé du problème dans un champ de forces opposées terme à terme.

2. L'étude d'un exemple

Une approche concrète du sujet à traiter permet de trouver des idées. Un exemple correspondant à la problématique est choisi dans l'actualité ou dans une œuvre littéraire ou cinématographique. Après l'avoir décomposé en ses différents éléments, il faut se demander à quels aspects du problème posé il renvoie.

3. La grille des questions

En posant à propos des mots clés les questions suivantes : Qui? Quoi? Quand? Où? Comment?, des idées nouvelles peuvent être trouvées. Il ne faut pas se contenter de répondre à ces questions, il faut enrichir les réponses en posant de nouvelles questions et en trouvant des exemples. Après avoir éliminé ce qui sort de la problématique du sujet, on met en forme les idées trouvées.

EXEMPLE

Sujet : «Les frontières entre scientifiques et citoyens deviennent plus perméables. On ne peut plus prétendre être citoyen sans réfléchir au sens des concepts et des savoirs que l'on mobilise pour fonder son action.» Partagez-vous cette idée?

Quels scientifiques? Les chercheurs qui proposent des applications ayant des conséquences sur la nature et l'homme.

Quels citoyens? Les utilisateurs des techniques nouvelles.

Quelles actions? Les transports (émissions de CO_2) ; la communication (Internet, téléchargement légal ou illégal) ; la production (utilisation de produits dangereux), etc.

Quels concepts? Les concepts éthiques par exemple.

Quels savoirs? Les effets de nos actes sur la nature, sur la santé, sur l'économie, etc.

En répondant à toutes ces questions le candidat trouvera des arguments et des exemples sur lesquels s'appuyer s'il veut soutenir le point de vue exprimé par le sujet.

4. Le renversement du point de vue

Cette méthode est productive car elle force à prendre le problème autrement, en changeant de perspective. En s'efforçant de prendre le contre-pied de la thèse présentée par le sujet, le candidat est obligé de chercher des arguments auxquels il ne pense pas de prime abord.

EXEMPLE

Sujet : Pensez-vous que le sport-spectacle soit un loisir?

Point de vue couramment admis : le sport-spectacle est un loisir. Renversement de ce point de vue : ce n'est pas un loisir.

1. Parce que c'est une passion qui crée une dépendance, à l'exemple des supporters qui ne vivent que pour leur club.
2. Parce qu'on peut rejeter le spectacle qu'il offre : les affaires d'argent, le dévoiement de l'esprit sportif dégoûtent. Etc.

5. La décomposition par aspects

La recherche des différents aspects d'un problème est très productive elle aussi. Ces aspects sont nombreux : culturels, économiques, humains, éthiques, sociaux, sociologiques, etc. Si cette décomposition est suivie de la recherche d'une justification ou une contestation et enfin d'un exemple pour chaque aspect, d'autres pistes de réflexion, d'autres arguments émergent encore.

EXEMPLE

Sujet : Pensez-vous que «si nous ne sommes pas égaux, nous pouvons le devenir?»

L'égalité peut être envisagée sous ses différents aspects : égalité physique, sociale, économique, culturelle, par exemple. Peut-on progresser vers l'égalité, est-ce possible? Comment? Pourquoi? Quels obstacles s'opposent à l'égalité? Devenir égaux est-ce forcément souhaitable?

Auto-évaluation

Les vérifications à faire le jour de l'examen pour évaluer la recherche de mes arguments

- Ai-je exploité toutes les données de la synthèse?
- Ai-je utilisé toutes les méthodes de recherche?
- Ai-je illustré mes arguments par des exemples?

10 LE PLAN DE L'ARGUMENTATION

Il est indispensable de rédiger un plan qui organise les arguments. C'est à cette occasion que s'élabore la meilleure stratégie pour convaincre.

1 L'organisation de l'argumentation

1. L'organisation

Le plan doit correspondre au sujet et au point de vue qu'on veut défendre. Il est évident que ce plan n'est pas le même selon que le candidat soutient le point de vue exprimé par le sujet ou qu'il le critique ou encore qu'il en reformule un autre. Il est clair aussi que l'argumentation doit être cohérente : tous les arguments doivent aller dans le même sens. En somme une argumentation doit être organisée selon le plan qui semble le plus efficace pour convaincre.

2. La progression

Une argumentation est plus convaincante si elle progresse. Elle débute par l'annonce du point de vue personnel, se poursuit par le développement des arguments qui le justifient et se conclut par le rappel du point de vue consolidé. Tout au long du développement, la progression est assurée par l'enchaînement des arguments, liés les uns aux autres par des relations que matérialisent des termes d'articulation.

2 La construction et la rédaction du plan

1. La construction

La construction du plan débute par le tri des idées collectées au préalable. Elles sont classées, en distinguant les idées principales des idées secondaires qui les développent. Les exemples, qui auront un rôle d'illustration et de confirmation, sont identifiés.
Il faut organiser ensuite l'argumentation. C'est à ce stade que se fait le choix du plan. Quel que soit le plan, il classe les idées en parties. Une partie est formée d'une idée principale et des idées secondaires qui la développent. Un ou plusieurs exemples les illustrent. Un plan comporte au moins deux parties, parfois trois, en fonction du sujet et du temps dont on dispose.

2. La rédaction du plan

La rédaction du plan permet d'avoir une vue d'ensemble de l'écriture personnelle, ce qui facilite le travail en guidant la rédaction. Pour le réaliser, les parties sont disposées selon l'ordre logique et progressif choisi. Elles sont titrées par une courte phrase synthétique. Les termes d'articulation qui lient les idées entre elles, ainsi que les exemples, sont placés au bon endroit.

EXEMPLE

Sujet : Pensez-vous que cela soit un avantage de travailler à l'endroit où l'on vit ?
Introduction : Je pense que c'est un avantage de travailler à l'endroit où l'on vit.
Partie 1: Parce qu'on en retire des avantages personnels.
- Pour soi : moins de fatigue, plus de liberté d'organisation, plus d'efficacité = plus de satisfactions professionnelles (exemple : possibilités offertes par l'informatique)
- Pour sa famille : plus de présence auprès du conjoint et des enfants = meilleur équilibre de tous.

Partie 2 : Parce que la société en retire des avantages.
- C'est un moyen de lutte contre la désertification de certaines parties du territoire (exemple de certains départements ruraux).
- C'est un moyen de pallier les problèmes posés par les déplacements : = moins de risques, moins de dépenses, moins de pollution (exemple des déplacements massifs en région parisienne).

Conclusion : Il est donc clair que c'est un avantage de travailler à l'endroit où l'on vit. Mais il ne faudrait pas oublier que les voyages forment la jeunesse !
On peut faire trois remarques :
- Ce plan correspond à la problématique.
- Il progresse selon un ordre logique : il est plus naturel d'envisager d'abord le point de vue de la personne avant celui de la société. Le même principe guide l'organisation des idées secondaires à l'intérieur des parties : l'ordre des arguments – moins de risques, moins de dépenses, moins de pollution – va de la personne à la société.
- Enfin, ces arguments justifient le point de vue annoncé au départ.

Une astuce à l'examen

Soyez concis : une argumentation courte et bien liée est plus intelligible, plus séduisante qu'un long délayage.
Soyez rigoureux : classez les arguments du plus simple au plus complexe.

3 Le plan qui défend et justifie un point de vue

1. L'attitude du candidat face au sujet

Le sujet présente une thèse au candidat. La consigne lui demande s'il partage cette opinion. Les formules sont du type *que pensez-vous de, partagez-vous cette idée...* Après avoir analysé le sujet, on cerne la problématique, puis on cherche des idées et des exemples. Si, après avoir conduit cette démarche, on se sent en accord avec la thèse proposée par le sujet, le travail consiste alors à expliquer les raisons de son adhésion. Il faut tenter de faire partager son point de vue au lecteur. Pour convaincre on doit organiser avec pertinence les arguments qui justifient ce point de vue.

2. L'organisation du plan

L'introduction présente la thèse que le candidat approuve, qui est devenue le point de vue qu'il va soutenir. Le développement explique pourquoi elle lui semble juste. Il comprend au minimum deux parties qui approfondissent cette thèse en l'enrichissant. Les arguments sont personnels : il ne faut pas se contenter de reprendre les idées de la synthèse. Enfin la conclusion réaffirme le point de vue qui a été défendu et approfondi.

EXEMPLE

Sujet : « Avant de songer à changer le monde, il faut d'abord éviter qu'il ne disparaisse. C'est pourquoi l'écologie est devenue l'exigence prioritaire de notre époque. » Partagez-vous cet avis ?
Introduction : Oui, je pense que la protection de la nature est devenue une exigence prioritaire.
Partie 1 : Il est certain que la croissance démographique et industrielle épuise la nature.
- Épuisement des matières premières, des ressources naturelles.
- Pollution et changement climatique menacent la vie.
Partie 2 : C'est pourquoi une prise de conscience et un changement d'attitude sont vitaux pour la survie de l'humanité.
- Il faut sensibiliser les populations.
- Les dirigeants politiques doivent piloter le changement.
Conclusion : Cette exigence est, en effet, prioritaire. Elle doit être au cœur de tout engagement politique.

4 Le plan pour s'opposer à un point de vue

1. L'attitude du candidat face au sujet

Le sujet propose un point de vue avec lequel le candidat se sent en désaccord. Mais il ne peut pas se contenter d'affirmer que le point de vue de l'auteur est faux, il doit expliquer les raisons de son opposition. Le candidat doit donc s'assurer d'abord qu'il ne fait pas de contresens et qu'il interprète bien le sujet. Cette vérification étant faite, il analyse la cause de son désaccord et met au net les reproches qu'il adresse à cette thèse. Ses recherches s'appuient sur le dossier de synthèse et sur ses connaissances. Enfin, en approfondissant sa réflexion, il se demande si le problème ne peut pas être posé autrement.

2. L'organisation du plan

L'introduction présente le point de vue proposé par le sujet et annonce l'opposition du candidat à cette thèse. Le développement comprend trois parties. La première présente rapidement la thèse refusée et ses principaux arguments. La deuxième réfute ces arguments en lui opposant des contre-arguments. La troisième propose le point de vue du candidat justifié par des arguments illustrés d'exemples.

EXEMPLE

Sujet : « La famille, la première cellule sociale, vit une crise sévère. » Partagez-vous ce point de vue ?
Introduction : La famille serait en crise ? C'est une thèse contestable.
Partie 1 : Selon les partisans de cette thèse, la famille serait en crise.
- Les divorces sont nombreux.
- Les PACS et l'union libre se substitueraient au mariage.
- Le relâchement des valeurs affaiblirait la famille.
Partie 2 : Pourtant, jamais l'image de la famille n'a été aussi forte.
- Les enfants n'ont jamais été si proches de leurs parents (ils cohabitent, ils s'entraident, ils se voient souvent).
- La famille est très présente dans la publicité.
Partie 3 : En réalité, la famille se porte bien.
- La famille nucléaire traditionnelle n'est plus la norme.
- En s'élargissant, en se recomposant, elle vit plus intensément encore.
Conclusion : La forme de la famille change, le besoin d'une famille reste.

5 Le plan pour nuancer et corriger un point de vue

1. L'attitude du candidat face au sujet

Le candidat est globalement d'accord avec le point de vue présenté par le sujet. Mais certains aspects le gênent. Il cherche alors les raisons de son désaccord et prépare ses explications. Il réfléchit à la meilleure manière de formuler un point de vue plus juste et aux arguments qui le justifient.

2. L'organisation du plan

Pour commencer, le candidat présente la thèse proposée en expliquant les aspects qui lui semblent justes. Ensuite il explique pourquoi certains aspects sont discutables. Enfin il rectifie la thèse de départ en justifiant les corrections qu'il propose.

EXEMPLE

Sujet : « Les écrans remplacent les livres. La lecture se porte mal. » Partagez-vous cette idée ?
Introduction : Certains estiment que la lecture se porte mal depuis l'apparition des nouvelles technologies de communication.
Partie 1 : En effet, le livre a perdu son statut de média privilégié, concurrencé par l'image et Internet.
Partie 2 : Mais cela ne signifie pas que la lecture se porte mal : les magazines, les pages d'Internet sont lus en masse.
Partie 3 : En fait on n'a jamais lu autant mais on lit autrement.
Conclusion : Il faut se battre pour maintenir la place du livre dans la lecture.

Auto-évaluation

Les vérifications à faire le jour de l'examen pour vérifier la pertinence de mon plan
- Ai-je fait au brouillon un plan clair et précis ?
- Ai-je choisi un plan permettant de justifier le point de vue annoncé ?
- Ai-je classé mes arguments selon un ordre progressif et logique ?
- Ai-je utilisé des termes d'articulation pour mettre en évidence la progression de mon argumentation ?

11 L'INTRODUCTION, LA CONCLUSION ET LES PARAGRAPHES

Il faut soigner l'introduction et la conclusion car ce sont des passages clés de l'écriture personnelle. Mais la composition des paragraphes participe aussi à l'effort de lisibilité et de persuasion.

1 La rédaction de l'introduction et de la conclusion

1. L'introduction

C'est l'introduction qui permet de présenter le sujet au lecteur et le rend curieux de ce qu'il va lire. Brève, elle comprend deux étapes.

La première présente, en une ou deux phrases, la question posée. Si le libellé comprend une courte citation, elle peut être reprise telle quelle dans la présentation.

La deuxième étape annonce le point de vue qui sera développé dans l'écriture personnelle.

L'annonce du plan, certes souhaitable, n'est cependant pas obligatoire, car il faut être bref. L'essentiel est que l'organisation de l'argumentation apparaisse clairement à la lecture du développement. Mais si cette annonce est faite, le lecteur dispose de repères qui lui facilitent la tâche.

EXEMPLE

Sujet : « Ce n'est pas l'événement qui appelle les images, ce sont les images qui font l'événement. » Partagez-vous ce point de vue ?

Introduction : L'avalanche d'images qui accompagne certains événements conduit à s'interroger : et si c'étaient ces images, et le vacarme médiatique qu'elles suscitent, qui créaient l'événement, plutôt que le fait lui-même ? N'est-ce pas ce qu'on observe sur Internet et à la télévision ? [Partie 1] Dès lors quel préjudice subit l'information et par là même la démocratie ? [Partie 2]

2. La conclusion

Elle est courte. Son rôle est d'indiquer au lecteur qu'il est parvenu au terme de l'argumentation. C'est pourquoi elle est introduite par un terme d'articulation comme : *en définitive, pour résumer, en conclusion, finalement, en somme*, etc.

Elle reformule sous une forme synthétique le point de vue qui a été argumenté par le candidat. La conclusion peut se terminer par une formule frappante (on appelle ce procédé une « chute ») qui donne une impression d'achèvement. Mais cette chute est facultative et son absence n'est donc pas sanctionnée.

EXEMPLE

Conclusion du sujet précédent : « Ce n'est pas l'événement qui appelle les images, ce sont les images qui font l'événement. » Finalement, ce qui se produit en silence, sans photographe ni caméra, n'existe pas. C'est pourquoi désormais toute action politique, civique, syndicale doit intégrer la dimension du spectaculaire pour espérer se faire entendre. Plus que jamais, communiquer c'est agir.

2 La composition du paragraphe

1. La définition du paragraphe

Le paragraphe est l'unité de base de l'écriture personnelle. Il est constitué d'un ensemble de phrases unies autour d'une idée clé, argumentée ou commentée et illustrée par des faits concrets. Il comporte une dizaine de lignes. Quand on passe d'une idée à une autre, on doit changer de paragraphe. Le retour à la ligne marque la fin du paragraphe, un retrait marque son début.

2. L'organisation du paragraphe

a) Il peut débuter par l'idée directrice. C'est la forme la plus usuelle. Elle facilite la lecture en allant directement au propos. Cette idée est ensuite expliquée et justifiée par des arguments et des exemples.

EXEMPLE

La science n'est ni morale ni immorale. Elle est la science, c'est-à-dire qu'elle se pose des problèmes de compréhension, de faisabilité mais ignore les problèmes de valeur. La fission de l'atome est un objet de recherche, un objet scientifique, et ses conséquences sur l'homme ne sont plus du ressort de la science, mais d'une autre discipline : la morale par exemple.

b) Il peut se terminer par l'idée clé. Deux cas se présentent : soit les arguments sont énoncés en premier et l'idée qu'on en déduit est formulée au terme du raisonnement : soit un exemple est analysé et ensuite généralisé pour en tirer une idée clé par extrapolation.

Une astuce à l'examen

Si votre paragraphe risque d'être trop long, subdivisez-le en alinéas. Un alinéa est un segment de texte qui est distingué par un retrait du début de la première phrase.

Par exemple isolez par un alinéa l'idée clé énoncée au début ou à la fin du paragraphe. Elle se repérera mieux.

3 Les termes d'articulation

1. La fonction des termes d'articulation

Ils servent à relier et à hiérarchiser de manière logique les idées. Ils sont employés au sein d'une même phrase, d'une phrase à l'autre, d'un paragraphe à l'autre. Ils sont essentiels pour assurer la fluidité de l'expression et servent d'indices d'organisation de l'argumentation.

2. L'annonce d'une énumération

Lorsqu'une série d'arguments se présente, il est nécessaire de souligner leur succession par des indices. C'est ce que permettent les termes d'articulation suivants.

a) Pour ouvrir la série : *d'abord ; en premier lieu ; premièrement ; pour commencer.*

b) Pour poursuivre la série : *ensuite ; de plus ; en outre ; ensuite ; d'autre part ; par ailleurs.*
c) Pour clore la série : *enfin ; en dernier lieu ; pour finir.*

3. L'introduction d'un exemple

L'exemple sert à concrétiser une idée abstraite, à étayer un argument par des faits connus du lecteur. Son importance est fondamentale pour convaincre le lecteur puisqu'il permet de comprendre l'idée qui vient d'être développée. Il doit donc être habilement mis en valeur. Plusieurs possibilités se présentent, qu'il faut alterner.
a) L'exemple est intégré dans une phrase. On utilise des termes comme *par exemple* ; *tel est le cas* ; *notamment* ; *surtout* ; *comme.*

EXEMPLE

Le piratage concerne des activités artistiques comme le cinéma ou la chanson, notamment la chanson française. Le téléchargement des films sur Internet, surtout ceux qui suscitent l'impatience du public du fait d'une campagne de promotion excitante, crée un manque à gagner considérable. C'est toute l'économie du secteur culturel qui est menacée.

b) L'exemple suit l'idée. Il débute une autre phrase introduite par : *Ainsi* ; *C'est ainsi que* ; *On le remarque dans* ; *On peut le vérifier dans* ; *L'exemple de X l'atteste, en témoigne, l'illustre...*

EXEMPLE

La star sportive fait vendre. L'exemple de Zinédine Zidane ou de David Beckam l'atteste...

c) L'exemple est développé d'abord. L'idée qu'il induit le suit dans une autre phrase débutant par : *On peut en conclure* ; *Cet exemple montre* ; *La leçon que nous pouvons tirer de cet exemple* ; *Qu'en conclure ?*, etc.

EXEMPLE

Les glaces des pôles fondent, programmant la disparition de certaines espèces et la montée des eaux. On peut en conclure que la lutte contre l'effet de serre est urgente. Certes, mais la Chine et l'Inde s'équipent en véhicules chaque jour plus nombreux. Qu'en conclure ? Qu'il faut passer par la réduction du nombre des moteurs à explosion ? Mais les populations de ces pays n'ont-elles pas droit au même progrès que les nôtres ?...

4. L'introduction d'une opposition

Il est fréquent que, dans l'écriture personnelle, il faille réfuter une thèse ou signifier une opposition plus ou moins nuancée. Dans ce cas les termes d'articulation varient en fonction du degré d'opposition.
a) La contradiction est nette : *contrairement à ; au contraire ; en revanche ; par contre.*
b) Pour émettre des réserves : *cependant ; néanmoins ; toutefois.*
c) Pour rectifier : *en réalité ; en fait ; en vérité.*

5. Relier une cause ou une conséquence

Cette articulation sert à justifier une idée clé et joue alors tout son rôle argumentatif. Elle assure en outre la progression du raisonnement. L'expression de la cause ou de la conséquence a donc une réelle force démonstrative.
a) Pour introduire une cause : *car ; parce que ; puisque ; sous prétexte que ; par peur de ; faute de ; grâce à.*
b) Pour introduire une conséquence : *donc ; de sorte que ; de façon que ; tellement que ; ainsi ; par conséquent ; alors ; au point de ; dès lors ; voilà pourquoi ; c'est pourquoi, de là.*

EXEMPLE

La personne âgée vit surtout dans le passé. Le présent ne l'intéresse pas puisqu'elle n'a pas de rôle social à y jouer. Alorselle se replonge dans sa vie d'autrefois, une vie pleine, une vie chargée de responsabilité. De là découle l'amertume que l'on observe souvent chez les vieillards, les hommes surtout, qui vivent mal d'être relégués sur le bord de la route...

6. Faire une concession

Reconnaître une part de vérité à une thèse avec laquelle on est en désaccord permet d'être plus convaincant quand on la critique ensuite. Une concession se conduit en deux temps auxquels correspondent des termes d'articulation différents :
a) On admet d'abord une part de vérité : *certes ; il est vrai que ; j'admets que ; sans doute ; bien sûr.*
b) On réaffirme son désaccord global : *Il n'en demeure pas moins vrai que ; mais ; cependant ; pourtant.*

EXEMPLE

On disserte sur la société de consommation. Certes le niveau de vie général a augmenté, les besoins primaires d'un plus grand nombre sont satisfaits : se loger, se nourrir, se chauffer, s'habiller, se déplacer. Pourtant que signifie cette expression « la société de consommation » pour ceux qui sont en marge de cette société ? Beaucoup encore manquent du nécessaire et voudraient consommer davantage. Pire, leur nombre s'accroît tandis que certains consomment davantage encore.

Auto-évaluation

Les questions à se poser le jour de l'examen pour valider l'introduction, la conclusion et la composition de mes paragraphes
- Ai-je annoncé mon point de vue dès l'introduction ?
- Ai-je reformulé dans ma conclusion la thèse que j'ai développée ?
- Ai-je composé mes paragraphes de telle sorte que leur idée clé soit facilement repérable ?
- Ai-je introduit adroitement les exemples ?
- Ai-je utilisé des termes d'articulation pour faire progresser mon argumentation ?

12 LA RÉDACTION ET LE STYLE DE L'ARGUMENTATION

➔ Si l'écriture personnelle est maladroitement rédigée, elle a peu de chances de convaincre. La qualité de l'expression est un critère de réussite essentiel.

1 Le choix des mots

1. L'exactitude du vocabulaire

Il ne peut y avoir d'argumentation convaincante sans un vocabulaire juste et précis. Ainsi prendre *conjecture* pour *conjoncture*, *sujétion* pour *suggestion*, *inanité* pour *inanition* discréditera la démonstration et agacera le lecteur. Attention aux approximations : une phrase comme « la parution de ce texte solutionne un problème car il est enfin basé sur le droit » est incorrecte. Pour supprimer l'à-peu-près, il aurait fallu écrire « la publication de ce texte résout un problème car il se fonde enfin sur le droit ». Il faut se méfier des mots que l'on connaît mal, en particulier du vocabulaire technique. Or chaque thème d'étude possède le sien : il faut l'utiliser à bon escient, sans jargonner par pédanterie.

2. La diversité du vocabulaire

Les répétitions engendrent la lassitude du lecteur. Elles sont ressenties comme des faiblesses et des lourdeurs. Pour les éviter il convient d'utiliser des synonymes, des pronoms de substitution, des mots englobants.

EXEMPLE

« Le documentaire est souvent financé par la télévision. Il est ainsi lié à la demande des chaînes et donc au format qu'elles imposent : 52 minutes, des partis pris de dramatisation, de rythme. Ce formatage peut limiter la créativité, pourtant ce genre cherche à explorer des formes modernes d'écriture grâce aux nouvelles caméras. »
Les pronoms « il », « elles » évitent les répétitions : « formatage », « genre » sont des termes englobants qui évitent la réutilisation du mot « documentaire ».

3. La force expressive des mots

a) Les mots pleins. Il y a des mots plus chargés de sens et plus expressifs que d'autres et ce sont ces mots qu'il faut choisir pour convaincre. Ainsi les verbes *faire*, *dire*, *mettre*, *avoir* doivent être remplacés par d'autres plus précis et plus suggestifs.

EXEMPLE

Remplacement de *faire*
Faire peur : effrayer ; Faire cesser : interrompre ; Faire courir : répandre ; Faire savoir : informer ; Faire une liste : dresser ; Faire un trajet : parcourir ; Faire des dégâts : causer ; Faire des reproches : reprocher.
Remplacement de *avoir*
Avoir peur : craindre ; Avoir des responsabilités : exercer ; Avoir une autorisation : obtenir ; Avoir une bonne réputation : jouir d'une bonne réputation ; Avoir des conséquences : entraîner.
Remplacement de *dire*
Considérer, admettre, rappeler, montrer, affirmer, souligner, juger, reconnaître, suggérer, proposer, s'étonner, nier, contester que..., s'opposer à.

b) Les mots connotés. Les mots ont un effet d'autant plus persuasif qu'ils ne sont pas neutres. Leurs connotations leur donnent un relief et une vigueur qui influent sur l'argumentation. Il faut choisir en fonction de la thèse défendue ou mise en doute.

EXEMPLE

Désormais on nous dissuade de voyager hors d'Europe. La planète serait un guêpier, sinon un coupe-gorge. Terrorisme, attentats, délinquance, tous ces fléaux du monde moderne guetteraient l'aventurier, le découvreur, qui passe pour une tête brûlée, un irresponsable.

Une astuce à l'examen

Utilisez toutes les ressources de la ponctuation. Marquez votre rejet ou votre méfiance à l'égard d'un énoncé en le plaçant entre guillemets. Sous-entendez grâce aux points de suspensions. Utilisez les deux points pour signifier une cause ou une conséquence. Votre rédaction y gagnera plus de force expressive et de dynamisme.

2 Le choix des phrases

1. La longueur de la phrase

Un texte argumentatif est pénible à lire quand toutes les phrases sont longues : pour comprendre la fin de la phrase il faut se souvenir du début, ce qui finit par fatiguer l'attention. C'est pourquoi il est judicieux d'alterner la longueur des phrases. Une phrase courte, après une autre plus longue, prend un relief particulier, donne du rythme. En outre, l'alternance de phrases simples, juxtaposées, coordonnées, complexes dynamise le texte, empêche toute monotonie.

EXEMPLE

Grâce à leur savoir, à leurs compétences scientifiques, les experts doivent rendre un avis, une préconisation motivée à propos de risques éventuels. [22 mots] Faute de compétences, les décideurs sont obligés de s'en remettre à leurs avis. [14 mots] Sur la plupart des sujets techniques, ce sont donc eux qui détiennent le pouvoir réel. [15 mots] Et ce pouvoir est important. [5 mots] Un tel pouvoir n'est évidemment pas exempt de risques de dérapage. [12 mots]

2. La structure de la phrase

Rien n'est plus lassant que des phrases construites sur le même schéma : sujet, verbe, complément. Pour rompre la monotonie du paragraphe, on peut user de procédés divers.

a) La variation du groupe sujet. Il est souhaitable de faire alterner sa forme, sa longueur et sa place dans la phrase. Cette dernière peut commencer par un sujet nominal, un pronom, un verbe à l'infinitif, une proposition conjonctive sujet.

EXEMPLE

La publicité s'adapte à l'évolution des techniques de communication. S'afficher sur des écrans ne lui suffit plus. Désormais elle se sert des réseaux et des blogs pour diffuser l'image des marques. Les conversations électroniques entre usagers passionnés servent de vecteur au discours sur la marque. Que les clients vivent pour leurs produits, se regroupent pour partager leur passion, est l'ultime victoire d'une marque. D'autant plus que cela ne lui coûte plus rien, ou presque, en frais de publicité.

b) Le changement de place du complément circonstanciel. Ce complément peut tour à tour s'intercaler entre le sujet et le verbe, se situer après lui ou débuter la phrase. Ce changement introduit de la variété et de la souplesse dans la structure de la phrase.

EXEMPLE

On assiste à une révolution de la distribution avec la généralisation de la toile. Depuis quelques années l'e-commerce a changé la donne : sur les 100 sites d'information les plus consultés d'Internet, l'année dernière 12 étaient des blogs animés par des particuliers. Maintenant avec Internet la communication est moins imposée que demandée. Les internautes vont de leur propre initiative sur les sites des marques chercher l'information.

c) L'alternance phrase simple / phrase complexe. La lecture du paragraphe sera plus agréable si les phrases simples et complexes alternent. La pensée y gagne en rythme et en relief. De même il est possible de varier la construction de la phrase complexe : l'une commence par la subordonnée, l'autre par la principale. Enfin il ne faut pas négliger l'efficacité d'une bonne formule, frappante par ses sonorités ou sa construction : en résumant de façon synthétique un argument, elle lui donne encore plus de force.

3 L'enrichissement du style

1. L'ordre des mots

La séduction de l'expression rend l'argumentation plus convaincante. C'est pourquoi il ne faut pas négliger certains procédés de style qui ont un effet de persuasion. Ainsi une idée peut être mise en valeur par la place d'un mot clé dans la phrase. Par exemple : « rares sont ceux qui y parviennent » est plus fort que « ceux qui y parviennent sont rares », qui est banal.

EXEMPLE

Choquantes, ces images frappent le téléspectateur. Il s'en souvient au moment de mettre son bulletin dans l'urne, inconsciemment sans doute. Manipulation des électeurs ou hasard de l'actualité ?

2. Les images

Les images permettent d'exprimer avec plus de force les idées que l'on veut transmettre : elles les illustrent en leur donnant plus de vigueur.

a) La comparaison. Une comparaison bien choisie permet de donner plus de profondeur à l'idée exprimée, sans qu'il soit nécessaire de la développer plus longuement. Ainsi dans une phrase comme « dans certaines familles on ne peut plus éteindre la télévision : comme une divinité protectrice, elle rassure », la comparaison suggère que la fonction de l'appareil dépasse de beaucoup sa vocation première.

b) La métaphore. Il faut utiliser des métaphores dans son argumentation, si l'on souhaite donner plus de force à ses arguments. Le procédé consiste à désigner une chose, une idée, une personne par une autre qui présente des analogies, des ressemblances avec elle. Bien choisie, une métaphore peut avoir une grande force.

EXEMPLE

On trouve tout dans le grand bazar de l'humanitaire, du plus sérieux au plus trouble, du plus professionnel au plus bricolé. Un exemple : pour un étudiant, c'est un excellent passeport pour la vie active, une ligne qui impressionne sur son CV. Après quelques semaines en Afrique passées à dépouiller des rapports au profit d'une ONG, à l'abri d'un bureau climatisé, le voilà estampillé aventurier, un coriace auquel l'entreprise pourra confier les missions les plus difficiles.

4 La présentation

1. La mise en page

La structure de l'argumentation doit être révélée par la mise en page. L'introduction et la conclusion sont séparées du développement par deux lignes. À l'intérieur du développement, les parties sont séparées par une ligne, et les paragraphes sont marqués par un retrait. Aller à la ligne aère le texte et le plan de l'argumentation acquiert une lisibilité meilleure.

2. L'écriture et l'orthographe

Un candidat doit avoir le souci constant d'être lu et compris par le correcteur. Dans cette perspective, le soin apporté à l'écriture est déterminant. Il faut aussi souligner que la maîtrise de l'orthographe est évaluée à l'examen. Il faut donc réserver le temps nécessaire à la relecture.

Auto-évaluation

Les vérifications à faire le jour de l'examen pour évaluer la qualité de la rédaction de mon écriture personnelle
- Ai-je évité les répétions ?
- Ai-je cherché à employer des mots pleins, des mots riches, des mots appropriés à mon idée ?
- Ai-je fait varier la longueur de mes phrases ?
- Ai-je fait varier la structure de mes phrases ?
- Ai-je utilisé des images frappantes ?
- Ai-je relu pour corriger mes fautes d'orthographe ?

13 L'ÉCRITURE ET L'IMPLICATION PERSONNELLE

La nature même de l'exercice d'écriture personnelle exige l'engagement du candidat dans la rédaction de son argumentation. Elle n'en sera que plus convaincante.

1 L'énonciation et le choix des personnes

1. La première personne

a) Le «je». Dans la mesure où l'avis personnel du candidat est sollicité, l'usage de la première personne est autorisé pour répondre à la question posée. Il faut faire attention toutefois aux tournures redondantes, du type «personnellement, moi, je pense que». Un simple «je» suffit amplement.

EXEMPLE

Sujet : Quelle est la place de la musique dans votre vie?
Extrait d'un paragraphe : «La musique occupe une grande place dans ma vie. Mais cela ne signifie pas que je vive avec un casque sur les oreilles. Cela ferait de moi un consommateur dépendant, incapable de se passer d'un accompagnement sonore...»

b) Le « nous ». Il est possible aussi d'utiliser la première personne du pluriel, «nous». Elle marque la présence du candidat de manière plus discrète, tout en incluant le lecteur.

2. La deuxième personne

Par convention, un candidat ne doit pas interpeller le correcteur. Il est vrai qu'on voit de plus en plus dans les médias des personnes interviewées s'adresser à un interlocuteur fictif pour exprimer plus facilement leur pensée. Elles passent alors du «je» au «tu». Ce procédé est à proscrire dans l'exercice d'écriture personnelle.

3. La troisième personne

a) Son emploi. Il est autorisé dans un exercice d'écriture personnelle dans la mesure où les idées développées restent originales et pertinentes. La troisième personne permet de donner une valeur plus universelle au propos exposé par le candidat.

EXEMPLE

Sujet : Pensez-vous que dans notre pays la lutte pour l'égalité entre l'homme et la femme soit un combat appartenant au passé?
Extrait d'un paragraphe : «Malgré une réussite scolaire meilleure que celle des garçons, les filles continuent de s'orienter vers des métiers dévalorisés. Les progrès remarquables de leurs performances à l'école ne se sont pas accompagnés d'une amélioration proportionnelle de leur statut professionnel.»

b) Les tournures impersonnelles. Certaines permettent d'exprimer une opinion. Des formules comme : *il est dommage que, il est exact que, il est certain que, il est heureux que, c'est une évidence*, etc., indiquent la position du locuteur tout en introduisant une idée.

EXEMPLE

Sujet : «La jeunesse d'Europe ne connaît pas, ne veut pas connaître les frontières des nations.» Partagez-vous cette opinion?
Extrait d'un paragraphe : «Il est clair que les jeunes Européens d'aujourd'hui sont comme les personnages du film *L'Auberge espagnole*. Ils s'installent chez les uns, chez les autres, et sont comme chez eux. C'est une évidence : l'Europe est leur territoire commun depuis qu'ils voyagent sans passeport, et parlent une langue commune, l'anglais.»

c) Le pronom « on ». Il peut aussi être utilisé. Ses emplois sont variés. Par exemple, dans une phrase comme : «on a remarqué depuis quelque temps une baisse inquiétante de la fréquentation des bibliothèques», le pronom «on» sert à inclure le locuteur et le lecteur dans le même énoncé.
Dans une phrase comme «on prétend que la télévision nuit à la culture», le pronom «on» désigne ceux qui adressent ce reproche à la télévision, point de vue que le locuteur ne partage pas.

2 L'expression de l'approbation

1. Le verbe introducteur

L'approbation d'une idée rapportée se manifeste de plusieurs manières, selon son degré d'adhésion.
Si on ne tient pas à souligner la justesse du point de vue qu'on rapporte, on l'introduit par un verbe neutre : *X... déclare que, remarque que, observe que, estime que, pense que, écrit que*, etc.
Si cette approbation est plus marquée, on écrit plutôt : *X... montre que, explique que, prouve que, démontre que, met en évidence que*, etc. Ces verbes introduisent l'idée rapportée tout en montrant qu'on l'approuve.
Des locutions comme *évidemment, à juste titre, excellemment, justement, avec raison*, etc., peuvent accompagner les verbes introducteurs et expriment des nuances diverses d'approbation.

EXEMPLE

Sujet : Êtes-vous d'accord avec l'adage populaire qui dit : «un bon rire vaut un steak»?
Extrait d'un paragraphe : «La sagesse populaire exalte avec raison les vertus du rire. Il joue un rôle essentiel dans notre équilibre et c'est pourquoi on l'utilise dans les psychothérapies. Après une bonne séance de rire, on se sent bien, on est relaxé, comme après un bon repas. C'est à juste titre qu'on appelle le rire le médicament de l'esprit.»

2 Les connotations valorisantes

Pour convaincre il faut présenter ses idées sous leur meilleur jour. On choisira donc un vocabulaire positif pour rédiger ses arguments. Ainsi il faut privilégier les termes chargés de valeurs constructives. Ils appartiennent à des réseaux lexicaux comme le progrès, l'amélioration, l'espoir, l'exploit, la liberté, la lucidité, la science, etc.

Une astuce à l'examen

Pour porter un jugement positif, utilisez un lexique valorisant : des adjectifs (*juste, pertinent, intéressant, excellent, remarquable*), des compléments (*avec brio, avec justesse, avec courage*...).
Pour porter un jugement négatif, utilisez un lexique dévalorisant : des adjectifs (*injuste, regrettable, ridicule, scandaleux, absurde*...), des mots comme *erreur, stupidité, scandale, absurdité*...

3 L'expression du désaccord

1. Le verbe introducteur

Lorsqu'on n'approuve pas une idée, on utilise des verbes introducteurs qui la dévalorisent. Ainsi en écrivant «X... s'imagine que, croit que, se figure que, prétend que, se leurre en pensant que, ose dire que, se permet de, ne craint pas de, etc.», le propos en question est disqualifié.
Le choix du verbe permet aussi de faire sentir le degré d'opposition du candidat : ainsi «X... ose dire que» est beaucoup plus fort que «X... prétend que».

2. L'emploi de connotations négatives

Une même réalité peut être nommée par des mots aux connotations très différentes : un restaurant peut devenir une cantine, voire une gargote selon le point de vue du client ! Les termes connotés négativement ont donc un rôle argumentatif puisqu'ils déprécient l'idée rapportée. En la formulant à l'aide de termes dévalorisants le candidat signifie au lecteur qu'elle est sans fondement, en même temps qu'il marque son désaccord. Ainsi le vocabulaire de l'illusion, de la crédulité, de la subjectivité ôte toute crédibilité à l'idée présentée : «X... croit voir... s'imagine que...» De même, en qualifiant de «préjugé» ou de «croyance» une opinion qu'on ne partage pas, on la disqualifie

3. Les autres moyens de marquer le désaccord

a) Les locutions adverbiales. Des mots et expressions comme *prétendument, indûment, injustement, à tort, faussement, soi-disant*, etc., peuvent être utilisés pour qualifier une idée que l'on juge erronée. En exprimant avec force un jugement négatif, ils impliquent nettement le locuteur.
b) Les guillemets. Ils soulignent qu'on rapporte des propos sans les faire siens, ils marquent donc une réserve, une distance.

4 L'expression du doute

1. Le verbe introducteur

Exprimer des doutes peut faire partie de la stratégie d'argumentation du candidat. Cela déconsidère les arguments qui sont discutés et montre au lecteur que les idées exprimées ne sont pas assumées. En utilisant certains verbes le locuteur suggère que les idées rapportées sont très discutables : *il apparaît que, il semble que, il se peut que, on dit que*...

2. Le conditionnel

Il indique qu'on ne prend pas à son compte l'expression employée, soit qu'on émette des doutes à son égard, soit qu'on la récuse ironiquement. Il en est de même des guillemets qui marquent la distance critique.

5 L'expression des nuances

1. L'atténuation et la nuance

Il est parfois prudent de critiquer avec mesure, pour éviter de paraître sans concession ou trop sûr de soi. Pour être pondéré et donc plus crédible, il vaut mieux écrire qu'une idée peut se discuter, semble discutable, peut se nuancer, etc., plutôt que «cette idée est fausse». Sans changer fondamentalement sa position, on atténue ainsi la vigueur de son propos.
En outre, en évitant les jugements trop tranchés, on montre son souci d'un point de vue équilibré, qui tienne compte des aspects contradictoires du sujet. En somme, on montre le sérieux de sa réflexion.

2. Les moyens d'expression utilisés

a) Les verbes introducteurs. Certains marquent la prudence et la pondération du candidat : *il semblerait que, ne pourrait-on pas penser que, on peut se demander si, on pourrait admettre*, etc. Ils prouvent aussi sa modestie : il ne faut jamais oublier que trop de certitude ou d'aplomb peut irriter le lecteur.
b) Certaines locutions. Utiliser des locutions telles que *en un certain sens, d'une certaine façon, dans une certaine mesure, avec prudence*, etc., permet d'amorcer avec douceur la critique d'un point de vue.

EXEMPLE

Sujet : «Les choix personnels ont pris le pas sur les automatismes de comportements, sur les normes.» Partagez-vous cette opinion ?
Extrait d'un paragraphe : «Par exemple, on peut se demander si on vote par automatisme, en suivant une tradition familiale ou par une fidélité de principe à un parti politique. Ce vote serait-il désormais motivé par une réflexion personnelle ? Il semble que le citoyen moderne soit plus nomade que ses devanciers, et qu'il vote au gré de ses humeurs ou des circonstances.»

Auto-évaluation

Les vérifications à faire le jour de l'examen
- Ai-je utilisé le même système de personne dans toute l'écriture personnelle ?
- Les verbes qui introduisent les idées suggèrent-ils bien mon accord, mon désaccord, mon doute ou ma pondération ?
- Mon point de vue est-il facilement repérable grâce à des connotations valorisantes ou dévalorisantes ?
- Mon niveau d'implication est-il approprié au sujet ?

14 LA SOUTENANCE ORALE DU RAPPORT DE STAGE

➔ Il faut préparer sa soutenance comme une épreuve à part entière. Lire son rapport de stage conduirait droit à l'échec, il faut concevoir un véritable exposé.

1 Les objectifs du candidat

1. La présentation du stage

La soutenance comprend obligatoirement deux parties. Dans la première, le candidat réalise un exposé dont la durée est variable selon les BTS (de 10 à 20 minutes), qui comprend obligatoirement une introduction, un développement, une conclusion. Dans la seconde, le candidat répond aux questions du jury pendant 10 à 15 minutes, selon les BTS.

2. La valorisation de ses connaissances et de ses compétences

a) Les connaissances théoriques. Cette soutenance doit être l'occasion de montrer sa capacité à utiliser les connaissances acquises pendant la formation. Comme le stage fournit l'occasion de confronter les principes théoriques enseignés aux réalités du terrain, il faut donc en souligner les applications, mais aussi montrer les écarts éventuels. Attention, la critique doit être prudente, un stage ne permet pas nécessairement d'observer en profondeur.

b) Les compétences professionnelles. La soutenance doit montrer comment le candidat a pu exploiter les outils méthodologiques qu'on lui a enseignés. L'adaptation des méthodes enseignées à la réalité des situations professionnelles doit être valorisée pendant la soutenance : elle apporte la preuve que ce stage lui a permis de renforcer sa compétence professionnelle.

3. La démonstration de ses compétences en expression orale

Les compétences en communication orale du candidat sont évaluées lors de la soutenance. Elle entre pour partie dans la note obtenue, c'est donc un enjeu réel qui justifie une préparation et des répétitions avant l'examen.

2 La préparation de l'exposé

1. La relecture du rapport de stage

On doit rechercher les situations-problèmes qui ont soulevé des questions et nécessité la recherche de solutions probantes : c'est ce qu'attend le jury.

Mais plutôt que de faire un résumé de tout ce qu'il y a dans ce rapport, il est préférable de sélectionner un point particulier qui sera développé plus longuement. Il faut choisir une activité plus à même de prouver ses compétences et d'intéresser un public de spécialistes.

2. La préparation du plan de l'exposé

a) L'introduction. Elle est brève et contient les informations strictement indispensables : d'abord l'organisme ou l'entreprise, puis le service et le tuteur qui ont accueilli le stagiaire. Elle présente les missions spécifiques qui lui ont été confiées, puis annonce le plan, ce sur quoi va porter l'essentiel de cet exposé.

b) Le corps de l'exposé. Il illustre les compétences du stagiaire en développant une mission particulière, qui porte sur un point technique plus difficile.

Le candidat justifie son choix en exposant le problème qu'il fallait résoudre, la solution adoptée et ses résultats. Les idées sont étayées par des faits et des chiffres. Des plans et des photographies les illustrent.

c) Le bilan. L'exposé se termine par une rapide analyse des apports du stage. Il faut faire l'inventaire des connaissances nouvelles, des savoir-faire nouveaux, des aspects humains découverts lors de cette expérience.

3. La préparation des notes et des visuels

a) Les notes de l'exposé. En aucun cas il ne faut lire son rapport de stage, c'est pourquoi des notes spécifiques doivent servir de support à l'exposé. Il est préférable de les rédiger sur des fiches facilement manipulables. On écrit avec des gros caractères, pour pouvoir les lire debout quand elles sont posées sur la table.

Le plus pratique pour s'y retrouver facilement est d'adopter un code couleur pour les titres des parties et des sous-parties qui servent de fil conducteur.

b) La préparation des visuels. Pour illustrer et faire comprendre son propos, il faut préparer des visuels. Ce seront ceux du rapport, et / ou d'autres conçus spécialement pour cette occasion. Ils rendent la soutenance plus vivante et plus crédible.

Les visuels retenus seront d'autant plus intéressants et efficaces qu'ils seront illustrés par des mots clés, un schéma simple. Il faut préparer leur commentaire et les classer dans leur ordre de passage pour les trouver facilement.

4. L'entraînement

Il est prudent de répéter sa soutenance. Cette répétition permet de dominer le contenu de son exposé. En le mémorisant le candidat peut plus facilement s'abstraire de ses notes et être plus naturel donc plus convaincant. En outre, cela l'exerce à manipuler debout ses fiches de notes. Le jour de l'épreuve il sera plus à l'aise.

De plus, cet entraînement permet de mesurer la durée de la soutenance.

> ***Une astuce à l'examen***
>
> Demandez à des proches de vous servir de jury. Vous testerez sur eux l'intérêt de votre exposé. Demandez-leur d'évaluer votre prestation orale : votre voix est-elle audible, votre gestuelle est-elle efficace, regardez-vous l'auditoire ? Demandez-leur aussi de vous poser des questions difficiles pour vous entraîner à y répondre.

3 La réalisation de l'exposé

1. La verbalisation

a) L'improvisation. Il ne faut pas lire ses notes, mais s'en servir comme guide. La parole doit être naturelle et fluide. Si on connaît bien son sujet, on y parvient après quelques minutes : on se concentre de moins en moins sur ses notes, on s'habitue à interagir avec les auditeurs et l'exposé devient vivant et plus intéressant. C'est ce vers quoi il faut tendre.

b) La langue orale. Elle doit être simple et correcte. Il faut éliminer les mots inutiles qui ponctuent le discours (« heu », « ben », « quoi », « j'veux dire ») ! Les mots trop techniques doivent être expliqués à l'intention des non-spécialistes du jury.

2. La communication non verbale

a) L'attitude et les gestes. Il faut utiliser une gestuelle d'accompagnement : elle souligne les idées clés, elle montre les documents. Attention aux gestes qui trahissent le stress ou l'embarras. Il faut les contrôler : pas de stylo torturé nerveusement, de réajustement incessant des cheveux, des lunettes ou des vêtements...

b) La voix. Elle doit être claire et distincte, ferme et assurée. Il faut se dire que la voix doit porter jusqu'où porte le regard. Une voix trop faible fatigue l'auditoire, une voix trop forte agace, il faut donc s'entraîner pour trouver le bon niveau. Le débit ne doit être ni trop lent car il ennuierait, ni trop rapide car il saoulerait les auditeurs.

c) Le regard. En parlant, on regarde les auditeurs, ce qui permet de garder le contact avec eux. Il faut éviter de ne regarder qu'un membre du jury, son professeur ou son tuteur, par exemple. Attention à ne pas tourner systématiquement le dos quand on commente des documents. Il faut au contraire s'efforcer de maintenir un contact visuel avec le jury.

3. La gestion de l'exposé

a) La gestion du plan. Il est capital pour le jury de bien suivre la progression de l'exposé. C'est pourquoi il est préférable de noter son plan sur un coin du tableau ou sur une grande feuille de papier. Pour aider l'auditoire à suivre son déroulement il convient de souligner sa progression par des introductions-transitions : « Après vous avoir exposé le problème à résoudre, j'en viens à la solution que j'ai proposée » ; « voici donc le bilan que je peux faire de mon stage. Je suis prêt maintenant à répondre à vos questions ». Ces repères assurent la bonne fluidité du discours et facilitent l'écoute.

b) La gestion du temps. Il faut respecter le minutage mis au point pendant la préparation. Parfois il est nécessaire d'ajuster le rythme de l'exposé : en consultant sa montre, on voit s'il faut l'accélérer ou le ralentir.

4 Les réponses aux questions

1. Les types de question

a) La demande de précision. Ces questions ont pour objectif d'amener le candidat à préciser un protocole, une manipulation, un chiffre, etc.

b) La vérification. Un membre du jury peut vouloir s'assurer qu'une notion est bien comprise, qu'une méthode est dominée. Il s'agit de vérifier les connaissances ou les savoir-faire.

Si on ne connaît pas la réponse, il vaut mieux l'avouer plutôt que d'essayer de leurrer le jury, qui, de toute façon, ne sera pas dupe.

c) La rectification d'une erreur. La question peut être indirecte et posée de manière à conduire le candidat à se rendre compte de l'inexactitude. Il faut alors garder son sang-froid, reconnaître son erreur et s'efforcer de terminer sur des aspects positifs.

2. L'art et la manière de répondre

a) L'écoute. Il faut savoir écouter et comprendre la question. Il est donc normal de marquer un temps de réflexion avant de répondre et ne pas craindre de demander des éclaircissements.

b) La manière de répondre. Elle conforte l'image du candidat à la fin de la soutenance. Il faut rester calme et courtois. Surtout pas d'arrogance ou d'agressivité, et pas de dévalorisation non plus. L'attitude mentale doit être positive puisqu'on cherche à montrer ses potentialités C'est pourquoi la réponse doit être structurée : les idées et arguments sont classés logiquement et reliés par un fil conducteur. Les repères logiques sont clairs et la réponse est concise.

Auto-évaluation

Les vérifications à faire le jour de l'examen pour valider la préparation de la soutenance de mon rapport de stage

- Ai-je choisi d'exposer un aspect intéressant et valorisant de mon stage ?
- Ai-je préparé des notes claires et performantes ?
- Ai-je fabriqué des visuels parlants ?
- Ai-je minuté ma soutenance pour respecter le temps imparti ?
- Ai-je amélioré ma prestation orale en m'entraînant plusieurs fois ?

exercices sur la synthèse

exercice 1

Il est de clairs matins, de roses se coiffant,
Où l'âme a des gaîtés d'eaux vives dans les roches,
Où le cœur est un ciel de Pâques plein de cloches,
Où la chair est sans tache et l'esprit sans reproches.
Il est de clairs matins, de roses se coiffant :
Ces matins-là, je vais, joyeux comme un enfant.

Albert Samin, *Au jardin de l'Infante*, Éd. Mercure de France.

Ce poème fait partie d'une synthèse sur le sentiment de bonheur. Quelles informations faudrait-il garder ?

CORRIGÉS p. 350

exercice 2

On dira qu'au vrai il n'y a pas de hasard, et que ce mot ne fait que constater notre ignorance de l'enchaînement des causes. Mais l'enchaînement des causes étant indéchiffrable pour notre esprit, nous appelons hasard tous les événements dont il nous serait impossible, malgré la plus grande attention, de discerner la venue. Nous comptons sur le hasard. Il n'est aucune existence, même chez les plus dénués d'imagination, qui ne lui fasse une place dans ses prévisions obscures. Ne compter que sur le hasard est fou ; ne pas compter avec le hasard est plus fou encore.

Rémy de Gourmont, « 357. L'Inattendu (15 avril 1906) », *Épilogues. Réflexions sur la vie. Volume complémentaire 1905-1912*. Mercure de France.

Ce document fait partie d'une synthèse qui s'interroge sur le hasard. Quelles informations faudrait-il retenir ?

CORRIGÉS p. 350

exercice 3

Piste 1 : Le rôle identitaire de la consommation.
Piste 2 : Consommation de la valeur affective des objets.
Piste 3 : L'impératif de la consommation.
Liste des données : 1. La consommation compense un déficit identitaire. 2. Consommer peu disqualifie. 3. Les marques vendent la valeur ajoutée affective. 4. Multiplication des objets et des messages de jouissance, de désir. 5. Les marques sont des signes extérieurs de richesse. 6. Payer plus cher à cause de la marque n'a pas de sens. 7. L'incitation à la consommation conduit à l'endettement. 8. On existe à travers la marque.

Cette synthèse porte sur la consommation. Attribuez à chaque piste de réflexion les données qui la concernent.

CORRIGÉS p. 350

exercice 4

Rubriques : Aspects positifs de la TV. Aspects négatifs de la TV. Paresse et TV. Culture et TV. Socialité et TV.
Pistes de réflexion :

1. Les programmes encouragent la passivité intellectuelle.
2. On trouve des émissions passionnantes qui donnent envie d'en apprendre plus.
3. La TV fait perdre beaucoup de temps avec des distractions faciles.
4. Il y a de nombreuses émissions de qualité.
5. Les grands lecteurs sont aussi des téléspectateurs assidus.
6. La TV fait parler, communier ensemble et amène les gens à se réunir pour une grande émission.
7. Mépriser la TV est une forme de snobisme.
8. La TV restreint les sorties, le contact avec les autres.
9. LA TV empêche de pratiquer des activités de loisirs.
10. Les grands consommateurs de TV ne lisent pas.

Cette synthèse traite de l'intérêt de la télévision. À l'aide des rubriques et des pistes de réflexion, proposez un plan.

CORRIGÉS p. 350

exercice 5

La ville est le cadre de vie, par excellence, de l'homme moderne. Mais celui-ci y trouve-t-il le bonheur ? Ce dossier pose cette question. Les documents montrent que le progrès a pu favoriser l'épanouissement des citadins. Mais ils soulignent aussi qu'à cause de sa démesure la ville peut devenir un enfer.

Analysez l'introduction ci-dessus pour en retrouver les éléments qui la composent.

CORRIGÉS p. 350

exercice 6

Le tourisme de masse est devenu une réalité. On parle aujourd'hui d'industrie du voyage. Cette évolution conduit à s'interroger sur les diverses manières de voyager. Dans son article, Anne Bréjac oppose les vrais et les faux voyageurs. Dans son essai, Yves Monpert propose ses propres choix ; tandis que deux publicités nous invitent à voyager autrement.
Comment voyage-t-on aujourd'hui ?

Analysez l'introduction ci-dessus et repérez ses maladresses.

CORRIGÉS p. 350

exercices

exercice 7

La synthèse porte sur le langage de certains jeunes des quartiers populaires et s'interroge sur leur capacité de communication.

Partie 1 : Les vertus de ce langage
- Une marque d'appartenance et d'identité
- Une richesse expressive étonnante
- Une inventivité extraordinaire

Partie 2 : Les reproches adressés à ce langage
- Son inadaptation à la langue de l'école
- Son inadaptation au monde du travail

Partie 3 : L'idéal : ne pas rester enfermé dans un seul registre de langue.

En vous aidant du plan proposé, rédigez une introduction et une conclusion.

CORRIGÉS p. 350

exercice 8

1. Le sport est un moyen exceptionnel de développer ses aptitudes physiques, une façon d'apprécier toutes les possibilités de son corps, ... X. [affirme, déclare, prononce, suggère]
2. Z .... aussi dans le sport l'effort physique, l'exercice qui rend agile et robuste. [apprécie, regrette]
3. Autre avantage du sport, l'adhésion des règles, la discipline librement consentie, ... X. [estime, pense, avance, renchérit]
4. Enfin le sport offre l'occasion d'un beau spectacle dans un décor spacieux auquel on ne peut rester indifférent, ... ces deux auteurs. [s'accordent à dire, s'opposent, affirment]
5. Toutes ces raisons .... l'admiration de X pour l'athlète qui garde sa beauté et sa volonté humaine tout en ayant une sorte de perfection animale. [expliquent, suggèrent, analysent]
6. Mais cette vision n'est-elle pas idyllique ? Tous les sports n'offrent pas ces avantages et Y............ en particulier au football américain dans lequel il ne voit que violence et sauvagerie, l'homme ramené au rang de la bête, le groupe au niveau de la meute. [dénonce, s'oppose, préconise, s'en prend]
7. Violence, expression de la haine, sont aussi les termes choisis par W pour .... de façon plus générale la pratique des sportifs. [refuser, condamner, expliquer]
8 Le stade est un lieu où se manifeste la violence, la rivalité, où tout est subordonné à la volonté de gagner. .... [regrette-t-il, constate-t-il, se demande-t-il]
9. Cette position est inconcevable pour X et Z. Pour eux, la valeur morale du sport est incontestable : la liberté s'y exerce dans le sens de la difficulté.......... Z. [estime, pense, souligne, revendique, déplore]
10. Ce à quoi on aspire,........ X, c'est une victoire contre soi-même, la victoire sur l'autre n'est que le signe de la victoire sur soi-même ! [explique, s'exclame, ajoute, précise]

Choisissez le verbe entre parenthèses le plus approprié pour introduire la référence de ces phrases.

CORRIGÉS p. 350

exercice 9

Données de la documentation	Pistes de réflexion
1. Thèmes privilégiés de la chanson de variétés : l'amour, le bonheur, l'absence, l'amitié, les relations homme/femme	Thèmes sur-représentés, effets des aspirations, des problèmes
2. Le rap dénonce les conditions de vie difficiles, la précarité, la violence, les discriminations	La dénonciation = une priorité
3. La chanson est aussi un produit de grande consommation, formaté pour plaire au plus grand nombre, objet d'un marketing	Une industrie
4. La chanson « art et essai » reste confidentielle	Genre sous-représenté
5. Absence de certains thèmes : le monde du travail : l'usine, le bureau, l'hôpital	Thèmes sous-représentés

Les documents de cette synthèse se demandent si la chanson est un reflet fidèle de la société.

Complétez le plan suivant à l'aide des pistes et des données du tableau.
Partie 1 : la chanson est un miroir déformant.
Partie 2 : l'explication du phénomène.

CORRIGÉS p. 350

exercice 10

Sujet : « La lecture du journal est une sorte de dialogue avec le monde. Elle brise l'isolement de l'individu ». Partagez-vous ce point de vue ?

1. Analysez les mots clés du sujet.

2. Reformulez le sujet.

CORRIGÉS p. 350

exercice 11

Sujet : « Je ne suis pas d'accord avec ce que vous dites mais je me battrai jusqu'au bout pour que vous puissiez le dire ». Que pensez-vous de cette déclaration de Voltaire ?

Problématique 1 : Faut-il garantir à chacun la liberté de pensée et d'expression, quelle que soit son opinion ?

Problématique 2 : A-t-on le droit de tout dire ?

Problématique 3 : Faut-il se battre pour que chacun ait la liberté d'expression ?

Laquelle de ces trois problématiques vous paraît la meilleure ? Expliquez pourquoi.

CORRIGÉS p. 351

exercice 12

Sujet : « Examinez l'ordre social et vous verrez qu'il est tout entier armé contre une femme qui veut s'élever à la hauteur de la réputation des hommes », déclarait Mme de Staël en 1801. Cette remarque reste-t-elle encore valable dans notre société ?

En utilisant la méthode de votre choix, cherchez quatre idées pour traiter le sujet ci-dessus.

CORRIGÉS p. 351

exercice 13

Sujet : « C'est dans les livres qu'on apprend la vie, pas dans la vie. » Partagez-vous l'opinion de l'écrivain Pierre-Jean Rémy ?

1. Cherchez deux arguments qui justifient la thèse soutenue dans ce sujet.

2. En renversant cette thèse, cherchez deux arguments contraires.

CORRIGÉS p. 351

exercice 14

Sujet : Pensez-vous comme certains scientifiques que « rien ne doit arrêter la science, tout ce qui peut être fait doit être fait » ?

Arguments :

1. La religion a longtemps censuré la science et elle a dû conquérir sa liberté.
2. La science ne se contente plus d'élucider les phénomènes humains, elle est capable de les infléchir.
3. L'homme peut s'exterminer lui-même.
4. La morale, l'éthique, la démocratie ont leur mot à dire.
5. La recherche a apporté d'immenses progrès à l'homme.
6. La passion d'explorer est une pulsion fondamentale.
7. L'évolution de la nature cesse d'être naturelle, elle devient artificielle.

1. Choisissez un point de vue pour traiter le sujet.

2. Choisissez dans la liste les arguments qui peuvent servir pour le soutenir.

CORRIGÉS p. 351

exercice 15

Sujet : « À quoi bon voyager ! Il y a de la nature, de la vie et de l'histoire partout. » (Jules Renard, *Journal*, 24 août 1906). Partagez-vous ce point de vue ?

Arguments :

1. Le voyage transforme le voyageur en lui faisant vivre des sensations nouvelles, des rencontres intéressantes.
2. Le voyage permet de relativiser son sort, de se rendre compte de ses privilèges.
3. Le voyage nous fait fuir une réalité qui nous attend à notre retour.
4. Le voyage permet de retrouver avec bonheur ses racines.
5. Le voyage rend disponible pour faire des rencontres.
6. Le tourisme favorise le développement local.
7. On s'enrichit des différences. Mais elles sont aussi à notre porte.
8. La nature, la vie, l'histoire sont différentes ailleurs.

1. Choisissez trois arguments pour réfuter le point de vue exprimé par Jules Renard.

2. Classez-les en les reliant par des termes d'articulation.

CORRIGÉS p. 351

exercice 16

Sujet : Quelle vision de l'avenir donne la science-fiction ?

Plan

1. Les sociétés imaginaires de la science-fiction ignorent le droit.
2. Ce sont des sociétés hiérarchisées et inégalitaires.
3. Ce sont des sociétés autoritaires.

Conclusion : La science-fiction prévoit donc un avenir peu flatteur pour la planète : ce n'est pas le respect de la loi qui règlera le fonctionnement des sociétés. Bien au contraire, elle nous prédit la spoliation du pouvoir par une minorité, toujours plus riche. Elle laisse entrevoir un surcroît de violence, contenu par des systèmes totalitaires. À moins que tout finisse plus rapidement, dans une ultime explosion...

Retrouvez dans cette conclusion le plan de cette écriture personnelle.

CORRIGÉS p. 351

exercice 17

On est plus intelligent à plusieurs. Ainsi de multiples innovations partent des usagers d'Internet et se diffusent sur le réseau en organisant la coopération entre usagers [...]. Ces innovations « remontent » vers les centres de recherche des grandes sociétés qui les intègrent à leurs produits en imposant de nouveaux standards [...]. Certains logiciels libres [...] illustrent les performances de ces innovations ascendantes...

Trouvez des exemples pour illustrer les idées de ce texte et insérez-les en utilisant des termes introducteurs.

CORRIGÉS p. 351

exercice 18

Le caractère imprévisible de la science oblige maintenant à une grande rigueur morale, et ce n'est pas simple car l'argument de la concurrence pousse les chercheurs à poursuivre leurs travaux, malgré leur aspect problématique. Ils peuvent être tentés de nier leur responsabilité propre en renvoyant la question éthique à l'extérieur des laboratoires, ils font leur travail et ils peuvent penser que c'est à la société de se débrouiller avec leurs découvertes. Pourtant la direction imprévisible prise par la science oblige à poser fermement la question de la responsabilité morale des scientifiques.

Améliorez la rédaction de ce paragraphe en supprimant des répétitions et en modifiant la longueur et la construction de certaines phrases.

CORRIGÉS p. 351

exercice 19

Ce paragraphe porte sur la place de la justice dans notre société.

Il est certain que l'effacement des repères et les difficultés sociales de toute sorte brouillent le rapport à la loi de bon nombre d'individus puisque les délits augmentent de façon significative. C'est pourquoi le rappel à la loi semble envahir l'espace social et individuel ; mais, en même temps, l'exigence de transparence et de moralisation de la vie politique et économique conduit la justice à exercer un contrôle qui ne peut que renforcer la démocratie. D'ailleurs le juge est devenu un personnage incontournable de la vie publique et l'action de la justice un sujet de réflexion pour les citoyens. Et c'est tant mieux. Avec la création des tribunaux internationaux statuant sur les crimes contre l'humanité des despotes, c'est-à-dire au nom des droits de l'homme, le champ d'intervention du droit s'élargit à la planète entière, tout en s'étendant dans le temps avec l'imprescriptibilité de ces crimes. Comment ne pas voir là un progrès de la justice et du droit ?

1. Relevez les articulations logiques qui marquent la progression de l'argumentation.

2. Repérez les marques d'implication personnelle : choix des locutions, des connotations, choix des verbes, des tournures.

CORRIGÉS p. 351

exercice 20

Sujet : Pensez-vous que l'autorité se résume au pouvoir ?

Introduction : L'autorité est souvent assimilée à un pouvoir devant lequel on s'incline par crainte ou par respect. Avoir du pouvoir suffit-il ? Pour moi il n'y a pas d'autorité sans compétences. Autrement dit, peut-il y avoir une autorité sans légitimité ?

Retrouvez les étapes de cette introduction.

CORRIGÉS p. 351

corrigés

exercice 1 page 346

Informations à garder :
- Le sentiment du bonheur affecte la personne toute entière : l'âme, le cœur, la chair.
- Affecte la perception de l'environnement : les sons, l'air, la nature.
- Les composantes du sentiment : la joie, l'insouciance (celle de l'enfant), la vision optimiste et positive du monde.

exercice 2 page 346

Informations à retenir :
- Le hasard n'existe pas.
- En réalité nous appelons hasard ce que nous ne réussissons pas à prévoir.
- Ce serait déraisonnable de ne pas intégrer le hasard dans nos vies.

exercice 3 page 346

Piste 1 : Le rôle identitaire de la consommation : données 1 ; 2 ; 5 ; 8.
Piste 2 : Consommation de la valeur affective des objets : 3 ; 6.
Piste 3 : L'impératif de la consommation : données 4 ; 2 ; 7.

exercice 4 page 346

Plan 1
Partie 1 : Aspects positifs de la TV.
- Culture et TV : Pistes 4 ; 5 ; 7 ; 2.
- Socialité et TV : Piste 6.

Partie 2 : Aspects négatifs de la TV.
- Culture et TV : pistes 10 ; 3.
- Socialité et TV : piste 8.
- Paresse et TV : pistes 1 ; 9.

Plan 2
Partie 1 : Culture et TV.
+ : 4 ; 5 ; 7 ; 2.
- : 10 ; 3.

Partie 2 : Paresse et TV.
+ : 2.
- : 1 ; 9.

Partie 3 : Socialité et TV.
+ : 6.
- : 8...

exercice 5 page 346

La ville est le cadre de vie, par excellence, de l'homme moderne. Mais celui-ci y trouve-t-il le bonheur ? Ce dossier pose cette question. [Présentation du thème (la ville) et de sa problématique (ville et bonheur)] Les documents montrent que le progrès a pu favoriser l'épanouissement des citadins. [Partie 1] Mais ils soulignent aussi qu'à cause de sa démesure la ville peut devenir un enfer. [Partie 2].

exercice 6 page 346

1. La présentation des documents est incomplète : elle ne permet pas de retrouver les sources de la synthèse.
2. Le plan n'est pas annoncé.

exercice 7 page 347

Introduction :
Ce dossier s'interroge sur la capacité à communiquer des jeunes de certains quartiers populaires. Certains documents le montrent : leur langage possède d'indéniables vertus. Mais il est évident aussi que cette manière de s'exprimer peut comporter de véritables dangers.
Conclusion :
On le voit, le langage des banlieues fait évoluer la langue, et peut scintiller de mille figures de styles audacieuses. Mais il comporte aussi un grave danger de ghettoïsation de la langue, qui peut rendre plus difficile l'intégration au monde du travail.

exercice 8 page 347

1 : affirme ; 2 : apprécie ; 3 : renchérit ; 4 : s'accordent à dire ; 5 : expliquent ; 6 : s'en prend ; 7 : condamner ; 8 : regrette-t-il ; 9 : souligne ; 10 : précise.

exercice 9 page 347

Plan complet
Partie 1 : La chanson est un miroir déformant.
- Des thèmes sont surreprésentés. Dans la chanson de variétés : les aspirations à l'amour, au bonheur, à l'amitié, des thèmes comme les relations homme / femme. Dans le rap, la priorité est donnée à certains thèmes sociaux et politiques.
- Des thèmes sont sous-représentés. La chanson « art et essai » reste confidentielle. Le monde du travail est absent.

Partie 2 : L'explication du phénomène.
- C'est une industrie qui obéit aux lois du marketing.
- Elle reflète du rêve, des aspirations, déformant par nature la réalité.

exercice 10 page 348

1. Mots clés :
- Le monde : ce qui est extérieur à l'individu, la société, les autres.
- Dialogue : échange et communication
- Isolement de l'individu : repli sur soi.

2. Reformulation : Est-il vrai que la lecture de la presse oblige le lecteur à sortir de son repli sur soi en lui permettant d'échanger avec la société ?

exercice 11 page 348

La problématique 1 est acceptable car elle est la plus large. La 2 est erronée, la 3 est incomplète.

exercice 12 page 348

Idées proposées : 1. La parité est loin d'être acquise sur le plan politique. 2. Les carrières professionnelles des femmes sont, en moyenne, inférieures à celles des hommes. 3. Leur salaire est inférieur. 4. L'image de la femme est souvent confinée dans des stéréotypes : la mère, la ménagère, la femme objet.

exercice 13 page 348

1. On apprend la vie dans les livres parce qu'ils nous guident, nous éclairent, nous instruisent. (1) Parce qu'ils nous enrichissent puisqu'ils nous font vivre par procuration des situations inédites, étrangères à notre expérience. (2)

2. On apprend la vie dans la vie et pas dans les livres : parce qu'être dans le réel oblige à se confronter à la vie, ce qui est plus formateur qu'être dans la fiction. (1)
Parce que les livres peuvent créer des illusions en étant trop loin de la vérité. (2)

exercice 14 page 348

1. Point de vue choisi : il faut pouvoir contrôler la science, tout ce qui peut être fait ne doit pas nécessairement l'être.

2. Arguments : 2, 3 ; 4.

exercice 15 page 348

[On peut objecter à Jules Renard que] la nature, la vie, l'histoire sont différentes ailleurs (8). [En outre] le voyage transforme le voyageur en lui faisant vivre des sensations nouvelles, des rencontres intéressantes (1). [D'ailleurs] le voyage permet de relativiser son sort, de se rendre compte de ses privilèges. [Enfin] le voyage permet de retrouver avec bonheur ses racines (4).

exercice 16 page 349

La science-fiction prévoit .... sociétés. (partie 1) Bien au contraire ..... riche. (Partie 2) Elle laisse ..... totalitaires (partie 3) À moins que tout finisse plus rapidement, dans une ultime explosion... (Chute)

exercice 17 page 349

...en organisant la coopération entre usagers [C'est ainsi que des étudiants bricoleurs ont mis au point les systèmes p2p qui ont lancé l'usage du haut débit sur Internet].... en imposant de nouveaux standards [comme en témoigne l'exemple du wi-fi].
Certains logiciels libres, tels Open Office, ou Firefox...] illustrent les performances de ces innovations ascendantes.

exercice 18 page 349

Le caractère imprévisible de la science oblige maintenant à une grande rigueur morale. Ce n'est pas simple : l'argument de la concurrence pousse les chercheurs à poursuivre leurs travaux, malgré leur aspect problématique. Ils peuvent être tentés de nier leur responsabilité propre en renvoyant la question éthique à l'extérieur des laboratoires : ils font leur travail, c'est à la société de se débrouiller avec leurs découvertes ! Pourtant la direction prise par la science oblige à poser fermement la question de la responsabilité morale des scientifiques.

exercice 19 page 349

1. Termes d'articulation : C'est pourquoi ; mais en même temps ; D'ailleurs ; Et ; Comment.

2. Marques d'implication : Il est certain ; semble ; qui ne peut que ; incontournable ; C'est tant mieux ; Comment ne pas voir là un progrès ?
On peut observer le jeu des connotations qui montrent l'affrontement des valeurs. Des mots comme « effacement, difficultés ; brouillent ; délits ; crimes ; despotes » ont des connotations négatives. Au contraire des mots tels que « transparence ; moralisation ; justice ; droits de l'homme ; progrès ; droit » sont positifs.

exercice 20 page 349

Étape 1 : présentation du sujet : phrases 1 et 2.
Étape 2 : présentation du point de vue qui sera soutenu : phrases 3 et 4.

PRÉSENTATION DE L'ÉPREUVE E1

Comment se présente l'épreuve ?

1 Objectifs, durée et coefficient

Elle comprend deux parties : une synthèse de documents, notée sur 40, et un sujet d'écriture personnelle, noté sur 20.

L'épreuve dure 4 heures et se voit appliquer un coefficient 5.

2 Les critères d'évaluation

L'épreuve permet d'apprécier l'aptitude du candidat à :
- appréhender l'environnement économique, juridique et social et en percevoir l'évolution ;
- analyser une situation et poser un problème ;
- mener une réflexion et construire une argumentation.

Il est par ailleurs tenu compte de la pertinence de l'analyse, de la rigueur de la démarche, de l'exactitude des connaissances et de la logique du raisonnement.

Les deux parties de l'épreuve

1 La synthèse de documents

1. Le dossier
Le dossier porte sur un des deux thèmes du programme. Il est constitué de trois à quatre documents choisis en référence à l'un des deux thèmes inscrits au programme de la deuxième année de BTS. Chaque document est daté et situé dans son contexte.
2. Les documents
Ils sont de nature différente. Ce sont des textes littéraires et/ou non littéraires, des documents iconographiques (par exemple une photographie, une reproduction de tableau, un dessin, une publicité, etc.) et /ou des tableaux statistiques.
3. Les normes de la synthèse
a) La composition. Elle doit rendre compte avec ordre (il y a un plan) et concision (elle va à l'essentiel) des documents qu'elle a confrontés à partir de la problématique proposée par le dossier.
b) La confrontation. Cela suppose d'utiliser chaque document dans le plus grand nombre possible de rubriques du plan. La juxtaposition d'analyses ou de résumés limités à un seul document est donc exclue. Le contenu des documents doit être reformulé.
c) L'objectivité. Le recours à des idées, arguments et exemples étrangers au dossier est interdit. Sa rédaction est objective, c'est-à-dire neutre.

2 L'écriture personnelle

1. Le sujet
Il demande au candidat de répondre à une question sur un thème en rapport avec le dossier de la synthèse. Par exemple si la synthèse portait sur le thème de la société de l'information et de la communication, il pourrait poser comme question : faut-il se réjouir de tout savoir ?
2. L'argumentation
La réponse du candidat suppose que le lecteur de la copie ait sous les yeux l'expression d'une pensée organisée : la réponse doit progresser depuis l'annonce du point de vue défendu jusqu'à sa conclusion. Elle argumente pour défendre une prise de position.
Il s'agit de convaincre par le choix des arguments et la qualité de leur formulation.
3. L'engagement personnel
Le terme «écriture personnelle» implique l'engagement « personnel » du candidat. L'usage de la première personne, le «je», est autorisé. On souhaite que le candidat puisse élaborer un point de vue personnel, à partir de ses lectures et de sa culture.

LANGUES

Pour s'entraîner à l'épreuve :

Les sujets d'examen de l'épreuve E2
et leurs corrigés sur le site Internet
www.nathan.fr/reflexe

1 LA LETTRE COMMERCIALE EN LANGUE VIVANTE ÉTRANGÈRE

➔ À l'examen, le sujet de la lettre est proposé sous forme de consignes en français. Le courrier doit être rédigé en langue étrangère en évitant de traduire littéralement les consignes données.

1 Comprendre les consignes

- Lire attentivement le sujet proposé.
- Identifier l'expéditeur et le destinataire (noms, fonctions, entreprise, lieu).
- Souligner dans les consignes les éléments-clés : aucun élément ne doit être omis (ex. : pièces jointes : PJ).
- Il se peut que la consigne ne soit pas assez explicite : à vous de préciser le contenu de la commande, les conditions de livraison, les dommages constatés lors de la réception...

2 Préparer le lexique

- Mémoriser au cours de votre formation un maximum de vocabulaire. Le dictionnaire unilingue ne vous aidera qu'à vérifier l'orthographe.
- Mobiliser spécialement le vocabulaire professionnel.
- Lister les expressions relatives au type de lettre demandée.
- Si vous ignorez un terme spécifique, remplacez-le par un terme plus général.

3 Préparer le plan et rédiger

- S'efforcer d'exprimer une idée par paragraphe.
- Structurer le contenu et soigner les transitions.
- Écrire des phrases complètes.
- Réfléchir au temps des verbes.
- Vérifier les accords (sujet-verbe...).
- Relire et corriger les erreurs grammaticales.

4 Rédiger votre courrier

- Présenter la lettre selon les normes d'usage.
- Veiller à bien placer l'expéditeur (en haut, au centre ou à gauche), le destinataire (en dessous, à droite ou à gauche) et leurs adresses complètes. En cas de courrier international, préciser le pays.
- Ne pas oublier la date (qui doit être cohérente avec le contenu de la lettre), l'objet, les civilités, la prise de congé et la signature suivie du nom et du poste occupé par l'auteur de la lettre.

5 Relire et corriger

Lire à nouveau les consignes. Comparer avec sa production personnelle pour vérifier que rien n'a été oublié.
Conserver du temps pour relire, afin de corriger :
- les imprécisions, répétitions et ambiguïtés ;
- les fautes de langue ;
- l'orthographe, la ponctuation, les majuscules, etc.

6 Exemple de lettre commerciale en anglais

Consignes :
Le responsable des ventes de l'entreprise de produits diététiques Nature's Flavour. (Dublin) écrit à la responsable du magasin Les Gourmets (Limoges) :
- il la remercie de l'intérêt qu'elle porte à sa société ;
- il indique qu'il envoie en pièces jointes son catalogue 2011 ainsi que ses tarifs les plus récents ;
- il fait remarquer que tous ses produits sont fabriqués à 100 % à partir d'éléments naturels ;
- il attire son attention sur sa gamme de plus de 200 arômes et parfums qui séduisent de nombreux clients ;
- il reste à sa disposition pour de plus amples renseignements et serait très heureux de recevoir sa première commande.

Présentez la lettre selon les normes d'usage.

Proposition de lettre commerciale :

NATURE'S FLAVOUR.
44 Emerald Drive
Dublin 22
Republic of Ireland

5th March 2011

LES GOURMETS
34, rue Mirabeau
87000 Limoges
France

Re: Reply to your request for information

Dear Mrs Montagnier

Thank you for your interest in our firm.

You will find enclosed our catalogue as well as our latest price list.

We can assure you that all our products are made exclusively from natural ingredients.

Our natural and organic range *features* over 200 aromas and flavours greatly appreciated by our many customers. *We hope we will soon* be able to count you among them.

Do not hesitate to contact us for further information. It would be a pleasure for us to receive your first order.

We are looking forward to hearing from you soon.
Yours sincerely

James O'Reilly
Sales Manager

Enc: catalogue and price list

Les expressions propres à ce type de lettre figurent en italique.
Évitez les lourdeurs et les répétitions.

7 Exemple de lettre commerciale en allemand

Consignes :

Mme Lecuyer, Directrice export de la chocolaterie Chocmiam SARL, située 1, Grand' Rue à Roncq (59435), écrit à Dieter Mayer, Directeur commercial chez Schöne Käse GmbH, Steinweg 20 à Prem (86984) :

- elle lui fait part de l'intérêt de Chocmiam pour le marché allemand ;
- au dernier salon Anuga de Cologne, elle a rencontré Karl Walter, qui a proposé à Chocmiam de représenter ses produits en Allemagne ;
- comme Herr Walter s'est recommandé de Schöne, elle souhaite s'informer de l'efficacité de leur collaboration ;
- elle joint une plaquette de l'entreprise.

Rédigez la lettre en allemand selon les normes en vigueur.

Proposition de lettre commerciale :

CHOCMIAM SARL
1, Grand' Rue
59435 RONCQ
FRANCE

SCHÖNE KÄSE
Steinweg 20
86984 PREM
DEUTSCHLAND

Roncq, den 27.04.2010

Anfrage

Sehr geehrter Herr Mayer,

wir sind eine französische Firma, die Trüffel aus Schokolade *herstellt* und *möchten* unsere Produkte *in* Deutschland *vertreiben.*

Auf der letzten ANUGA-*Messe haben* wir Herrn Walter *getroffen*, der *sich bereit erklärt hat*, unsere Produkte *in* Deutschland *zu vertreten.*

Da er uns gesagt hat, dass er Ihre Firma vertritt, *möchten wir wissen*, seit wann er mit Ihnen zusammenarbeitet, ob er gut über die Reaktion der Kundschaft berichtet, ob er die festgesetzten Ziele erreicht.

Beiliegend finden Sie eine Broschüre, die Sie über unsere Firma informiert.

Wir danken Ihnen im Voraus für Ihre Bemühungen und verbleiben

mit freundlichen Grüßen

Florence Lecuyer
Directrice Export

Anlage : Broschüre

Les expressions propres à ce type de lettre figurent en italique et les éléments liés à la forme de politesse sont tramés dans le courrier.

8 Exemple de lettre commerciale en espagnol

Consignes :

Le responsable marketing de l'entreprise textile Divertimoda SA (Madrid) écrit au grand magasin Almacenes Santi (Mexico D. F.) :

- il leur communique la parution de leur nouveau catalogue automne-hiver, qu'il joint au courrier ;
- il rappelle les caractéristiques des vêtements proposés et les nouveautés (à préciser) ;
- il évoque la confiance que ces clients fidèles leur témoignent depuis des années et leur propose un geste commercial pour les en remercier ;
- il reste à leur disposition pour plus de renseignements.

Présentez la lettre selon les normes d'usage.

Proposition de lettre commerciale :

DIVERTIMODA S.A.
Paseo de la Castellana, 235
28046 Madrid (ESPAÑA)

ALMACENES SANTI
P° de la Reforma, 340
06500 México D. F. (MEXICO)

Madrid, 29 de abril de 2011

Asunto: presentación novedades otoño-invierno

Estimados señores:

Me dirijo a ustedes con motivo de la publicación de nuestro nuevo catálogo temporada otoño-invierno, que les adjuntamos.

Una vez más, *tenemos el gusto de* poner a su disposición el diseño, la calidad y la variedad de modelos que caracterizan nuestras creaciones para señora, caballero y niño.

Además esta temporada *les ofrecemos* una gama de accesorios más amplia que les invitamos a consultar a partir de la página 100.

Para agradecerles la confianza que vienen depositando en nosotros, nos complaceremos en concederles un descuento del 10% en el importe de su próxima factura -hasta la p. 100- y un 15% sobre los accesorios -sin restricciones de cantidad encargada.

No duden en ponerse en contacto con nosotros si necesitan mayor información. *Con mucho gusto responderemos a sus preguntas.*

En espera de sus gratas noticias, les saluda atentamente,

Miguel A. Pimentel
Responsable marketing

Anexo: Catálogo colección otoño-invierno

2 LA LETTRE COMMERCIALE EN ANGLAIS

1 Les spécificités de la lettre commerciale en anglais

1. Rédiger dans une langue formelle, jamais familière

- Rédigez complètement les formes verbales : *do not, there is, will not.*
- N'utilisez pas d'abréviations (telles que *asap, for ex*, etc.)
- Utilisez le registre approprié : *to expect a reply* (et non : *to wait for an answer*).

2. Écrire la date après l'expéditeur le destinataire

- N'indiquez pas la ville d'où la lettre est envoyée, ni le jour de la semaine.
- Indiquer toujours le mois en toutes lettres.
- Des variantes sont possibles :

EXEMPLES

May 21st 2010, 15 June 2011

3. Indiquer l'identité du destinataire, si elle est connue, et sa fonction

- *For the attention of Mr Peter Blackberry/Mrs Vanessa Crosby, export manager.*
- *For the attention of the Sales Manager.*

4. Préciser l'objet du courrier ou les références, même si les consignes ne l'imposent pas

- *Re : request for information*
- *Complaint about a delivery delay*
- *Your letter of January the 7th*

5. S'adresser directement à son interlocuteur sans utiliser son prénom

Dear Mr Cole/Dear Ms Kavanagh/Dear Sir or Madam/ Dear Sirs.

6. Rédiger une idée par paragraphe dans un style concis

Utilisez des mots de liaison pour améliorer le niveau d'expression : *as agreed, in addition, however, unfortunately, finally...* ainsi que des verbes introductifs variés : *we wish to..., we can assure you that..., we regret to inform you that..., please find enclosed...*

7. Clôturer la lettre avec une formule de politesse-type

We are looking forward to hearing from you soon/to doing further business with you.

8. Prendre congé en saluant poliment

- *Yours faithfully* (si son identité n'est pas connue).
- *Yours sincerely* (si son nom est connu).

9. Conclure

Concluez avec la signature, le nom complet de l'expéditeur et sa fonction dans l'entreprise. Signalez en bas de page la présence de pièces jointes si tel est le cas : *Enc : 1/Encs : 3/Encs : the bill of lading and the packing list.*

2 L'offre en anglais

1. Exemple

BLUE CREEK Ltd
7801 Alligators' Avenue
Terre Haute, IND 47 451
USA
17 October 2010

SWEETIE PIES
54 Union Street
Liverpool, L4 4NE
UNITED KINGDOM

For the attention of the Purchasing Manager
Dear Sirs
<u>Our offer</u>

Further to your enquiry we are pleased *to forward a detailed offer* concerning *our* wholegrain flours and popcorn.

You can count on a prompt delivery as *our lead time* is one week.

If you wish to check the quality of our products, *samples are available free of charge upon request.*

As this is our first opportunity to do business together, we are pleased to let you know that we expect *payment by draft at 30 days upon receipt of the goods.*

We remain at your disposal should you need any further information.

Thank you again for your interest in our grains and flours.

We are looking forward to receiving a positive reply for a trial order.

Yours faithfully

Mr Robert Newton
Sales Manager
Enc: our terms of sale

2. Expressions utiles

Introduire l'offre	- *Thank you for your phone call of October* 15th. - *We were pleased to meet you during last week's Trade Fair.* - *We acknowledge receipt of your letter of enquiry dated November* 12th.
Faire son offre	- *Here are the best terms we can offer.* - *You will find enclosed our commercial offer.* - *It is a pleasure to inform you that...*
Présenter les conditions	- *Our unit price is £ 5.24.* - *We offer a 10% discount for bulk orders.* - *Our packing is shock-proof/air-tight.* - *We expect payment within 30 days of the delivery.* - *For a trial order we are willing to grant you a 5% rebate.* - *Our offer is valid until December* 31st. - *Our delivery time should not exceed 2 weeks.* - *The goods will be delivered DDP Southampton.*
Conclure	- *We will do our best to meet your requirements.* - *We can assure you we will do our utmost to satisfy you.*

3 La commande en anglais

1. Exemple

LEMAN COSMETICS
52 Avenue du lac
Genève
SWITZERLAND

3rd November 2010

SHANGHAI BEAUTY
BLDG 2074
Minhang Road
Shanghai 170520
China

Dear Sirs

Thank you for your quotation which we received promptly.

We wish to place an order for:
200 units of Facial Care, ref. FC/42
500 bottles of moisture lotion, ref. ML/13
120 flacons of pure essence, ref. PE/5

The goods are to be delivered DDU Geneva to our warehouse for December 5th at the latest. We would be grateful if you could meet the deadline since we plan to launch this new range for the end of year.

We have instructed our bank, the International Swiss Credit Bank, to settle the invoice upon receipt of the necessary documents: the B/L, the insurance certificate, the certificate of conformity and the export certificate.

We are looking forward to receiving our order.

Yours faithfully

Frédérique Simons
Purchasing Manager

2. Expressions utiles

Se référer à	– *After consulting the brochure you sent us...* – *Further to our meeting with your sales rep...* – *Following this morning's phone call...*
Passer commande	– *We would like to order the following items: ...* – *We are pleased to inform you that we are interested in your.... at $32.2 per unit/ref CWV 32/featured in your winter catalogue page 95.* – *The colour(s)/the model/the size/the weight/ the specifications we wish to get are as follows: ...*
Présenter les conditions	– *The packaging we opt for is the following...* – *As usual we will pay the amount due at 30 days after the delivery by documentary credit.* – *Our bank will transfer the sum we owe upon presentation of the documents.*
Conclure	– *We would greatly appreciate a discount on repeat orders.* – *We hope to receive the delivery in due time as this is a rather urgent order.* – *We remain at your disposal should you need any further information.*

4 La réclamation en anglais

1. Exemple

FINE HOUSEWARE
2047 Sham Nath Mang
New Dehli
Union Territory of Dehli 110569
India

Darlington Porcelain
New Cromsby Lane
Islington, London N1 3TQ
Great Britain

Your ref : NR/mp
Our ref : MK/sn

10 February 2011
FAO Mrs Rogers, Export Manager
Dear Mrs Rogers
RE: order n° 14421

We acknowledge receipt of the above mentioned order for 80 porcelain tea sets which was delivered yesterday. The crates in which the consignment reached us were in perfect condition except one (marked 3) which was badly damaged. Consequently its entire contents was smashed to pieces and not a single item could be salvaged.

As the sale was on a CIF basis we suggest you contact the forwarding agents with regard to compensation.

We now require 15 replacement tea sets and hope you will send them to us straight away since we do not want to disappoint our loyal customers.

We are looking forward to hearing from you soon.

Yours sincerely

Manoj Kumar
Imports Director

2. Expressions utiles

Se référer à	– *We are sorry to have to inform you that...* – *We regret to have to let you know that...* – *The consignment duly arrived on board the ship SS Eagle of the Seas but one of the containers...*
Réclamer – Préciser les causes	– *The models we have received are the wrong colour/size/model/material/pattern...* – *The spare parts are faulty/scratched/broken...* – *Two boxes are missing/damaged/wet/torn...* – *We have not yet received your remittance.*
Proposer une solution	– *Can you please inform us of the new delivery date?* – *We are asking for a refund.* – *We would appreciate it if you could give us the reason for this delayed delivery.* – *We suggest returning the goods carriage forward.* – *Can you please settle your account as soon as possible?*
Conclure – Mettre en garde	– *We expect an efficient solution to this problem.* – *In the event of a recurrence we would take legal action.* – *We are obliged to cancel our order.* – *Should we have to complain about your lack of efficiency again we will turn to other suppliers.*

3 LA LETTRE COMMERCIALE EN ALLEMAND

1 Les spécificités de la lettre commerciale en allemand

1. Rédiger les coordonnées des partenaires

- Raison sociale : *Firma Barry Callebaut GmbH.*
- Destinataire : *Herrn Hans Müller/Kundendienst. Herrn* prend le « n » de l'accusatif des masculins faibles. Les titres universitaires de la personne ne doivent pas être oubliés : *Frau Doktor Anna Meier : Fr. Dr. Anna Meier.*
- Adresse complète : le nom de la voie précède le numéro de l'immeuble (ex. : *Stollwerkstrasse 27*), le code postal à 5 chiffres précède la ville (ex. : *51149 KÖLN*), le nom du pays ne doit pas être oublié pour les courriers destinés à l'international.

2. Préciser les références

Elles font allusion à un courrier antérieur ou à un code de l'entreprise :

- indiquez les références du destinataire et les références de l'expéditeur (elles ont tendance à disparaître) ;
- écrivez la date à droite, séparez le lieu des chiffres de la date par une virgule. Les chiffres sont séparés par des points : *Köln, 29.06.2010.*

3. Annoncer l'objet du courrier (*der Betreff*)

Le mot *Betreff* ne figure pas sur la lettre : ex. : *Reklamation.*

4. Saluer en faisant suivre la formule d'une virgule

- Frau (Fr.) ou Herr (Hr.) sont obligatoirement suivis d'un nom.
- La terminaison de "geehrt" change selon le nom : *Sehr geehrte Frau Doktor Meier, Sehr geehrter Herr Müller,*
- Si on ne connaît pas le nom du destinataire, on utilise la formule : *Sehr geehrte Damen und Herren,*

5. Rédiger le corps de la lettre

L'expéditeur utilise le pronom *Wir* et s'adresse au destinataire à la forme de politesse : *Sie* + verbe à la 3ᵉ personne du pluriel/pronom au datif, à l'accusatif : *Ihnen, Sie*/possessif : Ihr. Ex. : *Wir danken Ihnen für Ihre Bemühungen.*

6. Prendre congé, signer, joindre des documents

- La formule habituelle est : *mit freundlichen Grüßen.*
- La signature est suivie du nom de l'auteur et de sa fonction, précédée éventuellement de : *Pp/ppa, i.A, i.V.* (par procuration, par délégation).
- La mention « *Anlage* » figure à gauche après la signature.

2 L'offre en allemand (*das Angebot*)

1. Exemple

SCHÖNES MÖBEL GmbH
Raderberggürtel 32
40212 DÜSSELDORF
DEUTSCHLAND

HOTEL KAISERIN SISSI
Berggasse 22
1120 WIEN
ÖSTERREICH

Düsseldorf, den 27.09.2010

Angebot über Möbel

Sehr geehrte Frau Greissl,

Wir haben Ihre Anfrage vom 15.09.2010 wohl erhalten und danken Ihnen dafür. Wir freuen uns, Ihnen hiermit folgendes Angebot zu unterbreiten:

- 20 Schränke Modell Empire Nr.015210, zu je 250 €

Unsere Preise verstehen sich frei Haus, Verpackung einschließlich. Da wir die Ware auf Lager haben, *kann die Lieferung innerhalb von 14 Tagen per LKW erfolgen.* Bei Barzahlung *gewähren* wir 2% Skonto. *Dieses Angebot gilt bis zum 27.12.2010.*

Wir machen Sie auf das gute Preis-Leistungsverhältnis unserer Produkte aufmerksam und stehen Ihnen für weitere Auskünfte gern zur Verfügung.

In der Hoffnung auf einen baldigen Probeauftrag verbleiben wir

mit freundlichen Grüßen

Helmut Sieker
Verkaufsleiter

2. Expressions utiles

Se référer à	*Wir beziehen uns auf Ihre Anfrage vom/unser Telefongespräch vom/unser Treffen auf der Messe.*
Présenter son offre	*Wir unterbreiten Ihnen folgendes Angebot.*
Exprimer les conditions	*- Die Lieferung erfolgt per LKW/per Bahn.* *- Zahlungsbedingungen: 30% (Prozent) bei Erhalt der Ware, den Rest 30 Tage nach Empfang der Ware.*
Prendre congé	*Wir sichern Ihnen eine sorgfältige Ausführung Ihres Auftrags zu...*

3 La commande en allemand (*die Bestellung*)

1. Exemple

VAR ÉLECTROMÉNAGER - 20, rue Raimu -
FR - 83000 TOULON

MODERNES HAUS
Birmendorferstr.20
CH - 8004 ZÜRICH Toulon, den 14.09.2011

Bestellung über Staubsauger

Sehr geehrte Damen und Herren,

Vielen Dank für die Zusendung Ihres Prospektes und Ihres Angebots vom 8.9.2011. *Wir sind mit Ihren Bedingungen einverstanden und bestellen hiermit:*

30 Staubsauger, Modell "Föhn", Nr.ST.12 zu je 79.99 EUR

15 Staubsauger Modell "Sturm", Nr.VF.25 zu je 139.00 EUR

Da wir die Ware dringend benötigen, *bitten wir um Lieferung bis spätestens dem 14.10.2011.*

Wir werden die Rechnung bei Erhalt der Ware begleichen, daher bitten wir Sie, uns einen Extra-Rabatt zu gewähren.

In der Hoffnung auf eine sorgfältige Ausführung unserer Bestellung verbleiben wir

mit freundlichen Grüßen

Peter Biedermann
Kaufabteilung

2. Expressions utiles

Se référer à	- *Ihrem Prospekt gemäß.* - *Wir haben Ihr Angebot vom. (Datum) wohl erhalten und danken Ihnen dafür.*
Passer commande	- *Wir erteilen hiermit folgende Bestellung.* - *Wir geben folgenden Auftrag auf.*
Exprimer les conditions	- ***Das Produkt:*** *die Größe, das Gewicht, das Modell, die Farbe.* ***Der Stoff:*** *aus Silber, aus Leder.* - ***Die Verpackung:*** *die Kiste, die Schachtel, die Flasche.* - ***Der Preis:*** *eine Preisermäßigung/einen Rabatt gewähren. Der Mengenrabatt/der Rabatt von...%* - ***Der Liefertermin:*** *spätestens am 14.09.2011.*
Prendre congé	- *Bestätigen Sie uns bitte den Auftrag per E.Mail.* - *Wir hoffen, dass die Lieferung unseren Wünschen entspricht.*

4 La réclamation en allemand (*die Beschwerde*)

1. Exemple

PARADIES DER KINDER.
Goldgasse.22
5020 Salzburg
ÖSTERREICH

SPIELWAREN ALI BABA GmbH
Ludwigstr.46
90402 Nürnberg
DEUTSCHLAND Salzburg, den 27.06.2010

Reklamation
Sehr geehrte Damen und Herren,
Ihre Lieferung Nr.2356 ist gestern bei uns eingetroffen.
Beim Auspacken haben wir leider festgestellt, dass die Ware beschädigt war. 15 hölzerne Schaukelpferde sind *zerkratzt. Der Schaden ist auf eine mangelhafte Verpackung zurückzuführen.*
Da wir *auf einwandfreie Qualität bestehen, schicken wir Ihnen die Ware auf Ihre Kosten zurück und bitten um eine umgehende Ersatzlieferung.*
Wir erwarten Ihre Lieferung in den nächsten 7 Tagen. *Sonst sähen wir uns gezwungen, den Vertrag zu stornieren.*

Wir warten auf Ihren sofortigen Bescheid per E-Mail und verbleiben

mit freundlichen Grüßen

Max Klein
Einkaufsleiter

2. Expressions utiles

Se référer à	- *Wir haben Ihre Lieferung vom (Datum) erhalten.*
Réclamer et préciser les causes	- *Leider müssen wir Ihnen mitteilen, dass...* - *Die Ware ist nicht mustergetreu, farbgetreu.* - *Die Ware ist verdorben, ungenießbar, zerbrochen, zerkratzt.* - *Die Größe (die Anzahl) entspricht nicht unseren Erwartungen.* - *Sie sind in Lieferverzug geraten.*
Mettre en garde	- *Falls die Rechnung innerhalb von 7 Tagen nicht beglichen sein sollte, sähen wir uns gezwungen, Verzugszinsen zu berechnen.* - *Da dieser Verzug unsere Beziehungen beeinträchtigen würde, bitten wir Sie um sofortige Begleichung der Rechnung.* - *Sollten Sie diese Nachfrist nicht einhalten, müssten wir den Vertrag stornieren (müssten wir uns an einen anderen Lieferanten wenden).*
Prendre congé	- *Teilen Sie uns bitte mit, wie Sie sich entschieden haben.*

4 LA LETTRE COMMERCIALE EN ESPAGNOL

1 Les spécificités de la lettre commerciale en espagnol

1. Rédiger les coordonnées des partenaires

- Raison sociale. Prénom(s) et nom(s), dans cet ordre.
- L'adresse complète : Le nom de la voie précède le numéro, l'étage... (Ex : *Avda. Segovia, 37, 1° dcha.*) Le code postal (5 chiffres) précède la ville : (*28080 Madrid*). Préciser le pays pour un courrier international.

2. Écrire la date

- Avant le destinataire ou avant le titre de civilité.
- Lieu (+ virgule) suivi du jour, mois (en minuscules) et année (en chiffres) séparés par « de ». (Ex : *Valladolid, 7 de marzo de 2014*).

3. Préciser les références, avant l'objet

Faire allusion à un document, à un code de l'entreprise. Ex : *S/ref.: su carta del 15/06 ; N/ref. : pedido oct/9.*

4. Annoncer brièvement l'objet du courrier

Ex : *Asunto: propuesta de colaboración ; Asunto: oferta.*

5. Spécifier qui doit recevoir la lettre

Placer cette information entre l'objet et la formule de civilité. Ex : *A la atención del Sr. Director ; Atn.: R. Ruiz.*

6. Saluer, faire suivre la formule de « : »

Ex : *Estimada señora: / Distinguido cliente:*

7. Rédiger le corps de la lettre

L'expression dépend des rapports entre l'auteur et le destinataire. En Espagne le tutoiement est très commun. La forme de courtoisie s'utilise au début de la relation ou pour marquer la hiérarchie. Usted (=Ud, Vd) + Verbe 3e personne singulier ; pronom : le ; possessifs : su/sus (Ex : *Acuso recibo de sus productos y le ruego me envíe*...). Ustedes (=Uds, Vds) + Verbe 3e personne pluriel ; pronom : les ; possessifs : su/sus (Ex : *Acuso recibo de sus productos y les ruego me envíen*...). Utiliser le singulier ou le pluriel selon le destinataire : Ex : *Estimado cliente:* → *Le agradezco su rápida respuesta... ; Señores:* → *Les envío...*

8. Prendre congé, signer, joindre des pièces

- La formule finale (simple, complexe et/ou unie à la conclusion) s'accorde en genre et en nombre avec les civilités. Ex : *Atentamente, / Un cordial saludo, / Estimada Carmen* →*) la saludo cordialmente.* Ex : *En espera de su respuesta, le/ les saluda muy atentamente* (Attention: verbe 3e personne)
- La signature précède le nom de l'auteur et son poste.
- Les pièces jointes suivent la signature, en bas à gauche. Ex : Anexos: catálogo y muestrario. Anexo: factura

9. Les abréviations

Sra. : señora Sr. : señor Sres. : señores Ud., Vd. : Usted Uds., Vds. : Ustedes Ldo : Licenciado	c/: Calle Avda. : Avenida Pza. : Plaza P°. : Paseo Ctra. : carretera	s/n. : sin número 1°, 3° : 1er, 3e dcha.: derecha izq. : izquierda esc. : escalera	N/ref.: nuestra referencia S/ref. : su referencia
	Fdo. : firmado	P.A., p.a. : por autorización	P.O., p/o: por orden

2 L'offre en espagnol : la oferta

1. Exemple

CERÁMICAS ALCORA S.L.
Avda. Mediterráneo s/n
12110 Alcora (Castellón) ESPAÑA

LA CASA POR EL TEJADO S.A.
Martín Fierro 897
Olivos – Buenos Aires (ARGENTINA)

Alcora, 5 de marzo de 2014

Asunto: oferta

Estimado señor Vallejo:

Acusamos recibo de su solicitud del pasado 28 de febrero *y le agradecemos su interés por* nuestros productos de gran calidad y perfección en su acabado.

Con mucho gusto le ofrecemos:
- Serie LUX, baldosa Metal Gris, 45 × 45 cm, 15 €/m²

El precio se entiende FOB Valencia. *Los productos se presentan* en cajas de cartón de 12 unidades, en europalés. *El pedido mínimo será de* 200 m². *Aplicaremos un descuento a pedidos superiores a* 700 m².

La entrega tendrá lugar 20 días a partir de la confirmación del pedido. *El pago deberá efectuarse por* crédito documentario a 30 días.

La oferta es válida hasta el 30 de junio de 2015.

Esperamos que nuestra propuesta merezca su atención. Reciba un atento saludo.

Mireia Pons
Responsable Ventas

Anexo: Condiciones de venta

2. Expressions utiles

Se référer à	– Confirmando nuestra conversación de hoy... – Nos complace responder a su solicitud del... – Con referencia a su carta del 3 del corriente
Faire l'offre	– Me es grato comunicarle/s la oferta siguiente: – Sírvase/sírvanse consultar nuestra oferta:
Exprimer les conditions	– precio unitario (€/u), conceder un descuento – número de cajas; unidades por caja – entrega a10 días fecha de factura (= f/f) – Oferta válida hasta el... (+fecha); la validez – El 20% del importe al efectuar el pedido y el 80% restante a 30 días f/f ; a recepción de la mercancía; a 30 (60, 90 días); – por/mediante transferencia, letra de cambio, cheque (=talón), pagaré; el banco, la cuenta bancaria; cargar en cuenta (=facturer) – El pedido mínimo; la cantidad mínima
Prendre congé	– No dude/n en solicitar mayor información, con gusto le/s responderemos. – Esperando poder satisfacer su pedido, le enviamos un cordial saludo.

3 La commande en espagnol

1. Exemple

RIEN QUE POUR VOUS SARL
35, rue d'Alsace-Lorraine
47000 AGEN (FRANCIA)

VISTE COMO QUIERAS S.A.
Riera de Canyadó, 120
08911 BADALONA (ESPAÑA)

Agen, 14 de abril de 2013

N/ref: RQPV/1

Asunto: pedido

Estimada Montserrat:

Con motivo de nuestro encuentro en el salón de la moda, usted me presentó su nueva colección. Acabo de recibir su catálogo y su lista de precios y le doy las gracias por ello. Tengo el gusto de solicitarle el envío de:

- 90 faldas, estampadas, mod. "Aire", talla L, ref. L8

Desearía recibir el género para el 15 de mayo *a más tardar. La entrega se hará en* mi almacén de Agen sito en Allée D'Artagnan ZA Agen Sud 47000 AGEN.

Aunque sus condiciones de pago iniciales eran a 30 días, *le ruego me* conceda *un crédito a 60 días.*

Agradeciendo su comprensión, aprovecho la ocasión para saludarla atentamente

Stéphane MORANNE
Departamento Compras

2. Expressions utiles

Se référer à	- Haciendo referencia a su atenta carta del 15 del actual, - Nos complace responder a su oferta del (+ fecha) - Refiriéndonos a nuestro encuentro en...
Passer commande	- Le/s rogamos nos **mande/n** (= **remita/n**, **expida/n**, **haga/n** llegar) los productos que a continuación detallamos: / los productos abajo indicados: / los artículos siguientes: - Me / Nos complace cursarle/s pedido de:
Exprimer les conditions	- la longitud, la anchura, el tamaño; el peso, la talla (ropa), el número (calzado), el color; el material (estar hecho DE cuero / madera /cristal) - en cajas, en bolsas, en rollos, a granel (=vrac) - rebajar el precio en función de la cantidad ; la rebaja; el descuento: pedir, solicitar ≠ hacer - En un plazo máximo de (...) días. - Cuanto antes = a la mayor brevedad= en cuanto pueda/n = lo antes posible = en cuanto sea posible
Prendre congé	- Quedo a su disposición para mayor información - Rogándole/s una rápida respuesta, **le/s** saluda - Sin otro particular, nos despedimos de **usted/es** - Dándole/s las gracias por anticipado, **le/s** saluda - En espera de su respuesta, **reciba/n** un saludo.

4 La réclamation en espagnol

A.A. SANTOS & Filhos, LDA
Rua da Serra, 90
4430-759 Avintes (PORTUGAL)

MUEBLES CASTELLANOS S.A.
Crta. Toledo- Ávila, km 12
45004 Toledo (ESPAÑA)

Avintes, 14 de junio de 2011

Asunto: reclamación
A la atención de: Julián Mendoza, Dir. de Ventas
Estimado señor:

Acabamos de recibir el pedido correspondiente a nuestra orden A3/47/010 referente a sillas y mesas de nogal.

Lamentamos comunicarle que, al abrir los bultos, hemos constatado que algunos muebles han sufrido daños:

- 3 sillas han llegado rayadas y con la tapicería rasgada.

A causa de dichos desperfectos, no podemos ofrecer los artículos a nuestros clientes en los plazos anunciados.

Por ello, le pedimos que, además de tomar a su cargo los gastos de devolución y sustitución de la mercancía, *aplique al importe inicial un descuento del 5%.*

Le precisamos que si volviera a producirse un problema como este nos veríamos obligados a cambiar de proveedor.

Esperando recibir una pronta respuesta, le saludamos atentamente,

João SANTOS
Departamento Compras

Anexos: Fotos desperfectos

2. Expressions utiles

Se référer à	- Obra en nuestro poder su envío del (+ fecha) - Acusamos recibo de nuestro pedido del (+fecha)
Réclamer - Préciser les causes	- Le/s informo de que he recibido... en lugar de.. - Al desembalar... , hemos advertido que ... - Se ha cometido un error al realizar el embalaje - Salvo error por nuestra parte, todavía no hemos recibido el pago relativo a la factura... - un error, una equivocación, un descuido, un olvido / subsanar, corregir, solucionar / sustituir, reenviar, reexpedir / el desperfecto, la rotura, los daños, la avería, el retraso / estar deteriorado, roto, manchado, caducado, mal etiquetado
Proposer une solution - Mettre en garde	- Pienso que la mejor solución sería... - Envíeme / envíenme / Envíenos / Envíennos lo antes posible los productos pendientes de entrega; mándenos/mándennos... - Le/s pedimos tomen a su cargo... / - Le/s rogamos sustituyan la mercancía dañada. - Estimamos necesario que nos conceda/n... - Le/s exigimos reemplace/n los géneros citados - No estoy/ no estamos dispuestos a... - Sentimos tener que anular este pedido.
Conclure	- Quedamos a la espera de sus noticias.

5 LE COMPTE RENDU

Le compte rendu se rédige en français à partir de documents présentés en langue étrangère. C'est un exercice rigoureux et méthodique, le nombre de mots est compté. Il ne s'agit ni de traduire, ni de donner un avis personnel, ni d'intégrer des informations extérieures mais de restituer le plus fidèlement possible le sens et les idées essentielles. Le dictionnaire unilingue est une aide mais il ne faut pas y consacrer trop de temps.

1 S'imprégner du sens

1. Lire en effectuant des repérages

- Tenir compte du titre qui aide à la compréhension.
- Être attentif à la répétition d'une même idée formulée différemment et qui oriente donc vers le thème principal.
- Les temps des verbes sont importants : s'agit-il d'un fait avéré au présent, d'un retour en arrière avec un verbe au passé, d'une perspective au futur ou d'une hypothèse au conditionnel ?
- Faire la distinction entre les idées, les faits et les exemples.

2. Relire en surlignant les mots-clés

- Repérer les liens logiques qui renseignent sur la relation, l'enchaînement des idées : théorie puis illustration, argument puis objections, exemples suivis d'une conclusion…
- S'appuyer sur les indications de temps (adverbes, dates, etc.) pour mettre en évidence l'ordre des faits, les étapes du raisonnement.

2 Rédiger progressivement le compte rendu

1. Rechercher les idées principales

- Les lister pour avoir une vue d'ensemble.
- Prévoir le plan : regrouper les idées dont le sens est proche, les résumer et les ordonner.
- Si le compte rendu concerne plusieurs documents ou un seul texte et des graphiques, par exemple, il convient de les traiter conjointement.

2. Rédiger une introduction succincte

- Citer le titre, la date, le type de document, la source…
- Annoncer le thème, les pistes de réflexion.
- Formuler la problématique.

3. Rendre compte fidèlement

- S'exprimer dans une langue correcte, bien orthographiée.
- Éviter la traduction d'extraits du document et les répétitions.
- Relire le compte rendu en s'assurant de sa clarté et de sa lisibilité.
- Respecter le nombre de mots imposé et l'indiquer.

4. Formuler une conclusion

- Reprendre le point essentiel sans répéter l'introduction.
- Prolonger par une idée personnelle (une phrase).

3 Illustration à partir d'un texte en anglais

1. Document

Tigers and dragons

The emerging world is teeming with(1) new business models.

Most emerging countries have a penchant for highly diversified conglomerates. India's Tata Group, which accounts for almost 6% of the country's GDP(2), has subsidiaries in carmaking, agricultural chemicals, hotels, telecommunications and consulting. But such diversification is not confined to giant organizations. China is full of small and medium-sized companies that have fingers in many pies(3), taking advantage of opportunities as they arise.

Many emerging countries also rely heavily on state-owned enterprises. These organizations are peculiar hybrids that have never been seen before, borrowing money from governments at subsidised rates one moment, plunging into the global market the next. China and Russia are the main exponents(4). Thousands of Chinese companies have convoluted ties to central or local government. Russia has created a large class of state companies that enjoy various legal privileges. Hybrid organizations are particularly prominent in the energy sector. The world's 13 largest oil companies, as measured by reserves, are all controlled by governments, and three-quarters of the world's crude-oil reserves are in the hands of state-backed companies. Many of China's best high-tech companies, such as China Telecom and Lenovo, are also state-backed. But such organizations are active in lots of other areas too. Like the developing world's private giants, they are often diversified.

Diversified conglomerates can adapt to political and financial risks. The Tata Group can use capital from established businesses to support growth in new ones, and has the resources to attract and train the best people. It can also use its brand name to sell all sorts of products. Indians who have grown up enjoying Tata tea might be more inclined to buy the latest Tata electric car.

State-owned companies often draw on long traditions. Authoritarian governments can use them to direct economic activity (and to preserve their economic power as well). Local entrepreneurs can use them to seize business opportunities. And even Western multinationals can use them to gain access to difficult markets. Looked at one way, a huge organization such as China Mobile is a throwback(5) to an earlier era; looked at •••

•••

another way, it is an attempt by those in charge to embrace a more dynamic economy.

How are these companies likely to fare[6] as they compete in a global marketplace? Conglomerates may have an enduring advantage in attracting and training talent in rapidly growing markets, and in building brands in regions where brand recognition is low and potential consumers are numbered in their billions rather than millions. The Tata Group reckons that its brand is worth about 100 billion rupees ($2.2 billion). The case for state-owned companies is less robust. Hybrid companies are inherently confused organizations: unclear whether they are responsible to the state or the marketplace. Outsiders often find it hard to know whether to treat them as a business or an arm of government. And the OECD[7] says that state-owned enterprises have significantly lower levels of productivity than private firms.

It would be foolish for Western companies to dismiss these new corporate life forms as evolutionary dead ends, but there is little scope for emulating them. The same is not true of other business models that the emerging world has come up with, such as the application of mass-production techniques to sophisticated services, which are important innovations in their own right.

Apr 15th 2010 Adapted
from *The Economist* print edition

(1) to teem with: to be full of/to contain large numbers of
(2) GDP: Gross Domestic Product
(3) to have fingers in many pies: to be involved in many areas of business
(4) exponents: illustrations
(5) a throwback: something that was common a long time ago/a reversion to an organization that existed before
(6) to fare: to get on/to be treated well or badly
(7) OECD: Organization for Economic Cooperation and Development

2. Compte rendu en 250 mots (+ ou – 10 %)

Dans cet extrait de *The Economist* du 15 avril 2010, deux types d'organisations commerciales spécifiques des pays émergents sont présentés et illustrés abondamment. Quels en sont les caractéristiques et les avantages ?

Tout d'abord les conglomérats, aux activités très diversifiées, sont soit de grands groupes, comme Tata en Inde, soit de modestes entreprises en Chine, qui se montrent très réactives au regard des opportunités du marché. L'adaptabilité face aux aléas politiques et financiers est d'ailleurs le point commun de ces structures qui tablent sur la notoriété de certaines de leurs spécialités pour se lancer dans d'autres secteurs. De même, il leur est facile de recruter du personnel talentueux dans un marché à croissance rapide ainsi que de faire connaître leurs marques aux milliards de consommateurs potentiels dans un contexte où peu d'entre eux y sont sensibilisés.

Par ailleurs, les entreprises sous contrôle de l'état et subventionnées, sont parfaitement intégrées à l'économie de marché, que ce soit en Chine ou en Russie, en particulier dans le secteur de l'énergie. Par exemple, les grandes entreprises pétrolières mondiales sont aux trois-quarts contrôlées par les gouvernements, qui garantissent ainsi leur mainmise sur l'économie. Les multinationales occidentales peuvent les utiliser comme tremplins pour pénétrer dans des marchés réputés fermés. Cependant, leur statut ambigu ne les rend pas forcément attrayantes ; leur productivité est d'ailleurs souvent médiocre.

Il n'est pas question de faire de ces entités hybrides des modèles à l'échelle mondiale. Néanmoins, les pays émergents ont réussi quelques tours de force remarquables comme l'application des techniques de production de masse à des services de pointe, exemples qui mériteraient d'être considérés comme de véritables innovations.

272 mots (à préciser obligatoirement)

Remarque : ce compte rendu a simplement valeur d'exemple. Des variantes tout à fait acceptables sont envisageables (plan, formulation...). La longueur est imposée en fonction du sujet.

3. Variantes

a) Au niveau de l'introduction

Cet extrait de *The Economist* intitulé « Tigers and dragons » et publié le 15 avril 2010 présente deux types de structures commerciales qui se sont multipliées dans les pays émergents. Nous allons en indiquer les caractéristiques principales.

b) Au niveau du plan

Au lieu de présenter en deux parties les différentes caractéristiques des entreprises privées (conglomérats) puis celles que contrôle l'État, comme dans le compte rendu ci-dessus, il est possible de calquer le plan sur celui du texte de départ. Dans ce cas, il convient de présenter successivement les conglomérats et les sociétés sous contrôle de l'État, les avantages de chacun puis leur statut dans un monde globalisé.

6 L'EXPRESSION ÉCRITE

1 Présentation de l'épreuve d'expression écrite

1. Prendre connaissance du sujet

- Lire attentivement la question posée.
- Repérer les mots-clés pour éviter le hors-sujet et bien cibler la problématique.

2. Réfléchir avant de rédiger

- Envisager tous les aspects associés au sujet à traiter.
- Se questionner : le plan est-il donné? causes-conséquences, avantages-inconvénients, avant-après...
- Chercher des arguments à apporter sans vouloir à tout prix réciter un cours.
- Sélectionner des exemples représentatifs, liés ou non à l'actualité, pour étayer ses idées.
- Utiliser les connaissances acquises dans toutes les matières.
- Les documents fournis dans l'épreuve orienteront éventuellement votre réflexion et vous donneront des pistes.

3. Rédiger

- Éviter la paraphrase, la copie même partielle des documents donnés. Utiliser le vocabulaire spécifique et approprié.
- Prévoir une introduction qui définit les termes du sujet et indique les grands axes de votre réflexion.
- Mettre en évidence la chronologie.
- Insérer les liens logiques pour bien marquer la cause, la conséquence, l'opposition...
- Émettre éventuellement des hypothèses.
- Regrouper les idées de sens proche dans un même paragraphe.
- Sélectionner des exemples significatifs.
- Prévoir une conclusion. Ce n'est pas une reprise de l'introduction.

La conclusion récapitule l'essentiel de votre position mais aussi élargit le débat.

- Respecter impérativement la longueur imposée en tenant compte de la marge autorisée de plus ou moins 10%.

4. Relire

- Éviter les répétitions.
- S'assurer de la cohérence et de la logique de l'ensemble. Utiliser la ponctuation adéquate.
- Vérifier l'orthographe et la syntaxe.
- Compter le nombre de mots utilisés et l'indiquer.

2 S'exprimer correctement en anglais

1. Choisir le temps principal de la rédaction

- Le **présent simple** permet d'énoncer des vérités générales : *In a time of crisis, unemployment is a major risk/A wholesaler often grants a discount to his/her best customers.*
- Le **présent progressif** attire l'attention sur une situation particulière/une action en train de se dérouler : *shareholders are taking a closer look than before at the value of their portfolio.*
- **Le modal "will"** sert à prédire une action ou un résultat avec un grand degré de certitude : *hiringlrecruitment will pick up as soon as the economic outlook looks better.*
- **Le prétérit** est utilisé pour narrer des actons passées : *the WTO replaced GATT in 1995.* **Attention aux verbes irréguliers !**
- **Le conditionnel présent** permet d'émettre des hypothèses : *the EU would be wrong to refuse to trade with the rest of the world.*
- **Le present perfect** permet de faire un bilan dans le présent : *their income has never been higher* (forme simple) ou d'indiquer qu'une action commencée dans le passé est inachevée : *Stock markets have been rising since the European Union announced its rescue plan for the Euro* (forme progressive).

2. Construire un raisonnement convainquant

a) Utiliser une grande variété de nuances telles que :

- la cause (as, for, since + sujet + verbe) ;
- la conséquence (so that + sujet + verbe) ;
- le but (so as to + sujet + verbe/in order to ou bien to + verbe) ;
- le contraste (unlike + nom/sujet + verbe ..... whereas sujet + verbe/contrary to + nom) ;
- La concession (although/though + sujet + verbe).

b) Utiliser des adverbes ou des expressions toutes faites pour souligner les étapes du raisonnement:

- *to begin with, first, at first, on the one hand;*
- *secondly, then, on the second hand, moreover, furthermore;*
- *thirdly, finally, to conclude, to put it in a nutshell.*

c) Nuancer son expression et l'illustrer :

- *according to the information given in...*
- *to my mind/asfar as 1 knowlfrom my point ofview*
- *it looks as if.../we can assume that...*
- *what 1 mean is that.../surprisingly/apparently*
- *for instancelfor example/nom + such as...*
- *I would like to quote/to mention another similar situation.*

d) Exprimer des hypothèses, respecter la concordance des temps :

If no quick solution ***is found****, the outcome* ***will be*** *dramatic.*
If the unions really ***wanted*** *to defend workers' rights, they* ***would oppose*** *relocations to the Far East.*
If only profits ***had remained*** *steady, there* ***would have been*** *no doubt about the durability of the firm's activity.*

3 S'exprimer correctement en allemand

1. Choisir les formes verbales.

- Le **présent** permet d'énoncer des vérités générales : *Zur Zeit der Krise ist die Arbeitslosigkeit ein akutes*

Problem/der Großhändler bietet den Kunden eine Preisermäßigung an;

- **Le prétérit** est utilisé pour relater des actons passées : *Letztes Jahr belief sich der Gewinn der Firma auf.... Millionen Euro*
  Attention aux verbes forts !
- **Le subjonctif II (conditionnel)** permet d'émettre des hypothèses : *das Unternehmen wäre mit großen Schwierigkeiten konfrontiert.*
- Le **passif** se forme avec l'auxiliaire werden: *Die Arbeitskosten werden reduziert.*
- **Les modaux**
  wollen indique une volonté, une intention : *Wir wollen auf dem japanischen Markt vertreten sein.*
  sollen exprime une incitation à faire quelque chose : *Die Firma sollte deutschsprachige Mitarbeiter einstellen.*
  müssen exprime une nécessité absolue, une forte probabilité : *Die Ware muss sofort geliefert werden.*

2. Construire un raisonnement convaincant

a) Utiliser une grande variété de liens logiques tels que :

La cause : *weil, da* Sujet(S)... Verbe (V) à la fin de la subordonnée ; *denn* S+V+....
La conséquence : *so dass* S... V à la fin de la subordonnée.
Le but *um...zu*+V à l'infinitif si le sujet de la principale et celui de la subordonnée se réfèrent à la même personne ; damit S...V à la fin si les sujets sont deux personnes différentes.
La condition : *wenn* ou *falls* S...+ verbe à la fin.
La concession, l'opposition *obwohl* S ... V à la fin ou *troztdem* V+S...

b) Utiliser des adverbes ou des expressions pour souligner les étapes du raisonnement :

- *Erstens, zuerst, vorher, einerseits*
- *Zweitens, dann, später, nachher, andererseits*
- *Drittens, schließlich, zusammenfassend, zum Schluss*

c) Nuancer son expression :

- *Laut der Information, die wir in diesem Artikel lesen...*
- *Meiner Meinung nach/meiner Ansicht nach habe ich den Eindruck, dass...*
- *Es ist, als ob* S... V à la fin au subjonctif II/*wir können daraus schließen, dass S... V*

d) Exprimer des hypothèses :

Wahrscheinlich, vielleicht: Vielleicht könnte die Firma neue Maßnahmen treffen S... V
Wir können vermuten, dass... (nous pouvons supposer que...)

4 S'exprimer correctement en espagnol

1. Choisir le temps de la rédaction: précisions sur le passé

- Le passé simple, très fréquent en espagnol, exprime un fait ponctuel dans le passé. Ex: *El producto salió al mercado en 2009.*
- Le **passé composé**, exprime un fait passé gardant un rapport avec le présent. Ex : *La empresa ha trabajado en el prototipo **hasta hoy**.*

2. Construire un raisonnement convainquant

a) Souligner les étapes du raisonnement, changer d'idée

- *Primero, en primer lugar, para empezar, por un lado*
- *Segundo, en segundo lugar, para continuar, por otro lado*
- *Tercero, en tercer lugar, además, también, no sólo ... sino (que), asimismo, no hay que olvidar que, hay que añadir que*
- *En cuanto a, (con) respecto a, con relación a, acerca de*
- *En resumen, en definitiva, resumiendo, para concluir*

b) Situer dans le temps

- *El 5 de marzo de 2011, en enero de 2013, a partir de 2015*
- *Durante el siglo pasado, en los años 20, a mediados de los (años) noventa, a principios de semana/mes/año, a finales de 2020*
- *Dos años antes/después, el mes siguiente,* **dentro de** (=dans + tps.)
- ***Desde hace** cinco décadas, **desde** su creación* (=depuis)

c) Utiliser une grande variété de nuances

- La cause : *porque, ya que, dado que, puesto que*
- La conséquence : *por eso, en consecuencia, por consiguiente*
- Le but : *para + inf, para que + subj, a fin de que + subj, con (el) objeto de que*+subj
- Le contraste : *pero, mientras que, sin embargo, por el contrario, en cambio, no... sino* (+nom, adj. ou adv.), *no... sino que* (+suj + vb+ compl)
- La concession : *aunque + indic.* (fait réel), *aunque + subj.* (hypoth.)

d) Illustrer par des exemples

Por ejemplo, a modo de ejemplo podemos citar, como en el caso de

e) Nuancer, donner son opinion

- *Según los datos disponibles, en función de lo que hemos dicho...*
- *En mi opinión, por lo que a mi respecta, a mi modo de ver*

f) Exprimer l'hypothèse en respectant la concordance des temps

- Hypothèse réalisable : présent-futur. Ex : *Si estas empresas siguen innovando, acabarán por rivalizar con las que ahora lideran el sector.*
- Hypothèse difficilement réalisable : **conditionnel, si + subj. imparf.** : Ex : ***Si** dichas firmas **innovaran, acabarían** por rivalizar con los actuales líderes del sector. Ex : ¿Cuáles **serían** las consecuencias para los exportadores **si** el dólar **siguiera cotizando** al nivel actual?*
- Hypothèse au passé : condit. passé ou **pl.que parf. du subj, si + pl q parf.du subj** : Ex : *¿Cómo habrían reaccionado/**hubieran reaccionado** los proveedores **si** la empresa no **hubiera aplicado** estas medidas?*

7 L'ÉPREUVE ORALE

L'oral de langue peut concerner un ou plusieurs documents audio ou vidéo. Seul le titre vous sera fourni. Attention : les modalités de cette épreuve diffèrent en CCF et en épreuve ponctuelle (cf. p. 384).

1 Méthodologie

1. Découvrir le support

Ne pas se laisser distraire, vous n'avez droit qu'à deux passages.

a) Premier contact avec le document : cerner l'essentiel

- Repérer les informations-clés de chaque document : qui ? Où ? Quand ? Quoi ? Comment ? Pourquoi ? Les titres peuvent guider : thème, secteur, activité, pays... L'image aide souvent aussi et peut comporter des données supplémentaires : chiffres, graphiques, dates, noms, lieux...
- L'idée principale peut être suggérée ou exprimée par des mots répétés ou de sens proche. Essayer de les repérer.
- Espacer ses notes pour les compléter par la suite.
- Ne pas rédiger : écrire plutôt des groupes de mots, des mots-clés.
- Pendant les 2 minutes, entre les 2 passages, noter ce que l'on n'a pas eu le temps d'écrire et se relire.

b) Deuxième contact : confirmer, corriger, compléter

- Compléter : les noms, les chiffres, les dates, les lieux, les stratégies, les enjeux...
- Si besoin, attribuer l'information correspondante à chacun des acteurs.
- Relire ses notes : s'efforcer d'avoir une vision d'ensemble.

2. Préparer la restitution orale du (des) document(s)

- Compléter les éléments notés.
- Se relire : s'efforcer d'avoir une vision d'ensemble.
- Essayer d'organiser l'information avec logique.
- Veiller à la cohérence, ne rien inventer.

3. Aborder l'expression personnelle en LVE

- Sélectionner un point d'intérêt dans le support en fonction du thème, du contexte, des mots-clés (secteur, produit, stratégie...).
- Développer ce point à partir de ses connaissances.
- Ne pas répéter le contenu du support mais apporter des idées personnelles autour du point choisi.
- Ne pas prendre ce développement comme excuse pour réciter son cours.
- Chercher des exemples appropriés afin d'illustrer ses propos.
- Approfondir en abordant des points proches, pour que la progression soit logique.
- Prévoir une phrase d'introduction à l'expression pour démarrer après le compte rendu (CCF).
- Ne pas rédiger : élaborer un plan avec les idées-clés.
- Prévoir une conclusion à l'ensemble.

4. Devant l'examinateur

- Prendre la parole avec confiance. Être intelligible et convaincant. Éviter les répétitions, les hésitations et les phrases incomplètes.
- Regarder l'interlocuteur. Éviter au maximum de lire ses notes. Maîtriser sa gestuelle.
- Structurer la présentation.
- La spontanéité de l'oral permet de demander une précision, de reformuler, de rectifier une erreur. L'autocorrection, le cas échéant, sera valorisée.
- Pendant l'entretien, l'examinateur engage un dialogue relatif au sujet abordé : il faut répondre avec conviction.

2 Aide linguistique pour l'épreuve ponctuelle en anglais

1. Introduire le(s) document(s)

a) Les sources

La vidéo que je viens de regarder : *The video I've just watched.*

Le CD que j'ai écouté : *The CD I've listened to.*

Est extrait de... : *is an extract from...*

Une émission de radio/un passage d'une émission de télé qui s'appelle... : *a radio programme/a passage from a TV show entitled...* Elle a été diffusée sur la cinquième chaîne, avec/sans sous-titres : *It was broadcast on Channel 5, with/without subtitles.*

Elle a été présentée sur Internet : *It was posted on a web page.*

C'est un extrait des nouvelles télévisées : *It's taken from a news bulletin on TV.*

b) La nature du(des) document(s)

Il s'agit d'un monologue/un dialogue/un discours/un reportage/une enquête portant sur... : *It's a monologue/a dialogue/a speech/a special report/an investigation into the way...*

Un passage du film intitulé... : *a passage from the film/movie entitled...* qui traite de/analyse comment... : *which focuses on/analyses how...* qui dénonce la façon dont les femmes et les enfants..... : *which denounces the way women and children...*

C'est un entretien entre... et... : *It's an interview/a talk between... and...*

Les personnes concernées sont respectivement... : *The persons involved are respectively...*

Le/la journaliste : *the interviewer/the journalist* invité(e) : *the guest.*

c) La relation entre les documents

Je viens de voir deux vidéos/d'écouter deux documents audio : *I've just seen two videos/listened to two audio document.*

Le premier présente... alors que le second... : *The first one deals with... whereas the second one focuses on...*

Tous deux traitent du même sujet, à savoir... : *They both treat the same topic, that is to say...*
Ils se complètent : *They complement each other.*
Chacun apporte un éclairage différent/des points de vue différents : *Each sheds (or gives) a different light/different viewpoints on the issue.*
Ils sont très contrastés voire contradictoires : *They contrast sharply and are even contradictory.*
D'une part : *on the one hand...*, d'autre part : *on the other hand...* L'un date de... : *one dates back to...*, alors que l'autre est bien plus récent : *while the other one is much more recent.*

d) Le thème

Le sujet principal est... : *The main topic is.../It deals with.../It tackles the problem of...*
Un autre point traité c'est... : *Another issue is.../It also raises the question of...*
Cela résume la situation actuelle de l'entreprise qui nous est présentée : *It sums up the current situation of the company presented.*

e) La structure

First, we can identify.../Then we move on to.../Just before the end/At the very end, we learn that...

2. Développer et analyser

Nous découvrons les changements traversés par l'entreprise au fil des ans : *We can see how the firm has changed over the years.*
Elle était dirigée comme une entreprise familiale : *It used to be run like a family business.*
Maintenant c'est devenu une multinationale : *It has now become a large multinational.*
Malgré la crise/Après un début laborieux/Bien qu'elle ait subi de nombreux revers cette entreprise a toujours repris du poil de la bête : *In spite of the crisis/After a slow start/Although it has had many setbacks the business has always rebounced.*
Les actionnaires devraient être ravis de ces retours sur investisssement élevés : *The shareholders should be satisfied with those high returns on investment.*
Le chiffre d'affaires est très impressionnant : *The turnover is quite impressive.*
Après une transition difficile et des suppressions de postes, l'avenir s'annonce meilleur : *After a difficult transition and job losses, the future looks rosy.*
C'est un vrai défi que de gagner de nouvelles parts de marché : *Gaining new market share is a real challenge.*
La concurrence dans ce secteur est féroce : *Competition in this sector is fierce.*
Petit à petit, tous ces efforts devraient payer : *Litttle by little, all these efforts should pay off.*
Le PDG a adopté une stratégie gagnante : *A winning strategy was adopted by the CEO.*
Pour s'adapter aux tendances actuelles il faut de nouveaux investissements : *To adapt to changing trends new investments are necessary.*
Pour l'instant/auparavant/dans un avenir proche/à longue échéance : *for the moment/previously/in the near future/in the long run.*
De telles initiatives influenceront la réussite de l'entreprise pendant de nombreuses années : *Such initiatives will influence the success of the company for many years to come.*

3. Conclure, élargir

Pour conclure, on peut dire que ce secteur d'activité est très prometteur/concurrentiel : *To conclude, we can say that this sector of activity is very promising/competitive.*
En résumé, ce secteur de l'économie est soumis à de profonds changements/souffre terriblement de la récession/lutte pour survivre/est en plein essor/réussit à s'adapter : *to sum up, this industry is currently undergoing deep changes/is suffering terribly from the recession/is struggling to survive/is booming/is adapting successfully.*
Finalement, cette entreprise est consciente de ses forces et de ses faiblesses : *Finally, this company is aware of its strengths and weaknesses.*

3 Aide linguistique pour l'épreuve ponctuelle en allemand

1. Introduire le(s) document(s)

– sources : die Quelle(n)
La vidéo que je viens de regarder est un extrait d'une émission de télévision, du journal télévisé, des actualités télévisées du (date) : *Das Video, das ich mir gerade angesehen habe, ist ein Auszug aus einer Fernsehsendung/aus der Tageschau (Wochenschau) vom...*
Le CD que je viens d'écouter est un extrait d'une émission de radio du... : *Die CD, die ich mir eben angehört habe, ist ein Auszug aus einem Radioprogramm vom (Datum).*
Cette émission a été retransmise sur la 2e chaîne/était sur le site internet de : *Diese Sendung wurde im ZDF übertragen/war auf der Webseite von...*
Le titre est... : *Der Titel lautet...*

– thème : das Thema(en)
Dans le reportage que nous venons de voir/d'entendre, il s'agit d'une interview au sujet de... : *in der ebengesehenen/gehörten Reportage geht es um ein Interview über + Acc...*
Nous avons affaire à un dialogue/une conversation entre... et... : *Wir haben mit einem Dialog/Gespräch zwischen + Dat... zu tun.*
Il s'agit d'un reportage qui rend compte de... : *Es handelt sich um eine Reportage, die über+Acc... berichtet.*
Les interlocuteurs sont, d'une part le journaliste du magazine « Focus » et d'autre part l'économiste/le ministre de... : *Die Gesprächspartner sind, einerseits der Journalist vom Focus andererseits der Wirtschaftsexperte/der Bundesminister für...*
Ils discutent de ... : *Sie diskutieren über + Acc...*
Ils affirment que... : *Sie behaupten, dass...*

Ici est soulevé le problème de... : *Hier wird das Problem von+Dat... aufgeworfen/Folgende Frage wird gestellt...*
Dans ce reportage, on constate que... : *In dieser Reportage wird festgestellt, dass...*
Le problème principal consiste en... : *Das Hauptproblem besteht darin, dass...*

– relation entre les documents :
La première vidéo traite de... tandis que la seconde... : *das erste Video erzählt von..., während das zweite...*
Le premier document s'intéresse à... : *Das erste Dokument interessiert sich für + Acc...*
Le deuxième en revanche... : *das zweite dagegen* + verbe...
Les deux documents traitent le même thème/se complètent : *Die beiden Dokumente behandeln das selbe Thema/ergänzen sich.*
Le deuxième document offre une autre perspective : *Das zweite Dokument bietet eine andere Perspektive an.*
La différence consiste en ceci que : *Der Unterschied besteht darin, dass...*
La personne interrogée défend l'idée que.../considère que... : *Der/die Befragte verteidigt die Idee/vertritt den Standpunkt, dass* (sujet + Verbe).
Il souligne que.../met l'accent sur... : *Er betont, dass* (sujet + Verbe)./*er legt Wert auf + Accusatif...*
Il ne fait aucun doute que... : *Es besteht kein Zweifel, dass...*

– la structure :
Nous remarquons tout d'abord que..., ensuite nous apprenons que... et enfin... : *Zuerst können wir bemerken, dass* (sujet ... Verbe), *dann erfahren wir, dass... und schließlich...*
Au premier abord, à y regarder de plus près : *Auf den ersten Blick, bei genauerem Hinsehen.*
Premièrement, deuxièmement, troisièmement : *Erstens, zweitens, drittens.*

2. Développer et analyser

Nous pouvons voir que l'entreprise s'est développée au fil des années : *Wir können sehen, wie die Firma sich mit der Zeit entwickelt hat.*
À l'origine, il s'agissait d'une entreprise familiale, qui est maintenant présente dans le monde entier : *Ursprünglich handelte es sich um ein Familienunternehmen, das jetzt international vertreten ist.*
Malgré la crise/bien que l'entreprise soit confrontée à de nombreuses difficultés, les dirigeants peuvent compter sur de nouveaux investissements : *Trotz+D ou G der Krise* (verbe + sujet).../*obwohl das Unternehmen mit vielen Schwierigkeiten konfrontiert wird, können die Geschäftsführer mit neuen Investitionen rechnen.*
La situation est inquiétante : *Die Situation ist besorgniserregend.*
L'entreprise semble avoir des difficultés pour s'adapter aux attentes des clients : *Das Unternehmen scheint Schwierigkeiten zu haben, um sich an die Erwartungen der Kunden anzupassen.*
Après une difficile période de transition, les perspectives d'avenir semblent meilleures : *Nach einer schweren Übergangsperiode werden die Zukunftsperspektiven besser.*
Peu à peu, la situation économique s'améliore : *Nach und nach/allmählich verbessert sich die wirtschaftliche Lage.*
On met en place une nouvelle stratégie : *Eine neue Strategie wird eingeführt.*
Cela s'explique par le fait que... : *Das ist darauf zurückzuführen, dass* (sujet + verbe).
La raison en est/pour cette raison... : *Der Grund dafür ist.../aus diesem Grund +* (verbe + sujet)...
C'est pourquoi : *daher/darum/deshalb/deswegen.*
Au contraire de/pourtant : *im Gegensatz zu + Dat/jedoch*
Cela signifie que.../à savoir : *Das heißt, dass.../nämlich, und zwar*
On peut s'imaginer/supposer que... : *Man kann sich vorstellen/vermuten, dass...*
Certainement/sans doute/probablement : *bestimmt/wahrscheinlich/vermutlich*
Aujourd'hui/bientôt/dans un futur proche/dans les prochaines années/dans quelques années : *Heute/bald/in naher Zukunft/in den nächsten Jahren/in einigen Jahren.*
En realité, apparemment, en fait : *in Wirklichkeit, anscheinend, eigentlich +* (verbe + sujet)...
En effet, effectivement : *in der Tat, tatsächlich +* (verbe + sujet)...
C'est exactement pareil que... : *Es ist genauso, wie...*
Ce serait mieux si... : *Es wäre besser,wenn...*

3. Donner son impression, conclure et prévoir une brève ouverture

J'ai l'impression que... : *Ich habe den Eindruck, dass* (sujet + verbe).
Ce qui me frappe, c'est que... : *Mir fällt auf, dass...*
Il me semble que/je suis d'avis que... : *Mir scheint/ich bin der Meinung, dass...*
Cela dépend si.../certes... mais... : *Es hängt davon ab, ob* (sujet + verbe)./*zwar...aber.*
On peut en conclure que.../par conséquent : *Daraus kann man schließen, dass.../infolgedessen*
Pour conclure/en résumé on peut dire... : *Zum Schluss/zusammenfassend kann man behaupten, dass...*
L'entreprise prévoit d'introduire un plan de réformes rigoureux pour renforcer sa position sur un marché mondialisé : *Das Unternehmen hat vor/plant, ein strenges Reformprogramm einzuführen, um auf dem globalisierten Markt stärker zu sein.*
L'entreprise doit prendre les mesures/décisions nécessaires. *Die Firma muß die notwendigen Maßnahmen/Entscheidungen treffen.*

4 Aide linguistique pour l'épreuve ponctuelle en espagnol

1. Introduire le(s) document(s)

a) Les sources

El vídeo que acabo de ver/El audio que acabo de escuchar es un fragmento de un programa de televisión/ radio, un reportaje, una encuesta callejera, un sondeo de opinión, emitido(a) en el canal.../por la emisora (=station de radio)*.../publicado(a) en la página web de...*
Acabo de ver dos vídeos/acabo de escuchar dos audios : el primero/el segundo... ; uno.../el otro...; los dos... ; ambos...

b) La nature et le thème du(des) document(s)

Es un monólogo, un diálogo, un discurso sobre... (+thème)*/Se centra en* (+thème)*/Trata de* (+thème)*/ Aborda el problema de.../Analiza el caso de la empresa...*
Se trata de una entrevista entre... y.../Los interlocutores son...
El entrevistador/el entrevistado; el/la periodista/el invitado.

c) La relation entre les documents

Tratan de un tema común, que es.../Se complementan dado que se centran en.../Se oponen puesto que.../El uno destaca (=met en relief)*... mientras que el otro presenta otra perspectiva ya que...*

d) La structure

En un primer momento, se trata(n)... para después tener en cuenta... y terminar analizando...; Primero, se aborda(n)... luego, se presenta(n)... y para terminar se analiza(n)...

2. Développer et analyser

"..." empezó su andadura (=son parcours) *en los años...*
***Después** de pasar por una época de crisis, decidió (+inf.).../Tras las dificultades de los primeros años, probó a (+inf.)...*
***Como** sus esfuerzos por salir a flote* (=remettre à flot son entreprise) *no daban resultados, el empresario...*
***Para hacer frente** a los cambios del mercado, invirtió en...*
Con objeto de conquistar a nuevos consumidores, lanzó al mercado.../... se desmarcó de sus competidores vendiendo...
... no dudó en (cambiar de.../ampliar su gama.../adaptar su producto...)
... diversificó su actividad introduciendo entre sus productos...
***Gracias** a sus esfuerzos en investigación y desarrollo, pudo...*
***Aunque** deslocalizó a... , conservó.../se empeñó en* (= elle a tenu à)...
***Al contrario** que otras empresas, esta...*
***Con el tiempo**, empezó a recoger los frutos de la estrategia que había puesto en marcha y su facturación...*
Actualmente/ahora/varios años después, sus sucesores...
Sus iniciativas han marcado profundamente su sector dado que... Ahora se la considera toda una referencia en cuanto a...

3. Conclure et prévoir une brève ouverture

***A modo de conclusión**, podemos decir que esta empresa/este sector/este directivo/esta iniciativa innovadora/esta estrategia ambiciosa...*
***En resumen, podemos concluir que** el sector/la empresa...*
... se encuentra en pleno auge (=essor) *gracias a...*
... está sufriendo una evolución sin precedentes...
... trata de sobrevivir en un sector en crisis cambiando su manera de...
... se esfuerza por competir en un mundo globalizado modificando...
... no ha conseguido hacer frente (= faire face) *a las exigencias de...*
... debería considerar la posibilidad de... en lugar de...
Cabe (=il est possible de) ***comparar** la iniciativa de esta empresa **con**...*
El caso de esta empresa no es único, muchas pymes hoy en día...
Podemos terminar diciendo que.../Podemos preguntarnos si...

8 LEXIQUE FRANÇAIS-ANGLAIS

1 L'entreprise : *the company/firm/business*

une SARL	a limited liability/private limited company Ltd (UK), Inc (US)
une SA	a public limited company (PLC)
une PME	a medium-sized company
notre/votre/ leur filiale	our/your/their subsidiary
la maison mère	the parent company
le chef d'entreprise	the head of the company/ the CEO
la culture d'entreprise	corporate culture
un créateur d'entreprise	an entrepreneur
un supérieur hiérarchique	a line manager
le salarié/l'employeur	the employee/the employer
le lieu d'implantation	the location
une agence, un bureau local	a branch
le siège social	the head-office, the headquarters
les frais de fonctionnement	the overheads
un répondeur	an answering machine
la messagerie vocale	voice mail
le service export	the export department
un syndicat	a trade-union
une organisation patronale	an employers'organization
négocier une convention collective	to negotiate a branch agreement
faire grève	to go on strike
une augmentation de salaire	a pay-rise
une usine	a factory, a plant
nationalisé/privatisé	state-owned/privatized
fusionner	to merge
la fusion	the merger
la compétitivité	competitiveness
notre secteur d'activité	our sector of activity
notre activité principale	our core business
proposer un service	to offer a service
fabriquer (un produit)	to make/manufacture/produce...
en flux tendu	just-in-time
travailler de nuit/de jour	to work the night/day shift
un CDD/CDI	a short/long term work contract
une carte de visite	a business card
gagner des clients	to find new customers
un fournisseur	a supplier
fournir	to supply
notre chiffre d'affaires s'élève à...	our turnover reaches ...
nous sommes numéro un sur ce marché	we are leaders on this market
nos ventes augmentent fortement en ce moment	our sales are skyrocketing, jumping
se développer	to grow, to expand
se développer à l'international	to be more present internationally

2 Le marché : *the market*

une analyse de marché	a market analysis/a survey
procéder à une étude de marché	to carry out a market study
la prospection	prospecting/canvassing
démarcher des prospects	to solicit prospects
un publipostage	a mailshot
le risque pays	the country risk
le risque de change	the currency risk
l'environnement culturel et économique	the cultural and economic environment
le comportement des consommateurs	the consumers' behaviour
les exigences, les attentes	the requirements, the expectations
l'offre et la demande	supply and demand
un marché de niche	a niche market
un client potentiel	a potential customer, a prospect
le pouvoir d'achat	the purchasing power
mettre une nouveauté sur le marché	to launch a new product
participer à une foire	to participate at/in a trade fair
une proposition commerciale, une offre	a sales proposal, a quotation
le marché intérieur	the domestic market
le commerce extérieur	foreign trade
trouver de nouveaux débouchés	to find new outlets
pénétrer un marché	to penetrate a market
les caractéristiques du marché	the specificities of the market
être compétitif	to be competitive
le coût prévisionnel	the estimated cost
la marge commerciale	the margin/mark-up
trouver un bon créneau	to find a good opening
définir la stratégie	to define the strategy
une carte de fidélité	a loyalty card
fidéliser les clients	to encourage customers' loyalty
relancer un client	to follow up on/chase up a customer
un segment porteur	a promising sector/market segment
le réseau de vente	the sales network
le plan de marchéage	the marketing mix
perdre des parts de marché	to lose market share
une pénurie de...	a shortage of ...
occuper la 1re, 2e, 3e place	to rank first, second, third
une commande à l'essai	a trial order
élargir notre gamme	to widen our range
des économies d'échelle	economies of scale

3 La distribution : *distribution*

la distribution intensive, exclusive, sélective	intensive, exclusive, selective distribution
l'intermédiaire	the intermediary/middleman/ agent
la vente par correspondance	mail order sales
un réseau de vente	a sales network
un grossiste	a wholesaler
un détaillant	a retailer
une franchise	a franchise
le franchiseur	the franchiser
le franchisé	the franchisee
le magasin	the shop/store
une foire commerciale, professionnelle	a trade show, a fair

un lieu d'organisation bien choisi	a well-chosen venue outlet
un vendeur/une vendeuse	a salesman/saleswoman
un super/hypermarché	a super/hypermarket
la caisse	the checkout
une chaîne de magasins	a chain of stores
monter son réseau de distribution	to set up a distribution network
une centrale d'achat	a buying group
ouvrir une succursale	to open a new branch
la vente directe	direct selling
un importateur	an importer
un exportateur	an exporter
une plaque tournante, une concentration	a hub
le commerce en ligne	e-commerce
un centre commercial	a shopping centre/a mall
un grand magasin	a department store
embaucher un représentant	to hire a sales rep
un agent commercial	an authorized agent
un concessionnaire automobile	a car-dealer
vendre par le biais d'une centrale d'achats	to sell through a central purchasing organization
s'implanter à l'étranger	to set up a company/start a business abroad
établir un partenariat avec une entreprise	to start a joint venture
avoir recours à un distributeur sur place	to turn to a local distributor
des agents exclusifs	sole agents

4 Le produit : *the product*

les particularités du produit	the characteristics of the product
notre produit se vend surtout en...	we sell mainly in...
la qualité de ces articles	the quality of these items
produire de l'artisanat	to produce hand-crafted goods
les caractéristiques techniques	the specifications
respecter les normes	to meet standards
une large gamme	a wide range
un produit de grande consommation	a mass-produced product
un produit haut/bas de gamme	an upmarket/downmarket product
comme l'indique l'étiquette	as the label indicates
la notice d'utilisation	the directions for use
facile d'emploi	user-friendly
sans danger	safe
les points forts, les atouts	the assets
sûr, fiable, digne de confiance	safe, reliable, trustworthy
les composants	the components
le poids	the weight
le volume	the volume
dans la durée	in the long-term
à brève échéance	in the short-term
la date limite de consommation	the best before date
la matière première	a raw material/a commodity
l'image de marque de...	the brand image of...
une marque déposée	a trademark
la publicité est fondamentale	advertising is vital
une publicité	an ad/advert/advertisement
une marque ultra connue	an iconic brand
une promotion	a special offer
stimuler les ventes	to boost sales
la cible	the target
cibler	to target
un prospectus	a flyer
un dépliant	a leaflet
un bon rapport qualité/prix	good value for money
le prix de vente	the selling price
cher	expensive, dear, costly
le coût de revient	the cost price
le prix plancher/plafond	a price floor/a maximum price
le prix de détail/à l'unité	retail/unit price
faire connaître un service	to promote a service
un argumentaire	a sales pitch
de pointe	state of the art
un repère, une référence	a benchmark
choisir un support publicitaire	to select an advertising medium
un brevet	a patent
breveter	to patent
la contrefaçon	counterfeiting
contrefaire	to counterfeit
le piratage	piracy
pirater	to make a pirate copy of
le prix est hors taxe	the price doesn't include VAT
le prix est TTC	taxes are included
personnaliser le produit	to customize the product
être en rupture de stock	to be out of stock

5 L'expédition : *the shipment, transport and logistics*

livrer les marchandises	to deliver the goods
les conditions de livraison	the delivery terms
acheminer, expédier la marchandise	to forward, to ship the goods
le pré/post acheminement	pre/post carriage
le service porte à porte	door to door delivery
le conditionnement	the packaging
emballage compris	packing, wrapping included
fragile	fragile, handle with care
port dû	carriage forward
port payé d'avance	freight prepaid
une caisse en bois	a crate
en carton/un carton	carton/a case or a box
une bouteille en plastique, en verre	a plastic, glass bottle
une boîte de conserve	a tin
un pot en verre	a jar
un fût	a cask
un tonneau	a barrel
un sachet	a plastic/paper bag
un colis, un paquet	a parcel

un film alimentaire protecteur	cling film
le poids net/brut	the net/gross weight
un conteneur 20 pieds complet	an FCL 20 feet (20') container
le groupage	grouping, consolidation (LCL)
5 mètres cube	5 cubic metres (5 cu m/m³/CBM/MTQ)
la charge utile	the payload
palettiser	to palletize
la manutention	handling
le vrac	bulk cargo
le vrac liquide	bulk liquids
des marchandises (non) gerbables	(un)stackable goods
le transbordement	transhipment
par train, par camion	by rail, by road
le transport routier	haulage
le transport aérien/maritime	air/sea or maritime freight
l'aérogare	the air terminal
affréter un avion	to charter a plane
prêt à être envoyé	ready for shipment
le connaissement maritime	the bill of lading (B/L)
un certificat sanitaire	a health certificate
la liste de colisage	the packing list
le certificat d'assurance	the insurance certificate
la déclaration d'origine	the certificate of origin
la lettre de voiture (CMR)	the CMR note
une copie authentique	a certified copy
une contestation	a dispute
les frais d'emballage	packing costs
les frais de transport	transport charges
assurer la marchandise	to insure the goods
à nos frais	free of charge
un tarif forfaitaire	a flat rate
respecter le délai de livraison	to meet the delivery deadline
l'avis d'expédition	the shipping notice
un retard de livraison	a delivery delay
un commissionnaire de transport	a shipping agent
les autorités portuaires	the port authorities
le transporteur	the carrier
le destinataire	the consignee
le transitaire	the forwarding agent
charger/décharger	to load/to unload
assuré contre la perte ou les avaries	insured against loss or damage
les marchandises endommagées	the damaged goods
prendre les frais de ... en charge	to pay for ...
un remboursement	a refund
un emballage défectueux	faulty packaging

6 Le règlement : *the payment*

les conditions de paiement	the terms of payment
régler une facture	to settle a bill
la date de paiement	the date of payment
la date limite pour le paiement	the deadline for payment
la devise	the currency
le taux de change	the exchange rate
les techniques de paiement	the methods of payment
payer comptant	to pay cash
verser un acompte	to make a downpayment
payer en plusieurs fois, échelonner	to pay by instalments
le paiement à l'avance	payment in advance
le paiement à la livraison	cash on delivery (COD)
le paiement à la commande	cash with order (CWO)
le paiement à vue par traite	payment by draft at sight
le paiement du solde	payment of the balance
le paiement à terme	deferred payment
par crédit documentaire irrévocable et confirmé	by irrevocable and confirmed letter of credit
par virement swift	by swift transfer
par traite à 60 jours (date de livraison)	by draft/bill of exchange at 60 days (from the delivery date)
un refus de paiement	a refusal to pay
un rappel	a reminder
une mise en demeure	a formal notification
un reçu	a receipt
une réclamation	a complaint
un retard de paiement	an overdue payment/a delay in payment
selon facture	as per invoice
accorder une remise	to grant a discount
la banque notificatrice	the notifying bank
la banque émettrice	the issuing bank
la banque confirmante	the confirming bank
un client solvable	a creditworthy customer
le risque politique	the political risk
le risque commercial	the commercial risk

7 Les opérations de dédouanement : *customs clearance*

dédouaner la marchandise	to clear the goods through customs
un entrepôt sous douane	a bonded warehouse
le dédouanement	customs clearance
passer la douane	to go through customs
les formalités douanières	customs formalities
le commissionnaire agréé en douane	the authorized customs broker
une zone franche	a free zone
aviser d'un contrôle	to notify an inspection
passer la frontière	to cross the border
la valeur en douane	the customs value
un tarif douanier	a tariff
les droits de douane	customs duties
un imprimé, un formulaire	a form
la TVA	the VAT (value-added tax)
le document administratif unique (DAU)	the Single Administrative Document (SAD)
le certificat de circulation EUR 1	the EUR 1 movement certificate

l'évaluation en douane	customs valuation
le carnet d'admission temporaire	the ATA carnet
la signature électronique/ numérique	the electronic/digital signature

8 La mondialisation : *globalisation*

être présent sur le marché	to have market share/ to penetrate a market
gagner des parts de marché	to win/gain market share
inonder le marché	to flood the market
délocaliser	to relocate abroad/overseas
la délocalisation	relocation
sous-traiter	to sub-contract
externaliser	to outsource
produire sur place	to produce on the spot/locally
créer/perdre des emplois	to create/to lose jobs
des pertes d'emplois	job losses/redundancies
mettre en danger/ assurer les emplois	to threaten/to guarantee jobs
un pays à bas coûts salariaux	a low-wage country
le coût peu élevé de la main-d'œuvre	cheap labour costs
introduire de la flexibilité	to be more flexible
la guerre des prix	a price war
la concurrence déloyale	unfair competition
rester compétitif	to remain competitive
être confronté à la concurrence	to deal with competition
établir des relations commerciales	to start/establish trade links
conquérir un nouveau marché	to tap a new market
distribuer... au niveau mondial	to distribute ... worldwide
un marché saturé	a saturated market
un marché en pleine croissance	a growing/booming market
une zone de libre échange	a free-trade area (an FTA)
l'Alena	Nafta (North American Free Trade Agreement)
un pays membre de l'UE	an EU member state
adhérer à l'UE	to join the European Union
la zone euro	the euro-zone
la suppression des quotas	the lifting of quotas
une barrière tarifaire	a tariff barrier
accorder des conditions préférentielles	to grant preferential terms
des subventions	subsidies
un pays en voie de développement	a developing country
un pays émergent	an emergent/emerging country
réaliser des investissements directs étrangers	to make foreign direct investments (FDI)
le commerce équitable	fair trade
le souci, le respect des valeurs éthiques	ethical concerns
une ONG	an NGO
une entreprise à but non lucratif	a non profit organization/ a charity

9 L'analyse de graphiques et de statistiques

un graphique	a graph/chart
un tableau	a table
un diagramme	a flowchart
un histogramme	a bar chart
un graphique circulaire, en radar	a pie-chart, a radar chart
des statistiques	statistics
les chiffres, les données	the figures, the data
se répartir en deux catégories	to fall into two categories
ce pourcentage faible/ élevé	this weak/high percentage
environ	about/approximately/around
à peine 15%	hardly/ barely fifteen per cent
plus de £10 bn	over ten billion pounds
presque $ 11m	almost/nearly eleven million dollars
en moyenne	on average
ces 3 dernières années	over the past 3 years
varier entre ... et ...	to vary between... and...
doubler, tripler	to double, to triple
diminuer de moitié	to be halved
une tendance à la hausse/ baisse	an upward/downward trend
la reprise est perceptible	the recovery can be felt
augmenter (intransitif)	to go up, to rise, to grow
augmenter (transitif)	to increase ..., to push up ..., to raise ...
l'augmentation de...	the growth of, growing + N
décoller brutalement	to skyrocket
diminuer (intransitif)	to go down, to drop, to fall
diminuer (transitif)	to decrease, to lower, to reduce
la diminution de...	the decrease of, falling + N
s'effondrer	to plummet
la crise	the downturn, the crunch, the crisis
la récession	the recession
se maintenir	to remain steady, to level
le tournant	the turning point
être expliqué par...	to be accounted for by...
reprendre, se remettre	to recover, to bottom up
une croissance faible, modérée	weak, moderate growth
significatif, important	marked, significant
régulier, sans à-coup	steady, regular
cette source est fiable	this is a reliable source
avoir pour conséquence...	to lead to...
nous pouvons en déduire que...	we can deduce that...
soit... soit...	either... or....
ni... ni...	neither... nor...
leur part de marché est en augmentation/se réduit	their market share is rising/ shrinking
la consommation ne cesse de chuter	consumption keeps falling
la confiance du consommateur	consumer confidence

9 LEXIQUE FRANÇAIS-ALLEMAND

1 L'entreprise : *das Unternehmen(–)*

l'entreprise	das Unternehmen(–), die Firma (en)
la SA	die Aktiengesellschaft
la SARL	die GmbH (Gesellschaft mit beschränkter Haftung)
la PME	das klein-und mittelständische Unternehmen(–)
la maison mère	die Muttergesellschaft
la filiale, votre filiale	die Tochtergesellschaft(en), Ihre Filiale(n)
le siège social	der Sitz
l'agence	die Agentur, die Vertretung
le service export	die Exportabteilung
le chef d'entreprise	der Geschäftsführer(–)
le salarié	der Arbeitnehmer(–)
le syndicat	die Gewerkschaft(en)
négocier une convention collective	einen Tarivertrag(¨e) aus/handeln
la grève	der Streik(s)
faire grève	streiken
le gréviste	der Streikende
la compétitivité	die Konkurrenzfähigkeit, die Wettbewerbsfähigkeit
fabriquer, produire	her/stellen, fertigen, produzieren
les frais de production	die Herstellungskosten
produire en flux tendu	just in time produzieren
le fournisseur	der Lieferant(en,en), der Zulieferer(–)
le stock	das Lager
avoir en stock	auf Lager haben
être en rupture de stock	nicht liefern können
écouler la marchandise	die Ware ab/setzen
voici ma carte de visite	hier ist meine Visitenkarte
nous sommes spécialisés dans...	wir sind auf+Acc... spezialisiert
notre chiffre d'affaires s'élève à...	unser Umsatz beläuft sich auf(somme)/beträgt(somme)...
nos ventes augmentent fortement	unser Absatz steigt stark
notre produit se vend surtout en...	Wir verkaufen/vertreiben unser Produkt vor allem in...

2 Le marché : *der Markt(¨e)*

procéder à une étude de marché	eine Marktstudie durch/führen
faire le bilan	die Bilanz ziehen(o,o)
l'environnement économique	das wirtschaftliche Umfeld
définir la stratégie	die Strategie fest/setzen, bestimmen
faire une estimation des coûts	kalkulieren
la prospection	die Kundenwerbung
prospecter	Kunden werben
le prospect	der mögliche Kunde(n,n)
le profil/le comportement du consommateur	das Profil/das Verhalten des Verbrauchers
les attentes/les souhaits	die Erwartungen/die Wünsche
le pouvoir d'achat/le besoin	die Kaufkraft/der Bedarf an+Dat.
répondre à la demande des clients	den Erwartungen der Kunden entsprechen(a,o,i)
analyser les caractéristiques du marché	die Eigenschaften des Marktes analysieren
l'offre/la demande	das Angebot/die Nachfrage
mettre sur le marché	auf den Markt bringen (brachte, gebracht)
le marché domestique/étranger	der Binnenmarkt/der Außenmarkt
trouver des débouchés	Absatzmärkte finden(a,u)
pénétrer un marché étranger	auf einem ausländischen Markt Fuß fassen
s'implanter à l'étranger	sich im Ausland an/siedeln, niederlassen
combler un créneau	eine Marktlücke füllen
être/devenir leader sur le marché	Marktführer sein/eine führende Stellung ein-nehmen(a,o,i)
réussir	bei+Dat. gut ab/schneiden(i,i)
le risque politique	das Landesrisiko(en)
le risque de change	das Kursrisiko(en)
être compétitif sur le marché	auf dem Markt konkurrenzfähig sein
nous sommes numéro 1 sur ce marché	wir sind Marktführer auf diesem Markt
occuper la 1re, 2e, 3e place	auf dem ersten, zweiten, dritten Platz liegen(a,e)
un marché saturé	ein gesättiger Markt
le marché en pleine croissance	der Wachstumsmarkt(¨e)
le segment de marché	das Marktsegment
le créneau/la niche	die Marktlücke/die Nische(n)
la cible	die Zielgruppe
se développer	sich entwickeln
fidéliser le client	als Stammkunden gewinnen(a,o)
rester compétitif	konkurrenzfähig bleiben(ie,ie)
gagner/perdre des parts de marché	Marktanteile gewinnen(a,o), verlieren(o,o)

3 La distribution : *der Vertrieb*

distribuer	vertreiben(ie,ie)
le distributeur	der Vertreiber
le canal de distribution	der Vertriebskanal
la distribution intensive, sélective, exclusive	der intensive, selektive, exklusive Vertrieb
vendre en gros/au détail	im Großen verkaufen/einzel verkaufen
le grossiste/le détaillant	der Großhändler/der Einzelhändler
la vente directe	der direkte Verkauf
l'intermédiaire	der Zwischenhändler(–)
l'importateur	der Importhändler(–)
la vente à distance	das Distanzgeschäft
la vente on-line	der Verkauf per Internet/der E-Commerce
la grande surface, la chaîne	der Supermarkt(¨e), die Kette(n)
monter, contacter, étudier le réseau de distribution	das Verkaufsnetz auf/bauen, kontaktieren, untersuchen
ouvrir une succursale	eine Filiale eröffnen
embaucher un représentant	einen Vertreter ein/stellen
mandater un agent	einen Agenten beauftragen
la franchise	das Franchising
le franchiseur	der Franchise-Geber

le magasin	der Laden (¨), das Geschäft(e)
chercher un partenariat avec une entreprise	eine Partnerschaft mit einer Firma suchen
avoir recours à un distributeur sur place	sich an einen ortsansässigen Händler wenden(a,a)

4 Le produit : *das Produkt (e)*

proposer un produit	eine Ware/ein Produkt an/bieten(o,o)
vendre un produit	ein Produkt ab/setzen
élargir la gamme	die Palette erweitern, entwickeln
disposer d'une large gamme	über eine breite Palette verfügen
la qualité, de qualité	die Qualität, hochwertig
les particularités du produit	die Besonderheiten des Produkts
les caractéristiques techniques	die technischen Eigenschaften
le fonctionnement	die Funktionsweise
l'étiquette	das Etikett(s)
la notice d'utilisation	die Bedienungsanleitung
la facilité d'emploi	der Bedienungskomfort
facile d'emploi	bedienerfreundlich
la performance du produit	die Leistung des Produkts
le point fort	die Stärke(n)
la sécurité, sûr	die Sicherheit, sicher
la composition	die Zusammensetzung
le composant	der Bestandteil(e), die Komponente(n)
la matière, les matières premières	der Stoff(e), die Rohstoffe
le poids brut/net	das Bruttogewicht/ das Nettogewicht
la durée de vie	die Lebensdauer
la durée de conservation	die Haltbarkeit
la date de péremption	das Verfallsdatum, der Verfallstag
le produit périssable	das verderbliche Produkt
le produit inflammable	das feuergefährliche Produkt
la qualité	die Qualität
le design	das Design
l'image du produit/du pays	das Image des Produkts/ des Landes
la publicité	die Werbung
promouvoir	werben(a,o,i) für+Acc.
en promotion	im Sonderangebot
choisir un support publicitaire	einen Werbeträger wählen
participer à une foire	an einer Messe teil/ nehmen(a,o,i)
faire connaître un produit	ein Produkt bekannt machen
adapter le produit	das Produkt an/passen an+Acc.
breveter	patentieren
déposer un brevet	zum Patent anmelden
le brevet	das Patent
breveté	patentiert
l'argumentaire	die Argumentationshilfe
le catalogue, la brochure, le dépliant	der Katalog(e), die Broschüre(n), der Faltprospekt(e)
le produit haut de gamme	das hochwertige Produkt, das Premium
le produit bas de gamme	das Billigprodukt(e)
le produit de consommation courante	das Massenprodukt(e)
le produit de marque	der Markenartikel
le prix bas, élevé, intéressant	der niedrige, hohe, günstige Preis
bon marché, cher, intéressant	billig, teuer, preiswert
être bon marché/cher	billig/teuer sein
le bon rapport qualité-prix	das gute Preis-Leistungsverhältnis
la norme	die Norme(n)
la certification	die Zertifizierung
la valeur ajoutée	die Wertschöpfung
l'échantillon	das Muster
correspondre à l'échantillon	dem Muster entsprechen(a,o,i)
la quantité	die Menge
commander en grande quantité	in großer Stückzahl bestellen
les coûts de revient	die Selbstkosten
le prix coûtant, d'achat, de vente, le prix plafond, le prix plancher	der Selbstkostenpreis, der Kaufpreis, der Verkaufspreis, der Höchstpreis, der Mindestpreis
le prix pratiqué sur le marché	der marktübliche Preis
le prix plafond-plancher	Von-bis Preis
les prix s'entendent...	die Preise verstehen sich
la marge commerciale	die Handelsspanne
le commissaire de transport, l'expéditeur	der Frachtversender
le consignataire	der Konsignatär
le volume	das Volumen
le délai d'expédition	die Abfertigungszeit
les conditions de livraison	die Lieferbedingungen
les frais d'emballage/ de transport	die Verpackungskosten/ die Transportkosten
le prix inclut/n'inclut pas	der Preis schließt ein/schließt nicht ein
la TVA est comprise dans le prix	Die Mehrwertsteuer ist im Preis inbegriffen

5 L'expédition, le transport, la logistique

la commande	die Bestellung(en), der Auftrag(¨e)
la commande test	der Probeauftrag
un entrepôt	das Lager
entreposer	auf Lager bringen(a,a), lagern
l'envoi	der Versand
prêt à être envoyé	versandbereit
livrer la marchandise	die Ware liefern
expédier le produit	das Produkt schicken
la livraison de la marchandise	die Lieferung der Ware
l'origine/la destination	die Herkunft/das Ziel
expédier la marchandise	die Ware schicken/senden(a,a)
l'avis d'expédition	die Versandanzeige(n)
respecter le délai de livraison	die Lieferfrist ein/halten(ie,a,ä)
être en retard de livraison	in Lieferverzug geraten(ie,a,ä)
l'emballage (compris)	die Verpackung (einschließlich)
conditionner	verpacken
en cartons	in Kartons
le pot	der Becher, das Glas, die Kanne, der Krug

la bouteille	die Flasche(n)
le flacon	das Fläschchen(-)
la caisse	die Kiste(n)
le carton	der Karton(s)
la caisse ignifugée	die feuerfeste Kiste
le fût	das Fass(¨er)
le bidon	der Kanister
la boîte de conserve	die Dose(n)
le sac	der Sack(¨e)
le sachet	die Tüte(n)
le lot	der Posten(-)
le rouleau	die Rolle
la palette	die Palette
en vrac/produits en vrac	offene Ware/Schüttgut
la marchandise fragile/ gerbable	zerbrechliche/stapelbare Ware
le conteneur	der Container
le wagon-citerne	der Tankwagen
le camion/wagon frigorifique	der Kühlwagen
la manutention	der Warenumschlag
arrimer/désarrimer	festzurren/verschieben(o,o)
le transporteur	der Spediteur
la liste de colisage	die Frachtliste
le connaissement maritime/ fluvial	das Seekonnossement/ das Binnenkonnossement
le connaissement à ordre	das Orderkonnossement
le transport maritime/aérien	der Seetransport/der Flugweg
le transport ferroviaire	der Schienenweg
le transport combiné (rail-route)	der Huckepackverkehr
par train	per Bahn
par camion	per LKW
par bâteau	per Schiff
expédier par avion	per Luftfracht senden(sandte, gesandt)
l'envoi par avion	durch Luftpost
le transitaire	der Transithändler
l'armateur	der Verfrachter(-)
le fret	die Fracht
la compagnie maritime	die Schiffahrtsgesellschaft(en)
embarquer/débarquer	verladen(u,a,ä) / aus/laden
embarquement/ débarquement	das Verladen/das Ausladen
port dû/payé d'avance	unfrei/frei
la marchandise en groupage	die Sammelladung
être à votre charge	zu Ihren Lasten kommen(a,o)
prendre à sa charge les frais de transport	die Transportkosten übernehmen(a,o,i)
le dommage est dû à un emballage défectueux	der Schaden ist auf eine mangelhafte Verpackung zurückzuführen
la marchandise cassée, endommagée, détruite, volée	die zerbrochene, beschädigte, zerstörte, gestohlene Ware
assurer la marchandise	die Fracht versichern
souscrire une assurance	eine Versicherung ab/ schließen(o,o)
couvrir un risque	ein Risiko ab/decken
la couverture des risques	die Gefahrendeckung
résilier un contrat	einen Vertrag kündigen
la répartition des risques	die Risikoverteilung
la compagnie d'assurance	die Versicherungsgesellschaft
examiner le litige	die Rechtssache erörtern
dédommager	entschädigen

6 Le paiement : *die Zahlung*

payer la facture	die Rechnung begleichen(i,i)
en règlement de la facture	zur Begleichung der Rechnung
la devise	die Währung
le taux de change	der Wechselkurs
la zone euro	die Eurozone, das Euroland
encaisser	ein/kassieren
l'encaissement	das Einkassieren
le délai de paiement	die Zahlungsfrist
la date de paiement	der Zahlungstermin
la date d'échéance	der Fälligkeitstermin/ das (Zahlungs)Ziel
les conditions de paiement	die Zahlungsbedingungen
choisir le mode de paiement	den Zahlungsmodus(i) wählen
le paiement comptant	die Barzahlung
payer en espèces/par chèque	bar/per Scheck zahlen
payer par virement bancaire	per Banküberweisung zahlen
payable à vue	zahlbar nach Erhalt
payer à crédit	in Raten bezahlen
ouvrir un crédit à quelqu'un	jemandem(D) einen Kredit gewähren
le paiement échelonné	die Teilzahlung/die Ratenzahlung
paiement à 3 mois	3 Monate Ziel
le paiement différé	die zeitversetzte Zahlung
à paiement différé	mit aufgeschobener Zahlung
le report de paiement	der Zahlungsaufschub
le paiement immédiat	die Sofortzahlung
envoyer un acompte	eine Anzahlung schicken
le paiement par avance	die Vorausbezahlung
payer à la commande/ livraison	bei Auftragserteilung/ bei Lieferung zahlen
accorder une remise	einen Rabatt gewähren
la remise	die Preisermäßigung, der Nachlass
le retard de paiement	der Zahlungsrückstand/ der Zahlungsverzug
le non-paiement	die Nichtzahlung/ Nichtbegleichung
le risque de crédit	das Insolvenzrisiko(en)
la solvabilité	die Zahlungswürdigkeit/ die Zahlungsfähigkeit
être insolvable	zahlungsunfähig sein
le refus de paiement	die Zahlungsverweigerung
le rappel	die Zahlungserinnerung(en)
régler l'arriéré de sa dette	seine Außenstände begleichen(i,i)
la mise en demeure	die Zahlungsaufforderung
les moyens de paiement	die Zahlungsmittel
le crédit documentaire	das Akkreditiv
le crédit documentaire irrévocable et confirmé	das unwiderrufliche bestätigte Akkreditiv
la lettre de crédit	der Kreditbrief(e)
la remise documentaire	das Dokumenteninkasso
la banque notificatrice	die avisierende Bank
la banque confirmante	die bestätigende Bank
la lettre de change	der Wechsel

7 Les opérations de dédouanement : *die Verzollung*

le dédouanement	die Verzollung
dédouaner	verzollen
le service des douanes	das Zollamt
le contrôle douanier	die Zollkontrolle
l'agent des douanes	der Grenzbeamte
commissionaire en douane	der Zollagent
passer la frontière	die Grenze passieren
accomplir les formalités douanières	die Zollformalitäten erledigen, etwas zollamtlich ab/fertigen
les marchandises en transit	die Transitgüter
assujeti aux droits de douane	zollpflichtig
percevoir des droits de douane	Zoll erheben(o,o)
acquitter les droits de douane	Zoll auf+Acc. entrichten
passer la douane	durch den Zoll kommen(a,o)
passer à la douane	den Zoll passieren
les droits de douane	der Zolltarif/die Zollgebühren
la nomenclature douanière	die Zollnomenklatur
le tarif douanier	der Zolltarif
les marchandises contingentés	das Warenkontingent
déclarer la valeur en douane	den Zollwert erklären
la déclaration en douane	die Zollerklärung
présenter les documents	die Dokumente vor/legen
joindre une facture	eine Rechnung bei/fügen
la déclaration d'origine	die Ursprungsbezeichnung/ die Herkunftsbescheinigung
le document administratif unique (DAU)	das Einheitspapier
le carnet ATA	das ATA-Carnet
la signature électronique	die elektronische Unterschrift
être exonéré de la TVA	nicht der Mehrwertsteuer(Datif) unterliegen
exonéré de la TVA	mehrwertsteuerfrei
la zone franche	die Zollfreizone
l'entrepôt sous douane	das Lager unter Zollverschluss
l'importation temporaire	der befristete Import
saisir la marchandise	die Ware beschlagnahmen
la saisie	die Beschlagnahmung

8 La mondialisation : *die Globalisierung*

être présent sur le marché	auf dem Markt verteten sein
conquérir un nouveau marché	einen neuen Markt erobern
s'imposer sur le marché	sich auf dem Markt durch/setzen
se disputer le marché	um Marktanteile kämpfen
un marché aprement disputé	ein heiß umkämpfter Markt
être confronté à la concurrence	mit der Konkurrenz konfrontiert sein
au niveau mondial/européen	weltweit/europaweit
inonder le marché	den Markt überschwemmen
la guerre des prix	der Preiskrieg, der Preiskampf
rester compétitif	wettbewerbsfähig bleiben
produire sur place	vor Ort produzieren
introduire la flexibilité	Flexibilität ein-führen
encourager la flexibilité	Flexibilität fördern
sous-traiter (agir comme sous-traitant)	als Subunternehmer aus-führen
sous-traiter (donner en sous-traitance)	an Subunternehmen vergeben(a,e,i)
sous-traitant	der Zulieferer(-), der Subunternehmer(-)
délocaliser la production à l'étranger	die Produktion ins Ausland verlagern
la délocalisation	die Verlagerung
créer/perdre des emplois	Arbeitsplätze schaffen(u,a)/ verlieren(o,o)
mettre en danger/assurer les emplois	Arbeitsplätze gefährden/ sichern
le plan de réduction du personnel	der Personalabbauplan(¨e)
le marché en pleine croissance	der Wachstumsmarkt(¨e)
le pays émergent	das Schwellenland(¨er)
le pays en développement	das Entwicklungsland(¨-er)
les coûts salariaux	die Lohnkosten
la main-d'œuvre/ main-d'œuvre bon marché	die Arbeitskräfte, die Billigkräfte
le pays à bas coûts salariaux	das Billiglohnland(¨er)
le coût de la main-d'œuvre	die Arbeitskosten
réduire les coûts	die Kosten reduzieren
la concurrence déloyale	der unfaire Wettbewerb
l'avantage financier	der Kostenvorteil
la contrefaçon	die Produktpiraterie
le faussaire	der Fälscher
imiter, contrefaire	fälschen
le produit contrefait	die Fälschung(en)
déloyal, illicite	unfair, unlauter
les pertes/les bénéfices	der Verlust(¨e)/der Gewinn(e)
établir/entretenir de (bonnes) relations commerciales	(gute) Handelsbeziehungen her/stellen ; pflegen
la zone de libre échange	die Freihandelszone(n)
l'accord de libre échange	das Freihandelabkommen(-)
le marché communautaire	der Markt der Europäischen Union/der EU-Markt
le pays membre de l'UE	der EU-Mitgliedsstaat(en)
adhérer à l'UE	der(Datif) EU bei/treten(a,e,i)
les nouveaux états membres	die neuen Mitgliedsstaaten
ouvrir le marché	den Markt öffnen
l'ouverture du marché	die Markterschließung
la suppression des quotas	der Abbau der Quoten
les subventions	die Subventionen, die Gelder
les investissements directs à l'étranger	die Direktauslandsinvestitionen
le commerce équitable	der Fairhandel

9 Analyse de graphiques et de statistiques

le graphique	das Diagramm(e), die Grafik(en), das Schaubild(er)
le graphique à barres, histogramme	das Säulendiagramm(e)
le graphique à courbes	die Liniengrafik(en)
le graphique en secteurs	das Kuchen-/Tortendiagramm(e)
la statistique	die Statistik(en)
les chiffres, les données	die Zahl(en), die Daten

9 LEXIQUE FRANÇAIS-ALLEMAND (suite)

la source	die Quelle(n)
le pourcentage	der Prozentsatz(¨e), die Rate(n), die Quote(n)
pour cent/%	Prozent
le nombre/la valeur	die Nummer(n)/der Wert(e)
la/en moyenne	der/im Durchschnitt(e)
se référer à, concerner	sich beziehen(o,o) auf+Acc, betreffen(a,o,i)
constater dans ce graphique que	der Grafik (Dat.) entnehmen, dass
le graphique illustre/fait comprendre	die Grafik veranschaulicht/ macht deutlich
osciller entre ... et ...	schwanken zwischen+Dat. ... und Dat.
comparer avec	vergleichen (i,i) mit+Dat.
par rapport à	im Vergleich mit+Dat./Dat. + gegenüber
contrairement à	im Gegensatz zu+Dat.
augmenter fortement	stark steigen(ie,ie), wachsen(u,a,ä)
baisser, diminuer	ab/nehmen(a,o,i), sinken(a,u), sich reduzieren
augmentation(e)	die (stetige) Steigerung, der Anstieg
nous avons augmenté les ventes de ...% pour atteindre ...%	wir haben unseren Absatz von ...% auf ...% erhöht
la diminution/ l'effondrement	der Rückgang, die Senkung/ der Einbruch
diminuer légèrement	leicht sinken (a,u)
enregistrer une baisse	einen Rückgang verzeichnen
continuer d'augmenter	kontinuierlich wachsen(u,a,ä)
enregistrer un taux de croissance	eine Zuwachsrate verzeichnen
doubler	sich verdoppeln
monter en flèche	beträchtlich/deutlich/stark steigen(ie,ie)
la stagnation	die Stagnation
stagner	stagnieren
stagnant	flau
s'expliquer par	auf+Acc. zurück/führen
reposer sur	beruhen auf+Dat.
être en rapport avec	zusammen/hängen (i,a) mit+Dat.
conduire, avoir pour conséquence	führen zu+Dat.
suite à/grâce à	infolge+Gén/dank+Dat.
en raison de	auf Grund
miser sur	setzen auf+Acc.
peser sur	drücken auf+Acc.
soit ... soit ...	entweder ... oder ...
ni ... ni ...	weder ... noch ...
selon	nach+Dat./laut+Dat. ou Gén/ gemäß+Dat.
1 Allemand sur 5	jeder fünfte Deutsche
la (faible) majorité/ la minorité	die (knappe) Mehrheit/ die Minderheit
la plupart des chefs d'entreprise	die meisten Geschäftsführer
environ	ungefähr/rund/circa(ca)
presque/à peine	fast, beinahe, etwa/kaum
moins/plus que/autant que	weniger/mehr als/so viel wie
dégager des bénéfices	schwarze Zahlen schreiben (ie,ie)
être dans le rouge	rote Zahlen schreiben(ie,ie)

10 LEXIQUE FRANÇAIS-ESPAGNOL

1 L'entreprise

l'entreprise	la empresa, la sociedad, la firma
une S.A.	una S.A. (Sociedad Anónima)
une SARL	una S.L. (Sociedad Limitada)
une PME	una pyme (Pequeña y mediana empresa). Pl : pymes
notre filiale, votre filiale	nuestra filial, su filial
la maison mère	la casa matriz, la matriz
le siège social	la sede
une agence	una agencia
le service export	el departamento export, de exportación
l'entrepreneur	el empresario, la empresaria
le salarié, le travailleur, l'employé	el asalariado, el trabajador, el empleado
le syndicat	el sindicato
l'organisation patronale	la patronal
la convention collective	el convenio colectivo
faire grève	ir a la huelga, hacer huelga
le greviste	el huelguista
fabriquer, produire	fabricar, producir
l'usine	la fábrica, la planta
le délai de fabrication	el plazo de fabricación
le coût de fabrication	el coste de fabricación
produire en flux tendu	producir en flujo tendido, just-in-time
le fournisseur	el proveedor
fournir	suministrar
le stock	las existencias, el stock
être en rupture de...	no tener existencias, quedarse sin existencias ; ya no tener (+ produit)
écouler la marchandise	dar salida a los productos
voici ma carte de visite	aquí tiene mi tarjeta de visita
nous sommes spécialisés dans...	somos especialistas en...
notre chiffre d'affaires s'élève à	nuestra facturación asciende a..., nuestro volumen de negocio alcanza...
les ventes augmentent fortement	las ventas están disparándose
notre produit se vend en...	nuestro producto se vende en...

2 Le marché

procéder à une étude de marché	hacer/realizar un estudio de mercado
l'analyse	el análisis
faire le bilan	hacer balance
l'environnement (ex : économique)	el entorno económico, cultural
définir la stratégie	definir la estrategia
le coût prévisionel	el coste estimado, el coste previsto
le budget alloué	el presupuesto destinado, dedicado a, previsto para
la prospection	la prospección
le prospect	el prospecto, el cliente potencial
prospecter	prospectar
démarcher	visitar a...
faire un appel téléphonique	hacer una llamada, llamar por teléfono
un répondeur	un contestador (tel. fijo)
laisser un message	dejar un mensaje
la messagerie vocale	el buzón de voz (teléfono móvil)
relancer	contactar de nuevo con, volver a ponerse en contacto con
le fichier clients/ le portefeuille clients	la cartera de clientes
le profil/le comportement du consommateur	el perfil/el comportamiento del consumidor
les exigences/les attentes	las exigencias/las expectativas
le pouvoir d'achat	el poder adquisitivo (alto, medio, bajo)
répondre aux besoins	responder, adaptarse a las necesidades
l'offre et la demande	la oferta y la demanda
mettre sur le marché	sacar al mercado, introducir en el mercado, lanzar al mercado
le marché domestique	el mercado nacional, interno, doméstico
le marché étranger	el mercado exterior
trouver des débouchés	encontrar salidas para...
pénétrer un marché	penetrar un mercado, introducirse en, entrar en
s'implanter à l'étranger	implantarse en el extranjero
le risque pays	el riesgo país
le risque de change	el riesgo de cambio
la compétitivité	la competitividad
être compétitif sur le marché	ser competitivo en el mercado
concurrencer	competir (e > i) con
être numéro un	ser líder, tener el liderazgo (=leadership)
occuper la 1re, 2e, 3e place	ocupar el primer, segundo, tercer puesto
un marché porteur	un mercado con futuro
un marché saturé	un mercado saturado
un marché de niche	un nicho de mercado
un segment de marché	un segmento
segmenter	segmentar
la cible	el consumidor objetivo, el público objetivo, el país objetivo
cibler, viser	seleccionar
se développer	desarrollarse, expandirse (por), extenderse (e > ie)
se développer à l'international	desarrollarse a nivel internacional
le développement	el desarrollo, la expansión
fidéliser le client	fidelizar al cliente
être fidèle	ser fiel
gagner/perdre des parts de marché	ganar/perder cuota de mercado
le retour sur investissement	el retorno de inversión

3 La distribution

distribuer	distribuir
le distributeur	el distribuidor
le canal de distribution	el canal de distribución
la distribution intensive, sélective, exclusive	la distribución intensiva, selectiva, exclusiva
vendre en gros/au détail	vender al por mayor/al por menor
un grossiste/un détaillant	un mayorista/un minorista

la vente directe	la venta directa
l'intermédiaire	el intermediario : el corredor (=broker), el comisionista, el agente comercial, la sucursal
l'importateur	el importador
la vente à distance	la venta a distancia
la vente on-line	la venta on line, por internet
la grande surface	la gran superficie
la chaîne	la cadena
le réseau de vente	la red de venta
monter son propre réseau de distribution	crear su propia red de distribución
ouvrir une succursale	abrir una sucursal
embaucher un représentant	contratar un representante, contratar al Sr X
mandater un agent	contratar un agente
la franchise	la franquicia
franchiser	franquiciar
le franchiseur	el franquiciador
le franchisé	el franquiciado
le magasin	la tienda, el establecimiento, el comercio
le grand magasin	los grandes almacenes
la centrale d'achat	la central de compras
le partenariat	la colaboración
le partenaire	el colaborador
avoir recours à un distributeur sur place	recurrir a un distribuidor local

4 Le produit

proposer un produit, un service	proponer un producto, un servicio
une large gamme	una gama amplia
élargir	ampliar (la gama)
disposer d'une gamme profonde	declinar el producto en (+ el color, el tamaño, la forma, el modelo)
les dimensions	las dimensiones
la longueur, la largeur, la hauteur, la profondeur	la longitud, la anchura, la altura, la profundidad
le poids	el peso (bruto/neto)
le volume	el volumen
les particularités du produit	las características, las especificidades
la qualité	la calidad
qualitatif, de qualité	cualitativo, de calidad
l'étiquette	la etiqueta
étiquetter	etiquetar, poner la etiqueta
la notice d'utilisation	las instrucciones, el manual de uso
le fonctionnement	el funcionamiento (funcionar)
les caractéristiques techniques	las características técnicas
la facilité d'emploi	la facilidad de empleo, la facilidad de uso
les performances	las prestaciones del producto
offrir beaucoup de possibilités	ofrecer múltiples posibilidades, ser versátil
être multifonction, polyvalent	ser multitarea, polivalente
la sécurité	la seguridad
un produit sûr	(ser) un producto seguro
la matière première	la materia prima
la matière dont le produit est fait	el material del que está hecho el producto ; ser de cartón, madera, vidrio, cuero, papel...
la durée de vie	la vida útil
la date de péremption	la fecha de caducidad
être périmé	estar caducado
un produit (non) périssable	un producto (no) perecedero
un produit inflammable/ dangereux/sans danger/ à l'épreuve de	un producto inflamable/ peligroso/seguro/a prueba de
le design, le designer	el diseño, el diseñador
dessiner, concevoir	diseñar
l'image produit	la imagen producto
l'image pays	la imagen país
la publicité	la publicidad
une publicité	un anuncio publicitario
promouvoir, faire connaître	promocionar, dar a conocer
la promotion des ventes	la promoción de las ventas
choisir un support publicitaire	elegir (e>i) un soporte publicitario
participer à une foire	participar en una feria
adapter le produit	adaptar el producto
breveter, déposer un brevet	patentar
le brevet	la patente
breveté/e	patentado/a
une marque déposée	una marca patentada
l'argumentaire	el argumentario
un produit en promotion	un producto de oferta (estar de oferta)
le catalogue	el catálogo
la brochure, le dépliant	el folleto
de consommation courante	(un producto) de gran consumo
haut/moyen/bas de gamme	de gama alta/media/baja (ser)
être bon marché/cher	ser barato/caro
être abordable	ser accesible, ser asequible
un bon rapport qualité-prix	una buena relación calidad-precio
la norme, la certification	la norma, la certificación
respecter les normes	respetar, cumplir con
le respect	el respeto, el cumplimiento
la valeur ajoutée	el valor añadido
l'échantillon	la muestra
l'échantillonage	el muestrario
une commande à l'essai	un pedido de prueba
commander en grande quantité	encargar en grandes cantidades
le coût de revient	el precio de coste
revenir à...	costar (o/ue), salir a, salir por
cela nous revient à 3 € l'unité	nos sale a 3 € la unidad
le prix coûtant/d'achat/ de vente	el precio de fábrica/de compra/ de venta
le prix plancher/plafond	el precio mínimo/el precio tope
la marge commerciale	el margen comercial
les prix s'entendent...	los precios se entienden... ; los precios son...
le prix inclut/n'inclut pas	el precio (no) incluye...
le prix hors TVA	el precio sin IVA
TVA incluse	IVA incluido

5 L'expédition, le transport, la logistique

el pedido	la commande
un entrepôt	un almacén, una nave
entreposer (une marchandise)	almacenar
l'envoi	el envío
prêt à être envoyé	listo para enviar
livrer un produit	entregar un producto
la livraison	la entrega
l'origine/la destination	el origen/el destino
expédier la marchandise	enviar, mandar, despachar la mercancía
le bordereau de livraison	el albarán de entrega
signer, la signature	firmar, la firma
respecter le délai de livraison	respetar el plazo de entrega
avoir du retard dans la livraison	tener retraso en la entrega
l'emballage	el embalaje
emballage compris	embalaje incluido
le conditionnement	el acondicionamiento
la caisse, la boîte	la caja
la boîte de conserve	la lata
conditionné en cartons	acondicionado en cajas de cartón
la bouteille en verre	la botella de vidrio, de cristal
le pot	el tarro (mermelada), el bote (pintura)
le flacon	el frasco
le sac	el saco (cemento), la bolsa (plástico)
le sachet (en plastique, en papier)	la bolsa (de plástico, de papel)
en vrac	a granel
gerber	apilar
gerbable	apilable
le poids brut, net	el peso bruto, neto
le volume	el volumen
le lot	la partida, el lote
un colis	un paquete, un bulto
une palette	un palé ; pl : palés (palet, paleta sont souvent utilisés aussi)
mis sur palettes	acondicionado en palés, paletizado
un transpalette	una transpaleta
un chariot élévateur	una carretilla elevadora
un conteneur, un container :	un contenedor
FCL	FCL (contenedor completo)
LCL	LCL (carga parcial)
la manutention	la manipulación
l'arrimage/le désarrimage	la estiba/la desestiba
arrimer	estibar
un transporteur	un transportista
la liste de colisage	la lista de contenidos, el packing list
le connaissement maritime (B/L)	el conocimiento de embarque marítimo (B/L)
la LTA (AWB)	el conocimiento de embarque aéreo (AWB)
la CMR, CIM	la carta de porte por carretera, por ferrocarril
la police d'assurance	la póliza de seguro
un transitaire	un transitario
par (+ moyen de transport)	en barco, en avión, en tren, en camión
le transport maritime, aérien, ferroviaire, routier	... marítimo, aéreo, ferroviario por carretera
un camion (wagon)-citerne	un camión (vagón) cisterna
un camion (wagon) frigorifique	un camión (vagón) frigorífico
le fret	el flete
affréter	fletar
la compagnie maritime	la compañía marítima, la naviera
embarquer/débarquer	embarcar/desembarcar
l'embarquement/ le débarquement	el embarque/el desembarque
le transbordement	el transbordo ; hacer transbordo
le commissionnaire de transport, le transitaire	el agente de tránsito, el agente de transportes y aduanas
le consignataire	el consignatario (destinatario de la mercancía)
les conditions de livraison	las condiciones de entrega
les frais d'emballage	los gastos de acondicionamiento
les frais de transport	los gastos de envío
port dû	porte debido
port payé d'avance	porte pagado
le délai d'acheminement	el tiempo de tránsito
le pré/post acheminement	el pre-transporte/ el post-transporte
le (dé)chargement	la (des)carga
(dé)charger	(des)cargar
(dé)grouper	(des)consolidar (la carga)
le groupage	el grupaje, la consolidación (de la carga)
la marchandise en groupage	la carga consolidada
le dégroupage	el desconsolidamiento
le service porte-à-porte	el servicio de puerta a puerta
les dommages liés à l'emballage défectueux, au transport	los daños debidos al embalaje defectuoso, al transporte
la marchandise cassée, endommagée, détruite, volée	la mercancía rota, dañada, destruida, robada
assurer la marchandise	asegurar la mercancía
souscrire une assurance	contratar un seguro
être assuré contre	estar asegurado contra...
la police, la clause	la póliza, la cláusula
la compagnie d'assurances	la compañía de seguros, la aseguradora
la répartition du risque	la repartición del riesgo
prendre à votre/notre charge	tomar a su/nuestro cargo
prendre à sa charge les frais de transport, d'assurance	tomar a su cargo los gastos de transporte, de seguro/ hacerse cargo de los gastos
rester à votre/notre charge	quedar a su/nuestro cargo, correr por cuenta suya/por cuenta nuestra
la couverture des risques	la cobertura de riesgos
résilier le contrat	rescindir el contrato
la résiliation	la rescisión
le litige	el litigio
dédommager	indemnizar a
le dédommagement	la indemnización

10 LEXIQUE FRANÇAIS-ESPAGNOL (suite)

6 Le paiement

payer, effectuer un paiement	pagar, abonar, hacer un pago
encaisser	cobrar
l'encaissement	el cobro
la devise	la divisa
le taux de change	el tipo de cambio
la date/le délai de paiement	la fecha/el plazo de pago
la date d'échéance	la fecha de vencimiento
arriver à échéance	vencer
les conditions de paiement	las condiciones de pago
le paiement comptant, à vue	el pago al contado, a la vista
le paiement à crédit	el pago a plazos
l'ouverture de crédit	la apertura de crédito
le paiement échelonné	el pago fraccionado
le paiement différé	el pago aplazado, diferido (a 30, 60, 90 días)
le report de paiement	el aplazamiento de pago
différer	aplazar
l'acompte à la commande	el pago inicial ; el anticipo
le paiement à la commande	el pago al efectuar el pedido
le paiement à la livraison	el pago contra entrega
faire, accorder une remise	hacer, aplicar, conceder un descuento
le risque de non paiement	el riesgo de cobro, el riesgo de impago
un mauvais payeur	un moroso
la solvabilité	la solvencia
être (in)solvable	ser (in)solvente
l'assurance-crédit et cautionnement	el seguro de crédito y caución ; Compañía Española de Seguros de Crédito a la Exportación (CESCE)
un refus de paiement	la negativa de pago
un arriéré de paiement	un pago atrasado
la mise en demeure	el requerimiento de pago ; requerir (e/ie/i)
les instruments de paiement	los medios de pago
le paiement en espèces	el pago en efectivo, en metálico
payer par...	pagar por/mediante...
le chèque	el cheque, el talón
l'encaissement simple	la orden de pago simple
le virement bancaire	la transferencia bancaria, el giro bancario
la lettre de change	la letra de cambio
le crédit documentaire révocable/irrévocable et confirmé	el crédito documentario revocable/irrevocable y confirmado
la lettre de crédit	la carta de crédito comercial
la remise documentaire	la remesa documentaria
la banque émettrice/notificatrice	el banco emisor/notificador

7 Les opérations de dédouanement

le dédouanement	el despacho de aduana, el desaduanamiento, la tramitación aduanera
dédouaner	despachar
le service des douanes	el departamento de aduanas
l'agent des douanes	el inspector, el vista de aduanas
un contrôle douanier	una inspección aduanera
le commissionnaire agréé en douane	el comisionista autorizado, habilitado por la aduana
passer la frontière	cruzar la frontera
les formalités douanières (effectuer)	los trámites de aduana, el despacho de aduana, las gestiones aduaneras (realizar, efectuar)
le Code général des impôts	la Ley General Tributaria
les marchandises en transit	las mercancías en tránsito
être assujeti à des droits	estar sujeto a derechos, a aranceles
déterminer les droits de douane	tasar los derechos arancelarios
le régime douanier	el régimen aduanero
la nomenclature douanière	el código aduanero, la nomenclatura
le tarif douanier	los aranceles
les marchandises contingentées	las mercancías contingentadas
le contingent	el contingente
déclarer la valeur en douane	declarar el valor en la aduana
la déclaration en douane	la declaración de aduanas
présenter les documents	presentar los documentos, los papeles
être accompagné d'une facture	ir acompañado de una factura
la déclaration d'origine	el certificado de origen
le DAU	el DAU : (Documento Administrativo Único)
la DV1	la declaración de valor
le certificat de circulation (EUR1, ATR)	el certificado de circulación
le carnet ATA	el cuaderno ATA
la signature électronique	la firma electrónica o digital
acquitter les droits de douane	pagar los derechos aduaneros
taxer, une taxe	gravar, una tasa
la TVA	el IVA (Impuesto sobre el Valor Añadido (en España), el Impuesto sobre el Valor Agregado (en Latinoamérica)
le taux de TVA	el tipo de IVA
être exonéré de la TVA	estar, quedar exento del pago del IVA
être exonéré des droits de douane	estar, quedar exento del pago de aranceles
l'exonération totale/partielle	la exención total/parcial
la zone franche	la zona franca
l'entrepôt sous douane	el almacén bajo aduana
entreposer sous douane	almacenar en régimen de depósito aduanero
le dépôt/l'importation temporaire	el depósito/la importación temporal
le depôt d'une caution	el depósito de una fianza
l'admission/la sortie temporaire	la admisión/la salida temporal
être sous contrôle douanier	estar bajo control aduanero
saisir la marchandise	incautarse de, decomisar
la saisie	la incautación, el alijo (droga)
la contrebande	el contrabando

8 La globalisation

être présent sur le marché	estar presente en el mercado
investir dans	invertir (e/ie/i) en
un investisseur	un inversor
un investissement	una inversión
conquérir un nouveau marché	conquistar un nuevo mercado
être confronté à la concurrence	afrontar la competencia
faire face à la globalisation	hacer frente a la globalización
au niveau mondial	a nivel mundial
dans le monde	en todo el mundo
à l'international	a nivel internacional
la guerre des prix	la guerra de precios
rester compétitif	seguir siendo competitivo (seguir+gérondif)
produire sur place	producir, fabricar in situ
encourager la flexibilité	fomentar la flexibilidad
sous-traiter	subcontratar, externalizar
la sous-traitance	la subcontratación
un sous-traitant	un subcontratista
délocaliser	deslocalizar a...
la délocalisation	la deslocalización
créer/perdre des emplois	crear/perder empleos
mettre en danger/garder (les emplois)	poner en peligro/mantener
un plan de réduction de personnel	un ERE (expediente de regulación de empleo), un recorte de plantilla
un marché en pleine croissance	un mercado en pleno crecimiento
un pays émergent	un país emergente
les pays en développement	los países en desarrollo
les coûts salariaux	los costes salariales
la main-d'œuvre	la mano de obra
réduire les coûts	ahorrar, réducir costes
la concurrence déloyale	la competencia desleal
la contrefaçon	la copia, la falsificación
contrefaire	copiar, falsificar
établir/entretenir des (bonnes) relations commerciales	establecer/mantener (buenas) relaciones comerciales
un accord de libre échange	un tratado de libre comercio
une zone de libre échange	la zona de libre cambio
les pays membres de l'UE	los países miembros de la UE
le marché communautaire	el mercado comunitario
adhérer à l'Union européenne	unirse a la Unión Europea
les nouveaux membres, les nouveaux arrivants	los nuevos miembros, los recién llegados
ouvrir le marché à la concurrence	abrir el mercado a la competencia
l'ouverture	la apertura
la suppression des quotas	la supresión de las cuotas
les subventions	las subvenciones, los subsidios, las ayudas
l'investissement étranger direct	la inversión extranjera directa
le commerce équitable	el comercio justo

9 Analyse de graphiques et statistiques

un graphique à barres, un histogramme	un gráfico de barras, de columnas
à courbes	un gráfico lineal
en secteurs	un gráfico de sectores, circular
en radar	un gráfico radial
une statistique	una estadística
la source	la fuente
un tableau de données	una tabla de datos
les chiffres, les données	las cifras, los datos
le nombre	el número
le numéro 1, 2, 3	el número 1, 2, 3
le chiffre	la cifra
le pourcentage	el porcentaje
....%	el/un ... por ciento
la valeur	el valor
les valeurs	los valores
la moyenne	la media, el promedio
se référer à, concerner	referirse a (e/ie/i), concernir (e/ie)
varier entre... et...	oscilar/variar entre... y... ; la oscilación
comparer... avec...	comparar... con... ; la comparación
tendre à la hausse/ à la baisse	tender al alza/a la baja ; la tendencia
augmenter, croître, monter	aumentar, incrementarse, crecer, subir
l'augmentation, l'accroissement, la croissance, la montée, la hausse	el aumento, el incremento, el crecimiento, la subida, el alza
continuer d'augmenter	seguir aumentando (seguir subiendo, seguir creciendo)
monter en flèche	dispararse
le tournant, le virage	el giro, el punto de inflexión
descendre, baisser, diminuer	descender(e/ie), bajar, disminuir
la diminution, la baisse	la disminución, la bajada
continuer de baisser	seguir bajando (seguir disminuyendo)
ne cesser de descendre	no dejar de bajar, de disminuir
chuter, être en chute libre	caer, caer en picado
s'effondrer	desplomarse, hundirse, derrumbarse
se maintenir	mantenerse (e/ie)
s'équilibrer	équilibrarse
stagner	estancarse
la stagnation	el estancamiento
connaître, subir (ex : une hausse)	experimentar, sufrir
avoir des hauts et des bas	tener altibajos
progressif	progresivo, paulatino
constant	regular, constante (ser)
significatif, prononcé	significativo, pronunciado (ser)
fort	importante, fuerte, marcado
spectaculaire	espectacular, radical, drástico
les prix aumentent progresivement	los precios van aumentando (ir + gérondif)
les prix ont connu une forte baisse en août	los precios han experimentado una fuerte caída en agosto
la part de marché est en hausse	la cuota de mercado va creciendo

PRÉSENTATION DE L'ÉPREUVE DE LVE

Finalités, objectifs de l'épreuve

L'objectif visé est d'évaluer (au niveau B2 pour la langue A, dite de spécialité, et au niveau B1 pour la langue B) la capacité du candidat à comprendre les documents proposés ; à s'exprimer, argumenter et convaincre ; à mobiliser ses connaissances ; à communiquer dans une langue fluide et correcte.

Les modalités d'évaluation

1 Le contrôle en cours de formation (CCF) en LVA et LVB

a) L'évaluation de l'écrit

Durée : 3 heures. Coefficient : 2,5 pour chaque LVE. Dictionnaire unilingue autorisé.

L'évaluation est constituée de trois exercices :
- la compréhension : rédiger un compte rendu en français à partir d'un texte ou d'un dossier (de 50 lignes maximum) à caractère économique ou commercial en LVE. Le nombre de mots sera indiqué ;
- l'expression : à partir d'un (ou plusieurs) sujet(s) lié(s) ou non au thème des supports proposés pour la compréhension, rédiger en LVE un (ou des) textes(s) argumenté(s) de façon méthodique (300 mots maximum) ;
- l'interaction : élaboration en LVE d'une lettre commerciale à partir d'éléments donnés en français.

b) L'évaluation de la compréhension, de l'expression et de l'interaction orales

Durée : 15 minutes. Préparation : 30 minutes (visionnage non inclus). Coefficient : 2,5 pour chaque LVE.

- **La préparation**

L'épreuve débute par deux écoutes/visionnages (espacés de 2 minutes) d'un ou de deux documents audio/vidéo, la durée totale n'excédant pas 3 minutes. Les titres des documents sont communiqués. Si le support comporte deux documents, ils seront de nature différente : dialogue et monologue, par exemple. Les supports enregistrés sont relatifs à l'emploi, à l'environnement économique, à la vie en entreprise... Il ne s'agit ni d'écrit oralisé ni d'extraits de manuels.

- **L'épreuve**

Dans un premier temps, le candidat rend compte de façon autonome **en français** de ce qu'il a compris (5 minutes maximum). Puis il développe **en LVE** un point d'intérêt choisi à partir du support (5 minutes). Puis s'engage un entretien destiné à préciser et à développer certains points.

2 L'épreuve ponctuelle en LVA et LVB

a) L'évaluation de l'écrit

Les modalités d'évaluation sont identiques à celles du CCF.

b) L'évaluation de l'oral

À la différence du CCF, la préparation dure 20 minutes et l'épreuve se déroule également sur 20 minutes.
L'épreuve se passe en deux temps : tout d'abord le candidat restitue **en LVE** le contenu du support puis il s'entretient avec l'examinateur pour préciser et développer certains points.

Évaluation de la langue facultative (autre que LVA et LVB)

Préparation : 20 minutes. Épreuve orale : 20 minutes. Coefficient : 1.

Il s'agit d'un entretien en langue étrangère à partir d'un ou plusieurs documents (texte, document audio/vidéo) en relation avec le domaine professionnel.

N.° de projet 10221002 - JPM – Dépôt légal : mars 2016 – Imprimé en Espagne par Gráficas Estella